978-1-62265-922-7 (online) 978-1-62265-923-4 (paper) Faith Studies by Zhang, Pujie

信仰学
Faith Studies

张朴杰
Zhang, Pujie

978-1-62265-922-7 (online) 978-1-62265-923-4 (paper)

信仰学 Faith Studies by 张朴杰 Zhang, Pujie

The intial printing volume is 3,000 copies and the book is distributed internationally.

ISBN 9781622659234

90000 >

9 781622 659234

信仰学

978-1-62265-922-7 (online) 978-1-62265-923-4 (paper) Faith Studies by Zhang, Pujie

引言

本文向读者提供一种解读《圣经》的科学途径，并总结人类信仰、道德发展变化的科学规律。所有内容从作者的本意上讲与任何宗教、任何神学理论无关。

阅读本书的读者，首先应明确，《圣经》不等于上帝，《圣经》内容可以被人类解读并应用。把上帝等同于《圣经》，直接违背"神是独一的神"（赛44：6）的《圣经》宣示。

《圣经》中的内容，按照可否被彻底解读而分为两部分。一部分是不可彻底解读、也无需彻底解读的"神迹"部分，目的只是让读者树立起正确信仰。虽然，该部分中的一些记载符合现代科学原理，如让海水分开的《圣经》记载，理论上可以被大功率吹风机重现。但以此作为神学的依据却是荒谬的——神是绝对的不可知。在《圣经》之外的神，我们人类无论如何也无法探知，就如谁能说清创世纪之前，神在干什么？

另一部分《圣经》内容，是可以被彻底解读的。如，将整部《圣经》中这方面的内容，在"七维"或者"四维"空间内展开的话，会发现完全符合人们熟悉的物理学定律和数学定理。解读这部分《圣经》内容，将把自然科学与社会科学彻底联通。更重要的意义在于，让人类看到万教归一的希望；让每个人看清努力方向，在信仰上结出更多更大的果实。

《圣经》解读后的效果，应该与所有经文事实完全一致，并得出一个对全部经文事实的规律总结。例如，"以牙还牙"的经文与不报复的经文，"恨仇敌"与"爱仇敌"的经文，在《圣经》解读后共同指向一种统一、具体的信仰行为方式和思维模式。

判断《圣经》解读的结果正确与否，唯一的标准就是事实。事实胜于雄辩，在《圣经》解读上尤其如此。没有事实做根据和经不起历史与科学检验的《圣经》解读，都是错误的。正如《圣经》中的经文"凭事实将公理传开"（赛42：3）所传达出的信息一样。《圣经》解读后的结论，可以声明、指示人类将来必要遇到的事，说明历史上的事，能用来把将来的事情向人们说明清楚。

本书第一编在个体领域内所总结出的信仰学理论，在第二编中还会从社会的角度重新建立一次。但由于研究对象的代换，后来的数学模型可以让我们利用已有的经济学知识和经济统计数据，对信仰科学进行定量分析。另外，在这一编的末后，还会集中揭示信仰学的拓扑数学原理，构建出一个支撑所有社会科学与所有自然科学的共同数学基础。第三编是信仰学理论应用的前景展望，与散见于前两编中的相关内容一起，充分展示信仰学宏大的应用领域，特别是其在理论物理学、人工智能等科学研究领域中的巨大潜力。但由于作者在相关学科领域中的知识极度匮乏，该部分的有些具体结论可能会有很大偏差。之所以仍然坚持发表出来，是希望可以起到"抛砖引玉"的社会效果，敬请读者注意。

第一编：信仰运动的数学模型

第一章、信仰水平的变动规律

第一节、影响人类个体信仰水平运动的因素

"爱人如己"和"尽心、尽力、尽意、尽性爱主你的神"（太 22:34-40），是《圣经》中对人类信仰的根本要求。这个要求，显示出"爱"在人类信仰水平运动中的核心地位。为了方便讨论起见，我们首先只讨论"爱人如己"中的"爱"——这是一种单纯的、人与人之间的"爱"，没有智慧或科学的因素在里面。因为，《圣经》告诉我们，知识或智慧的来源是信仰，它们都在"尽心、尽意、尽力、尽性爱神"中的"爱"里包含着。

一、"爱人如己"原则中的爱

个人信仰水平的变动，可以看作为一系列爱或顺从言行的推进过程或反过程——任何这样的过程，都是从个人开始，至信仰中的神为止。或者刚好相反。其中在每个环节停顿下来，都将导致一种人们熟悉的错误思想或意识形态的出现。例如，按照血缘关系的主线展开，爱或顺从从自己开始，停留于此的信仰或道德水平，就是人们熟知的"自私"、"自恋"、或"个人主义"等；如果不停留于此，而是继续前进，就是爱或顺从家庭、家族，将家庭或家族利益、荣誉或命运等看得与个人利益、荣誉或前途等一样重要。这样的信仰和道德水平，比个人主义要高，是个人主义的一个进步、变化或运动。

但是，仅仅把信仰和道德水平停留于此，就是人们熟知的"只顾小家，不顾大家"、"家庭观念过强"等道德评判——为方便后边的讨论，我们姑且称之为"家庭主义"、"家族主义"。同时，这也可能仍然避免不了人们对信仰者是个人主义者、自私鬼的指责。例如，他的爱扩展到家人、族人的时候，没有与他对自己的爱相等一致，这仍然会让他的家人、族人感受到他的自私。这样一来，他在信仰道德上的进步和退后、增加的优点和增加的缺点可能其实一样多。

如果不在此止步，信仰和道德水平继续前行或提高，就是爱或顺从有众多家庭和家族组成的群体或种族。即将种族、民族的利益、荣誉或前途等看得与家庭或家族利益、荣誉或命运等一样重要，同时也与个人利益、荣誉或前途等一样重要。这样的信仰和道德水平，比个人主义、家庭主义、家族主义的信仰道德水平要高，是个人主义、家庭主义、家族主义的一个进步、变化或运动。但是，止步于此的信仰道德水平，就是人们熟知的各种种族主义或民族主义，包括纳粹和各种极端民族主义了。同时，上述爱的扩展结果，也可能避免不了个人主义者、自私鬼的指责，和只顾小家、家族的无大志、无理想者的责难。即他在信仰道德上的进步和退后、增加的优点和增加的缺点可能其实还是一样多。

若爱继续前行或扩大范围，扩展到有不同种族或民族形成的国家或统一社会，信仰或道德水平就提高为人们人们熟悉的"爱社会"、"爱国主义"——爱所有国家组成的国际社会，就是爱全人类，这是当今流行的"人权高于主权"思想，本质上仍然属于"爱社会、爱国家"的范畴。但是，若我们的信仰水平止步于此，就会陷入被《圣经》所谴责和打击的位置——"只爱人类"。旧约中有"人算什么"（赛 2:22），新约中有"只体贴人的意思，不体贴神的意思"（太 16：23）等经文，都要求人类的信仰水平还要继续提高才可以。这最后的信仰水平提高，目标就是爱神，正如《圣经》中一再提到的"尽心、尽力、尽意、尽性爱主你的神"。

由于每个有不正确信仰的人，都表现为信仰水平的停滞不前，因此，所有不正确信仰的完整呈现，就只在群体信仰中、特别是在社会信仰领域中，而难以在一个人身上表现出来。不正确的社会信仰，涵盖了各种个人不正确信仰，或代表了所有社会成员的整体信仰状况，是本书所要讨论的主要对象。

具体分析一下上面的内容。信仰水平的成长，在爱人如己的范围内共有七个层次，即《圣经》中的"七个女人"（赛 4：1）。它们分别是：一、爱生命。即珍爱个人生命，永不轻生自杀；二、爱配偶如同爱自己。这里的配偶，包括初婚、再婚、婚内、婚外、异性婚姻和同性婚姻，和各种多夫多妻制下的所有婚姻关系中，被认可的配偶。扩展到其他领域，同水平的信仰

还包括对合伙人、社区邻居、搭档等等的如己之爱；三、爱家人如同爱自己。这里的家人包括，按照血缘关系确定的、或法律制度规定的、习俗上认可的各种家庭成员。同水平的信仰还包括，对同事、对朋友、对同学、对战友或对医友等等的如己之爱；四、爱家族、爱族人，如同爱自己。可扩展领域为，爱同行同路者、爱同乡老乡等人；五、爱种族如同爱自己。可扩展为在同习俗、同习惯、同道、同志或同党派范围内，视他人如同自己；六、爱民族如同爱自己。即，在同文化或相同文明的人群范围内，视他人如同自己一样。同水平的信仰扩展，包括爱同社会阶层内的其他人，也就是中国人熟悉的阶级之爱；七、爱国家如同爱自己。同等水平的信仰，还有对国家间联盟、或对国际组织的爱，如同爱自己。

综上，如下图 1-1 所示。其中，符合"爱人如己"要求的正确信仰的行为或思想模式，如图中红线所示。图中红线的一端直达另一端，形成一个以"正直"（不偏不倚、或不偏向左也不偏向右）为特征，以"爱人如己"为总要求的行为、思想体系。但是，需要注意，红线上的行为或思想模式并非如图中红线一样独立唯一，而是以另外的引导方式或限制性条件，即以"尽心、尽力、尽意、尽性爱主你的神"为标志，从红线左右的各种行为、思想模式中集合或抽离而来的，并一以贯之的散布在红线左右两边的所有错误的行为、思想模式之中。它与没有以"尽心、尽力、尽意、尽性爱主你的神"为引导方式或限制性条件的各种信仰，以及无神论的各种信仰道德体系，在"爱人如己"的各阶段上始终共处于同一场景中。如，信奉《圣经》的信仰者，也有着图中个人层面最左侧的 "目中无人"的行为、思想模式，但这仅仅出现于面对信仰考验时才会出现，正如《圣经》经文"那杀身体不能杀灵魂的，不要怕他们；惟有能把身体和灵魂都灭在地狱里的，正要怕他。"（太 10：28）所讲；再如，信奉《圣经》的信仰者也有图中的"各种自杀"行为、思想模式，但却是在信仰引导下从思想到行为各方面抛弃未信前的旧模式，立志在信仰中做新人等特定情况时才会出现的，正如《圣经》经文"要治死你们在地上的肢体。"（西 3：5） "脱去旧人和旧人的行为。"（西 3：9）所讲；再如，《圣经》中要求做子女的信奉者，要孝顺自己的父母，如经文"你们作儿女的，要在主里听从父母，这是理所当然的。要孝敬父母。"（弗 6：1-2）、"当孝敬父母"（出 20：12）等等。中国的传统文化中也有大量有关孝敬父母的内容。但二者看似相同，其实却有着天壤之别：中国传统文化中的"孝敬父母"，讲究做子女的要无条件地顺服父母，即中国谚语"老的（父母）无过天无过。"，直接把父母等同于至高者或神；而信奉《圣经》做子女的，正确的孝顺父母绝不可以将父母等同于神——神是独一的神，任何人包括为人父母者，均不可以与神并列，总要在神之下。正如经文"你们作父亲的，不要惹儿女的气，只要照着主的教训和警戒养育他们。"（弗 6：4）所讲，为人父母者并不可以脱离"主的教训或警戒"任意对待子女。否则，子女的不顺服就并非不孝，而是应当提倡或弘扬的行为或思想模式；与此同时，信奉《圣经》做子女的，也绝不可以将孝顺父母的爱与尽心、尽力、尽意、尽性爱主你的神的爱相独立、对立开来，用其中的一种爱代替、置换、覆盖另一种爱，正如经义"无论何人对父母说，我所当奉给你的，已经作了供献，他就可以不孝敬父母。这就是废了神的诫命"（太 15：5-6）所讲。如此，图 1-1 中红线所代表的行为、思想模式，在图上无处不在，且数量上与红线左右两侧所有行为、思想的样式一样多，是一个在图中每一层上包含着多达 14 种具体样式的集合体。

爱（理性）　　科学（智慧）

| 个人 | 目中无人 | 目无配偶 | 目无家人 | 目无族规 | 目无祖宗 | 目无道德 | 目无王法 | 危害国家 | 文化灭绝 | 种族灭绝 | 危害家族 | 危害家人 | 危害婚姻 | 各种自杀 | 个人 |

（左侧 爱/理性 斜线自上而下）配偶至上　家庭至上　家族至上　种族主义　民族主义　国家至上

（中部）种族主义　种族优越　种族等级　种族压迫　种族歧视　灭种　灭种
民族主义　民族等级　抛弃文化　民族灭绝
国家至上　亡国

（右侧 科学/智慧 斜线自上而下）杀妻　灭子　灭族　灭种　种族　民族　国家　配偶　家庭

（下半 X 形 左斜线）国家　民族　种族　家族　家庭　配偶　个人

（下半 X 形 右斜线）国家　民族　种族　家族　家庭　配偶　个人

纵轴刻度：6　4　-2　-4　-6

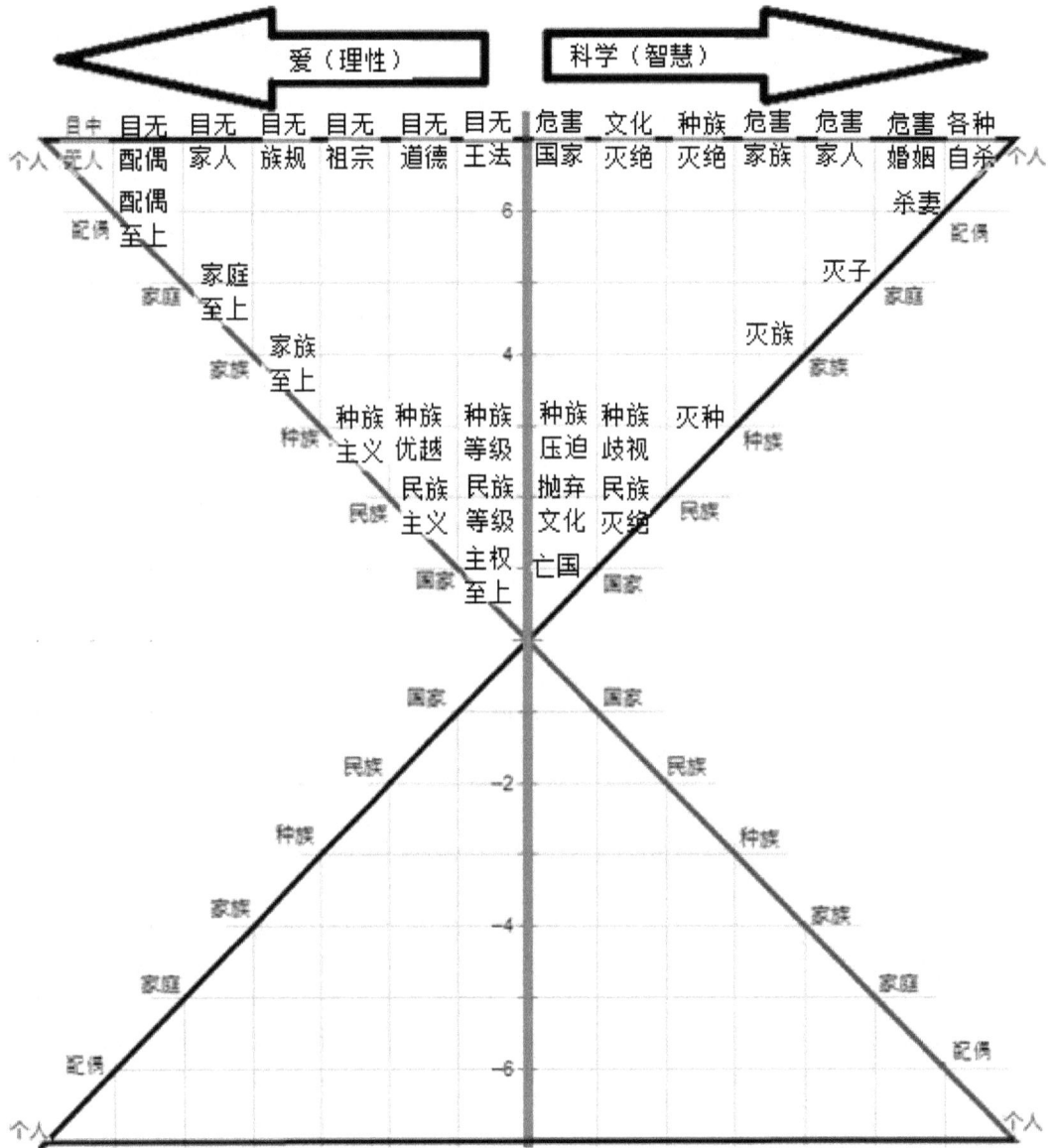

图1-1　　个人信仰水平及其影响因素示意图

    同时，根据我们上面的讨论结果，在图中这七个层面中任何一处停滞下来，就都是错误的信仰或者无信仰的道德。如此，我们可以很简单、初步量化对比各国的信仰水平差别。如，当今美国社会的信仰水平，已经提出了"人权大于主权"的前进目标，也主导完成了具有限制国家主权内容的区域贸易协议(TPP)，处于信仰水平第七级别的末尾位置，相比光荣革命时的英国——英国王室代表英国人民走出了"爱家族如同爱自己"的信仰阶段，即走出信仰发展的第三级、迈进第四级，与今天的美国社会信仰水平差三个级别（种族、民族、国家）。

    爱人如己七个层面上的任何一个层面中，虽然充满了"爱"，但却是错误的行为或思想的，也各有七种。例如，图 1-1 中红线左侧的"个人"层次上的"目中无人"，是一种极端的自恋和自高自大，充满了对自己无限的爱——因此，这样的人并非缺少爱，而是把爱全留给了自己，没有为他人（包括神）留下一丝一毫的爱的空间或时间；他对待自己全心全意的爱，同时就表现为对他人、对周围自然和社会环境的冷漠、恨，或者是爱的根本缺失。"目中无人"对于无神论者来讲，还意味着对造物主的不屑、不相信、藐视、亵渎。"目中无人"也是有些有神论者的一种无视他人和周边环境的行为方式或思想模式。这样的人，除了表现出对"神明"的爱的"样式"，如按照教会的要求按时祷告、按时去教堂、穿戴标志性服饰、守特定的节日、建造特定的建筑物等等之外，不会顾及周围任何人或任何事，一切从自己的个人利益（自爱）出发，可以十分容易地做出损害家人（如前面提到的用供献为理由的不孝）、家族、行业、阶层、种族民族、国家、乃至损害全人类的任何事情来。图中该层次上的其它错误行为或错误思想模式，也都类似，都是偏离了图中红线所代表的正直原则以外的行为、思想模式的表现，就不再逐个说明。图中斜线上的任一个层次，所对应的七种非正直的错误思想或行为模式，按照其所在位置距离红线的空格数，再加上其距离顶线的线段数量，共计为 7，来综合确定其信仰水平的具体状态。如"民族"层面的错误行为或思想（民族意志）模式，在水平方向上距离红线有 2 个空格，对应民族层面上有 2 个错误行为或思维模式。它们分别是，1、民族至上或民粹主义，无视或藐视其他民族的生存权；2、自以为是享有特权或处于优越地位的特殊民族，在民族关系处理上，自以为是，高高在上，随性而为。在距离顶线（即"个人"层面所在的水平线）方向上有 5 个线段，表示在面向"个人"方向上有 5 个错误（民族）行为或思维模式（民族意志），分别是对待本民族中不同种属生物特征的种族、不同利益诉求的家族或行业、阶层，以及对待各类家庭、各色社会成员、各种婚姻关系中的配偶等个人方面，只注重民族利益而无视、或轻视这些个人、团体的利益。至此，在"爱人如己"领域中，人类的错误或不正确信仰共有 7 层（即正确信仰的成长有 7 个阶段）、每一层或每一个阶段又各有 7 种典型的错误类型（即正确信仰要跨越或克服的 7 个错误），这就是《圣经》中"必有 7 个 7"的经文含义（但 9：25）——人类信仰发展必要全部通过"爱人如己"的"7 个 7"信仰领域的考验后才会结束；人类正确信仰的发展不能越过或缺失了人间领域，而停留在或直接进入到"尽心、尽力、尽意、尽性爱主你的神"的领域中，正如经文"才生的公牛，或是绵羊，或是山羊，7 天当跟着母；第 8 天以后，可以当供物蒙悦纳"（利 22：26）和有关以色列人"割礼"（创 17：12）的经文所讲。其实，《圣经》中有数字"7"的几乎所有经文，都与此相关。同时，在使用上述方法时，不难发现，在斜线上的每一个点，即任何一个最极端（极右或极左）的行为、思想或信仰模式中，都存在一个"拐角"或"角"的图案形象；如果将这条斜线沿着水平向中间位置（偏左或偏右）移动的话，图表中的每一个点位，都要出现一个倒立的"T"型图案或形象；位于图表中红线位置的点，与层面的水平线垂直，构成一个大"十"字图案。我们在后面的讨论中会明白，这些图案是《圣经》中至今最难以让人理解的梦境等"异象"、标志性物象中最常见、最基本的元素。需要注意的是，现代人类正处于信仰发展的最后阶段即社会信仰阶段中，也就是图 1-1 中的"国家"阶段中，是本文讨论和研究的对象。这同时意味着，我们现在看到和将在本文中讨论的个人、配偶、家人、家族、种族、民族都是被"国家"或者社会时代剪辑、编印后的。而社会时代之前的各时代，如个人时代的个人，配偶时代的个人和配偶，家人时代的个人、配偶和家人，家族时代的个人、配偶、家人和家族……我们看不到也不在本文中重点讨论。但需要明确的是，正确信仰从社会前各阶段中所走过的信仰之路，与在社会时代中处理这些领域中人与人之间关系的路径和原则，是完全一致的，即都要"正直"。

发生于人类之间的极端的爱，一种类似于"尽心尽意尽力尽性"对他人的爱，会杀人杀己。例如，对孩子的极端溺爱，会最终毁掉孩子的一生或"直接杀死"孩子。同时，背负着这种爱的责任的父母，也会累死或"杀死"自己；再如，对父母长辈尽一种中国《孝经》要求的那种孝顺方式的"爱"，也是自杀和杀人（杀父母）：用从子女身上割肉等摧残子女身体的方式来满足父母的口腹需要，从子女和父母两方来讲都是无法持续或必定死亡的。对于爱国家、爱民族、爱种族、爱家族、爱配偶来讲，也是如此。如，对国家的极端、无原则的爱，要么会造成闭关锁国，要么会造成侵略成性、妄图消灭其他所有国家统一全球，都是一种自取灭亡的害国害己的行动或思维模式。因此，极端的爱与根本缺失爱，在结果上是完全相同的、对等的。

图 1-1 中红线的右侧，可以被看作是缺少爱的行为、思想模式的集合。如，在个人层面上，处于与红线左侧"珍爱生命"相对立的，首选主动放弃个人生命的行为或思想模式——各种原因、各种手段的自杀。即图中"个人"水平线的右端点。从此端点向左移动，是一系列的间接自杀或慢性自杀，即一个人主动杀死、破坏周围的人（群）、或赖以生存的周边人类环境。例如，一个虽然没有自杀倾向、知道爱惜自己生命的人，因其不断危害家人，杀妻灭子，彻底毁掉自己的家庭，事实上是自暴自弃、毁坏自己赖以生存的基础的一种慢性自杀！并不能称得上是一个真正珍爱自己生命的人。同理，一个虽然不会自杀，但对于或者家族、或者种族、或者民族、或者国家、或者全人类造成危害的人，也都是慢性自杀者，是没有爱、缺失了爱的人。更复杂的情况是跳跃式组合，如一个人在家人之外社会环境中，被公认为是个充满"爱心"者，但唯独对其妻子或者孩子十分不友好，或者一个对周围所有人充满敌意的狂热爱国者、极端民族主义者，等等。图 1-1 中红线的右侧部分，与红线左侧部分结果对等，是左侧按照固定规则的一种翻版。因此，我们前面讨论红线左侧的内容，全部适用于红线右侧，不再重复。

9

从个人信仰成长对人群或社会的影响来看，越是面对小群，如夫妻、家庭、家族，越会带来较大的帮助和影响——一个视家庭为第一的人，其家人可能时时都会感受到来自他的浓浓的关爱。随着人群扩大、社会范围扩展，帮助和影响会衰减——即使是一个狂热的爱国者，国家或者全社会可以感受到他的爱的机会和热度，也会极其有限。因此，越是早期社会，甚至是更早的部落或氏族时代，越是道德伟人辈出。而社会越成熟，伟人越少越不那么伟大！信仰水平影响的这种递减效果，是爱的付出对周围环境的影响递次减弱的反应，在图1-1中用上半部分的斜线来表示。同时，它也与各种周围环境对人类个体的影响或"爱的回馈"、结果正好相对或相反。即个人付出的爱从人类个体依次扩展到全人类、全世界后所收到的"回报"、所取得的效果是递减的，用图1-1中下半部分的斜线表示。也就是说，爱在描绘人们信仰成长、信仰发展收获果实的过程中，所走过的整个路径并非是一条直线，而是一条有着一个拐点的曲线形式。从逻辑上讲，这个拐点应该是爱的付出与回馈的平衡点。

爱在越小的范围内，对于爱的对象所产生的效果差别就越大，营造出的环境或者秩序之间的差别也越多。例如，珍爱生命是对自己的一种爱。世界上的每一个爱护自己的生命者之间，爱的具体方式千差万别，构成了人类关系中最多、从而整体最大的差别，是人世间被称之为"花花世界"的最基本构成要素和最基本原因。即使是在截然不同的各种信仰者群体内，对珍爱生命者进行观察，结果也是一样——每一种信仰群体内，个人之间的差别也都是明显而巨大的，每个人都有自己的爱的特点而成为鲜明的个体，以至于个人之间唯一的相同点就是都还"活着"或者都是"人类的生命体"。当"爱"沿着图1-1中上半部分的斜线向下走时，跟随"爱所存在的空间"的扩大，爱的对象体之间的上述差别开始变小、变少。即对象之间的差别相比人与人之间的差别程度来讲，越来越小，它们之间的共同点开始增多。例如，所有的配偶，都是性别不同者之间的组合，都经过一定的仪式或者法定程序的确定，都以生育后代为"爱"的目的或者结果……这些相同点，让我们的社会学分类，变得越来越容易。但是，这种变化过程中的速度却并不一致或者并不均匀。例如，不同配偶、夫妻之间的差别，几乎与个人之间的差别一样大，即从"爱生命"到"爱配偶"，爱所营造的环境或秩序的差别程度，并不足够显著——我们无法象区别国家类型那样简单明了的完成不同夫妻之间的区分或者认知，公认的国家类型极少，而夫妻模式太多！由于图1-1中"爱"的变化所营造出的秩序或者环境变化，越到后来，越缺少变化即种类变少——种族数量比民族数量多很多，如一个民族内有很多的种族，而民族数量比国家数量多很多，如中国一个国家内就有56个民族，而全球的国家从数量上讲屈指可数，其从民族数量上减少的数量，又比民族的数量从种族数量上减少的更少。因此，"爱"引导信仰发展沿着图1-1中上半部分的斜线运动过程中，开始时的加速度要比后来的大——开始阶段的曲线要比结束阶段的曲线部分陡峭，或者越到后来的曲线部分越平缓。例如，种族数量与民族数量相比，民族数量与国家数量相比，虽然结果相同即都呈现为一种减少的趋势，但是前者减少的速度更快、加速度更大；或者后者的加速度相对较小、减少的速度相对较慢。也就是说，作为一条连续曲线来讲，"爱"所引领的信仰发展曲线在中间位置出现一个拐点——从图1-1上半部分的斜线来看，这个拐点出现在斜线中的"家族"部位。即，在全球范围内，从个人到配偶、再到家族，之间的模式差别并不大，即中国传统文化中从个人、到夫妻关系、再到家庭伦理关系的发展模式，与西方文化中同类模式间的差别相对很小。例如，对于生命或者"什么是活着"的认知差别基本一致、对夫妻之间的爱情的定义或者理解的差别也不是很大，对于如何爱家庭或者家人的模式，东西方还可以相互理解。而从家族关系开始，种族关系、民族关系和国家关系的发展模式，差别开始陡然增大并越来越大——到最后，是截然相对或完全相反的，例如对国家的认知或者对"爱国主义"的理解，中国传统文化与现代西方社会是完全不同甚至直接对立的。"家族"在人类信仰发展或者信仰历史中的特殊地位，在《圣经》中是得到了特别强调的：以色列人或者以色列民族，是从雅各的十二个儿子即以色列十二支派开始算起，带领正确信仰者独立于其他世界之外并与后者差距越来越大的，连世界末日后也是按照以色列十二门派描述天国中的圣城新耶路撒冷的（启21：12）。

图1-1中红线部分所形成的曲线，因其为正确信仰成长的必经之路，必然是各种错误信仰（或停滞不前的正确信仰的某个阶段）曲线中的一部分或一个特定值，且该部分曲线与其"母线"的数学性质自然完全不同——红线部分可能通向永生，其它部分只能通向死亡。我们不难发现，在图1-1中每一个层面的两端，都是生与死的本质差别，如第一层的"个人"层面中的两个端点，右端点是死亡（自杀），左端点是生活（生存），二者开始时的距离只有今世中的生与死的细微差别，即经文"他鼻孔里不过有气息，他在一切事上可算什么呢？"（赛2：22）

中所讲的与死几乎无差别的生——正因为这种生死几乎没有差别，所以才又有经文"任凭死人埋葬他们的死人，你跟从我吧。"（太 8：22）中的两种死人；而随着信仰的发展，正确信仰所在的那一条爱的曲线，会滑向永生（永世）的方向，与"尽性、尽心、尽力、尽意爱主你的神"中的"爱"接轨，由此与右端点（死亡或永远的死亡）所在的爱的曲线拉开越来越大的距离。假设爱在信仰变化中所起的作用是行走时的轮子或脚，那么，不正确信仰就有两个轮子或两只脚——一只去向死，另一只去向生；而正确信仰就只有一只轮子或一只脚——只去向生或者永生。从逻辑上讲，还有一种只去向死或者"永死"的信仰类型，与正确信仰相对，也只有一个轮子或一只脚，那就是无信仰的道德体系了。

综上，我们不难预知人类信仰发展运动的曲线形式如下：不正确信仰的信仰运动曲线是一个有两条在一端无限接近、另一端相距无限远的不连续曲线组成的几何图案，其中的每一条曲线都是开始部分（或者前半段）陡峭、结束部分和后半段平缓，中间有一个拐点，如图 1-2 所示；正确信仰（和无信仰）的信仰运动曲线是其中的一条连续曲线——正确信仰的信仰曲线与无信仰者的道德曲线各自占据其中一条固定的连续曲线。分别如图 1-3、图 1-4 所示。请读者注意，以上三个示意图并非一般性的说明图表，而是准确和真实的几何图案，有关数学函数式和参数变量的确定，及这些几何图的使用技巧的说明，集中放在第二章第三节的最后一个小节中。

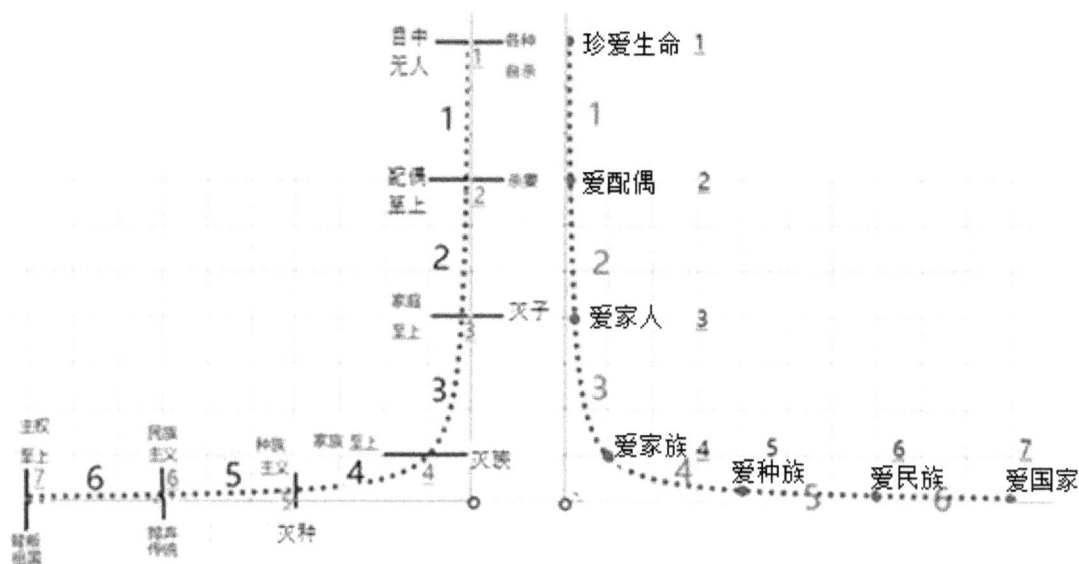

图1-2 不正确信仰的运动轨迹和《圣经》中 "62个7" 的解析示意图

说明：一、左右各有7个轴组，量为"6""2"，所有信仰（包括有无、正确及不正确）即7个零次，因此所有的信仰轨迹数之为"62个7"。

二、为标注方便，图中的一个轴座被分隔开来的，水平轴上的虚线虚线∞实为一个点。

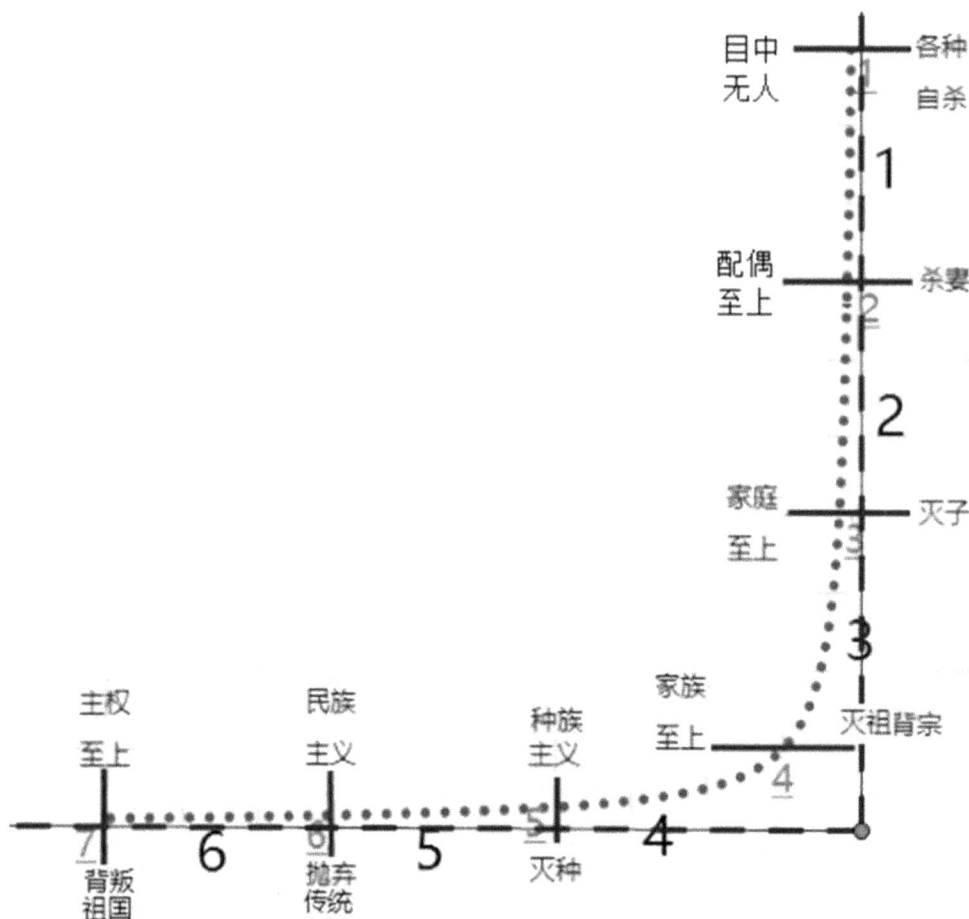

图1-3 无信仰者或"畜类"人的"信仰"道德运动轨迹示意图

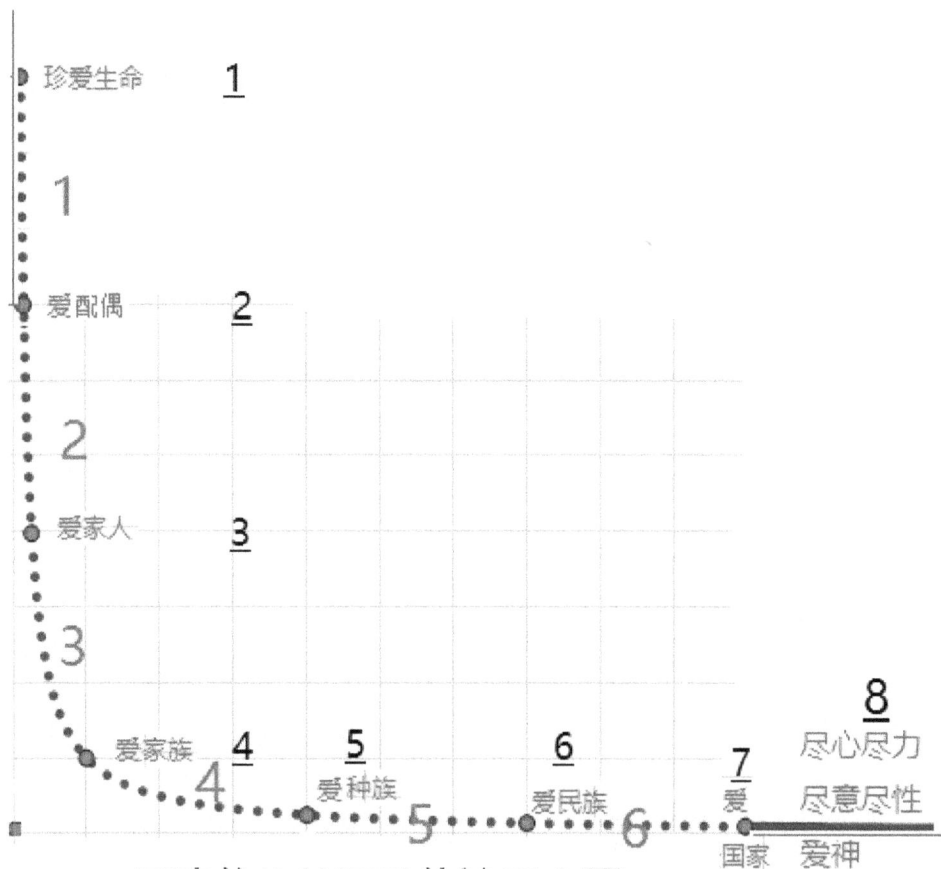

图1-4   正确信仰的运动轨迹示意图

观察图 1-2、图 1-3 和图 1-4 三个轨迹示意图，每一个读过《圣经》者，都不难立刻明白《圣经》中类似下面的经文的真实含义了：

"凡有聪明的，可以算计兽的数目，因为这是人的数目，它的数目是 666"（启 13：18）——人类的 3 种信仰运动轨迹中，各有 6 个阶段（6 个曲线段），因此是人的数目且表述为"6-6-6"，这段经文的真实的意思就是说明人类的所有信仰运动阶段（在下一编中，我们还会看到它同样是所有货币运动的轨迹数目，因此在此前的经文中，还有"不得作买卖"的字句提示）。另外，《圣经》中有关"安息日"或"安息年"（出：23：10-12）规定中的数字"6"，也是为此而来；

"引到死亡，那门是宽的，路是大的；引到永生，那门是窄的，路是小的。"（太 7：13-14）——正确信仰的轨迹只有一条连续曲线，而不正确信仰的轨迹却有两条不连续曲线构成，加上无信仰者也有一条连续曲线的变动轨迹，自然，永生的"路"比死亡之路又窄又小；

"淫妇的嘴滴下蜂蜜，她的口比油更滑，……"（箴 5：2-6）——不正确信仰运动轨迹的两条不连续曲线之间，有一个极小缺口形成的"嘴"，如"两刃的刀"的刃，且该位置近乎垂直的斜率显然会"比油还滑"；在此两条曲线间左右移动，显然是"路变迁不定"；经文中的"淫妇"，显然就是指所有不正确信仰者，并无性别区分的意思在里面。对照下面的经文，"你要除掉邪僻的口，弃绝乖谬的嘴。你的眼目要向前正看，你的眼睛当向前直观。要修平你脚下的路，坚定你一切的道，不可偏向左右，要使你的脚离开邪恶。"（箴 4：24-27），显然完全符合正确信仰者的信仰运动轨迹图 1-4 的特点，就不用过多解释了吧？

对照轨迹图 1-2 和图 1-4，再看以下经文，"我休你们的母亲，休书在哪里呢？我将你们卖给我哪一个债主呢？你们被卖，是因你们的罪孽；你们的母亲被休，是因为你们的过犯。"（赛 50：1），显然不正确信仰轨迹图 1-2 中的右侧曲线（或正确信仰运动轨迹图 1-4 中的虚线部分）就是经文中"被休"的"母亲"，其中"你们的过犯"就是图 1-1 中的那 7 个层次；而经文"你这不怀孕、不生养的，要歌唱，因为没有丈夫的比有丈夫的儿女更多。你必忘记幼年的羞愧，不再记念你寡居的羞辱。因为造你的是你的丈夫。"（赛 54：1、4、5）中的"没有丈夫"的"寡居妇人"，显然是只有一条连续运动曲线轨迹的正确信仰者的比喻，"造你的是你的丈夫。"就是指正确信仰者终要被造物主所悦纳，"幼年的羞愧"是指正确信仰运动轨迹是从

13

一开始就被拣选、从一开始或"幼年"被"迎娶"的，但在未与"爱主你的神"（图1-4中"8"的位置）的爱连接在一起时，处于被抛弃、被掩面不顾的"弃妇"、独居状态中；而其中"有丈夫"的妇人，是指不正确信仰运动轨迹图1-2中的两条曲线，它们象一对人间的配偶一样。

经文"人若休妻，妻离他而去，作了别人的妻，前夫岂能再收回她来？但你和许多亲爱的行邪淫，还可以归向我。这是耶和华说的。"（耶3：1）中"和许多亲爱的行邪淫"的，显然是不正确信仰轨迹图1-2中的右侧曲线或正确信仰运动轨迹图1-4中的虚线部分，这一条曲线在不正确信仰运动轨迹图1-2中曾经并不"孤独"，从不缺少"亲爱的"（按照图1-1中7个错误层次计算，在其左侧存在的曲线形态至少可以多达7！个），但却可以藉着正确信仰成就一个永恒的未来。

经文"生过7子的妇人力衰气绝，尚在白昼，日头忽落，她抱愧蒙羞。"（耶15：9）中的"妇人"，就是三个信仰运动轨迹图中的虚线部分——各自都有7个层次或阶段，是为"生过7子"。

经文"耶和华啊，你忘记我要到几时呢？你掩面不顾我要到几时呢？"（诗13：1）及经文"耶和华是我的产业，是我杯中的份；我所得的，你为我持守。用绳量给我的地界，坐落在佳美之处。我将耶和华常摆在我面前，因他在我右边，我便不至动摇。"（诗16：5-8），也是指正确信仰者的信仰运动轨迹曲线讲的，其中"用绳量给我的地界"中的"绳子"，就是指这条连续的曲线，而"在我右边"则指出了这条曲线在右侧的方位，"耶和华是我的产业，是我杯中的份"是指这条、唯有这条曲线最终才会与神的爱接轨。

经文"你坐在我的右边，等我使你的仇敌作你的脚凳"（诗110：1）既指明了正确信仰运动轨迹曲线在右侧方向的位置，又将不正确信仰者和无信仰者的信仰曲线中的阶段性特征明确指示出来。

经文"耶和华的右手高举，耶和华的右手施展大能。"（诗118：16）也清楚指明了正确信仰者的信仰运动曲线所在的方位和归属。

《圣经》中所有与"狮子"有关的经文，如"我也从狮子口里被救出来"（提后4：17）中提到的"狮子"，都是指不正确信仰及其运动轨迹曲线，因这两条不连续曲线所组成的图案与狮子运动时四只足所划过的轨迹相似：狮子运动时，前两只脚之间的距离较小，且越在快速的运动时间距会更小，甚于至接近重合（0）的最小；与此同时，它的后两只脚之间的距离较大，且越在快速的运动时，间距会更大，可以达到其极限的最大程度。

经文"唯有蛇比田野一切的活物更狡猾"（创3：1）中的"蛇"，是指信仰运动曲线，它像一条连续不断的"绳子"，构成了所有信仰类型（包括有无、正确与否）的运动轨迹的基本形态，与经文"我又要叫你（指蛇，作者注）和女人彼此为仇，你的后裔和女人的后裔也彼此为仇。女人的后裔要伤你的头，你要伤他的脚跟"（创3：15）相结合，显然是指不正确信仰（包括无信仰）者均会被伤害，难逃来自信仰的死亡惩罚和后果，而只有正确信仰者会打破这个局面，即可以进入爱神的信仰阶段中避免被其伤及。

经文"若有人要跟从我，就当舍己，背起他的十字架，来跟从我"（太16：24）中的"十字架"，就是从中间位置穿过不正确信仰运动轨迹曲线图1-2中的那一个个水平方向的"脚凳"时，所形成的一个个十字交叉点——所有这些十字交叉点组成的图案就正好是正确信仰运动轨迹必要划过的一条曲线；对于"十字架"来讲，并非一定代表正确信仰，就是无信仰者，也可能在其道德运动轨迹中划出一个个的"十字架"，如严格按照中国的儒家理论所要求的那种"己所不欲、勿施于人"道德体系去做的结果就是如此。可见，"十字架"不是最重要的，背着自己的"十字架"跟随谁走，才是最重要的——如中国历史上无数的所谓"忠臣"，背着自己的"十字架"跟随各朝各代的皇帝走，早早被奸佞所害，不会有永生……

类似用比喻说明信仰曲线特征的经文在《圣经》中实在太多，因篇幅原因就不再一一列举解释了。可以说，信仰运动轨迹是整体解读《圣经》的关键所在，即使后面章节中的定量分析，也以此为基础。

图1-1中个人信仰水平变动的全过程，也可以简单转化为一个"爱的博弈"即爱的付出、回馈和平衡的动态过程。假设爱的付出对一个人的信仰水平产生的作用值为1，接受者不同样付出爱，爱就会最终递减至"0"值；否则，爱就会传递下去，直至无穷。上述过程，表述为一个博弈表如表1-1。从该博弈策略的结果来看，在爱的领域里，最终的结局（均衡点）是（0，0）。因此，在"爱人如己"领域中，爱的付出者或接受者，事实上处于一种"同生死、共患难"的共生共死的模式之下，或者说爱的付出者或接受者事实上处在一个游戏之中或一个博弈局面

当中，无人（或人群、环境）可以真正抽身而去。只讲爱，或剔除了智慧因素前提下，最美好的"爱"（即图 1-1 中红线代表的模式）也根本无法解决世界上的任何问题，只会眼睁睁看着世界耗尽所有的"人与人之间的爱"，或者掏空人类之间的爱所编制、维系下的环境秩序以后，堕落下去直至彻底崩溃、死亡——这就象前面例子中的中国孝子，如果其父母也有着与其一样深、一样大的爱对待子女，例如父母不仅不让子女自残孝顺自己，同时还尽自己最大的力量减轻子女照顾自己的担子。即使在这种最美好的情况下或者环境中，若无改变生活状况的有力措施，父母饿死、子女辛苦累死的悲惨结局仍然难以逃脱。该动态平衡过程也表明，即使人类社会出现了一个新局面，例如某种"美好"意识形态或充满理想主义色彩的新思想所主导的新社会秩序，在一个崩溃的旧社会废墟上建立起来，也会重复旧社会中所发生的上述过程，难逃历史的覆辙。历史在循环往复中运动着，这正是中国历史上不断上演的朝代更迭和儒家思想不断兴衰的游戏画面。中国传统文化中的"权"和"中庸"思想，都无法真正可以让社会摆脱崩溃命运，却正是走向崩溃过程中徒劳、愚蠢的挣扎和反抗，属于典型的《圣经》中所讲的那种"世界的智慧"（林前 3:19）或自欺者的智慧。

	接受者		
	付出（1）	接受（0）	
施与 付出（1）	1	1	1	0
者 接受（0）	0	1	0	0

表1-1 爱的零和游戏博弈表

博弈理论告诉我们，在爱的领域中，不仅不排斥理性，而是充满了一种亚当·斯密所讲的"经济理性"：每一个信仰成长者，在追求信仰水平提高的过程中，通过爱，为社会或周边环境带来的都是维系原来平衡点的作用，而非改变社会平衡点的作用。至少在这一点上，"爱人如己"中的"爱"与货币有着逻辑上完全相同的特点，经济人追求利润最大化与信仰者追求信仰水平的提高的基本原理完全相同（亚当·斯密在其《道德情操论》中，已经竭力论证了经济人追求利润最大化并不会降低社会的道德水准。），这为后面章节中我们直接运用经济学理论讨论信仰学、直接用经济数据讨论信仰和道德水平奠定了坚实基础——心急的读者朋友，至此不用阅读下面的章节也应该很容易判断出，靠货币量化宽松不断刺激而维持下去的现代世界经济秩序，就像迟早用尽爱心所维持的"爱的游戏"环境一样，注定无法持久而必然崩溃、死亡。具体来看，生产经营者的利润和消费者的感受，都是博爱（无条件的爱）的体现：生产者、经营者不可以没有利润，亏损（或者让其忍受亏损）对于他们来讲，就是"爱"的缺失；同样，消费者在消费生产者、经营者提供的商品、服务时受损，也是爱的缺失。经济学就是考察在没有缺失的爱的前提下，即生产者、经营者、消费者都满意（博爱）的情况下，经济总量如何增长的一门科学，本质上应属于博弈论范畴。国家财税收入是对上述经济各环节中的主体，即对生产者、经营者和消费者所获得的爱或者福祉进行征收的部分，若大家都处于幸福中或者都从社会中获得了爱，国家所提供的服务也就是社会幸福的一部分；否则，它即成为一部分人（有幸福的一方、或者有幸福的社会阶层、统治阶级或者利益集团等）的帮凶或者袒护者，无论如何都走向了爱的反面而成为了痛苦社会阶层的最大施虐者。分开来看，在一定的技术水平的前提下，纵容生产者、经营者选择偷工减料、假冒伪劣等非法的生产、经营策略来获得或者维持其利润，就会造成消费者的利益直接受损，或者通过自然、社会环境的污染恶化间接受损；反之亦然，靠给消费者撒钱（如给政权的统治基础或利益集团凭空涨工资、加福利）的方法提高他们的社会幸福感，对他们的爱的倾斜，也会造成生产者、经营者的利润缩水（社会经济地位或经济力量下降）。同时，过分加大的生产、经营力度，也会造成自然环境消耗过快、社会的环境压力过分增加、社会环境恶化（如，强迫生产、经营）。任何社会经济的良性发展，都应该在爱的平衡或博爱原则的环境条件下进行：消费者、生产者、经营者都有幸福，都获得了爱。离开科学技术的进步，或者超越了科技进步的幅度，而实现的经济增长，都是爱的失衡。如，让亏损的企业继续存在或者增长，或者让一部分消费者的幸福继续凭空增大，就只有靠货币策略，即给予他们无成本（或者低成本）的货币支持。这正是发生在当代中国社会中的现象：一方面，让亏损、产能严重过剩的国企继续扩大生产，一方面让财政供养人员脱离经济环境条件无原则地涨工资、加福利。因此，中国宏观经济数据中，广义货币供应量与财税收入的比例关系持续、稳定的扩大，就是中国社会中博爱的枯竭程度越来越深、或者存在着越来越严重的爱的失衡的社会信仰与道德状况的量化反映——它终究要脱离图 1-3 中的曲线平衡而到达曲线之外的失衡位置。可见，亚当•斯密在其《道德情操论》中论证的"经济人追求利润最大化并不会降低社会的道德水准"的原则，其实正是《圣经》中爱的原则或博爱原则在社会经济领域中的一种同义反复，以信仰发展永不不脱离图 1-2、图 1-3 和图 1-4 中的曲线平衡为前置条件。

正确的爱的方式，必须与智慧或科学相结合才可以真正解决问题、打破旧平衡所产生的限制。例如，对于一个需要吃肉的父母来讲，子女正确的孝顺模式是努力发现、发明、运用各种打猎、放牧、养殖或生物科学技术，来满足自己的父母和天下所有父母的吃肉需求。但是，想尽千方百计、用尽人类智慧去满足自己、家人、家族、国家或全人类的各种需要，并不一定需要有"爱"或存在"爱"。例如，一个满足于执行法庭命令或社会道德要求去孝顺父母的儿女，他（她）可能采取了盗窃、诈骗等国家法律不认可的非法手段或人类公认不道德的手段，或者采取了勤奋劳动、积极发明并利用新技术、创新经营管理方式等人类公认的合法或道德的手段，向其父母支付了合乎法庭要求或社会道德要求的数量、质量的财物。这样的子女，应该都被称为"有智慧或有能力"的人，但因其都缺少对待父母的真实的爱，也是《圣经》中所谴责的人，是正确信仰者要竭力避免的"仇敌"。如此，我们将没有科学或智慧参与其中的爱，放置在前面图 1-1 中的红线的左侧，表示出在"爱"的领域中，人们按照经济理性——追求爱的最大效率（回报率）所必然要走过的全程，也就是各种不正确信仰的所有表现形式，和正确信仰者在处理人类之间的关系时所必要跨越的各个阶段。而把只有智慧、知识或科学而没有爱在里面的那一部分（全部处于图 1-1 中红线右侧），即从爱的角度来看，是属于缺失"爱"的一个特定的爱的范畴，单独拿出来称之为"知识、智慧或科学"领域，放在下一小节中另行讨论，虽然它们也是完全适用于本小节中有关爱的所有讨论的——图 1-1 中红线左右两侧的多达 14 种的行为、思想模式，因重复或重叠本质上只有 7 种不同的种类，是从"爱"的不同角度观察造成了图 1-1 中红线左右两侧的分类假象。

人类信仰发展的全景图是一个包括图 1-1 旋转形成的一个最大圆锥体在内，另外其中还包括 6 个小圆锥体（即不在本文讨论范围内的、其余的 6 各阶段各自形成的大小不一的圆锥体），共同挤在一块形成的一个"拥堵"的大圆锥体。图 1-1 只是人类信仰历史中的社会阶段在该圆锥上的一个截面示意图而已。请读者注意，本文讨论的国家社会阶段中存在于"个人"、"配偶"、"家族"等层面之上的信仰观念体系，是社会信仰这个多维体系中的一个维度而已，即社会信仰体系是"七维"空间体系，或者是一个 7 阶群。其它历史阶段如社会产生之前的各时代中的对应信仰观念体系，均不在一个历史空间中，不具有可比性。即个人时代的信仰体系是一维空间、一阶群，即只有"个人"一个维度或一阶；配偶阶段的信仰体系是二维空间、二阶群，即共有"个人"、"配偶"两个维度或两阶；家人或家庭阶段的信仰体系是三维空间、三阶群，即共有"个人"、"配偶"、"家人"三个维度或三阶……本文所讨论的主要对象，局限于所有信仰体系中那一个最庞大、最复杂的"七维"信仰体系、"七阶"信仰群的"国家社会"信仰体系中。

二、知识和智慧

在上一节图 1-1 中红线的右侧，可以被看作为剔除了爱的因素后所剩下的"科学"和智慧——我们称之为人类的智慧（科学），是一种可以脱离正确信仰而独立存在的智慧（科学或知识）。因此，在人类之间（爱人如己）的范畴内，科学照"爱"的标准也可以被划分为"7 个 7"的阶段或过程，与社会阶段相对应的科学阶段就是人们熟悉的"现代科学"，是本文的主要研究范畴。例如，图 1-1 中"个人"层次上的右侧端点"各种自杀"，可以通过自杀的手段反映出人类智慧（科学）的各种社会进步或不同的各种具体的技术。如，古代中国人的自杀方式更多的是上吊、跳崖、溺水，而现代工业技术时代，自杀的主要方式改变为喝（农）药、触电、卧轨等等；从右端点向左移动，或者危害家人、或者危害家族、或者进行种族灭绝、或者从灭绝文化开始消灭一个民族、或者灭绝一个国家、或者消灭全人类，也均如此，都会伴随着科学技术的进步或人类智慧的提高而不断变换方式。可见，人类智慧（科学）的途径，并无法真正改变人类所面临的生存问题或降低问题的风险程度，只是旧方式失效或效率降低会将问题延后或改头换面而已。

图 1-1 中红线的左侧部分，则代表了一种通行于各种技术时代的有缺陷的"爱的技巧"，或者使用、利用、推广任何科学技术（智慧、知识）的一种不正确的通用技术。无缺陷的"爱的技巧"，或正确的通用技术，是位于图 1-1 中红线所代表的那些方式、技巧或技术。当人们迈出"爱"的脚步时，其实就是在将一定的科学（知识、智慧），即信仰者首创的、颠覆性的科学技术、知识、智慧新领域进行深化或细化，并把它应用、推广、和普及开来的一个过程。当这个过程必然结束（爱的博弈必然走到下一个均衡点）时，人类科学（知识、智慧）的能力或福利也要完全耗尽了，只有期待信仰者开创出一个更新的颠覆性科学领域来避免全人类的整体崩盘……

正确信仰成长离不开所有的科学或人类的智慧，但信仰者的科学或智慧又与这些人类的智慧（科学）有本质的区别，《圣经》中的经文"凡心里有智慧的，我更使他们有智慧，能作我一切所吩咐的"（出 31：6）和大量类似经文都明确指出了二者的关系：信仰者的科学或智慧是首创的、颠覆性的科学技术或科学知识创新——"能做各样的工""也能想出奇巧的工"（出 35：35），且目的性非常明确，"能作我一切所吩咐的"（出 31：6）。即，一切科学创新都有其信仰作用或信仰意义，不可被歪曲滥用；首创的、颠覆性的科学创新，与《圣经》中要献给神的"素祭"（利 2：11-15）规定中的"初熟之物"、"初熟的庄稼"（利 23：10）、"凡头生的，不论是人是牲畜都是神的"（出 13：2），以及以色列人的"七七"节的含义（民 28:26）等等，完全相同，都是作为正确信仰的一种成果、奖赏、恩典、荣耀而存在的，不容任何人践踏。人类的智慧可以理解、运用信仰者的任何科学创新，并可以细化、深化、具体化甚至滥化、泛化这些被发现的全新科学知识，但这样做的方式、后果一定如《圣经》中警示模仿"圣香"做法并泛滥其用途时所讲的那样——"你们不可按这调和之法为自己作香，要以这香为圣，归于耶和华。凡作香和这香一样，为要闻香味的，这人要从民中剪出"（出 30：37）。信仰者来自于信仰的科学智慧及其利用方式，是人类科学智慧铺张、施展或利用的边界或限制。因此，信仰者来自于信仰的科学智慧，发源于爱——爱人如己的爱和尽心、尽力、尽意、尽性爱神的爱，却要被无法做到爱人如己的不正确信仰者，甚至只知道爱人如己或不知道爱人如己的不信者，随意利用、细化、扩展，来解决他们各自面临的具体生存问题，同时也留下了他们各自的信仰、道德运动轨迹。

在上一小节的讨论中，我们已经知道，科学与爱是一个硬币的两面。人类对待任何科学技术、知识或智慧，都会有截然不同的方向。例如，同样是三聚氰胺，信仰者发明、利用其解决人们生产、生活中遇到的难题，而一个无信仰的中国人，或仇恨人类的不正确信仰者，就会将其无底线地加入到牛奶等食物中，去伤害或灭绝人类，达到自己的各种目的。可见，无论多么伟大的科学创新或科技成就，都要与正确的信仰、正确的"爱"相结合，才可以打破旧平衡造就的危局。爱人如己的人间之爱与人类的科学智慧，是人类生存过程或信仰、道德发展过程中相互吞噬、相互碾压撕咬的一组对手：爱的扩展会吞吃掉人类科学技术中所蕴藏的所有生命要素，来自信仰的科学创新，就像包裹在人类生命上的一层巧克力，人间之爱只有舔着它，才会给人们带来幸福或不伤及自身生命。否则，舔吸不止的人间之爱，就可能吞噬人类的生命——图 1-1 中的红线所代表的爱的方式、模式，是最佳的利用科学技术的一种途径或模式；人类的科学技术也会驱赶人间的爱（图 1-1 中的红线部分所代表的技术进步模式、途径，是爱的平衡过程中的一个最佳路线），就如做父母的收到缺少孝心的子女的赡养财物越多（技术更发达的时代），感到子女的孝心或爱就越少（等量财物中蕴含的爱更稀薄）一样。人间之爱与人类的智慧、科学之间的博弈无赢家。因此，类似中国传统文化中的儒家文化，以其提倡"己所不欲，勿施于人"（《论语·卫灵公》）的"正人君子"式理论体系，形成了一个与"爱人如己"做一个"正直人"完全重合的"技术路线"，正好也平行地位于图 1-1 中红线所代表的正确路线上（即图 1-4 "正确信仰运动轨迹示意图"中的虚线部分）。可见，中国的儒家文化，可以在人类的任何技术时代，包括未来的所有技术时代很好地存续下去。但是，它无法解决技术创新、特别是颠覆性技术创新和首先理解、应用的先天不足，也使其永远无法让其信奉者取得伟大的科学成就而始终处于（最佳）技术追赶者或搭乘技术便车的历史位置。

至此，我们可以清楚地观察到下列三种情况。一、正确信仰发展运动的轨迹（图 1-4）是有一种"爱"（包括"爱人如己"和"尽心、尽性、尽力、尽意爱主你的神"的"爱"，即两种

"爱"的结合或一体）与一种"科学（知识、智慧）"（来自于信仰的知识、智慧和来自人的知识、智慧的结合或一体化）这两只脚走出来的。正确信仰者付出的是一种有两类"爱"有机组合成为一体的"爱"，而得到的回馈或信仰发展的信号、"提示符"也是一种有两类智慧、知识有机组合在一起的颠覆性智慧、知识、科学技术产业革命和特定的社会组织形态。二、不正确信仰发展运动的轨迹（图1-2）却有四只脚走出来，即两种"爱"（即"爱人如己"的爱与"尽心、尽力、尽意、尽性爱主你的神"的爱相分离，各自独立不结合）构成的前两只脚，和两种智慧（即来自信仰的智慧与人类的智慧两相分离，各自独立存在）构成的后两只脚。不正确信仰者付出两种爱，正如经文"一个人不能侍奉两个主。不是恶这个爱那个，就是重这个轻那个。"（太 6：24）所讲一样，这两种"爱"之间，总有差距存在，构成了其信仰运动时无法归一、无法合并的前两足；不正确信仰者收获或得到的回馈也相仿，既有动物们不会有的科学创新，也有理解、使用、细化任何智慧、知识或科学技术的普通人类智慧。但这两种智慧无法合一，导致了不正确信仰者永远也无法引起、发动一场产业技术革命或引领一个崭新的人类知识新时代的的到来，也无法带来社会技术即社会组织形态的真正进步（人类进入社会阶段后的特定发展时期中的组织技术）——在家庭时代、家族或氏族时代等社会之前的各时代也一样，对应着不同的家庭形式、家族或者氏族形式，但这些并不在本文的研究范围内。三、无信仰的畜类人，其道德水平的发展运动变化轨迹（图1-3），也是有两只脚走出来的，即只有"爱人如己"和人类的（知识）智慧。无信仰者付出的仅仅是人间之"爱"，得到的回馈也仅仅是对一般性的知识、智慧、科学技术的理解和应用。对于无信仰者来讲，即不会有颠覆性的科学创新，也不会率先、带头理解或应用已经存在的具备颠覆性力量的知识、智慧或科学技术；他们更多地做着细化，甚至滥化和过度使用已经被充分利用过或挖掘过的智慧、知识或科学技术，其中包括社会组织形式或者社会形态（人类进入社会阶段后的特定技术），如图 3-3 中第二列中的专制社会形态，可以看作为民主社会进程中寡头政治、僭主政治的一种滥化和过度应用的结果和形式。

	使用者			
		发明（1）	利用（0）	
发明者	发明（1）	1	1	1	0
	利用（0）	0	1	0	0

表1-2 科学的零和游戏博弈表

对于人类来讲，科学可以帮助人类解决所有现实问题。换句话讲，就是人类要解决任何全球性难题，只有依靠人类的科学进步。但是，科学进步又会同时制造出同样多、甚至更多的新问题，留待更新科学的出现去消化……我们将科学发明带给一个人信仰成长的作用值记为"1"，利用科学的作用值记为"0"——利用者不同样进行科学发明，发明的技术作用就会衰减，直至衰竭为"0"；否则，发明就会传递下去，以致无穷……表述成一个博弈表 1-2。不难发现，与爱的博弈表完全相同，科学（智慧）无法单独解决世界的所有问题；或者，没有爱的前提下，再好的科学（智慧）也只会让人类最终走到灭亡的结局。

科学充满理性，但科学的创新，特别是颠覆性的科学创新，却完全没有理性可言——人类的整部科技史，充满了偶然、意外或幸运、巧合。我们完全无法用任何理性的工具，如刚刚使用的博弈表来表述科学的颠覆性创新的规律。同时，"爱"无理性可言，常常被世人认为是"感性"、"感情"等不可测量的领域，相同的领域包括货币、利润等等表现出"零和游戏"特征的所有领域，其实却存在着理性的考察方法，如我们一再使用的博弈理论；而在世人认为充满理性、甚至是完全建立于一个人们早已熟悉的理性体系或逻辑推理系统基础之上的科学领域，其实才真的没有理性可以介入考察的空间。例如科学发明过程中的不可控制风险。由于人们对于科学发明的无从把握，即无法预测发明出现的时间、方向、条件、后果、形式等等，让科学领域成为最无理性可言的领域。因此，信仰学在客观上成为科学的科学——人类信仰水平的提高，是决定科学技术发展的根本原因；当现有科学技术水平被经济发展的需要所用尽、掏空，无法支撑全球经济增长的需要时，人类就在社会动荡或经济危机中迎来信仰者的颠覆性科学创新，

978-1-62265-922-7 (online) 978-1-62265-923-4 (paper) Faith Studies by Zhang, Pujie

直到这些科学创新被人类所认识、所接受并加以运用时，一个崭新的人类历史时代就正式开始了……我们无法用"爱"来划分历史。从爱的角度看人类的历史，历史就是一个平面，它时隐时现，在盛衰循环中毫无新意且没有尽头。科学技术本质上也是爱的产物——是信仰者的爱的产物。但是，从科学技术或人类智慧的角度看待人类的历史，历史即是纵向展开、不断前进、在逻辑或事实上有尽头或必有结束的事物。即除非存在无限的知识空间可以提供给人类去探索，否则，人类的历史注定有尽头，不可能永恒存续。因此，真正可以统一解释人类的历史发展并由此对人类的未来进行准确预测的理论，非信仰学莫属——人类信仰的发展，无论信仰正确与否，也无论是否有真正的信仰，都是爱与科学（智慧、知识）相结合的结果，在考察社会时期的特定阶段里，就是社会组织环境与自然科学环境相结合的结果。按照人类信仰发展所取得的成果的大小或多少，就可以把人类的历史划分成不同的历史阶段，可以被事实加以验证的主宰人类历史、掌控着人类未来的"上帝之手"的全部奥秘也在于此。

爱是各种挥洒、利用科学（知识、智慧）的方式的一种组合，并且它在本质上也是人们的各种行为、思维方式的组合。图 1-1 中左侧的各种人间之爱，事实上也是各种行为规则或法律体系，它们跟随科学技术的不同时代，一起运动、变化、发展着，像一把在不同科技时代的天气状况下，不断重复撑开、收拢的一把伞。例如，不正确信仰者或无信仰者在应用科学技术时，会根据自己的信仰、道德状况，做出各种不同选择——一个不珍惜生命者，会选择利用新技术自杀；一个只爱自己者，会不顾及他人或社会等各种利益而随意甚至滥用新技术……正确信仰发展所走过的图 1-1 中的那条红线，代表着信仰者利用科学技术时，绝不会逾越科技只能造福于人类的"红线"限制的。不正确信仰是在一个社会环境、或者一种社会秩序、一类法律道德体系中停滞不前的信仰类型，它始终无法顺利地同时应对自然环境的较大变化和外部社会环境的较大变化；无信仰相比不正确信仰有一个优势，那就是它可以较好地适应"爱人如己"各阶段的社会环境变化，它的缺陷是没有"爱神"和"神的爱"，无法进行更远的发展，从而比不正确信仰还没有未来。

知识和智慧，是人们适应社会环境和自然环境的途径和方法，它表现为两方面，一个是适应社会环境的守法或者合法方面，即如何构建一个有秩序的社会环境的问题、技巧、方法或者策略。也就是人们熟悉的社会科学领域。其结果是产生出让人类从中受益的社会秩序等各种人与人之间的关系，代表性的事物就是表示秩序的法律或者道德规则体系。人间之爱，构成了人与人之间的关系，或者关系准则；爱的发展，编制出一系列的道德、法律准则，是各种各类社会秩序发展史的代名词。如，珍爱生命，搭建了个人如何在信仰的荒野即无信仰认同的社会环境中生存的法则；爱配偶，搭建了各种婚姻法则或者婚姻秩序；爱家人，搭建了家庭伦理道德秩序……所有这些关系自由组合、搭配在一起，让"爱人如己"代表着秩序如社会秩序等等。信仰在"爱人如己"的道路上行进，就是各种法律秩序或者社会秩序、社会环境的不停转换。另一个是适应自然环境方面。即如何有效地在各种自然环境包括宇宙环境中生存的途径、方法。也就是人们熟悉的自然科学领域——让人类可以从各种自然环境或宇宙环境中受益、或者在其中顺利生存下来。从人间之爱与科学之间的关系上看，科学就是法律之母——颠覆性科学创新带来法律的颠覆性变化（即重修、大修、新设法律体系或法律部门），一般性科学创新带来法律体系的修补、完善，或者带来行业法律、技术规程层级的新法律的创设或大修。而任何没有科学创新作为基础的法律修订，都是"人间之爱"的路线、方向、方式的移动，即在偏左（左倾）还是偏右（右倾）、极左还是极右的信仰路线上选择出的各种社会秩序、或者营造出的各种社会环境。这些社会选择和社会环境，没有一个是正确的或经济的（即均非最佳策略的选择）。正确信仰的发展过程，就是不断构建各种有效的人间环境或者法律秩序并发现、控制、主导各种适宜人类生存的自然环境的过程，它走过不正确信仰、无信仰道德体系所经历的一切场景，但从未止步也从未偏离，直到永远。这让正确信仰者成为法律之源、科学之源，他们不在律法之下，也不在科学之下。由于正确信仰者是颠覆性科技革命的引领者，事实上也就永远是法律的奠基者、制定者，是在成全旧法基础上的法律创设者——法律总是科学的体现，法律体系的完整性是科学的统一性、连贯性的反映，旧法的沉淀就是过时科学技术（并非错误，只是过时不用或少用而已）表象下科学精髓的沉淀或延续的表现，正如经文"我们在恩典之下，不在律法之下，就可以犯罪吗？断乎不可！"（罗 6；15）所讲。同理，不正确信仰者，至多是新法律的推动者；而无信仰者，至多是旧法律的维护者；信仰堕落或信仰发展停滞不前者，成为新法的阻挡者、旧法的违法者。又由于法律的惩罚性后果最终来源自科学规律的不可违背性和强制性，所以，违法者从本质上讲，是违背了科学规律而遭受到科学的自然惩罚。随意制定、修改法律者就是反科学，结果自然与违法者相同。事实上，并没有真正意义上的其他立法者，真正意义上的立法者只有一个，那就是科学！违背科学、在科学之外附加、另立法律的，都是走在违背科学原则、与科学规律对抗的错误道路上的，所受到的惩罚来自科学规律的强制性和恒常性——如此，就没有任何人、任何社会或任何人群，包括专制者或专制独裁社会，可以逃脱掉法律（科学）的制裁或惩罚，这是专制者必被有规律地"天谴"、人类社会的历史具有固定科学规律可循的原因。而作为科学创新引领者的正确信仰者，他所进行的科学创新并无规律可循，这源自于"灵生"的特点，"风随着意思吹……凡从灵生的，也是如此"（约 3：8）。以法律为主要代表的有秩序时代，与以科学技术为主要代表的有能力时代，是人类按照信仰划分的两个历史阶段，其中的法律（即各种律法、各种道德伦理规则等社会规则）与科学（即各种自然规律、各种技术规程等等科学规则）是人类世界中先后处于统治地位的两个"王"或者半场主宰，正确信仰者顺从它们——遵守所有法律规则并成为各种良好社会秩序的受益者和捍卫者，遵守各种自然科学法则并成为各种科学的最大受益者和最坚定的传播者，但并不在它们之下。例如，正确信仰者会把他们的爱，从自己、配偶、家庭一直延伸到民族、国家、全人类身上，即为所有的人类组织形式包括社会形式都构建出一种美好的、让其中的所有人都从中受益的良好秩序来，而这种爱并不会就此止步——最终，他会创建一种只有个人却让所有其他人象在最美好的社会中所能享受到的安全、快乐一样的个体式"社会"模式，即我们现在熟知的所有社会模式、所有的法律道德体系均消失后的一种后社会形式，它的规则体系是我们所熟知的以强制力为表征的法律、道德体系的本源，即正确信仰的自我约束力或"禁食"能力；它所具备的适宜在各种宇宙环境中顺利生存的能力，也是我们现在熟知的科技能力的本源，即正确信仰自身所具有的按照吩咐完成一切工作的能力。这样的不久未来，就是《圣经》中"千禧年"时代。不正确信仰者、无信仰者始终处于法律、科学两个世界之王的轮番统治下，无力或者无意愿脱离，最终结局就是永远的死亡。也就是说，法律秩序与科学状况，是考察正确信仰发展阶段、判定信仰正确与否和有无信仰的标志。正确信仰的发展只有一个过程、一个发展方向，其轨迹是通往永生的单行线，没有循环，也没有结束；而不正确信仰的发展过程，有很多甚至是无数的途径，在其发展达到一个水平，即一定的社会秩序如伊斯兰教教法得到完全的社会主导地位，或者自然科学的一般性创新、应用发展到一定程度（如互联网技术的开发、应用即将带来大量西方社会的"不良信息"）后，就会停滞不前了——这种信仰发展，若没有继续或"来世"的发展机会的话，结果只有死路一条；无信仰的发展过程，与畜生的生命过程一样，在一个相对固定的社会和自然（科学）环境中了却一生，虽可有灿烂、悲惨等等各种人生历程，但没有永生，也没有在"来世"继续的必要。

信仰学解释和预测人类历史发展的依据，是人类信仰水平发展的阶段性成果。信仰发展结果的不同阶段在《圣经》中是有明确的说明的——不是文字、字句式的说明，而是图案式的隐喻。下面，我们以上一小节中的图 1-1 为基础，具体说明一下与人类历史阶段的划分相关的各种问题。而把具体的划分结果放在下一小节中专题进行。

首先需要明确的是，任一有正确信仰的人类个体的信仰发展过程，都是不可分割的。即正确信仰的成长具有完整性或统一性的特点；或者说，任意一个信仰成长的人，他们的信仰运动轨迹都是完全一样的。在图 1-1 中，红线所在的位置始终是正确信仰者的行为或思想模式，不可向左右偏离，本身已经说明了它具有的一种完整性。在《圣经》中，对此还有更为明确的说明——那就是著名的"马太效应"中的"凡有的，还要加给他，叫他有余；没有的，连他所有的也要夺过来"（太 25：29）。这决定了我们无法用正确信仰的水平发展阶段来考察人类历史的特点。但是，正确信仰的结果并不相同，正如经文"后来结实，有 100 倍的，有 60 倍的，有 30 倍的"（太 13：23）所讲，我们可以用正确信仰者所结果子的环境特征或时代特点，为人类历史划分阶段，验证《圣经》中的真理！同理，我们也能够依靠不正确信仰的结果、无信仰者或畜类人的"信仰"或道德运动结果，来研究相关社会、人类个体的历史规律。例如，无信仰者或畜类人的"信仰"道德运动规律，能够反映生物体的自然寿命规律（详见第二编有关内容），被用来作为历史的验证工具使用的机会却极少——但是非常幸运的是，本文的作者正好处于合适的时间和合适的地点，得以用其为《圣经》是出于神的默示、为独一的神和耶稣基督、圣灵做见证。

我们在运用正确信仰的成果解释人类历史时，先要明确信仰的成熟和信仰的结果之间的转换和统一关系。

从图 1-1 中，不难发现，不正确信仰总是表现为对正确信仰标准曲线在任一点位的偏离，即在红线左右的一个水平线段中——两个端点分别是一种极端观念。如，在家庭范围内，孝的观念有两个对立的极端，一个是中国传统文化中"父为天"为代表的"父母无过天无过"的至孝观念，另一个端点是无爱心应付式的孝——包括《圣经》经文直接指出的那种无爱心推脱式、逃避式的 "孝"（可 7：1-1）。参见上节中"不正确信仰的运动轨迹示意图"（图 1-2）和"无信仰者和畜类人的信仰道德运动轨迹示意图"（图 1-3）中的线段及标注。在上述区间或线段上的所有孝的方式、样式中，只有处于靠近中间位置的"正直"式（科学加爱心）的孝才是正确的——这正是中国传统文化中最著名的"中庸"思想所要求的。正确信仰中的孝的方式和样式，也在此处，但是二者平行而不重合：以"己所不欲，勿施于人"为代表的"中庸"思想，是建立于"三纲五常"（西汉、董仲舒、《春秋繁露》）的身份认知基础上的。例如，任何一个父亲，不应该要求其他父亲对其子女做出自己不愿对自己子女所做的事情。但是，"父亲"在儒家文化中是一个固定的概念，即"三纲五常"中的"父为子纲"所定义下的社会角色。这样以来，中国传统文化中的"孝"，就成为了一种不受制约的维护父亲、母亲单方利益的行为和思想模式，父母在此没有任何的约束，或者子女与父母之间根本没有平等的任何机会和任何可能。因此，儒家文化中的"己所不欲，勿施于人"的"中庸"思想，本质上只会或者其出发点就是要造就完全一样的"父亲"（父为子纲）、完全一样的"丈夫"（夫为妻纲）、完全一样的"君王"（君为臣纲），而不是正确信仰中造就大家成为完全平等的信仰完全相同者。这造成二者是平行关系，且中国儒家文化中自身就存在多条相互平行的"正直"轨迹线——这些平行的信仰轨迹线的斜率都等于"五常"，即等于仁、义、礼、智、信。正确信仰穿过此处(孝)直达天国——马太效应和图 1-1 中红线的含义；错误信仰(包括无信仰)穿过此处，却是死亡（参见上节中的"爱"的博弈表 1-1），正如经文"耶和华的道是正直的，义人必在其中行走；罪人却在其上跌倒。"（何 14：9）所讲。特别需要注意的是，中国传统文化是剔除知识和智慧即剔除科学因素之外的一种文化，即它不是以任何的科学水平为前提的一种纯粹构建社会秩序的理论体系，无法单独支撑信奉者去适应科学时代——只热衷于四书五经等中国传统儒家文化者，可以在中国古代很好地生活，但无法在现代科技时代生存，原因在于世界已经被正确信仰从法律秩序控制为主带入到以科学技术为王的新时期。线段上其它偏离平衡位置（爱的付出和接受到的爱，均衡对等）的点所代表的孝方式、样式的结果更是如此——它们在《圣经》中有一个统一的称呼——"淫行"（相关人员是"淫妇"），且有"她的脚下入死地，她的脚步踏进阴间，她找不到生命的平坦之路，她的路变迁不定，自己还不知道"（箴 5：5-6）的形象说明。至此，我们把一个人所有外在的行为及其思想模式，统一称为一个人的外在标志或符号，可以借此将一个人从信仰、道德的类型中与别人区别开来。如，一个因为信仰的原因不吃猪肉的人，在中国范围内大多被认可为"穆斯林"，一个佩戴"十字架"的人，大多被认定为"基督徒"……《圣经》中称这种源自信仰或道德的标志为"德行"（彼后 1：5）。所有的德行，就是上节的图 1-1 中 7 个层次及每个层次中的 7 个种类或类型。信仰学中一个人的"德行"，与其信仰的知识相关相连，也与其能否严格按照自己的信仰"知识"去做相联系——一个穆斯林知道不可以吸烟，但他不一定做的到；一个基督徒知道做耶稣门徒的代价，但他也不一定舍得；同样，一个孝子知道只有打猎才能满足自己父母吃肉的要求，但他不一定能打猎……因此，严格按照自己的"知识"去做可以做的事，不去做不允许做的事，这个人就是正直的，《圣经》中称之为有"节制"的人（彼后 1：6）。至此，一个信仰者即全部完成了他的信仰行为、思想模型，划出信仰运动轨迹上的一个点。坚持这样的信仰"点"一段时间或一生后，《圣经》称之为"忍耐"（彼后 1：6），就成就出一个人的信仰运动曲线，我们可以称呼这样的人是一个有（正确或不正确）信仰者。即：上节的图 1-1 中上半部分所展示出的一个人的状况，是信仰的种子在一个人身上发芽、成长的过程，是爱的付出过程。此后，信仰者以其信仰，会完成按照信仰排序的一系列工作——回馈播撒信仰种子者，或者展示自己的信仰成果，是爱的回馈过程，位于上节的图 1-1 中的下半部分。因此，"忍耐"是一个拐点或一个转折点，是信仰成熟与信仰结果统一于"爱"之下的纽带，是爱的付出与爱的回馈之间的平衡点，与图 1-2、图 1-3 、图 1-4 中曲线的拐点重合。此点之前，是信仰者付出爱、培育信仰成熟的阶段；此点之后，即进入到信仰者接到爱的回馈，收获或展示信仰成果的阶段。

不同的信仰成熟路径，对应着不同的信仰结果。从图 1-1 中看，一个自杀者，在了却自己生命的同时，自然也不存在信仰结果的继续增多或层次变化了，他生前的信仰结果被固化。同样的，任何一个信仰者在图 1-1 中都如此——即使处于红线位置上的最优秀者，也不例外。但是，采取了红线策略（行为、思想模式符合图表中红线位置所要求的"正直"者要求）的信仰者，可以通过一次信仰成熟，就完成所有的信仰结果或结果层次；而位于斜线或水平线上其它任何点位上的行为、思想模式的信仰者，都只能结出与其信仰成熟路径相一致的信仰结果来，由可以接受到其爱的付出的范围所限定。

第二节、信仰水平变动的结果

一、信仰水平变动的阶段性标志

通过上面的讨论，可以发现，要为人类的历史按照信仰成果详细划段，首要和关键的是确定信仰运动曲线上位于"忍耐"位置的社会出现的时间，及其有社会信仰自动修复、自我维护特征所决定的社会形态、政治经济制度及其运行的特点。这是我们到目前为止，还无法解决的更为具体的问题。但是，令人欣慰的是，我们现在已经为人类历史从信仰发展的角度做了定性分析，已经找到了钉住人类历史发展的那个"坚固的橛子"（赛 54：2）——就是位于爱的付出与回馈平衡点、信仰发展曲线上的拐点的那个"忍耐"位置。我们将在后面的第 2 编中，用货币代替"爱"，然后顺着信仰成果被尽力扩大、信仰发展的"绳子要放长"（赛 54：2）的方向，对信仰发展或人类历史的划段，进行定量分析，并据此说明"放长绳子"的好处或意图所在。

我们先对处于信仰发展中心位置的"忍耐"之前的状况，即没有信仰的成熟或以后的信仰结果的情况，再做一个简单的说明。《圣经》中的"法利赛人、撒都改人和文士、律法师"的情况，提供了一个典型例证。《圣经》中，"法利赛人"有丰富的律法知识或律法意识（习惯）——他们十分清楚有关安息日的律法内容（太 12:1-2）就是证据；"撒都改人"更是法律专家——他们甚至知道根据摩西律法的规定，推理出神所造的宇宙的奥秘中，不应该有"复活"的宇宙现象存在的可能性（太 22：23-28）。但是，"法利赛人"和"撒都改人"却一再向耶稣求"神迹"（太 16 和太 12：38），显示出熟知律法的专家级人群"法利赛人"和"撒都改人"并不领会律法的本质，只是知道律法字句的"法律匠人"而已。律法的本质，与"神迹"的作用完全相同，都是给人们指明思想、行动方向的。有律法即不需要神迹，有神迹即不需要律法，二者都是人心的指向。这都记载于类似"没有异象（默示），民即放肆，惟遵守律法的，便为有福"（箴 29：18）的《圣经》经文中。可见，守着、拿着、用着、看着、听着"神迹"却不知道是神迹，仍然继续求自以为"神迹"样式的"神迹"，"法利赛人"和"撒都改人"因为愚昧，就要永远停留在无数种从"德行"到"节制"的信仰成长过程里，永远无法走到"忍耐"的信仰成熟阶段里来，统统成为了被"诅咒无花果树"（太 21：18-21）那样永不结果、必枯死的信仰者。有关"法利赛人"、"撒都改人"和文士、律法师们的 "德行"、"知识"和"节制"的各种具体情形，类似下面一样的经文中都有清楚、详细的说明，经文"他们一切所作的事都是要叫人看见，所以将佩戴的经文做宽了，衣裳的繸子做长了；喜爱筵席上的首座，会堂里的高位；又喜爱人在街市上问他安，称呼他拉比。"（太 23：5-7）就描绘了他们标志性的"德行"；经文"你们将薄荷、茴香、芹菜献上十分之一，那律法上更重的事，就是公义、怜悯、信实，反倒不行了。"（太 23：23），描绘的是他们肤浅、愚昧、仅仅按着字句去理解《圣经》的信仰"知识"水平；经文"你们洗净杯盘的外面，里面却盛满了勒索和放荡"（太 23：25），描绘了他们是知道信仰需要"节制"的，但他们总无法领会、更无法做到正确信仰所要求的那种内在的、发自心灵的"节制"。

《圣经》中的经文"凭着他们的果子，就可以认出他们来"（太 7：20），明确指出了正确信仰者与不正确信仰者、无信仰者的最根本区别，就在于、只在于或全部在于信仰的果实。其中，不正确信仰者、无信仰者都不会结真实、真正的信仰果子——只读《圣经》的不正确信仰者也是如此。也就是说，所有不正确信仰者、无信仰者，即使其信仰或道德成熟了，到达了信仰曲线上的"忍耐"位置了，信仰水平也已经可以自我维护、自我修复了，仍然不会从中引发一个颠覆性的知识时代、或一场彻底改变当时人类境遇的科学技术产业革命。《圣经》中称之为"我们也曾怀孕疼痛，所产的竟像风一样。"（赛 26：18）

展示信仰结果的顺序，依次是信仰者的个人事业有成与否及成就大小，或者对周围环境中的个人产生的影响，《圣经》中称之为"虔敬"（彼后 1：6）。即经文"学习正经事业，免得不结果子"（多 3：14）、"要叫邻舍喜悦，使他得益处，建立德行"（罗 15：2）所讲。在中国，基督教传教士常常拿牛顿、爱因斯坦、莱布尼茨、爱迪生和世界上的第一家医院、第一所大学等等例子来告诉人们信神的好处，号召人们建立信仰，就是基于牛顿等人或人群事业有成的"虔敬"基础上的；对于各种不正确信仰或无信仰的人来讲，也有类似的"虔敬"，那就是各种道德楷模、各行各业中的明星偶像、励志人物等等，他们对于很多个人的信仰、道德价值观念的影响同样极大，例如中国的孔子、老子、历代的首富、历朝开国皇帝等等。个人成就的大小，又以其成就的具体内容、潜在的影响范围的大小，而各有不同。例如，一些从事基础科学研究的科学家，其科学成就已经超出了传统的科学界，影响到人类的思维或行为模式的建立和选择，其信仰成果其实已经远远超越了"虔敬"的范围。

虔敬之后，更大的信仰成果或者信仰回馈所能展示的成果就是"爱弟兄的心"（彼后 1：7），是指在所有相同信奉或有着名义上相同信仰、相同思想道德体系的弟兄们中间产生极大的影响，端正或统一各自的"真道"、"信仰"。例如，对于同样以《圣经》为经典的基督教，内部却有着千千万万的不同教派门类，他们各自依据对《圣经》的不同理解而相互对立、甚至到了水火不容的地步，做到统一对《圣经》的理解，就是有了、获得了一颗"爱弟兄的心"——当然，《圣经》的经意真言只有一个，如经文"使你知道真言的实理，你好将真言回复那打发你来的人"（箴 22：21）所讲；其它对《圣经》的解释，即使一时统一了基督教，也会因缺少事实的支持而成为虚无和虚空的，人们还要只等全部都有无可置疑的事实支撑的《圣经》解读结果的到来，才真正永远统一了所有弟兄们的信仰。对于其它任何的信仰、道德体系来讲，也与《圣经》的解读一样，存在统一认识、消除分歧的问题。例如，对《古兰经》的理解将伊斯兰教分成了千千万万个教派教别；对儒家经典的不同理解，将儒家分成"孟学"、"荀学"、"理学"、"心学"等等不同的门派；对唯物主义经典的不同理解或对佛教经典的不同解读，也分别形成了各种唯物主义和各种佛教的门派分支。

最后，也是最大的信仰成果，是让我们收获一颗"爱世人的心"（彼后 1：7），努力实现了在全人类范围内的万教归一或"大一统"。如证明了在人间所有的经典中，唯有《圣经》是"天书"、是神的默示，有着无可推诿的事实证据自显为是，且唯有相信了《圣经》，信奉了默示了《圣经》的神，才必享永生；其它所有的任何有关信仰、道德理论体系的书，都是出自人手，或者是假神之书，根本不具有事实依据，且相信假神或人手所写就的典籍者，必无永生，只有地狱的永刑。这颗最硕大、最丰盛的信仰成果，就是让全人类在事实面前、在科学或理性的范畴内都真正明白《圣经》，自觉离开所有假神偶像而归于唯一真神，集体做耶和华的见证人。正如经文"我的仆人行事必有智慧，必被高举上升，且成为至高。许多人因他惊奇，这样，他必洗净许多国民，君王要向他闭口。因所未曾传与他们的，他们必看见；未曾听见的，他们要明白。"（赛 52：13-15）所讲。对于不正确信仰或无信仰者来讲，也一样，即重整了一个面向全人类提出的一种完整的、虚无或幻想的思想理论体系，或统一了一个传统或已有的

各 种 偶 像 的 新 偶 像 。

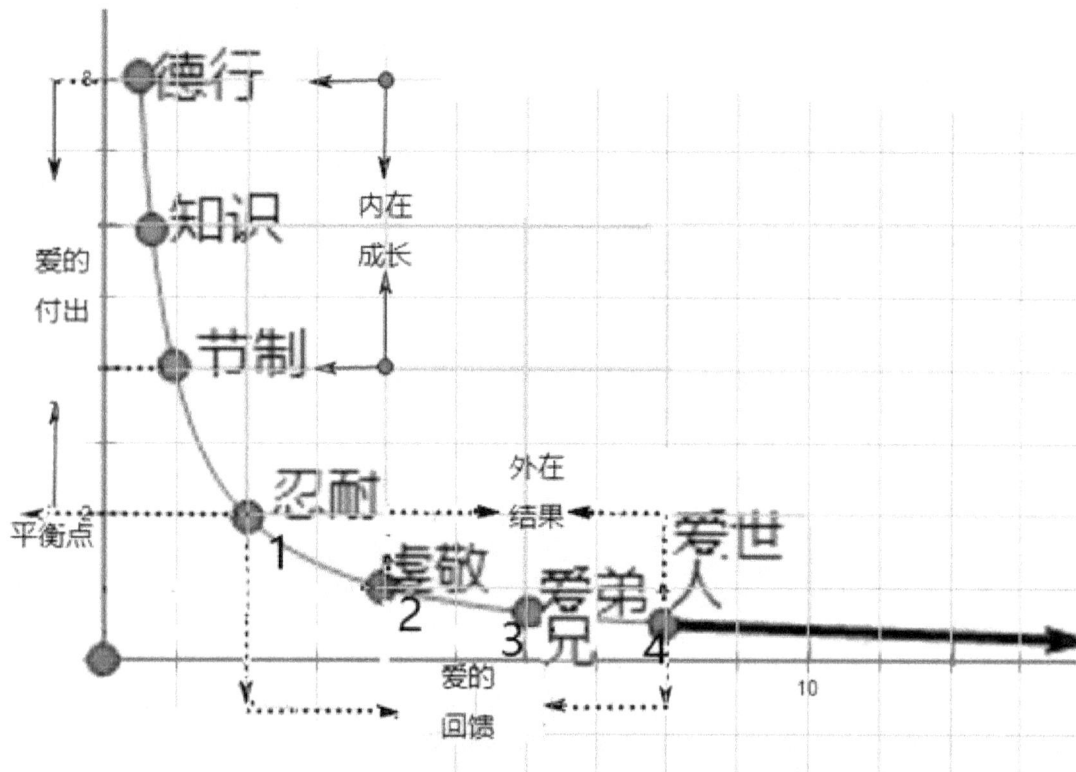

图1-5　按照信仰成熟、结果的标准对人类历史阶段的划分示意图

综上，按照信仰成熟、结果的发展过程来为全人类的历史划分段落，就只有四段，如上图1-5所示。

信仰成熟一次，按照信仰类型，可能出现的信仰成果不一。不正确信仰或无信仰者的信仰、道德成熟后，最多的结果有三个，最少的只有一个——虽然这些结果最终都要被事实证伪。要特别提醒的是，不正确信仰或无信仰发展成熟的结果，不具有真正的顺序性。因其信仰成熟的路径不同，造的信仰结果每次也不同，后一次的结果可能根本无法嫁接在前一次的基础上，也不一定比前次的结果多，甚至于必须建立于彻底破坏前一次信仰成果的基础之上。

正确信仰者的一次信仰成熟后，即可以一次性顺序结出从"虔敬"到"爱世人的心"的三个信仰成果直至更多，即《圣经》经文"他一次献祭，便叫那得以成圣的人永远完全"（来10：14）。正确信仰者的结果顺序，不可能被打破，并且，每个结果中都隐藏着击穿自己、要成为后续结果过程中所要解决或所抛弃的事物——直至最后的人间无解，等待信仰的最后救赎，这就是信仰发展的历史阶段性特征。具体来看，正确信仰者信仰成熟的早期，会更专注于个人事业，在一定或特定的很小社会领域中取得骄人的业绩，如经营一个公司非常成功，或者对一个学科的发展或创立做出重大贡献……但其对于社会其它事物如其它学科领域、其他人或更广泛的社会领域的关注，就会比较少，比如在企业经营中忽视对环境的影响、在科学研究中忽略了基础理论研究等等——这会限制其在其它社会、科学领域中取得非凡业绩，甚至受制于其生物生命的时间性而事实上成为一个冷酷无情、或者只有很窄科学视野的家伙，如西方社会历史上的很多商业大亨及其所雇佣的一些优秀科学家。如果一个正确信仰者有幸具备较高的信仰成熟速度或较高的信仰结果速度的话，他的一生就会让人们看到其事业有成后的忏悔、反思和焦虑，他会对其早期的所有成功举行再评价，例如，会关注科学研究的社会价值道德问题、会进行跨学科的基础性研究从而打破学科间界限、或者采取建设经营与防止环境污染同步的策略等等。

二、无差别信仰运动曲线及其坐标系单位

任何信仰或道德成熟并结下信仰、道德果实的人，都可称得上是信仰上、道德上的成功人士，即信仰或道德上的"完全人"、"圣人"。但仅仅从信仰成功的角度看，他们之间其实并不存在本质上的任何差别。由于千秋万代、千差万别的"圣人"们的信仰结果，都烙着时代或历史的印记，表明出人类历史的阶段性，让这些即使是同门同宗的信仰、道德体系下不同的信仰结果之间，也彻底失去了大小上或数量上的可比性，或者没有从信仰角度上去进行比较的价值或意义。因此，人类的信仰发展史，只对研究人类的历史有价值；反过来，人类的历史或未来也会成为检测《圣经》和其它任何宗教经典、道德思想体系能否自显为是的途径或证据来源，正如经文"自从我设立古时的民，谁能像我宣告，并且指明，又为自己陈说呢？让他将未来的事和必成的事说明。"（赛44：7）、"你们要声明你们确实的理由。可以声明、指示我们将来必遇的事，说明先前的是什么事，好叫我们思索，得知事的结局，或者把将来的事指示我们。要说明后来的事，好叫我们知道你们是神。你们或降福，或降祸，使我们惊奇，一同观看。"（赛41:22-23）所说，也如《圣经》对真理的判定立下唯一标准的经文"凭真实将公理传开。"（赛42：1）中所讲的那样。

《圣经》中，有正确信仰的完全人"挪亚"——"挪亚是个义人，在当时的世代是个完全人。"（创6：9），从表面上看，他的信仰只救下 7 个人（彼前 3：20，彼后 2：5），且都是他的亲人或家人，如经文"你同你的妻子，与儿子、儿妇都要进入方舟"（创6：18）所记。仔细观察挪亚方舟中被救的人或活物的特点，人都是一夫一妻（包括挪亚夫妇），其它活物都是"一公一母"（创6：19）。也就是说，挪亚的信仰所惠及的范围，更具体地讲就只是"配偶"。

挪亚有爱，又能造方舟，是爱与智慧的完美结合。而他的信仰成果仅仅只够救下 4 对配偶，是那个时代的"人在地上罪恶很大，终日所思想的尽都是恶"（创 6：5）、"在这世代中，我见你在我面前是义人"（创 7：1）的特点所决定的，反映出的仅仅是时代特征，而非"挪亚的信仰成果"仅仅停留在惠及配偶的水平、阶段中。挪亚的信仰水平足够救下全人类——事实上，我们现在的全人类就都是挪亚的后代，其他人的后代都在挪亚大洪水中死了（创 7：21-23）。由此可见，正确信仰者的信仰结果是直接联通着从爱个人性命直到爱世人的心、也满有从人类的普通智慧到开创性的知识或科学技术的，甚至还有不为所知的更多——在这里，"马太效应"同样显现在了挪亚身上。这说明，正确信仰的结果与信仰发展的全阶段，并无根本差别——我们前面提到的信仰成果的不同以及信仰成熟，对于正确信仰来讲，都只是人类历史不同阶段的反映而已。如此，我们可以简单地利用信仰学理论考察历史、预测未来。更多的例子，如，《圣经》中的亚伯拉罕是"爱家人"的代表：他的信仰成果直接惠及的是包括以撒和其母亲（亚伯拉罕的妻子）、以实玛利和其母亲（亚伯拉罕的妾）以及以罗德（亚伯拉罕的侄儿）为代表的三个小家庭所组成的一大家子人——仅仅计算妻子、小妾或她们的子女，就显然超过了挪亚时代所惠及的一妻及她子女的范围。同时，《圣经》中又有"地上的万族都要因你得福"（创 12：3）、"你要作多国的父"（创 17：4）的记载，可见，亚伯拉罕的信仰成果所惠及的范围，若历史地看，其实就是全人类；亚伯拉罕也充满了各种智慧或知识，如能够分辨当时的生存环境及采取有效的应对策略，再如有高超的管理技术，立约解决和预防纠纷的策略等等。具体的例子，如，为适应环境要求，为保全生命而让妻子"撒谎"（创 12：13）；再如，为避免内部纷争，与侄儿罗德分开（创 13），等等。《圣经》中的以撒，是爱家族的代表，他的爱惠及了以色列和以东的各部族，"两国在你腹中，两族要从你身上出来，这族必强于那族，将来大的要服侍小的。"（创 25：23）。这些部族，没有信仰上、价值观上或文化上的高度融合、一致，如，以扫（以东人祖先）将物质看地比荣誉、名誉、思想更重要，而以色列人恰恰相反："我将要死，这长子的名分于我有什么益处呢？就把长子的名分卖给了雅各。"（创 25：29-33）。这些部族，与所有仅仅在血缘上具备同种同族关系的一般种族相比，表面看来并无差别。但是，仔细查看《圣经》不难发现二者间的根本性区别，就在于信仰方面：以色列和以东各族，他们受到了同一个信仰者的同一个祝福，或得到了同一个信仰回馈的福祉。对照《圣经》经文记载的以撒给两族的祝福词，都与"土地"或土地收成有关。更重要的是，由于以撒年老眼花，无法看见，把准备给一个儿子的祝福事实上给了两个儿子（创：27）。因此，以撒的信仰所惠及的范围，与种族不同，又超出了家人或家庭的范围，我们称之为"家族"。

以撒的信仰成果所惠及的范围，将来也要超出家族范围而及于全人类，"我要加增你的后裔，地上万国必因你的后裔得福。"（创 26：4）。以撒也有着对时代或环境的高度分辨和适应能力，如因饥荒严重逃难到基拉耳时，也利用妻子的谎言保全性命（创 26：6-11）；再如，以撒还掌握了极高的农业耕种技术"在那地耕种，那一年有百倍的收成。"（创 26：12）；另外，还有很好的找水打井灌溉技术（创 26：17-25），以及高超的管理技术和危机处理能力（创 26：20-22），等等。以上智慧中，有普通人类的智慧，也有超人、创新的开创性智慧，是两种智慧的一体表现。以色列（雅各）是爱种族的代表，他的信仰成果惠及以色列十二支派——这些支派，各自具有不同的信仰祝福（创 49：1-27），有不同的信仰成果或"福分"（创 49：28）。来自一个共同的信仰，或者他们有共同的信仰、文化传统等等同一民族的鲜明特征，为什么却有不同的"福分"或结果呢？答案只有一个，他们在一个名义上相同的信仰下，产生了严重的分歧，从而结出了不同的信仰果实。因此，以色列的信仰，所惠及的范围，不是具有真正的、统一的共同信仰的同一民族，而是介于家族与民族之间的"种族"位置。同时，放在更长的历史中，以色列的信仰成果所惠及的范围却是全人类，如经文"你的后裔必像地上的尘沙那样多，必向东西南北开展，地上万族必因你和你的后裔得福。"（创 28：14）所讲。以色列（雅各）也有着开创性的智慧、知识或科学技术，如独特的动物学知识和高超的运用能力（创 30:37-43）等等，也是人类普通智慧与来自信仰智慧的结合体。摩西是爱民族的典范。摩西带领以色列人出埃及，摆脱了埃及法老的压迫，他的信仰惠及了整个以色列民族——出埃及的以色列人有共同的信仰、共同的语言、共同的法律、共同的节期等等作为同一个民族的最鲜明特征。摩西有着丰富的智慧，如《圣经》记载，见左右无人，摩西杀死正在打希伯来人的埃及人并藏在土里，后来又顺利逃出埃及娶妻生子（出 2：11-22）。而摩西完成神吩咐的任务，顺利将以色列人带出埃及，又是完成了一个常人无法完成的颠覆性创举，有着来自信仰的智慧。可见，摩西也是两类智慧、两类爱的完美统一。大卫是爱国家的典范，他为国家栋梁，又始终置个人恩怨于不顾，一再放弃了可以杀死紧紧追杀自己不放的扫罗王的机会（撒上 24：1-7、26：8-11），是把爱国与爱神完全融合于一体的典范——"今日，你亲眼看见在洞中耶和华将你交在我手中，有人叫我杀你，我却爱惜你，说：'我不敢伸手害我的主，因为他是耶和华的受膏者。'"（撒上 24：10）。同时，大卫也是充满了知识、智慧或科学技术的，例如，一举彻底扭转战局的"机弦甩石"，发明应用于放羊的日常工作中，显威于战场上，明显具备了颠覆性技术创新或应用的全部特征。经文"我耶稣差遣我的使者为众教会将这些事向你们证明。我是大卫的根，又是他的后裔。我是明亮的晨星。"（启 22：16）表明，大卫的信仰不仅在历史上要惠及以色列这个特定民族的国家，将来更要惠及所有国家、社会和全人类。所罗门是《圣经》中爱弟兄、爱世人的典范——所罗门主要让外邦人做苦工，服侍以色列人（代下 2;17-18），是用信仰做区分标准的"爱弟兄"的突出表现；而其所作的箴言、诗歌、讲论的动植物学知识和高超的司法技巧（王下 3:16-28、4:31-34），所惠及的人群并无国家和信仰等界限（王下 4：31），是直接可以惠及全人类的智慧或知识创新；而所罗门的过人智慧来源于信仰（王下 3：10-14），是爱的结晶。因此，在所罗门身上，我们一如既往地看到两类智慧（人类的智慧和来自信仰的智慧）与两类爱（爱弟兄或爱世人的爱，与爱神的爱）的完美结合与统一所展现出的信仰结果，在特定的历史时代中表现出的历史阶段性特征——所罗门的"知识"或智慧，仍然属于信仰发展中的"虔敬"部分（图 3-17 中的点 P'），与现代科学的各个领域一样，充其量只能让人们在信仰之外的生活、生存领域中受益，而无法在信仰上统一处于共同信仰下的"弟兄"们，让他们在信仰上受益，更无法统一全人类的信仰和道德。

总上所举的例证，一方面，"以撒"处于信仰曲线的拐点位置。从以撒向上追溯，可以看作为信仰成熟的阶段或过程；"以撒"以下的以色列、摩西、大卫三个阶段，可以看作为这种信仰的结果阶段。所罗门可以被看作为以上进程的一个总结果——所罗门被允许修建神殿（代上 28：6），表明以上信仰进程为正确信仰，所收到的信仰回馈都来自神；同时，以色列人的信仰也从此面临能否结出更大果实的新考验，进入到结出更大信仰果子前的信仰忍耐期。另一方面，让我们可以更加明确：只有在相同的时代里，才有、就有了不同的信仰结果之分；而不同的时代或社会历史环境下，信仰结果的直接比较并无意义。如此，正确信仰成熟后，在人类历史上所展现出的信仰果实的样子，至少有七种：在信仰发展曲线图 1-4 上的每一个点位上都有相应的信仰成果。当然，正确信仰的成果绝不限于七种，在进入彻底的爱神阶段后，具体会有多少我们无从得知。而发明等于坚固了对神的爱，从"挪亚"发明方舟实现的是解救家人与解救世人的统一或完全、到所罗门的知识智慧还是造福兄弟与造福世人的统一或完全来看，科学改变所有人的行为、思维方式，从而影响一个人的信仰或道德发展方向，而对于科学技术、知识的发明者来讲，尤其如此。这样一来，知识、智慧、科学，又引人回到了它的源头，与爱实现了完全的结合、一体化——法律与科学在此会师。 也就是说，正确信仰，无论是个人信仰、群体信仰或者是社会信仰，它们的信仰发展轨迹都会反映出其中任何一个点的特性——类似全息论。反过来也一样，正确信仰的发展史上，例如人类社会历史，任何一个阶段的信仰发展曲线，都是相同的——如此，我们可以简单地考察《圣经》中所给出的、正确信仰者应处的社会形态，就是摩西律法中描绘的、给以色列人预备的那个理想社会形态，作为对社会学研究的基准，或政治学基准，而应用于整个人类历史进程的研究。详细内容放在第二编。

与此形成对照的是，中国的儒家文化中，"己所不欲，勿施于人"所形成的正直（正人君子）模式，与内外有差、男女有别、上下有序的等级模式之间，造就出了"忠孝不能两全"的著名社会悖论，也是早早害死那些"忠臣孝子"的幕后黑手——反而不如将二者混合起来，既承认前者，又提倡后者的一直矛盾着的社会或个人，获得了更大的生存空间或时间。背后的原因，从信仰学的角度看，十分的简单：前者（只强调"己所不欲，勿施于人"）是无信仰者或畜类人的纯洁"信仰"模式——一元化的"信仰"、道德独裁模式；后者（接受"忠孝不能两全"的矛盾）是不正确信仰者的"混合"或者多元化信仰模式（把父母或者君王当作了至高者），到本文第二编的结束时读者就会清楚，后者比前者有着怎样的操控空间和操作技巧，可以帮助后者争取更大的生存空间和时间。

正因为不正确信仰成熟后，无论如何也最多只能结出三个（虚空的）信仰结果——这种虚空的、虚假的信仰果实，从逻辑上讲，自然也可以被正确信仰在特殊需要时随意结出；而正确信仰却可以至少结出七个真实的信仰成果——即不正确信仰无论如何也结不出的那种信仰果实。以上信仰学结论，在《圣经》中展示为摩西在与埃及行法术的"用杖斗法"时所发生的那惊人一幕：共十个奇迹事件，其中前三个（变蛇、血灾、蛙灾）两方都可以用杖完成；后七个奇迹，即虱灾、蝇灾、畜疫之灾、疮灾、雹灾、蝗灾、黑暗之灾，摩西一举杖就可以完成，埃及行法术的无论如何也无法完成（出：7、8、9、10）。正确信仰能否结果，或者结果与否的不同后果，我们在《圣经》人物约伯身上，可以看得非常清楚。约伯是一个有着极大爱心的正确信仰者，如经文"完全正直，敬畏神，远离恶事。"（约 1：1）所记，他的信仰也已经极其成熟稳定。经文描述了他被撒旦两次试探，遭受了常人难以承受的各种苦难或折磨（约 1：13-19、2：7-8）。但约伯并没有改变自己的信仰，第一次打击后，他的反应是："约伯说：'我赤身出于母胎，也必赤身归回。赏赐的是耶和华，收取的也是耶和华。耶和华的名是应当称颂的。'在这一切的事上，约伯并不犯罪，也不以神为愚妄（注：或作"也不妄评　神"）。"（约 1：21-22）、第二次打击后，他的反应是："他的妻子对他说：'你仍然持守你的纯正吗？你弃掉神，死了吧！'约伯却对她说：'你说话像愚顽的妇人一样。嗳！难道我们从神手里得福，不也受祸吗？'在这一切的事上，约伯并不以口犯罪。"（约 2：9）；但是，我们看，约伯的成熟稳固信仰，所结出的信仰果实：在被试探前，他的生存状况是，"他生了七个儿子，三个女儿。他的家产有七千羊，三千骆驼，五百对牛，五百母驴，并有许多仆婢。这人在东方人中就为至大。他的儿子按着日子，各在自己家里设摆筵宴，就打发人去请了他们的三个姐妹来，与他们一同吃喝。"（约 1：3-4）；试探之后所收获的是，"耶和华后来赐福给约伯比先前更多。他有一万四千羊，六千骆驼，一千对牛，一千母驴。他也有七个儿子，三个女儿。在那全地的妇女中，找不着像约伯的女儿那样美貌。他们的父亲使她们在弟兄中得产业。"（约 42：13-15）。对比这两个结果的差异，主要在数量方面。所受益的人群，也差别不大，都集中在家人范围内。也就是说，约伯没有能在试探、打击后，实现信仰上更大的进步、结出更大的信仰果实，始终停留在原有信仰成熟的阶段未动！为什么？类似下面的经文已经给出了答案，"要听教训，就得智慧，不可弃绝。"（箴 8：33）"喜爱管教的，就是喜爱知识。"（箴具 12：1）。约伯的信仰没有结出更多果实，原因就是在于智慧不足，表现在外的就是他尽管可以承受管教、打击、试探，但他并不喜欢——不能在其中、即在苦难中或困境里发现知识或增长智慧。经文"我从前风闻有你，现在亲眼看见你。因此我厌恶自己，在尘土和炉灰中懊悔。"（约 42：5-6）表明，约伯在苦难中，所受到的最大冲击，是信仰的稳定即竭力维持住信仰的成熟——"亲眼看见你"最终帮助了他，让他得以继续留在信仰成熟的"忍耐"阶段，这也就是约伯的最大信仰收获了。与约伯类似，在《圣经》中还有一个十分突出的人，那就是"以斯帖"（斯）——《圣经》中的《以斯帖记》是"现实版"的《约伯记》，《约伯记》是

"神话版"的《以斯帖记》，让我们可以看清信仰的结果在现实中表现出的样子（以斯帖的故事），知道现实中的事情被背后信仰主导的真相（约伯的故事）。

对于正确信仰者及其信仰结果，我们最后来看一下《圣经》中的亚当、夏娃的信仰状况。亚当、夏娃是珍爱个人生命的正确信仰典范，在信仰上是一个人（一个灵魂）的象征（创 2：22），因此在个人信仰发展运动示意图（图 1-1）中，处于挪亚所处的"爱配偶"的位置之前，位于图 1-1 中的第一层次线上，应视为正确信仰成长的第一步。具体来讲，亚当、夏娃在伊甸园中亲自与神有过对话的经历，他们相信神的存在自然不成问题。在他们违背了命令被赶出伊甸园后，也无需另外对其撒播"正确信仰"的种子。因此，毋庸置疑，亚当夏娃都是有正确信仰者，且是正确信仰第一人。在面对被惩处、从无忧无虑的伊甸园来到了充满劳苦、危险、饥饿、荒凉的人世间的巨大人生转折时，《圣经》中没有任何关于亚当夏娃的忧伤或悲苦的记载，他们坦然面对环境或处境的极大改变，努力适应了新环境要求并顺利地生儿育女、终其一生。设想一下亚当夏娃经历过的环境变迁，会让人不寒而栗：现实世界里，有人在仅仅遭遇了升学、婚姻、失业、退休或事业挫折时，就会选择自我了断；又有人在面对疾病、伤残、衰老、冤狱、无助甚至代沟、误解争吵时就选择了自杀；多少人面对科学的发展或时代的进步，变得无法适应而郁郁寡欢，成为时代的弃儿早早离开人世？或者成为完全需要别人供养、帮助的累赘？就是被称之为最顽强的动植物生命，在进化环境恶劣后会绝迹（如，栖息地或迁徙路线、洄游路线被破坏的候鸟、鱼类很容易被灭绝）……亚当夏娃从伊甸园来到人世间所跨越的巨大落差，是全人类从人世间重回伊甸园的信仰之路的总长度，相当于人类已经历及将经历的所有技术时代的总跨度，或者宇宙环境中的所有进化环境变化的总和，但他们却依然顺利活着直到生命的终了，背后的巨大支撑，依然是信仰——完成神所吩咐他要做的工，如经文"你必终身劳苦，才能从地里得吃的。你必汗流满面才得糊口，直到你归了土。打发他出伊甸园去，耕种他所自出之土。"（创 3：17、19、23）所讲那样生活了下来。在亚当夏娃身上，我们同样看到了每一个完的正确信仰者都具有的特点：亚当夏娃虽犯罪，但并没有离弃神或假意归神。《圣经》中记载，亚当的第一个孩子叫"该隐"，意思就是"得"，并说"耶和华使我得了一个男子"（创 4：1）、第三个孩子名叫"塞特"，意思说"神另给我立了一个儿子代替亚伯，因为该隐杀了他"（创 4：25），他们一家人就生活在神的面前，并未走远，直到"该隐"杀了自己弟弟后，"于是离开耶和华的面"（创 4：16）；亚当夏娃的信仰坚守，收获的信仰成果就是战胜了无比巨大的环境剧变，胜利活了下来，在当时的历史环境下，所惠及的仅仅是他们自己。但历史地看，亚当夏娃的信仰成果，惠及了全人类——因此，亚当才被称之为"人类的始祖"。同时，亚当夏娃面对全新的、恶劣的生活环境，每走过一步、每活过一天，对于他们来讲都是在创新——开创着人类的生活新技术。这其中，有他们作为人类的智慧——就如在伊甸园中思考蛇的话语时就具备的判断、认知能力一样，更有来自信仰的智慧（保护）："耶和华神为亚当和他妻子用皮子作衣服给他们穿"（创 3：21）。最重要的是，神打发亚当夏娃离开伊甸园，"那人已经能知道善恶，现在恐怕他伸手又摘生命树上的果子吃，就永远活着"（创 3：22），为要让人获得救人灵魂的有关信仰的"终极"智慧和技术——凭着人类的智慧，顺着人类的善恶观所取得的生命，即使有着与身处的宇宙环境（伊甸园是造在地上的，并非"新天新地"（启 21）意义上的那个天国）同寿命的"永活"，也是必死的、暂时的长寿或超级长寿，而非真正意义上的、与造物主永相伴意义上的那种永生。只有离开伊甸园，才有可能通过信仰道路走向永生。显然，违背诫命、按照自己的善恶标准或主观判断而自行其是的亚当夏娃，处于离弃神，走在错误的行为、思想模式路线上，其行为与思想模式，有待改善、纠偏，有待回到图 1-1 中的红线上或"十字架"上的纵线中，正如经文"从亚当到摩西，死就作了王，连那些不与亚当犯一样罪过的，也在他的权下。亚当乃那以后要来之人的预像。"（罗 5：14）所讲。否则，背负不正确信仰状况是无法取得真正永生的。谁喜欢与悖逆者永远相伴呢（或者，哪个悖逆者喜欢与被悖逆者永远在一起呢？）？亚当夏娃的最大信仰成果，就是收获了惠及全人类的正确信仰本身，从此，人类才知道生活的意义，知道了通过信仰获得永生、拯救自己灵魂的最基本知识。所以，亚当夏娃也是一个时代、一个历史阶段中，完全的正确信仰者的典范，他们的信仰成果同样代表着一个特定的人类的历史发展阶段。同时，亚当夏娃的信仰发展过程，更是整个人类历史的预演和预像，世界历史也就是展示为一个信仰路线的不断纠偏过程。更为重要的是，亚当夏娃的故事让我们真正领悟了信仰、爱与科学的真谛：人与人之间的爱或所有的科学技术知识，都只是在被帮助、被爱的一方同意并且接受的前提下，在生活、工作、延长寿命、提高生活质量、治愈各种疾病、让人欢乐或富足等等方面帮助到他人，而神的爱是帮助人的灵魂不灭及天堂里彻底无忧无虑的自由生活……与神无限的大爱相比，人间的爱是多么的有限、渺小、肤浅、短暂——但是，实现神对人的大爱的目标，和人与人之间的爱或帮助一样，同样需要接受帮助者或被爱的一方即人类的同意或接受，这种来自人类的配合就是信仰！也就是说，获得永生、走进天堂的人都是自愿的，走进地狱的人也都是自愿的，神所给予人类的选择，是完全自由的————一种唯一、纯粹、绝对的自由！

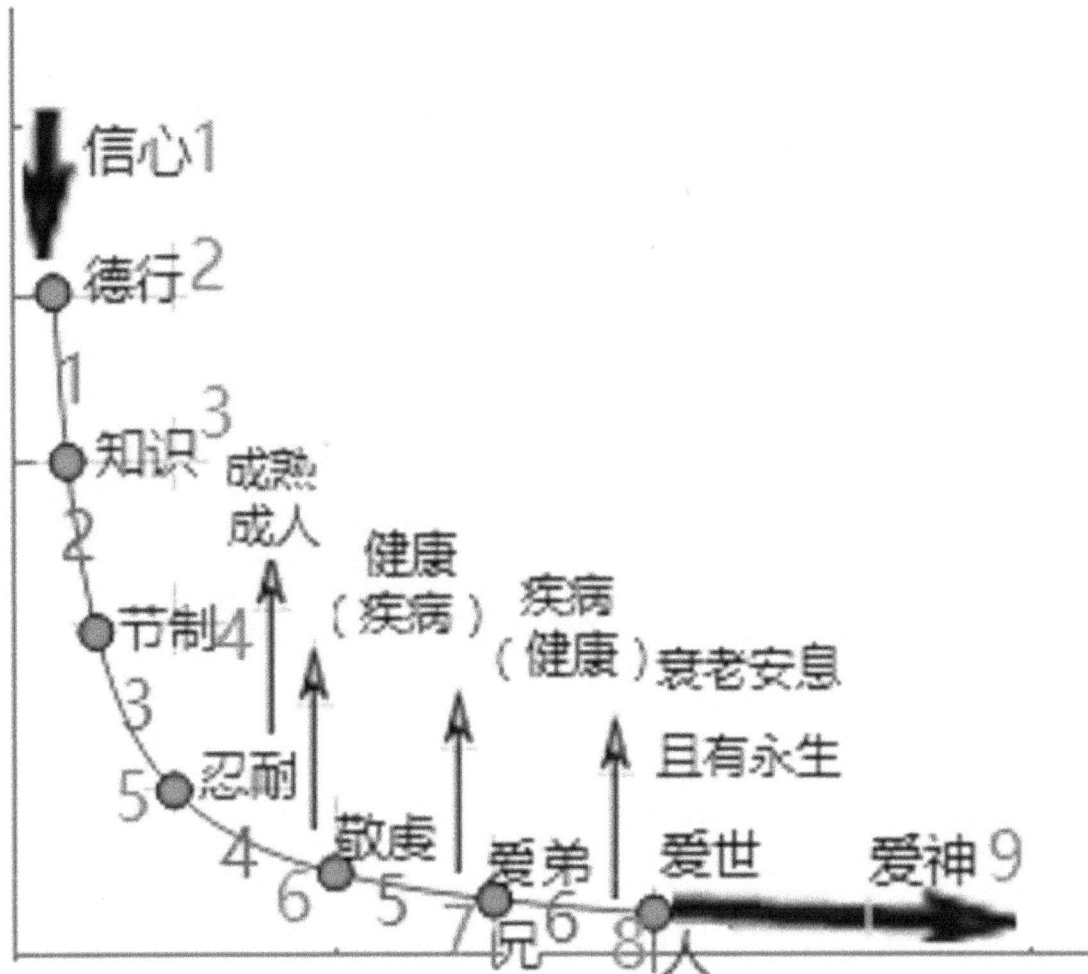

图1-6 正确信仰者的信仰结果与生命

综上，《圣经》中，人们取得正确信仰的结果，和为此付出的代价，我们用一个表格总结一下。表 1-3 叫作"信仰需求表"。当我们沿"价格"序列往下看，爱的付出平均到所及范围内每个人身上的数量越来越低时，我们看到"数量"序列内表现出的受益范围越来越大。

表1-3 信仰需求表

价格（爱的付出样式）	数量（受益范围）	合格信仰样品
德行	个人	亚当
知识	配偶	挪亚
节制	家人	亚伯拉罕
忍耐	家族	以撒
虔敬	种族	以色列
爱弟兄	民族	摩西
爱世人	国家	大卫、所罗门

结合正确信仰从"信"或"信心",即从确信只要人爱神、神就爱世人并让人永生开始,在人间沿着"爱人如己"的路线延续七个阶段(学会如何爱别人和如何接受别人的爱)后,重新回到"尽心、尽性、尽力、尽意爱主你的神"的"爱神"阶段,全程共有九个节点八个阶段。如上图1-6所示。图1-6中,第一个节点("信心")和最后一个节点("爱神")都与"神"有关——第一个节点是学会爱神的起点,最后一个节点是学会接受神的爱的起点,中间是人间阶段,正如经文"我是首先的,我是末后的;我是初,我是终。"(启22:13)所讲,也如经文"我已造作,也必保抱;我必怀抱,也必拯救。"(赛46:4)所说。对于正确信仰者来讲,从第一个节点开始,就跟定了神,选择了神,把自己的一生献给了神,把生命交托给了神,神在《圣经》中指出了接受这种来自人类的爱的条件,那就是中间的那条信仰曲线——答应、同意并一直坚持这条信仰发展之路的人,才会接受到神的爱,获得永生或信仰上的期许(所以,《圣经》中"亚伯拉罕献以撒"(创22),并不被接受,就是要亚伯拉罕通过走正确信仰运动曲线的方式,获得信仰的期许。)。否则,即不会接受到、也无法接受到神的爱,无法得到信仰上的期许——这是人类与动物的根本区别,也是正确信仰者与不正确信仰者、无信仰者之间的根本区别。"神"接受人类的爱,到人类学会接受神的爱之间,是一段正确信仰者的历练或学习接受神的爱的一个过程。上述正确信仰者及其学会接受爱的过程,正如经文"耶和华召你,如召被离弃心中忧伤的妻,就是幼年所娶被弃的妻。我离弃你不过片时,却要施大恩将你收回。我的怒气涨溢,顷刻之间向你掩面,却要以永远的慈爱怜恤你。"(赛54:6-8)比喻中的"妻子"——"幼年所娶"是指图1-6中的节点"1",即最初表达了对神的爱并被接受;图中节点"2~8"是指"被弃"、"离弃"、"怒气涨溢"、"向你掩面"的阶段,时间只有"片时"、"顷刻之间",是正确信仰者独自学会接受爱的过程,不正确信仰者也就是在此过程中离开的(或走错路,或投入其它信仰的怀抱中);图中节点"9",即"施大恩将你收回"、"以永远的慈爱怜恤你"。整体看,经过图1-6中八个阶段后,意味着信仰者的灵魂合格了、学会了怎样去爱和怎样接受爱的"妻子"终于可以跟着"丈夫"进入到永生的新天地去过新生活了,正如经文"新妇也自己预备好了"(启:7)——如果人生就是一个锻造合格灵魂的过程,或者说,如果人类的整个历史就是合格灵魂的一个生产流水线的话,这个锻造过程的步骤或者生产流水线的流程数目就是数字"八"、按照信仰结果的样式而确定的产品验收合格可以离开的出厂口数目就是"四"("虔敬"、"爱弟兄的心"、"爱世人的心"、"尽心、尽力、尽意爱主你的神的心")。

978-1-62265-922-7 (online) 978-1-62265-923-4 (paper) Faith Studies by Zhang, Pujie

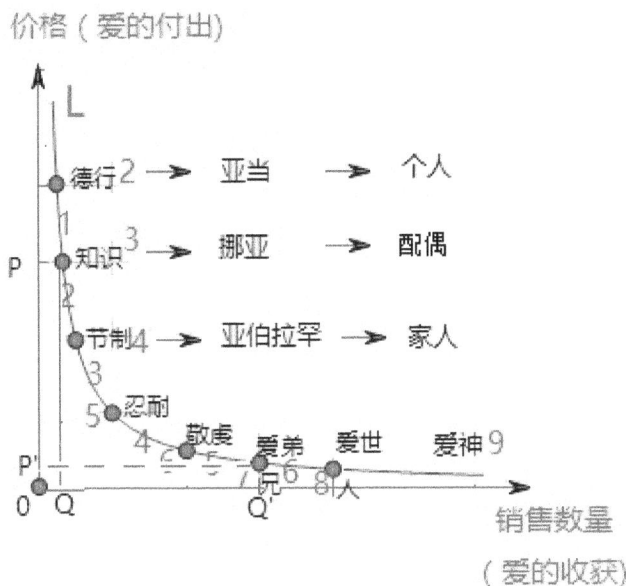

图1-7 等值信仰曲线图

L是信仰曲线。曲线上的各点表示信仰者准
备按一定价格购买多少信仰成果。

正是由于图1-6中的各点，所代表的信仰成果或信仰水平，其实都是在特定历史条件下的合格的、或者被神看好的信仰模式或样式，因此，从信仰的目的、价值、效果、高度或成绩上来讲，曲线上的任何一点都是完全相同的——都会获得享永生、进天堂(或者可以被全部销售到"天国"去、或者可以被"天堂"全部收购)的信仰功效，我们又称这条曲线为"等效信仰曲线"、或者"等值信仰曲线"。也就是说，该曲线是一定量的爱的付出(价格)与对应的一定量的爱的回馈(取得或购买到的合格信仰成果的数量)的信仰点集合或轨迹。至此，我们现在终于可以确定该曲线的坐标轴名称了，即，纵轴为"爱的付出"或"价格"、"费用"、"社会秩序或者法律秩序"，水平数轴为"科技成果"或"购买数量"、"销售数量"、"爱的收获或回馈"、"信仰成果"、"科学技术"，如图1-7所示。应该怎样理解等值信仰曲线，有三点必须记住：

1、一个等值信仰曲线，不是表示整个人类时期的信仰事件进程的历史图。信仰曲线不是说，爱的付出从位置3"知识"的P降到位置7"爱弟兄"的P'，那时得到的信仰收获数量，从Q增加到Q'。在这一时期，历史自然环境、社会环境和个人条件如知识水平的起点如有变化，那么我们为建立信仰需求表而打下的基础将成为无用。

信仰曲线本身没有时间性，非历史的概念。曲线上所有的点，在同一时刻同时有效。它们代表多种可能性。其中只有一个能够实现。如果付出的爱是P，那么信仰收获就是Q。如果爱的付出代之以 P'，则信仰收获是 Q'。但是，这些可能性中只有一个能在一定的时间在一定的历史环境中实现。

2、信仰成果变化这一术语，常常容易产生错觉。如果图1-7中的爱的付出从P'升到P，而信仰收获随着从Q'降到Q，很多人可能会说，"信仰水平下降了、信仰在堕落"。这是错误的。"天国"的验收标准没有变化，信仰曲线准确依旧。这里只不过是因为爱的付出的变化而相应地使收获的数量、或者可以供应的合格数量、或者"天国"的需求量起了变化。

3、除非天国的真正需求数量有变化，否则，人类就只有这一条正确信仰曲线且因此具有历史的概念，即与供给随时间变动所形成的历史费用曲线恰好重合。

《圣经》已经告诉我们:在亚伯拉罕、以撒、雅各等人之间无差别，他们各自不同的信仰行为、思维模式中的样式组合、结果模式中的具体结果类型的组合之间，从正确信仰者的购买方或消费者的角度讲，没有差别，天国在这些组合中不再做选择。如表1-4所示。

表中的各种组合，表现在下面的图1-8中。表1-4中的各种组合，在图1-8中表现为各点：A、B、C、D、E、F、G。但是，还有许多中间的点。我们能够小量地在 A 点 4 以下减少"爱"

的供给，但要增加多少"智慧"或科学创新才能像以前那样合格呢？然后，再减少一些科学创新或智慧，再提出同样的问题，如此等等。用这样的办法，我们就能得出一条连续曲线 L。这就是经济学中常见的无差别曲线。这是一切的"爱"与科学（知识、智慧）组合的所在之处，在这中间，对天国是无差别的。

表1-4 对天国同样满意的信仰表现组合表				
	爱		知识、智慧、科学	
	人间之爱	对神的爱	普通智慧	创新智慧
A（亚当）	珍爱个人生命	儿女名称	自我判断	耕种土地
B（挪亚）	爱配偶	义人	完全人	造方舟
C（亚伯拉罕）	爱家人	割礼、献以撒	谎言或欺骗	立约解决或预防纠纷
D（以撒）	爱家族	筑坛、祈求生子	谎言	活水井、百倍收成
E（雅各）	爱种族	伯特利	红汤换名分	放牧和繁殖羊的技术
F（摩西）	爱民族	以色列人出埃及	杀死埃及人	红海变成干地
G（大卫、所罗门）	爱国家（智慧）	躲避扫罗、神殿	弹琴、用母传信	机弦甩石、植物知识

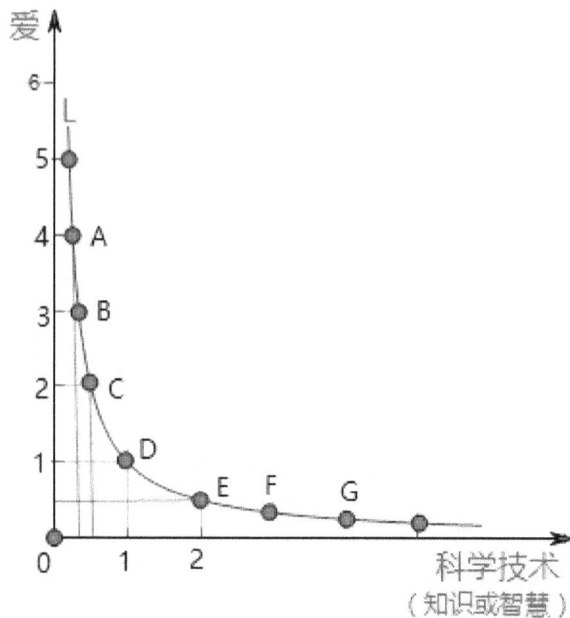

图1-8 各种表现组合提供同等的满足

L是一个无差别曲线，表示"爱"与"科学技术"（知识、智慧）的多种组合，都能同等地被接受。

不难知道，无差别曲线与等值信仰曲线完全重合。无差别曲线 L 在任意一点上的倾斜度告诉我们，合格信仰中减少小量的爱，要求补偿的科学（智慧、知识）量。它表示一个讨价还价的条件。在这个条件下，他愿意以一种因素代替另一种因素。当我们从图 1-8 中的 A 向 E 移动，即是当"爱"减少时，必须用（有）更多的科学技术（知识、智慧）。当我们沿曲线下移时，科学技术、知识、智慧的重要性在上升，而"爱"的意义在下降。所以，讨价还价的条件，日益变得对科学技术（知识、智慧）的要求更不利，好在信仰这时恰好也可以提供更多的新知识、新科学技术——一个良性的自动循环能否继续下去，完全取决在正确信仰的结果情况。

比照正确信仰的等值信仰曲线的坐标轴，我们不难为不正确信仰运动或无信仰的道德发展曲线，设立出相应的坐标系。不正确信仰和无信仰的道德发展，在方式、途径和阶段个方面，与正确信仰完全一致，因此，它们的纵坐标轴的单位与正确信仰的纵轴也一致。不同只出现在水平轴的左半轴:无信仰的道德成熟，结果不是"销往"天堂，而是去往阴间。或者说，无信仰的道德成熟的结果，形成的不是对人们有益的科学知识创新或知识应用创新，而是一些危害人类生存、破坏有益于人类生存的良好自然环境或者社会环境的"知识、智慧、科学技术"——如官商勾结和枉法裁判的智慧、诈骗和管理情妇们的知识、"奇妙"地生产假冒伪劣产品的方法和"'巧妙'地污染自然环境方法的各种发明等等。我们通称为"负科学、负智慧、负知识"。在水平坐标轴的负半轴，销量、科学技术、智慧、知识等等，都是按照对人类的生存有害而被标记为负号的。如图 1-9 所示。

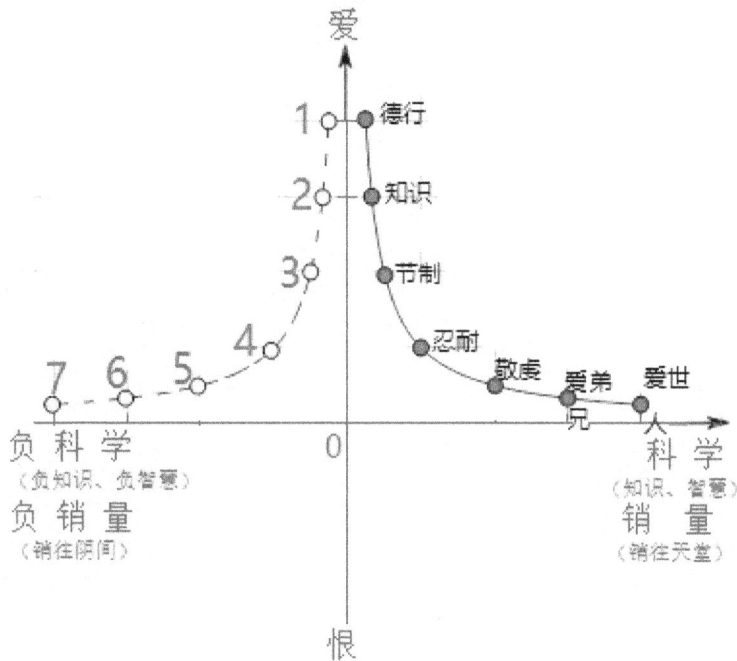

图1-9 信仰运动曲线坐标系示意图

图 1-9 中的信仰运动的曲线，位于人间或"今世"，信仰"产品"或结果销往两个方向，一个是接受死亡的阴间，一个是让灵魂永生的天堂。所以，信仰运动曲线的坐标系，左侧踏进"阴间"，右侧通往天国，不正确信仰者的信仰"脚步"，在天堂和地狱间来回穿插，正如经文"她的脚下入死地，她脚步踏住阴间，以致她找不着生命平坦的道。她的路变迁不定，自己还不知道。"（箴 5：6-7）所描绘。

至此，为人类信仰运动建立数学模型的工作宣告结束。我们将在下面的讨论中，根据需要和讨论的方便，使用这里所说的本质相同而名称不同的各种坐标名称，请读者注意。

如果我们要寻找人类历史中正确信仰的发展足迹的话，并不容易:它虽然愈来愈像一部科技史或科技革命史（爱的手段愈来愈高明）。曾经有效传达爱的传统文化和伦理道德，能够支撑的社会秩序的可持续性越来越差，它在越来越频繁的科技时代转换过程中，丧失着越来越多的存在空间。但因二者（爱与科学技术）实质上的一体性和高度的历史针对性，使得我们利用正确信仰的不同结果来考察一个社会或国际社会，都十分的困难。而利用不正确信仰的发展阶段，却十分容易。

三、人类社会历史按照信仰发展进行划段的结果

通过上面的讨论，现在，我们不难理解以下事实。即，当所有的信仰（正确、不正确、无信仰）都到达了信仰运动曲线中的"忍耐"位置，社会信仰水平可以自动维护、自我修复时，社会成员或人群的信仰水平也会如此，社会即进入到信仰成熟阶段。此时，正确信仰者会有信仰成果不断供献出来，引领社会不断前进。进而，社会信仰的主流会因正确信仰者的巨大贡献而倾斜、吸引向正确信仰。而成熟的不正确信仰者，虽无引领颠覆性科学技术革命的奉献，但却在科学的研究、推广、细化或应用的各领域中，向社会奉献着自己的聪明才智，且努力保证

978-1-62265-922-7 (online) 978-1-62265-923-4 (paper) Faith Studies by Zhang, Pujie

科学研究或应用的道德方向。无信仰者也会在科学应用上贡献力量，但他们随时有将科学应用引向滥用可能，集中、夸张地制造出许许多多的新问题，也为新的颠覆性科学的诞生催生——彻底出清旧时代的难题。因此，信仰自由对于社会发展、社会信仰的前进来讲，无比重要。可以看出，社会的正确信仰完全可以在不正确信仰环境中前进:正确信仰并未统一、或并未从一开始就占据了社会的主流，或并未从一开始就主导着社会信仰的发展的;而是在众多信仰或社会信仰中，从无到有，凭着科学、知识或智慧的事实，从弱小到强大地发展起来的，正如经文"好像一粒芥菜种，种在地里的时候，虽比地上的百种都小，但种上之后，就长起来，比各样的菜都大，又长出大枝来，甚至天上的飞鸟可以宿在它的荫下。"（可 4：31）。当正确社会信仰统一、充满或完全占领了社会信仰领域时，社会就会彻底退出历史舞台了——人类社会就是一条培育、完成一定数量的有正确信仰的信仰产品的生产流水线。所以，世界历史是按照信仰成熟，而非仅仅正确信仰成熟的阶段来划分的。

第一段是信仰成长到"忍耐"的历史阶段。即人类从开始到出现了第一个社会信仰成熟、稳定的社会或国家的历史时期。这一段的基本特征是首现了具备自我维护、自我修复信仰水平能力的社会或国家;该特征是信仰可持续下去的基础或前提。相应的，这个社会或国家因其内部的正确信仰力量成长飞速，也成为国际社会中不可战胜或消灭的力量。由于是第一个信仰成熟的社会或国家，因此它处于一个不正确信仰社会的汪洋大海中，四周被象征不正确信仰的"狮子"环绕——这个唯一内部有着成熟正确信仰、自此始终可以只用两只脚就能走路的，本身显示在外的，还是不正确信仰的那个"狮子"。其内部的正确信仰，更是从不正确信仰的四足"狮子"中变化来的;同时，在他身上，也就再看不到如同两个翅膀的不正确信仰运动曲线，因为它只有一条连续曲线。《圣经》中对此时代所发生的上述变化过程做了一下极其形象而简洁的描绘:"头一个像狮子，有鹰的翅膀。我正观看的时候，兽的翅膀被拔去，兽从地上得立起来，用两脚站立，像人一样，又得了人心。"（但 7：4）;对外，仍然是"狮子"，仍然属于不正确信仰中的一种，但是，对内，即在其社会内部，却已经是正确信仰的样子，并且各种技术创新和应用，正在为其孕育着人类历史上的第一次产业技术革命。所以，这个崭新的社会或国家，具有双重属性。其对内与对外的行为、思维标准不一致、双重化，对待自己的社会成员，得人心，有福祉，是好牧人、好仆人;对待其它社会的人，并不比那些人的祖国对待他们更友好，甚至更差、更残酷无情!由于该历史长河中，人类的社会、国家间还没有人与人之间的那种爱，因此并不存在国际社会的概念——每一个社会或国家，只有靠自己求得生存，像丛林中的野兽

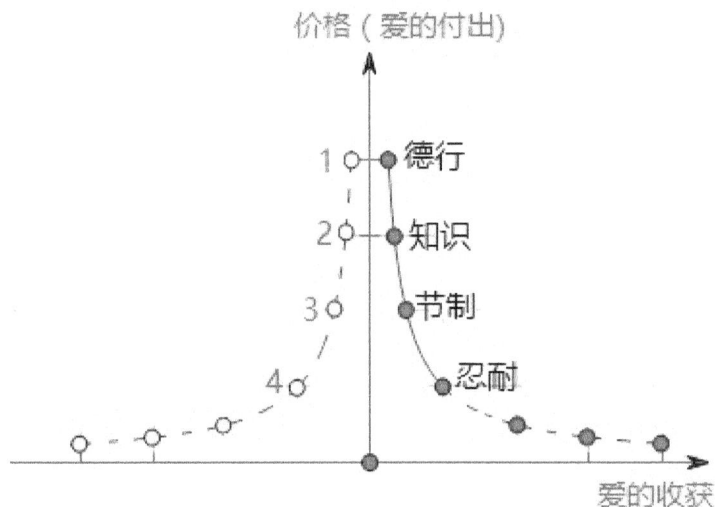

一样，无 **图1-10 第一个正确信仰成熟社会的信仰运动示意图** 任何其他依靠。

根据上一小节中正确信仰成熟、结果的划段方法，我们不难画出第一个社会成熟、稳定社会的信仰运动示意图，如图1-10所示。图中的虚线部分，是经文中"被拔去"的"翅膀";实线部分，是经文中"从地上得立起来，用两脚站立，像人一样"所指的部分。

第二段是从"忍耐"开始到"虔敬"结束的阶段。即有正确信仰力量强大的社会、国家增加很快，但正确信仰仍然集中于单一国家、社会中，且这些内部有正确信仰的国家，都在各项社会事业、各社会领域包括自然科学、社会人文科学领域中成绩斐然又各有特色，成为了全球

所有国家或社会的榜样、楷模，被所有国家或社会及其民众所羡慕、学习、向往、靠拢；相应的，这样的国家或社会，每一个都成为了国际社会中的"无冕之王"，每一个都成为一些弱小国家、地区的统治者或庇护者。虽然，因为都信奉《圣经》，在面对其它社会或国家时可以抱成一团，相互依赖和合作，并因此组织产生了国际社会秩序。但是，由于对《圣经》的具体理解千差万别，导致这些国家间在具体问题、具体利益上的看法和行动上分歧严重，直至出现最

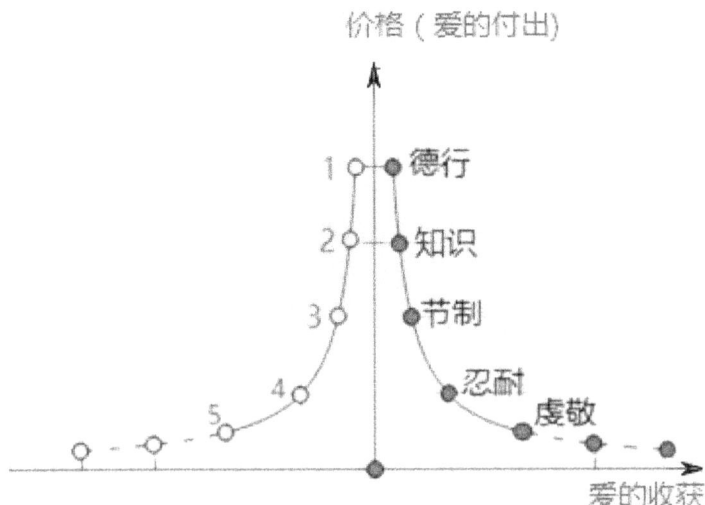

图1-11 "熊" 型时代人类信仰运动曲线示意图

注：1、图中左侧数字1~5所在的实线部分，和右侧"德行"

"~"虔敬"间的实线部分，共同构成"熊"型图案。

2、图中所有曲线所组成的几何图案，包括"熊"型图案之外

的虚线曲线部分，构成"狮"型信仰运动图案。

激烈的冲突。该阶段在《圣经》中被称之为"熊"（但 7：5），因为相比不正确信仰运动曲线的那个被称之为"狮子"的总图，该阶段的人类信仰总图在下方的开口小很多，十分类似前两足间距与后两足间距比例较小的"熊"的足部运动轨迹。如图 1-11 中的实线部分所示——连同虚线一起的整个曲线图是我们早已熟悉的代表所有不正确信仰运动轨迹的母"狮子"形图案。以下经文对该时代有着更为详尽、具体的描绘，可以让我们回过头去查看验证和解释历史（该阶段已经过去，具体的对照验证放在第二编的章节中进行）："又有一兽如熊，就是第二兽，旁跨而坐，口齿内衔着三根肋骨，有吩咐这兽的说：'起来吞吃多肉。'"（但 7：5）

第三阶段是从"虔敬"开始到"爱弟兄"结束的阶段。内部正确信仰力量强大的国家以信仰、价值观为纽带在国际组织或国际关系中，相互支持，让其共同的信仰或价值观开始成为国际社会的主流，甚至开始尝试以信仰、价值观为基础直接建立国际新秩序。但是，由于仍然未能解决源于《圣经》正确、统一解读的原因，有正确信仰的国家间联盟，在细节问题上仍然存在较大的分歧，使得其主导的国际秩序中存在较大的空间或间隙，给不正确信仰和无信仰的国家、地区留下巨大的发展余地或机会。那些在以正确信仰国家为主所搭建的国际秩序中搭便车，利用发源于正确信仰国家的先进科学技术，迅速壮大、崛起的无信仰或不正确信仰的国家、社会、地区势力，吸引了很多国家、地区或人群的关注，继续对全人类的信仰发展、和平稳定构成巨大威胁。该阶段在《圣经》中被称为"豹"（但 7：6），因为该不正确信仰运动的轨迹类似于猛兽豹子在高速奔跑捕食时的"四足"运动轨迹：前两足从收缩到极限然后近乎平伸到最大、最远位置，后两足抬高至最大然后向下、向后放下到最低位置。与"熊"型时代的单向信仰运动不同，该阶段的信仰运动方向是双向的，即存在内部有强大正确信仰力量的社会，发生了信仰的败坏或倒退，并退回到了正确信仰建立的初始位置（即"德行"的位置）。如下图 1-12 所示。

《圣经》中是如此具体描绘这个快速发展、快速结束的人类历史时代的："又有一兽如豹，背上有鸟的四个翅膀；这兽有四个头，又得了权柄。"（但 7：6）。对照示意图 1-12，我们可以清楚地看到在两侧曲线的两端，各有一个标注极限位置的箭头——左侧的"1"和"7"位置（实际情况是到"6"附近的位置，与右侧基本对称，详见第二编分析），右侧的"德行"和"爱弟

兄"位置，就是这个如豹怪兽的"四个头"；而整个图案，因为两侧的曲线均跨越了拐点"忍耐"（左侧曲线中标注为"4"的位置）位置且对称，又如"鸟的四个翅膀"；在这个时代，正确信仰占据主流的国家与无信仰、错误信仰占据社会主流的国家，共同分享权力管控着国际社会秩序。

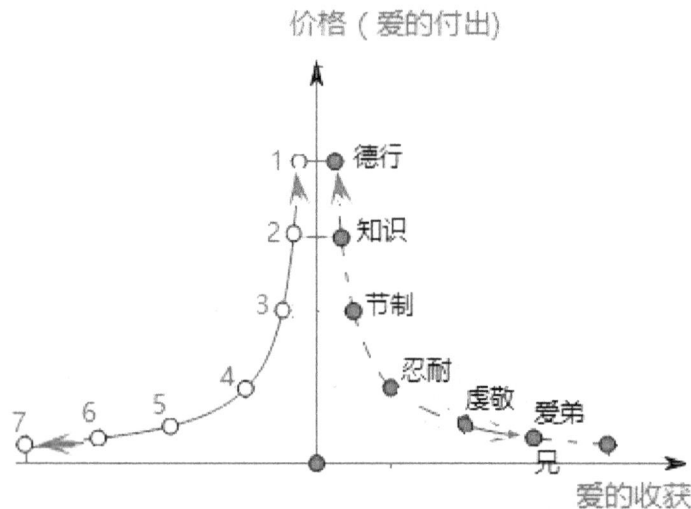

图1-12 "豹"型时代人类信仰运动曲线示意图
注：图中箭头间的虚线或实线部分为"豹"型
图案；其中右侧"虔敬"到"爱弟兄"间的实线部分，是信仰发展最好国家的社会信仰发展位置。

　　这个时代马上要在 2019 年之前结束，具体的对照分析和验证放在第二编的章节中进行。
　　第四阶段是从"爱弟兄"开始到"爱世人"结束的阶段。该阶段中，所有信奉《圣经》的国家、社会，都知道并接受了《圣经》的唯一正确的解读结果或结论，其国内或社会中，彻底消灭了基督教教派林立、纷争不断的喧嚷社会现象，各种非信奉《圣经》的宗教或不正确信仰、意识形态彻底失去了社会存在的空间。而且，这些国家或社会成为了国际社会秩序的完全主导力量，旧的国家主权或意识形态被建立于正确信仰基础之上的国际法彻底制服，在国家或社会层面上，人类彻底实现了万教归一，再没有以国家或社会意识形态形式而存在的任何无信仰或不正确信仰了。这个阶段的后期，社会将快速退出历史舞台。该历史阶段在《圣经》中是一个没有名称的怪兽，我一直称之为"无脸兽"（后来发现并不准确，但已经习惯，故仍沿用）。延续正确信仰结果的逻辑顺序，不难知道其示意图右侧的曲线位置，应以"爱世人的心"为极限；左侧则要复杂一些，因为左侧的运动极限位置在上一个阶段（"豹"型时代）已到尽头，因此在该阶段，会彻底改变运动方向——与"豹"型时代相反，从曲线两端点位置向拐点方向移动、

集 中 ， 最 终 消 失 。 如 图 1-13 所 示 。

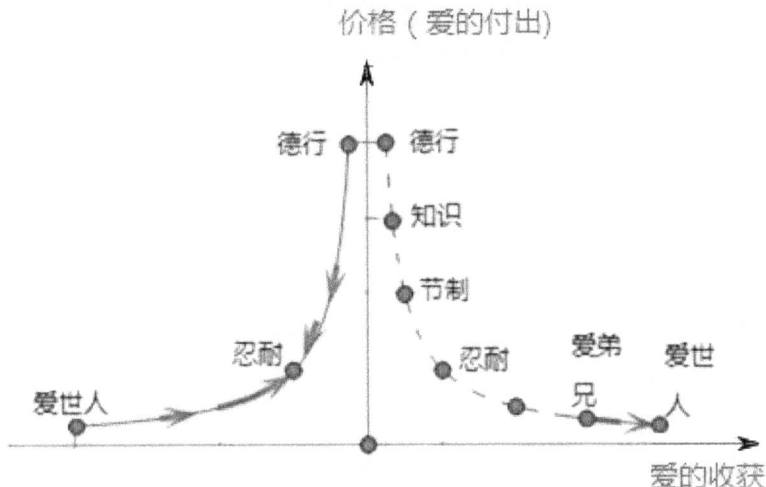

图1-13 "无脸兽"型时代人类信仰运动轨迹示意图

注：右侧曲线中从"爱弟兄"位置到"爱世人"位置的
实线和方向，及左侧曲线中相向指向"忍耐"位置的箭
头所在曲线，共同构成"无脸兽"运动轨迹图案。

    《圣经》中有以下经文生动描绘了这个人类社会历史的最后阶段，"第四兽甚是可怕，极其强壮，大有力量。有大铁牙，吞吃嚼碎，所剩下的用脚践踏。这兽与前三兽不同，头有十角。我正观看这些角，见其中又长起一个小角，先前的角中有三角在这角前，连根被它拔出来。这角有眼，像人的眼，有口说夸大的话。"（但：7-8）。对照示意图1-14，我们可以看出，左侧曲线逐渐缩短，最后在"忍耐"位置成为一个点，同时，右侧曲线也在缩短，集中于"爱世人"这一个点走到尽头，然后面临再行成熟等待结果的境况——其最后也是回到"忍耐"者一个点。上述信仰运动轨迹的形成过程，就是经文中指出的这个怪兽"甚是可怕，极其强壮，大有力量。有大铁牙，吞吃嚼碎，所剩下的用脚践踏。"的特征，而最后分立左右的两个点，就是经文中"这角有眼，像人的眼。"里的人眼；前面我们提到过，在不正确信仰曲线上的每一个点，都存在一个"拐角"，有点必有角，点与角相同。具体到"无脸兽"这里，图1-13中左侧曲线上的三个点——两个端点（实际情况是"节制"或"虔敬"两个中间点，见第二编有关章节）、和中间位置的"忍耐"点，与右侧曲线中的七个阶段点，共十个点是为经文中所讲的这兽"头有十角"；从左侧曲线向右侧发出的"角"，即左侧曲线上的信仰阶段在右侧上对应着三个信仰成果，是经文"先前的角中有三角"中所指的前三个角；最后的第四角，最初在左侧曲线上的一个边极短——紧紧围绕着"忍耐"点，随着信仰变化导致的左侧曲线渐趋缩短为"忍耐"位置上的一个点，前三个角在左侧曲线上的边被彻底破坏，即经文中"先前的三角在这角前，连根被它拔起"所描绘的；上述运动趋势的继续，将导致两条黄线的极度重合，出现位于两条曲线上"忍耐"位置所形成的两个点位，即经文中的"有眼，像人的眼。"所指。最后，出现的一个有两条曲线与一条黄线（近似）组成的曲边三角形，其上方的曲线缺口即经文"有口说夸大的话。"中的"口"。有关该历史阶段的更多具体情况,我们在后面的章节中继续讨论。

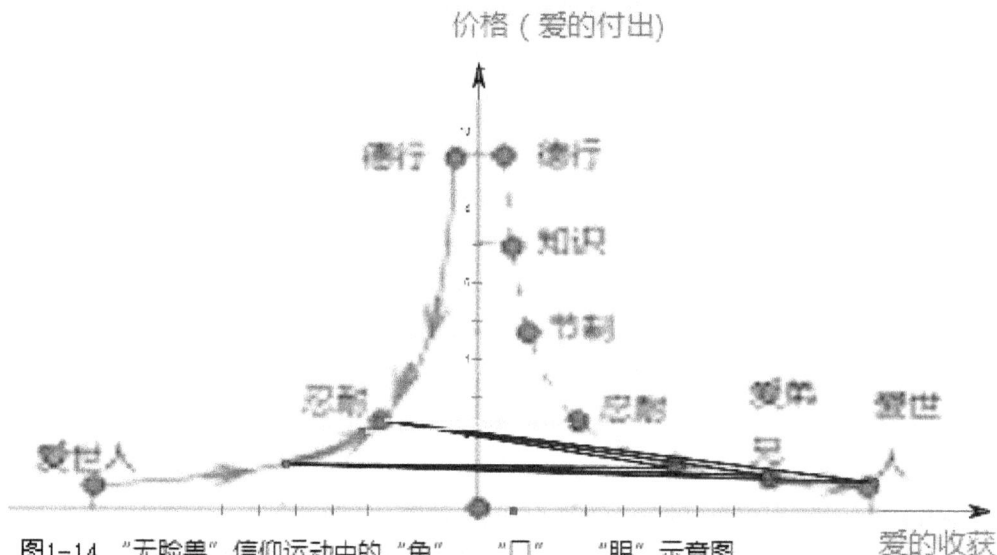

图1-14 "无脸兽"信仰运动中的"角"、"口"、"眼"示意图

注:1、蓝线组成的三个角是"前三角",黄线组成的角是第四角;

   2、两条黄线在水平位置无限靠近时,出现两个眼位和两条曲线在上方的"缺

   口",即为无脸兽的"口"。

通过前面的讨论,我们现在已经知道,信仰发展轨迹曲线上的"忍耐"阶段(从"节制"点位之后到"忍耐"点间的曲线段),对于一个信仰或道德体系来讲——无论是有无信仰、也无论信仰正确与否的社会还是个人等所有信仰载体来讲,都是无比重要的,都意味着载体的"成熟"。即"忍耐"这个点的出现,对于个人领域来讲,意味着一个无信仰者的生理发育成熟,人生进入了可以进行繁衍后代的成人阶段,而对于一个有信仰者来讲,意味着进入了信仰成熟、可以结出信仰果实的阶段;而对于社会领域来讲,就是各类社会成熟的标志。

爱人如己是双向和平等的,因此在信仰等级的七个层面上都意味着平等__人与人平等,个人对家庭付出的爱与家庭对每一个成员的爱对等……但是,人类与神之间的爱,是双向但不平等的。这就是爱人如己的爱与尽心尽力尽意爱神的爱相仿但不相同的地方。人类在平等中学会和习惯顺从,是《圣经》的奥秘,也是一切专制主义、等级主义和阶级统治必然死亡的信仰学根源。所以,社会形态是社会中有关爱的产出_收益表__每个人所付出的爱的总和小于他们从社会中得到的爱的总和,就是社会信仰不正确的社会形态。在这种社会中,人们会越来越自私自利,社会或个人迟早要灭亡;相反,每个人从社会中得到的爱越来越多,每个人也就越自由(被宠爱的孩子自由多),所以自由世界就是有着不断成长的正确信仰的社会__类似安乐死、同性恋、堕胎等当代热点话题,那些从《圣经》中找到反对理由的,都是曲解了《圣经》。介于二者之间的就是社会信仰水平变化拐点__政治学从本质上讲就是算术,是爱的加减法。拐点位置的社会形态、社会信仰状况或特点尤其具有学术价值__根据前面提到的等值信仰曲线、或者"马太效应"的意义,拐点处的社会形态和社会信仰特征具有通用性或连贯性。如,这个位置的社会形态是所有有正确信仰社会的共同社会形态,同时,在两个拐点处的社会形态是所有不正确信仰(包括无神论社会)社会所共有的一种社会形态。因此,人类社会一共只有2种不同形态的社会模式;同理,人类社会信仰也只有两种信仰状况或特征,一种是可以自动维持"爱的付出与接受"的平衡的;另一种是无法维持"爱"的平衡、注定堕落下去,它有两个拐点__其中,信仰水平直线下降的那种社会,只有一个拐点,即无信仰类型的等值信仰曲线。对于具体的社会形态而言,拐点处有正确信仰的社会形态是现代西方民主社会,无(或不正确)信仰社会的形态是专制社会(必坠入专制社会),根据都在《圣经》旧约中的摩西律法中,详见第二编有关章节;该处的社会信仰水平为爱种族如同爱自己,以色列人去应许之地就是以种族为分野的__杀灭迦南人,爱的范围局限于以色列人这个固定种族范围内。与此同时,以色列人的信仰水平波动,让他们将物质利益放在爱的优先位置,即放过迦南人而让其作奴隶,这显然不是"爱人如己"的信仰水平提高,而是信仰堕落的开始(可见,新教徒在美国建国过程中的处理策略才是正确的，即除非被杀死的土著人，剩下的土著人享有法律保护权）。以色列人在本应"忍耐"、对待信仰结果时选择了堕落——滑进家族（"以色列支派"）时期，是信仰水平从种族阶段倒退到家族阶段的明确证据。同时，以色列社会形态也就紧随社会信仰的堕落而发生相应变化__从摩西律法中的"三权分离、相互制衡"落入到专制社会形态中来（士师和后来的王制）。

人类的力量、能力和福祉等，都与信仰水平相关联，二者的关系是严格的正相关数学关系__这就是为什么群体代替了个体时代（集体主义信仰水平的氏族社会或部落时代取代了个体时代）、信奉解放全人类的共产党苏联社会可以打败纳粹德国（无神论战胜种族主义）、民主自由社会可以战胜苏联和一切无神论社会__无神论可以其所谓的的爱全人类而处于仅次于正确信仰之后的地位，而具有强大的力量、智慧及能力。

上面，我们谈到过世界历史或全人类的信仰发展史。接下来，我们去重点看一下单一的社会或国家的信仰发展历史。

在前面的章节中，我们已经讨论过，"科学"和"爱"，一纵一横地共同构成了历史上人们的各种行为、思维模式；颠覆性科学创新及其应用（技术革命）是正确信仰的回馈，是正确信仰者献给神的"初熟的果子"。那么，从亚当夏娃开始，所积累下的历代颠覆性知识、智慧、科学的规则、规律所形成的一个个规则体系，也就是社会阶段中的某个时代的"法律"，事实上就是正确信仰社会献给神的一个个"祭物"。如此，从信仰学的角度看，科学才是不会走、不会死的"先知"，法律才是真正、最"常设的祭"（但 8：11-13）——是我们根据《圣经》记载推断人类历史并验证《圣经》虚实的关键之一。因此，作为对于一个有正确信仰的社会来讲，信仰发展曲线上的"忍耐"点的到来，关键只在于形成一个多层次的法律规则体系并维护其良好的运行——建立起一个让法律回归其科学规则本性的社会机制。保证法律像它本来的源头即像科学规律一样，必然、可重复、自然而然的发挥其应有的全部作用；及时更新法律和所有社会规则，就像剔除知识体系中违背科学的糟粕，形成道德、法律的双层且连续的社会保护网。这个法律、道德的保护网，既是保证最新的知识、智慧、科学成就可以在爱的牵引下顺利地在社会中横向展开、细化，也是保障与这些科学、智慧、知识相连接的旧的科学知识体系的延续性和更加细化。法律及其适用，在正确信仰社会中，不是没有过偏离、没有过落后于科技发展的时候，它也常常出现各种的错误。但是，每一次错误，都会得到及时纠正，源于正确信仰的成熟和忍耐的本意——自我维护、自动修复的信仰机制。既然正确信仰的"忍耐"阶段需要形成一个保障法律实施、保障法律跟随科学发展及时更新、保障法律得到最好或最恰当应用的社会机制，正确信仰的社会区别于其它社会的最大特征，就仅仅是社会的政治制度而已。当"爱"的博弈走向零的过程中，总要存在一个被剥夺或被侵袭的对象——最理想的状态就是新科技或高科技被作为了这样的对象，人们可以利用不断的技术创新、不断的法律更新来抵消这种侵袭造成的伤害（让爱的博弈在走到零之前，甚至更早之前，更新社会的技术环境和法律环境，让博弈被迫重新开始）。否则，伤害就要落到一部分社会成员或一些社会领域中去，如社会中的最底层。正因为如此，我们可以说，是正确信仰——可以产生颠覆性科学创新及应用的那种信仰，在代人受罪、代人受折磨，也让正确信仰社会成为最适合人类生活、最令人向往的人类社会类型。正确信仰社会的法律体系，特别是从司法的角度看，司法人员的绝大部分工作，将来都要交给人工智能去完成，它们的效率更高，吸收利用新科学技术或知识的能力更强更快，更不受情绪波动等外界影响，可以最大程度地保证司法的公平公正——人类在司法领域中的工作，就集中在为司法的方向制定突破式或颠覆式的创新上，是立法式的司法者的角色。

正确信仰一次成熟，就会顺序结果的规律告诉我们，只要保持正确信仰社会的政治制度不改变，就可以让正确信仰的社会生命永远持续下去——从正确信仰社会诞生的那一天开始，直到人类社会的全部历史使命完成，彻底退出历史舞台的那一天为止；并且，期间内也不存在社会被解散、崩溃或被除灭的可能性。但是，正确信仰的社会是完全建立在社会成员的个人信仰基础之上的，所以，在社会成员的信仰结构发生巨大改变时，如持有正确信仰的社会成员规模化迁出，或错误信仰借社会的人口自然变动的机会，改变了新增加人口的信仰比例关系等等，就会让正确信仰社会的政治制度失去信仰基础而改变成为一个不正确信仰的社会——这时，社会的政治制度无用，已经不能再作为正确信仰社会的标签来对待。如，上世纪二十年代末的德国社会，就是如此。

不正确信仰，由于信仰的路径不同，要求法律发挥的作用，可能会有一定的偏离——左倾时，会逐渐减少法律的这种作用，并用各种已被证明是错误的、伪科学所赖以产生和生存的基础规则加以填充；到极左时，会彻底消灭法律，用无原则的爱（尽心、尽性、尽力、尽意）去狂热的崇拜某个具体真实的所谓"伟人"（如中国文革时代的毛泽东）或"明星"、或者是某个并不实际存在的偶像（如中国的"泰山石敢当"、"土地爷"、"泰山奶奶"等等）、或某种思想体系或某种意识形态（如中国的道家思想、各种宗教神学理论等等），并根据各自崇拜的对象决定各自的法律替代品，形成各自奇特的思想、行为规则体系。如，崇拜具体的"伟人领袖"的，会将其言语（如中国的"毛泽东语录"）、行动、个人的好恶等等当作法律的替代物，而成为人们思想、行动的规则或标准；崇拜某种宗教的，就是历史上有名的"政教合一"的社会或国家。右倾时，会不断过度强化法律的作用，减少法律辅助性事物的作用空间，创设一些基于将来必被证伪的"科学"所赖以建立的基础规则构成的法律性规则加以填充；到极右时，彻底消灭"爱"的作用，即消灭任何道德、传统等社会预防、教育的作用，只剩下完全基于当前科学原则即纯粹实用原则而形成的行为、思想规则体系。如，人们从过分追求金钱利益到只追求金钱利益，即是离开"正直"信仰路线后，从右倾到极右的一个演变结果；再如，人们会对未来的技术发展丧失方向或希望，满足或者困于现有技术范围内，出现经文"人倒欢喜快乐，宰牛杀羊，吃肉喝酒说：'我们吃喝吧！因为明天要死了。'"（赛22：13）。所描述的思维、行动模式。

不正确信仰的一次成熟，所结出的信仰果实不一（一个至三个），并完全取决于信仰者所采取的信仰的路径。这个信仰规律，决定了不正确信仰社会因各自的信仰特点，而具有不同的历史特点，总共可分为三种。一种是或者以专注于个人事务领域的信仰者为主、或者以专注于统一该信仰的所有分支、门派的信仰者为主、或者以专注于统一全人类信仰、致力于"万教归一"的信仰者为主组成的社会，第二种是有同时可以有两个信仰结果的不正确信仰者为主组成的社会，第三种是以同时可以有三个信仰结果的不正确信仰者为主组成的社会。三种社会的可持续时间，依次增加——第一种最短，第三种最长，第二种次长；或者在其整个信仰期内，依次有更少的社会更迭（政权或朝代更迭）现象发生，更有可能出现一些持续时间较长的国家或政权。

不正确信仰社会与正确信仰社会相比，前者时有历史上的建立-崩溃-再建的更迭循环现象发生。不正确信仰社会被解散后，同样还有机会可以召回它的民众、重新建立起一个新社会。且最后也都有机会归入正确信仰社会中，正如《圣经》"埃及为的百姓，亚述我手的工作，以色列我的产业，都有福了"（赛 19：25）。不正确信仰社会的信仰发展结果如图 1-15 所示。

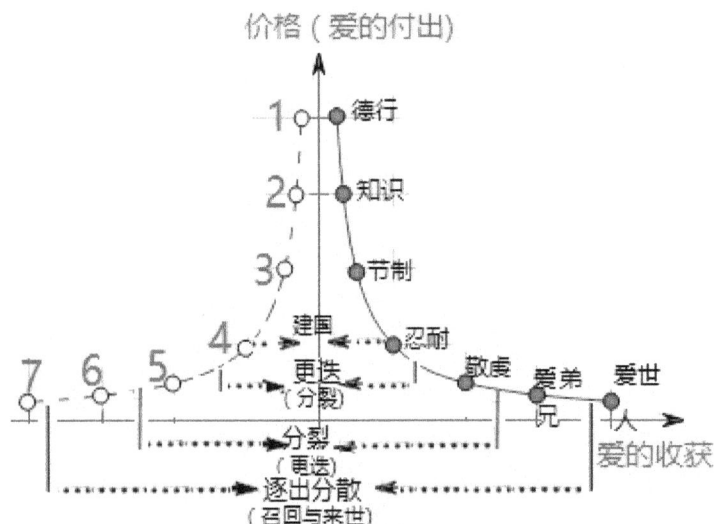

图1-15　　不正确信仰社会的信仰结果

完全有无信仰者组成的人群组织，道德发展及其结果如下图 1-16 所示。它们的最后结果，对应着《圣经》中描写"罪恶之城索多玛"的经文（创 19：24-25）。无信仰者人群的道德成熟后，就会建立起国家或社会，开启无信仰社会的道德发展之路——一种极左、或者极右、或者其它的某一种排他思想体系的生命历程。无信仰的道德社会或国家，它们的可持续历史时间，是人类社会或国家的"生物学"寿命，对应着无信仰个人从信仰学角度所得出的生物学预期寿命，具体说明放在下一小节中。即无信仰社会的可持续时间有着不可操作也无法控制的固定机制或极限——在一个信仰或道德体系的最大可存续时间内，由于其社会的更迭更加频繁而变得更加短促；而有正确信仰的社会或国家，却可以从建立开始一直持续到社会退出历史时为止。

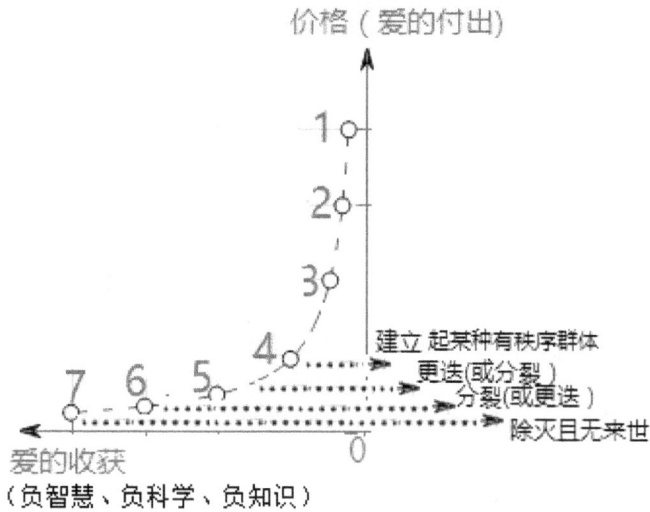

图1-16 无信仰人群的道德发展结果示意图

　　现实世界里，社会都是各种信仰者与无信仰者的混合体，其中占据社会的信仰、道德主流的信仰、道德种类，我们称之为一个社会的"社会信仰（或道德）类型"。即不正确信仰的社会，仅仅是指由不正确信仰占据了社会意识形态统治地位或主导地位的社会，而非不存在正确信仰者或者无信仰者的社会。无信仰社会中，按照其道德发展的路径，与不正确信仰社会一样，可分为三类，各有以一个、两个、三个道德结果的无信仰者为主所组成。各个社会也都有明显的历史循环现象，即有十分频繁的朝代更迭；且社会的可持续最长时间，呈现出依次延长的规律，以第三类社会最长久。如，中国以儒家思想为主的社会，社会"信仰"道德属于一次成熟，可以结出三个道德结果（从修身、力图解释统一儒家各派观点、"四海之内皆兄弟"）的类型——在道德运动轨迹上，与正确信仰的发展运动轨迹最接近、甚至部分完全重合，但距离正确信仰却最远，是彻底的无信仰；历史上，中国所有的以儒家思想为社会意识形态的王朝，更迭十分的频繁；虽有悠久的历史文化，却从来没有为人类引爆一次知识革命或者技术革命，连颠覆性的科技创新都没有一次。当大多数人变成无信仰的人时，社会也就成为一个动物般的人类社会了，无信仰的道德成为这个"社会之兽"的习性和生物学规律，其寿命虽有长短、生命的质量虽有不同，但制约其生命的自然法则却是一样的。

　　无信仰社会与不正确信仰社会相比，最大的不同在于，后者在整个不正确信仰存续期过后，还有机会重新来过，并不会就此退出历史舞台，而是翻开一个新的历史篇章，而前者却不可以。

第三节、个人信仰结果的不可对比性和人类信仰运动终结的条件

一、个人信仰水平的多重标准及确定方法

　　从信仰学的角度看，按照有无信仰、信仰是否正确的标准来划分，全人类共有三类人：一类是无信仰者、一类是具有不正确信仰者、最后一类人是正确信仰者。

　　前面我们已经简单了解了，《圣经》中的人类与动植物等宇宙万物之间的根本区别，是人类具有"灵魂"，宇宙中的其它被造物均无灵魂（具体讨论在第二编的有关章节中进行）。人类有灵魂是为永生准备的，前提是人们的正确信仰水平达到了已经结出信仰成果的程度；否则，灵魂并不能将人类当然带入到永生的境界中去，而让人类与普通动植物、宇宙中所有的其它被

978-1-62265-922-7 (online) 978-1-62265-923-4 (paper) Faith Studies by Zhang, Pujie

造物之间无差别，正如经文"你们是世上的盐。盐若失了味，怎能叫它再咸呢？以后无用，不过丢在外面，被人践踏了。"（太5：13）所讲一样——人们在提高正确信仰水平使信仰开花结果的过程中，必须付出爱让他人感受到，这就是正确信仰者对世人来讲的发自信仰的"咸味"。如此，对于无信仰者来讲，其"信仰"道德水平的发展、成熟或结果，对应或表达的就只是人类生物学意义上的生命历程、或新陈代谢过程，与动植物的生命周期或寿命完全一样，即仅仅描述了人类的生物学意义上的生命周期或寿命经过。再具体的讲，无信仰者的道德发展过程，表现为个人的生老病死的生理过程及生理死亡结果，没有永生，也没有来世，只有对罪恶灵魂的永远惩罚。正如经文"海交出其中的死人，死亡和阴间也交出其中的死人。他们都照各人所行的受审判。死亡和阴间也被扔在火湖里，这火湖就是第二次的死。若有人名字没记在生命册上，他就被扔在火湖里。"所讲（启20：13-15）。如图1-19"无信仰者道德发展结果示意图"中所示。

通过上一小节的讨论，我们已经知道，无信仰者、不正确信仰者的一次道德成熟，最多只有三个信仰或道德成果出现，最少的只有一个结果出现（且无固定顺序）。也就是说，一个无信仰者或不正确信仰者，假设其在一生中不断努力调整自己的信仰、道德思想体系，又都达到了信仰成熟的要求的话，最少也有三次机会（或经过三次"成熟"而走到信仰的尽头）。如图1-17所示。如此，假设一个信仰成熟的最长时间是 N 年，那么一个人在信仰上的最低生命周期（即个人预期寿命）值就是3N 年（N*3）。例如，中国儒家文化中有"三十而立，四十而不惑"（《论语·第二章·为政篇》）的说法，即认为一个人可以在四十岁时达到思想、道德的成熟。那么，按照中国儒家的这一观点，每个无信仰者，其预期（信仰）寿命可以达到 40 岁*3=120 岁。此计算结果，与《圣经》中经文 "人既属乎血气，我的灵就不永远住在他里面，然而他的日子还可到一百二十年。"（创6：3）完全相符——由此看来，中国的道德"圣人"孔子，其实在道德成长的路上是个比蜗牛走的还慢的最慢者，完全不适合作为道德模范，他与很多中国人的不同只在于他专注于儒家道德体系，并在此结出了直到全人类的"四海之内皆兄弟"（《论语·颜渊》）的信仰果实，属于一次成熟同时结出三个果子的信仰模式，其他人却涉猎了很多。信仰学作为对《圣经》正确解读的科学，起码也要彻底证明了 40 年确是人类信仰成熟的最大许可时间且具有普适性，并要同时提供出信仰者（或社会）出现大于或小于这个预期寿命的信仰学理由来，以示《圣经》用事实或科学区别于中国的儒家传统思想——显然，儒家理论中是没有此 40 年结论是依据什么、如何计算出来的。另外需要注意的是，人的寿命可以到 120 岁的结果，只是指一个无道德成就的无信仰者的寿命上限，而非普通的、无信仰成就的不正确信仰者的寿命上限。道理很简单，120 岁的结果可以看为人类从无信仰状态开始，到死亡的时间历程，而不正确信仰者从一个有信仰者，发展为一个无信仰者的时间，显然并未计算在内。因此，不正确信仰者的信仰寿命，更多地取决于他"耗尽"信仰、堕落为一个与无信仰者完全类似的道德、"信仰"状态的时间——如从一个中国儒家子弟堕落到"无父无君，是禽兽也。"（《孟子·滕文公下》）的时间长度，这个时间长度的最小值也是 40 年，与一个信仰成熟的最长时间从逻辑上对等；也就是说，一个不正确信仰者，其信仰成熟后，越不发生变动，其理论上的信仰寿命就越长。这个结论意味着，那些最顽固不化的错误信仰者，更有可能活很长时间而不死，就如同中国人十分熟悉的"老而不死是为贼。"（《论语·宪问》）所讲的那样。上述有关无信仰个人寿命的所有结论和理由，同样适用于无信仰社会或无信仰国家。即一个社会道德、意识领域中彻底一元化了的社会或者国家，无论处于社会"信仰"、道德领域中独裁位置的道德、思想体系是什么，如金钱万能，再如共产主义等等，也无论这种意识形态是否借助了国家强制力，作为唯一一种真正有作用的社会主导意识，其成熟时间都决定了社会的历史生命——如果这个国家没能在一个独裁道德体系成熟期之前，顺利转换为另一种独裁思想体系的话，它将迎来死亡；否则，它也只剩下两次转换机会。

不正确信仰者个人在《圣经》中被分为两类，在经文"我的百姓做了两件恶事，就是离弃我这活水的泉源，为自己凿出池子，是破裂不能存水的池子。"（耶2：13）中列明。其中，第一类就是"离弃者"，其中又分为两种。一种是类似以色列人"随从外邦神行邪淫，离弃我。"（申31：16）的信仰离弃者，是不正确信仰者中比例最大的部分。即包括所有不相信《圣经》、又无法在行动或思想上做到符合"爱人如己"标准的所有有神论者，也包括以色列人及其他虽然相信《圣经》，但又去信奉别的假神偶像者。另一种是"奸诈的犹大"（耶3：11）、"不一心归向我，不过是假意归我。"（耶3：10）——该种类型发展下去的一个方向，所通向的极限就是无神论！因此这是所有有神论不正确信仰中最差的一种，"背道的以色列比奸诈的犹大还显为义。"（耶 3；11），需要单独列出。另一类是"背道的以色列"（耶 3：11），其特点是"东跑西奔，要更换自己的路"（耶 2：36）。即我们前面谈到的"淫妇"，或前面引用的经文中提到的"为自己凿出池子，是破裂不能存水的池子。"的那种不正确信仰者。出现该种情况的原因有两方面因素，一个是"你们听是要听见，却不明白；看是要看见，却不晓得。"（赛 6：9），即阅读《圣经》者无法正确解读《圣经》的真言实意，容易依照自己的主观解读结果去指导自己的行为和思维，掉入不正确信仰的陷阱中自己也不知道。另一方面与领路者有关，"祭司和先知因浓酒摇摇晃晃，被酒所困，因浓酒东倒西歪。他们错解默示，谬行审判。"（赛 28：7）。总之，这一类不正确信仰，都与错误解读《圣经》经意的愚昧相关，是本书首先所要针对的一个主要读者群，正如经文"你的言语一解开，就发出亮光，使愚人通达。"（诗 119：130）。当然，所有不正确信仰者，从根本上讲，都可在《圣经》被正确解读后自证其是为神的默示，而得到彻底解决。不正确信仰者的生命历程，与无信仰者大体相同——除了前边刚刚提到过的寿命长度及其计算方法的不同之外，最大的不同在于，不正确信仰者的灵魂在末日审判前都一直还有来世的机会可以利用。但是，一个不正确信仰者的灵魂，在来世所面临的问题，仍然是前世所遗留的老问题，即解决愚昧——反对科学、反对理性、无视事实的问题，正如经文"人一切的罪和亵渎的话，都可得赦免；惟独亵渎圣灵，总不得赦免。凡说话干犯人子的，还可得赦免；惟独说话干犯圣灵的，今世、来世总不得赦免。"（太 12：31-32）所讲。

不正确信仰者的信仰发展结果如图 1-18 所示。图 1-18 中右侧曲线上的"忍耐"点、及"忍耐"至"敬虔"、"虔敬"至"爱弟兄"、"爱弟兄"至"爱世人"之间的三个曲线段的意义，同虚线连接的左侧曲线上对应的点、曲线段的上所标注的意义。

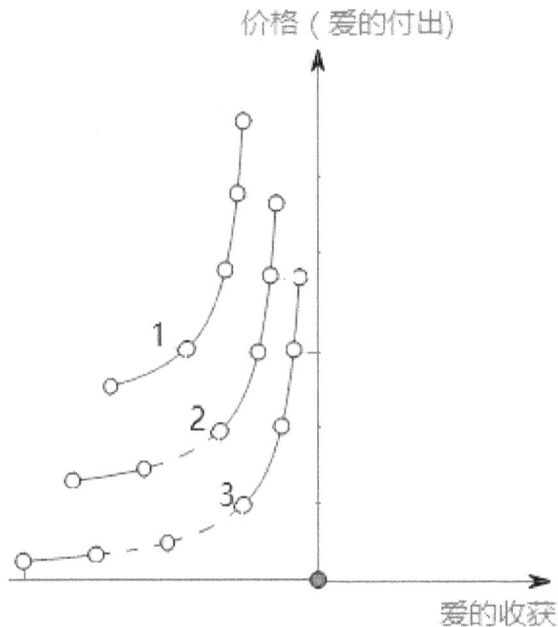

图1-17　一个信仰完结中最多三次信
仰成熟示意图

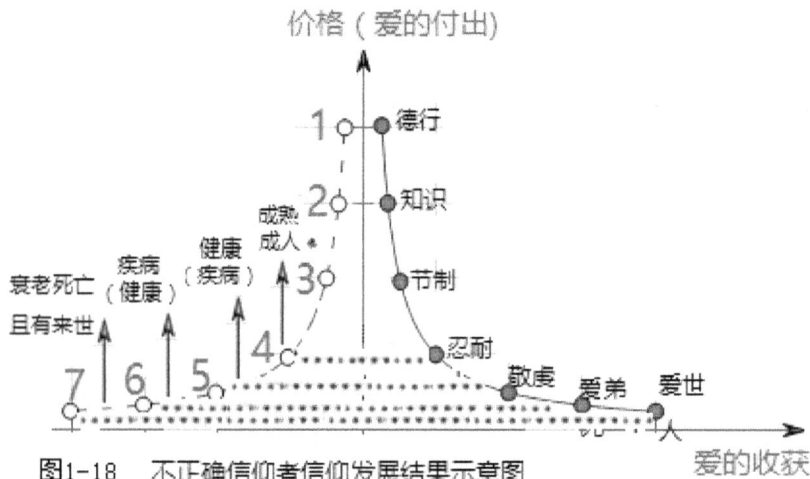

图1-18　不正确信仰者信仰发展结果示意图

　　正确信仰者的信仰水平确定，非常复杂，每一个合格的正确信仰者在《圣经》中被称之为可载入"生命册"（启 20：15）。按照人类历史的不同阶段和社会范围大小的变化，即在国际社会范围内的全球定位，和信仰者所在社会内的单一社会定位，又各有不同；按照个人在人类信仰发展过程中所起的作用，也可分为普通信仰者、特殊信仰者两大类，各自有着不同的信仰结果的表现形式以及不同的评价标准。分别说明如下。

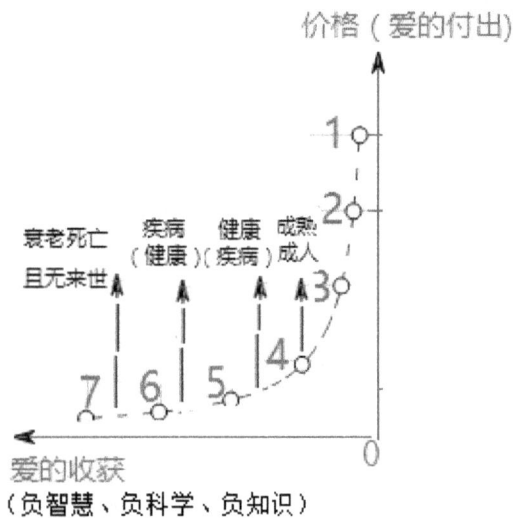

图1-19　无信仰者道德发展结果示意图

　　按照人类社会是否存在来划分，可分为社会产生前、社会存续时代或社会后时代三种正确信仰者类型。社会产生前，按照信仰有无（信否）来划分，有正确信仰是标准个体，即那个时代的"完全人"标准，代表人物为前面提到过的"挪亚"、"亚伯拉罕"、"以撒"等。整个人类社会时期，又可分为两个阶段。耶稣之前，按照"完全人"标准，代表人物为摩西、士师、大卫等等；耶稣之后，又分为三小类。分别是:A、耶稣门徒或传教士（"义工"）。他们按照"撒种"、"栽种"、"建立"的人数多少确定各自的信仰成果的大小，即让人信而归义的人数。其中，不可有绊倒人的现象出现，如，逾越传教士"撒种"的职责范围，过多涉入到《圣经》经文的解读，用错误解读的经文引导信徒走错了路。否则，"那绊倒人的有祸了！"（太18：7），出现　"你们这假冒为善的文士和法利赛人有祸了！因为你们走遍洋海陆地，勾引一个人入教，既入了教，却使他作地狱之子，比你们还加倍。"（太 23：15）的状况，归入另类。门徒或传教士，对于人类信仰发展的作用或影响，属于"灯光"（太 5：15-16）。B、普通信徒。按照"完全人"标准判定。他们对全人类的正确信仰发展所起的作用，是"晨光"

（赛 58：8）。根据不同的历史阶段，普通信徒的评价细分为三个标准体系。即：在正确社会信仰产生前，以信仰坚定程度作为主要评价标准。正确信仰是否稳定，是判断是否为信仰标准体的依据；在正确社会信仰产生后，对照上一节中有关正确信仰社会产生后的三个发展阶段，"熊型"时代，以信仰是否快速成长并结果为标准个体——专注于个人事业并且事业有成，或者于科学技术创新，或者于社会管理、企业或组织管理模式创新，或者在法律、经济等各种社会人文科学领域取得创新成就的，是这个时期的合格信仰者。那时的社会信仰标准体是信仰稳定；"豹型"时代，以是否在快速成长结果的过程中，同时保持了爱的正确方向或角度为标准个体——信仰者的事业成就让同门同教直接受益，即可以让同教同派的信仰弟兄，认识清楚《圣经》中的一些真理，明白其中的真言，抛弃过去的一些错误观点或者澄清一些模糊认识者，才是这个时代合格的信仰者。而那时的社会信仰标准体还停留在信仰能否成长的纠结中；"无脸兽"时代，以是否达到尽心尽性尽力尽意爱神、超越了"爱人"的阶段，为个人信仰的主要评价标准——帮助更多世人知晓《圣经》的正确解读结果，为"万教归一"或让所有不正确信仰消失做出贡献者，成为这个时代的正确信仰者的标签。而"无脸兽"时代的社会信仰标准，还处于如何确保硕果累累的信仰发展始终不偏离"爱"的正确方向——如，如何确保飞速的科学发展不会威胁到人类的生存。以上三种普通人的信仰评价标准的变动，比他们所处的相应社会环境里的社会信仰发展，恰好要快"一拍"——显示出个人的正确信仰引导和决定着社会信仰发展的事实。C、"保惠师"（约 14：16）所差遣的"技工"（出 31：1-11），用科学成就荣耀神、用科学改变人们的行为或思维模式等方式，按照其使多人归义的数目确定信仰结果的大小。他们对于人类信仰的整体进步所发挥的作用，是"星光"（但 12：3）。但是，一般的"技工"，如艾萨克·牛顿、戈特弗里德·威廉·莱布尼茨、伽利略·伽利莱、阿尔伯特·爱因斯坦等众多科学、思想巨匠，以其学术完成了"使多人归义"的使命，他们享永生并不以其直接拉多少人信神为衡量标准，也不以其自身的信仰水平所在的高度或阶段为限制——他们是特殊的传道者，归义者走向哪里，与智慧人无关。

综合正确信仰者的水平测定标准，可以发现，理想人生的模式就是：立足于自己感兴趣的领域，在"爱人"和"爱神"的方向指引下，做一个具有大量科学创新发明及其应用的完全人——人人都像硕果累累的科学家和实业家一样。这个结论，对于基督教传道士等神职人员来讲，意义非凡。教会只是正确信仰的"种子库"，神职人员只是播撒这些信仰种子的工作人员，他们不应该在工作中掺杂进对《圣经》文字的个人观点或教会观点，成为一个或一伙撒"稗子"者。否则，他们的结局如下面的经文所讲："凡你们点火、用火把围绕自己的，可以行在你们的火焰里，并你们所点的火把中。这是我手所定的。你们必躺在悲惨之中。"（赛 50：11）；当然，他们也不能以此做了攫取其它利益的庇护所——《圣经》中"舍伯那"的教训，是深刻且明确的，"你在这里做什么呢？有什么人竟在这里凿坟墓，就是在高处为自己凿坟墓，在磐石中为自己凿出安身之所？看哪，耶和华必像大有力的人，将你紧紧缠裹，竭力抛去。他必将你滚成一团，抛在宽阔之地，好像抛球一样。你这主人家的羞辱，必在那里坐你荣耀的车，也必在那里死亡。"（赛 22：16）。现在的神职人员，应该更象过去那些勇于进行科学探索的传道士们一样，在任何自己感兴趣或有能力的领域内，成为一个个科学创新及应用的先锋。

在正确信仰者的生活中，劳碌只有一个目的，那就是糊口，正如经文"你必汗流满面才得糊口。"（创 3：19）"人的劳碌都为口腹。"(传 6：7)所讲。求富或致富，对正确信仰者来讲只是偶然事件——自己的科学创新成果恰好被特定的社会环境所极力认可而已。也就是说，只要能够"糊口"，即满足最基本的生存或生活需要后，就要把剩余的生命存在的时间、空间都留给"爱"，去全身心地爱家人、爱族人、爱国家、爱世人和爱神！也就是全身心地投入到科学创新的事业上来。超过"糊口"界限的劳碌，是产生所有社会问题——贫富分化、阶级分化、道德堕落的根源。因此，禁欲、杜绝贪婪是从劳碌的界限位置开始的，《圣经》中有关"安息日"的法则、"食物律法"等等思想，都源于此。《圣经》告诉人们，不是不可以求富，只是不可以"劳碌求富"（箴 23：4）——求富的正确方法只有一个，那就是科学创新和应用，它只来源于正确信仰。在这里，我们可以发现马克思主义政治经济学的一丝影子：我们这里的"糊口"标准和概念，与卡尔·马克思在《资本论》中定义的"劳动力价值"（《资本论》第一卷第五章，219 页，人民出版社 1975 年版）、"必要劳动时间"（《资本论》第一卷第 7 章，243 页）的概念或标准完全相同。所不同的是，《圣经》要求所有人，当然包括卡尔·马克思们为之愤愤不平的"工人阶级"，都去为"爱"、为科学而努力，而不是去暴力革命，来解决我们常常为之苦恼的各种社会问题。历史已经证明，《圣经》是对的，科学发展让人类社会越来越美好！马克思主义者的革命理论是完全错误的：所有共产党国家，都没有解决富有与平均分配之间的难题。恰恰相反，所有共产党国家，一没有科学创新能力，实现可持续的经济发展，二没有不阻碍生产经营正常运转的社会平均分配措施。经文"你必汗流满面才得糊口。"（创3：19）是对亚当一人所说，也是对全人类所讲。因此，从全球范围来看，缺乏科学创新的时代，就是人类在劳动求富的时代，是邪恶的时代和堕落的时代。其中，在最缺乏科学创新成果的时期，由利益、欲望所驱动的战乱和动荡，就在所难免，并总是从最贪婪的地区和社会周边开始。世界大战，就根源于财富在技术创新地之外的社会和人群中的聚集。

正确信仰者的信仰成熟时间不定，且其信仰成果很多——至少也会有三个，所以，他们可以在短暂的一生中，取得多方面的骄人成就。而他们的生物学预期寿命，并无类似无信仰者、或不正确信仰者那样的固定规律可循，与二者相比，极长或者极其短暂都是可能的——他们的永生不在世界中，而在天国里。同时，正确信仰者的灵魂不需要来世，会一直安息到末期或末日后，如经文"你且去等候结局，因为你必安歇。到了末期，你必起来，享受你的福分。"（但12;13）所讲。如图1-20所示。图1-20中，从曲线上的"爱世人"点开始向右的箭头所指部分，是正确信仰发展运动中所特有的轨迹，正如经文"在那里必有一条大道，称为'圣路'。污秽人不得经过，必专为赎民行走。行路的人虽愚昧，也不至失迷。在那里必没有狮子，猛兽也不登这路，在那里都遇不见，只有赎民在那里行走。"（赛35：8-9）所描绘。

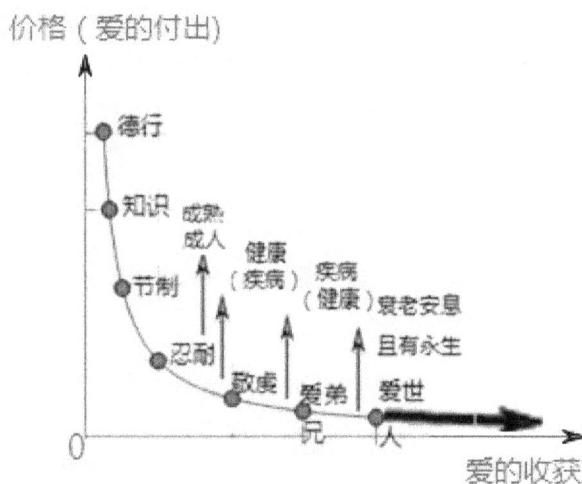

图1-20　正确信仰者信仰结果与生命

表1-5　爱与科学的博弈表

二、信仰运动的结束

在上面讨论爱的博弈、科学的博弈时，我们已经知道，只有人间的爱，或只有人类的智慧、知识或科学，并不能真正解决人类所面临的生存中的根本问题。任何一个人在人间能给予自己的最大的爱，最后的成果会呈现为经文中所讲的下列状况，"凡我眼所求的，我没有留下不给他的；我心所乐的，我没有禁止不享受的；因我的心为我一切所劳碌的快乐，这就是我从劳碌中所得的分"（传 2:10），而我们在爱的博弈表、科学的博弈表中所看到全人类的零和结果，就是经文"后来，我察看我手所经营的一切事和我劳碌所成的功，谁知都是虚空，都是捕风，在日光之下毫无益处。"（传 2：11）、"虚空的虚空，虚空的虚空，凡事都是虚空。"（传 1：2）所指。如此，我们会从逻辑上合理地推测出一个最好的结局或策略，这就是第一节图表中的中间红线部分——正确信仰者所采取的那种"爱"加"科学"的正直策略。但逻辑上最好的科学与爱的结合策略，也并非万全之策。博弈策略及数值分别为，只有爱或科学（智慧），人类面临的最终结局都是死亡，接受者或付出者均记为值"0"；如果将二者结合在一起，即把爱与科学智慧结合在一起的个人，才会对自己信仰的成长真正有益，我们记其值为"1"。我们会得到一个博弈表（表 1-5）。根据博弈论，这个游戏的最后结果看似很好——在接受者和付出者都最满意、最好的结果上实现了平衡、双赢。但其中的隐患就是，必须存在可供挖掘的无限的知识或科学，即无限且可探索的知识宇宙，才可以让这个双赢游戏无限地继续下去。也就是说，人类基于正确信仰的最理想状况，为全人类所赢得的"双赢"局面（表 1-5），其实只是一个受控制的"木偶戏"：我们所处的宇宙，无论从数量（即只有一个）还是从知识上（即从宇宙而来的知识是统一的，或整个宇宙就是基于一个物理学规律而来的），还是从其有限性（即我们所出的宇宙有年龄），还是性质（如，宇宙中的物质都满足爱因斯坦的质能公式）等等方面看，都是有限的，无法满足让人类永存下去的条件。如果我们对于宇宙的奥妙及其无限知识性具有某种不可理喻的肯定，我们仍要面对这样的问题：给人类带来新知识的信仰，是否具有无限的特性，足以陪伴人类走向无限的未来？《圣经》对此问题提供的答案，显然是否定的：正确信仰只是一个拣选的标准，是一个拣选一定数量的合格者的标准而已，它在拣选者的目的达到以后，就会被遗弃。正如经文"我在以色列人中为自己留下七千人，是未曾向巴力屈膝的"（王上 19：10）、"就是以色列人有几分是硬心的，等到外邦人的数目添满了。"（罗 11;25）、"除了从地上买来的那十四万四千人以外，没有人能学这歌。"（启 14：3）、"以色列啊，你的百姓虽多如海沙，惟有剩下的归回。原来灭绝的事已定，必有公义施行，如水涨溢。因为主万军之耶和华在全地之中，必成就所定规的结局。"（赛 10：22-23）。同样，人与人之间的爱，是否可以无限呢？答案也显然是否定的——生命是人与人之间的爱的天然尽头。如此，既是有无限的知识，人类也没有无限的未来可以期待。如此，剩下的问题，就是需要知道信仰的寿命有多长，以及正确信仰可以让多少人获得永生，还需要多少其他人的灵魂可能去添满以色列人所剩下的数目。

上面的章节中，我们已经谈到过，一个信仰（或道德思想）的成熟时间问题。一个信仰的成熟时间，是指从一个信仰体系产生后，在不同的信仰载体中出现开始起算，到占据一个载体的主导或主流思想（或意识、意识形态）地位时截止的一个最长时间片段。这个时间段，同时也是一个信仰的死亡、结束或彻底退出一个信仰载体的最大时间长度。因此，一个信仰的成熟时间，我们也称之谓"一个信仰的生命周期"或"一个信仰的寿命"。在这里，读者需要注意三点：

1、一个信仰的寿命，与一个信仰载体的信仰寿命不同。后者是指，按照信仰成熟时间和取得信仰成果的次数计算出来的一类信仰载体的一个预期寿命数值。如，一个信仰在一类载体上的成熟时间是 N，它一次成熟可以有 3 个不同受益范围或 3 个不同类型的信仰成果的话，那么，我们就计算出这一类信仰载体的预期寿命数值可以达到 3N。由于信仰成果的划分，是按照信仰回馈的受益范围进行的，那些恰好处于更大受益范围意义上的信仰载体，它们的同一信仰的信仰成熟时间与 N 有关，但并非 N 值。很清楚，这时的受益范围上的信仰载体，才刚刚开始感受到这个信仰的影响，这个信仰在其中出现了的时间已经有 N 时间长度，何时成熟，寿命如何，在这里我们还不会知道。

2、信仰载体和信仰的受益（影响）范围，是两个不同的概念。我们在前面章节中提到，《圣经》中有一个从亚当夏娃的个体受益范围开始，直到大卫的国家受益的历史受益范围。这个范围上每一个节点本身都可以作为信仰载体，如家族、国家等等。但是，它们只有在作为一个信仰发展的起点而不是节点时，才能被当作为"信仰载体"对待。如，一个信仰，被传教士或强大的外来政权带入到一个信仰完全空白的地区，这个地区中的社会或国家即为信仰载体；如果被带入的地区中，本来也有这种信仰的话，就不可以从外来政权强行灌输时才当作信仰载体，并以此来计算其信仰成熟时间。《圣经》中，约瑟被卖入埃及（创 37：12-28），开启了正确信仰在埃及社会历史中的发展过程；正确信仰的受益人群，集中于随后到达埃及的

70 个以色列人（创 46），他们的后代集中居住在歌珊地（创 47:6），处于埃及法老的政权保护之下。因此，以色列人这个群体，是埃及社会中的正确信仰自由发展的受益范围，这时，正确信仰的成熟时间，与以色列人控制、主导的社会中正确信仰的成熟期就不同——前者适用信仰受益范围的计算方法，后者适用信仰载体的计算标准。当以色列人出埃及、去建立属于自己的社会或国家时，正确信仰才在生活于埃及社会中的以色列人群中成熟，这个时间是 400 年（创 15：13）——这才是作为信仰受益历史范围上，每个节点的信仰载体的"信仰成熟时间"或信仰寿命。出埃及以后，在旷野中流浪的以色列人群，没有了埃及法老政权的保护或压迫，信仰发展完全自由，他们的信仰成熟期或信仰生命周期，与在埃及社会中时完全不同，适用于独立信仰载体（如个人、社会）的信仰周期规律，《圣经》中记载的时间是 40 年（摩 5：25）。

　　　　3、信仰成熟过程是指信仰在一个载体中，不受其它信仰阻挡或强力干涉，自由、自我发展的过程。信仰在载体中的发展被加以干涉后，成熟期按照受益群体的成熟期另行计算。因此，具有最强大的自主能力或意志的人类组织，才可能成为信仰主体——最常见的信仰载体只有个人和社会。而在前面提到的信仰历史受益范围上的那些节点，并不容易被当作信仰载体计算信仰寿命。如，国家，国家强制力会对信仰发展施加最大的力量，或者取缔，或者政教不分，或者强调国家意识形态的绝对统一、主导地位等等。而社会可以作为合格的信仰载体，是指有一系列持有相同信仰的国家历史和其它形式的人类组织历史所组成的历史社会，如中国古代社会，无论是否有统一的国家政权，都是在延续和发展着儒家道德体系的一个社会。整个中国古代社会即是儒家道德体系的一个信仰载体，而其中的历朝历代，如秦代、蒙古人统治下的元朝等很多时期，对儒家道德体系进行过强力剔除，而汉朝、明朝等朝代的很多时间里，又用国家权力极力加强儒家道德体系对人们的思想灌输。这样，我们把信仰发展节点上除个人之外的所有节点，如"家族"等等统称为"群体"，与个人、社会这两个信仰载体区别开来，方便下面的讨论。

　　　　从前面关于爱的博弈、科学的博弈、以及爱与科学的博弈来看，信仰的寿命，应该是这些博弈从开始到出现均衡的时间。很可惜，我现在还没有发现这方面可以直接使用的知识成果。但是，这些博弈表本身，也能给我们一些提示，如，我们使用的每个博弈表，都有 4 个环节组成，而信仰成熟前，也要经过得到信仰信息（"信心"）和以后的"德行"、"知识"、"节制" 3 个发展阶段共 4 个步骤后才有可能成熟，二者之间的这种相同只是偶然的巧合吗？

　　　　信仰的发展过程中，爱和科学是决定其成熟、结果的两大因素，二者在同一个时间内达到平衡位置——科学只是一种爱的回馈的一种形式，本身也属于爱。上述反复讨论过的结论告诉我们，如果信仰寿命可以被表述为一个统一的函数式的话，它一定是一个有着两个变量的二元一次式数学函数（信仰运动曲线的切线），其中，函数值也就是比值。这个函数式的具体推导等内容，我们放在下面章节中进行。但为了方便现在的讨论，把其中的结论先拿过来临时使用一下。下一章中的信仰函数告诉我们，4、40、400、4000 就是这样的一组连续的、等比为 10 的值域。放在这里的意思就是，信仰的寿命包括信仰产生（"撒种"）在内共经历 4 个步骤，信仰产生后，在信仰载体中的成熟时间最慢可以有 40 年，在群体中是 400 年，然后，4000 年就是一个信仰或道德体系从来到世上那一刻起，到彻底终结的全部寿命。也就是说，相比个体的信仰成熟时间，擦除一个群体中的一个信仰，要多花费 10 倍的时间，而从全人类中间彻底让其死亡，要多用 100 倍的时间。正确信仰会不断重新开始新的周期，但如果所要求的合格信仰者的额度完成后，同样会随时结束——不再受信仰周期的约束。并同时结束人类所有的信仰运动和历史进程。最后，我们就利用信仰函数提供的有关数字，来计算一下《圣经》中合格的正确信仰者（灵魂）的数目。下面表格 1-6 中的数字计算结果表明，全人类只有 810 万个灵魂得救，其中 666 万个属于以色列之外的"外邦人"——正如经文"这是人的数目，它的数目是六百六十六。"（启 13：18）所讲。

	$N\,M^{-2}$	$N\,M^{-1}$	$N\,M^{0}$	MN	$M^{2}N$
信仰函数值	0.4	4	40	400	4000
父（M^{x}）	M^{-2}	M^{-1}	M^{0}	M	M^{2}
父（10^{x}）	0.01	0.1	1	10	100
归父合格者		1	1	10	10万
子(1000)				1000	100万
子(1000)			7	7000	700万
总计		1	8	8010	810万
时代		创世纪	大洪水	旧约	新约

表1-6　　正确信仰的时代划分和合格信仰者总数计算表

　　注意表格1-6中的数字，按照无差别信仰或等值信仰的换算关系，需要计算的其实不多且异常的简单。如，合格信仰者是从创世纪的亚当夏娃开始，因为"夫妻不再是两个人，乃是一体的了。"（太 19：6），所以数字为"1"。在人类出现之前，我们的宇宙（今世）已经在出现（创 1：3-5）后经历过了"4"个阶段，即《圣经》创世纪中的"第二日"到"第五日"，有关数字在表格的第三列。大洪水时，挪亚救下"7"个人，包括他自己共"8"人，在"父"的栏目中适用第四列第三栏的比率"1"，即适用于这个时代的无差别信仰或等值信仰的换算关系，只有挪亚一个人是信仰合格者；一个无信仰时代被"40"天的降雨、洪水一次性除灭（创 7：4、17）；以上有关这个时代（大洪水）的所有数字，占据了表格中的第四列。新时代（信仰寿命周期）开始后，首先是以色列人在埃及寄居"400"年，"你的后裔必寄居别人的地，又服事那地的人，那地的人要苦待他们四百年。"（创 15：13），正确信仰在一个群体中成熟；摩西带领以色列人出埃及后，在旷野"40"年，自由、无阻挡地发展自己的信仰，等待信仰果实的降临。但是，以色列人在旷野，并未持守已经成熟的正确信仰，未能在信仰上"忍耐"住，"以色列家啊，你们在旷野四十年，岂是将祭物和供物献给我呢？"（摩 5：25）。回到信仰发展原点的"德行"位置，远离信仰发展中的下一个平衡稳定位置，终于无法建立起一个有正确信仰的社会（信仰载体），而滑入不正确社会信仰的泥潭招致惩罚。以上所引用经文中的数字占据了表 1-6 中第一栏的第四、第五列，与信仰函数有关信仰成熟或者死亡的时间值完全相同。在表格 1-6 的"旧约"列（第五列）中，一个合格者按照无差别信仰或等值信仰的换算关系，在"父"的栏目中要按照扩大 10 倍的比例值来计算。这里的"10 倍"数字的由来，除了信仰函数值的原因以外，在《圣经》中还有一个"断点接续"的需要和说明:雅各带入埃及的以色列人共"70 人"（创 46：27、出 1：5），这个进入埃及社会中的正确信仰群体，在《圣经》中最终并未发展成一个有成熟正确信仰的社会，而是被打散到各国去了，即在信仰受益范围从"7"扩大到"70"以后，出现了信仰发展中的断点。所以，从断点处开始，"父"的栏目中是"10 倍"的比例关系并延续下去。同时，这时起的合格者，也要在"子"的栏目中按照无差别信仰或等值信仰的原则来计数，因为"我实实在在地告诉你们：还没有亚伯拉罕就有了我。"（约 8：58）；在"子"的栏目中，都按照 1000 的固定换算比例计算——"父"与"子"的换算比例经常使用不同的标准，正如经文"在你看来，千年如已过的昨日，又如夜间的一更。"（诗 90：4）所说那般。因此，根据无差别信仰或等值信仰规律，归于"父"的合格者数量有第四列中的"1""等值"变为第五列中的数字"10"；按照"主看一日如千年，千年如一日。"（彼后 3：8）的 1：1000 换算关系，计算为从子而来的无差别得救者。那么，原来在第四列中的数字"7"现在就"无差别"地变为第五列中的数字"7000"——如同经文"我在以色列人中为自己留下七千人，是未曾向巴力屈膝的，未曾与巴力亲嘴的。"（王上 19：10）中所讲的数字完全相同；而第四列第五栏中归于"父"的那"1"个合格者，这时他不仅在"父"怀中，也同时在"子"怀中，如经文"我在父里面，父在我里面"（约 14：11）"凡是我的都是你的，你的也是我的。"（约 17：10）所说，同样要按照无差别信仰原则和 1000 的固定换算比例，由"1"也变为"1000"。综上，至该时代（旧约时代）结束时，得救者的数目共有"8010"。有关数字都在表格中的第五列。然后进入新约时代。重复上面的过程，至末日审判前，原来的"1000"、"7000"在"子"栏目中继续扩大 1000 倍，结果分别为"100 万"、"700 万"；同时，那"1000"人在"父"栏目中扩大 10 的二次方即"100"倍，结果为"10 万"，以上共计"810 万"——这就是《圣经》中"天国"所需要的全部合格正确信仰者的数字。以上数字都在表格中的第六列。

根据《圣经》记载，最后归于"父"的以色列十二支派的人，共有"14.4 万"（启 7），按照表 1-6 第六列中的换算比例，无差别换算到"子"栏目中时要乘以"10"（1000/100），计"144 万"。这样一来，以色列人之外的、得救的合格信仰者的总数就非常容易计算出来了，总计"666 万"（810 万-144 万=666 万）。

仔细查看表 1-6，对照《圣经》中以色列十二支派的最后得救人数，我们会发现一个非常明显的矛盾：按照表格中第六列第五栏中的数字来看，末日审判（启 20：11-15）前，归于"父"的总人数只有"10 万"人，而《圣经》中记载有"14.4 万"以色列人最后得救。为什么会这样？问题出在哪儿呢？

其实，回过头去，我们会发现，按照信仰的无差别原则或等值原则，从亚当夏娃的二人合体，作为一个合格者，与延续到"挪亚"和以后的所有得救者个人，已经有一个矛盾存在其中：按照亚当夏娃的"合体"标准，"挪亚"应该与妻子作为一个人得救，才可以。而《圣经》中是把"挪亚"与妻子分开计算的——挪亚的妻子是作为"挪亚"正确信仰结果所惠及的 7 个得救者中的一个，只占得救者的 1/7（=0.14）。经文"惟有算为配得那世界，与从死里复活的人，也不娶也不嫁，和天使一样"（路 20：35-36），明确告诉我们，发生在"夏娃"与"挪亚的妻子"之间的等值或无差别信仰交换的比例变动，还要继续下去，直到大家完全一样为止。那么，如果我们从最终结果的角度看，这里就出现了一个历史积累下来的"老问题"：亚当夏娃的信仰亏欠相比后来的合格者，相当于短缺了 50%，到"挪亚"时代，这种亏欠或短缺的状况有好转，但也仅仅提升了 1/7，旧约时代又提升 1/70、新约时期再提升 1/700……这种自身始终无法补齐、或者若要补齐只能再起炉灶的状况，正如经文"就是以色列人有几分是硬心的，等到外邦人的数目添满了。"（罗 11；25）所讲的。如此一来，我们在表格中所得出的所有数字，其实都违背了所应用的无差别信仰原则或等值信仰原则。问题找到了，事实的真相也就自然清楚了：按照无差别信仰原则，即按照表格中的计算过程，始终无法给夏娃彻底找回相当于后来的合格信仰者个人所占的那一个单独的信仰份额了——这意味着永远也无法在一个信仰周期中实现前面所说的合格信仰者的数目。这个问题显然在创世纪时就被安排好了解决方案：解决这个问题的方法，就是人类信仰发展的末期（新约时期），一次性提高信仰的成熟、结果的效率，从以色列人之外，产生相当于合格以色列信仰者一样的信仰佼佼者共"4.4 万"，而不必无限次的重启信仰周期。具体的实施过程在《圣经》中有关"圣灵的工作"经文中讲过："我去是与你们有益的。我若不去，保惠师就不到你们这里来；我若去，就差他来。我还有好些事要告诉你们，但你们现在担当不了。只等真理的圣灵来了，他要引导你们明白一切的真理"（约 16；7、12-13）。这段经文的一个意思就是"保惠师"要来为我们彻底解读《圣经》，让人类明白其中的所有真理，当然包括并且主要就是有关信仰科学的真理。信仰学可以胜任让信仰运动加速并且高产的重担，原因如下：

《圣经》中，记载于"生命册"中的正确信仰者，无一不被天国接受而享永生，这里的供给曲线是简单的垂直线。数量既定，价格仅决定于需求水平。需求愈高，价格愈高。因此，越到后来，他们的爱越深、科技能力越强大，载入"生命册"的人越多，最高时可达到 1/2——从信仰发展曲线上看，就是处于九个节点所组成的八个信仰阶段上的所有信仰者，处于后四个阶段上的会全部成功。正如经文"那时，两个人在田里，取去一个，撇下一个；两个女人推磨，取去一个，撇下一个。"（太 24:40-41）所讲。名字未载入"生命册"者，无论有无信仰、也无论信仰正确与否，无不下地狱，这里的供给曲线也是简单的垂直线。与合格正确信仰产品的产量不足所造成的垂直供给曲线不同，地狱的无限量收纳和无质量约束，才是造成无信仰或不正确信仰产品垂直供给曲线的根源。《圣经》中有关"无底坑"（启 20：3）、"火湖"（启 21：8）的描述，经文"阴间和灭亡，永不满足。"（箴 27：20）正指于此——这与货币政策失效后出现的"流动性陷阱"（liquidity trap）中，对货币需求弹性就会变得无限大的情况完全一致，我们在后面的章节中还要对此详细讨论，就不在这里赘述了。因此，有经文对此明确指出，记载于"生命册"中的正确信仰者属于"你们是无价被卖的，也必无银被赎。"（赛 52：3），而名字未载入"生命册"者，无论有无信仰，都属于"从妓女雇价所聚来的，后必归为妓女的雇价。"（弥 1：7），就是针对人类的整个历史时期所说的。这个时期，类似经济学中的"市场时期"概念：没有产量问题，唯一的问题是按照什么价格处理现有的供给，进行"市场卖清"。

直到现在，我们都是假定已知的信仰发展、信仰成熟或信仰结果的方法没有变化，并且，不考虑任何对《圣经》正确解读上和应用正确解读上的进步。提高信仰发展效率、提前终结人类的信仰史，这个方案的可行性正在于：信仰同样也是一门科学，有规律可循，同样存在技术性进步的可能——让信仰的发展、成熟过程更简捷，减少甚至完全避免信仰发展中走弯路或重复走老路的"低效率"问题。

利用人所共知的经济学常识，不难知道：《圣经》正确解读及其应用上的进步，表现在同一费用（爱的付出的"代价"）得到的信仰发展效果更好（信仰产品更好），或者同样的信仰进步的"花费"更低，大多是二者兼备。在新的正确解读应用的早年，费用常常下降得很猛，后期，进步慢慢减速，信仰科学发挥作用的整个历史时期集中于"千禧年"之前的"无脸兽"时代（在后边的章节中我们会明白这里的具体时间为公元 2019 年~公元 3989 年左右）。在下面的图 1-21 中，每一个小的正确信仰供给—需求曲线，代表不同的期间，比如说，2020 年、2030 年和 2040 年。等值信仰曲线或无差别曲线所划出的供给曲线，是长期曲线，表示在没有应用正确解读《圣经》的进步时，扩大信仰人群如何影响费用（爱的付出）。

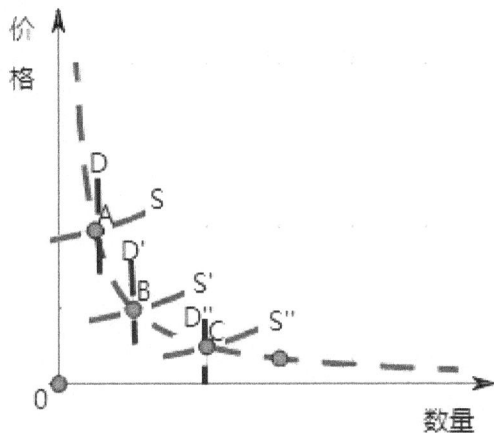

图1-21 供给随时间变动

D和S是2020年的曲线，D′和S′表示同一产业在2030年的情形，D′′和S′′表示在2040年的情形，需求在上升，同时长期供给曲线因信仰学传播和应用的技术进步而下降。产业沿着断续线ABC扩大，通常叫历史费用曲线。

没有技术进步，即没有信仰科学前，需求的增长只能在原有费用和价格水平上，通过延长生产时间来简单地多生产一些。产业沿着 S 向右走。相反，随着信仰科学和应用的发展，技术进步却降低费用水平，首先到 S′，然后到 S′′。这样，产业沿着连接均衡点 A、B 和 C 的断线行进。这条线叫做"历史费用曲线"。经济学理论告诉我们，在降低费用或价格上成功者，会最快地沿着他们的需求曲线走去。"如果我们把隔开十年或二十年的两个经济断面作典型考察，看一看哪个产品产量增长最大，我们会看到，产量的增加和价格相对降低之间有密切联系。"（参见【美】劳埃德.雷诺兹《微观经济学》188、197-198 页，1984 年商务印书馆）。因此，信仰者越快、越深刻地了解信仰学理论，并将其应用于自己的信仰发展过程中，必然会产生越经济、越快捷的信仰发展效果。这就是那个最终会多出来的"4.4 万"外邦人中的信仰佼佼者的出处！他们也是经文"那在后的将要在前；在前的将要在后了。"（太 20：16）中所讲的"后来的先到者"。也正因为信仰科学的存在，会打破传统信仰发展的一般性规律，对传统模式下的信仰发展、成熟周期及其中所能产生的合格信仰者的数量、质量，都会产生超出《圣经》范围的不可测变化，使得我们不可能再按照信仰科学理论，对人类信仰历史的终点做出任何有依据的精确时间预测，正对应了如下经文所讲，"那日子、那时辰，没有人知道，连天上的使者也不知道，子也不知道，惟独父知道。"（太 24：36）。

不难看出，表格中最终的得救者总数目，经过内部分配的调整后，可以保证所有任何一个符合要求的合格信仰者不会被遗漏，他们的信仰成果按照统一的标准，即按照 $1/Q$(Q=所处时代的总得救人数)，进行细化。也就是说，从等值信仰的角度看，一个旧约时代的人即使其信仰只相当于 $1/8010$ 个亚当，一个新约时代的人即使在信仰上只相当于 $1/810$ 万的亚当……他也必得救，不会因细小而遭无视。同时，其他所有人，他们的罪过总程度也与亚当夏娃被赶出伊甸园的错误相当，即使一个旧约时代的人只占 $1/Q'$(Q'=整个旧约时代的总人口-8010 人)的那么一丁点，他也要为此付出下地狱的代价！这种公平公正，无以复加，也是保证唯一、纯洁信仰的唯一途径——试想，若没有经过最后的调整，无论经过多少个周期或循环，也总要或者出现大量合格者被错误打压，或者总会有很多不合格者捡便宜，二者必居其一；如此一来，信仰也必日渐崩坏，这不就是正发生在世上所有不正确信仰和无信仰道德体系身上的事情吗？

"外邦"人中所出的这 "4.4 万"人，是如何分配到以色列十二门派中的？从《圣经》记载（启 7：1-8）中看，是平均分配的，那么这里就出现了一个问题，即 4.4 万/12=3，666.666，666……对于数字的解释我们放在第二编的"信仰运动函数"中去做。这里只提醒读者，该计算结果表明经文"若是你的右眼叫你跌倒，就剜出来丢掉，宁可失去百体中的一体，不叫全身丢在地狱里；若是右手叫你跌倒，就砍下来丢掉，宁可失去百体中的一体，不叫全身下入地狱。"（太 5：29-30）所讲的情况是真实的，也与经文"正如我们一个身子上有好些肢体，肢体也不都是一样的用处。我们这许多人，在基督里成为一身，互相联络作肢体，也是如此。"（罗 12：4-5）等所说的一样。

任何信仰、道德体系，也与《圣经》所提供的信仰一样，其所提供的信仰、道德的发展过程，也都是有限的，在其目标完成后，即不会再起任何的作用。如，中国的儒家思想体系，至人们的道德水准到达"四海之内皆弟兄"的程度时，就到了尽头。如此，任何信仰、道德体系都要最终完结、毫无指望。但是，指出、明确宣示了这一切的，岂非就是《圣经》呢？——按照信实的神在《圣经》中所讲的永生之路走的，就是被允诺的永生之路。如此说来，让人得救的是神，而不是信仰，正确信仰也不是神，《圣经》也不是神，神拣选了一个让人得救的信仰之路作为自己喜悦的永生之路并记载于《圣经》上而已，如经文"神能从这些石头中给亚伯拉罕兴起子孙来。"（太 3：9）所讲；也因此，争论、辨别各种神学观点或教法教义，甚至各种意识形态、道德思想体系、各种信仰的好坏善恶，都毫无价值。没有救恩，一切都是虚空，正如经文""虚空的虚空，虚空的虚空，凡事都是虚空。"（传 1：2）所讲。永生只来自于救赎，正确信仰的发展过程中与其它信仰、道德体系并无根本不同，也要耗尽，但只是因为神的接纳而使信仰者被拯救！信仰路上，快跑的快死，慢跑的慢死，唯有跑在应允之路上的，在尽头被从死里抱走，得享永生！

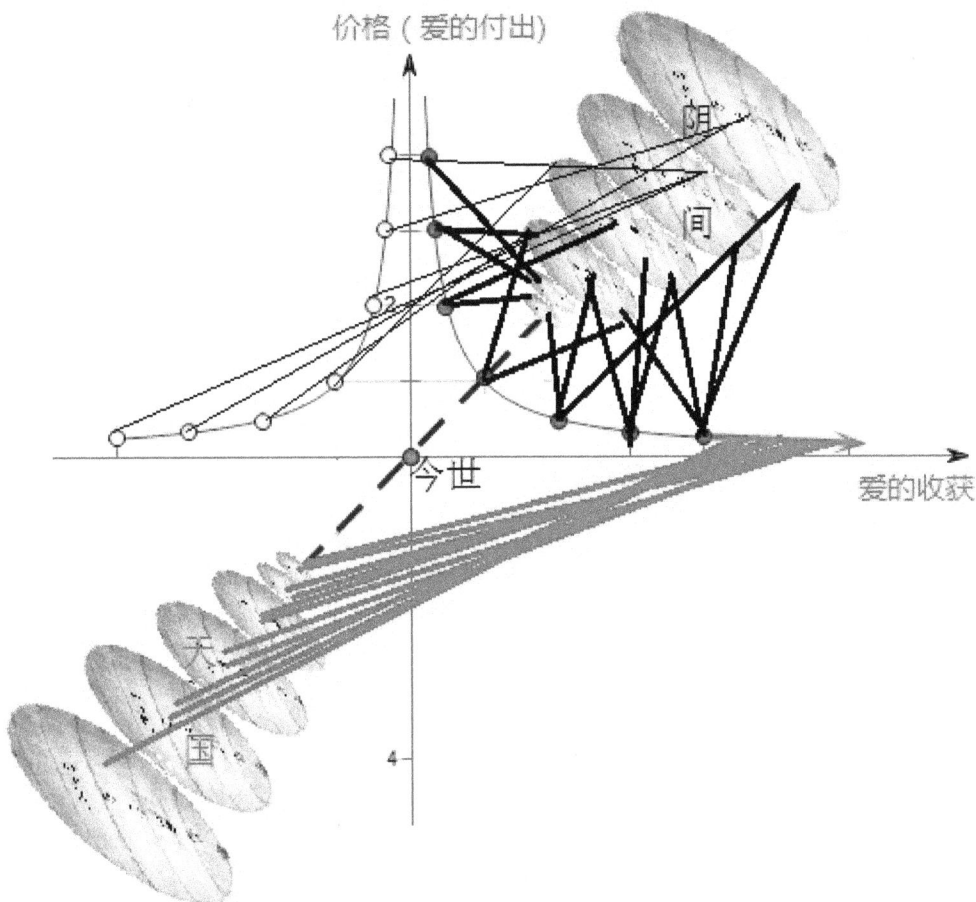

图1-22　信仰运动决定灵魂的不同结局示意图

正确信仰者只有来到图中的红色箭头所在的曲线位置，才成为合格信仰者，他们的灵魂进入天堂的不同宇宙空间，如经文"天国里最小的比施洗约翰还大"（太11：11）、"一个在基督里的人，他前十四年被提到第三层天上去。"（林后12：2）所讲那样。阴间也是多层平行宇宙的集合，如"你必坠落阴间，到坑中极深之处"（赛14：15）所讲。只有我们身处的宇宙，是单一的宇宙。

《圣经》告诉人类，信仰决定世界。世界的形式跟随人类信仰的变化而变化，具体表现在两方面。（一）、按照灵魂的形式(非生命形式或身体形式，生命或身体仅仅是灵魂的一种存在形式)，世界和宇宙共有三种类型或三个，即容纳和适合信仰堕落灵魂的阴间世界和宇宙、容纳和适合于生命的现世和宇宙、容纳信仰水平持续直线上升的天堂。也就是说，信仰水平不断上升的人们，总与神同在，直至在天国中与神永远陪伴；而信仰水平不断下降的人们，总与撒旦(魔鬼)同在，直到在地狱中永远死亡和永刑。信仰水平是灵魂的控制信号或控制机制。灵魂是连接和联通全宇宙的唯一节点，是一个有天堂、现实宇宙和阴间共同构成的三维空间或三维坐标系的原点（如图 1-22 所示）__这为我们给《圣经》做统一的数学模型进行信仰水平定量分析奠定了基础。如，正确信仰有两个坐标系，一个是"父"系，一个是"子"系，二者间的关系是同原点的坐标系间旋转的关系。即仅仅通过坐标系的旋转，就可以实现"子"系与"父"系的重合；不正确信仰是一个无法直接通过旋转来实现与"父"系信仰坐标系重合的一类坐标系，但可以通过坐标系的平移与旋转的结合，最终实现与"父"系坐标的重合；无信仰的道德坐标系，是无论怎样旋转、平移也无法与"父"系坐标系重合的。（二）、世界秩序(包括法律、政治、经济、文化等各种环境的秩序)的变化都是信仰水平变化结果的直接反应。信仰的变化运动决定了世界运动，是人类历史和环境变迁的决定力量；信仰运动的动力来源于神——与一切科学的原动力一样不为人类所了解。生命存在的世界物质环境、生态环境和社会环境、身体

53

环境，也是跟随人们信仰水平的变化而不断运动变化的。但是，这种变化的程度或跨度还不足以改变其宇宙物理学的基本法则。也就是说，人们在生命世界中的信仰变化环境，是一个类似进化论中的进化环境，可以容纳一定尺度的信仰变化而相宜存续；信仰变化结果对宇宙的最终影响，不是今世完全显示的，它被控制，要等到特定的时间（今世结束时）才会完全开释。

信仰不是灵魂的产物，也不是灵魂固有的。因此，信仰不是物质，也不是意识（不是大脑对客观世界的反映）；但同时，信仰会对灵魂具有决定作用。信仰水平决定灵魂的物质属性，决定其最终归属。因此，信仰具有物质性；同时，信仰可以直接决定人们的意识，具有意识性。人与动物的根本区别，不是人的智慧、知识、感情，也不是人的学习、逻辑思维、使用或制造工具，也不是人的创新能力……人类所有的这些，动物都有！人类与动物的根本区别只是人类是唯一被拣选、被喜悦的。所以，这才有"神能从这些石头中给亚伯拉罕兴起子孙来。"（太3-9）的经文：任何被造物，只要神拣选了它，吩咐它做任何事，它都可以胜任！信仰对于人类来讲，就是正确信仰可以让人类听得到神的吩咐、接受的到来自神的爱，从而可以完成任何被吩咐的工作，创造出一个又一个的人间奇迹，如《圣经》中摩西手中的杖一般。无信仰者，永远听不到神的吩咐，接受不到也接受不了神的爱，他们只接受到来自自己身体、欲望等生物生理所吩咐的信息，所以与动物并无差别：无信仰者和动植物、和自然环境中的一切事物一样，可以具备适应环境要求而生存下去的一切本领，受自然选择的生物学法则控制，但永远无法主动或主导改变旧环境、创制新环境。不正确信仰者，因不会接受神的爱，也接受不了神的爱——他们如果始终如此，也与无信仰者一样，那他们曾经的知识创新，或者曾经的知识应用，无论对全人类或者他们自己的生存来讲，都是根本无用或者根本就是一场虚空。不正确信仰者听从别人（或偶像）的吩咐，正如经文"那些分别为圣、洁净自己的，进入园内。跟在其中一个人的后头吃猪肉和仓鼠，并可憎之物，他们必一同灭绝。"（赛66：17）所讲。

灵魂的全宇宙物质节点特性，说明了灵魂无法从现实宇宙中通过进化产生，是直接来自造物主的——人类的身体来自生物进化，但灵魂却不是。这是《圣经》创世纪解读中的一个传统难点。信仰的本质是信息——关于世界观、价值观和人生观等有关领域的特定或特殊信息。信仰水平是信仰信息通过人体过滤后留在灵魂中的印记。因此，信仰信息的来源是否可靠、可信就是决定信仰是否正确的唯一保障。但是，如何判断一种信仰典籍如《圣经》、《古兰经》或佛家典籍等是否可靠可信呢？显然，这个问题是困扰人类的最具挑战性问题，甚至成为了一种世界禁忌——所有与宗教有关的冲突和战争的总根源，解决这个问题的唯一出路是科学或如科学被人类所接受一样的方式。即不仅要被自然科学所验证，还要被人类历史所验证。

宇宙中充满各种信息，包括信仰信息。但只有灵魂会对信仰信息做出反映或者受其反作用。一般生命如动植物也会对宇宙环境变化所传出的信息做出反映。如动物，它们没有灵魂，外部信息对其影响就是生物进化——按照影响的程度和大小，依次为生活习性、外形、体型、颜色等等开始变化，直至物种改变。也就是说，动植物的生命对宇宙信息的反映，是按照生物学分类次序的种、类、门、属……的反方向进行的，信息产生的作用，也遵循我们讨论过的信仰水平变化对灵魂的影响模式和变化轨迹，只不过与人类正确信仰水平提高的轨迹刚好相反。因此，无信仰的人类的道德水平变动轨迹，与普通动植物的生物进化轨迹完全相同，可以视为信仰道德水平下降的一个极端情形，即信仰道德的直线滑落。这正契合了中国儒家对道德败坏者的评价，即猪狗不如的畜生（《圣经》中的所谓"畜类人"）；反过来，也恰好说明，中国儒家文化所能缔造的理想中的人，充其量也只是"畜类人"而已的残酷真相。

人类是一个信息的双系统生命，即有一个灵魂系统接受处理信仰信息，以信仰成果为标记；另一个与所有生物相同，有中枢神经系统处理环境信息并做出反映，并以寿命等生物学特征为标记。人类的信仰运动及其起因和结果，从《圣经》创世纪中就确立下来了：亚当夏娃被诱惑，吃下善恶树上的果子，打破了一种被造时就形成的平衡关系——爱的平衡。这种爱的平衡是一个让人可以永在伊甸园中生活的机制。恢复爱的平衡，找回永生或者永在于再造的伊甸园——即永生于新耶路撒冷（启21：10-22：17）机制的途径或者方法，就是人类的正确信仰运动。具体地讲，就是调整自爱——珍爱自己的生命且事业有成，增加他爱——科学技术的创新和应用。因此，正确人生的方式或者正确的爱（应学会的爱的方式），就是用创新的科学技术成果本身（直接的科学方式），或者通过在科学上的努力所获得的社会福利（间接的科学方式），包括但不限于世人的认可、回馈、奖励，来满足配偶、家人、族人、民族、国家、世人的生存要求，而不是通过对家人的嘘寒问暖、对路人的帮扶、对子女的宠爱、对族人的祖护、民族主义（民粹主义）或者爱国主义等等来表达自己对他（她）们的爱——那实在是连母鸡都会对小鸡所具有的动物式的爱！同时，接受他（她）的爱的方式，也一样。如，接受配偶的爱，正确的方式不是坠入爱河不能自拔，从而放弃了一切——没有了对家人、族人、民族、国家、人类的责任感，也没有了任何的科学努力、拼搏和贡献……而应当是绽放出更大、更多的科学成就，满足爱人的生存要求！正确的爱和接受爱的方式，将对人的爱与对神的爱，包括接受人的爱与接受神的爱，统一起来，实现了正确信仰运动中的爱与科学的"两足运动"模式。《圣经》中将各类有正确信仰的合格者，或者称为"星光"——即"技工"或科学家（有颠覆性科学创新或应用成就的人士）；或者称为"灯光"——耶稣十二门徒及严守只传播福音而不擅自解读《圣经》经文的基督教传教士、或其他正确信仰（一神论）的种子传播者等；或者称为"晨光"——普通信徒；以及，所有得享永生者，都属于"义人在他们父的国里，要发出光来，像太阳一样。"（太 13-43）。以上所有的"光"、"太阳光"，都并非简单的文学比喻，而是因为物理科学中有关光的知识，确实与信仰学中的正确信仰的知识完全相仿，传达出人类所有科学知识的一个共同的阶段性界限。

表1-7，正确信仰与光一样，人类灵魂与介质一样，正确信仰与人类灵魂都具有共同的"波粒二象性"，也同根源，与所有的物质都具有波粒二象性且有共同的起源一样。正确信仰的传播有介质要求，光也一样。因为物质世界具备了统一性，即都具有波粒二象性，而人类的信仰或精神世界却没有——不正确信仰与无信仰，不具备与灵魂相同的"波粒二象性"，因此，信仰科学就人类的精神世界，要比物质科学或宇宙世界，更加复杂和多样。

即人类在思想领域的信仰学知识，与当代有关物质世界的科学知识，是相通或相同的，如表 1-7 所示。正确信仰与人类灵魂的关系，就像光与介质的关系一样。只要我们敞开心灵接受正确信仰的照射，就会让类似光电效应、康普顿效应、电子对效应等电磁反应，发生且继续发生下去，正确信仰因此不断壮大。用身体的欲望遮蔽或者完全遮蔽我们的心灵，都会让灵魂接受不到正确信仰，或者只能接受到无法让灵魂产生电磁反应的无效光线，难以让灵魂发光、得救。正确信仰是唯一可以让灵魂产生信仰上的电磁反应的一种信仰，它与灵魂的来源或性质完全相同。义人传递的知识主要是信仰科学的知识，而非物质科学的知识；义人在世时能否象可见光、象天上的彩虹一样亮丽，被周围的人知晓、肯定、瞩目或者仰慕，完全取决于其所处的社会历史环境，就像电磁反应的后续如何，完全取决于周围的自然物质环境一样。自然界中的光，是传递能量和指示信息的——光中的能量、及这种能量的未来形态即其会转化为"粒子"或者质量的信息。信仰的内部结构也是如此。信仰中也包含着信息和能量：1、正确信仰是人类与造物主之间的桥梁，其中包含着来自神的有用能量，及这种能量的未来形态即其可以让灵魂得救、或者保持原本状态（或者组织结构）或者永生的信息指示。科学创新对于正确信仰者的灵魂来讲，就是吸收信仰携带的有用、有序的能量后，释放出的无序、无用的能量形式，因而科学创新对正确信仰者其实是无用的，它就是经文"这世界的王将到，他在我里面是毫无所有，但要叫世人知道我爱父，并且父怎样吩咐我，我就怎样行。"（约 14：30-31）中所讲到的"世界的王"。同时，这意味着我们现在看到的信仰运动并非是永恒的，它会在代价变大的某个时点结束——这就像热力学第一、第二定律所描述的宇宙运动一样。2、不正确信仰中有灵魂的信息但缺少让灵魂永生的能量。因此，不正确信仰中包含的信息是真的——如人类有灵魂、灵魂可以永生，等等，由于其缺少或缺失可以实现的能量而让不正确信仰者的灵魂无法实现永生；但除非自杀等主动放弃了寻求永生的能量者之外，其他的不正确信仰者，可能有机会通过

978-1-62265-922-7 (online) 978-1-62265-923-4 (paper) Faith Studies by Zhang, Pujie

转世等机制，继续拯救自己的灵魂。3、而无信仰的道德体系中，没有灵魂的信息——它们根本否认灵魂的存在，只有生命的信息。也没有让灵魂延长（转世）的能量——只有生命需要的能量。无信仰者的一切理想根本都是幻想，他们为此而奋斗终生，付出的代价是灵魂的彻底沉沦。

最后，以一首作者自编的《圣经》解经歌，作为本编的全部结束语：

睁眼瞎子读圣经，依据字句起纷争。
一神一灵一经文，何来门派闹哄哄。
传道只能传福音，依靠事实引领人。
讲读经文虽难免，怎可擅自去解经？
善恶出自个人心，附上经文成陷坑。
创世之前在干甚？天国里面又忙啥？
圣经之外神自在，可叹神学枉研判。
再有愚顽惹人笑，直把圣经等于神。
耶稣走前有交代，"保惠师"来经解全。

天上派来采购员，人间工厂下订单。
生产验收岗位数，人间是八天为四。
主来人间共四回，群羊三次不认识。
一次造下中世纪，二次杀了哥白尼。
信仰学是第三次，信徒至今蒙蒙呆。
主内一日一千年，四千年内准备完。
主来工厂主生产，常驻人间一千年。
亲自坐镇生产线，九九归一数量全。
合格产品赴婚宴，残品次品无味盐。

第二编：信仰运动函数、算法和基本公式

第二章、《圣经》中人类社会的起源、作用、形态和分类标准

本章讨论的主要内容，是如何能够利用社会经济数据，去描述社会信仰运动。

第一节、《圣经》中人类社会的起源

《圣经》中记载，亚当和夏娃被赶离伊甸园后，人类历史经历过一段有别于社会时期的蛮荒、动物群聚式的野蛮时期。蛮荒时代，是个人的权利、权利意识膨胀无度的时代，"神的儿子们看见人的女子美貌，就随意挑选，娶来为妻"（创 6：2）、"那时候有伟人在地上。"（创 6：4）。"伟人"们凭借个人的体力、能力、智慧凌驾于众人之上，任意作为，不受任何的节制，而弱者为了求得生存，自然也要用尽各种能够使用的方法和途径。如此，把全人类都带入到罪恶之中，出现了《圣经》中记载的大洪水之前被除灭的那个场景："凡有血气的人，在地上都败坏了行为。"（创 6：12）。那种时期，人类生存在一种缺少超越个体能力之上的外部保护的生存方式中，完全呈现查尔斯·罗伯特·达尔文生物进化论中所描绘出的动物界的弱肉强食特点，彻底抹杀了人类和动物界的区别。而后者，在《圣经》中本来仅仅是上帝要人类管理的对象："要管理海里的鱼、空中的鸟，和地上各样行动的活物。"（创 1:28）。这种环境中，生存下来的人类，只传递着人类的生物学生命的基因，意味着人类作为一种生物物种在延续，除此之外，再没有其它。

《圣经》中，诺亚大洪水之前，人类无权或不可以制裁、报复同类。该隐、拉麦杀人，神却不允许人因此杀掉、报复、惩罚他们。据记载，该隐杀死亚伯后，"神就给该隐立一个记号，免得人遇见他就杀他。"并立下"凡杀该隐的，必遭报七倍。"（创 4:15）的保护令。至于拉麦，也有与该隐相类似的记载："拉麦对他两个妻子说：'亚大、洗拉，听我的声音；拉麦的妻子细听我的话语：壮年人伤我，我把他杀了；少年人损我，我把他害了（注：或作"我杀壮士却伤自己；我害幼童却损本身"）。若杀该隐，遭报七倍；杀拉麦，必遭报七十七倍。'"（创 4:23-24）该隐、拉麦这些损害他人者，也只受"你种地，地不再给你效力，你必流离飘荡在地上。"（创 4:12）等直接源自自然或自然法的惩罚，那时的人类还没有自己的立法、不能自我管理。自然法的惩罚，让人类直接对物、或者说直接对人类之外的自然界产生了畏惧或敬畏，对自然界适者生存的丛林法则产生认同，人类在信仰的歧路上越走越远，几乎无人呼求创造自然的神；同时，来自自然惩罚的力度，也随着人类罪恶程度的累积和上升不断加深：亚伯被杀后的鲜血入地，污染了土地，人类受到土地的诅咒（或报复），土地不再效力（创 4: 10-12），对比亚当所受到的同类型处罚："地必为你的缘故受咒诅。你必终身劳苦，才能从地里得吃的。地必给你长出荆棘和蒺藜来，你也要吃田间的菜蔬。你必汗流满面才得糊口，直到你归了土。"（创 3:17-19），处罚力度显然是在加重。至大洪水时，这种惩罚力度的增长达到极点，本来供人类生存的土地彻底沦为夺取人类生命的刑场："地上满了他们的强暴，我要把他们和地一并毁灭。"（创 6:13）。可见，那时人类的信仰不断下降、最终彻底堕落。

综上，人类的信仰不仅无法在生物进化场景中产生，并且，已有的信仰也会在那种场景中逐渐败坏、直至与动物无差别的毫无信仰的信仰状态。

在那场有信仰败坏引发的诺亚大洪水生存危机中，唯一例外的是有着正确信仰的诺亚个人。大洪水后，有正确信仰的诺亚的后代，进入了可以自我管理的新阶段，即"流你们血、害你们命的，无论是兽是人，我必讨他的罪，就是向各人的弟兄也是如此。凡流人血的，他的血也必被人所流。"（创 9:5-6），人类至此进入生存状态的社会阶段——人类可以自我管理、自治的阶段。允许人类自我报复、自我管理的人类社会，起初完全是由具备正确信仰的人的后代组成的，都是诺亚这个"义人、当时世代的完全人"（创 6:9）的后代组成的。因此，信仰是社会产生的根源，是人类脱离和区别于大洪水前那种野蛮、必被整体灭绝状态的途径和结果。

人类社会区别于动物的群居或"动物的社会"，只在于信仰！这个区别，也是人类的社会时代和蛮荒时代的区别，或者说，人类的蛮荒时代就是野兽的时代。与普通的群居动物一样，人类在蛮荒时代中，所有的个体也只是将"群居"当做工具——就象无法赤手空拳对付老虎的

人被迫抄起的木棍或石块一样的生存工具，始终没有超出个人生存或个体生命的范畴，没有任何人会为了建立和维护"群居"而自愿付出生命，恰如人体各器官只遵循各自的规律而"生老病死"或发挥不同的功能，与人类生命所遵循的科学规律并不一致。动物社会中，具有不亚于人类社会的复杂关系，如秩序、等级、分工、纪律、尔虞我诈、反哺（乌鸦）……但所有这一切，都是动物的本能，是群居动物与生俱来的、物种适应环境后的习性，是其生命的一部分——延续一种生物的生命基因所必须或环境选择下能够生存的自然状态，没有丝毫超出到生命规律之上的东西。因此，每个群居性的动物进入动物社会或群居状态，是保有其生命或传递其生物基因的固有部分，应归于生命的原有或应有内涵或范畴之内，就像新陈代谢对于生命的意义一样，是生命不可或缺的自然规律。人类也一样，没有信仰的蛮荒时代，就是人类基于人类本性或人类的生物习性而自然采取的一种群聚式的生存状态。其中的公共权力与纪律规则、内部的等级划分和群体秩序等等，都是分工或整体功能（生存）的划分，与人体中各器官类似。例如，公共权力或首领，就如人体的大脑作为神经中枢一样，并无法离开身体的其它器官的配合而独立支撑起一个人的生命或存在。因此，除非超越各器官所遵循的规律之外的生命的存在，各种器官是无法自动堆积成为一个人的生物生命、或只能组成一个有限生命的集合，人类群体的生命也正是如此——除非有超越个人生命之上或处于生命规律之外的事物即信仰，人类的群体生命也要么是有限的、要么无法形成群体，这时的每个人都只能生存在个体的生命规律和与生存环境相适应的进化规律的双重制约之下。

人类社会不同于动物群聚，就在于有人愿意、自愿为社会的诞生付出自己的生命，让社会成为一种超越生命范畴之外和群居习性（被动适应外部环境）之上的事物——信仰的躯体或载体。与进化环境中产生人类的生命基因并只传递这种基因不同，社会是人类传递信仰信息的环境或工具。《圣经》中记载，人类社会产生前，"挪亚为耶和华筑了一座坛，拿各类洁净的牲畜、飞鸟献在坛上为燔祭。耶和华闻那馨香之气，就心里说：'我不再因人的缘故咒诅地（人从小时心里怀着恶念），也不再按着我才行的，灭各种的活物了。地还存留的时候，稼穑、寒暑、冬夏、昼夜就永不停息了。'"（创 8:20-22），这段经文清楚表明，未来出现的人类社会超出了一切生物的生命范畴，为其付出生命（当然包括人的生命在内的任何生物的生命）都是物有所值或理所当然的。传递出这个信息的类似经文还有很多，如有关"割礼"的记载（创 17）、有关吩咐亚伯拉罕献以撒的故事（创 22）、有关神要杀死自己的仆人摩西的故事（出 4：24-26）等等。《圣经》中还记载，随着以色列人信仰的不断后退和败坏，以色列人的社会崩溃灭亡，以色列人也被赶到巴比伦国中去做奴隶，可见人类社会不仅仅是有信仰而生，也是无信仰而亡的。

任何国家、社会的生死存亡，都是信仰所决定的：国家和社会的诞生，要有人自愿为之抛头颅洒热血，付出包括人类但不限于人类生命的代价才可以；国家和社会的灭亡或崩溃，也是其社会信仰的死亡或消失所导致的。如此，我们十分容易推理，因不正确的信仰而建立并维持的社会或国家，都必然无法长久存在，其生命周期都居于正确信仰的社会与动物群居或人类蛮荒时代的存续时间中间，具体的时间与其社会信仰距离正确信仰的差距、以及所处的外部国际环境相关。单单以满足种族、民族延续，或单单以吃好、喝好、过上好日子为"信仰"或目标而建立起来的国家与社会，因其社会的意识形态或"信仰"并没有真正超出生命的范畴——社会和国家所传承的信息自然也没有超出生命基因的范畴，其存续时间最短，正如群居中的单个动物或蛮荒时代中的个人的生命周期一样——受制于动物生命科学或人类生理科学规律的制约，无法脱离社会科学规律的周期性制约，同时也要受到周边环境的进一步制约而极可能出现进一步的缩短。

社会是信仰的标志，人类社会是从阻止信仰下滑开始的——信仰消失意味着社会倒退到动物群居状态而不应再称之为"社会"。随着人们的信仰向不同方向变化，人类的社会也应出现相应的分化。因此，信仰水平是社会分类的标准。所有有关社会的科学，必然要反映人类的信仰和意识形态状况；反过来，是否可以描述人类社会的信仰及其水平、变化和趋势，就成为检视一门社会科学的科学水平的依据，也是我们统一人类所有社会科学理论的努力方向。

第二节、人类社会的作用

社会的作用，表面上看，是社会公共权力保障弱者可以对抗"伟人"和强者、免遭后者们的任意欺凌。同时，也是避免弱者在与强者的生存竞争中被迫走向罪恶的防波堤，是实现全人类平等共存的武器和工具。但是，从逻辑上讲，社会公共权力并不一定会保护弱者、限制强者，社会的作用完全有可能走向它所以产生的反方向。假设社会公权力这个本应保护社会弱者的武器或机制成为了强者手中的武器和工具，谁来保护弱者呢？弱者岂不更加弱不可堪、任人宰割、被迫走向肆意对抗从而引发全社会的丛林生态呢？也就是说，社会公权力得不到正确的运用，只会让那罪恶的蛮荒时代速速到来：失去保护弱者功能的公权力，将让弱者的社会处境更悲惨；强者借助社会公权力，如虎添翼，只能更强悍、更肆无忌惮、更随心所欲地损害、欺凌弱者和弱势群体。最终结果甚至比大洪水之前的人类蛮横时代还邪恶——正象我们在动物世界中所看到的一样，群聚动物的群体里也有公共权力和公共秩序，但是，这只增长了个体弱势的动物种类在猛兽面前生存的机会，并未真正改变群体内部中的环境选择规律对每个动物生存的制约。群体中的每个动物仍然处于弱肉强食的丛林环境中。人类社会区别于动物群聚的本质，就在于可以实现社会内部摆脱生物进化中所表现出的环境选择规律的制约，实现人人平等。

《圣经》中，对人类社会出现背离起源时的初衷和应有作用而走向反面的现象，从两个角度作了大量清楚且明确的描述：1、结果及其社会特征；2、过程及其社会变化规律。下面我们沿着这两个角度分别来具体讨论一下。

社会作用走向与起源时相反的方向，从逻辑上讲，最终结果就是社会的解体，社会要回到它起源时的初始位置。因此，这时的社会特征，就是人类社会最初的形式或原始形式，也是一个社会崩溃、灭亡前的形式。《圣经》中描述的所有被消灭的社会或政权，都是例证，我们只挑选其中一个进行具体的考察。《圣经》中最著名的一个被彻底消灭了的社会，是有着"罪恶之城"名号的所多玛社会。《圣经》中的所多玛社会内，人们最看重公共权力，将握有权力与否和大小与人的社会地位等量齐观，正如他们对义人罗得的评价："这个人来寄居，还想要作官哪！现在我们要害你比害他们更甚。"（创 19：9）罪恶之城的社会中，不缺少公共权力和秩序：有官长、有秩序。但却人人争相做官、掌权，私斗争权、纵欲而为，"所多玛城里各处的人，连老带少，都来围住那房子，呼叫罗得说：'今日晚上到你这里来的人在哪里呢？把他们带出来，任我们所为。'"（创 19：4-5）。所多玛社会中，公权力为何有如此魅力？所多玛是一个"王"制的社会或国度：它的王叫"比拉"（创 14：2）；所多玛王对亚伯兰说："你把人口给我，财物你自己拿去吧！"（创 14：21）而这些人口和财物都是亚伯兰的战利品，可见所多玛王是一个一直一来独掌大权的专制者，他看中人口甚于看中财物，也完全符合他与所多玛大众一样的最热衷于追求权力的特点——权力意味着随意支配他人财产。后来一个与所多玛一样被摧毁的社会的权力状况，更详细表明了所多玛社会的公权力结构，"地上的君王，臣宰，将军，富户，壮士和一切为奴的，自主的，都藏在山洞和岩石穴里。"（启 6：15）这里的描写，清楚地表明："君王"与"臣宰"、"将军"，后者与"富户"、"壮士"，再与"为奴的"、"自主的"都是上下级的垂直隶属关系，没有丝毫的制约。因此，不受任何约束的公权力，正是所多玛社会公权力系统的最鲜明特征，这足以引得民众争先当官，更让纵欲的所多玛人将"作官"看得比一切都重（比与罗德在一起的天使、罗德及其子女家人的生命加在一起还重要）！而一个人人追逐公共权力的社会，正是典型的动物丛林法则下的一种社会生存秩序——把权力视为个人生存、生命的全部，完全依靠个人能力即以暴力为基础获得、维持权力才能生存的生存法则，也完全符合生物进化中的环境选择规律。从《圣经》信仰的角度看，返回、倒退到生物进化世界中，彻底抹杀了人类与生物界的差别，是所多玛社会被彻底摧毁的根源。

信仰是社会的灵魂。从信仰而生的社会，若不能维持信仰和信仰水平的提高，就会象所多玛一样被击溃、被放弃。从逻辑上讲，有信仰的社会中，社会公权力必然表现出可以维持社会信仰的功能或功用；而无信仰或错误信仰社会中，公权力必然起到阻碍信仰进步甚至压制社会正确信仰产生的副作用。两类社会公权力因对社会信仰的不同作用，必有自身的不同特点：阻碍社会信仰进步或压制社会信仰产生的社会，其公权力样式必与所多玛相仿；而可以维护社会信仰水平、有利于社会信仰水平提高的社会，公权力体系也必然与所多玛社会的公权力体系相反或相对。如此，社会形态必然要与社会信仰状况相适应，是社会信仰类型和水平的标志和体现。

一个有信仰社会，选择走向社会起源时的反面方向并一直走到社会崩溃的尽头，从逻辑上讲，意味着这个社会在起始位置或开始建立时的社会信仰水平是最高的，那时的社会公权力体系（或者希望建立的社会公权力体系的样式）也是最好的；然后，跟随社会走到崩溃的全过程，所表现出来的社会信仰变化和社会公权力体系的变化规律，就是所有社会信仰水平不断下降的社会的历史规律；至其社会信仰下降至所多玛社会一样的信仰水平后，迎来与所多玛社会一样的历史和结局。如此，从社会信仰水平变动的角度看，人类社会的形态变化等社会规律在逻辑上就形成了一个连续的闭合体系。就是针对这个闭合连续系统，《圣经》以最大的篇幅，为我们提供了一个最为详尽的例子——这就是以色列人从出埃及进入迦南地、到被赶散到巴比伦的一部活生生的历史。下面我们要用两个小节的篇幅来具体分析一下这个例子。

《圣经》中，以色列人凭信仰，出埃及后到进迦南地前，是以色列人建立国家、成立社会的前期阶段。这个阶段的开端，是以色列人信仰水平的最高点——那时的以色列人，按照他们的信仰水平应享有的社会形态都在摩西律法中载明，是可以保证社会作用不走向反面、社会信仰不会降低的一种社会形态，具体的情况我们放在下面的第一小节中详细讨论。从出埃及后，以色列人信仰水平就开始不断下降的历史过程来看，摩西律法中那个象征以色列人最高信仰水平的社会形态从未被真正建立起来。否则，就不会有后边以色列社会崩溃的悲惨结局，也没有"以色列家啊，你们在旷野四十年，岂是将祭物和供物献给我呢？你们抬着为自己所造之摩洛的帐幕和偶像的龛，并你们的神星。"（摩 5:25-26）的评语。因此，以色列人到摩西、亚伦死后进入迦南地建立起国家和社会时，信仰水平已经下降，实际建立起的社会形式与摩西律法中应有（按照以色列人出埃及时的信仰水平定制的社会样式）的社会形式相去甚远，并在随后的发展过程中，相去更远：与其社会信仰水平的降低同步变化，逐次进入到士师时期（《圣经·士师记》）、国王时期，最后再到社会信仰彻底堕落后国破、社会解散，以色列人被驱逐、被打散……我们在本节的第二小节中，将详细讨论上述过程中的社会演化规律。

一、《圣经》中以色列类型社会形态的特点

《圣经》中的以色列类型社会是洁净社会，最显著的标志是社会公权力三权分立。

《圣经》中，以色列人在"应许"之地应建立起的社会或国度的公权力体系中，共有三类或三种公共权力：1、立法权；2、司法权；3、行政权。经文"耶和华是审判我们的，耶和华是给我们设律法的，耶和华是我们的王。他必拯救我们。"（赛 33：22）对此作出了最清楚和最明确的说明。"审判我们的"的是司法权、"给我们设律法的"是立法权、"我们的王"是管理我们的行政权。这些公权力的共同目的或社会的目的只有一个："拯救我们"——神拯救人类所使用的工具只是人类社会，而非其它事物，如我们常常赞叹的物质规律和自然科学技术等等。以色列社会中执掌上述三大公权力的人被称为以色列的"牧人"（结 34）或"三个牧人"（亚11：7）。"击打牧人，羊就分散"（亚 13：7）、"一月之内，我除灭三个牧人"（亚 11：8）等经文都是国破人散、社会衰败的比喻和说明，意味着社会公权力失去作用，社会将要失序解散，国家、政权将要灭亡，社会的生命将终结。

以色列类型社会中，除上述三大社会公权力之外，在整个社会公共领域中，再没有任何其它独立的社会公共权力。例如军队，"我是耶和华你的神，搅动大海，使海中的波浪砰訇，万军之耶和华是我的名。"（赛 51：15），作为一个社会和国家的最强大的暴力组织——军队，神却并未为其留下独立享有公共权力的空间和机会。可见，军队在圣洁社会中应处于社会公共权力的体系之外，不得享有任何独立的社会公共权力，也不可依附在社会公共权力的任何一个系统下成为其附庸，而是应服从于整体的社会公共权力体系之下，与所多玛社会中权力的基础是暴力、权力与暴力相等的特征根本不同。事实上，让一只军队有战斗力的联系或者凝聚因素就是信仰，即军队的精神面貌，与决定其它社会公权力效率的因素完全一致。军队的组织形式（如古希腊时流行的重装步兵方阵），与其所处社会的政治制度相关，例如人们熟知的"骑兵与寡头统治一致、海军与民主制度相适应"等等亚里士多德时期的流行观点。这背后，归根结底都还是由人们的信仰类型和信仰水平所决定，正如《圣经》中有 245 次之多重申"万军之耶和华"一样。

具体来看，在《圣经》中的以色列类型社会里，祭司掌管司法权（申 17：8—13，结 22：26，番 3：4），长老（包括后来的"王"）掌握行政权（申 17：14—20，民 16—24，赛 32：1），先知传递民意执掌立法权（民意到达上帝，上帝再指示给先知，是一种类似代议制的机制）（结13：3—17，耶 23：33—40）。

1）、先知执掌立法权。关于以色列的先知，耶稣基督亲口告诉我们说"莫想我来要废掉律法和先知。"（太 5：17）在这里，耶稣基督把先知和律法直接放在一起，可见律法是从先知的口中传达来的，先知就行使着我们常讲的立法权。"无论何事，你们愿意人怎样待你们，你

们也要怎样待人。因为这就是律法和先知的道理。"（太 7：12）等等大量的经文也是如此的把以色列的"先知"与立法权直接联系、放在一起的，清楚无误的表明以色列的先知行使、掌控着以色列社会的立法权，与以色列社会中的祭司、长老共同分享社会全部的公共权力。"神对摩西说：我必在他们弟兄中间给他们兴起一位先知，像你。我要将当说的话传给他。他要将我一切所吩咐的都传给他们。"（申 18：18）摩西在《圣经》中是带来神的律法的先知，其后的先知，神也是如此安排的，可见，以色列的先知从来、一直就是制定律法规范、执掌以色列社会立法权的公权力机关。

亚伯拉罕是以色列人的祖先，也是以色列的第一位先知（创 20：7）。以色列社会和国家就是从先知开始的、发源的，也是从此与亚伯兰和他的祖宗们即人类其它社会分别开来的——以色列社会只能是以立法为标志正式开始或真正建立起来的，是法治社会。而其它社会则不然。如中国的历朝历代，都是用武力建立起来并维持下去的。以色列人都是亚伯拉罕的后裔，也就都是先知的后裔，从逻辑上讲自然都有资格传达神的律法。从《圣经》中历代以色列先知的构成情况来看也确实如此。以色列历史上的先知们有男有女、也并不一定具备一定的财富地位，也没有职业、年龄、出身、地域、学识、能力、信仰坚定程度等等要求，看上去完全是在以色列人群中随机被选出的，他（她）们在表述律法的过程中，共同构建了一个完整的以色列社会的律法体系。因此，以色列律法来自亚伯拉罕的所有后裔们之口，启示出以色列类型的国家和社会的律法都只能来自于其社会的全体社会成员之意，或充分体现着民主原则，能够真实反映出以色列社会的信仰水平。为了更清楚地表明以色列先知或立法权归民众所有的信息，《圣经》中给出了一个非常清晰的启示：本来在《圣经》文字表面上原来一直展示着的、不曾间断进行拣选以色列先知的过程，却要突然永远停止和结束，"先知和律法说预言到约翰为止"（太 11:13）！这些看似令人费解的经文，显然不是指以色列社会中的立法权被终止、法律被彻底逐出社会，而是再一次明确了立法权转移给民众所有、归民众自己行使的本意。因为，经上还同时记着说"到天地都废去了，律法的一点一画也不能废去，都要成全。"（太 5:17），神用终止先知的拣选，与以色列的圣殿被毁和耶稣遇难一起，昭示给人类，社会的一切公权力都归民众所有，决定人类社会方向的力量来自民众自己的信仰。民主才是神创造的社会的本来之意，是"凡流人血的，他的血也必被人所流。"（创 9:6）的应有之意。

民主在社会立法领域，还表现为以下两个方面：

首先，是律法来源或产生过程中的民主。《圣经》中有大量关于律法产生程序的描述，大体可分为以下三类：1）、委托立法。如："众百姓对摩西说：'求你和我们说话，我们必听。'"（出 20:19）；2）、宣誓认可。如"有人制造耶和华所憎恶的偶像，或雕刻，或铸造，就是工匠手所做的，在暗中设立，那人必受咒诅！'百姓都要答应说：'阿们！''轻慢父母的，必受咒诅！'百姓都要说：'阿们！'"（27:15-16）；3）、转述确认。如"以色列人因做苦工，就叹息哀求，他们的哀声达于神。"（出 2:23）"耶和华说：'我的百姓在埃及所受的困苦，我实在看见了；他们因受督工的辖制所发的哀声，我也听见了。我原知道他们的痛苦。我下来是要救他们脱离埃及人的手，领他们出了那地，到美好宽阔流奶与蜜之地，就是到迦南人、赫人、亚摩利人、比利洗人、希未人、耶布斯人之地。现在以色列人的哀声达到我耳中，我也看见埃及人怎样欺压他们。故此，我要打发你去见法老，使你可以将我的百姓以色列人从埃及领出来。'"（3:7-10）《圣经》中，以色列先知转达神的律法，都是以色列大多数民众传达到神那里的信仰心声，是大众将自己交给神之后，对以色列民众要求的转述和确认。通过这样的程序，律法形成了新法推翻旧法、民众自己立法的事实。民众必须遵守自己的诺言，遵守自己的立法结果，这是"约"的本质，也是神监督的全部。没有经过这个过程的律法，任何人都可以不遵守。也就是说，不反映民众大多数人意志的律法，对所有民众都是没有约束力的，神也不惩罚违背这样律法的行为和行为人。《新约》中因此明确提出"律法上的话，都是对律法以下之人说的，人称义是因着信，不在乎遵行律法。"（罗 3：19、28）具备民主程序、反映大众或多数人意志的律法，才是"属灵"的律法，"律法是属乎灵的"（罗 7:14）没有人可以不遵守这样的律法、不在这样的律法之下，神惩罚违背这样律法的任何人（或社会）。《圣经》中的《新约》部分，将以色列律法的约束力范围严格限定于以色列人，但同时，却承继或默认《旧约》中有关律法的产生、修改、遵守等等的有关制度，是对《旧约》中完整的实体法和程序法的加强（"成全"），和将其程序法（立法）部分推向以色列之外的全世界。因此，《新约》中的"信"，意味着严格按照《旧约》中规定的民主立法程序设立和修正法律，而非废除法律或仅仅局限于遵守即成法律。相反，守法之人必享立法和修法之权，否则，不享有立法和修法权的民众是完全不必在乎是否遵行法律的。

其次，是以色列先知传递的律法内容上的民意。律法与先知个人的意志无关，只能是与社会、与公众有关的内容。即社会公共事务，不可掺杂先知个人欲望的任何东西。如，《圣经》中神多次对假先知的斥责，都是这方面的证据："论到使我民走差路的先知，他们牙齿有所嚼的，他们就呼喊说：'平安了！'凡不供给他们吃的，他们就预备攻击他（注："预备攻击他"或作"说必遭遇刀兵"）。"（弥 3:5）可以说，以色列类型的国家和社会，法律就应体现全体社会成员的意志，因此它也只能是世俗社会。先知传递民意执掌立法权（民意到达上帝，上帝再指示给先知，是一种类似代议制的机制）（结 13：3—17，耶 23：33—40），同时，以色列先知又是通过"神迹"、预言等来表明上帝的存在、强化人们对上帝信仰的专门人员或专有机关。因此，以色列类型社会的律法体系，是一个从（或被）正确信仰开启或开始的法律体系。这就是说，一个以色列类型的社会和国家是要从建立正确的信仰及其律法开始的——律法直接反映信仰，是信仰的载体，是信仰水平或程度的记号、刻度。

在没有以色列先知传达出摩西律法的时代，以色列人的行为模式，成为了正确信仰者在无神论者建立的专制社会中的参照和借鉴——那里的正确信仰者的意志或民意，始终无法上升为法律、始终被排斥在真正的立法之外，他们的行为规则或行动路线、方式，只有他们凭着自己的信仰（程度或水平），根据自己所处的环境情况，自己确立或把握——他们的信仰，会"日间云柱，夜间火柱"（出 13:22）地引导他们。

对于可能诱惑正确信仰者的"社会信仰破口"的指定和立法职责问题，《圣经》中多次明确指出其属于以色列先知的职责范畴。如，经文"你的先知为你见虚假和愚昧的异象，并没有显露你的罪孽"（哀 2:14），就是没有立法避免、提醒、警示类似不洁净食物一样的事物，会诱惑信仰不坚定者走向歧途，从而可能无法阻止上述现象在社会中的广泛传播，逐渐败坏了全社会的正确信仰；再如"耶和华如此说：愚顽的先知有祸了！他们随从自己的心意，却一无所见。以色列啊，你的先知好像荒场中的狐狸，没有上去堵挡破口，也没有为以色列家重修墙垣，使他们当耶和华的日子在阵上站立得住。"（结 13:3-5）、"耶和华的话临到我说：'其中的先知为百姓用未泡透的灰抹墙，……我在他们中间寻找一人重修墙垣，在我面前为这国站在破口防堵，使我不灭绝这国，却找不着一个。'"（结 22:28-30）等等经文，都明确以色列先知要对没有正确、及时行使立法权，为没有保障和重建以色列社会的正确信仰负有全部责任。因此，法律的不足就是信仰的缺口或破口，其后果自然要归于全社会。法律，是以色列民众或以色列类型社会的信仰水平、程度的标记和刻度。以色列先知有"堵挡"信仰"战场"上的破口、重修信仰围墙的职责，生动说明了立法的技术性要求，即立法须具有基本的环境针对性。假设以色列社会的律法可以躺在摩西律法或任一律法的规定上不变动的话，以色列先知就没有存在的必要，也没有不补"破口"、不重修"墙垣"的指责了。法律，必须始终与环境相一致，显示出人类认识环境、与环境相适应的知识，这是有关法律可以始终捍卫信仰的知识。因此，法律要跟随社会生活、特别是人类科学技术的发展而作出新的决定或选择——法律更新与科学发展一致，即法律是信仰在社会科学领域中的表现，科学是信仰在自然科学领域中的表现。如，铁路、高速公路的发明，需要对人类的原有通行规则作出决定。这种决定是全新的，需要在旧的律法体系中进行添加、修改。这时，如果坚持旧的律法条款不可更改，就无法适应铁路、高速公路时代的生存环境，也是彻底违背《圣经》中"神不是死人的神，乃是活人的神。"（可 12:27）的明确启示的。与此相比，类似跨国公司利用法律的漏洞或国际间税法规定的差异而采取的避税行为，更需要及时、能动地修法和立法。反过来讲，《圣经》中，以色列先知的立法，是始终围绕坚定信仰这个中心进行的。只要社会民众都坚定了正确信仰，社会的立法系统也就彻底失去了存在的意义和必要——法律只是社会信仰的标记或刻度，对于一个社会信仰水平已经直线上升、甚至于已经彻底洁净了其信仰的社会来讲，法律总在失效中，自然没有任何存在价值。

《圣经》中以色列类型社会的立法权，特别是从摩西律法的由来来看，似乎是神独自在行使，事实上并非如此。 一个社会的立法权，归于社会大众委托、承认的立法者，神赋予了全人类所有类型的社会都享有这样的权力。在《圣经》中，以色列人民将神赋予的立法权直接委托给了神——而非像埃及人委托给埃及法老或承认埃及法老的立法权、巴比伦人委托给巴比伦王或不得不承认巴比伦王的立法权一样。以色列人委托上帝是一种基于信仰的自愿委托，不同于专制社会中专制者武力强迫下的承认或选择，也不同于现代社会中人们自己行使立法权的直接民主立法："以色列人因做苦工，就叹息哀求，他们的哀声达于神。"（出 2:23）"我的百姓在埃及所受的困苦，我实在看见了；他们因受督工的辖制所发的哀声，我也听见了。我原知道他们的痛苦。"（出 3:7）"以色列人的哀声达到我耳中"（出 3:9）。再往前推，"我要与你并你世世代代的后裔坚立我的约，作永远的约，是要作你和你后裔的神"（创 17:7）。可见，神与亚伯拉罕的约定，是以色列人可以交付立法权给神，并被神所接受的基础和前提。以色列人基于信仰的委托立法，在摩西律法的确立过程中，也十分明确。经上记着，"耶和华对摩西说：'你上山到我这里来，住在这里，我要将石版并我所写的律法和诫命赐给你，使你可以教训百姓。'"（出 24:12）"耶和华在西奈山和摩西说完了话，就把两块法版交给他，是神用指头写的石版。"（出 31:18）。至此，摩西律法已经完成。但随后，以色列人的信仰却发生改变和动摇，经上对此记着，以色列人"铸了一只牛犊，用雕刻的器具做成。他们就说：'以色列啊，这是领你出埃及地的神！'"（出 32:4）。随着以色列人信仰的动摇和败坏，已经完成了的摩西律法立即就被废止了，经上对此也记着："下去吧！因为你的百姓，就是你从埃及地领出来的，已经败坏了。他们快快偏离了我所吩咐的道，为自己铸了一只牛犊，向它下拜献祭说：'以色列啊，这就是领你出埃及地的神！'"（出 32:7-8）。摩西把神写下的两块石头法版"扔在山下摔碎了"（出 32:19）。显然，从理性上讲，神写下的"法版"是不会随便被人摔坏的，除非是神亲自"摔坏"和废止了亲自确立的立法内容。神创设了摩西律法，是基于以色列人的正确信仰；神废止已经完成了的摩西律法，同样基于以色列人的信仰改变或"败坏"。二者在逻辑上完全一致，都反复表明摩西律法体系是一个正确信仰下的律法体系——在这种律法体系中，立法权仍然是完全掌握在社会大众手中的。同时，也表明任何律法体系，包括神亲手设立的摩西律法，若缺失了足够的信仰水平，都必将败坏或起不到应有的作用。因此，只要以色列人的信仰坚定，永远是神的子民，以色列社会通过民主程序，完全可以修改摩西律法，并且，遵守这样的律法，与遵守摩西律法，在信仰的效果上是完全相同的——都蒙神的悦纳。

《圣经》中的摩西律法，成为同类社会——正确信仰民众组成的三权分立、相互制衡社会的立法模式或式样。对摩西律法来讲，在程序方面，最直接、或最根本的就是以色列社会多数民众的呼求或意向；在内容方面，最直接和最根本的就是保障以色列社会中大多数人的根本利益。摩西律法所确定的以色列人和以色列社会的最根本利益是信仰——摩西律法之所以能产生的根源！发挥社会应有、社会起源时就有的信仰保障作用，才有摩西律法中的"信仰条款"，其它律法条款都是围绕、保障该条款的。因此，从《圣经》的记载来看，神并没有为整个人类社会立下过任何一条律法，更没有所谓的不可更改的"神圣法律"或"神圣条款"，人间的所有法律都只是社会信仰的影子，是一定的社会信仰水平与特定的社会、自然环境相结合的产物；就是无神论者组成的社会，照样可以有自己的完备的法律和法律体系、甚至可以有与以色列类型社会的法律完全相同的法律条款和整个法律体系——虽然，这些纸面上的法律通常无法代表其社会信仰的真实水平。

2) 祭司掌管司法权。《圣经》中有大量类似下面的经文记载："你城中若起了争讼的事，或因流血，或因争竞，或因殴打，是你难断的案件，你就当起来，往耶和华你神所选择的地方，去见祭司利未人，并当时的审判官，求问他们，他们必将判语指示你。"（申 17:8-9）、"祭司利未的子孙要近前来。因为耶和华你的神拣选了他们侍奉他，奉耶和华的名祝福，所有争讼殴打的事都要凭他们判断。"（申 21：5），所有类似经文，都明确启示了以色列祭司，掌控着以色列社会中的司法权。

以色列祭司的所有职权中，包括两部分，一部分是上面提到的、容易理解的司法权。以色列祭司有权用律法知识辨别、审判人们的行为和解释、适用以色列律法。但另一部分比较难以理解，就是以色列祭司主持的大量祭祀活动。以色列祭司在祭祀活动中的职责不是表面上显示出的杀羊、撒血、上祭品等表面上的活动---这些都只是要以色列人明白，祭司的所有职责或将要在接下来行使的其他职责，都是基于对神的信仰下所作出的。因为，这些活动本身表明，"他"是具有《圣经》中以色列祭司应有的一种特定信仰习性或信仰记号的一个合格者。就像美国总统、法官、国会议员手按《圣经》宣誓就职一样——宣誓只昭示后面所要做的一切都基于宣誓者个人的《圣经》信仰，表明自己是一个信仰上合格的入职者。以色列祭司的职责，和我们后面要看到的长老、先知的职责一样，都有社会信仰职责和社会权力职责两部分组成：一部分与昭示信仰、坚定信仰相关；另一部分才是单纯的、具体的公权力职责，也就是与信仰无关的、可以独立存在的、单纯的社会公权力部分。

以色列祭司的司法活动，首要是体现社会的本质作用，即维护社会信仰水平。因此，对于所有可能影响、转移人们信仰注意力的事物，都在以色列祭司的司法范畴中。例如，人们的衣食住行等日常生活方面，凡具备一定的诱惑人类信仰的条件和机会的事物，都在此例；其中，再如手淫、妇女生产等更具体的事物，可能很容易让人们沉溺其中或过度关注，容易误导不坚定信仰者离开正确信仰。诸如以上现象若得不到及时纠正，一个个被误导离开信仰者就相当于整个社会出现了信仰上的"缺口"或"破口"，让社会丧失保障信仰的作用。当然，及时弥补现有的信仰"缺口"或"破口"、捍卫和坚定正确信仰的的职责，仰赖以色列祭司的司法行为，而指定和更新信仰"缺口"或"破口"的职责，却属于以色列先知们的立法权范围，我们已经在前面讨论过。同时，以色列祭司维护信仰的职责，从逻辑上讲，也只在社会信仰水平达不到一种可以自我维护、自我发展的程度时，才真正必要，这预示着以色列祭司只是社会信仰发展过程中的一个阶段性事物，而非永远。

《圣经》中记载，以色列祭司主持祭祀的活动，只能在以色列的神殿中进行。神殿消失后，这一部分活动被人们用自己的研习、祈祷、行善等活动所接替，祭司的其它公权力部分则被独立出来并保留下去。也就是说，当人们树立并坚定了正确信仰后，类似以色列祭司所行使的部分职责就应该也能够从社会公权力体系中消亡或退出——信仰与社会公权力的结合并非始终牢不可破。客观上，正是以色列的圣殿被毁，以色列人才自然知道回到律法书（Torah 规则书）中研究、寻找真正的信仰知识，并逐渐成为信仰上的完全人。如此说来，神许可毁掉神殿，就是因为以色列人缺少到《圣经》中学习信仰知识，他们完全被神殿中各种宗教活动的表面影像所吸引，本末倒置了，成为一个有信仰但信仰知识不足甚至所了解的信仰知识错误的人群；同时，以色列神殿被毁，也说明以色列人中间已经形成一个具有坚定信仰的群体，他们需要进入完善信仰知识的新时代中去继续前进。这让我们更清楚，祭司所从事的各种祭祀活动的功用，是有阶段性、或环境性的，直到以色列社会中的大多数人树立并坚定了正确信仰为止——之后，祭司的社会公权力功能，要摆脱祭司的躯壳，成为有正确信仰社会的公权力机关中的司法机构的功能。

从《圣经》中的以色列祭司制度来看，我们会得出以下结论：单纯为了惩处犯罪、预防犯罪而进行的司法活动，仅有法律对犯罪的处罚，而没有祭祀等坚定信仰的内容时，律法仍然可以适用于人类的所有社会类型中，仍然可以维持一定的社会秩序，但却只能在具备了一定信仰程度的社会中——法律与社会的信仰水平相吻合时，才可以真正发挥作用、也真正值得人们信任和期待。

以色列祭司被赐予亚伦及其子孙世代执掌（出 29:9；利 8:1-13），有关经文只是提示了司法权的行使者应有不同于立法权和行政权执掌者的某种特性——现在看来，主要就是司法者必须具备法律专业知识的特征，却让《圣经》中的以色列祭司制度，很容易被人们误解，特别是那些忽略了神早已把社会公权力赐予人类自己执掌的信息的人们。例如，以色列人直到圣殿被毁，以色列祭司失业——彻底失去可以进行祭祀、信仰敬拜的活动场所后，也没有明白他们早已被授权、被许可通过民主方式来自由选任、撤换他们的祭司，更不用说可以确定和变更他们的祭司们的行权场所。后者，可能反过来成为了以色列圣殿必须被毁的理由和根源——否则，以色列人永远也无法摆脱祭司制度中那些条款文字的制约，永远也无法理解《圣经》中先知摩西把膏油倒在祭司亚伦头上（利 8:12）的真正意义，永远也不会明白民主才是神的赐予、允诺和安息，永远也无法真正建立起洁净社会。

在司法领域，《圣经》中的民主原则，还突出表现在神排除了亲自行使社会司法权的可能，如经文"谁立我作你们断事的官，给你们分家业呢？"(路 12:14)。

以色列祭司的核心职责是分辨善恶和惩恶扬善，以色列类型的社会的末后，人人都会分别善恶、都只"扬善"，再没有可以被审判或值得审判的人了，审判的社会公权力被赋予了每一个人，人人是法官，人人规制他人和自己。这样看来，以色列类型的社会在末后，必定是一个消灭了一切社会公权力机构的社会，所有的公权力都无影无踪，人类社会中再没有任何公共权力机构和公务人员——社会自动退出历史舞台。

3）长老执掌社会的法律执行权或行政权。"耶和华对摩西说，你从以色列的长老中招聚七十个人，就是你所知道作百姓的长老和官长的，到我这里来，领他们到会幕前，使他们和你一同站立。我要在那里降临，与你说话，也要把降于你身上的灵分赐他们，他们就和你同当这管百姓的重任，免得你独自担当。"（申 11:16-17）联系《圣经》中记载的以色列先知给国王膏油的仪式或规定，我们还可以清楚了解到，以色列长老和后来的国王等执掌行政权的所有社会公务人员，都应有以色列人先知、也就是以色列民众自己决定的——《圣经》中的以色列的先知就直接代表着以色列民众。

在行政权领域,《圣经》中的民主原则,常常与整个社会公权力领域的民主原则放在一起进行描述。如,被冠以"犹太人的王"的名义被钉死在十字架上的、与耶稣殉难相关的《圣经》记载,直接、清楚无误地向人类表明,行政权和社会公权力中的所有其他权力机关,都是神赐予人类去自行民主决定的——以色列人要求、同意、自愿承当地钉死(决定)了自己的王(太27:21-25;可 15:8-14;路 23:18-23;约 18:35、40)。以色列类型社会和摩西律法中的民主奥秘,神用耶稣基督被钉十字架,神用爱子的死一次就直接全部启明了。

综上,《圣经》中,以色列类型的自由、民主、法治、三权分立、相互制衡的洁净社会,是社会信仰发展的结果和表现形式。人们对这种社会的全面、准确的认识,必要经历一个与坚定正确信仰过程同步、又要完成信仰与社会完全融合的复杂过程。简单来说,以色列先知在信仰领域和社会公权力机关中的双重作用,展示了正确信仰者组成的以色列类型社会中,法律保护就是直接来自神的保佑,对抗已生效的法律,或不按照民主程序制定法律,或不按照民主程序修改或废除现行法律等行为和想法,都是对抗神;以色列祭司在信仰领域和社会公权力系统中的双重作用,展示了以色列类型社会中,遵守法律、自愿接受法律的制裁,就是去除自身信仰上的不洁净或罪,永保自洁了;以色列长老在信仰和社会公权力机关中的双重作用,展示了在一个以色列类型社会中,自觉、自愿地履行法定的公民义务和职责,就是在完成神圣的使命。以色列类型社会中,民主是个人信仰对错、信仰的程度和水平的一个社会大检阅,由此而确立或修订出的法律及其毫厘不爽的适用、执行,则是社会整体信仰水平的刻度、记号或成果。以色列类型社会公权力领域中的三类或三种社会公权力,能够彻底分开,各自独立,产生相互制衡的社会效果,是社会信仰水平达到一定程度——即可以自我维护、自动修复时的自然结果;其有效制衡机制的根源来自于社会成员的信仰坚定和信仰平等。同时,法律禁止之外的广阔社会空间,则为以色列类型社会成就出了一个广阔的自由世界。

二、信仰运动导致社会形态变化的历史规律

任何政治制度都是民众自己的选择,反映着社会信仰的水平或程度。例如,以色列的君王治理制度就是以色列民众自己主动决定、要求立下的(参见撒上 8),虽然当时以色列人的最高公权力执掌者撒母耳不赞成,"撒母耳不喜悦他们说'立一个王治理我们'"(撒上 8:6),虽然摩西也曾一再要求以色列人千万不可实行与四周列国一样的君王制度(申 17:14-20),但以色列人最终还是顺利实行了自己的君王治理制度。

下面,我们跟随《圣经》中的记载,具体去看一下以色列人在摩西以后,从约书亚、士师时代开始,一直到国王时期,以色列的社会中公权力体系结构的具体变化过程。

首先是约书亚,北国以法莲支派的人约书亚接替摩西,作以色列人的领袖。《圣经》中记载:"嫩的儿子约书亚是心中有圣灵的,你将他领来,按手在他头上,使他站在祭司以利亚撒和全会众面前,嘱咐他,又将你的尊荣给他几分,使以色列全会众都听从他。他要站在祭司以利亚撒面前,以利亚撒要凭乌陵的判断,在耶和华面前为他求问。他和以色列全会众,都要遵以利亚撒的命出入。"(民 27:18-21)。可见,约书亚在以色列社会公共权力体系中处于执掌行政权的位置,受当时的祭司的制约,还应受先知的制约。虽然我们在《圣经》中有关约书亚活着的时候,在摩西死后没有看到立即有新的先知兴起。因为,神对摩西说:"我必在他们弟兄中间,给他们兴起一位先知像你。我要将当说的话传给他;他要将我一切所吩咐的都传给他们。谁不听他奉我名所说的话,我必讨谁的罪。"(申 18:18-19)。如果摩西死后立即兴起一个先知的话,约书亚自然也是要听从、受其制约的。《圣经》中记载了约书亚与同时代的祭司以利亚撒共同为以色列各族派分配土地、城邑的情况,充分说明了当时的以色列社会中公权力的制衡状况。因此,约书亚时期的以色列社会,只是短暂和临时、过渡性质的社会形式,远不是摩西律法中那个以色列类型的社会形式。而约书亚和以色列会众首领被基遍人欺瞒、立约的故事(书9)中,有以下明确记载:"全会众就向首领发怨言。众首领对全会众说:'我们已经指着耶和华以色列的神向他们起誓,现在我们不能害他们。我们要如此待他们,容他们活着,免得有忿怒因我们所起的誓临到我们身上。'首领又对会众说:'要容他们活着。'于是,他们为全会众作了劈柴挑水的人,正如首领对他们所说的话。"(书 9:18—21)从中我们可以清楚看出,以色列社会的公权力机关在约书亚时代,远离了民主远离了信仰中的神,完全不清楚神赐给的洁净社会就是一个民主社会的奥秘,标志以色列社会信仰败坏早已迈开了第一步。

　　然后，以色列社会进入士师时期。以色列士师打破了祭司、长老、先知的权力划分界限，开始全面走向以色列类型社会的反面。我们具体看一下以色列历史中有记载的士师时代社会公权力的架构状况。以色列士师中，俄陀聂、以笏、耶弗他同时都是以色列军队的领导者，而在摩西律法中，军队是应当独立于任何一个社会公权力之外的力量，是被置于三大公权力制衡后才可掌控的力量，不应被其中的任一个或两个控制。上述的三个士师都违背了公权力应充分分离、制衡的原则要求，加强了自身掌控的公权力的份量，降低或削弱了其他社会公权力主体的制衡能力，从而违背了公权力分离制衡的摩西律法法则。底波拉同时是先知、基甸同时行使了祭司的职责（筑坛、献燔祭、制造和设立以弗得）、亚比米勒私自做王、以利同时是祭司，撒母耳集士师、祭司、先知于一身，等等，这些士师，彻底违背了三权分立的基本原则，更遑论权力制衡了；撒母耳立自己的两个儿子作士师、米迦先后分派他自己的儿子和一个利未人在自己的家里作祭司、以色列中的但支派自己指定祭司，等等，都违背了摩西律法中的任命原则，更无从谈及公权力的分离、制衡了……亚拿的儿子珊迦、拿细耳人参孙是用个人暴力拯救以色列人的，都与人类要进入社会、依靠社会公权力的力量——而非依靠个人的暴力和能力，才能避免大洪水之前蛮荒时代的悲剧的启示相悖。至此，以色列人的社会中，连社会公权力都面临被整体抛弃的命运，更遑论社会公权力的架构和运行了；从身兼士师和祭司的以利不禁止自己的两个儿子作孽，从普瓦的儿子陀拉到基列人睚珥、比赞作、西布伦人以伦、希列的儿子押顿到基甸，士师们一个比一个更富有、一个比一个有更多的妻妾、儿女和外邦的媳妇，显示了以色列社会正在经历一个从权贵开始的、全社会性的全面悖逆。（以上参见《士师记》和《撒母耳记》）而这一切——对洁净社会公权力体系的破坏和以色列社会中个人的逐渐悖逆，是一起发生的，二者之间有深刻的、必然的因果关系；以色列的"牧人"在以色列亡国的责任中首先要承担被击打、首先要承受最严厉的惩处，原因也盖由此。

　　集士师、祭司、先知于一身的撒母耳，也是以色列君王时代的首位祭司兼先知，王制时代的"王"的具体权力范围，从撒母耳时代的行政权逐步扩大到其它公权力范围中去，连撒母耳时代微弱的制衡局面也难得一见了。以色列君王的权力，在《圣经》中有集中的说明，也有散见于经文中的一些片断。如，"撒母耳将耶和华的话都传给求他立王的百姓，说，管辖你们的王必这样行，他必派你们的儿子为他赶车，跟马，奔走在车前；又派他们作千夫长，五十夫长，为他耕种田地，收割庄稼，打造军器和车上的器械。 必取你们的女儿为他制造香膏，作饭烤饼。也必取你们最好的田地，葡萄园，橄榄园赐给他的臣仆。 你们的粮食和葡萄园所出的，他必取十分之一给他的太监和臣仆。 又必取你们的仆人婢女，健壮的少年人和你们的驴，供他的差役。你们的羊群，他必取十分之一，你们也必作他的仆人。 那时你们必因所选的王哀求耶和华，耶和华却不应允你们。 百姓竟不肯听撒母耳的话，说，不然。我们定要一个王治理我们，使我们像列国一样，有王治理我们，统领我们，为我们争战。"（撒上 8：10-20）其中透出的信息有以下几点：1）、作为执掌以色列社会行政权力机关的千夫长、百夫长等长老，从社会公共权力的角色要最终沦为王的家丁，成为"王"个人的仆人，而非以色列人民的公仆。"王"首先取代了以色列社会中的长老，独享社会的行政大权；2）、"王"最终取得与以色列祭司、甚至与神享有的"十分之一"财产相同的权力。事实上，由于王所取的财产的质量是以色列人财产中最好的"十分之一"，无形之中，已经将以色列祭司包括以色列人要献给神的财产部分夺去了、侵占了，也无形之中确立了"王"在以色列社会中无以复加的崇高地位，彻底颠覆和破坏了以色列类型社会的公权力架构模式，是对神的彻底亵渎和悖逆，是信仰的彻底堕落。

　　"王"在以色列社会中，成为社会为个体服务的代名词。社会公权力本是克制个人暴行的利器，是神拯救人类脱离蛮荒时代的工具，但王制却加强了"王"个体暴行的能力，让社会的作用彻底消失，实在是比蛮荒时代更恶、更残酷的世代。散见于《圣经》中的其他有关王制的信息，如："王分派祭司各尽其职，又勉励他们办耶和华殿中的事""祭司站在自己的地方，利未人按着班次站立，都是照王所吩咐的。""王和犹大众人，与耶路撒冷的居民，并祭司利未人，以及所有的百姓，无论大小，都一同上到耶和华的殿。王就把殿里所得的约书念给他们听。"（代下 34-35）等都显示，以色列王超越祭司，或者祭司隶属于王、听命于王；"西底家王打发人带领先知耶利米，进耶和华殿中第三门里见王。王就对耶利米说："我要问你一件事，你丝毫不可向我隐瞒。"（耶 38：14）"约雅敬王和他众勇士、众首领听见了乌利亚的话，王就想要把他治死。乌利亚听见就惧怕，逃往埃及去了。"（耶 26：21）等则显示，以色列的王对先知有生杀大权，完全不受其制约；"主耶和华如此说：以色列的王啊，你们应当知足。要除掉强暴和抢夺的事，施行公平和公义，不再勒索我的民。这是主耶和华说的。"（结 45：9）等显示，以色列的"王"常常高高在上，欺压民众，根本不受以色列民众和社会的任何制约，彻底违背摩西律法。

综上可见，从士师时代到王制时代，一脉相承，以色列人跟随着信仰的败坏，走在了错误的道路上，离开民主、法治、三权分立、互相制衡的洁净社会形态越来越远，最终走到了专制社会的亡国境地。其中的原因，全部在社会信仰领域：没有坚定、稳固的信仰，权力机构、机构官员之间都不可能真正独立而形成权力的制衡、不可能人人平等形成自由、民主、法治的社会环境。社会虽有摩西律法的影子和形式，但缺少足够的社会信仰水平的支持，实际上早已坠入专制集权的所多玛一样的黑暗社会之中。正象经文"百姓向你说的一切话，你只管依从。因为他们不是厌弃你，乃是厌弃我，不要我作他们的王。自从我领他们出埃及到如今，他们常常离弃我，事奉别神。现在他们向你所行的，是照他们素来所行的。"（撒上 8：7-8）所讲。

当然，以色列人信仰的变化，其实早在出埃及后即发生了。以色列人的群体正确信仰只在要求出埃及、结束埃及人的压迫时，才有，或者达到成熟的高峰。出埃及后在旷野里，以色列人的信仰脱离了埃及社会的干扰，开始了自由发展的新阶段。但是，就在这个决定信仰正确与否、或者能否坚守出埃及时的正确信仰直到其结出信仰的硕果的关键时刻，以色列人选择了不正确信仰，正如经文"以色列家啊，你们在旷野四十年，岂是将祭物和供物献给我呢？"（摩 5：25）所讲。也就是说，从社会信仰的角度讲，以色列人在迦南建国时，就已经是不正确信仰了，而不是处于正确信仰的某个发展阶段中。这时的以色列社会中，正确信仰只存在于类似摩西、以色列师士、大卫、所罗门等等以色列人的个人信仰中。

综上，《圣经》中以色列社会的繁杂历史资料表明，以色列社会虽然有摩西律法的强制性规定，但由于社会信仰水平不足，自由、民主、法治、三权分立互相制衡的以色列类型社会形态始终无法在现实世界中形成，始终停留于纸上，见证着以色列社会信仰水平的持续下降。当今世界中，这种情况仍然大量存在，继续验证着社会信仰自动决定社会形态的真理。与此相反，社会作用始终与社会起源时的方向一致时——即可以保证社会信仰水平始终不下降的社会形态，也存在于《圣经》摩西律法中，只要人们的信仰水平达到可以进入那个以色列类型社会形态的水平时，以色列类型社会形态就会自动降临，然后人类社会的信仰水平就会进入一个自动维持、自我维护的阶段，直至天国降临。因此，从逻辑上讲，以色列类型社会的历史进程，是一个无需多说、也没有什么可说的信仰自动进步的过程，在《圣经》中几乎看不到对其所进行的更多描述；《圣经》的笔墨，集中于信仰弯曲变动或持续下降的社会类型之中。

第三节、社会形态分类及标准

通过上一节我们已经知道，人类社会是避免人类动物般的无信仰沉沦、进而整体灭亡的一个历史阶段或挽救工具。社会形态与社会作用相辅相成，是一个硬币的两面。因此，社会形态的划分按照社会对保障信仰的作用方向、有无、大小的标准，会产生很多不同的划分结果——它们都与以色列类型社会相区别，具有一个或几个以色列类型社会的特点——例如有着与以色列类型社会一样的社会公权力的分权形式，再例如有着与以色列类型社会相同的选举制度或民主程序，或者干脆与以色列类型社会针锋相对、完全不同。

下面我们分别去讨论一下。

1、社会信仰或意识形态类型。这种划分，特别需要注意一神论信仰中的区别，是否出于《圣经》中的一神论是导致它们之间根本不同的原因——再没有第 2 本典籍可以与《圣经》相提并论。

2、信仰水平的差别。同为信奉《圣经》的社会，由于信仰水平的差别很大，例如摩门教等有着与伊斯兰教原教旨主义类似的信仰，与以色列类型社会的信仰相去甚远，社会形态也将差别明显。这类与以色列类型社会不同的社会，我们统称之为"待洁净社会"，是承认神、相信神、呼求神的一神论者的社会。但也是一个社会信仰不坚定，或社会信仰有各种各样的缺口，已经或可能被引导、诱惑到错误的信仰道路上的社会。当今世界上信奉一神论的很多国家和社会，包括当今大声疾呼"普世价值观"的国际社会，都还只是这样的一种社会。例如当今国际社会中，有正确信仰的西方各国，为建立起有正确信仰的国际社会而做出的努力，现在也只处于国际法的作用极其有限、而以各国各自的律法为主的后丛林时代。

待洁净社会的共同特征，从社会内部来讲，主要表现在社会的民主、法治化水平有待提高，集中在社会公权力系统偏离洁净社会要求的三权分立、相互制衡的标准上面。它们要么是公权力系统完全没有区分的王制模式，如《圣经》中悔改之前的亚述社会，"亚述王啊，你的牧人睡觉，你的贵胄安歇；你的人民散在山间，无人招聚。"（鸿 3：18）亚述社会中的牧人即社会公权力的执掌者都听命于亚述王个人，缺少坚定的社会信仰水平（洁净到被神喜悦）所具有的独立性，与以色列类型社会中"牧人"属于神，区别明显；要么是区分不足，类似以色列士师那样的一身两职或多职，无法在社会公权力内部形成有效和充分制衡的模式。根本没有公权力区分的王制社会模式达到待洁净社会模式的顶峰（公权力系统区分不足的其它社会也常常按照其惯性走向彻底没有权力分立的王制专制社会中去）。待洁净社会若坚定社会信仰，提高信仰水平，就会转变为洁净社会，"必有从埃及通亚述去的大道。亚述人要进入埃及、埃及人也进入亚述。埃及人要与亚述人一同敬拜耶和华。当那日、以色列必与埃及、亚述三国一律、使地上的人得福。因为万军之耶和华赐福给他们说：埃及我的百姓、亚述我手的工作、以色列我的产业、都有福了。"（赛 19：23—25）。否则，它就像在旷野中不断转圈后进入"应许之地"的以色列人一样，陷入一种社会信仰不断下降的过程中直至死去。

3、社会公权力架构。这是最简单、最不容易产生争议的社会形态区分——分权制衡的社会与专制集权社会。但这种区分也最不可靠。当今世界上，很多有完整分权制度规定的所谓"新兴国家"，其实社会信仰水平还没有达到可以自我维护、自动修复的水平，很容易滑落到专制社会中去，如现代俄罗斯。历史上这样的国家更多，典型的如"纳粹"德国。

4、是否洁净。按照社会是否被神喜悦来划分，神喜悦的社会形式是洁净社会，否则是不洁净社会。洁净社会是神喜悦的信仰之子，直通天国，"她的孩子被提到神宝座那里去了"（启 12:5）——就是前面我们一直讨论的以色列类型的社会。不洁净社会，是信仰的其余儿女，他们因信仰水平不足，要接受撒旦的考验，与撒旦征战，"龙向妇人发怒，去与她其余的儿女争战"（启 12:17）；并且，撒旦要与不洁净社会同归于尽——专制社会彻底退出历史舞台，撒旦被扔在无底坑中关闭。（参见启 18、20）。

5、是否民主。这也是容易进行但更容易出错的划分方法。信仰水平不足的社会，民主选举、民主立法程序丝毫无助于社会信仰水平的提高：这种民主的结果，只是恰好反映出其社会信仰的真实水准。如，二战之前的德国，用民主方法选择出了大独裁者阿道夫·希特勒，使德国社会的分权制度彻底失效，恰恰说明当时的德国社会，社会信仰中的错误、破口很多。再如现代俄罗斯社会，也与二战前的德国社会一样。对于社会信仰水平极其有限且拒不接受新的信仰知识、智慧的社会和国家，它们的命运与《圣经》中的"愚顽人"命运一样。

6、法律或科学技术水平。这类划分方法也很容易出错。例如，纸面上的法律制度与反映社会信仰水平的社会法律之间，只在社会信仰水平达到自我修复、自我维护水平时，才相一致。而科学技术水平，特别是科学创新和技术革命，由于具有独占性特点，并不能帮助我们把那些从未引领过技术产业革命的不同社会区分开来。

最后，我们看一下最可靠、最全面也是本书中所采用的划分标准——它将人类社会直接划分为以色列类型社会和与以色列类型社会针锋相对的无神论者的专制社会两种基本形态。

《圣经》中的巴比伦是一类社会的比喻、代表和"母"，与以色列是另一类社会的比喻、代表和母亲一样。"你们的母巴比伦就极其抱愧，生你们的必然蒙羞。"（耶 50：12），这里的"你们"就是指所有的与巴比伦一样的社会，巴比伦是他们的总称或代称。现在我们来看《圣经》中对巴比伦的描述：经文"你心里曾说、我要升到天上。我要高举我的宝座在神众星以上。我要坐在聚会的山上、在北方的极处、我要升到高云之上。我要与至上者同等。"（赛 14:13—14），及经文"抢夺神的产业"（耶 50：11）、"巴比伦哪，我为你设下网罗，你不知不觉被缠住。你被寻着，也被捉住，因为你与耶和华争竞。"（耶 50：24），都显示出巴比伦的社会意识形态是根本不认识神、藐视神的无神论；这种意识形态会导致客观上要自己成神、取代神。巴比伦王拒绝承认社会公权力来自神，认为都来自于自己，"这大巴比伦不是我用大能大力建为京都，要显我威严的荣耀吗？"（但 4:30）并将其归于自己设立的"金像"和"虚无的假神"，以此将自己"神化"；不仅如此，巴比伦王们还"矮化"神，将神列入他们崇拜的一系列假神中，表明了专制者将自己列入比神更高的地位！巴比伦社会的社会成员也都只崇拜自己的力量、财富、智慧和能力——建立巴比伦的迦勒底人，"他威武可畏，判断和势力都任意发出。"（哈 1：7）"他以自己的势力为神，像风猛然扫过，显为有罪。"（哈 1:11）因此，巴比伦就是一个无神论者建立的专制社会的影像或代表、"母"。

从《圣经》信仰的角度讲，与待洁净社会中的王制不同，这种社会根本不承认神的存在，不信神，直至彻底被毁灭也不会呼求神、相信神。它们把社会公权力的来源归于自己的实力、能力、努力或运气等等，更拒绝任何对其权力质疑或制约的要求，并将所有这些质疑、制约的主张作为是最严重的犯罪来对待。由于其任何时候都不会向神屈服，不会悔改，只崇拜暴力和可以支持暴力的财富。所以，在《圣经》中，巴比伦社会不存在洁净的途径和可能，它完全是撒旦的社会，无法被神喜悦、接受，最终结局也就只有一个：彻底倾覆、死亡。"巴比伦素来为列国的荣耀，为迦勒底人所矜夸的华美，必像神所倾覆的所多玛蛾摩拉一样。其内必永无人烟，世世代代无人居住。亚拉伯人也不在那里支搭帐棚。牧羊的人，也不使羊群卧在那里。只有旷野的走兽卧在那里。咆哮的兽满了房屋。鸵鸟住在那里。野山羊在那里跳舞。豺狼必在他宫中呼号，野狗必在他华美殿内吼叫。巴比伦受罚的时候临近，他的日子，必不长久。"（赛13:19—22）。人类的历史长河里，巴比伦社会都根本没有打破生死循环、走向长久存在的可能和先例，这在中国历史上的专制王朝更迭过程中看的非常清楚。巴比伦社会是无可救药的、必死的社会，也因此是属于死神撒旦的一类社会的总称。

巴比伦社会的公权力不受制约、没有分立，由巴比伦王一人独裁、控制。在巴比伦王国，国王的话便是法律，最高立法权有其一人掌控——如"听见角、笛、琵琶、琴、瑟、笙和各样乐器的声音，就当俯伏敬拜尼布甲尼撒王所立的金像。凡不俯伏敬拜的，必立时扔在烈火的窑中。"（但3：4）；生死予夺的最高司法权也是其一人掌握——如"尼布甲尼撒问他们说：'沙得拉、米煞、亚伯尼歌，你们不事奉我的神，也不敬拜我所立的金像，是故意的吗？你们再听见角、笛、琵琶、琴、瑟、笙和各样乐器的声音，若俯伏敬拜我所造的像，却还可以；若不敬拜，必立时扔在烈火的窑中！有何神能救你们脱离我手呢？'"（但3:14-15）；执行法律的最高行政权还是其一人掌控——如"当时，尼布甲尼撒怒气填胸，向沙得拉、米煞、亚伯尼歌变了脸色，吩咐人把窑烧热，比寻常更加七倍。又吩咐他军中的几个壮士，将沙得拉、米煞、亚伯尼歌捆起来，扔在烈火的窑中"（但3:19-20）。在巴比伦王独享最高的三大社会公共权力之后，社会公权力才由巴比伦王自己做了分配，"尼布甲尼撒王差人将总督、钦差、巡抚、臬司、藩司、谋士、法官和各省的官员都召了来，为尼布甲尼撒王所立的像行开光之礼。于是总督、钦差、巡抚、臬司、藩司、谋士、法官和各省的官员都聚集了来，要为尼布甲尼撒王所立的像行开光之礼，就站在尼布甲尼撒所立的像前。"（但3:2-3）总督作为国王的总代表，统理帝国的各重要部门。钦差负责管辖被征服、占领的外邦城市。巡抚则为各省的行政长官。这里，巴比伦的谋士包括"术士、用法术的、行邪术的"所有所谓的巴比伦"哲士"，充当巴比伦王与其假神、偶像间交流的、具有"橡皮图章""立法权"的作用，"总督、钦差、巡抚、臬司、藩司"等是在巴比伦王之下行使"行政权"的巴比伦行政官员，"法官"是在巴比伦王之下行使"司法权"的司法官员；他们都只听命于巴比伦王一人，是巴比伦王的"仆人"，受其任命、管理、差遣甚至生杀予夺。

无神论者的社会中，常常存在大量的也称"信神"、非常类似正确信仰的拜偶像者，如《圣经》中的巴比伦王尼布甲尼撒口中自称的"我的神"。拜偶像者心中的神，都是只对拜偶像者或他们意向中的人有益的神，是属于只讲私义、可以驱动为之服务的假神，与《圣经》中只喜悦公义、无人可撼动的耶和华神，从意识形态的角度上讲，也是显然直接对立的。所有可以带给人们愉悦、安慰、释惑的事物，都可能成为人们追求、崇拜的偶像，但无论对这些偶像的称呼如何，他们其实都只是与巴比伦王一样的无神论者或拜偶像者。如中国人喜欢的财神，是中国人要求、祈求给自己带来财富的假神——人人要求这样的结果，盗窃者这样祈求、被盗的也如此祈求，贪官如此祈求、百姓也如此祈求……这样的意识形态，抛开意识形态的来源和不具有知识体系之外，仅仅从其毫无独立性、静止性或原则性可言，也明显与信仰根本不同。再如马克思主义等唯物主义者，将物质规律等客观规律奉为最高，认为人类可以发现并能动的利用这些规律满足自己的物质、文化等要求，他们事实上已经在承认存在着这样一个更高的规律：利用和尊重客观规律可以给人类带来幸福和自由。问题自然由此而生，谁制定了这一更高的规律并可以让人类发现呢？马克思主义者肯定会告诉你，这也都是自然存在的规律，没有制定、掌控者的存在。至此，唯物主义者的逻辑，已将人或他们自己视为最高：他们发现了最高规律或者宇宙真理，这个命题无可置疑、不容再讨论，若再向前一步，即什么力量或事物让人类可以发现宇宙真理或最高规律呢？显然已经是陷入不可知范畴或终极信仰范围内的问题了，问题或逻辑循环至此被彻底打住，而唯物主义者这时恰恰打结在了人类自己身上，把人等同于神了。马克思主义哲学中，物质和意识谁是第一性的问题至关重要，但无论答案是什么，这一问题本身就已经预定、预设地把人类放在了最后、终极的逻辑位置上，与我们上面的讨论结果完全一致。现在回过头来看，被马克思主义者视为最高、不可更改、只可顺从的客观真理，却都只是可以被人类驱动、利用、掌控下的事物而已，与中国人心目中的财神又有何区别呢？不就是把中国人的财神换个了名称，称之为"客观规律"了吗？马克思主义有关生产力、生产关系的学说认为，生产力决定生产关系，而生产关系是人与人之间的最根本、最重要的社会关系。与此同时，马克思主义者又认为"人是各种社会关系的产物"（《资本论》第一卷第一版序言第12页，人民出版社1975年6月版）。如此，我们不难从逻辑上推出以下结论：马克思主义者认为"生产力决定人！"——生产力不是人产生的。这让马克思主义事实上成为了一种生产力宗教，与其认识论中的拜物教一致。唯物主义的错误，不是回答不出物质的根本来源（唯物主义者认为物质是自在的），而是回答不出人类是怎么认识物质或者物质规律的，人类靠什么认识、为什么原来认识不了或认识的不科学？即科学产生的根源是什么！马克思主义无法回答生产力为什么在科学产生后，突然提高来；之前的生产力，即人类认识和改造自然的能力，为什么低下？是量变到质变能够解释的吗？显然不能。玛雅文明、古埃及等"人类四大文明"，都恰恰不是现代科学及工业革命的诞生地，就是明证。人类发展的历史事实，无情地戳穿了马克思主义和所有唯物主义理论的谎言！

当然，无论如何，专制社会仍然比动物般群聚的时代要好。所有与所多玛一样的专制社会，专制者在最初取得政权的时候，都是获得了人民的支持或选择，所以其一开始制定的法律和规则，对其社会成员来讲，就都是神圣不可违背的。但是，专制者滥用、独占了人民的选择权或立法权，再不允许人民收回、独自自由地行使神圣的立法权——上帝通过在摩西律法的废和立两个过程中体现出对全人类的授权、或对人类的"信"和"约"，就是直接反对神或对抗神了，与《圣经》中的正确信仰完全背离。从历史中看，专制模式的社会公权力，只有靠专制者的意志或内心来保障法律的适用，因此具有极大的不确定性和暂时性：品质良好且持久的专制者，可以让一个专制社会处于盛世，而追随"明君"而去和伴随昏君而来的，也是人息政亡。因此，所有专制者的行为按照《圣经》中的记载和启示，就自然表现为信仰之罪即原罪了——最终都要遭受法律之外的、来自自然法的最猛烈惩罚。

《圣经》中，社会形态的划分是依据人们的信仰类型进行的。正确信仰的社会形态，在正确社会信仰成熟后，才会固定下来，形式单一且可以持续存在到社会退出历史舞台时为止。无信仰社会，是只有一个处于绝对权威的不正确信仰或者道德、思想体系的"信仰独裁"社会。无信仰社会的内部，并非没有其他信仰者，而是其他信仰、道德体系无法发挥社会作用。它们或者被打压、被宣布为"非法"而处于"地下"状态，或者被人们普遍抛弃无从发挥作用——如在一个金钱至上的社会中，帮助别人常常会被视为别有用心、心里有鬼的表现。无信仰社会需要定期转换其社会信仰、道德价值观。与动物的习性、新陈代谢和生命规律都只受一个生物学规律制约一样，无信仰社会被一个极端或僵硬的不正确信仰、道德思想体系所掌控，其发展、成熟、强大、死亡及其寿命，也都只受不正确信仰或无信仰的道德的运动规律的制约，不具有可持续性且缺少可操作性。不正确社会信仰的社会，其社会形态随其社会信仰种类的转换而转换，或者是专制社会，或者是民主社会，无法固定。不正确信仰社会的最大特点，就是多元化的社会信仰状态，自发或借助于社会公共权力以不同的方式和途径发展、成熟，其可持续的历史时间具有极大的弹性。巴比伦类型的社会，可以看作为是不正确信仰社会的一种极端情况；反过来也一样，以色列类型的社会，和无神论的巴比伦社会，因此成为所有不正确信仰社会所具有的两种基本社会形式——这正是《圣经》中所特别指明的人类社会的两种基本形态。需要注意的是，在本书的其它章节里，除非特别指明，我们把不正确信仰社会统称为"专制社会"，把其中不正确信仰社会的极端情形，即巴比伦式的无信仰"独裁社会"也包括在其中，不单独列出。

第三章、《圣经》中人类社会的财政、货币模式

在本章节中，我们将重点讨论信仰函数的导出及其学术意义。

第一节：摩西律法中以色列类型社会的财税、货币模式的特点及其研究意义

在上一节的讨论中，我们已经明确《圣经》中的以色列祭司是以色列社会的司法机关。如此，我们不难继续发现，《圣经》摩西律法所记载的以色列祭司制度中，其实存在着一个与国家财税领域或社会经济领域相关联的重要通道："神的食物，无论是圣的、至圣的，祭司都可以吃。"（利 21:22）"耶和华晓谕亚伦说：'我已将归我的举祭，就是以色列人一切分别为圣的物，交给你经管，因你受过膏，把这些都赐给你和你的子孙，当作永得的分。以色列人归给我至圣的供物，就是一切的素祭、赎罪祭、赎愆祭，其中所有存留不经火的，都为至圣之物，要归给你和你的子孙。你要拿这些当至圣物吃，凡男丁都可以吃，你当以此物为圣。以色列人所献的举祭并摇祭，都是你的，我已赐给你和你的儿女，当作永得的分，凡在你家中的洁净人都可以吃。凡油中、新酒中、五谷中至好的，就是以色列人所献给耶和华初熟之物，我都赐给你。凡从他们地上所带来给耶和华初熟之物，也都要归与你。你家中的洁净人都可以吃。以色列中一切永献的都必归与你。他们所有奉给耶和华的，连人带牲畜，凡头生的都要归给你；只是人头生的，总要赎出来；不洁净牲畜头生的，也要赎出来。只是头生的牛，或是头生的绵羊和山羊，必不可赎，都是圣的，要把它的血洒在坛上，把它的脂油焚烧，当作馨香的火祭献给耶和华。它的肉必归你，像被摇的胸、被举的右腿归你一样。凡以色列人所献给耶和华圣物中的举祭，我都赐给你和你的儿女，当作永得的分。这是给你和你的后裔，在耶和华面前作为永远的盐约（注："盐"即"不废坏"的意思）。'耶和华对亚伦说：'你在以色列人的境内不可有产业，在他们中间也不可有分。我就是你的分，是你的产业。'"（民 18:8-20）上述经文中的制度内容，用一句简单的话来总结，就是以色列人献给神的物，神都明确赐给以色列的祭司享有和支配，除此之外，以色列祭司不可有其它产业。因此，《圣经》中以色列人献给神的各种物，事实上都被用于维持以色列社会司法系统的正常运行。

《圣经》中还明确记载了神的物可被用于祭司之外的情况，如大卫王和他的跟从人员在饥饿时吃圣殿中的陈设饼的故事记载（撒上 21:6；太 12:1-8；路 6:2-5；可 2:23-28），表明神的物还可被用于社会紧急灾难救助等公共事业方面；再如在以色列士师时期，以色列士师一人兼职祭司、长老或先知，表明神的物已经被赐予人类社会，去供养、维持包括祭司在内的整个社会公权力体系的运转。至此，十分清楚，神的物完全等同于我们熟悉的、维持现代社会公共权力体系运转的国家财税收入。

以色列类型社会中的税收原来就是献给神的物！因此，以色列类型的社会中，维持整个社会公权力系统正常运转所需的国家税收，具有神圣、不可逃避的特性。《圣经》中用祭司制度的明文和大卫王、士师等故事记载，不断重复表明了这一点，突出的经文如"谁也不可空手朝见我"（出 23:15）。以此类推，以色列类型社会的公共财税收入的所有特点和规律，都要符合《圣经》中对献给神的供物的具体要求。

但是，《圣经》中多处明确记载，神不接受没有正确信仰的个人和社会的任何供物，供物被接纳与否完全取决于奉献者的信仰或意识形态，如"所多玛的官长，蛾摩拉的百姓啊，耶和华说：'你们所献的许多祭物与我何益呢？公绵羊的燔祭和肥畜的脂油，我已经够了。你们不要再献虚浮的供物。'"（赛 1:10-13）又如"你们法利赛人有祸了！因为你们将薄荷、芸香并各样菜蔬献上十分之一，那公义和爱神的事反倒不行了"（路 11:42）等等。可见，象所多玛、巴比伦一样的的专制社会，其财政收入或国家税费收入，只能归于专制者和其所辖的社会自己，永不会得到神的悦纳。《圣经》中还有一处经文，也把人类所有社会类型的公共财政收入进行分类，就是耶稣基督在论到纳税给凯撒的问题时所讲的那句经文："凯撒的物当归凯撒，神的物当归给神"（路 20:25、太 22：21、可 12：17）。这表明，所有人类社会也一共只有两种性质不同的公共财税收入，且只能是按照标示社会信仰的社会形态来划分的。一种是"凯撒的物"，专指专制社会的国家税收等公共财政收入，一种是"神的物"，即神喜悦和接受的供物，是摩西律法中的那个以色列类型的社会的公共财政收入，二者完全不同。相应地，财税领域中的共有元素，如经济学研究中的商品、货币、劳动、利润等范畴，自然也应有着完全不同的性质和规律，不可简单地通用和混杂。

如此，《圣经》实际上已经指出了一个足以彻底颠覆整个现行西方经济学理论体系的方法和原则：如果要从经济角度完整、有效地观察和研究任意一个社会（包括国际社会），只应当

从承载着全部社会信息的公共财政收入的来源、构成和模式开始；而不是直接从考察生产资料所有制、货币的商业功能及其规律等方面着手。

《圣经》摩西律法中有关以色列祭司的制度包含着以色列类型社会完整的国家财税制度，其中的一些具体规定又显示出了这种财税制度下，财税形成模式和经济、货币运行模式的特点和规律。简要地说，祭祀制度中规定的、献给神的物的特点，就从逻辑上表明了"神的物"与"凯撒的物"的全部差别。现在，我们将一些具有代表性的具体经文摘抄出来，并简单指出其中所包含的学术研究意义，为读者深入理解后面章节的内容奠定基础。

首先，是关于祭物的来源问题，它界定出了不同类型国家的财税收入与其经济发展状况之间的不同关系。经文"他有了罪的时候，就要承认所犯的罪，并要因所犯的罪，把他的赎愆祭牲，就是羊群中的母羊，或是一只羊羔，或是一只山羊，牵到耶和华面前为赎罪祭。至于他的罪，祭司要为他赎了。他的力量若不够献一只羊羔，就要因所犯的罪，把两只斑鸠或是两只雏鸽，带到耶和华面前为赎愆祭：一只作赎罪祭，一只作燔祭。"（利 5:5-7），及经文"他的力量若不够献两只斑鸠或是两只雏鸽，就要因所犯的罪带供物来，就是细面伊法十分之一为赎罪祭；不可加上油，也不可加上乳香，因为是赎罪祭。他要把供物带到祭司那里，祭司要取出自己的一把来作为记念，按献给耶和华火祭的条例，烧在坛上。这是赎罪祭。"（利 5:11-12）"凡牛群羊群中，一切从杖下经过的，每第十只要归给耶和华为圣"（利 27:32）。以上经文和与其类似的其它大量经文都明确说明，在以色列类型的社会中，"神的物"是人们从自己实际参与的生产或其它经济活动中所得的物质结果中拿出的一部分，是人们量力而行的结果。那么，作为一个国家的财税收入，"神的物"只能是一个社会中所有实体经济发展结果的一部分，必然真实反映该社会经济发展的实际状况。如此，在以色列类型的国家中，国家财税收入必与人人参与的实体经济状况紧密相连，与国民经济的发展、人们的实际经济状况呈现出严格的正相关数学关系；从根本上讲，国家财政收支都应只源自于国民经济增长所产生的税收方面。从财税收支来源的角度看，以色列类型社会中，货币运动单纯局限于国民经济领域中，或只接受经济规律的制约，没有丝毫的逾越。因此，在以色列类型的社会环境中，以市场法则为代表的古典经济学理论始终有效，其中以亚当·斯密的《道德情操论》为代表的"经济理性"等基础理论部分，只符合以色列类型社会的社会信仰领域特点，并不具有普世性。我们会在后面的章节中继续讨论这个问题。而"凯撒的物"，从逻辑上讲，就要正好与上面所谈到的完全相反——专制社会的公共权力系统可以有自己的产业或独立于国民经济领域之外的其它财富收入来源，货币运动于其中可以甚至必然超越经济领域范围或不会只受制于经济领域内的规则、规律；国家财政收支与国民经济发展状况之间不仅没有严格的正相关数学关系，甚至可能会呈现出严格的负相关特点，例如财政收支中要掺杂着大量的与国民经济领域根本无关的因素，且这些因素不仅难以消除，还可能会持续不断增加；西方古典经济学理论所确立的市场法则和其它经济学原则，在专制社会中不会完全有效，甚至可以完全无效（可以被剔除）。专制者及其主要利益集团，从控制社会的统治目的出发，一切行为、当然包括与经济领域有关的所有行为，均服从于追逐、掌握社会公共权力的社会理性，是"理性的社会人"，可以包括但远远超出亚当·斯密在《道德情操论》中确立的"经济人假设"或"经济理性"的范畴。

其次，"神的物"只能是洁净的物、可蒙悦纳的物，具有单一性，不应包含非法所得或有违公平、公义、适宜人类生存的自然环境要求的任何事物。

《圣经》摩西律法中，神不悦纳以偷窃、抢劫、诈骗、绑架、受贿、侵犯他人财产权等所有非法手段得来的一切财物（这类财物总要归还给被害人），相关经文也非常多，如"若有人犯罪，干犯耶和华，在邻舍交付他的物上，或是在交易上行了诡诈，或是抢夺人的财物，或是欺压邻舍，或是在捡了遗失的物上行了诡诈，说谎起誓，在这一切的事上犯了什么罪。他既犯了罪，有了过犯，就要归还他所抢夺的，或是因欺压所得的，或是人交付他的，或是人遗失他所捡的物，或是他因什么物起了假誓，就要如数归还，另外加上五分之一，在查出他有罪的日子，要交还本主。也要照你所估定的价，把赎愆祭牲，就是羊群中一只没有残疾的公绵羊，牵到耶和华面前，给祭司为赎愆祭。祭司要在耶和华面前为他赎罪；他无论行了什么事，使他有了罪，都必蒙赦免。"（利 6:2-7）

《圣经》中记载神也不接受人类以破坏自然环境、生态环境为代价所得来的财物，相关经文如："人向耶和华献供物为平安祭，若是从羊群中献，无论是公的是母的，必用没有残疾的。"（利 3:6）"你晓谕亚伦和他子孙，并以色列众人说：以色列家中的人，或在以色列中寄居的，凡献供物，无论是所许的愿，是甘心献的，就是献给耶和华作燔祭的，要将没有残疾的公牛，或是绵羊，或是山羊献上，如此方蒙悦纳。凡有残疾的，你们不可献上，因为这不蒙悦纳。凡从牛群或是羊群中，将平安祭献给耶和华，为要还特许的愿，或是作甘心献的，所献的必纯全无残疾的，才蒙悦纳。瞎眼的、折伤的、残废的、有瘤子的、长癣的、长疥的都不可献给耶和华，也不可在坛上作为火祭献给耶和华。无论是公牛是绵羊羔，若肢体有余的，或是缺少的，只可作甘心祭献上；用以还愿，却不蒙悦纳。肾子损伤的，或是压碎的，或是破裂的，或是骟了的，不可献给耶和华。在你们的地上也不可这样行。这类的物，你们从外人的手，一样也不可接受作你们神的食物献上，因为这些都有损坏有残疾，不蒙悦纳。"（利 22:18-25）

再次，神的物还具有连续性的特点。《圣经》中记载的以色列祭祀制度是一个连续不断的无限系统。如，要有每日必须进行的早祭和晚祭，"你们要献给耶和华的火祭，就是没有残疾、一岁的公羊羔，每日两只，作为常献的燔祭。早晨要献一只，黄昏的时候要献一只。又用细面伊法十分之一，并捣成的油一欣四分之一，调和作为素祭。这是在西奈山所命定为常献的燔祭，是献给耶和华为馨香的火祭。为这一只羊羔，要同献奠祭的酒一欣四分之一。在圣所中，你要将醇酒奉给耶和华为奠祭。晚上，你要献那一只羊羔，必照早晨的素祭和同献的奠祭献上，作为馨香的火祭献给耶和华。"（民 28:3-8）；再如，每个安息日都要献的祭、每年各种固定节期献的祭等等。以上内容，都表现出"神的物"具备一种类似时间所具有的那种无限连续、不间断的系统特征。

"神的物"的上述特点，已经将摩西律法中以色列类型社会的财税收入模式和其中的货币运动模式，固定为一种单一的、连续不断的事物模式，从而在数学上必表现为一种闭和或连续的图式。同时，从逻辑上，我们也可以通过简单推理知道，与"神的物"相对立的"凯撒的物"，其财税收入模式和货币运动模式只能是一个复式且间断的事物、在数学上也必表现为一种非闭合或不连续的数学图式。

另外，《圣经》中以色列社会所有的祭祀活动，一端与幸福相连，另一端都与信仰相接，所产生的效果必同时反映出信仰和幸福两方面的具体状况。例如，人献素祭是表达自己履行约定顺从神，"凡献为素祭的供物都要用盐调和，在素祭上不可缺了你神立约的盐；一切的供物都要配盐而献。"（利 2:13），意味着献祭者会如神所约的获得幸福；感恩和酬恩时所献的平安祭意味着已经获得了神赐予的幸福；意识到罪过时所献的赎罪祭、赎愆祭，意味着获得神的赦免，离开罪过已带来或要带来的痛苦，是保有幸福……因此，"神的物"始终会与幸福相连，摩西律法里的以色列类型的社会中，国家的财税收入状况也因此必然体现出社会幸福的实际状况：人们的幸福与国家财税收入的多少正相关、人们获得幸福的难易程度与国家财税收入提高的难易程度正相关、单位财税收入与单位货币所代表的社会幸福量始终相等、财税收入的增量与货币增量中的单位增长数量所代表的幸福的边际增长率为零。同时，"神的物"也始终会与社会信仰状况相连，摩西律法里的以色列类型的社会中，国家的财税收入变化必然体现出社会信仰的变化规律：人们的信仰水平与国家财税收入的多少正相关、社会信仰升华的难易程度与国家财税收入提高的难易程度正相关、单位财税收入与单位货币所代表的信仰水平相同或恒定。并且，在以色列类型的社会中，社会信仰水平已经达到可以与其财税收入的单一性相一致的一种能够自我修复或自动维护的程度，给予生活于其中的人们以信仰、思想的巨大自由空间，社会在意识形态领域中的宽容度极高。因此，类似古典经济学理论中的追求利润和利润最大化的"经济人"行为，必无害于以色列类型社会的社会信仰，自然也不会危及该社会的社会秩序、社会福祉；亚当·斯密在《道德情操论》中所证明的经济理性无害的社会真理，仅仅是以色列类型社会的社会信仰具有自我修复能力的一个具体表现。由于"凯撒的物"与"神的物"相反，通过简单的逻辑推理可知，专制社会中的人们，获得社会幸福的多少、难易与国家财税收入的大小及提高的难易程度负相关或不相关、单位财税收入与单位货币所代表的社会幸福可能不同甚至永不相同；专制社会的主流社会信仰或道德价值观与《圣经》所昭示的信仰越不同、越对立，提高那种社会信仰或道德价值观占据该社会意识形态统治程度的难易程度，与其国家财税收入提高的难易程度之间，越缺少正相关的关联性，甚至完全呈现为负相关或不相关的关系、单位财税收入与单位货币所代表的信仰水平不同甚至根本不具有可比性（即信仰或意识形态、价值观的不同）。并且，从《圣经》中昭示的纯粹一神论的角度来看，专制社会的社会信仰水平低下，即使也相信《圣经》中的耶和华神，但同时必定会混杂着对多种神灵包括对财富、力量、民主或科技等众多自然、社会事物的依重、崇拜，最极端的专制社会意识形态是无神论。专制者持有的信仰或意识形态难以在社会中自我修复或自动维持，社会意识形态领域中的包容性差，生活于其中的人们，缺少甚至根本没有信仰或思想的自由空间。与专制者思想不同的任何意识形态，包括但不局限于追求利润最大化的经济人理性，都会对专制社会造成极大伤害。

《圣经》中，以色列类型社会的信仰和幸福直接连接在一起，也从逻辑上彻底排除了社会幸福直接来自于金钱、财富、生产劳动等传统经济学研究领域的可能性。而直接显示以上信息的经文也有很多，如"你们不能又事奉神，又事奉玛门。"（太 6：24）、"不要劳碌求富"（箴 23:4）、"耶和华的节期，你们要宣告为圣会的节期。六日要做工，第七日是圣安息日；当有圣会，你们什么工都不可做。这是在你们一切的住处向耶和华守的安息日。"（利 23:2-3）。与此同时，《圣经》也肯定了以色列类型社会中，社会信仰造就社会幸福的工具和途径，与社会的经济领域、物质财富有关联：最终结果一定会体现在社会的经济发展成果、人们的生活条件和劳动条件的变化上，且非常直观、现实，"凭着他们的果子，就可以认出他们来。荆棘上岂能摘葡萄呢？蒺藜里岂能摘无花果呢？这样，凡好树都结好果子；惟独坏树结坏果子。好树不能结坏果子，坏树不能结好果子。"（太 7:16-18）。综合显示以上两方面信息的经文也很多，如："不要忧虑说，'吃什么？喝什么？穿什么？'这都是外邦人所求的。你们需用的这一切东西，你们的天父是知道的。你们要先求他的国和他的义，这些东西都要加给你们了。不要追求吃的、穿的，要求神的国"（太 6:31-33）。可见，在以色列类型的社会中，信仰造就社会幸福的途径和方法，是间接物质性的，即赋予社会具有改善社会物质条件或物质环境即改善人们的学习、生产、经营、劳动方式和日常生活方式的能力和应用这种能力的机制，这种能力就是人们现在常说的"科技创新能力或自然科学研究能力。"，而应用科技创新能力的机制，就是造就和发动产业技术革命。套用中国的一句俗语，信仰给予以色列类型社会的是"授之以渔"。通过简单的逻辑推理可知，专制社会的社会信仰带来了"授之以鱼"甚至物质极度贫乏的直接物质性结果，即使有科技创新的成果，也缺乏实际应用，更不会发起产业技术革命。专制社会中的人们更信奉"勤劳致富"、"勤俭持家"，对物质和物质规律奉若神明，用中国文化中最有名的两句话来概括就是"民以食为天"和"食色性也"——这两句话放在一起来理解的结果就是鼓励人们把自己的欲望和生物学本性视为至高，社会幸福的全部意义和社会统治的基础就是可以直接满足人类生理欲望的物质财富。

《圣经》中有大量明确的经文，表明只有正确社会信仰的那个社会类型，才具备科技创新能力发动技术革命。如，"敬畏耶和华是智慧的开端"（诗 111：10）、"敬畏耶和华是知识的开端"（箴 1:7）等等。社会的科技创新及应用能力或自然科学的研究及应用能力，是由社会信仰类型直接决定的、准确反映社会信仰水平和社会幸福水平的一个社会标示性事物，其大小或有无，是区分以色列类型社会与专制社会的一个标志。因此，以色列类型的社会财税收支大小、提高的难易程度，与社会的科技创新及应用能力和自然科学研究及运用能力的大小、前进速度正相关，与社会科学领域的研究能力和研究成果及应用之间，无必然联系；与此相对，专制社会的财税收支规模及变化情况，与其社会的科技创新和自然科学研究能力、运用能力之间负相关或无关联，但与其在社会科学领域的创新研究能力、研究成果及应用能力之间正相关——充斥且不断创造出与《圣经》相反的各种社会学学说并付诸实践、蛊惑人心，著名的如纳粹主义、马克思主义、毛泽东思想、伊斯兰原教旨主义等等。

最后，《圣经》中"神的物"，存在一个绝对应保留的专属空间。如，《圣经》的素祭规则中，"祭司要从素祭中取出作为纪念的，烧在坛上，是献与耶和华为馨香的火祭。素祭所剩的，要归给亚伦和他的子孙。这是献与耶和华的火祭中为至圣的。"（利 2:9-10）再如平安祭规则中，"献平安祭给耶和华的，要从平安祭中取些来奉给耶和华。他亲手献给耶和华的火祭，就是脂油和胸，要带来，好把胸在耶和华面前作摇祭，摇一摇。祭司要把脂油在坛上焚烧，但胸要归亚伦和他的子孙。你们要从平安祭中把右腿作举祭，奉给祭司。亚伦子孙中，献平安祭牲血和脂油的，要得这右腿为分。因为我从以色列人的平安祭中，取了这摇的胸和举的腿，给祭司亚伦和他子孙，作他们从以色列人中所永得的分。"（利 7:30-34）以上规则中所讲到的素祭中被烧掉"作为纪念"的部分、或平安祭祭牲中的"脂油""牲血"等部位，都是终究也不应归于祭司等任何国家机关、任何社会成员和整个以色列社会直接享用的部分，它的结果只归于神，代表着维系社会生命的信仰和社会信仰水平的专门经费部分。再如，《圣经》中载明，战争的胜败结果取决于神、或取决于人们的信仰，因此，战利品也是供物的一个来源。《圣经》对以色列社会的战利品进行了分类。以色列人中间有应当除灭的物，如赫人等 7 类国民的城中财物，"他们雕刻的神像，你们要用火焚烧，其上的金银你不可贪图，也不可收取。"（申 7:25）"你必要用刀杀那城里的居民，把城里所有的，连牲畜都用刀杀尽。你从那城里所夺的财物都要堆积在街市上，用火将城和其内所夺的财物都在耶和华你神面前烧尽。"（申 13:15-16），其中能见火的金、银、铜、铁等金属或金属制品，"都要归耶和华为圣，必入耶和华的库中"（书 6:19）。除此之外，与其他对手间战争中的战利品，《圣经》中规定"惟有妇女、孩子、牲畜和城内一切的财物，你可以取为自己的掠物。耶和华你神把你仇敌的财物赐给你，你可以吃用。"（申 20:14），这些战利品中可能具有的金子、银子等金属和金属制品，作为供物应献给神的那一部分，以色列祭司也是不能自由处置的，也是专属于信仰领域的经费部分，依据就是律法规定"祭司从百姓所当得的分乃是这样，凡献牛或羊为祭的，要把前腿、和两腮、并脾胃给祭司，初收的五谷、新酒、和油、并初剪的羊毛、也要给他。"（申 18：3-4）。关于如何具体使用"神的物"中的上述这些专属部分，《圣经》中也有明确示范，著名的如所罗门时代所建设的以色列神殿，就主要使用了自扫罗、大卫王时代甚至更早年代所积累下来的战利品中的金银铜铁等金属，是得到神肯定的正确的专款专用。因此，所罗门建造神殿，与其大力建造城市、宫殿和军事保障设施等行为，应严格区别对待，它们对以色列社会的信仰变化、社会福祉、王国存续所产生的作用，完全不同。以上内容显示出，在以色列类型的社会中，国家财税收入中应始终存在一个不被压缩、挪作他用的核心部分，这部分财税支出，直接投入在社会的非经济领域，产生维持社会信仰的功用，集中于有关教育、教堂或教会建设等事业管理经费及有关立法、司法、行政保护的经费支出等部分。该部分财政收支最后会完全转化到经济领域中成为国家财税收入的来源地，是社会福祉的源头，所孕育的社会事物正是社会的科技创新及应用能力——可见，教育的首要任务不是自然和人文知识的传授，而是社会信仰和道德价值观的传承，无法完成这个任务的教育，对任何人类社会而言，都意味着其教育投入是低效（相比于经济领域的财税水平）甚至无效的，司法、立法等所有社会公共领域的支出也均如此。综上，社会信仰的种类和水平决定了社会创造幸福的能力，是决定社会科技创新及应用能力有无、强弱的中枢，显示出一个社会被神所接受及从神蒙福的程度。但是，如果仅仅从经济发展的角度来看，这个财政核心空间却是一个可以被利用的弹性、自由空间，这是鼓吹政府干预经济运行的凯恩斯经济理论产生、并一度被广泛应用的客观基础，也是该理论无法真正解决西方社会经济发展中所遇到问题的根源。从社会的角度看，政府集中社会资源去重点解决经济问题，即越俎代庖又本末倒置（降低甚至破坏社会的科技创新及应用能力）；从信仰的角度来看，凯恩斯理论必无长效的结果更极其容易理解——完全依赖货币、财政政策解决经济发展问题，必然会破坏"神的物"中的各种支出间的原有比例关系，终究会产生与神对抗和争竞的结果，是社会信仰水平停滞甚至倒退下的一种选择。同时，专属于信仰、结果直接归于神、间接或让人们因此蒙福的专属经费，以色列祭司和整个社会公权力机构、或国家公权力机关并无权直接支配和使用，显示出以色列类型的社会中，公权力与信仰相隔离，必定要实行现代人们熟悉的"政教分离"制度。直接表明正确的政教关系的实例，在《圣经》中的《但以理书》上：但以理的个人信仰不因社会公权力（尼布甲尼撒等专制者）的力量而改变，也不试图借助于社会公权力（但以理是巴比伦、波斯的重臣）进行强制推行。专制社会从逻辑上讲，必不实行政教分离的制度，社会公权力必要与专制者的意识形态或信仰相结合，借助社会公权力的力量推行思想统治；与"神的物"相对立的"凯撒的物"，即专制社会中的国家财税开支中，必任意减少或根本缺失核心项下的费用，甚至出现推广、加强无神论宣传及残酷打压、迫害正确信仰的庞大财政经费，时常甚至始终处于与神竞争、对抗的状态。因此，从神是至高者的基本信仰看，《圣经》已经在告诉我们，任何一个专制社会的政权都难以长久存续、且随时有可能灭亡。但是，《圣经》同时告诉我们，神是全人类的神，专制社会也自然是神制造出来，用于让人类摆脱诺亚大洪水前的那种会整体灭亡的野蛮时代。所以，任何一个专制社会又总在它刚开始的时候，处于信仰上的最好时期，然后专制者的信仰及整个社会信仰会一路堕落直至国家灭亡。这意味着，一个专制政权的寿命若要长久，必须保持政权刚形成、一开始时的社会信仰水平不波动或极小波动才可以，或者说，必须保证专制社会的财税收支不波动或极小波动才可以，深刻表明专制社会本质上是一个既难以承载经济长期发展、又经不起经济波动的社会模式---专制者唯一有效的社会控制技术，是如何在不断经历着各种发展、停滞、收缩循环的经济运行过程中保证财税收支规模和用途不变。抛开信仰的种类和意识形态的具体内容，单纯用财税收支的变动状况替代社会信仰或意识形态的变动状况，不难得出以下结论：专制社会的社会信仰和意识形态的水平，始终处于以色列类型社会的社会信仰水平之下（注：以色列类型社会用于社会信仰的财政开支更大、比例更稳定），二者处于一个更广大的信仰体系之中，具有连续性和临界澶变的特点（注：同处于可直接比较规模大小、比例大小、趋势变动等数学变化的财税数字领域）。上述结论同时可以表述为：一个专制社会从开始时起，如果专制者的信仰水平下降，整个专制社会将不可避免地走向灭亡；如果专制者的信仰水平不下降，但整个社会信仰水平却不断下降的话，这个专制社会也要不可避免地走向灭亡；只有在专制者的信仰水平不下降的同时，社会信仰水平不断提高到一个可以自我修复的程度时，专制社会才能直接顺利转型为以色列类型的社会。也就是说，一个社会群体的信仰，无论信仰的具体内容是什么，只要其信仰水平始终无法提高到可以自我修复的水平时，就要不可避免地沦为一个专制社会，正如《圣经》中以色列人在埃及旷野中那样；同理，一个社会或社会群体，除非其社会信仰靠近《圣经》中的信仰足够近或达到可以自我维持、修复的水平时，无论如何也难以建立并维持一个以色列类型的社会形态。

综上所述，《圣经》把人类的幸福、灾祸始终与人们的信仰、价值观或意识形态相连，而"神的物"就是同时联通着信仰和幸福的中间媒介。由此不难知道，我们可以把传统上被划归意识形态领域内的社会事物，诸如信仰或价值观的正确与否、信仰或道德水平的变动情况等等内容，以及社会形态、社会的科技创新及应用能力、社会发展的历史轨迹等等这些现在仍普遍被认为难以量化考证的社会领域，与国家的财税收支和国民经济运行这些被普遍认定为可以进行数学化定量研究的社会领域归并在一起，形成一个只使用一个研究对象、却具有广泛的替代性量化研究效果的包括社会学、历史学、经济学等在内的统一的社会经济学体系。《圣经》相比世界上已知的其它任何宗教经典，最大的区别就在于《圣经》中存在一个象社会经济学一样的自证真理系统或可重复验证的科学体系，其结果可以让人类在任何时候、任何地点对照历史、考察现在和预测未来时，发现其绝对可靠性，从而在人类可认知的时空领域内，表明《圣经》具有超时空的、永恒的、绝对的真理。

第二节：财税形成过程中的两种货币运动方式及各自的特点

《圣经》中的摩西律法指明，从公共财政收入领域入手，我们可能会揭开人类社会的全部奥秘。下面，我们就尝试从最基础的财税形成开始，窥探蕴含在《圣经》中的那个社会经济学理论。

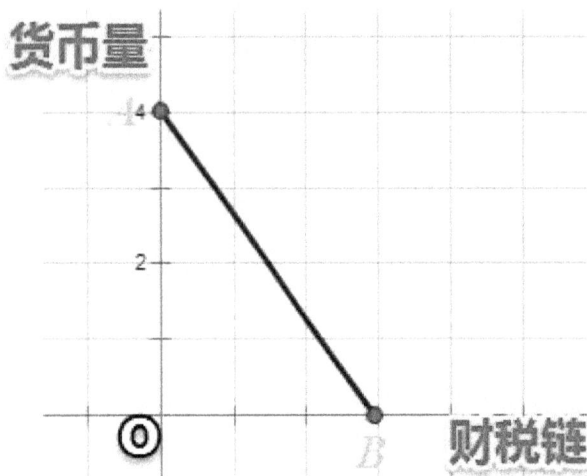

图3-1　货币、货币支付和税收的关系

一、 货币的（右）闭和运动及其特点

一个货币，例如 100 元人民币，它在国民经济中的支付轨迹可能是这样的：从最初的持有人手中被支付了 100 元钱的材料款，进入了材料销售商手中；然后，它又被材料销售商当作工资支付给了工人，然后，还是这 100 元钱，被工人作为购买蔬菜的钱支付到菜农手中……

所有这样的支付过程连接起来，我们称之为货币的支付链。在支付链上进行过支付的货币总量，我们称之为货币供应量。

不难看出，货币的支付链就是发挥、显示货币支付功能的一个链条。一个货币的支付链，从它离开印钞机的那一刻起，永无止境，除非它被损毁了。也许货币的损毁才正是印钞厂长期存在的最大理由：用崭新的钞票代替那张损坏严重的残币！但是，现实可能更加"残酷"和复杂：100 元人民币在第一次被作为支付手段使用时，就面临被肢解的命运——它要作为国家税收或地方税费等等形式被抽走一部分——抽走的多少就是我们常说的社会税负水平。因此，货币的支付链上，实际布满了社会的一个个税收点，因此我们又称之为"财税链"。我们先假定，作为国家财税收入的那一部分货币——例如每次收取交易额的 10%，从 100 元人民币的全部支付过程中被剥离出来后，都不能再回到市场中去。这时，100 元基础人民币在市场中将很快就会被消耗殆尽，无法满足经济正常运转对货币支付的需求，例如，材料商拿到 100 元的货款，其中有 10 元的税款，他自然无法全部兑现工人的 100 元工资……以此类推，后面的所有支付需求也都无法被满足，直至国家税收将这 100 钱全部"抽走"。这样，一个货币，例如这里的 100 元人民币，在一个特定的时间段内，就走出一个完整的财税链，表现为不断的析出为财税收入，如图 3-1 所示：线段 OA 为货币初始供应量（100 元人民币），线段 OB 为财税链长度，线段 AB 的斜率为税率，三角形 OAB 的面积为所产生的财税总收入。也就是说，在某一时点上的货币供应总量，沿着全社会的均衡（或复合）财税链，在一个财政年度中所走过的轨迹，是上述单一货币量（100 元人民币）的轨迹的复合。那么，假设税率固定，不同的财税链长度，也就决定了一个货币量所能产生的财税总量。或者说，税率一定时，财税链长度与财税收入正相关。如图 3-2 所示：

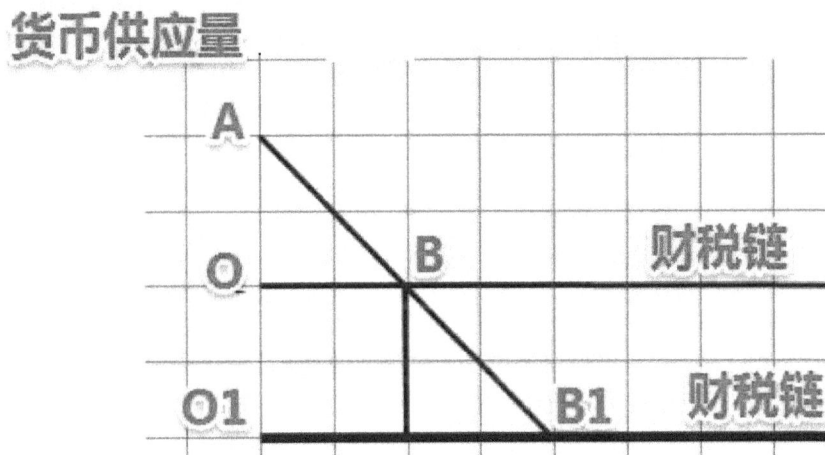

图3-2　货币供应量与财税收入的关系

财税链长度扩大了 O_1B_1-OB，财税收入也相应扩大了 $\triangle O_1AB_1$ 的面积减去 $\triangle OAB$ 的面积的差的数量。因此，要实现一个固定的财税收入目标，从根本上来说，只有两条基本途径可以选择：一种是扩大货币供应量，即通过提高三角形中货币供应量一边的长度，来增加三角形斜边的长度和三角形面积；另一种是增加财税链的长度，同样可以产生增加三角形斜边长度和面积的效果。第一种方式是货币推动式的税收增长模式，第二种是技术推动型的财税增长模式。现实社会中，无论多么复杂的税收模式，都是以上两种基本模式的组合，并与其社会经济的实际状况相一致，形成以其中一个模式为主的固定财税收入模式。

978-1-62265-922-7 (online) 978-1-62265-923-4 (paper) Faith Studies by Zhang, Pujie

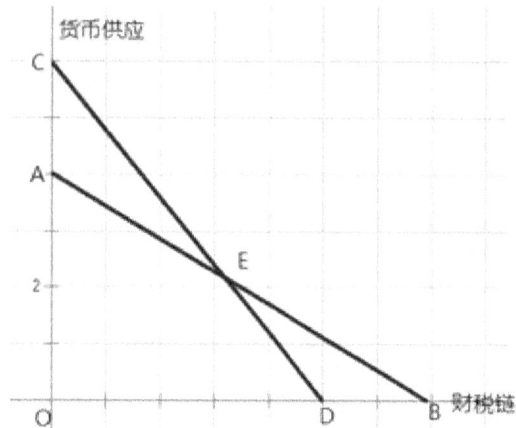

图3-3　　等值财税收入的不同组合

　　总结上面的讨论，我们不难得出这样的结论：一个相同数量的财税收入值，是可以通过各种大小不同的货币供应量和不同长度的财税链的组合即三角形的面积，实现或表达出来的。如左图 3-3 中，等量税收即△OAB 的面积和△OCD 的面积相等，却分别对应着不同的货币供应数量：线段 OA 和线段 OC；也对应着不同的财税链长度：线段 OB 和线段 OD。至此，我们不难确定，△OAB 和△OCD 的交点 E 的轨迹，就是一个等量税收值的所有构成组合所形成的数学图形。该图形上的任一点所代表的税收值，都是一个按照同一个宏观税负水平，通过不同的货币供应量和不同长度的财税链组合可以实现或完成的。用一个简单的数学公式来表示一个财税收入的所有构成组合，可以写成为：$C=M*S_1+L*S_2$。其中，C 为财税收入、M 为货币供应因素、S_1 为货币供应因素在财税形成总构成中的占比份额、L 为财税链因素、S_2 为财税链因素在所有财税构成因素中的比例份额；$0≦S_1≦1$，$0≦S_2≦1$，且 $S_1+S_2=1$。根据简单的几何知识可以知道，实现同一个宏观税负水平下的等量税收值 C 的所有数学组合，将构造出一个闭合、连续的曲线轨迹 L：即双曲线在第一象限的部分，因其在纵坐标轴的右侧，我们又称之为（右）闭合运动曲线。如图 3-4 所示。为简洁起见，在本文中若无特别表明，所使用的闭合曲线或闭合货币运动运动曲线等文字，均指（右）闭合曲线或（右）闭合运动。不难看出，货币的（右）闭合运动曲线，就是我们上一节中反复讨论过的"等值正确信仰运动曲线"或"无差别正确信仰运动曲线"和图 1-4 中那条曲线——货币（右）闭合运动的特点，与我们上一节中讨论过的正确信仰运动的特点，也完全相同。

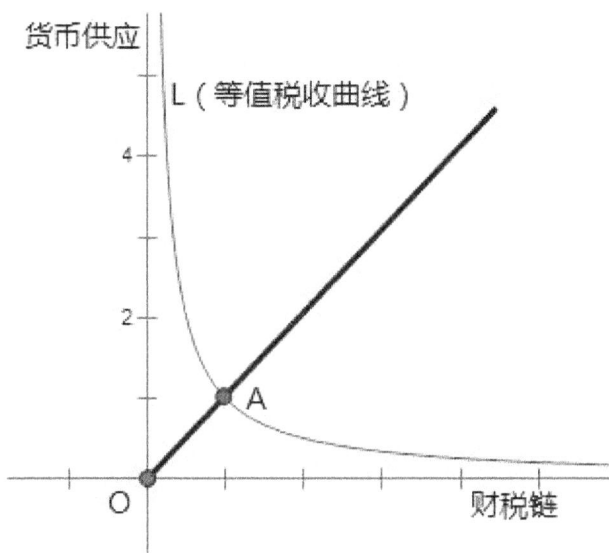

图3-4 等值（无差别）财税曲线

在曲线L上，A点是曲线L的顶点，该位置的财税形成因子中，货币供应因素和财税链长度的因素比例相等（S1=S2=50%），是财税增长模式中的均衡模式；从A点开始，沿着曲线L向上，货币供应的因素占财税收入的比重会不断加大，而财税链的因素所占比重越来越小，是货币推动式的税收形成模式（$S_1 < S_2$）；A点之下$S_1 > S_2$，是技术推动型的财税形成模式，沿着曲线L越向下走，财税链长度越来越大，在财税收入中的比重也越来越大、货币供应因素对财税收入的贡献越来越小。等值税收曲线L上的任一点与原点的连线，例如线段OA，我们称之为社会幸福线，其斜率，表示该社会的信仰和幸福水平提高的难易程度。线段OA的斜率越小，财税形成模式越依赖技术因素，社会信仰水平或程度提高得越容易、越快；线段OA的斜率越大，财税形成模式越依赖货币供应因素，社会信仰水平或程度提高得越困难、越慢。根据简单的数学知识可以知道，社会幸福线的斜率有两个极限值：一个是斜率为零，就是再没有违法、犯罪（不包括信仰上的原罪）行为使社会财税链发生缩短现象，或者说在一定或特定技术条件下的财税链长度要完全呈现出其本来应有的固定长度，人类彻底摆脱或消灭了社会法的制约或惩罚，是信仰水平、程度提高最快、最容易的"平路"时期，即《圣经》中所描绘的"千禧年"（启 20）时代，循着这条信仰成长之路继续往前走，就是人类彻底摆脱自然法制约、惩罚的天国了，经文中也明确描述到那时自然法失效情况下的具体景象，"豺狼必与绵羊羔同居，豹子与山羊羔同卧；少壮狮子与牛犊并肥畜同群；小孩子要牵引它们。牛必与熊同食，牛犊必与小熊同卧；狮子必吃草与牛一样。吃奶的孩子必玩耍在虺蛇的洞口，断奶的婴儿必按手在毒蛇的穴上。在我圣山的遍处，这一切都不伤人、不害物，因为认识耶和华的知识要充满遍地，好像水充满洋海一般。"（赛 11:6-9）因此，闭和货币系统是永恒的，其中的技术推动型模式是人类走向永恒或永生的必由之路；另一个极限值为斜率等于1，是闭合货币运动体系的崩溃，也是以色列类型社会中容纳多神论和无神论、或容纳信仰败坏的极限，同时也是以色列类型社会模式的崩溃（目标明确又竭尽全力，却未建立起来的那种"崩溃"状态）或专制社会的起点。

仅有 100 元人民币的基础货币，从满足市场支付需求的角度来讲，当具备一定条件时，也可能已经足够，完全不需要货币数量的再扩大。这些条件包括： 1)、100 元钱已经可以满足过往的任何一次性支付的需求。也就是说，在我们评估将来是否增加货币供应量时，只考察现在的货币基础数量，是否存在无法满足市场中的一个一次性（或单循环）支付的状况。只有存在这样的状况，才有增加基础货币数量的必要。2)、财税析出的货币量，总能在支付出现阻滞时回归。如果满足以上两个条件，从逻辑上讲，一元钱也可以支撑无穷大的社会支付需要：需要支付的总量增大，只表现为支付速度或货币循环加快。同样，一定的支付速度或货币循环速度，用任何数量的货币供应在无限的时间内将可以满足无穷大的支付要求。再从财税构成的数学公式来看，当 M、S1、S2 为任一定值、S2≠0 时，任意量的财税数额 C 都可以只通过财税链长度 L 的变化来实现。综合以上结论，可见财税链长度 L 是一个与货币循环速度相类同的社会事物。也就是说，在货币作闭合运动的财税模式和社会类型中，人们可以简单地、仅仅通过研究流通中的货币，即仅仅通过考察经济体中的货币供应量和货币循环速度，就恰好可以全面、准确地描述该社会的财税形成和经济运行状况。这正是仅仅局限于货币的支付等经济功能而建立起来的传统西方经济学理论、特别是其中的古典经济学理论永远有效的根源所在---例如市场法则，就是货币闭合运动和社会信仰的一种自我维持和自我修复机制的反映。也因此，社会经济学的研究重点，并不在（右）闭合货币运动方面，而在于西方经济学从未涉足过的货币非闭合运动和（左）闭合货币运动。

一个国家如果保持货币供应量的一种动态稳定（总是刚好满足经济活动对货币支付的要求，或围绕这种要求上下波动），我们就能通过其货币支付速度或周转次数的变化来考察其经济运行的效率及其变化趋势：国民生产总值的扩大表现为货币支付速度的加快，而非货币供应量的加大。这正是我们现在最常见的解释通货膨胀方法的理论依据：流通中的货币太多了，就是通胀；否则，就是通缩。同样道理，保持货币供应量动态稳定的一个经济体在相同货币周转速度的情况下，在跨度相同的不同时间段内，其财税链的长度应该是完全相等的：货币供应量在经济效率增高时减少，反之增大。也就是说，在货币量一定的前提下，财税收入只与支付环节的长度——"财税链的长度"有关，而与各环节的利润水平无关。即可征税的环节越多、财税链长度越大，财税收入就越大。上述结论还可以表述为：货币会自动远离利润水平不足以支付税费的经济部门或领域。或者，货币有自动涌向利润水平高的社会领域、特别是其中的新技术领域的天性——新技术无论如何总是在产生可征税的新环节。

任何国家及任何时代的国际社会，货币供应量总是处在不断的变动之中的，如果要把货币供应量的动态稳定与财税链长度直接放在同一个模型中作替代性考察，首先应该赋予货币供应量概念一个如同"长度"概念一样的恒常性：长度概念中，每一个增减的长度数量所代表的长度是恒定的，可以直接合并计算，货币供应量的变动数量值也应该如此，即货币供应量的新增或减少部分中，单位货币供应量所对应的财税数量、所代表的社会幸福或社会信仰等所有内涵，都是没有变化的、可直接合并计算。具备上述性质的货币体系，可以被视为货币供应量边际效用增长率为 0。也就是说，一个货币供应量边际效用增长率 $\neq 0$ 的货币体系中，由于货币供应的增量部分与原来相比，单位货币所代表的内涵已经发生改变，再将其与不会发生任何内涵改变的财税链长度概念放在过去的模型中进行考察，必然发生混乱并得出与实际不符的错误结论。可见，对于解读货币运动有效的西方经济学理论，事实上存在着这样一个大前提，即研究对象必须满足货币供应量前后一致、可以直接合并计算的先决条件。逻辑上，包含西方经济学可以正确解读部分的一个完整的动态财税收入公式可写成：$C = C_{前} + \Delta C = (M_{前}*S1 + L_{前}*S2) + (\Delta M*S'_1 + \Delta L*S'_2)$，其中，$C_{前}$、$M_{前}$：前期财税收入和前期货币供应数值；$\Delta C$：与前期相比变动后的财税收入数值；$\Delta L$：变动后的财税链长度因素；$\Delta M$：变动后的货币供应量因素；$S_1$、$S_2$、$S'1$、$S'2$ 为比例份额数值，$0 \leqq S1、S2、S'1、S'2 \leqq 1$，且 $S1+S2=1$、$S'1+S'2=1$。在上面的公式中，只有当货币的增量 ΔM 与过去经过经济领域而来的存量货币供应量 M，同性质或同样只来自于经济领域中时，二者在数学运算时才可以简单合并，得出 $C = (M_{前} + \Delta M)*S''_1 + (L + \Delta L)*S''_2 = M*S''_1 + L*S''_2$ 的公式，其中，$0 \leqq S''_1、S''_2 \leqq 1$ 且 $S''1+S''2=1$。这就是说，财税收入数值的任何变化，永远可以简单表示为货币供应因子和财税链因子的比例变动，任意财税收入数值只对应一个固定的比例关系，这是西方经济学所能研究的闭合货币运动体系；但当货币的增量 ΔM 与过去经过经济领域而来的存量货币供应量 $M_{前}$，性质不同或不来自、不完全来自于经济领域中时，二者就不可以简单合并，这时，变化后的财税收入数额所对应的货币供应量，取决于 ΔM 的具体来源状况，因此可能对应不同的比例关系。或者说，相同比例关系只是对应 ΔM 不同来源状况所形成的无数比例关系中的一个特例。为更容易理解上面的公式及其原理，我们用太阳能热水器系统和电热水器洗浴系统做简单的比喻说明：所有热水器系统流出的水，都有自来水和热水器储水箱中的水两部分组成，就象所有的财税收入均来自货币供应和财税链一样；但太阳能热水器系统所流出的混和水量，即整个货币体系产出的财税数量，相比自来水管中的水流（运行于经济领域中的货币产生的税额）大小而言，可以相等，也可能不相等且不具有固定的比例关系，具体取决于混水阀的使用位置，即取决于财税来源于不同社会领域间的对比关系。其中，来自于不受自来水管水流限制的热水器储水箱中的水量，即运行在经济领域之外、不受经济规律或市场法则限制的货币，与自来水水流即运行于经济领域中、只受经济规律或市场法则限制的货币，二者之间，缺少共同机制从而具有不同的性质，不具备统一或能够进行数学上的加减运算的基本条件；而电热水器洗浴系统中，流出的水量遵循"进多少、出多少"原则，始终与自来水管的进水水流完全相等，与混水阀的位置完全无关，即货币均运行于同一领域中，受共同的法则制约，具备统一性或进行数学上的加减运算的基本条件。两个水系统因水流的来源不同，导致出现了出水流量相比自来水管的进水流量的可比性差别。除非混水阀位置适当的特殊情况下，太阳能热水器系统的出水量是永远不会与自来水进水量相等的，也就是说，如果人类社会所有的货币运动系统十分类似太阳能热水器系统的话，西方经济学所适用的闭合货币系统范围就只类似于电热水器洗浴系统。

由于货币（右）闭合运动曲线与正确信仰运动曲线完全相同，货币与信仰发展中的"爱"的付出也完全一样，上述公式及其原理，就是我们上一章中讨论过的信仰结果是否是一次性信仰成熟的问题：右闭合货币运动总是与正确信仰运动一样，只沿着"正直"的唯一途径运动，每次都一样，结果虽有不同，但因性质相同，故可比较大小或合并计算。也就是说，西方经济学理论，只适合于正确信仰社会中。不正确信仰的每次成熟，路径均不同，造成了货币的增量 ΔM 与过去经过经济领域而来的存量货币供应量 M 前，性质不同或来源不同，故不正确信仰社会中，西方经济学理论并不适用。

财税链长度主要是技术水平决定的，技术越复杂，产业链也就越长，征税点随之越多。所以，新技术产生和应用的越多，增加的新的征税点也越多，如果由此而引起的旧技术退出而带走的财税链长度数值相应较小的话，社会的平均财税链长度就会越来越大。因此，等值税收曲线 L 中 A 点之下的部分，越是靠近财税链轴，社会财税收入模式也越是依赖技术创新或技术推动，我们称之为"技术推动型"的社会经济模式，其极限为财税链长度的变化量与宏观税率的乘积等于财税总收入，这意味着，社会的财税收入完全依赖技术发展造就出的财税链长度的舒张，货币供应数量变化的因素被完全剔除出去。与此相对，等值税收曲线 L 中 A 点之上的部分，越靠近货币供应轴，财税收入也越依赖社会的货币供应水平，我们称之为"货币推动型"经济模式，其极限为货币供应总量的变动值与宏观税负率的乘积等于财税总收入，或者说，社会的财税收入完全依赖货币供应量的扩大，科学技术发展的因素已完全缺失。

货币推动型的经济，越在遭受较大发展阻力、经济发展缓慢甚至停滞时——也就是其经济越接近甚至来到极限位置时，就会对货币政策的反应越钝化；相同的发展目标，与技术推动型的经济模式在刺激经济发展所采用的货币政策的力度相比，需要更有力、或规模更大的货币刺激政策才可以。从财税形成的角度看，货币本身显然就是一种技术，是一种可以与所有自然科学技术相对抗、相媲美的社会技术，具备远远超出货币在经济领域中常见作用的巨大社会潜能。

需要注意的是，曲线 L 是一条完整、连续的曲线，货币在其中运动，也是一个闭和的循环运动，与以科学技术水平主导的财税链不停地在交叉换位，主导社会的财税收入和经济发展，描绘出不同的社会景象：科学技术发展的快，财税收入和经济发展所需要的货币供应量就下降，社会就会自动析出更多的货币资产或更多的幸福、或更多的无需货币支付所支持的福利，如人们可以享受更多的日光浴、下午茶，演绎一场更浪漫、更长久的爱情故事，有更多的时间和更好的条件与家人共享欢乐时光，或者是更多的野外垂钓、自由研究，也有更多的空间和可能提高军事安全能力……相反，科学技术不发展或进展缓慢，货币供应量就要扩大或急剧扩大，人人都要开始过紧日子，公共开支拮据，军事安全保障能力遭受压力……因此，除非遭遇外力的干扰，来自我们讨论的起点以外即来自货币在经济领域领域之外的干扰，这个货币自循环系统是不会被打破的。也就是说，单纯的货币闭合运动系统应该是一个自动的、无需人为控制货币供应量的非常规货币政策进行刺激的一个系统，象现在正流行于全世界的货币量化宽松政策，就是完全无必要也无效的。反过来，当今世界的货币量化宽松政策，对西方国家产生的社会效果非常好，恰恰说明当今国际社会，并不处于一个闭合货币运动体系下，虽然西方国家的单个社会均位于闭合货币运动体系中。另外，闭合货币运动体系中的基础货币数量，会随着科学技术水平的持续加速发展而出现持续下降的态势，这种趋势的逻辑终点必然是基础货币的彻底消失或货币消亡，显示出人类社会发展在闭合货币体系主导后的必有终极结果——没有货币、没有财税收支、没有公共权力体系、只有洁净社会信仰奉献出神所要的"公平如大水滚滚，使公义如江河滔滔！"（摩 5:24）。

在（右）闭合货币运动体系中，货币在市场领域必须保证支付需要的特性，决定了一个经济体只有在出现了货币流失的情况时，才会真正需要货币供应数量的扩大或者使用货币技术。

这里的货币流失是指国际贸易中的特殊贸易逆差——类似殖民地时代，货币从殖民地流失到宗主国的问题，与此性质不同，我们将放在另外章节中讨论。贸易逆差从货币支付的角度来看，就是一个国家原有的支付手段透过国际贸易流出体外，造成国内市场上支付手段绝对量的下降或者原有的适宜数量环境被破坏，影响到经济活动中的正常支付，表现出类似通货紧缩的经济滞涨状态。这样，从保持与货币支付链长度比例不变的角度来讲，贸易逆差就意味着一个经济体要补齐流出的货币量——虽然从更大的角度来看，以贸易逆差流出的货币并未被损毁或被某些人埋在土里。从货币必须满足经济支付需要的角度上说，国际贸易中的逆差是一个国家的货币量的出血点，相反，国际贸易顺差则是一个国家的货币支付手段泛滥的诱因，一个国家对外贸易的不平衡总会改变其原有的财税链长度与货币供应量之间的比例关系，除非其技术创新或转移发展足够快，总能够及时跟上这种货币供应的变化速度。在全部有闭合货币运动体系所组成的国际环境中，或完全自由的国际贸易前提下，国际贸易的不平衡对相关各经济体的影响，会被各国财税链长度的伸缩或国家间技术转移自然对冲，只引起自由汇率的相应变化。因此，除非国际贸易环境中存在非闭合货币运动体系，或者自由的国际贸易被扭曲和操纵的情况，通常的国际贸易不平衡的因素并不会长期影响贸易国家的货币供应量，更不会增加或减少国际货币总量。这一点，在金属铸币时代，表现的更清楚：由于贸易国之间的货币成本相同或相近，收储外国货币作为储备后，再发行相同数量的本国货币投入市场，就变的毫无意义甚至招致损失，因此，不受政权干预的自由市场汇率，会自动抚平各贸易国之间的贸易不平衡状况，正如杰克布•范德林特(Jacob Vanderlint)在《货币万能》中所讲的一样：如果一个国家因为某些原因而缺乏竞争力，导致它的进口多于出口，该国就会不断流失金银货币。然而，这种货币供应的减少，将导致该国价格水平和工资下降；最终，赤字国家的产品和劳务会变得非常便宜，产品会重新吸引买者，贸易赤字也会被纠正。同时，流入现金的国家的一切货物价格必然会随着该国现金量的增加而上涨，又造成对其不利的贸易逆差，这样，现金又会流走……（参见杰克布•范德林特(Jacob Vanderlint)《货币万能》商务印书馆 出版日期:2011-07）**注 1** {卡尔•马克思在批判大卫•李嘉图时指出："他的错误教条是：'贸易逆差只能是流通手段过剩的结果……铸币输出是因为它的价值低廉，不是逆差的结果，而是逆差的原因'"，同时，卡尔•马克思也一并对尼•巴尔本进行了批判："这个教条我们在巴尔本那里也已经见过：'贸易差额，如果它存在的话，不是货币从一国输出的原因。相反地，货币输出是由各国的贵金属价值之间的差别引起的。'"见《资本论》第一卷 164 页，但卡尔•马克思在这里却同时犯下了两个错误：一个是否认铸币成本和面值差价对于铸币退出特定市场流通，回归其金属本身时的决定作用。这一点，他自己很快就在后面偷偷更正了、并十分赞同地引用了威廉•配第和约翰•贝雷斯的原话："超过国内贸易绝对需要的货币是死资本，不会给拥有这些货币的国家带来任何利润，除非把它们用于进出口贸易。""如果我们铸币过多，那怎么办呢？我们可以把最重的铸币熔化，加工成上等餐具，金银器皿；或者，把它们作为商品输往需要或想要的地方；或者可以把它们拿到利率高的地方去生息。""货币不过是国家的脂肪，过多会妨碍这一躯体的灵活性，太少会使它生病……脂肪使肌肉的动作润滑，在缺乏食物时供给营养，使肌肤丰满，身体美化，同样，货币使国家的活动敏捷，在国内歉收时用来从国外进口食物，情场债务……使一切美化；当然，特别是使那班富有货币的人美化。"见《资本论》第一卷 166 页，当然，卡尔•马克思和他引用的话，都没有告诉我们，多余的铸币为什么不可以以"铸币"的形式本身进入到货币身份之外的经济领域？或者说，是什么动力让一部分铸币离开货币领域，进入到其它领域？这不能说的理由正是铸币面值远小于其成本，否则，铸币不仅不会退出，还可能吸引来更多的"私货"——假铸币；另一个错误是，卡尔•马克思的观点与他所批判铸币观点，本质上完全相同，都把货币看作为一种具体的物质或实体，差别只在于卡尔•马克思将铸币看做是金银的代表，即金本位思想，而大卫•李嘉图、尼•巴尔本的铸币却脱离了金本位独立存在}   也就是说，在货币已经可以满足支付需要的国际环境不变的前提下，至少要有一个国家大量的长期非基于市场利润的"增资"行为——即类似货币随意发行的增加基础货币供应的行为，才会改变全球性的货币供应量与财税链长度（或世界技术水平）的原有比例，逼迫另外所有经济体通过增加货币供应量来迅速恢复原有的比例关系，毕竟，技术创新的及时性和大规模技术转移的可持续时间，与有可能进行货币增发时进行货币增发的迅捷性及可持续性相比，没有任何优势可言，这必引发全球性货币量化宽松风潮。

西方经济学理论告诉我们，普通的、微观经济学意义上的投资行为是基于利润水平等市场因素进行的。从货币支付的规律来看，这些投资行为并不会对货币供应量扩大需求产生超过财税链舒张速度要求的结果：利润的增加只是财富和资产量的增加，与仅用来支付的货币数量本身没有关系；基于利润或市场的扩大投资行为，只会影响货币的支付链的长度，无论如何，都不会改变财税链长度与货币供应量之间的比例关系，也就不会改变财税构成模式：一个货币可以通过高利润投资，得以在一定的时间内实现更长、更大的支付链；或者相反，通过利润低的投资方式，一个货币却没有这样的长路可走。这正是微观经济学上的市场配置功能在货币支付上的表现。因此，基于市场利润的扩大投资，与一个经济体的财税收支能力无关，在税负水平一定的情况下，决定市场利润水平和投资人是否扩大投资的绝对因素只在于市场本身。只有并非基于市场赢利判断（脱离市场领域）所进行的所谓新的投资、增资（经济理性之外的社会理性，或"经济人"之外的"社会人"）——类似新货币发行的持续不断，才会对货币供应总量绝对和相对增长产生持久的驱动力，改变经济体的财税构成模式。

结合上述国际贸易环境、微观经济学环境中的分析结论，可以说，在任何（右）闭合货币运动体系中，财税链长度的伸缩，总会自动平衡、吸收、湮灭市场中由货币供应波动所造成的影响。对于摩西律法中的以色列类型社会和国际社会来讲，严格的财经制度，在经济状况下滑时，会引起财政收缩，带来公共服务减少、公务员减薪或解雇，但不会引发增加货币供应的需求——相反，却要产生货币供应量的绝对下降，以及同时出现财税链长度的收缩，回归到财税链长度与货币供应量之间的原有比例关系上。且财税链长度变短的幅度与货币供应量下降的幅度因具体经济模式的不同而不同。依赖这种同向收缩的机制，维持了货币的闭合运动状态。而在一个不单纯是闭合货币运动体系的复杂国际环境中，闭合货币运动体系下的国家需要使用非常规货币政策的帮助才能恢复社会原有的财税链与货币供应量之间的比例关系，维持本国社会经济的平稳发展。

从社会的角度来讲，只有单纯为了增加财政收入，才有增发货币之需要。原因很简单，增发货币增加了税收的点或税收的宽度：对初始货币为 100 元和初始货币为 1000 元的两个支付链按相同税率进行征税，财税链长度不变时，财税收入后者是前者的 10 倍。但是，货币增发也可能受到货币自身的规律或特点的束缚，如在铸币时代，货币材料成本和数量限制，会很快、天然形成一个货币增发的极限。

单纯增加货币供应量从货币的支付功能来看，毫无意义。还是上面的例子，100 元和 1000 元都同样可以满足经济活动对货币支付的需要，所不同的只是二者中的每一元所对应的支付对象的量的不同：前者是后者的 10 倍。货币的支付功能与其所支付过的财富无关。

回到货币支付之前的物物交换，我们可以更清楚地看到货币支付的本来之意：假设一个菜农总是拿他生产的蔬菜去交换他所需要的生活、生产资料，那么他的资产的增加就全部来源于蔬菜生产的利润（包括对自己身体的投资回报）；现在他将蔬菜换成货币来实现上述的一切，结果是一样的。所以，货币的自然孳息就是人类技术发展的红利和大自然的恩惠之和。人们将 100 万的货币存入银行生息，就不能购置有形资产或购买社会服务，相反也是如此。储蓄与消费或购买资产投资，从货币支付的角度看上去完全相等，只是人们对可能的社会支付途径进行选择的结果不同而已。银行利息、进行扩大生产投资或新投资的利润、房屋等生活资料的折旧、损耗等，都表现为货币的潜在的自生速度或货币供应量增加的可能幅度。如一个人购买了 100 万的房子，使用期限是 70 年，那么每年这座房子在折旧 100 万/70，这等于他放弃了可以从银行等途径每年可得的货币孳息。但这部分货币孳息并不因为他没有去拿或没有得到就消失、流失了：他从房屋的使用中得到了，他的 100 万元货币的孳息现在转为他的物质、精神享受了。但是，从他手中滑过的 100 万元货币并没有减少一分钱，也没有停下它继续支付的脚步，只是在社会货币供应总量的增加中少增了 100 万/70、在社会资产表上增加了一处价值 100 万元的房子而已。因此，考察货币支付的途径和链条，就是考察人们的宏观投资取向，而货币供应量的绝对变化和表述货币供应量相对变化幅度的财税链长度的概念，可以让我们对宏观经济及整个社会的状况及走向产生十分明确的判断。从此意义上讲，整个宏观经济分为三大块：社会总资产（包括所有的服务）、货币供应量的增加额、货币的社会总孳息。它们之间的关系式为：货币供应量的增加额=货币的社会总孳息—社会总资产。因而，当我们看到自然环境遭到破坏和污染、假冒伪劣商品出现、存在贪腐和徇私或司法不公等现象时，社会总资产这个减数就会在国民生产总值（GDP）向上增长时增幅变小，在宏观经济指标中同时就必然出现货币供应量（如广义货币供应量 M2）增幅的增加。由于社会财税收入在税负率不变时只随 GDP 的变化而变化，因此，这时的变化也可表述为 M2 的增幅大于 C 增幅，或者说，GDP 上涨过程中，出现 M2 增幅超过 C 增幅就是社会幸福（或货币量）下降和财税链缩短的同义反复，也就是货币供应量的因素在 GDP 增长中的作用在加强。当社会和自然环境跟随经济变化而变化时，社会总资产这个减数就会跟随国民生产总值（GDP）、货币供应量的变化同时、同向变动，例如，GDP 下降，会带来人们收入的下降和财政收入的下降，也就带来公共服务水平或能力的下降、公务开支下降（或裁减公务员数量），人们可以通过手中的货币数量、收入预期或消费者信心指数，准确反映出社会状况的整体变动情况。具体到单位货币所代表的社会幸福，却是固定和不变的。

总孳息部分减少越多，我们需要用货币支付的东西就越多。因此，科技进步有能力提高全社会的货币支付总量（一开始，是新兴产业利润水平足够高，可以支撑从业人员获得更多的货币量去支付原来要象传统农民一样用物物交换可以得到的总孳息部分。全社会均如此，就是工业化、生产专业化的扩大和完成），抛开对外贸易的因素，社会分工之后的货币支付能力的再提高，即全社会货币资产总额的再提高，必须继续建立在技术的再进步上：这时，新技术提供的产品、服务或环境（包括自然和社会环境两部分）使得同样的消费满足度的花费更低，提高了原来同数量货币的支付能力，看上去是货币正在变得更有购买力而不是钱的数目更多了！这样，从原来的支付水平上去看，就是支付手段的节省或节约及全社会的货币支付能力提高，表现为货币供应量的统计数字变大。在此时，若保持货币供应的总量不变，会让人们感到社会变得更美好，包括生活更舒适、环境更友好、社会更公正和安全、受教育水平更高（例如，让法官在原有道德水平的基础上提高判案水平的方法只能是增加其知识水平，即更多的教育投资。），财富或单位货币带给人们的幸福程度提高，即人们可以有比原来更多、更好的同类选择满足个人的生活和发展需要、提高投资能力。

由于货币支付能力相对扩大就表现为货币供应量的提高，所以除了科技进步创造更多的新使用价值、降低生产成本以外，从逻辑上讲，还存在降低生产成本、提高生产利润水平的另外一条信仰败坏的邪恶之路：假冒伪劣、自然环境污染和社会环境的不公正等等。后者，无疑就是建立于罪恶或社会信仰水平的倒退之上。相应地，通过简单的逻辑推理也可以知道，前者，就意味着，正确信仰水平的提高必然会带来自然科学技术创新、应用和社会幸福水平的提高。因此，我们在前面将曲线 L 上的任一点与坐标系原点 O 间的连线，称为社会幸福线，幸福线的斜率，也可以表达出社会幸福及社会信仰水平提高的难易程度。

我们从社会中得到的所有的物品，包括货币、商品、服务等所带给我们的全部的幸福就是我们的社会总资产。按照不同的标准，我们可以对这些资产进行不同的划分。例如，我们常常需要按照资产形态来进行划分，共分为货币资产和实物资产两部分。知识产权等无形资产大都包括在前者之中。后者中间，我们最常使用国内生产总值（gross domestic product GDP）的概念，是按市场价格计算的国内生产总值的简称，指一个国家（地区）所有常住单位在一定时期内生产活动的最终成果，是所有常住单位在一定时期内所生产的全部货物和服务价值超过同期投入的全部非固定资产货物和服务价值的差额，或者说人们公认的 GDP 概念是指社会财富的增加值部分或新增部分，即所有常住单位的增加值之和。而过去还未收回的投资都在货币资产中体现，人们最熟悉的是广义货币供应量 M2。本书中，我们讨论时所使用的广义货币（M2），是代表剔除国家财政存款部分后的国民、团体的货币财富（对于一个财政收入增长速度常常远大于 GDP 增速的社会，不予以剔除也没有任何关系，我们将在下面一节中看到这种情况）。因此，一个国家（或社会）的财富＝M2＋各种实物财富；其中的 M2 是所谓的货币资产，它本身是虚拟的——在支付之外的功能跟随不同的社会而有不同的表现，是一种不固定或不能统一确定的事物，可以瞬间猛烈蒸发或骤然增加----如跟随汇率变动进行标价，与现实中的金、银、金属铸币或纸币形式却统统无关！再例如，按照社会领域或部位来划分——这样划分的结果是本文中应用最多的，可分为社会公权力领域中的资产和公权力之外的社会资产两部分。社会公权力领域的资产，包括财政收入和支出，也包括社会公权力系统所提供的所有社会保障或公共服务。公权力系统提供的社会公共服务之外的所有资产、服务，在本文中都归之于普通的社会资产。

通过上述讨论，可以看出，财政收入，和社会的经济状况直接相连，货币就会处于一个闭和的系统中，加上举债也应如此：国家债务规模是否合理，也只与经济状况有关。反之，也一样，在一个闭和的货币系统中，社会的财政收入、企业经营状况或盈利水平与社会的经济状况直接相连，绝不会出现二者对利率、汇率等市场指标甚至税负率等政策指标完全脱敏的现象。一个社会的货币系统是一个闭和的货币系统的话，其中的经济、企业就均处于"市场化竞争环境"中，从国家财政收入、公司盈利能力等方面，也就可以看出整个社会的实际状况，包括社会法律环境（社会信仰和价值观状况）、自然生存环境（变化）的真实状况。最后，由于这样的货币系统中，公权力系统提供的服务及其所占用的资产，都与普通社会资产连接在一起，成为一个有机的整体，人们从中获得的社会幸福，可以简单地通过手中的货币数量或资产数量来衡量——通胀和通缩，都只是短期的市场波动形成的，无法改变货币数量的长期指标作用。也就是说，在一个闭和运动货币系统的社会中，人们手中的资产或货币数量多，分享的社会幸福就同方向、甚至同比例地增加，反之，人们手中的资产或货币数量少，分享的社会幸福也同方向甚至于同比例地减少。而所有社会成员提高收入和增加资产的平均难易程度，反映了该社会信仰的变动状态：社会信仰水平提高的越快、人们增加财富和幸福越容易，反之亦然。

西方经济学中有一个著名的递减边际效用原理，它决定了在一个闭合货币运动体系中，所有的生产、经营和消费等经济活动，都服从于一个向右下方倾斜的边际效用直线的引导，最终要坠入边际效用为 0 的枯竭底部。避免经济失去发展动力的基础，在于经济领域之外的社会领域中，具备可以改变、至少是阻止现有经济活动导致的全社会货币边际效用发展趋于 0 的力量，这个力量就是源自社会信仰所生发的科技创新及应用能力。因此，上一节中谈到的财税开支中的核心部分，即维持社会信仰的财税开支部分的大小、比例，最终决定了闭合货币运动体系中不同的财税形成模式和经济发展模式。

最后，我们根据本节的方法和思路，来考察当今世界主要经济体中的两个例子，以便读者对本节内容有更好的理解。依照本节开始时的等值税收曲线，不难知道，一个国家的 GDP（国民生产总值）增长时，若其财政收入和支出的增长幅度出现了大于其货币供应量 M_2（广义货币供应量）的增长幅度的话，这个国家的货币系统就运行在曲线 L 中 A 点的下方，该国经济属于技术推动型的模式，社会幸福水平和社会信仰水平的提高难度较小；否则，处于 A 点之上的位置，则属于货币推动型的经济模式。

美国GDP、M2、C趋势图

时间：1959年至2011年

——— 系列1 ——— 系列2 ——— 系列3

美国C/M2、K/M2趋势图

$y = 0.002/x + 0.3783$
$y = 0.0018x + 0.3791$

时间：1970年至2008年

——— 系列1 ——— 系列2 ·········· 线性（系列1）

·········· 线性（系列1） ·········· 线性（系列2） ·········· 线性（系列2）

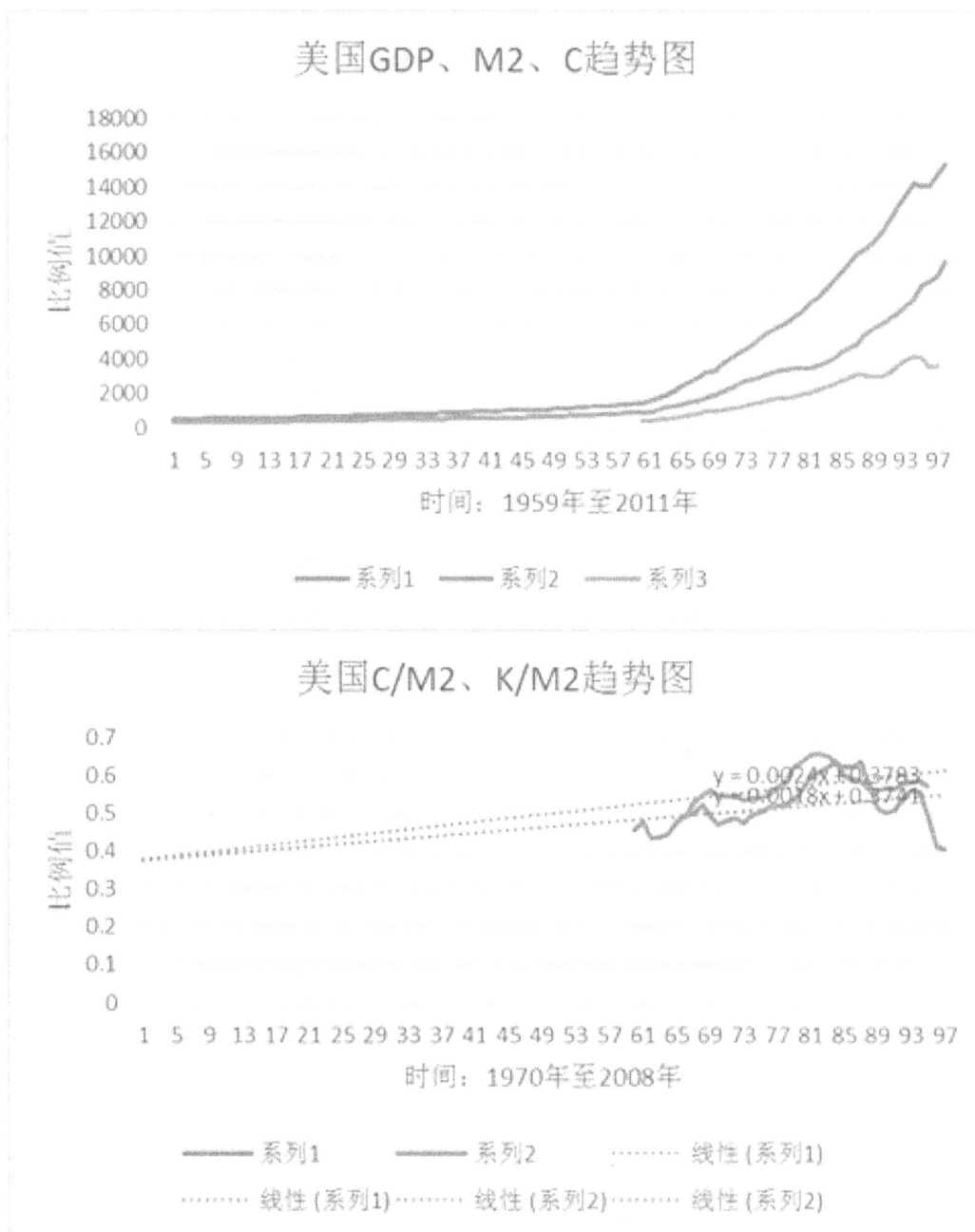

图3-5 美国国民生产总值、广义货币供应量、财政收入变化趋势对比以及美国财政收支与广义货币供应量

上面的两张图表是根据来自于美国商务部的基础数据——1959 年至 2011 年的国民生产总值（GDP）、财政开支（K）、财政收入（C）和广义货币供应量（M2）所绘制出的。根据刚才讨论的结果不难看出，美元是一种闭和货币：其 GDP 变化趋势与 M2、C 的变化趋势完全一致。再根据 K/M2 和 C/M2 图表的趋势来看，呈现出财政收支均比货币供应增长更快的特点，显示出美国社会的财税收入模式及经济发展模式均为典型的技术推动型。

日本历年M2/名义GDP之比

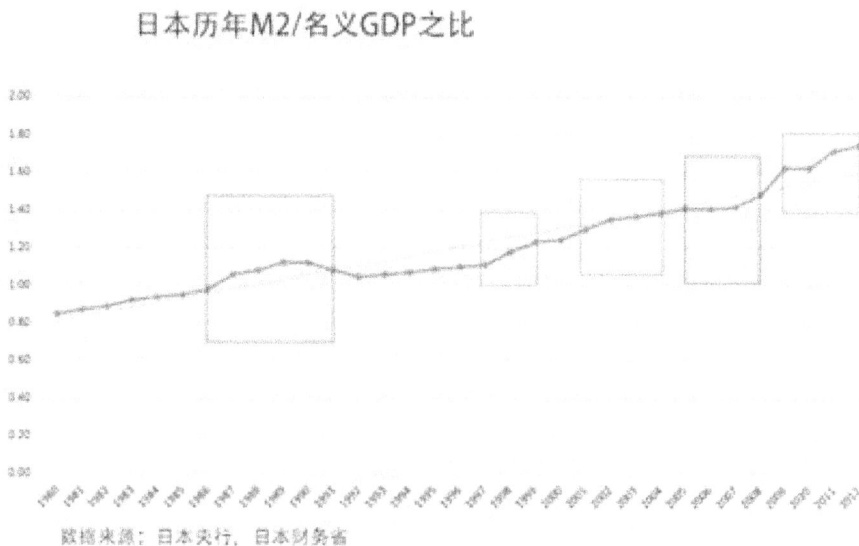

数据来源：日本央行，日本财务省

图3-6 日本广义货币供应量与国民生产总值

再来看日本的同类图表图 3-6：很明显，日本的货币供应 M_2 的增长速度超过了 GDP 的增长速度，与美国的情况正好相反，属于典型的货币推动型经济模式。

需要读者注意的是，现实世界中，我们常常需要跨越国境来考察一个经济体的运行情况，不可避免地要涉及到国际贸易领域，如一个国家出现贸易盈余，意味着从其名义或公布的广义货币供应量的数据来看，是包括了社会财产的全部孳息的结果，但贸易顺差部分的财富或孳息并不在本社会内继续划过财税链——它们褪下的货币外衣虽然还仍在继续制造着本社会的广义货币供应量 M_2，对全社会来讲，它公布的或名义上的财税收入的数据，相对于其广义货币供应量 M_2 来讲，是有潜力或保留的。因此，在具体分析两个或多个经济体的有关宏观经济数据时，同样的财税收入变动趋势和数量，但一个存在贸易顺差，另一个却存在贸易逆差或没有贸易盈亏，这时，应该对存在贸易顺差的经济体的财税收入做减法——减去相应的贸易顺差数额，或对其广义货币供应量 M_2 数据做加法——加上相应的贸易盈余数额，然后才使两国或多国的经济数据具有真正和真实的可比性，即 C/M_2 的变动或货币供应量在财税形成中的真实比重才得以体现。同样的因素还包括财政赤字与盈余——有财政赤字的，应先在其广义货币供应量 M_2 中作减法处理，减去相当于财政赤字数量的 M_2 数据后，再对比 C/M_2 的变动异同；财政黑字的，应先对其广义货币供应量 M_2 做加法处理，即在其广义货币供应量 M_2 的基础上，加上相当于财政结余数量的 M_2 后，再对比各自的 C/M_2，得出财税形成模式的判断结论。对于存在政府债务的不同情况，与存在财政赤字的情况做同样处理；对于出现减税或加税等不同措施的，也应先在财税收入中剔除税负率变动的影响因素……由于日本的财政赤字长期高企，因此，我们在日本经济中，发现了其财政收入与广义货币供应量的变化趋势，与美国社会正好相反：美国的趋势线向右上方倾斜，而日本的趋势线却是向右下方倾斜的（分别见上图中美国和下图中日本的 C/M_2 趋势图中的趋势线）；但将日本经济数据中的广义货币供应量 M_2 按上述方法作处理后，即减去同期日本的财政赤字后，我们会发现日美经济中的上述差别消失了，如下图 3-7 所示的日本财政赤字变动趋势线，显示出的直线斜率远远超出其 C/M_2 趋势线的斜率，根据简单的几何原理可以知道，日本经济中真实的 C/M_2 的趋势线与美国社会的一样，也是向右上方倾斜的一条直线。可见，美国和日本的经济模式，同属货币闭合运动体系，只是分属该体系中的技术推动模式和货币推动模式下，并不具有根本性的体系差别。下一节，我们利用中国与日本的实际经济数据，具体对比中日两国在财税形成模式、经济模式等各方面的差异时，再详细演示貌似相同的中日经济数据，其实才有根本性的体系差别。

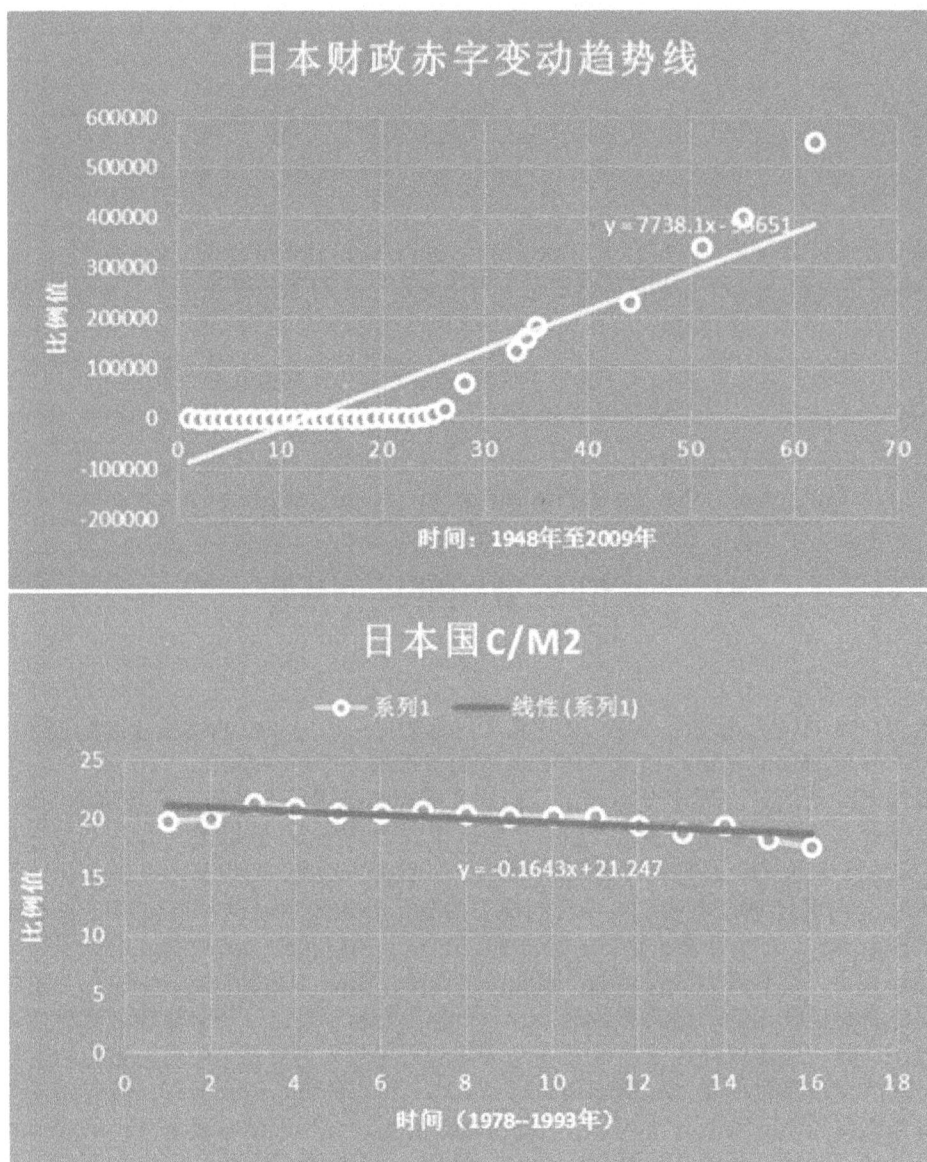

图3-7 日本财政赤字变动趋势与财政收入与货币供应量比例变动趋势
背离，足以影响对经济类型的整体判断。

二、 非闭和运动的货币

第一小节：非闭合运动的货币及其特点

单纯从可以增加财税链长度的角度来看，除科技进步创造更多的新使用价值从而创造出新
的征税点和征税环节以外，在逻辑上，必然还还存在另外一条信仰败坏的邪恶之路：生产假冒
伪劣产品等违法行为。上一节中，我们已经简单讨论过闭和货币系统中出现类似现象的影响及
后果，下面，我们直接从货币的支付开始，重新构建一个等值税收曲线，针对增加了这些违法
行为后的货币运动，进行详细的讨论。

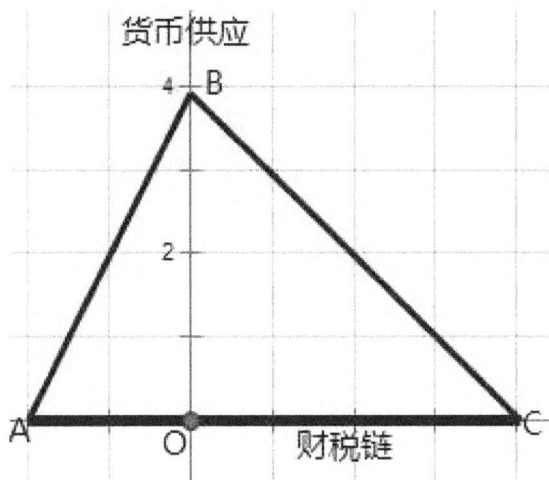

图3-8　存在非法行为情况下，财税收入和货币供应所产生的变动

首先，我们看图 3-8，线段 OB 为货币供应数量，按照正常（合法）的社会平均税负率和财税链 OC，产生了相当于△OBC 面积数量的财税收入。以上是我们在上一节中刚刚讨论过的，不再多说。与上一节中的讨论所不同的是，现在的线段 OB 所表示的货币量，还利用非法手段或通过非道德的途径，如假冒伪劣或污染自然环境等方法，在没有被取缔之前，产生了相当于△OAB 面积数量所表示的财税收入额，和线段 OA 长度相当的一段延长的财税链，即现在的财税链长度已经变成为线段 AC。当然，现实情况与此有些差别，因为非法的资金量绝不可能是社会的全部资金量，且并不可能固定不变，但可变的、部分的资金量并不会影响我们下面的讨论结果，为了让读者对照起来更明确及讨论、作图更方便起见，我们对社会的货币供应量的范围和大小先不做区分。这样一来，在相同的货币供应量和相同的社会税负率的前提下，要取得线段△OAB 面积数量加△OBC 面积数量的财税总收入，与上一节中我们讨论过的一样，也有多种方式或途径可以选择，

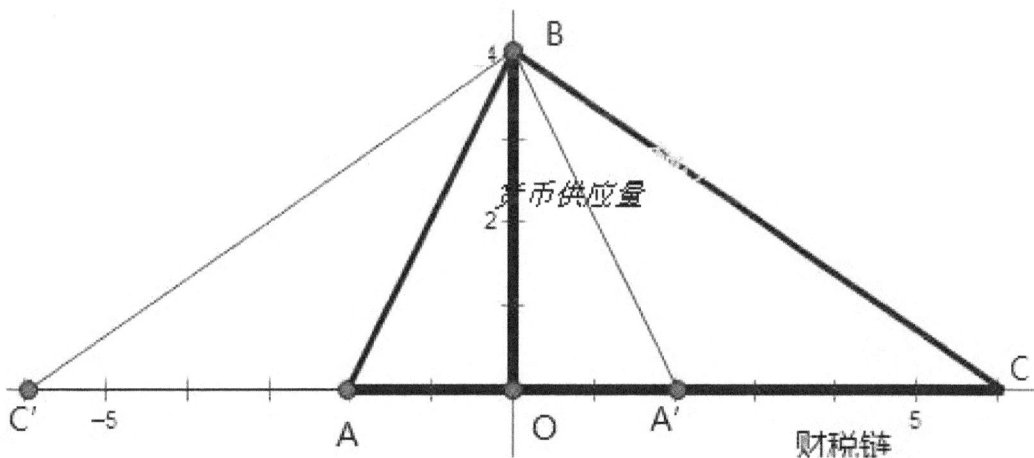

图3-9　　　包含未处置的非法行为在内，等值财税收入的不同组合

如图 3-9 中所示：同样的货币供应量 OB，可以采取线段 AC 所在的财税链，也可以采取采取线段 C′A′所在财税链，在同等税负水平（线段 BC 和线段 AB 的斜率，在调整为正值后相同）中实现或达成。两种途径的不同，只是合法的财税链长度与非法的财税链长度互换了一下位置而已：财税链 AC 中，合法或道德的财税链是线段 OC（OC 的长度等于 OC′），非法的财税链是线段 OA（OA 的长度等于 OA′）；财税链 C′A′中，合法或道德的财税链是线段 O A′（长度等于 OA），非法的财税链是线段 O C′（长度等于 OC）。这样一来，在社会中存在一个非法财税链的时候，也象上一节中我们所讨论的一样，要实现或达成一个等值的财税收入，同样会

出现或面临一个有不同的财税链和不同的货币供应量所组成的各种组合方式。把所有包含着这类处于法律和道德许可之外的财税链中进行运动的货币量 OB，以其被适用的实际平均税率，重复我们在上一节中构建等值税收曲线的过程，不难得到如下图 3-10 所示的两条等值税收曲线 L 和 L′——两条分处第一和第二象限的双曲线——不难发现，这个几何图就是我们在上一章中反复讨论过的"等值不正确信仰运动曲线"和图 1-2 中的曲线。根据几何学的基本知识，我们不难知道，曲线 L 和曲线 L′永不会相交、或永不能组成一个连续的曲线，即使是对货币供应量、社会税负水平进行区分和调整后也是如此。例如，社会中游离在非法领域的货币量较多或较少，也或者非法领域的实际税负水平较高或较低等等，都只会导致两条曲线的形状发生变化，而两条分处不同象限的双曲线及其永不相交的事实，却不会有丝毫改变，这正是我们开始讨论时就可以忽略货币量等具体差异而采用最简单方式的原因。从曲线 L 和曲线 L′永不相交的图形中，我们可以清楚地知道，运行在社会中的整个货币系统，事实上却处在一种永远无法闭合的分裂状态当中，就象始终处于"两张皮"之间被撕裂开来一样，这种非闭合货币运动的特征，事实上也必然使其社会中貌似统一的经济模式、财税收入模式，始终处在一种被撕裂的真实状态下。货币在非法领域和合法领域中的分配比例，对整个曲线的具体形状有决定性的影响：非法领域中的资金数量比例越大，左边的曲线会向上延伸很多，否则，曲线会缩短甚至向下延伸——正如我们在第一章中看到的图 1-10、1-11、1-12 中曲线的变动情况一样；同样的变化同理也会发生在合法的资金领域中，即表现在右边曲线大小、位置的变化中。也就是说，货币在合法领域与非法领域中的分配比例，这时反映的恰恰是社会信仰的波动状况，非法领域中的资金越多、占社会中总货币供应量的比例越大，社会信仰越堕落，反之，社会信仰水平越稳定或成长。

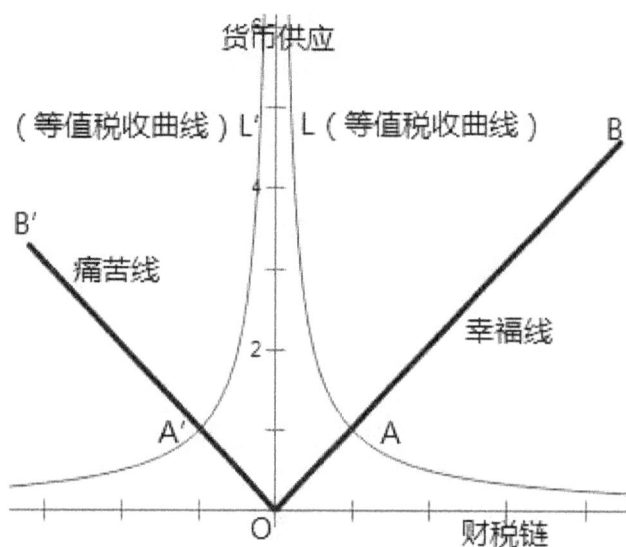

图3-10　包含未处置的非法行为在内的等值财税曲线，与"等值不正确信仰运动曲线"完全相同。

现在我们假设，一个社会中，可以采取的类似非法或不道德的手段都永远不会受到法律的任何制裁，这时，点 A′的最远游离位置或线段 OB′的最大长度，就有社会和自然环境的最大承受力所决定，即社会解体和自然环境变得彻底不适合人类生存时才停止。曲线 L′的顶点 A′，是财税形成模式和经济模式的分水岭：曲线 L′中 A′点之上的部分，货币供应量因素对税收的贡献比重，均超过财税链（技术）因素所占比重，且沿着曲线 L′向上移动，距离 A′越远时，贡献比重越大，属于货币推动型的税收形成模式及经济发展模式；曲线 L′中 A′点之下的部分，财税链长度或技术因素，对财税收入和经济发展的贡献比重，均超过货币供应量因素所占比重，且沿着曲线 L′向下移动，离开 A′越远，贡献比重越大，属于技术推动型的税收形成模式及经济模式。需要注意的是，由于此处的所谓技术，都是从对人类自身、对自然环境和社会环境有害而言的，因此，其结果是缩短社会的总财税链长度，阻断物质财富的产生和社会幸福提高。将"财税链"数轴和"货币供应"数轴对换一下，会看的更清楚：财税链长度的延伸，总要伴随着货币供应的减少，意味着社会中的生产、经营等经济活动持续减弱，社会物质财富与标示其数量的货币供应数量持续减少，人们手中少物缺钱，社会贫困日趋严重。L′也是一条信仰之弧，社会信仰状况沿着曲线 L′，越向上或越向下走，社会信仰越败坏、越极端……最终，各种信仰或意识形态在本质上会通往与《圣经》信仰相对的无神论意识形态中的两个极端——拜物教（金钱万能论）和个人崇拜（假神）。例如，沿着图 3-11 中的曲线 L′ 向上移动时，社会意识形态会越趋向于金钱万能论，人们越普遍赞同"没钱万万不能"的论调、"一切向钱看"的社会观念越来越深入人心；与此同时，财税链绝对长度不断缩短，新技术来源日渐衰减、枯竭。最终，社会的财税链绝对总长度为零，连任何的违法犯罪者都无法从所获取的社会财富中获得幸福或社会效用了，社会彻底失去控制，出现被废弃式样的社会死亡；而沿着同一条曲线 L′ 越往下走，一种摈弃、鄙视物质财富的社会信仰或意识形态越容易趋向扩散或独占，其极限位置表示其社会意识形态高度统一在一种假神或个人崇拜所形成的人造神的意识形态身上；与此同时，这种鄙视物质财富的社会意识形态的增长，虽逐渐消灭了违法者对技术应有财税链长度的那种负向干扰，但新技术的产生包括正常的国际间技术转移也同时都被极端的意识形态所破坏，缺少在生产、经营活动中被应用的机会。如此，物资日渐匮乏的社会发展结果，从经济领域带来越来越大的社会痛苦，最终，社会物质财富极度缺乏，达到无法应对自然环境如气候条件的正常波动的程度，整个社会处于无法维持人类最低的生理需要的紧急状态中，出现灭绝人寰式样的社会死亡。当然，综合上述内容，从非闭合货币运动体系的灭亡的过程中，我们不难从反面看到，假设一个非闭合货币体系可以自动转型为一个闭合货币体系的话，必要经过社会信仰向《圣经》信仰统一集中，同时出现社会经济发展的持续增长、或者与经济停滞或下降程度相适应的货币外溢才可以。

上一节中，我们已经讨论过，在一个闭和的货币系统中，事实上也大量存在着类似的非闭合运动，但是，却都被财税链的收缩运动所平衡或吸收，并不会独立表现出来。如造假猖獗，在带来税收增加的时候，也带来财政开支的增加，社会需要增加打假的公权力力量，如增加公务员数量、提供更多的打假资金等。诸如此类，从社会整体上讲，从造假领域增加的税收等"福利"，被打假的开支扩大所抵消，打假人员的增加抵消了制假领域的失业……社会幸福和社会信仰在此得到维持或恢复原状，自动弥补上货币运动产生的破口，也就恢复了货币的闭合运动状态。因此，社会信仰的稳定不变是货币闭合运动的基础，后者只是前者在经济领域中的必然表现而已。货币的闭和运动，完美地验证着"神的物"中绝不应有不蒙悦纳的不洁净之物或非法之物的《圣经》启示。同时，货币的非闭合运动形式的存在，让我们看到了这样一种可能和事实：当社会存在一个超越法律、不受社会制约的领域时，例如在一个统一社会的内部，专制社会的公权力系统就可能不受任何法律的制约，直接归于专制政权的国有企业，也可以超越其它社会企业必要遵守的市场法则，不受制约……这样，就会在社会中永远保留下一个只服从于专制者理性的货币闭合运动系统，它始终会隐秘地依附在经济领域内的货币闭合运动的旁边，以完全相同的闭和运动模式存在下去，且始终隐蔽在市场身后来决定社会的财税形成模式和经济运行模式，必然成为专制社会中非闭合货币系统的主导性社会力量。从上一节中有关财税收入的完全公式 C= C 前+ΔC =（M 前 *S1+L 前*S2）+（ΔM*S′1+ ΔL*S′2 ）来看，专制社会的财税形成模式完全取决于专制者控制货币供应量的意愿和能力，当专制者减少对货币供应的干涉时，财税收入会进一步反映经济运行的真实状况；当社会的真实经济状态已经处于绝对衰退中，不会产生财税时，专制者仍然可以通过向社会提供货币供应而维持任意数量的财税收入。继续使用上一节中那个太阳能热水器系统和电热水器系统的比喻，太阳能热水器储水箱中的水，就是专制者可以操控的货币供应水量，自来水的进水量就是实体经济可以产生的财税收入，专制者可以简单地操控混水阀，让整个系统在自来水进水量不断减少、甚至减为 0 时，照样流出相当于的自来水管最大流量的水流，彻底掩盖社会、经济的真实状况。例如，当来自经济领域之外的货币供应完全占据一个社会的财税收入来源时，财税形成曲线就只剩下图 3-10 中第二象限中的那一部分，社会给所有成员只带来痛苦，人们退回到社会产生之前的蛮荒状态中。因此，专制者以违背市场法则所使用的财税收入和注入经济体中的廉价货币供应，是造成一个国家或单一社会中出现非闭合货币运动的根源。

对于一个货币在合法领域和非法领域中的分配比例一定，但货币供应总量持续有足够扩大能力的社会来讲，如专制者为维持财税收入而有机会和可能向社会提供充足货币供应时就是如此。这时，由于新增货币供应总是在瓜分之前的财税链，因此该社会中的实际财税链，即与前面我们刚刚讨论过的右闭合运动的货币体系中的那个财税链，相对比来讲，其实是在按照每财年1/2的固定速度不断缩短其实际财税链长度的。同时，我们在静态观察中看到的有效财税链，如图3-10中水平数轴的正半轴上的财税链部分，其实也总是过去财年中的财税链——与图3-4中的"财税链"时时处在与固定货币供应相对应的一种固定模式下不同。相比后者，图3-10中的财税链，名义上的长度是其两倍，实际长度与前者相同，而人们真实感受到的、真正可以为人们带来福祉的有效的财税链长度，却只有前者的一半，是其自己的名义财税链长度的1/4。并且，随着货币供应量任意增加的持续发展，上述财税链长度的缩短现象得以延续，有效财税链长度的变化规律呈现为一个等比数列：1/2、1/4、1/8……从逻辑上讲，只有当其有效财税链长度变为零时，一个社会才彻底变得无法承载其成员的生存或者生活，按照数学原理讲这是永远不可能发生的事件。但是，这个结论只对右闭合货币运动体系来讲是正确的，而对于非闭合货币体系来讲，上述过程中同时存在额外的社会痛苦即非法领域的同时扩大和加深的等比例变化，让这个本来不可能的事件成为可能，并且来得非常快——这就是后面章节有关信仰函数的讨论中将要看到的奇怪现象，我们具体放在本章第三节的第三部分的第一小节（二）中去解释。

图3-11中，非闭合货币运动体系的两条等值财税形成曲线，

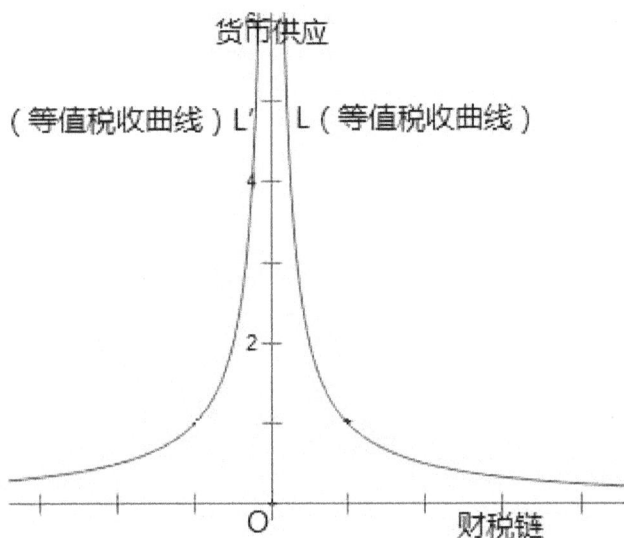

图3-11　非闭合货币运动曲线，与不正确信仰运动曲线完全一致。

从外观看上去十分类似于狮子的口形线，"口像狮子的口"（启13：1），也象奔跑时的狮子的足迹线（与熊的足迹线相较窄，见后面的对比分析）；在《圣经》中，"狮子"因此就常常成为不正确信仰、专制社会及国际非闭合货币运动体系的代名词。如经文"你当为以色列的王作起哀歌。说：'你的母亲是什么呢？是个母狮子，蹲伏在狮子中间，在少壮狮子中养育小狮子。'"（结19：1-2），意指以色列王国及其后的犹大国和北国以色列，都是专制社会，包括当时世界上的所有国家，也都是专制社会形态的。这些社会中，主流的社会信仰都是不正确的。

在非闭合货币系统中，社会经济、各种企业事实上均处于"非市场化竞争的环境"中，从国家财政收入、公司盈利能力等方面，是绝对看不到其经济发展的真实状况的，更看不到社会的真实状况——提高社会幸福的同时，总伴随着制造出了同样多的社会痛苦：人们手中的货币多了，痛苦在社会的另一边已然悄悄扩大，如同样的社会事项，开支要增大或不确定性会增加，假冒伪劣商品和社会不公事件越来越多……；社会的科技水平提高了，痛苦也在社会的另一边已然悄悄扩大，如生产经营活动减少、经济活动政治化或单纯的经济活动面临越来越大的政治风险、社会的物质财富日趋贫乏……由于可以对冲掉所有的社会幸福，让社会始终沿着或紧贴其最低限度得以维持的界限存续下去，非闭和货币系统的两条曲线又可以称为极限曲线，是保证人类社会与《圣经》中所描绘的大洪水前的蛮荒时代相比，已有本质区别的标志线。而上一节中我们考察的闭和货币系统，则是保持一个以色列类型社会的最基本经济形式。将蛮荒时代货币运动曲线和闭合货币运动曲线，看作是非闭合货币运动曲线在第二和第一象限中的两种特殊形态的话，人类社会的整个演变就成为一个由货币运动形式变化所展现出来的连续的自然历史过程，它以财税形成和其中的货币运动表现出来，而幕后的真正历史主宰，就是人群或社会

信仰的变动。人类从蛮荒时代进入专制社会、再由专制社会进入以色列类型的社会的历史过程，标志着全人类的信仰前进或信仰水平提高的连续进程和结果。至此，人类的社会史，完全就是一部信仰连续变化的历史，除非社会信仰水平达到一定的水平——例如达到可以自我修复的程度或无法阻止的加速下滑程度，社会形态和社会作用都并不会产生质的改变，人们将永远处于专制社会中等待信仰水平上升后的自我救赎或信仰继续堕落下的彻底崩溃。

至此，我们事实上已经完成了这样一个证明:货币运动完全等于社会信仰运动。货币是一种看得见、摸得着、十分容易被量化的特殊的信仰、意识形态或者道德体系，其运动规律和结果，也与任何一种信仰、道德的发展运动规律、最终结果完全一样。人的自由，与市场经济中自由市场一样，前者"燃烧"或需要消耗各种价值观、各种意识形态或各种人类的思想，后者"燃烧"各种形式的金钱——以卡尔·马克思为代表的西方经济学家更喜欢称之为"资本"，包括利润等等可以以金钱形式所表现的一切。金钱（货币）之对经济，与社会意识形态之对人的思想的道理一样:市场经济追逐利润（经济理性），人的思想追逐个人的"独立思想"成果，即所谓的个人善恶观、价值观和世界观。当市场中有足够的钱不断供给时，市场法则要被动地去消化、处置、分配这样毫无价值的新钱，形成非市场经济的运行规律。同样，当社会提供足够多的意识形态或者各种信仰、道德思想体系时，个人思想的自由也会在"看不见的上帝之手"的作用下，被动地去处置、分配这些外来的、新生的（对接受着来讲）、同样是"毫无价值"的新思想，呈现出与非市场经济运行规律一样的规律来。一种思想或意识形态，占据人们的思想的过程，完全等同于经济活动中的税费征收:税率并非最关键，最关键的是要有深厚的利润来源，它总要象一层或者厚、或者薄的巧克力脆皮，包裹在所有金钱或"货币"的外边，让税收所代表的整个社会经济活动，不至于成为一场"钱吃钱"的金钱游戏，就如著名的庞氏骗局那样。正确信仰与无信仰、不正确信仰的最大差别，就在于它是唯一能够产生、带来这样的"巧克力外套"的，凭着福祉和科学发展的事实让人们归于其中。"看不见的上帝之手"——市场法则被利用时，总要存在一个被剥夺或被侵袭的对象，最理想的状态就是高科技被作为了这样的 "巧克力脆皮"或"磐石"。人们利用不断的技术创新来抵消这种"税收"侵袭所造成的伤害，否则，伤害就要落到一部分社会成员或一定的社会领域中。因此，一方面，任何思想控制或信仰发展，必须尽量放慢脚步。要让这种思想缓缓释放，就像让技术的经济红利缓缓释放一样。如此，社会周期和经济发展周期才会延长，才会造就出更多的福祉和更多的信仰（思想道德）合格者！正如经文"要扩张你帐幕之地，张大你居所的幔子，不要限止；要放长你的绳子，坚固你的橛子。"（赛54：2）所讲。另一方面，只有在具备颠覆性技术创新应用，同时又具备天然的技术篱笆特性——不象过去常见的那种十分容易扩散的技术，否则，新技术立刻就落入了世界性货币扩张的无底洞，被"狮子之口"吞掉。可见，只有类似美国页岩油气技术革命那样具有很强局限性的技术创新，才是逃脱世界性货币量化宽松、实现经济增长的唯一出路。否则，就只有通过货币外溢的渠道忍受自身经济发展的停滞了。

虽然，从数学的角度看，非闭合货币运动体系的两大组成部分各自也都是闭合运动，但《圣经》记载和世界历史表明，非闭合货币运动体系的形成远远早于闭合货币运动体系的出现，货币作闭合运动的以色列类型的社会最早只能出自于非闭合货币运动的专制社会世界里，就象货币闭合运动曲线从非闭合货币运动图腾中直接游离出来一样。《圣经》中，以色列社会的由来、建立和完成，伴随着一种信仰的产生、扩散、与其它社会意识形态隔离而独立的历史过程，因此，从亚伯拉罕离开本地、本族、本家时起，到以色列人出埃及时止，就事实上全部完成了上述过程。以色列人在出埃及后，若保持之前的信仰水平不后退的话，他们会自动进入到摩西律法中的那个以色列类型的社会形态中。但是，《圣经》中绝大部分文字，详细记载了以色列人的信仰从一神滑向多神崇拜一步步败坏的过程，社会形态相应出现了士师、王治的专制形态，直至以色列社会灭亡。例如，《圣经》对以色列人在埃及旷野中的信仰状态，明确指出已经处于败坏或下降后的状况，"以色列家啊，你们在旷野四十年，岂是将祭物和供物献给我呢？你们抬着为自己所造之摩洛的帐幕和偶像的龛，并你们的神星。"（摩5:25-26）可见，《圣经》中的以色列类型的社会，以色列人在《圣经》中并未实际进入过。这就是说，《圣经》中有关人类社会的描述，最多的其实是非闭合货币运动体系的特征和发展规律，其中指出的方法和策略，都是围绕治愈非闭合货币运动体系这个"病人"、"罪人"的，为我们今天验证社会经济学理论和理解人类历史、展望《圣经》中描绘的人类未来提供了可能和工具。

另外，还有一个需要读者注意的重要之处。沿曲线 L′ 向上移动到 A′ 点的整个区段，经济处于技术推动型经济模式下，当技术推动力下降、货币供应的因素逐渐增加，上升到 A′ 点之后，经济模式准备转换为货币推动型经济模式前，必须具备满足货币供应量可能扩大的社会和技术条件才可以。这个根本性的制约因素，在闭和货币系统中，常常表现为一个犯罪集团或黑社会的影响力，会在资金断流后自然消亡，这对于帮助我们理解铸币怎样扼杀企图依赖货币供应的专制政权时非常有用，著名的历史实例如中国汉朝时的王莽政权。

非闭合货币体系，无论从财税形成的哪个方面来看，与闭和货币系统都一样，动力、成分、转换机制等等，都完全一致。那么，我们如何在现实世界中，仅仅从经济指标中就区分开二者呢？下面，我们通过一个具体的例子来演示、说明一下。由于闭和货币系统中的社会幸福无法被公权力系统或其他任何社会系统所独占，所以在经济发展进入货币推动型后，经济增长必然表现为较大的财政赤字（去掉国际贸易顺差或加上贸易赤字后）或政府负债——没有竞选领导者愿意提高社会税负率、以及社会税负水平下降（分担或减轻民众的社会负担，也是民主选举的压力）造成的结果。而同样情况下，在非闭合货币系统中，社会公权力系统若愿意且没有货币物理属性或技术水平制约发行量的话，就可以简单实现财政开支继续或任意扩大且有盈余、以及维持甚至仍然可以提高已经处于较高水准中的社会税负水平。

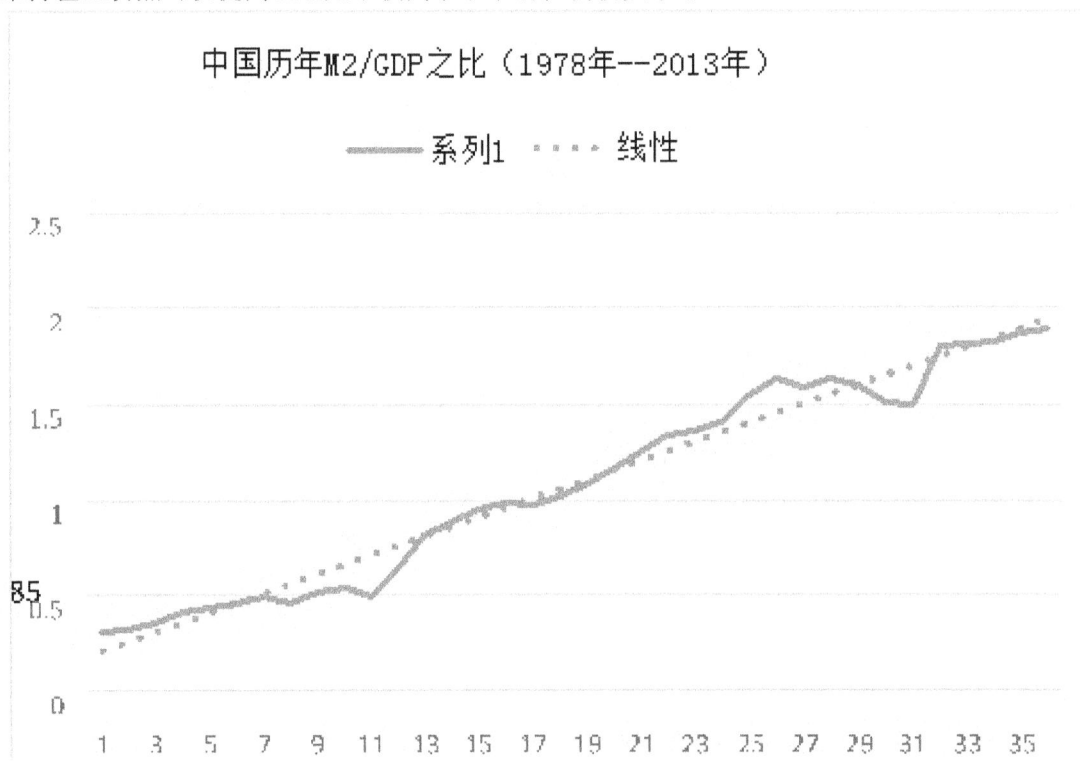

图3-12　中国1978年至2013年间，货币供应量与国民生产总值之比的变动情况

简单对比一下日本和中国的有关经济数据，日本在 1980 年至 2012 年间，GDP（国民生产总值）增长中的货币供应量因素比重增加（见图 3-6），与中国完全相同（见图 3-12）；再看图

3-13，中日两国的财税收入与货币供应量的比例变化,也都一样—— 均 为 向 右 下 方 倾 斜

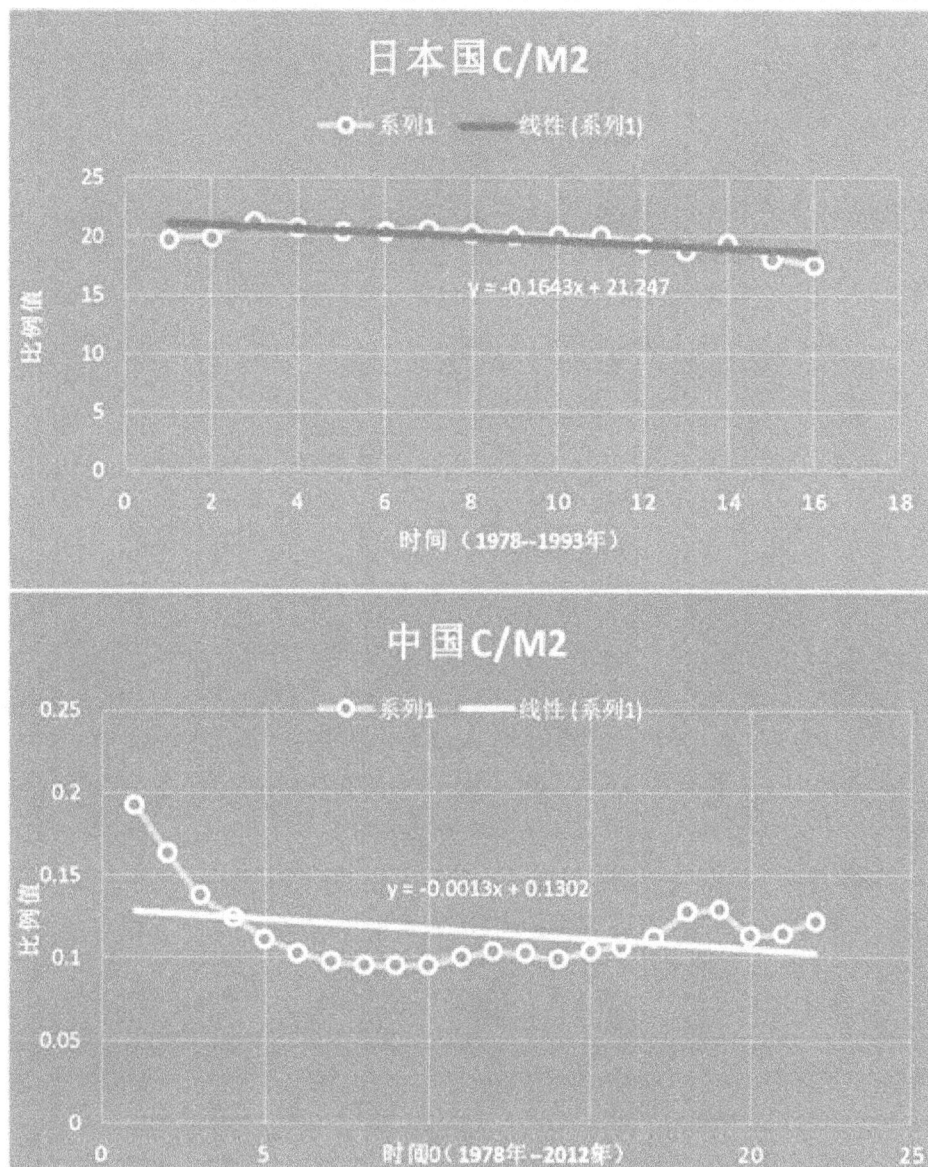

图3-13 日本和中国比较，两国的财政收入占货币供应量的比例变化
的 直 线 。 趋势一致，都是向右下方倾斜。

但日本的税收减少，在经济成长中总要伴随着财政赤字和国债的猛增（见日本财务省《日本 2010 年财政状况报告》），表现出日本的财政开支与其广义货币供应量 M_2 之比的变化，与财政收入和其广义货币供应量 M_2 之比的变化更大——图 3-14 中的 K/M_2 直线的斜率，比图 3-13 中日本国的 C/M_2 直线的斜率更大。期间内的各具体阶段中，经济成长期还曾经出现严重的通货膨胀或经济泡沫，如 1985 年至 1991 年间；经济疲软或衰退期，常伴随在限制性财政政策的实行期，如 1974 年——这种情况，与在国债利息负担严重的时期，同样力度的积极财政政策对经济的刺激作用会减小，在逻辑上是完全一致的，后者正是发生在 1992 年至 2010 年间日本社会中的真实历史状况。

来看中国。

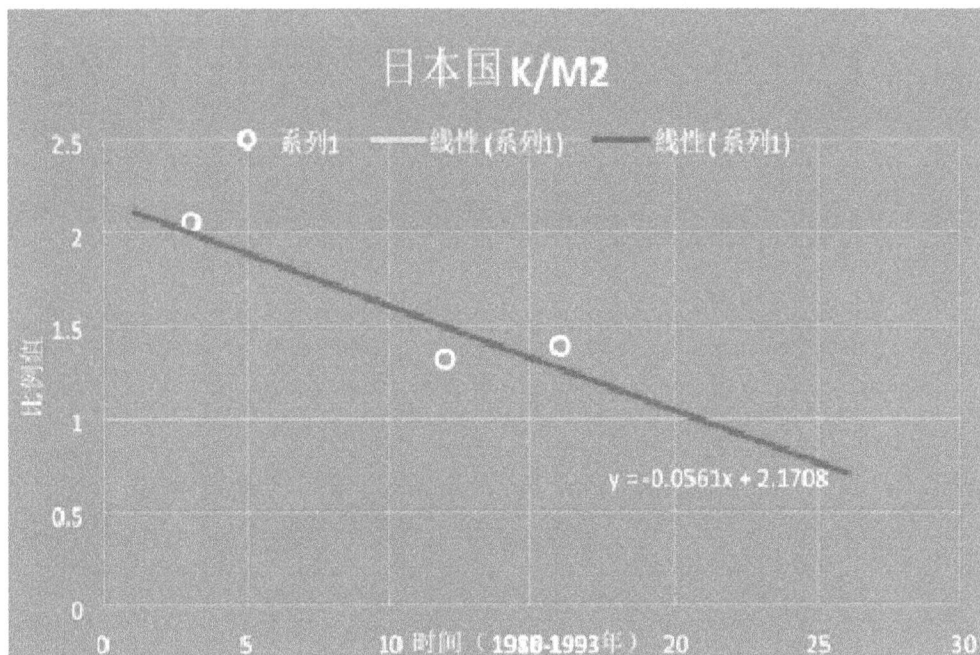

图3-14　日本国财政开支占货币供应量比例的历史变动及趋势

　　表 3-1 中的数据表明，在货币供应量比重不断增加的 1978 年至 2013 年间，税收或财政收入、及财政开支均增长且伴随着无赤字和债务的显著增加（表 3-1，国民生产总值 GDP 和财政总收入两项数据，均来自中国国家统计局网站，货币供应量的数据，除表格中注明的以外，来自互联网），若考虑上这个期间内，中国还一直出现巨大的国际贸易盈余(社会债权)，日本却是曾经出现过巨大的贸易赤字（负债），可以清楚地判断出，日本处在一个与美国社会一样的闭和货币系统中（参见上一节中的美日经济对比），与中国不同——中国处于一个与日美不同的非闭合的货币系统中。中日之间的区别就更加清楚无误。也就是说，日本社会中的货币供应量 M_2 的增长，是建立在财政支出数额无变动下的赤字出现或赤字扩大、政府债务增加、贸易赤字及减税之上的一种名义上或虚假的增加，是有巨大或增大负担前提下的增长，去除这些负担增加，剩下的货币供应量 M_2 的实际变动方向或方式，与美国社会是一样的。日本的广义货币供应量 M_2 占其国民生产总值 GDP 的比重上升，是其积极财政政策、减税政策等造成了货币总量或财富总量（总孳息）向广义货币供应量 M_2 中的输送、转移和倾斜而造成的。这种倾斜、输送和转移，并未涉及到日本社会中的财富总量和货币总量——在社会的另一端，这种增加同时造成了在财税领域或公权力领域的实际财富减少、或名义财富增加（赤字和债务同时增加）。因而，这种总量中的分割比例的变化，也未改变财税收支与经济实际状况连接的状态和比例关系，未破坏货币闭合运动及其财税形成模式。而中国的货币供应量 M_2 的增长，与日本社会正好相反，是一种超越经济增长的实际增长或超额增长，不仅没有日本社会中伴生着的政府债务、财政和贸易赤字、减税等负担出现，却同时呈现出财政开支大幅提高前提下的财政结余（按照国际通行算法，中国政府从未有过财政赤字，每年都是财政结余）、政府债务水平变动较小甚至无变动，巨大贸易顺差、税负水平稳定甚至上升，充分显示出中国经济类型与美日经济类型的根本不同——中国的财税收入增长或广义货币供应量 M_2 的增长，总有超出其经济增长边际的异常魔力！结合中国 1978 年至 2013 年的经济数据来看，1978 年至 2013 年间，中国的货币供应量（M_2）年均增幅为 21%，同期的财税收入增幅为 14%，36 年的时间里，中国的货币供应量因素占财税收入的比重始终维持在年平均超过财税链因素的（21%-14%）/14%=50%的水平上——也就意味着平均每年有 50%的财税收入是来自于非经济领域的，或者说，每年都有 50%

978-1-62265-922-7 (online) 978-1-62265-923-4 (paper) Faith Studies by Zhang, Pujie

的货币供应量是运行在与财税链无关的其它社会领域中的。至 2013 年，货币供应量因素在中国的财税形成机制中的总体作用，相较

年份	GDP（亿元）	财政总收入（亿元）	M2(亿元)	M1（亿元）	M0(亿元)	注
1978	3645.217474	1132.26	1134.5	859.45	212	M0 数据全部来自中国国家统计局
1979	4062.579191	1146.38	1339.1	1,069.36	267.7	
1980	4545.623973	1159.93	1661.2	1,315.74	346.2	
1981	4889.461062	1175.79	2027.4	1,636.56	396.3	
1982	5330.450965	1212.33	2369.9	1,885.11	439.1	
1983	5985.551568	1366.95	2788.6	2,165.04	529.8	
1984	7243.751718	1642.86	3583.9	2,845.24	792.1	
1985	9040.736581	2004.82	4264.9	3,011.39	987.8	
1986	10274.37922	2122.01	5354.7	3,856.03	1,218.40	
1987	12050.61513	2199.35	6517	4,481.67	1,454.50	
1988	15036.82301	2357.24	7425.8	5,490.17	2,134.00	
1989	17000.91911	2664.9	10786.2	5,830.51	2,344.00	
1990	18718.32238	2937.1	15,293.40	6,950.70	2,644.40	以下 M1 数据来自中国国家统计局
1991	21826.19941	3149.48	19,349.90	8,633.30	3,177.80	
1992	26937.27645	3483.37	25,402.20	11,731.50	4,336.00	
1993	35260.02471	4348.95	34,879.80	16,280.40	5,864.70	
1994	48108.45644	5218.1	46,923.50	20,540.70	7,288.60	
1995	59810.52921	6242.2	60,750.50	23,987.10	7,885.30	
1996	70142.49165	7407.99	76,094.90	28,514.80	8,802.00	
1997	78060.85276	8651.14	90,995.30	34,826.30	10,177.60	
1998	83024.33071	9875.95	104,498.50	38,953.70	11,204.20	
1999	88479.1614	11444.08	117638.1	45,837.30	13,455.50	以下 M2 数据来自中国人民银行
2000	98000.48216	13395.23	132487.52	53,147.15	14,652.70	
2001	108068.2	16386.04	152888.5	59,871.59	15,688.80	
2002	119095.6794	18903.64	183246.94	70,881.79	17,278.03	
2003	134976.9719	21715.25	219226.81	84,118.57	19,745.90	
2004	159453.6048	26396.47	253207.7	95,969.70	21,468.30	
2005	183617.3746	31649.29	298755.48	107,278.80	24,031.70	
2006	215904.4056	38760.2	345577.91	126,035.13	27,072.62	
2007	266421.9991	51321.78	403401.3	152,560.08	30,375.23	
2008	316030.3388	61330.35	475166.6	166,217.13	34,218.96	

2009	340319.952	68518.3	610224.52	220,001.51	38,245.97
2010	399759.5394	83101.51	725851.79	266,621.50	44,628.20
2011	468562.3776	103874.43	851590.9	289,847.70	50,748.46
2012	518214.7457	117253.52	974148.8	308,664.20	54,659.81
2013	588,018.80	129,209.64	1,106,524.98	337,291.05	58,574.44

表3-1　1978年至2013年中国宏观经济数据

1978 年，已经上升了（21%-14%）/21%即33%的幅度。中国的宏观经济统计数据中充满了用传统经济学理论或货币的闭合运动无法解释的种种问题，例如，按照财税链延长或科技进步、生产发展的角度来看，M_2 的增长还有 50%的空间应当显现而未出现，仅在货币供应量领域，就出现了在不同的人民币供应量统计数据之间相互矛盾、有独自各成体系、有着各自独立运转规律、无法统一解释的种种现象，如中国的基础货币量（M_0）从 1978 年的 212 亿元人民币提高到 2013 年的 58574.44 亿元人民币，增长了 276 倍多，在同期国民生产总值出现 161 倍多高增长的背景下，狭义货币供应量（M_1）仅增长 393 倍——去除基础货币量（M0）本身增长的倍数之后，实际只增加 123 倍，远小于国民生产总值同期的变化幅度，广义货币供应量（M_2）也仅增长 975 倍，——去除基础货币量（M_0）本身变化的幅度，以及由基础货币量（M_0）转变到狭义货币供应量（M1）的活跃程度，货币由基础货币 M_0 或狭义货币 M_1 转为 M_2 时，活跃程度的下降幅度更大，因此，中国经济中有太多的基础货币供应量处于无法解释去处、与社会经济发展状况严重不相适应的持续低效状态中。但是，对于这个按照国民生产总值的增长速度来看，是被对半低估了的广义货币供应量（M_2），如果仅从财税收入的角度来看，却又涉嫌被严重高估了，即有 50%的广义货币供应量（M_2）无法从产生财税收入的那个经济环境中产生出来——一个年均 14%增长率的财税经济环境中，却产生或需要着一个年均增长率高达 21%以上的广义货币供应量（M_2）、年均增长率达 17%的基础货币（M_0）的货币体系。相对于日本经济来讲，中国经济在增长放缓、扩大货币供应进行刺激的时候，不会出现日本经济中必然出现的下列情况（至少永不会在中国的中央财政等国家层面上出现）：财税收入减少或赤字扩大、或债务水平提高，税率或税负水平提高并伴随贸易逆差扩大或顺差的消失或缩小等；而在中国经济快速发展的时候，也不会出现美国经济中必然出现的同等幅度或力度的财税收支大幅增长、减税、广义货币供应量（M_2）快速增长、贸易顺差出现或扩大、或贸易逆差缩小和消失的情况。

综上，与日美两国相比，中国的人民币运动系统，被截然分为两部分，各有 50%的部分处于不同或独立的系统规律控制之下：有 50%的部分与日美一样，处于经济领域中，受经济理性规律的控制，作闭合运动；另外还有 50%的部分与日美不同，处于经济领域之外的其它社会领域中，受社会理性规律制约，也作一种独立的闭合运动。以上两种独立的闭合运动共同组成了中国社会的人民币货币运动体系，因此，从财税形成的角度看，人民币处于一个复合的、不连续的非闭合运动状态中。

按照 30%的平均宏观税负水平来计算，自 1978 年至 2013 年的 36 年来，中国社会中，每年先有固定比例为 50%的社会新增财富总量会被以税费形式抽走，然后再在货币供应量因素下被抽走每年不同份额或比例的财富，且逐年增加，直至 2013 年达到了 33%份额的新增财富量，都以货币供应量超过财税链长度延长所需要的上升程度的方式，被隐秘地抽出，至 2013 年年底，中国全社会只剩下（50%-33.3%）即不足 17%（16.7%）的财税链或财富空间可以维系这个货币运行系统的继续存在（图 3-15 中，1978 年至 2013 年，中国的人民币运行在曲线 L 和曲线 L′ 组成的非闭合系统中。36 年间，中国财税收入中，人民币的货币供应量因素有 P 点移动到 C 点，长度提高了 33%；财税链长度则有原来的线段 OM 缩短到线段 ON，长度减少了 33%；中国社会中的等值财税形成比例关系，也从 1978 年所处的 A 点位置开始，沿曲线 L 向上移动，至 2013 年时已移动到了 B 点位置）。因此，按照人民币自 1978 年以来已经运行了整整 36 年的曲线轨迹，从时间上计算，将来只剩下 36 年的 16.7%时间即在 2013 年以后的 6 年里可以维持，即在 2019 年年底，这个货币的非闭合运动系统就将彻底崩溃（对于制造社会痛苦的那个系统来讲，就是他们的幸福到头了，再也没有人可以用人民币的货币供应量增长的方式，从中国社会中拿走一分钱！）这个时点，或者说，从整个财税链上说，可能还有绝对数量为不足 17% 的长度存在，但那里只集中了让社会产生绝对痛苦的部分，与社会秩序完全不存在时是一模一样的，我们可以称之谓"中国经济和社会的崩溃时点"。[具体计算过程，还有另外一种方法：由于只有 20%的财税链长度可以维持人民币系统的运行，占有效财税链即 O 点右边的比例为 40%，36 年缩短了 33.3%，只剩下 40%-33.3%等于 6.7%的长度空间可以维持，按照 36 年缩短 33%的速度，走完或消耗掉 6.7%的财税链长度，时间也是 6 年，即 2019 年底]另外，按照货币供应量与财税链长度的反比例关系，运用货币供应量的变量在宏观税负水平条件下形成财税收入的极限位置的方法，即货币供应量的边际效用为零的位置，来判断和分析中国经济，也能得出与本文方法完全相同的的结论，感兴趣的读者可以参阅拙作《圣经中的中国和当今世界》中有关篇章，两处结论中的具体数字差别，源自计算精确度的确定标准的不同。以上计算结果，与统计数字的具体起始时间及统计的间隔时间有关，但使用货币手段的开始时间却是固定的，因此，现在依据年度统计数字计算出来的实际结果，与下一小节中的理论结果，总有以年度为计数单位的差距，具体到中国的情况，假设中国社会自 1978 开始使用货币供应量策略，这里的误差与下一节中的理论值（2018 年年中或 2019 年之前）存在接近 2 年的误差。

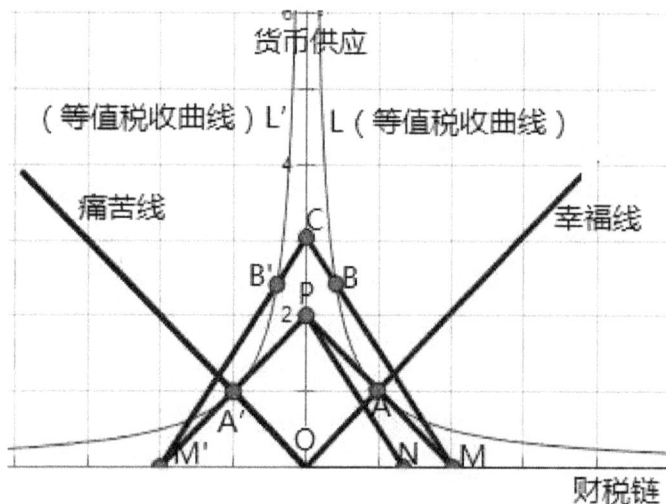

图3-15　1978年至2013年，中国的等值财税收入中财税链缩短，中国社会中无差别社会信仰上表现出的道德堕落情况。

第二小节：信仰函数式和非闭合货币运动系统的存废规律

（一）、信仰函数的推导和历史验证

通过上一节的讨论，我们已经知道，一个典型的非闭合货币运动体系中，市场力量和公权力等非市场社会力量处于一种均衡状态下，在整个财税形成因素中，二者各占 50%比重，即货币供应量增速超过财税链长度或固定税率前提下的财税收入增速的 50%。现在我们假设一个初始条件为货币供应量（M）与税率（Q）的乘积等于其全部的财税收入（C）。不难知道，这个非闭合货币运动体系可持续的最长时间，就等于从初始条件成就的时间位置到达以下时点所需要的时间：全部财税收入都来自于货币供应量的增量部分（跃过这个时点后，财税收入与经济状况或与财税链长度无关，只与货币供应量相关）。通过简单的数学计算，我们可以得出这个时间数值的函数式。具体的计算过程如下：由初始条件得出等式 1 为 M*Q=C；假设财税收入的增速为 A，因其财税收入的增长速度比货币供应增长的速度低 50%，即货币供应量年增长速度为 1.5A，再假设 X 年之后，到达所求的时点，即不难得出等式 2 为 $M[(1+1.5A)^X - (1+1.5A)^{X-1}]*Q = C(1+A)^X$；把等式 1 与等式 2 结合，就得出了非闭合货币运动体系的持续时间 X 与其财税收支增速 A 之间关系的一个函数表达公式：$[(1+1.5A)/(1+A)]^X = (1+1.5A)/1.5A$。函数图像如图 3-16 所示。

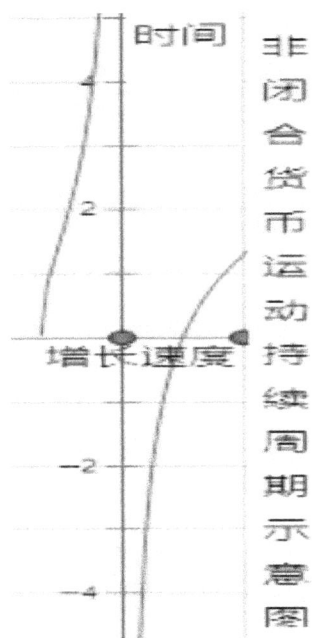

图3-16 非闭合货币运动不支持经济的快速发展，表明经济发展是以牺牲社会信仰、减少人与人之间的"爱"为代价的，即经济发展加快了爱的零和博弈速度。

依据有关数学知识，我们可以知道，上述函数在-1<A<1的区间内，是一个增函数，其经济学意义就是：财税收支变动速度越大，系统崩溃的时间越短；增速（或减速）越小，系统存续的时间越长，速度保持为0时，持续时间无限大——当然，具体的数学最大值要服从于社会信仰运动规律的制约，即不会超过4000年。例如，在每年1%的财税收支增长率的情况下，这个系统可以维持853年多的时间不崩溃，而在每年10%的财税增长率的情况下，这个系统只可能维持不到46年的时间。在上一节有关中国宏观经济数据表中，中国的财政收入增长率大约为每年14%，对应的持续时间为29.4年，从最接近初始条件（M*Q=C）的时间点1988年（与初始条件相差为5%）起算，人民币非闭合运动最低还可维持到2017年年中，最长不过2018年。

通过分析非闭合货币运动体系的可持续时间与其经济发展速度间的数学关系公式，我们很容易得出下面的结论：非闭合货币运动体系承载社会经济发展时的操控难度极大，抛开专制者的个人因素，从长期保有一个稳定的社会秩序的角度上讲，它最适合于零增长经济体。从中国古代几千年的自然经济历史来看，也确实如此，如凡财税开支扩大较快的朝代，如隋朝、秦朝，都是存续时间不足几十年的短命社会，而唐、宋、明、清等朝代的财政开支波动相对较小，存续时间就相对较长；从具有对照意义的朝代来看更是如此，如越是被普遍认为是缺少进取精神的政权，如东汉、东晋王朝，却比进取精神十足的西汉、西晋政权的存续时间更长；同样被普遍认为是缺少进取精神的北宋和南宋政权，寿命却十分的接近。从世界范围来看，整个古罗马时代，其经济发展相对于古代中国，一直呈现出低速、甚至加速度的低速发展状态，因为期间中国古代社会的国民生产总值（GDP）被公认占据了全球更大且越来越大的份额，大约在中国的北宋时代（相当于罗马后期），达到巅峰，反衬出同时代的古罗马社会与中国社会相反的经济发展状况。相关研究的具体数据更清楚地显示了这种状况，如"19世纪前，中国比欧洲或者亚洲任何一个国家都要强大......14世纪以后，虽然欧洲的人均收入慢慢超过中国，但中国的人口增长更快。1820年时，中国的GDP比西欧和它们附属国的总和还要高出将近30%"（安格斯·麦迪逊 (Angus Maddison) 《世界经济千年史》 2003北京大学版）。因此，古罗马社会长达1500年的"高寿"和其持续低速的经济发展，与同时代的中国历代王朝的短命及各朝代内高速发展、快速衰退的历史事实，完全符合上面通过计算、分析所得出的专制社会的历史规律；从信仰的角度上讲，也是如此。古罗马的统治者信仰水平较高且较稳定。且从废除平民与贵族不能通婚限制的十二铜表法，到给予以色列人信仰自由和确立基督教的合法地位等方面可以看出，整个罗马社会信仰的确立和逐渐提高。漫长而稳定的社会秩序，又为信仰成熟后的社会转型结果奠定坚实基础。但罗马将基督教确立为国教后，出现明显的政教融合趋势，导致公权力系统不能反映社会信仰水平，扭曲公权力与社会信仰二者间应有关系——那种《圣经》在《但以理书》中最集中、明确显明的正确政教关系。最终，还是社会信仰的原因，导致罗马专制政权的灭亡和罗马社会的大分裂，未能实现整个社会的和平转型；其中社会信仰水平高、达到社会信仰自我修复水平状态的成熟地区后来首先开始演变为以色列类型的社会，并迅速扩散。欧美经济发展进入快车道后，中国社会的国民生产总值（GDP）占全球份额随之开始逐步快速降低，又从另一个侧面说明，只有以色列类型的社会，才能长久支持快速的经济发展。总之，经济较快增长或较快衰退、财税收支扩大或缩小，都是专制社会的催命符，这对所有专制者都提出了很高的自控要求：他们若要政权长久存续，必须做到在经济发展、财税收入有可能扩大时，及时、对应税费可能增收幅度地进行相应的减税；而在经济发展减速、财税收入减少时，及时对社会富裕阶层进行同幅度地加税予以弥补。纵观古今中外的所有专制政权，迄今没有一个可能完全做到这一点：他们要在社会经济发展时，抵挡住生理上的物质享受和精神上雄心壮志的诱惑，绝对不去品尝社会经济发展的任何成果，更不去规划、实施任何的经济发展、思想或某种意识形态的扶持、国土扩张或军备提高等主动性社会措施……而在社会经济衰退时，不仅要带头减少自己的消费和受社会供养水平（等同于给自己加税）、还要说服社会富裕阶层（其中主要就是专制者的家族、亲朋好友等关系密切者）承担更大的税收负担。从个体角度上讲，力求达到一个政权长久存在的专制者们，必须都是严格的自我禁欲者和唯政权长久存续的理性人才可以，他们的整体信仰水平必须极高。唯有象罗马统治者那样的信仰水平较高的专制者，才可以维持一个专制社会的较长历史时代，为整个社会信仰水平的提高奠定基础，做好迎接专制社会烈度最小的崩溃瓦解和其中的社会信仰水平较高地区跨入以色列类型社会的准备。反观中国，"民以食为天"是中国历代统治者不变的观念，他们中间最伟大者的最大愿望就是解决民生问题、满足人们的物质和文化的各种需要，与普通中国人的"食色性也"的传统文化观念相辅相成，也完全契合中国道家中的无为、顺治思想。这样的结果就是中国的历代王朝建立后，全社会都集中精力发展经济、民众勤奋劳作，经济发展较快，恰恰落入非闭合货币运动体系快速崩溃的规律之中，形成中国历史上频繁的王朝更迭现象。期间，如果出现或为领土而大动干戈、或大兴土木搞基础设施建设、或为某种意识形态或宗教发展大费周折等个人欲望异常强烈的君王，朝代寿命会更短暂。而同属深受中国文化影响的台湾和东亚地区，社会和平转型都是在社会信仰转变后才成功完成的。如台湾地区的社会，1949 年之后至现代民主社会确立的 1988 年之前，不仅最高领导人都是基督徒且从未出现政教合一倾向，整个社会信仰也愈加倾向于追求社会公正，距离追求中国传统文化中的"衣食满足优先"的观念越来越远。这种社会信仰的变化，突出表现在台湾地区 1988 年之后的历次大选结果中，只打民生牌的竞选者至今无优势可言。可见，解决中国政权历史宿命的根本出路，只在于优先确立正确的社会信仰、并在专制集团中间首先完成。

虽然经济快速发展、财税收支迅速扩大，必然意味着一个专制政权正在快速走向历史坟墓，但是，本质上难以驾驭经济持续发展的非闭合货币运动体系，理论上和现实中并不缺少经济快速发展的可能性---特别是从对应着财税收入实际增长而应有的经济发展的角度来看，更是如此。例如，如果专制者有机会或条件，提供基础货币供应量的持续高增长，那么，其财税收支规模也很容易维持净债务为 0 基础之上的单向扩张，并不受社会经济实际状况的制约。从数学的角度上讲，在决定财税收入的两大因子中，货币供应量因素以每年 50% 的加速度超越财税链长度进行增长，其占据财税收入的全部来源的时间就必是一个定值，且该定值与税收增长速度、与宏观税率均无关，也与货币供应量变化的速度无关。对于一个具备提供任意数量基础货币供应能力的非闭合货币运动体系来讲，货币供应维持原有的财税开支规模不变的增量因素占财税收入的比例从 0 到 100% 的时间，就是该系统存续的全部时间。由于财税总收入（C）等于国民生产总值(GDP)与宏观税率(Q)及其所占份额(S_1)的乘积，再加上货币供应量增量（ΔM）及其所占份额（S_2）的乘积，得出等式 1：$C=GDP*Q*S_1+\Delta M*S_2$；有货币供应量的年均增速高于财税链长度增速 50%，得出等式 2：$(S_2-S_1)/S_1=50\%$；有 S_1、S_2 均大于或等于 0 而小于或等于 1，得出等式 3 为 $S_1+S_2=1$。将等式 2 代入等式 3 后，得出 $S_1=0.4$，$S_2=0.6$，将该结果代入等式 1，得出等式4：C=GDP*Q*0.4+ΔM*0.6。等式4表明，财税收入全部有货币供应量因子构成，需要货币因子的份额再提高 $1-S_2=0.4$ 即40%的年度总份额，同时，财税链因子的份额也对应降低 $S_1-0=0.4$ 即40%的年度总份额。因此，一个典型的非闭合货币运动体系，靠货币供应量的持续增长而维系的极限时间，为完成变动40个年份额的时间即40年——或者说，经过40个年度份额的变化后，必然到达财税收入完全由货币供应的增量部分构成的崩溃点（没有经过财税链或经济运行参与其中的全部国家财税收入或支出，意味着专制者彻底失去对经济、社会的有效控制权，社会倒退到社会产生之前的蛮荒状况或无政府状况中去）。运用该定律，可知上一节中我们所引用的中国宏观经济数据及应用该数据计算的误差水平应在2.5%（1/40）至4.8%（1.9/40）之间。当今中国的经济秩序和社会秩序最迟于1978年之后的40年，即2017年结束、2018年开始时彻底崩溃、解体（结合具体的历史记载来看，中国转向经济建设为主的最贴近时间为1978年10月以后，此后40年的最后时点在2018年10月前），除非社会信仰在此时间点之前成功改变了现在的运行轨迹或趋势，任何避免中国社会在此时点解体的努力都是徒劳的。

综上，全部专制社会的历史规律，现在可以简单归结为两条：（1）、在基础货币供应量受制于货币材料成本等物质技术条件、无法保证基础货币供应量的持续增长时，专制政权和社会秩序的持续时间与财税收支的波动幅度有关，即财税收支波动幅度越大，政权覆灭的速度越快、社会秩序持续时间就越短；反之，经济发展越缓慢、越平稳且财税收支波动越小，一个专制政权的存续时间就越长。（2）、在基础货币供应量可以持续扩大供应并被专制者充分利用时，专制政权和社会秩序必然要坠入四十年衰亡的经济学规律之中，即社会意识形态领域被一种不正确信仰或一种道德体系完全独裁、控制下会定期突然死亡。

其实，在《圣经》中，早就通过众多经文的明示和大量例证，阐明了上述非闭合货币运动体系或专制社会发展规律的两大结论。如，《圣经》中自始至终、无数次出现过类似这样的经文——"你的子孙若谨慎自己的行为，尽心尽意、诚诚实实地行在我面前，就不断人坐以色列的国位。"（王上 2:4），就无比明确地说明，专制政权的存续时间只与专制者（集团）的信仰水平、程度相关，是对规律（1）的一种替代性总结和完美揭示。对于规律（2），《圣经》中有所罗门时代的以色列王国、及其后的罗波安时代的犹大国历史记录，以详尽、具体的历史资料，和清楚无误的数字化预言，直接给出了我们上面分析计算后得出的专制社会四十年衰亡的结果。世上无新事，现代中国绝非历史孤例，只是在重蹈《圣经》中以色列王国的历史覆辙。下面让我们一起去看一下《圣经》中的有关记载，相关资料主要来自《圣经》中的《历代志》（上、下）和《列王记》（上、下），为阅读方便，本节以下文字中所引用《圣经》这四部历史书上的资料，比较分散的就不再标注更详细的资料出处，请读者见谅。

首先，通过有关货币供应方面的具体描写，《圣经》给我们展示了以色列王国在所罗门时代，具备可以持续向社会提供大量廉价货币供应条件的情况。《圣经》中明确记载，从大卫时代、甚至早在扫罗王征服亚玛力人开始，以色列社会中就长期逐渐积累起了大量的廉价货币，包括在历次战争中掳掠来的金、银，"金子十万他连得，银子一百万他连得，铜和铁多得无法可称。"（代上 22:13），都囤积到所罗门王时期才开始集中进入社会流通领域。另外，所罗门王从境外如示巴女王、推罗王希兰处先后共无偿得到240他连得金子，从俄斐运来450他连得金子。还有每年都会收到来自阿拉伯"杂族"、商人等所进的金子、各国每年来学习所罗门智慧包括生物学、文学等知识而提供的大量金银等"贡物"，以及每三年一次定期从海外航运回来的大量金银。上述源源不断的廉价金银，均在所罗门王时代的国家财税收入之外，且与固定不变的年度666他连得金子的财税收入数额相比，数量庞大，是维系当时社会财税开支模式的支柱。

其次，是有关货币投放方面的具体描写，让我们清楚廉价货币是如何进入社会经济领域的。《圣经》中详细记载了所罗门王所使用的众多宫室漫长且浩大的建筑过程，所罗门王本人及其众多王后、妃嫔等家人和一切"同席"之人的每日巨量奢华食物、豪华日常生活用具和交通工具，修筑的大量城墙，建设遍布全国的"积货城"、屯车和马兵的城，并新建、改造了多处城市，"以及自己治理的全国中所愿建造的"。大量以色列人作为国王的战士、臣仆、各级军官、各类督工，协助完成上述工作、保障社会安全。所罗门王的儿子、犹大王罗波安继承了所罗门在以色列王国中的全部上述做法，继续在犹大国内大肆修筑多个城市、加固军事等安全保障设施。通过上面的资料，可以知道以色列王国及其后的犹大王国初期，都是主要通过基础设施建设和管理人员的费用支出途径，完成了廉价金银的市场化过程。

综上，以色列王国的公共财政收支，完全超出那个以每年产生 666 他连得金子的税收值为标志的社会经济实体的范围限制；不仅如此，以色列社会的经济领域，每年都还要将来自于经济领域之外的巨量金银货币供应，被动的接纳下来并完成对它们的市场化配置。《圣经》中虽无以色列社会中的货币供应量统计数据，但是，仅仅通过整个所罗门王时代固定不变的年度财政收入 666 他连得金子，和持续不断进入以色列的巨量外来金银信息，就已经非常清楚地给我们显示出，以色列社会中的货币供应量与财政收入的比例，必定处于一个逐年走高的大趋势当中。与我们前面看到的中国自 1978 年至 2013 年的同类经济统计数据所展示出的趋势完全一样。

结果，以色列王国在所罗门王时代，社会上出现了"银子不算什么"的货币泛滥现象，而就在不久之前，银子的价值还很"贵重"，如大卫王年间，《圣经》中记载，"大卫用五十舍客勒银子买了一个禾场与牛。"（撒下 24:24）再向前，还有记载说，"约押对报信的人说：你若打死他（大卫的儿子押沙龙——作者注），我就赏你十舍客勒银子，一条带子。"（撒下 18:11）。可见，充足而廉价的货币供应，在所罗门王即位后的短时期内，就造成了以色列社会中银子数量增加、货币供应量膨胀，原本稀少的银子变的"不算什么"了，充斥在社会和人们手中。但是，读者们要注意，以色列社会的这个时期，并没有因为银子数量太多而发生通货膨胀，更没有恶性通胀引发经济危机，《圣经》中如此描绘当时的以色列社会："犹大人和以色列人如同海边的沙那样多，都吃喝快乐。""从但到别是巴的犹大人和以色列人，都在自己的葡萄树和无花果树下安然居住"。

以色列社会是如何避免了货币充斥后的通货膨胀呢？《圣经》中的记载也给出了完整的答案。包括以下几点。（1）、大量的宝石、象牙、猿猴、孔雀、香料、乌木、衣服、军械、车辆、骡马、铜和其它一般金属、香柏木与松木和其它一般木材，要么作为贡物无成本得来，要么是靠航海从外地区廉价运输而来，要么用土地交换而来，在以色列社会的经济仍然独立于外部经济环境的前提下，连续不断地输入到以色列社会中，彻底消除了中上层社会消费和庞大基础设施建设可能带给社会的物价上行压力。（2）存在一个庞大且无力消费的社会群体。《圣经》记载，大卫王晚年的以色列人口统计数据为 130 万成年男性（以色列勇士 80 万、犹大 50 万），所罗门年间仿照统计了外邦人人口，共有 15 万 3 千 6 百人，这些外邦人全部做奴隶，其中 7 万人扛抬木料、8 万人上山凿石头、3 千 6 百人督查管理，以色列人中轮流服苦工的共 3 万人（其中 3 千 3 百人为督查管理的），每月都有其中的 1 万人在黎巴嫩。如此，在以色列王国的成年男性中，总计就有（15.36 万人+3 万人）/130 万人即 12%多比例人口，及其他们所在的家庭都处于无力消费或只能低水平消费的地位，从庞大的社会底层一端，有力压抑着社会物价水平的上行可能。可见，从大卫王晚年至所罗门王年间的短短时间里，以色列社会中的银子，就象 1978 年代之后中国经济体中的人民币一样，很快变得数量庞大，但却不会因此产生严重的通货膨胀现象，相反，由于非市场的力量处于经济主导地位，这一类经济体总要长期面临通货紧缩的压力。具体来讲，所罗门时代的以色列社会，大量且廉价的货币和其它物质财富的涌入，在其未融入国际贸易的前提下，长期压抑本社会的生产活动，人们闲散快乐，物价水平难以上扬；对于中国这样一个加入到国际经济一体化中的社会来讲，无成本货币供应的持续扩大，为"中国制造"通过价格竞争扩大国际市场份额提供不竭动力，同时也在本社会内部的所有产业领域都催生了庞大的过剩产能，人们虽勤奋劳作并薪资上涨，但国内市场却始终笼罩在通货紧缩的阴影之下。

《圣经》中，对于所罗门及其继任者罗波安政权统治下的以色列社会和犹大社会的寿命，神给出了明确的时间判决："所罗门的儿子罗波安强盛 3 年。"（代下 11:17），这样，从所罗门作王第 4 年 2 月初 2 开始建造神殿、开始向经济体中释放廉价金银货币供应起算，到所罗门王去世前共 37 年——"所罗门在耶路撒冷作以色列众人的王共 40 年"（代下 9:30），加上罗波安的 3 年强盛期，这个一直有充足廉价货币持续供给所主导的社会系统，不多不少，恰好 40 年就走完了大国崩溃分裂、北王国以色列地区进入动乱不绝的无政府状态、南王国犹大步入衰亡的历史轨迹，与通过数学计算所得出的结果完全一致。更需要注意的是，南王国犹大国在此后，公权力系统中及时出现了国王和众首领的信仰状况改善或脱离原来的信仰败坏趋势的情况，即《圣经》中与先知示玛雅有关的故事，"耶和华如此说：'你们离弃了我，所以我使你们落在示撒手里。'于是，王和以色列的众首领都自卑说：'耶和华是公义的！'"（代下 12:5-6），以色列的专制社会寿命因公权力系统的信仰水平变化得以再造性的存续，这是一个同以色列人出埃及时所遇到过的那些"神迹"相同的信仰救赎时刻，对于不知悔改的无神论专制政权则不会出现。同时，由于战败，犹大国丧失了战利品、供物等金银财富的外部来源，原有的金银储备又被洗劫一空，"埃及王示撒上来攻取耶路撒冷，夺了耶和华殿和王宫里的宝物，尽都带走；又夺去所罗门制造的金盾牌。罗波安王制造铜盾牌代替那金盾牌。"（代下 12：9-10），犹大国的专制者们彻底丧失了向经济领域提供廉价金银货币的能力。此后，被专制社会历史规律 2 刑余、因信仰重建而神迹重生的犹大王国，步入了专制社会历史规律 1 的控制之下，伴随社会信仰水平的持续下降而终于彻底灭亡。以上内容显示出，社会公权力就是维护社会信仰的社会系统，它不能代替、人为促进或打压社会信仰，公权力背后其实站着社会信仰，是社会信仰而非公共权力在真正控制社会的命运。货币只是专制者操控社会的一个工具，是用经济手段维持社会秩序的载体，当被单独使用时，与意识形态共同构成社会信仰控制体系一个硬币的两面。数学理论告诉我们，只有坐标轴变换是不会改变数学结论的。我们变换货币供应量数轴与财税链数轴后，非闭合货币运动曲线所表达的经济学含义也不变：货币运动规律，无一不是社会控制手段的规律，是社会信仰或意识形态的规律。例如规律 2，也表示：专制者只依赖意识形态手段，单向地加强社会思想控制、或一步步愚化民众神化自己，虽有科技创新成果，也没有可能转化为应有的社会生产力，仍必遭到 40 年内就灭亡的结局。如此，规律 2 成立的条件，就只是社会意识形态变化的单向变动，其结论，必然应适用于所有与专制社会信仰类似的意识形态单向变动的任何领域，包括人类的个体——如果我们每个人的信仰都与专制社会的社会信仰一样，始终处于各种反物质财富的意识形态或本质上是金钱万能论的思想控制之下，而我们的生理学生命又是一个天然的单向变动（持续缩短或减少）的系统，那么，我们的个人寿命（生命系统的存续时间）就必然也受制于 40 年灭亡的规律。而从非闭合货币运动体系的等值财税曲线上，我们不难知道，这样的单向变动一共只有 3 个（类）：1、向货币供应量数轴靠近的单向运动；2、向财税链数轴靠近的单向运动；3、与上述两种情况相反的单向运动，即离开货币供应数轴或离开财税链数轴的单向运动（二者相互矛盾因而必居其一）。因此，无信仰的人类个体的生命周期，最多只有 40*3=120（年），这个基于信仰的数学或逻辑上的个人寿命结果，与《圣经》中"耶和华说：'人既属乎血气，我的灵就不永远住在他里面，然而他的日子还可到一百二十年。'"（创 6：3）完全符合。上述结论对于一个民族或群体来讲也一样，如在某种力量如圣人或其他精英人士的引导下，整体信仰水平仍始终单向坠落无法改变时，从无限接近进入以色列类型社会的信仰最高点开始，最多 40 年必坠入专制社会形态中，根本无法建立起一个以色列类型的社会。《圣经》中记载以色列人在埃及旷野 40 年，手握摩西法典也不能够建立起摩西律法中的以色列类型的社会，就是如此（社会公权力机构竭力维持、倡导的信仰与社会信仰彻底地背道而驰），神人摩西也只能"你且上毗斯迦山顶去，向东、西、南、北举目观望，因为你必不能过这约旦河"（申 3：27）。反过来也一样，最弱小、最底线的正确社会信仰直线上升 40 年，必迎来永生的以色列类型社会。如台湾社会，从 1949 年之后，社会信仰水平直线上升（社会公权力机构竭力维持、提倡的信仰与社会信仰的发展方向重合），经过 40 年，在 1988 年终于建立起以色列类型的社会。

从经济角度看，一方面，所罗门时代的以色列和 1978 年之后的中国，都在经济领域中形成与生产过剩完全相同的效果，出现通货紧缩趋势，货币的边际幸福效用下降。同时，又都在本社会领域内，出现供应不足的现象：除了基于社会阶层差别形成的消费差异部分之外，人们无法在本社会中，找到可以增加消费的新产品或服务项目，所有的日常生活所需的产品、服务都相对饱和。社会供应不足本质上就是生产过剩的翻版或本来之意。因此，社会消费过剩或消费能力过剩，没有可资以消费的新领域，就是这类经济体的共性：在中国，社会消费能力过剩导致消费行为境外化，如人们热衷海外购物置产、出境旅游、出国留学、加入外国国籍等；在所罗门的以色列社会中，就突出表现为人们的闲散和增加对各类偶像的奢华崇拜活动……非常清楚，任何经济体在同时出现消费过剩和供应不足时，大众投资就表现为人们过量的消费，所能或所应采取的唯一正确的社会行动是消弱社会消费能力，给消费过剩瘦身，让民众穷下来，而不是相反去迎合、满足民众的贪婪欲望，加剧社会的过剩投资——消费过剩状态下的消费行为，无一例外都是一种投资行为，如超过消费需求的购买房地产的行为就是投资房地产，希冀房地产的升值获得最大利润或最大限度地规避风险。民众的社会投资与政府投资，这时会产生一种类似股市中"多杀多"或"空杀空"的内耗、自杀效应。例如，中国 2015 年上半年给全国所有的公务员、教师等事业人员、国企中的部分人员普遍大幅度加薪。加薪部分的庞大资金都直接转化为投资而不是消费，与中国政府一贯通过国企等投资渠道垄断社会投资而不真正再需要社会投资、或者消灭社会投资的大趋势形成对冲。从经济学角度看，给已经处于消费过剩中的公务员等社会群体加薪及中国政府的其它的积极财政政策，与其应用货币政策不断扩大投资的行为，恰好是一对相互矛盾的政策选择。所以，中国政府加大国内消费减缓生产过剩压力的一切措施，并无预想效果反而走向反面。因为没有任何社会措施可以达到提高社会信仰水平从而造就社会的科技创新能力、并进而增加社会供应能力，社会公权力这时所能做的只有通过行使社会权力，来抑制社会消费能力的增长甚至直接消弱社会消费能力。例如对富裕阶层大幅度加税、大幅度减少财政收支总规模、严控或彻底取消国家投资、更换货币并同时限定最大可兑换新币数量等。能否讨论、提出和顺利采取类似的社会措施、以及采取这些措施的多少、采取后的实际效果如何，完全取决于该社会的社会信仰，反映出社会信仰的正确与否和水平如何。例如，历史上著名的、由美国经济学家杰弗里•萨克斯（Jeffrey Sachs）首创的"休克疗法"（shock therapy）在不同社会和国家，所产生的截然不同的社会效果，所反映出的正是这些国家的社会信仰水平的差异；最近的希腊债务危机，所考验的也是希腊社会的信仰水平，希腊能否接受一个财政紧缩的救助方案及可以接受一个怎样的紧缩救助方案、实施后产生怎样的社会效果，都取决于希腊社会的社会信仰。再例如，最近委内瑞拉社会由于经济结构的原因，经济发展过度依赖石油开采，在原油价格不断下降的熊市环境中，面临主权债务违约的风险，也是外债造成的货币推动型经济危机，与所罗门时代的以色列社会相仿，都属于货币的外部供给造成的，区别仅在于所罗门所使用的外来货币不用偿还，而委内瑞拉所使用的需要偿还。委内瑞拉的石油经济模式，与 1978 年之后的中国也相仿，二者同属货币推动型，不同之处只在于中国所利用的货币是自己发行的无成本货币，而委内瑞拉使用的是需要付利息的外币而已。委内瑞拉的危机出路决定于其社会信仰的水平或程度：继续依赖原油出口的老路，可以祈求债权人延期并扩大借贷规模，最终可能在油价持续下跌中彻底崩溃——这会反映出委内瑞拉的社会信仰是更加信奉货币或财富的实际状况；接受违约事实并拒绝续贷，将经济成功引向依赖石油之外的其它领域，就像阿根廷在 2001 年之后所做的那样，则可能只会面临一时的困难而避免一次彻底的崩溃——这会反映出委内瑞拉的社会信仰仍然是信奉货币或财富的实际状况，迟早还会再次发生类似的危机，进入历史循环和等待中；接受违约事实并拒绝续贷，成功剔除依赖货币维持市场份额和生存的经济实体，将社会经济引向依赖科技创新和应用的新路，则可能只会面临一时的困难而彻底避免以后再发生类似危机——这又将会反映出委内瑞拉社会更加信奉神的社会信仰状况。再来看中国，自战国时代的商鞅变法失败开始，直至北宋王安石变法、明朝的"一条鞭"法、清朝的"摊丁入亩"改革都以失败和扭曲而结束，至 1978 年之后的中国特别是今日中国，发展到甚至于不能容忍经济发展出现较低增长率、更遑论提出财政紧缩想法和实施财政紧缩的措施，反映出中国社会的社会信仰水平，自秦汉以降至今几千年来，一路走低的历史现状，诠释着控制中国历史走向的真正力量。

《圣经》中给出的社会经济学原理，就是一个社会中的财政收入和支出，必须始终是其社会经济的一个有机组成部分，否则，无论是所罗门式的低成本外来货币输入，还是现代中国式的无成本货币供给，甚至于将来全球性统一货币时代的某些阶段，虽都有源源不断的货币供给可依靠，但也都不可避免地走向崩溃尽头，难逃四十年定律的约束。同时这也意味着，任何专制者，在缺少可以持续提供廉价货币供应的社会条件下，企图运用货币手段提高经济发展速度来满足自己的任何欲望时，其社会和政权存续的时间必将小于 40 年。至此，我们已经完成了有关信仰运动函数的全部推导、计算过程。

（二）、信仰函数的深入解读

我们需要对前面章节中提到的有关信仰运动函数的内容进行一下综合、分析。共有四部分内容。

第一部分、信仰函数的解析与其信仰学意义

函数 C=GDP*Q*0.4+ΔM*0.6，就是我们上一章中曾经提前使用过的那个"信仰运动函数"：在信仰运动中，"C"指一个等值（社会）信仰或无差别（社会）信仰，即一个常量；货币供应的增量（ΔM）和财税收入（GDP*Q）是影响、决定任意一个等值信仰运动的两个变量因素；其中，"GDP*Q"是科技知识和应用的社会状况，是人们生存的科学环境或者物质环境，是"爱"的回馈或信仰惠及的数量指标，我们用字母"X"代替它；"ΔM"是信仰途径或"爱"的付出，

是人们生存的社会环境或者法律、政治环境，是取得定量信仰成果的代价，或定量信仰的价格，我们用字母"Y"代替它。那么，信仰函数现在可以简单写成：0.4X+0.6Y=C（"C"为常数）。信仰函数给出了财税链（即科学和自然法则构建出的秩序或者环境）与货币供应量（即法律或者暴力构建出的社会秩序或者社会环境）在等值社会信仰中的线性关系。即当后者（货币供应量）持续增加的同时，即意味着前者（科技技术）相对应地持续减少。反之亦然。也就是说，社会环境或者社会形态的进步，必须同时伴随财税链的延长即社会科技的同等程度的发展和进步，才是有效或者真正的社会进步——货币供应的绝对增加，无论如何都不是社会进步、正确信仰发展的应有特征；人类社会文明、社会形态的真正进步，相当于财税链长度的稳定与科技进步发展之和，最终都要表现为货币供应量的减少和货币退出。货币供应超越技术进步程度的任何增长，都是以牺牲社会秩序或者法律社会环境为代价的，这种持续维持 4、40、400、4000……时间单位或者周期时，我们可以看作为社会的科学秩序环境或者所处的自然环境在潜移默化地持续瓦解了 4、40、400、4000……对等的时间或者周期，从信仰函数中的构成比例值看，这意味着科学技术被充分、肆无忌惮地使用着，信仰处在一种只剩下技术规则构建的自然环境而无社会秩序的状态中，即无政府社会状态下。也即社会的自然秩序或者科学环境的彻底归零，相当于社会彻底失去了适宜的自然环境条件或者物质基础而被动解体。这种情况下，除非突然出现了"改天换地"般的新自然环境，如《圣经》中天国的降临一般，否则是根本无法满足人类的生存需要的。因此，通常情况下，这就意味着旧社会崩溃的降临和新社会重建的准备。对于个人信仰来讲，人们的精神世界和物质世界之间，或者内心需求与物质要求之间，对比关系是 40：60 的数学比例关系——人活着，精神追求的空间更大、更重要、更长久，或者，精神追求将带给人类更长的寿命（影响和决定个人寿命的主要因素，并不是生物基因等自然物质条件或者自然物质环境，即基因、生活环境等自然环境条件相同或者相近的个人之间，生命周期照样会有极大的不同），直至无限的信仰生命即永生；个人信仰生命的最低期望值（即无信仰者的最低预期寿命）是 40 与 60 的最小公倍数，即 120 岁。相应的，对于社会信仰寿命来讲，按照信仰类型，分别是：1）、无信仰（或者无神论）社会中，一种无神论信仰、思想的持续发展意味着社会信仰、社会道德的持续堕落，此时其主导、支撑的社会秩序、法律或者道德秩序的持续存在时间不会超过 40 年。同时，自然生态环境被破坏、污染掉 2/3。在各种无神论信仰体系中成功轮换、交接的情况下，如社会信仰先后处在马克思主义、金钱至上等思想统治下时，政权或者社会秩序的存续时间，最长也不超过 3*40=120 年。突出的例子是中国古代的金朝、现代中国、前苏联及华约组织。2）、不正确信仰社会中，一种不正确信仰持续发展，即社会信仰持续堕落、越来越多的社会成员不再信守他们的信仰诺言而肆意妄为，经过 40 年的发展历程后，根据其社会信仰的构成情况不同，必在下列两个结局中二选一：A、由强盛转为衰败；B、死亡。不正确信仰的社会中，存在着正确信仰，但正确信仰发展缓慢的，结局为 A。突出的例子是《圣经》中以色列社会经历了所罗门时代的王国时期和犹大王国三年强盛，共 40 年的繁荣强盛时间后，进入到强势结束后的衰败时期。不正确信仰社会中，根本不存在正确信仰的，或者虽存在正确信仰但发展停滞、甚至下降的，其结局为 B。突出的例子如中国古代的金朝（最后 40 年历史）。不正确信仰社会发展趋势的转变，意味着支撑原来社会秩序的不正确信仰堕落死亡——A 结局、衰败后的社会，支撑其社会秩序、法律秩序的那种不正确信仰，与之前支撑强盛时代的那个社会信仰，二者虽然同属不正确信仰的类型，但却有着极大的、不同量级上的差别；B 结局的，旧信仰的死亡很直观，就不多讲了。从信仰函数上来看，经过 40 年的信仰堕落，即"X=0"，意味着原来社会秩序或者社会法律环境的根本变化，并伴随自然生态环境适宜性的极大变化（缩小了 2/3）——信仰的新平衡，是以社会秩序或者社会形态的后退为代价，与科学发展的缓慢或者停滞不前确定新关系（科学发展是只前进不后退的单行模式，决定了社会秩序或者社会形态的稳定不变，在社会信仰成长过程中，就表现为科学发展或者科学进步了）。其中，不正确信仰社会的 A 结局即上述"有强转衰"，表现在社会形态的转变方面，非常突出、明显。即社会秩序环境的改变，表现为，社会形态从表 3-2 第 10 列中的比较优势形式中，蜕变到表中比较劣势的形式中——即走到专制、独裁、社会崩溃的社会形态中来。而 B 结局即"社会死亡"或者崩溃后，未来的新社会，其社会形态大都仍延续之前的专制、独裁社会形态，其中正确信仰集中的个别地区，可能独立出来并走向民主之路。3）、有正确信仰的社会中，正确的社会信仰持续向前发展 40 年，将分别迎来社会形态按照表 3-2 的顺序由劣到优次序前行、或者造就出现代民主社会形态、或者现代民主社会中的民主形式沿着表 3-3 第一列到第六列的顺序次序升级。即沿着人类民主发展的总趋势，从间接民主向直接民主、从不完全民主到完全民主方向发展。同时，社会经济发展将迎来长达 40 年无需任何货币策略支持的黄金时期。反之亦然，正确信仰的反向波动，会带来相关次序的反向变动和经济发展依赖货币策略支持的不利结果。例如，是否给新移民以公民权、给居留者以移民身份，以及其中的限制条件的差别、难易等等，就反映出了社会的民主化程度及背后的信仰发展状况——同等条件下移民越难取得公民身份的特定时期，就是社会正确信仰发展进步缓慢的时期。适宜接纳的移民数量，以不影响社会信仰的自我维护和自我修复为界，否则将带来剧烈的社会动荡、或者会加强社会信仰的原有堕落趋势，古罗马接纳西哥特日耳曼人、并最终被其所灭的历史故事就是证据。另外，自然科学环境或者物质生存环境的颠覆性改变，在社会环境或者社会民主化程度不动的情况下，至少需要正确信仰持续成长 60 年才可以——2038 年左右最有可能在印度引爆相当于工业革命一样的颠覆性产业技术革命，因为印度是人口最多的民主国家，除非美国等西方国家届时可以有巨大的信仰空间可以容纳下、消化掉上亿甚至上十亿的移民人口。但是，西方社会的国家对于移民而言，就像一团火烧着一个锅——社会信仰发展状况好时，这口被烈火烧的得滚开的锅，就可以接纳很多的凉水即大量各种信仰的移民，而不会真正让水温下降，所谓"用水止沸"不可怕；而当西方社会信仰发展状况不佳，锅下的火不旺时，往锅里加大量凉水，即接受大量各种信仰的移民，水温会长期下降很多，甚至永不开锅。也即，当本社会的信仰水平无法很好消化外来人口的信仰时，将制造出很多本社会难以忍受的社会后果。因此，社会信仰发展状况不很好时，西方社会会自动趋于保守，更加关注本社会。

综上，信仰函数给出的是信仰者或者社会的诞生过程及其花费的时间。对于个人来讲，信仰函数意味着信仰者的身心必须经过四个阶段的环境连续变化后，才真正被确认：内心世界（相对于社会领域中的社会秩序环境）要经历"信心至德行"、"德行至知识"、"知识至节制"、"节制至忍耐"四个阶段的连续性成长变化，对应着外部环境（对应于社会领域中的自然环境和科学技术环境）同时相对地连续性四次塌缩——各种各样理解之下的信仰"禁食"，或者"有所为有所不为"。每个阶段对应的最短时间是 10 年，可以有无限信仰结果的正确信仰者得享永生——这些结果，要么是促进本社会、甚至是全球的民主和人权进步，特别是促进人类社会民主程度的数量级进步，即影响社会的法律环境甚至是国际法律秩序环境。要么是促进人类科学事业的进步，特别是引发本社会科技革命甚至是全球性技术产业革命，即影响社会的自然环境或者科学自然环境秩序向更有利于人类生存的方向发展。其他信仰者可以有 120 年的信仰预期寿命，他们的信仰行为主要是维护或者破坏本社会的法律环境和国际社会的国际法秩序，维护或者污染自然环境、科学环境。对于社会来讲，一个正确信仰社会的诞生与一个正确信仰者的诞生一样，是指一个社会中，正确社会信仰水平持续 40 年（财政年度）成长，就会脱胎换骨，无论其原来的社会形态如何，都要进入到民主、自由、三权分立相互制衡的社会形态中来，如台湾社会 1949 年至 1988 年的历史一样。而一个正确信仰自由发展 400 年的社会，无论其母社会的历史状况如何，都要从中分离出去，造就出一个国际社会形态来。这就是国际社会的诞生。但这个分离出去的社会，其社会形态的样式则视其社会信仰的具体发展情况而定。如，1949 年中华民国从大陆来到台湾、再如《圣经》中以色列人出埃及——前者，正确社会信仰持续发展迎来今天的民主台湾，后者，以色列人的整体信仰堕落，迎来《圣经》中以色列历史上的士师时代和后来的亡国。国际社会的形态变化，就是我们前面第一章中提到的《圣经》中的"四个兽"，反映的也正是人类社会整体信仰发展的一个动态状况。正确信仰在全球自由发展 4000 年，即没有受到所谓的外星人的强力干扰，人类将迎来一个真正的全球性社会形态——这是单一的小社会、多社会组成的单一国际社会的一种自然逻辑延伸，也就是《圣经》中"千禧年"时代的开始。

信仰函数按照变量的变化趋势指示了两个不同方向下的不同值域，它们可以相互置换或者互为代价，但分别具有不同的信仰学意义。我们分开来看。

第一种情况，就是上面刚刚指出的，沿着货币供应量因子在财税收入中所占比例不断增大的方向所得出的结果。即在等值信仰的形成过程中，沿着不断增加"爱"的付出的方向来考察或计算。这时，函数值与两个变量的变化值域相等，均为 10Z（"Z"为整数）。从"爱"的付出方向看，上述变化就是 4*10Z（"Z"为整数）。在上一编的有关章节中，我们通过博弈表、信仰的发展阶段等内容都讨论过为什么只要连续的 4 个值就可以表述一个信仰的完整运动状况，这里再

从环境的变化和新环境的诞生的角度提示说明一下。数字 4 是一个已有环境中出现新秩序的最小时间，在《圣经》创世纪的记载中，人类在创世纪开始即第一天之后，再隔 4 天即创世

纪的第 6 天被创造出来，其实涉及到数论和拓扑相变中的很多科学知识，我们放在后边的章节中另行讨论，在这里不再赘述。概括来讲，这时的信仰函数值域统一告诉我们四个重要信息：A、信仰载体，即个人、单一的社会或国家秩序、国际社会秩序的信仰成熟期为 40 年，无信仰的信仰载体的预期寿命均为 120 年（=40 年*3）；任何一个无信仰国家，至少必须每 40 年定期成功转变其社会的"信仰"道德体系才可以暂时躲过突然死亡的命运，且其寿命无论如何总共不会超过 120 年。具体应用时，要注意社会信仰的一致性，或者官民信仰的一致性。如，当今中国社会，处于社会公权力系统中的中国官员，最迟可能在 2011 年就全部沦为采取非法手段攫取经济和其它利益的理性群体（具体计算方法和计算过程见拙作《圣经中的中国和当今世界》第 119 页-125 页，美国学术出版公司）——狂热执着、失去理性的"共产主义"者或毛泽东式的理想主义者，在中国社会的公权力体系或者共产党组织内部，已经完全被物质利益至上的理性者取代，与中国社会民众的金钱至上信仰类型和发展趋势完全一致。因此适用 40 年社会灭亡的规律。反观台湾社会，是官民一致的正确信仰（有神论和一神论）类型和发展趋势，因此适用 40 年成就为民主社会（正确信仰的默认社会形态）的规律。B、任何处于一个信仰载体当中的信仰受益群体，群体的信仰成熟期或寿命为 400 年。即，一个信仰群体脱离原来的信仰载体如一个国家政权，去建立一个新的、属于他们自己的社会或国家的话，至少需要准备 400 年。或者，在一个国家内，自动彻底除灭一个群体的信仰或道德体系的影响的话，至少需要花费 400 年。具体运用这一法则时，要注意信仰的发展环境必须是自由的。例如，希腊历史上的"迈锡尼文明"（前 1500 年-前 1100 年）中，各种不正确信仰处于贵族社会而非专制社会的社会环境中自由发展，因此，在 400 年的成熟期满后，大量的成熟信仰同时寻求独立建国（建立独立社会或者成为主流社会信仰），造成内部大分裂，导致整个文明的陨落。反观《圣经》中的以色列人在埃及的历史，虽然埃及社会信仰与以色列人的信仰截然不同，但是以色列人的信仰在埃及法老的庇护下得以自由发展了 400 年，信仰成熟后出埃及寻求建立一个自我主导的社会，从而避免了埃及社会和文明的崩溃或灭亡。从国际社会的角度讲，自第一个正确信仰成熟的国家——公元 1689 年的英国民主社会诞生起，经过 400 年对各国社会信仰自由发展（不干涉国家内政）的国际社会历史时期后，即在公元 2089 年左右，人类世界将迎来一个完全由正确信仰社会（民主国家）所主导的国际新秩序——只可惜，这个国际社会还不是一个统一的民主社会，象现代西方国家一样具有三权分立相互制衡的政治民主制度。但与过去（即现在的国际社会秩序）的国际社会相比，它却是一个完全消除了所有专制社会的国际事务话语权、在任何国际和地区事务中再无专制社会的声音或者态度会让国际社会不得不加以关注的新时代。C、任何一个信仰、道德思想体系的寿命均不会超过 4000 年。正确信仰中的父系除外、子系要在该时间段内完成自己的历史使命。D、任何一个信仰，终其一生，即从其出现到彻底完结，都要经历 4 个信仰发展阶段。或者，任何一个信仰，都是一个四维向量空间——时间与三维空间所构成的。

第二种情况，是沿着货币供应量因子在财税收入中所占的比例不断下降的方向，即等值信仰的形成过程中，"爱的付出"的因素不断下降，"爱的回馈"因素或者"科学技术和应用"的因素越来越大。这时，函数值与两个变量的变化值域仍然相等，均为 $10z$（"Z"为整数）。从"爱"的回馈方向看，上述变化就是 $6*10Z$（"Z"为整数）。这时信仰函数的数学意义很简单，从数学的角度讲，可以反过来与第一种统一起来，且更容易理解——即在一个新的等值信仰形成过程中，重复了第一种情况。第一种情况是信仰向前运动达到新平衡，第二种情况是信仰向后运动，达到新平衡。但信仰学意义就比较复杂：我们无法用同一信仰的下降、堕落来理解、表述它的上升和成长，二者的结果截然不同，不具有可比性（非线性）。因此，从信仰的角度讲，首要的是统一信仰的结果，即假设两种信仰体系的结果完全相同，两种信仰的等值信仰量具有可以直接进行加减运算的统一性或者倍数关系。这时的情况就变成为，我们现在看到的第二种情况，变成了刚刚讨论过的第一种情况的一个"子信仰"系统，它可以与第一种情况下的信仰表合并考察、计算。正如我们曾经在表 1-6 中所做的那样。但是，这时的"子"信仰系统，因为信仰结果与"父"信仰系统的统一性，"信子"等于"信父"，建立信仰的那个阶段就没有了。因此，这里的整个信仰发展阶段就由第一种情况下的"4"个阶段缩短为"3"个阶段。相应的，这时信仰函数的值域也只需要 3 个连续结果即可，参照第一种情况下（即 Z=0，确定下第一个数值即阶段性数值为"4"后，直接在该数值后加相应的"0"位，即"4"、"40"、"400"、"4000"）的计数方法，即应在阶段性数字"3"后、直接加添相应的"6"位即可——"36"、"366"和"3666"三个数中取两个数，其中的数字"3"为阶段性数字，需要去掉——阶段性数字与信仰发展的成熟期或寿命不同性质。真正需要的数字即出来了，为"6"、"66"、"666"。《圣经》中，与"父"信仰体系的发展历史上存在一个"兽"阶段一样，"子"信仰体系的发展中，也存在这样的一个"兽"系统的演变过程，且因缺失（与"父"系统重合）信仰受益范围的那个环节——典型的就是《圣经》以色列人进入埃及社会，经文中对应的数字正是"66"——"与雅各同到埃及的，除了他儿妇之外，凡从他所生的，共有六十六人。"（创 46：26），即中间发展过程中有一个"兽"会缺失，"子"信仰体系的受益范围从个人直接进入到全人类。正如经文"凡住在地上、名字从创世以来没有记在生命册上的，见先前有，如今没有、以后再有的兽，就必希奇。"（启 17：8）所讲。如此计算的最后结果，也是在经过三个阶段后，从"子"信仰系统中会产出（666*1000=）66.6 万相当于"父"信仰体系中所产出的一样的信仰合格者，与表 1-6 中的结果完全一致。也就是说，确定信仰函数值域的方法不同，带来的只是信仰体系间进行转换计算时依据的标准的改变而已，本质上并无不同。或者说，从"父"系信仰所在的坐标系，转换到"子"系信仰所在的坐标系，需要将坐标系进行旋转，坐标系的单位长度因此改变 4/6，这就是数字"6"、"666"所以出现的原因。

不正确信仰载体的信仰成熟期(或者信仰寿命)，如单一的不正确信仰的社会或者国家的历史存续期，与其财税收支的变动幅度有关——幅度越大，寿命越短；对于那些"老不死"的个人来讲，他们的预期信仰寿命与其信仰的变动大小或者信仰顽固程度有关——越顽固者寿命越长。以上都遵循数学函数【(1+1.5A)/(1+A)】X=(1+1.5A)/1.5A，其中，"X"为国家寿命或者个人预期寿命，"A"为国家的财税收支变动幅度，针对个人时就是指信仰波动幅度。

第二部分、信仰函数拓展信仰运动空间和延迟信仰运动的结束

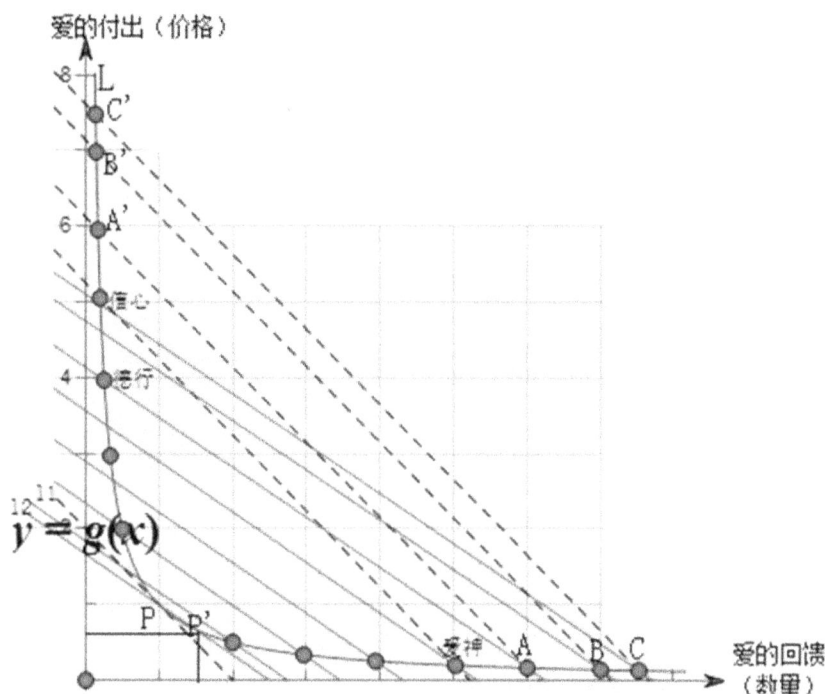

图3-17　从信仰函数角度看无差别信仰曲线中的阶段性变化。

图中P点是等值信仰曲线L的顶点，过P点的黑色虚线是等值信仰曲线的切线l1：X+Y=2，此线的斜率，是两大信仰发展因素中已被认可的替换比率，P点的坐标表示一个最佳信仰因素组合（1，1）。因此，与之平行的等值信仰曲线上的点"信心"与点"爱神"间的连线，意味着从"信心"开始，到"爱神"结束的整个信仰发展的结束，但是，信仰函数的红色斜线l2：4X-6Y=10在曲线"爱神"点位的平行线却远离点"信心"，因此，信仰函数与信仰曲线交叉于点"德行"、点"信心"的直线，在信仰等值曲线上的点A、点B、点C就是被延长的信仰发展轨迹。同样，在曲线L的上部，即在点"信心"之上，也有三个对应的点A'、B'、C'。如此，原来只有8个阶段的信仰发展全过程，就延长了6个阶段，即多出点"爱神"之后的3个阶段，上部多出点"信心"之上的3个阶段。点A'、B'、C'的存在，说明正确信仰的信心最初还可以来源于《圣经》之外。

通 过 图
3-17 我们会发现，信仰函数是如何对信仰发展造成影响的。该图中，无差别信仰曲线 L：Y=1/X(X>0)在顶点 P(1，1)位置的切线，为图中黑色虚线 l1：X+Y=2。在 P 点上，l1 的斜率正好等于 L 的斜率，表示一个正确信仰者在现行的信仰模型中以"爱"代替"科学（知识、智慧）"的比率。另一方面，l1 的斜率表示根据现行的信仰发展模式能够选择的替代的比率。当"天国"的选择代替率正好等于人间信仰发展现实市场允许率时，就处于均衡。如此，现在我们知道"天国"已经确定了需要多少合格的正确信仰者（或者知道是一定量的需求）时，在已经知道了信仰发展中的收入（"爱的回馈"）和产品价格（"爱的付出"）的情况下，根据经济学常识，我们现在就可以知道天国的"消费"或"购买"的"偏好体系"。这样，我们不难知道，图 3-17 中与直线 l1 平行的所有黑色虚线，与 L 的交点，都是"天国"可能购买与人间可以提供的选择，我们称之为"可能点"；从图中看，这些可能点在 L 上的点"信心"与点"爱神"的连线处，按照信仰发展的过程看，就到了终结位置，完成了一个信仰发展的循环和选择过程。但是，信仰函数作为表述信仰成熟后结果或死亡的时间线，图中的信仰函数直线 l2：4X+6Y=10，与信仰曲线 L 的交点有两个，交点 P（1，1）和 P'（1.5，1/1.5），线段 PP'就是图 3-17 信仰发展模式中的信仰成熟到结出信仰果实的最小时间段或最短的"忍耐期"——连续发展的信仰，无论正确信仰的连续成长，还是任何不正确信仰和无信仰道德的连续堕落，这个展露信仰结果的最短时间段的长度都等于 40 年。如在图 3-15 中，我们需要的计算结果其实就是先确定

111

P'点的位置，然后找出与此对应的货币供应量位置，最后按照平均增长速度计算出到达该货币供应量的时间剩余。

图 3-17 中与直线 12 平行的所有红色实线，与 L 的交点，都是正确信仰的收获点或"结果点"。从图 3-17 中，我们可以发现，在正确信仰发展的"德行"位置上，信仰函数给出的信仰成熟点 A 已经远远超过了位于 L 下部分的"爱神"点的位置——这是超出信仰发展阶段后的位置。也就是说，按照信仰成熟后的结果期来看，信仰者或"天国"的选择在此应该结束，没有其他选择或"可能性"。这样，矛盾出现了，信仰函数否定了我们刚刚提到的由等值信仰特点所决定的一些"可能点"，或者，被信仰函数截止的"可能点"仍在等值信仰牵引下延续、延长——如经文""要扩张你帐幕之地，张大你居所的幔子，不要限止；要放长你的绳子，坚固你的橛子。"（赛 54：2）所讲那样。因此，同时满足以上两方面要求，解决矛盾的办法就产生了图中的点 A、B、C，即都是基于满足等值信仰而延长合格信仰发展过程后应所得出的点位，而点 A'、B'、C'又是对应 A、B、C ，由替代效应所决定出来的"可能点"。好了，现在让我们看看，信仰函数带来了什么变化。首先，是信仰的发展阶段，由第一章中所熟悉的 8 个阶段扩充为 14 段——上下各增加 3 段。其次，上述增加，使得正确信仰的一次信仰成熟一次结果后，为下一次的结果提供了 10 倍的机会：第一章中我们已经知道，正确信仰的一次成熟，要经过 4 个阶段（即"信心"至"德行"、"德行"至"知识"、"知识"至"节制"、"节制"至"忍耐"），然后就无需再经历信仰成熟的过程而不断结果。因此，可能结果的信仰发展阶段的数目，现在变为有原来的 8 段，再加上现在所延长的 6 段，然后再减去不需要的成熟过程的 4 段，一共有 10 个相当于线段 PP'的信仰结果机会。依此类推，这就是第一章中"父"系中"10"倍数字的由来，正如经文"在那些日子，必有十个人从列国诸族（注："族"原文作"方言"）中出来，拉住一个犹大人的衣襟说：'我们要与你们同去，因为我们听见神与你们同在了。'"（亚 8-23）所讲。

信仰函数的直线与等值信仰曲线的两个交叉点，是正确信仰者的"两只脚"在信仰前进过程中留下的足迹，一前一后。其中，一个点（P）是最佳选择点，是"爱的博弈"或"科学（知识、智慧）博弈"中的那个纳什均衡点；另一个点（P'）是可接受的选择点，与前一个均衡点（P）共同构成"爱与科学博弈"中的两个纳什均衡点。所以，可以说，最佳选择原则和可接受的等值选择原则，是制约信仰发展的两大共同法则，《圣经》中整个正确信仰的发展和被选择的过程构成了一个帕累托效应。具体说，就是"父"系下只有一个选择（最佳选择），"子"系中有两个可以被接受的选择。回到表 1-6 中去看，"父"系中的合格者人数，是纳什均衡的结果，处于一种自确定的平衡状态中，和一种非完美的结局下；"子"系是一种帕累托最优的结果，多出的收益就是改进的结果，途径就是信仰科学。表 1-6 中，如果单纯从纳什均衡的角度看，"父"系有四个循环或信仰成熟、结果的过程：第一个是亚当夏娃，第二个挪亚及其家人，第三个是旧约时代，第四个是新约时代。每次循环均按照 1：10：100：1000 的比例逐次增加合格者数量，其中，第一次与第二次的循环未展开或未充分展开，合格者的数量均为"1"，第三次与第四次充分展开，各有四个循环过程，因此表格中有"1"、"1"、"1000"和"100万"四个结果出现；"子"系是一次循环、一次结果，所直接对应的是挪亚家人中除去"挪亚妻子"后的六人，因此只应有"6"和"666 万"两个数字。回到《圣经》中去看，"父"系与"子"系的合格者数量比例关系，是亚当夏娃在被逐出伊甸园的过错中的责任分成情况。即夏娃在原罪中承担 55.55555%过错比例，相当于亚当（一个合格者）付出、承担 44.44444%的责任。一人承担是"自确定"——如经文"这是我骨中的骨，肉中的肉，可以称她为'女人'，因为她是从男人身上取出来的。"（创 2：23）所讲；两人共同承担，或者让两人共同承担，是最优策略，结果就是最终可以完全弥补上一个合格者的 44.44444%的责任"缺口"——表 1-6 中，"810 万"的数字，正是这种最优化以后的结果。而高达 810 万的被拯救者中，关键或起主要作用的，只有 144 万，其余的不重要多数为 666 万，二者比例值为（144/666=）0.216，216，，216 ··· ··· 。

978-1-62265-922-7 (online) 978-1-62265-923-4 (paper) Faith Studies by Zhang, Pujie

合作方（个数）	每位合作方的责任分摊比例（第一循环的第一次博弈后）	责任分摊比例（第一循环博弈二次后）	责任分摊比例（第一循环博弈三次后）	责任分摊比例（第二循环第一次博弈后）	责任分摊比例（二循环二次博弈后）	责任分摊比例（二循环三次博弈后）	合作红利（提高的最大值）	合作效果	政权形式
4	0	00	000	0, 000	00, 000	000,000		最差	无政府
3	6	66	666	6,666	66,666	666, 666	9.549, 549%	最优	三权分立
2	1	16	162	1, 621	16, 216	162, 162	28.228228%	次优	双皇帝（专制）
1	4	44	444	4, 444	44, 444	444, 444	55.555555%	次差	独裁（个人或党团）

表3-2

博弈的红利变动情况，也是对政治学的数学证明；三权分立相互制衡的政治结构，对每个社会公权力机关的压力和要求最小、责任降低幅度最大、博弈的效果最好，即对社会信仰或社会道德的成长最有利，专制独裁政府的压力或要求最大，要对社会信仰或者社会道德的堕落承担绝大多数的责任。虽然它可以从无政府状况下拯救社会信仰或道德，但仍然只处于可以社会的信仰、道德进行发展的"次差"位置，有四个及四个以上的社会公权力中心的社会，是无政府状态下的一种社会，全体社会大众要对其社会信仰、道德发展或堕落带来的一切后果承担全部责任，最不利于社会信仰、道德的发展。所以，《圣经》中的"女王"是专制集团或独裁者的形象比喻，并无性别在里面，只暗示了其与"夏娃"的信仰责任比例值的相等。

表 3-2 第三栏表明，帕累托效应中的"二八法则"，严格讲是 21.6，216，216%法则，在政治学中就是类似古罗马历史中的双皇帝（或双执政官）、古希腊的贵族政治、现代世界中的执政党制度；需要注意的是，表中第一栏，对于社会信仰来讲是最差的（整个社会彻底退出，或者单一社会和国家的崩溃死亡），但对于个人来讲，社会退出以后的人类个体信仰状况，却是前所未有的好，也是个人对自己的信仰发展承担全部责任的一个完全自由、彻底暴露的时代——从"天国"的角度讲，此时的边际效益为零，利润已经达到最大化，也就是帕累托最优状态，即《圣经》中的"千禧年"时代。如果再增加产能，成本的增加反而会削减"天国"的利润。因此，一个信仰的最长社会寿命（或者一个社会信仰的最长寿命）通常不超过 4000 年，《圣经》中的"千禧年"必在公元 4000 年之前降临。同时，我们若借鉴表 3-2 来对个人信仰的变化进行考察的话，第一栏变为"最优"、"第二栏"即"三权分立相互制衡"变为"最差"、而专制甚至独裁变为"次差"、"次优"策略，这正是在人类社会退出信仰发展历史舞台的过程中，必然要出现的社会形态变化的一种短暂的逆流现象，正如《圣经》中千禧年之前的信仰大考验（但 7：25）所描绘的一样。表中第二栏，揭示了以色列类型的社会必采取"三权分立相互制衡"的默认或者标准配置的政治制度的根本原因，就是社会信仰博弈的一种自动平衡结果和优化改进以后的唯一一个最优策略。即社会对个人信仰发展承担的责任最小、担子最轻、干扰最小，社会最自由而各种信仰或道德的发展又最有保障；而反观所有专制或独裁社会中的统治者（表中第三栏、第四栏），显然都处于违背信仰发展科学规律的愚昧状态下。即他们都完全违背了帕累托效应的"二八法则"，明显处于费力不讨好、不知如何去省力地维护社会发展的一群最愚蠢者的历史位置上——从科学的角度上证明出这一点，指出让专制者无法回避的这一科学结论，出现《圣经》指着包括将来要解读《圣经》的"受苦的仆人"们所讲的那样的效果："君王要向他闭口。"（赛 52-15）。从社会权力结构上看，专制社会和独裁政权中，都存在一个"社会意识形态主管"的独立部门或机构，例如，《圣经》中的埃及社会中，有法老和埃及王——前者是埃及社会信仰或社会意识形态的主管，是埃及社会事实上的最高权力机关，体现在埃及王对收生婆所下的命令，因收生婆的信仰或思想原因而"阴奉阳违"、并未得到实际执行，法老的命令却被全埃及民众主动、完全地遵行（出 1：15-2：3）。再例如，现代中国社会中有专门的"党务"官员或权力体系，处于国家的最高统治位置，特别是"文革"时，毛泽东就是依靠在社会意识形态领域中的地位而处于超越整个国家公权力机构之上的超然位置上，甚至可以在不依赖后者的前提下独自支派中国社会和全体民众。再如，伊朗社会中的最高精神领袖处于事实上的最高权力位置。独裁社会中，独裁者个人处于社会意识形态和社会权力的二合一状态。由于社会信仰与社会公权力机关维护的信仰并不一致（或不可能永远一致），最终造成了不正确社会信仰发展中存在分裂现象或前面提过的信仰发展中的"四足运动"；而当一种不正确社会信仰或无信仰道德思想，恰好在社会信仰或者道德层面上，与社会公权力所竭力维持的信仰或道德体系实现了重叠或者重合时，社会就进入到寿命倒计时的最后 40 年阶段——虚空的信仰结果会让社会最终崩溃。正确信仰的变化决定了社会在四种政权形式（表 3-2 第 10 列）中的变动方向，反过来也一样——观察社会的主权形式的变化趋势，可知一个社会的信仰变动状况，或者人心趋向，如社会的正确信仰连续成长 40 年，社会形态就会从第 10 列中的下一层跳升到上一层，反之亦然；人类社会的形式只有四种，单一社会发展到现代西方社会形态后，不会再有改变，直到传统社会退出历史舞台为止。但是，现代西方民主社会中，民主的方式仍然会不停地向直接民主、完全民主（如更加开放的移民制度等）前进——其前进的速度如何，取决于科学技术进步的速度。例如，在一个人口众多、地域广大的社会中，实行直接民主的质量即其有效性和及时性，离不开以信息科学技术进步为基础的科学支持。

113

978-1-62265-922-7 (online) 978-1-62265-923-4 (paper) Faith Studies by Zhang, Pujie

第三部分、信仰函数下的政治学——社会分类与比较

现实中，人们习惯性地将法律与社会公权力机关联系在一起，错误地认为是社会的政治制度或者公权力结构决定了法律的善恶及其公正、可靠的程度。法律是信仰者之间的约定。这种约定是否可靠，取决于立约者的信仰类型，并最终由信仰的结果与否而决定立约者或者护法者有无能力或力量兑现、履行这些约定。无信仰者、不正确信仰者都不能指望、不可依赖，最终不是因为他们不想遵守承诺，而是他们事实上无力完成约定的义务——即使是他们付出生命的代价也无法守信，他们确实无力解决履约过程中遇到的现实性困难，因为他们无科学创新能力或者技术手段。即只有在不需要科学创新的特定而短暂的历史时期内，不正确信仰和无信仰社会才可以勉强维持，才有些许的法律可以让人们暂时去依靠。而无信仰社会也是最终由于无力兑现承诺，而更多地干脆选择压制、掩盖表达不同诉求的各种不同社会声音，只留下照样无法实现的、专制者自己的自私声音。直白地讲就是，法律是否可靠，最终并不取决于约定者、立法者的主观意志——无能兑现的"吹牛"许愿、"失信"或者虚空，才是法律不可靠、社会无公义的根本原因。用不正确信仰或者无神论鼓吹的各种美妙愿景将人们团结在一起的社会，正是因为专制者、独裁者无法兑付社会承诺，而要背负更大的社会责任和信仰责任；正确信仰的社会中，各种社会承诺都会得到兑现，民众的各种不同要求和表达这些要求的不同声音，都会被社会倾听，因为这正是正确信仰者帮助他人或者"爱人"的支点、出发点、和着力点——帮助各种不同宗教信仰者的，就是信仰学的发现、完善和传播。上述事实成就了正确信仰社会的守信或者值得相信，如此该社会或者社会公权力机关才会无责任——政客们自己作出的超越社会信仰发展水平的承诺，由其自负全部或绝大部分的责任。法律作为社会信仰水平的标志、刻度，作为一种社会秩序或者社会环境的代言人，是以其可以信赖、可以依靠的程度所决定的——这又最终完全取决于立法者及其继承者的信仰状况，其背后的机制是：科学创新能力的有无、大小才是立约者的最终力量来源，是决定其任何承诺能否最终被履行的关键。例如，共产主义可不可以实现？正确的答案是：由于马克思主义者在走向共产主义社会过程中，根本缺少解决他们所遇到的各种现实问题的能力与机会，失信是必然的。即因为缺少科学创新能力而不能。共产主义者空有一腔热血，空有坚定的意志和狂热的所谓"为理想而奋斗"的各种行为，最终都要因无能而失败，他们的死和他们吃过的苦、受过的难，都象畜生的死一样毫无信仰价值；他们为共产主义而作出的一切愿景、约定、法律，因此从根本上是不可靠、不可能实现的。一切不正确信仰、无信仰社会中根本不存在法律的公平公正、也根本不存在社会的公义，根源就在于他们的社会信仰决定了他们没有能力兑现他们的承诺，他们的社会承诺就是"吹牛"、谎言或虚空，他们注定要失信，他们承担或者逃避社会责任的最终途径只能是死亡。可叹中国古代，空有"夫信者，人君之大宝也。国保于民，民保于信；非信无以使民，非民无以守国。是故古之王者不欺四海，霸者不欺四邻，善为国者不欺其民，善为家者不欺其亲。不善者反之：欺其邻国，欺其百姓，甚者欺其兄弟，欺其父子。上不信下，下不信上，上下离心，以至于败。所利不能药其所伤，所获不能补其所亡，岂不哀哉！"（《资治通鉴》第2卷周显王十年）的历史经验总结，但因为始终不明白"信"、"守信"的根本保证只在于正确的社会信仰中，在于正确信仰必然导致的颠覆性科学创新所具备的伟大历史力量中，这让中国社会至今始终无法摆脱"失信"造就崩溃的悲惨历史命运。

个人信仰与社会政治制度之间的关系，与表3-2相对应，如表3-3所示。

信仰发展阶段		1	2	3	4	5	6	7
社会信仰发展阶段		无(社会产生前)	社会历史阶段1	社会历史阶段2	社会历史阶段3	社会历史阶段4	社会历史阶段5	无(社会退出后)世人
个人信仰发展阶段		(珍爱生命)个人	(爱配偶)夫妻	(爱家人)家族 种族				
社会形态或政治制度		无(社会产生前)	专制独裁、僭主一党专制等	贵族政治(斯巴达式民主)	精英政治(梭伦式民主)	性别政治(雅典式专制)	国家政治(主权政治)	无(社会退出后)
公民权的享受范围或者取得条件		无(社会产生前)	大众均无公民权,象妻子依附丈夫一样依附在公权力之下	只有出身特殊的贵族中的成年男子,才享有平等的参政权和公民权	基于出身的贵族之外,有特定技能或者足够财富的"精英"式成年男子,也享有平等的参政权或公民权	奴隶和女性除外,其余成年人的民主社会	具有一国国籍的所有成年人,均有平等的参政权或公民权	无(社会退出后)

表3-3 信仰与政治的关系

社会公权力机关与社会公众的关系,即享受公民权的社会范围,或者取得公民资格的途径。从单一国家的角度讲,至女性平等取得公民权为止,社会信仰的发展从人群角度讲就已经结束,因此,"女王"形象成为《圣经》中最后的人类社会信仰的表征;从表中第2列至第5列的承担比例,逐渐增大,同样记录着人类言行,在后边的历史阶段相比前面的阶段,对灵魂产生的影响更大。同时,社会责任的承担比例越来越小。因此,《圣经》中处于第2阶段位置的"巴比伦王"要坠入阴间的最底层(赛14:15)———一切专制独裁者都要对本社会公众的信仰过错承担最大责任!

在表3-3中的僭主或者专制政治,对于消除贵族政治、精英政治后产生的各种政治势力割据十分必要——在等待正确社会信仰产生、发展成熟的过程中,最大限度地减轻社会动荡和历史痛苦,用最小的社会代价赢取正确信仰的成长。这在世界历史上,造成了超大型僭主、民主范围狭小甚至是专制的宏大帝国,如波斯、亚历山大帝国、蒙古帝国、前苏联、中国……需要注意的是,表3-3中的第四栏内容,既可以看作为专制社会模式的发展过程,同时也可以看作为民主社会的发展过程。例如,"僭主"政治的古希腊民主模式,等同于寡头、家族或君主专制;贵族政治、精英政治的古希腊民主,等同于贵族专制或阶级专制;古希腊的各城邦间的民主与国家政治等同,其内部的民主或者专制情况各异;雅典的"全民主"模式(而非其民主的范围,即指其民主的事项范围、运行方式、方法等等),却要到社会退出的"千禧年"时代才会重现——这是一种最高的民主模式或者彻底的直接民主模式,也是神掌管人间的另类"专制"模式。而中国式的专制社会模式,由于根本不存在固定的社会民主领域,如王朝时代的"皇族"或"贵族"内部,现在的共产党内部,都根本不存在平等、民主的政治机制,无法进入到表3-3中第四栏的发展进程中来,中国社会要出现哪怕是丝毫的民主影子(如中国上古时代传说中的禅让制),都只能从彻底改变现代中国社会信仰的类型(即从无信仰的无神论社会进入到有信仰的信神社会中)开始——中国社会自周代"春秋五霸"(即试图建立一种贵族政治式的僭主模式)始终未建立起僭主政治的机制开始,就为两千年后顺利拥抱马克思主义的彻底唯物论打下了社会信仰的基础,期间,由于缺少外部的强力信仰涤荡,例如亚历山大大帝或波斯帝国对欧亚大陆带来的各种多神论信仰的反复冲击与重塑,使中国的社会信仰发展自然朝向无神论的巅峰——即彻底的唯物主义方向走去。社会信仰运动决定社会形态变化的最清晰的例子,也许要算法国历史上的"大革命"时代了:反对革命和支持革命的地区,人们的信仰差别与居住地区的不同一样非常一致,前者中不宣誓效忠革命的牧师(不宣誓者)、比较严格遵守天主教教义教法的普通大众,与后者中教士都宣誓效忠革命,这里的大众很早就开始偏离天主教严格的教法教规(即所谓的"去基督化"),如在成为教士、修女的人数比前者明显少很多,在如何分配财产和订立遗嘱方面,以及对待新生儿3天内要去教堂洗礼等旧信仰中的教法教规方面,给孩子起名方面,都与前者有很大的不同。法国大革命的历史的真相是,大革命之前的法国社会信仰运动状况,早已决定了法国大革命的爆发和进程与结果,而不是相反;启蒙运动也只是这种长期的信仰运动的表现、代表和集中反映,充其量是在这种社会信仰变动出现后起到一种推波助澜的作用而非社会信仰运动的根源或肇始;启蒙思想是向《圣经》经文的正确解读的靠近,而不是且绝不是对《圣经》的反对甚至代替——它确实只是反对宗教,与读者在这里看到的信仰学排斥现代一切宗教对《圣经》所有的解读结果一样。

表3-3同时表明,被清除的贵族政治、精英政治等民主成分,则表现为"自由、平等在哪里,科学、民主就在哪里"的规律。例如,贵族政治等古希腊文明,因其自由、平等的不完全、不彻底,它们的民主与现代民主无法相提并论(虽然它们被无数学者推崇为现代民主的先锋,其实并不是),它们的科学与现代科学也不能相提并论(虽然它们事实上成为了现代科学的基础,但并非必然步骤)。离开与正确信仰的嫁接,古希腊文明永远也无法成长为现代民主社会和现代科学体系,这是古希腊、特别是雅典式民主社会无法长期维持其超级强大的国际地位、最终被消灭的根源。因此,古希腊的历史事实,充分证明了《圣经》中表明的以下真理:民主、自由和平等,并非是科学发展的原动力和来源——正确的社会信仰是科学的唯一来源和原动力,也是保证民主、自由、平等的社会范围不断扩大直至全人类、民主社会长久不衰、避免民主社

会被消灭的悲剧、让民主社会发展不断重新得力的根本保证。正确信仰对于科学创新来讲，是不需要其它任何的外力的，例如，与金钱投入（科研与教育投入）的多少无关，只与正确信仰者的数量有关——因此象印度社会这样的有正确信仰的人口大国，未来的科学、经济实力将成为全人类的领头羊，如现代的美国社会在国际社会中的位置一样。最明显的反例是当代中国，其在教育和科研领域的投入极大，但却没有创造出一个真正的颠覆性科学创新成果，原因就在于中国社会的无信仰。真正的科学创新早于任何为此而来的金钱投入——创新依赖正确社会信仰早早展现，金钱投入只是对创新的肯定和关注，并在以后将科学创新显像化为社会财富，甚至进一步主宰了其后的财富分配。可以肯定，没有科学创新为基础的经济高速发展，是财富的高速分配和再分配，只会加速社会不公，是社会信仰不断恶化的表现；而正确信仰下产生的科学创新所带来的经济快速发展，是打破社会的旧的财富分配趋势、平衡旧的社会财富格局的新生力量，开启社会健康发展的重新得力过程。至此，我们不难破解当代"中国经济奇迹"的本质或者原因了：巨大的技术空白或者技术落差，加上充足的货币供给，是创造中国经济奇迹的核心力量；其中，"有法不依、执法不严、违法不究"所造成的普遍贪腐、官商勾结、不择手段等社会道德败坏，极大地促进了货币的社会化或市场化进程，是造就中国社会整体富裕进程加快不可或缺的催化剂。1978 年之后的中国经济高速发展的奇迹，全部的意义就是恰当、完美地反映出该时期该国的社会信仰或者社会道德在持续高速堕落的事实——直奔区区 40 年寿命的社会崩溃的死地而去。同理也适用于国际社会。运用信仰学原理，我们十分容易理解 1944 年 7 月确立的布雷顿森林货币体系(Bretton Woods system)的寿命，为什么在接近 40 寿命的时候（至 1973 年 2 月）崩溃？存在于二战后以美元为中心的国际货币体系内的"特里芬难题(Triffin Dilemma)"，本质是美国社会的科学创新能力并不足以支撑全世界经济发展的贪婪需求，是固定技术水平状态下经济持续发展过程中所产生的特定性问题——解决"特里芬难题"的出路也正在于维持足够强大的科学技术创新，即唯用科技创新才能满足不断增长的爱的需求。黄金的数量和价格，在解决"特里芬难题"中没有位置，《圣经》中所罗门时代充足的黄金、白银却无法挽救以色列王国的故事就是例证。现在回过头去看"布雷顿森林体系"要如何才能维持下去：各国为了发展国际贸易，必须用美元作为结算与储备货币，这样就会导致流出美国的货币在海外不断沉淀，但是，持续且足够强大的科学创新能力让美国产品和服务始终具有无比强大的市场竞争力，即美国经济的健康发展根本不需要补充相当于流失出去的美元供应，从而让美元自然取得作为国际货币核心的前提即自动保持美元币值稳定与坚挺，而不必刻意要求美国必须是一个长期贸易顺差国，同时这时对美国来说自然也不会发生长期贸易逆差。相反，持续爆发的足够强劲的科学创新及其应用，会让美国社会对基础美元供给数量的需求持续减少，因为这时美元在美国经济中的周转速度不断增加、内生能力（或者货币乘数）不断增大，美元的不断外流这时成为了保持美国贸易平衡、物价与就业稳定的必要条件。所以，"布雷顿森林体系"的崩溃，与即将到来的 2018 年危机，对美国和世界经济、贸易来讲，看上去是一场危机，其实确是人类信仰发展过程中的必要且美好的修正，是败坏败坏者的信仰机制。信仰函数公式 0.4X+0.6Y=C（"C"为常数）中的固定常量值"C"的意义，在布雷顿森林货币体系中，就是与定量黄金储备挂钩的定量"美元"，也是 1978 年至 2018 年间与全球性持续肆意泛滥的货币供应相比而有限的科学技术创新成果的数量（或者有限的科技创新中所包含的定量财富值），同时，根据我们在第一章中的讨论结果，它也是指有限或者定量的社会秩序空间。因此，信仰函数前者决定了布雷顿森林货币体系 40 年内必定时崩溃，后者又将导演 2019 之前世界政治、经济、贸易秩序自 1978 年开始形成以来的 40 年内必定时崩溃的历史大戏——其中，始终完全依赖外部科技转入和无底线货币政策来维持其经济持续高速发展的无信仰中国社会届时要彻底崩溃和分裂、瓦解，1978 年后中国经济加入全球贸易是这场世界性危机的肇始。

　　由于信仰函数只是非闭合货币运动体系中财税收入与体系寿命之间的关系函数【(1+1.5A)/(1+A)】X=(1+1.5A)/1.5A 的一个特例，即只能描述信仰发展呈现持续单向直线运动状态时才有效——之所以将这个特例作为信仰函数来对待，就是因为人类的整体信仰水平总体上是呈现一种直线运动状态的。这让我们可以澄清为什么说中国经济的崩溃或停滞就等同于中国社会的崩溃、解体：从经济发展的角度讲，1978 年后的第 40 年，中国经济将陷入不可避免的绝对停滞，原来一直有效的扩大货币供应维持经济高速发展的策略彻底失效，按照一般逻辑思维理性地看待这个结果，会得出中国社会只是陷入经济危机，与社会崩溃、分裂之间似乎是风马牛不相及的一个"孤立"事件。但是，从信仰学的角度看，结果却正好相反，即无信仰的中国社会道德堕落或者全社会对物质的贪婪仍在高速、惯性地持续下去，而可以满足这种社会信仰变动状态的经济发展这时却戛然而止，失去物质保障的社会信仰和社会需求所带来的就是中国社会的失序、动荡或者崩溃。如果我们按照第一章中对信仰运动解读的结果，把图 3-15 中的纵坐标轴，由"货币供应"变换为"社会秩序空间"或者"法律空间"，把横坐标由"财税链"变换为"科学技术"或者"爱的回馈"，会更清楚、直观地理解图 3-15 意味着什么——不断上升的货币供应量，意味着不断被挤占、压缩着的社会秩序空间或者法律空间，社会崩溃是这种法律秩序、社会秩序空间被彻底消耗、"挖空"的一种同义反复。其可怕的结果绝不仅仅限于经济领域，或者仅仅是一场经济危机而已！避免上述情况发生的唯一途径，就是社会信仰发展状况可以跟随经济发展的波动而自动调整和适应，即始终保持一种动态平衡。这时我们可以看到不正确社会信仰与无信仰社会相比的一种天然优势，即不正确信仰因其可以被看作或者天然就是一种在某一程度或某一水平状况下固定不变（即"顽固"）的正确信仰的一种停滞状态，而决定了其可以长期忍耐社会经济发展的停滞不前，甚至可以主动拒绝经济的发展，而均不会导致社会崩溃。这一点与正确信仰的社会相同，二者都可以忍耐经济发展的一定时期的困难，不同点只在于走出经济困境的方式或者途径不同，即正确信仰社会依赖自身的科学创新能力摆脱经济的停滞不前，不正确信仰社会却只有等待来自前者的颠覆性科学创新指明了新经济发展的方向之后才可以脱离经济发展的泥潭。与中国最相近的突出例子就是日本社会——在号称"失去的 10 年"期间，日本社会不仅没有崩溃，而且对绝大多数普通民众生活的影响也不大。反观中国社会，长期依赖货币供应策略养尊处优的社会阶层，如财政供养人员和国企职工，他们同时也是中共政权的统治基础，根本无意也不能对其改革，连放缓他们追求财富和享乐脚步的想法都是违背其社会信仰直线下降发展状况的——寄希望于中国对其产能严重过剩的国企进行彻底的市场化改革、彻底改善债务状况的西方经济学家，都是信仰和政治白痴，试问，因待遇优厚且不断优厚、无后顾之忧且可以为所欲为，因而最支持中共政权的公务员、教师、国企职工若大量裁员减薪，谁来支撑中共政权？中国社会的内部崩溃，是经济停滞带来海量（这正是其积 40 年货币滥发形成的）的逐利资金同时外逃造成外汇储备急速枯竭所引发的，中国经济中严重依赖进口的粮食等基础物资匮乏和人们对此的贪婪与归罪由此必造成社会的急剧动荡。围绕函数【（1+1.5A）/（1+A）】X=（1+1.5A）/1.5A 的深入解读表明，正确信仰的社会，经济增长和社会各领域、各行业的兴旺发达，以及人们在社会各领域内的成功，都是自发的或自由的；一次颠覆性科学创新将为该社会带来一个经济稳定发展的成长周期——如果经济因此剔除货币策略的因素而持续稳定增长的话，会有 40 年的连续周期，随后若要仍然维持（短暂的）经济增长的状态，就必须运用货币策略。对于不正确信仰的社会而言，社会秩序或者政权的稳固本质上是不需要经济增长的——波动越小的经济发展，越有利于该社会的稳定和持久。但是，气候变化等自然环境的不稳定或者不规律，人类社会环境发展与科学技术发展的不同步（即 40 年的最小社会发展周期，与 60 年的最小科学周期之间形成的不一致），要求经济发展事实上要能够填平自然环境的波动、适应社会经济周期规律才可以，例如，必须要有在丰年的提前储备即经济的增长，才可以有效应对接下来的歉收年景，与《圣经》中约瑟对埃及所做的那样。因此，不正确社会的经济发展，其实更加的不容易操控，它必须与自然环境的波动恰好协调一致才可以，另外事实上还要考虑周边的地缘政治因素，如备战就需要经济的额外增长的支持等等。这也许就是位于最稳定的自然和周边环境中的那些社会或人群，至今可以长期维持在不正确信仰下的原因吧——如非洲撒哈拉沙漠周边和赤道热带雨林中的一些社会和人群。而其他地区的该种社会，如伊斯兰信仰的社会，就需要采取排斥、限制新科学技术运用的经济、生活方式来减少经济波动，以维持其社会秩序的长久稳定，突出的例子如现代的伊朗社会、以及极端伊斯兰思想控制或者试图建立的社会，都是如此。这样的社会中，很多甚至大部分社会领域、行业从世界范围来看是极其不发达的。无信仰社会必须有经济的持续发展才可以维持，除非它正处于一种癫狂的意识形态控制下的状态中——例如，中国的文革时代或者毛泽东时代，疯狂愚昧的思想状态让所有人丧失了最基本的判断能力，如 1958 年 9 月 10 日至 11 日，刘少奇在河北徐水县视察，当他听到有人说，给山药灌狗肉汤，亩产可以收 120 万斤时，刘即说："那么作真有效果吗？哈哈！你们可以养狗啊！狗很容易繁殖吗！"（1958 年 9 月 18 日《人民日报》）；又如、1958 年 9 月 19 日到 28 日，刘少奇到江苏视察，在常熟县和平人民公社参观中稻丰产实验田，他问党委书记：亩产可以打多少？回答说：可以打 1 万斤。刘说："1 万斤，还能再多吗？你们这里条件好，再搞一搞深翻，还能多打些。"（1958 年 9 月 30 日《人民日报》）。人们被虚空的意识形态控制后，维持其社会秩序就不需要经济发展——虽然维持的时间不会很长（不超过 40 年），但人们确实可以在饥寒交迫、饿殍满地中精神昂扬（如文革中的普通中国人那样）的生活在虚幻的信仰状态下。中国人在文革时代，确实不仅仅是依靠食物活着，确实更大程度上是依靠毛泽东语录活着！身为国家主席的刘少奇的下场，与千千万万与他一样，在思想控制中稍有觉察者就被残害的事实，验证了这是一个完全依靠谎言和暴力来维护的时代。这个时代贫穷又无法长久，成为验证《圣经》中"人活着，不是单靠食物，乃是靠神口里所出的一切话。"（申 8：3）的反例——信神的正确信仰社会，可以长久又富有。无信仰社会的经济持续稳定增长，只能依赖货币策略，但其可以充分利用一切新技术、接受一切新科学和新的生活方式，让其极其短暂（不超过 40 年）的辉煌在社会绝大多数领域中都可以迸发出令人炫目的景象。如现代中国自 1978 年以来的自豪"崛起"，和该时期相比文革时代的个人自由度的明显扩大。但是，1978 年之后的中国，与文革时代的中国，本质上并没有丝毫的改变，只不过把控制中国人的毛泽东思想更换为金钱至上的思想观念而已——现代的中国人，都陷在了不择手段地追逐金钱利益的癫狂状态中（包括官僚阶层在缺少低风险的非法利益时怠政或者政府"罢工"等消极行为），任何一个质疑并以实际行动对抗这种观念者，都会被这个社会和时代所抛弃、扼杀，与文革时代狂热的"红小兵"们一样。总之，一个社会的社会信仰类型决定了该社会的经济持续稳定增长的方式和可能性。即：无信仰社会的经济若要连续稳定增长，需要在满足与外界存在较大技术落差前提下，完全依赖持续扩大的货币供应（如印钞等）才可以实现；正确信仰社会中，经济发展的稳定持续增长，不能也不愿依赖货币供应的增长策略，其信仰决定了只能依靠科学技术的创新和应用来实现经济的持续较快增长；不正确信仰社会介于上述二者之间，即为了实现经济持续增长，有意愿也可能使用货币策略，同时也有能力和意愿等待技术创新应用对经济发展产生自发的推动作用——这同时意味着，它完全可能会由于信仰的原因，而在拒绝采用货币策略的同时又压制新技术的使用，从而让其经济发展长期陷入停滞状态中。

　　社会信仰是每个社会成员个人信仰的组合，正确社会信仰是社会成员中信神者个人断续突破各种宗教教法、教义、教规限制而暂时走出教堂、转向用科学创新去爱人的点滴信仰火花的集合。民主、自由、平等的社会制度，因其可以让正确信仰者始终处于多数人阵营，始终享受到社会公权力的呵护，而最有利于正确社会信仰的成长。例如，在一个各种不正确信仰势力均衡的社会中，由于不正确信仰和无信仰者，各自都有严格的信仰王国不容于他人，因此他们之间无法达成一致；而正确信仰者无论处于任何的阶段或历史环境下，均必然至少与其中的一部分重合，而成为共同的多数，得以始终分享社会公权力的红利。同理，专制、独裁社会，会让正确信仰丧失社会公权力的保障概率至少增加 7 倍。同时，没有正确信仰的自由、民主、平等制度，如古希腊各城邦，民主的发展缓慢且最终要停滞：它们终究不能给予简单多数人以自由、平等、民主的社会权力，这样的社会在先天性地丧失掉多数人支撑的社会基础后，自然处于历史进程中的劣势位置，少数人的潜能即使被发挥到极致，如斯巴达男子那样，也无法避免被消灭的厄运。因此，正确信仰之下，民主制度、科学创新能力与社会长久，是三位一体的自然组合和最优组合，共同构成正确社会信仰的社会特征：离开正确信仰，民主制度无法保障民主社会的长久、也无法让民主社会获得科学创新能力；离开民主制度，专制或者独裁可能十分不利于正确社会信仰的形成或发展，如扼杀正确信仰的形成；离开长久的社会稳定，时常发生的剧烈社会动荡会召唤更多的不正确信仰，如暴力、革命或仇恨、自私，引来更多的独裁与专制，不利于建设民主社会制度。对于每一个正确信仰者来讲，追求或者自动去做的社会行为有两类。一类是社会理想或者社会模式，即为建立和维护一个"自由、平等、民主的社会"而采取必要的个人行动，这一点在《圣经》中被作为信仰者真正需要的"禁食"内容而明确下来，记在了经文"我所拣选的禁食，不是要松开凶恶的绳，解下轭上的索，使被欺压的得自由，折断一切的轭吗？"（赛 58：6）当中；另一类是消除社会贫困，即从帮助贫困者、困难者为源头或动机而开始探索科学或者技术创新与应用，这一点在《圣经》中也是真正的信仰"禁食"内容，记在经文"（我所拣选的禁食，）不是要把你的饼分给饥饿的人，将飘流的穷人接到你家中，见赤身的给他衣服遮体，顾恤自己的骨肉而不掩藏吗？"（赛 56：7）当中——可见真正的科学，只起源于如何帮助社会大众和全人类改善生存质量，特别是如何帮助社会中的最弱势群体改善生活状况。而非相反，如为君王或贵族生活锦上添花——那些技术或其进步，都难以形成真正的科学体系，突出的例子如古埃及的外科手术或人体解剖，旨在为法老等社会上层制作木乃伊而因此不会催生成现代医学；再如玛雅文化中的历法和天文知识，因为旨在帮助玛雅首领、国王掌权或者控制社会而难以形成现代天文科学体系。类似例子，在人类历史上枚不胜举。与此对应的是，《圣经》《新约》中，耶稣基督所说、所做的，就集中于此，例如对于"禁食"

本身的解释，"新郎和陪伴之人同在的时候，陪伴之人岂能哀恸呢？但日子将到，新郎要离开他们，那时候他们就要禁食。"（太 9：15）——在《新约》记载中，耶稣基督有大量的治病、起死回生、用极少食物喂饱众人等神迹行为，陪伴者即正确信仰这时自然无需再做什么，即无需"禁食"；耶稣基督离开我们后，信仰者就需要、或者才需要为建立民主社会而奋斗（即禁食于专制或者独裁社会的主流生活方式、生产经营方式、言行方式中，或者从其中掩藏下来、隐遁出去），在建立起民主社会后继续为改善民生、为扶贫帮困而努力创新科学（即禁食于迷信、愚昧的生活状态中，或者始终活跃于各种帮助他人的活动中，特别是各类科学创新、应用的社会活动中），即需要开始连续不断的"禁食"了。

好了，一个社会制度是否具有优越性？资本主义社会与社会主义社会哪个更好？《圣经》和信仰学明确告诉我们，类似这样的问题，实质上都可以归为数学、经济学问题，是可以通过科学的计算和历史的验证就能理性回答的问题。专制社会与独裁社会是不是十分的可恶或者邪恶？无论答案是什么，有一点是可以肯定的，即它们十分必要，且是特定社会信仰状态下的自然结果，平滑又必然地处于人类历史长河中，并不真正取决于专制集团、或者独裁者个人的意志或者能力。自由、民主、平等的社会固然美好，但没有正确的社会信仰做基础，却强求不得，既是侥幸或者勉强建立起了这样的社会，也无法长久维持下去。社会形态与社会信仰之间的关系，就像一对恋人，他们的爱情是完全自愿、自主的——贪婪的独裁者、专制者，无论他们出于什么样的动机，也都是在压制、屏蔽社会不同声音的同时破坏了社会信仰的自我发展环境，从而因彻底毁灭了美好的信仰爱情才蜕变为邪恶势力的。

第四部分、信仰函数下的信仰分类

正确信仰者就是相信唯一万能的神，"爱人如己"且"尽心、尽力、尽意、尽性爱主你的神"的人。无论他（她）在什么宗教的名义下——如在犹太教、基督教等任何一神论宗教中，也无论处于佛教、印度教等任何的多神论宗教里，甚至于按照一般的教法、教规不应算为任何宗教教徒的信仰者，都不妨碍一个人成为真正的"正确信仰者"。正确信仰者所信奉的名义上的"各种"不同信仰之间，按照正确信仰者的实际信仰标准，归为一个统一化的信仰体系，我们称之为"父子系信仰体系"。我们同时还将所有不正确信仰、无信仰的各种各类道德体系或者思想体系，归为一类信仰体系下，称之为"母子系信仰体系"。

人类所有的思想、宗教或道德体系，可以分为两类：表 3-2 的第一栏和第二栏，是信仰或思想体系上具有"父"与"子"关系的一类，二者结合，以信仰、思想本身为目的，一脉相承（即父系信仰可以突破信仰周期的限制）又和谐、自由地相处，代表着正确信仰运动，如经文"你的儿女都要受耶和华的教训，你的儿女必大享平安。"（赛 54;13）所讲。从"父"的角度看，"子"来自何处——即"子"的"母亲"的身份、地位等等差别，都不妨害父子关系，及"子"之间的兄弟关系的成立。如，雅各十二个儿子，分别来自于两位妻子——利亚和和拉结，及妻子的使女——辟拉（拉结的使女）和悉帕（利亚的使女），但他们都得到了雅各的祝福（创 29;31-30:24、35：16-18、49：1-27）。按照上述"父子"关系组成的信仰群体（如以色列人）可表述为父子、父子子、父子子子……这就是表 3-2 第一、二栏中第一至第六列中数字样式的本源。

表中第三栏与第四栏结合，是"母子"或"母系"关系的另一类信仰、思想体系，在《圣经》中被称之为"女人的后裔"（创 3：15），代表不正确信仰、无信仰的思想运动。母系思想（不正确信仰和无信仰体系）是以占领领地、适应环境进行生存为目的的一种人类的动物式生存方式的起因——是经文"让你所聚集的拯救你吧！"（赛 57：13)中所指的让人们群居、聚集起来的动机、思想、信仰或类似事物。它以领地为根源，有本土化或者可以本土化的各种思想、宗教构成，有着如同经文"你在高而又高的山上安设床榻，也上那里去献祭。你在门后、在门框后立起你的记念，向外人赤露，又上去扩张床榻，与他们立约。你在那里看见他们的床就甚喜爱。"（赛 57：7-8）所讲的"信仰本土化"过程。也具有与同为母系群居方式的狮群中的"杀婴"现象相同的人类信仰运动现象或者结果，正如经文"你们在橡树中间，在各青翠树下欲火攻心；在山谷间，在石穴下杀了儿女。"（赛 57;5-7）所讲。所有的多神信仰，在本质上明显都是母系信仰：众多的神祇，有着自己的特定领域或"领地"，例如占据生育领域的神祇、占据力量或者智慧领域的神祇，再例如占据古埃及地区或埃及人头脑的众神、占据波斯或者希腊的众神等等；多神信仰中，诸神依据人们的需要、历史社会环境或者自然环境的变化而表现出不同的排序或排列方式，形成各种不同的"子信仰"体系。母系信仰只是信仰者占领、适应领地生活环境、驱赶他人（同类）的工具、表象，而信仰或思想的内容、目的并不重要，只是愚化人并使其被同化的手段、烟雾而已，与巫术相同。这样的人群，从信仰或思想的角度来看，群居的原因与狮子的群居生活的原因完全相同：并非为了猎取大型猎物，也并非为了养育子女后代……仅仅是领地，是环境使然，是不正确信仰或无信仰道德体系与特定环境结合的自确定的结果。《圣经》中，示剑人的割礼和被杀（创34：13-29）的故事详细描述了信仰本土化的上述特点和结果。信仰本土化等于图1-1中的任一水平线，是正确信仰在某一信仰水平上停滞不前的状态，或者是所有不正确信仰或无信仰状态发展路径的反映；图1-1中的水平线，都是信仰本土化按照人群或者环境单一因素进行扩展的个例和代表。同时，母子系的信仰还有永远拒绝本土化、永远难以融入当地环境的另一面，处于图1-1中的任一水平线的两端点位置。即其难以与任何外部区域环境融洽，现实中最著名的例子是一些伊斯兰宗教信仰分支——信奉它们的穆斯林在欧洲等西方社会，无论移民多久都难与当地社区融合。

父子系的信仰关系，是神选择的信仰体系，它们之间永不改变，永远一致，不受时间、地域等条件的影响或制约，即不会本土化，又总是无需本土化就与任何环境相融洽，正如经文"你必称你的墙为'拯救'，称你的门为'赞美'。"（赛60：18）所讲。从《圣经》与正确信仰的关系来讲，凭着任何的教义、或者凭着对《圣经》经文的字面理解来建立的信仰，都不能形成"父子"系的信仰关系。如，同样按照天主教的教义，中国的天主教（"三自"）与罗马梵蒂冈的天主教却是不统一、相分离的，表现出天主教教义完全可以本土化的特性。其它的宗教，如东正教、新教的各种教义更是如此。正确信仰不是从《圣经》诞生、写完后才有的——亚当、夏娃、挪亚、亚伯拉罕、以撒、雅各、但以理……都没有看过《圣经》，更没有任何的教义、任何的神学理论体系作为指导，他们却都有正确的信仰，也都是合格的正确信仰者。信仰中的"父子"体系，是指在没有自己的社会与科学的时代，靠着事实的证实，如挪亚时代的大洪水事实，再如撒拉生以撒（创21：1-3）的事实，用自然事实或者自然事件来证明信仰的正确，或者神的真实。再如，约瑟在埃及法老的社会中备受尊重和重用的事实（创41：37）、但以理在巴比伦和波斯社会中一直德高望重、大享亨通的事实（但2：48，6：28），用社会事件或者社会的历史事实证明了他们信仰的正确、证明了神的存在；在自己的社会时代，用三权分立相互制衡的现代民主社会形态，用人权和无比的社会福祉，充分证明了信仰的正确；在科学的时代，如科学发达的今天，靠着最强大的科学创新能力的证实，或者如同科学一样的被证实，正确信仰得以被确认，《圣经》的信仰学得以被揭示。因此，什么是正确信仰?是犹太教? 还是基督教? 或者，犹太教徒与基督徒在《圣经》信仰上的关系如何? 对于诸如此类的问题，答案只有一个：《圣经》只有一本，《旧约》与《新约》完全一致，事实、社会事实与科学事实都是同意反复。正确信仰的种子保存在宗教信仰中，但这并不意味着宗教信仰就是正确信仰。只凭事实、科学来坚守的信仰，才是听从神吩咐的正确信仰——任何凭着教义或者教法来确立、调整、坚守、传承的信仰，都是听人的吩咐的不正确信仰或者无信仰。

综合父子系（正确信仰）和母子系（不正确信仰及无信仰的道德体系）信仰的传播方式，二者的差别非常明显：正确信仰下的父子系信仰体系，只靠事实且主要是靠社会事实与科学事实来进行传播、推广的。正确信仰不会本土化，也不存在与任何的社会、自然生存环境难以融合、适应的问题；不正确信仰下的母子系信仰，靠宗教教法、教规、教义来传播、传承，它有两面性：广泛的本土化、区域化特征，与难以与周围的社会环境融合的特征；无神论下的各种无信仰道德体系，依赖暴力维持下的党纪国法、道德规范来传播、传承，它的社会环境适应性依赖于用暴力和谎言树立并维系下的社会秩序中，它适应任何自然环境的手段都是靠肆意使用现有的技术手段，在适应任何自然环境的同时肆意破坏、污染任何的自然环境。也就是说，母子系信仰全部通过人为和有限的法则，包括各种法律规范、各种带有鲜明的地域性或者民族性的文明规范、传统习俗等，来传播和传承。其中，可以验证的科学内容，因其带有地域性等限制性条件，都不具有通恰性或者普适性。例如，具有鲜明地域性的历法知识，因其不具备地球物理学的科学背景，无法帮助其他人揭示当地气候规律、进而产生地球物理学体系。正确信仰全部通过事实来验证、传播和传承，其中的科学，具有普适性，可以帮助任何人揭示任何地域中普遍适用的自然科学规律。

　　母子系的信仰关系，是自然选择或环境选择的信仰、道德体系，即同一个祖先，后代的差别巨大，如同进化论中的生物一样。在母子系中，"子"只有一个母亲，但因母亲的地位不同——如利亚与拉结在雅各心目中的地位不一样（创 29：18），或者，母亲的身份不同——如撒拉和夏甲（创 21：9-21）、拉结和辟拉、利亚与悉帕都是主仆关系，导致"子"之间的关系错综复杂，无法在"母"系下得到长久的统一。虽然可以暂时由母统一——如中国历史上的"保卫苏联"、"苏联老大哥"（苏式马克思主义）时代，但无法长久且最终必定要对抗、相争，如中国历史上的中苏对抗。出现信仰或意识形态上的"亲则近乎统一的兄弟关系，分则近于仇敌必予杀之"的历史现象。人类宗教历史上，发生的很多宗教冲突、宗教战争、以及困扰当今世界的一些宗教极端思想或恐怖袭击事件，都有信奉同样的宗教经典、信奉同样的神明的所谓"同门"宗教来完成的，这就是母子系信仰关系的真实写照——听从人的吩咐的任何信仰，都有无尽的仇恨和杀戮。俄国历史上，同样信奉东正教的彼得大帝和被其杀死的儿子之间，根于信仰上的冲突而发生的真实故事，就是这样的著名实例。听从神的吩咐的正确信仰，只有爱和和平。从生物学的角度讲，上述信仰学现象，就更直观。生物的自然选择中，包括人类的选择——如品种的选择性养殖，造就比利时蓝牛占据了牛世界中的"牛王"位置（按质量或热量计算的食物数量和按照增长速度计算的繁殖数量）、转基因的超级玉米占据了玉米世界的"王位"（按照种植面积和产量计算的生存状况）……按照人类指令，选择性的种植和养殖，形成并占据了动植物生命领域中的主导位置，与此同时，大量的生命形式逐渐枯萎、消失殆尽；而在干细胞级别上的人类选择，又可能让人造肉消灭比利时蓝牛和最好的肉食鸡等等所有肉类动物……动植物的整体生命形式如此彻底被肢解，变成了满足人类需求的肢体或者零件，如 DNA 的来源、干细胞的供体、或者精原细胞供体等等。生物多样性被收进基因库，而它们原来的栖息地被人类占用。随着科学的进步，上述选择将日渐主导生物的进化，成为主导性的"自然选择"。即人类操纵生物生命，满足自己。或者，为了满足自己，人类操纵生物进化。这时，人类选择若（继续）主导信仰领域，就会让人类陷入自己主导的另一个大的进化进程中，即人类操纵自己来满足自己。或者，为了满足自己，人类操纵自己。这是一种与自杀或集体自杀有相同逻辑的行为模式——完整的人类个体就像那些大量消失的动植物物种一样消失殆尽，而存留下来的人类个体相当于被肢解的肢体或肢体的"基因库"。即，由人类信仰选择主导下的生命世界，无法摆脱人类生物属性的桎梏，结果只能是自杀或集体自杀。因此，只有神对人的选择，而非人类选择，才唯一有可能让人类打破生物学规律——个人的肢体化，能够组成一个个听从神吩咐的"全能人"；而被保全的人类个体，就是归于"父"的合格信仰者。这正是《圣经》新约中一再强调的"一体"观和"肢体"观，如经文"你们为此蒙召，归于一体。"（西 3：15）、"他要按着那叫万有归服自己的大能，将我们这卑贱的身体改变形状，和他自己荣耀的身体相似。"（腓 3：21）等等。

　　不正确信仰上的"杀婴"机制，是通过社会评价机制等社会机制发挥作用的。不正确信仰、无信仰的社会道德体系，用类似"实用主义"的原则或方法去"杀婴"、驱赶其它信仰、道德体系。例如，马克思主义理论体系若得不到专制集团或者独裁者的认可，研究、学习这种理论就毫无用处——研究者或学习者找不到工作、不能养家糊口，更不能发家致富或提高社会地位……在不正确信仰者眼中，对马克思主义的研究和学习都是不务正业、缺少实用价值的"疯狂"或者"逃避社会"的怪诞行为，自然受到社会力量的打压、排斥。与此形成对比的是，在正确信仰的社会中，上述情况是无信仰的道德体系、不正确信仰造成的实用效果差或者根本无信仰果实可以利用而被研究者、学习者自己主动放弃、或者逐渐不被社会所认可。实用主义在正确信仰社会中起到的正是"实践是检验真理的唯一标准"或"凭事实将真理传开"的作用。而同为一种不正确信仰、无信仰的道德体系，却可以因其被社会公权力机关（专制集团或者独裁者）认可，而让研究者、学习者、追随者（表面上的追随者也一样）可以有工作、有薪水、有社会地位，从而被社会所认可。例如在中国，马克思主义研究者，可以找到体面的工作、获得较高的工资报酬、甚至获得很高甚至最高的社会地位，其它信仰、思想体系的研究者和追随者，就缺少这样的机会，或者根本不存在这样的机会，甚至要面临被社会打压、处决的不良后果。马克思主义据此社会评价机制，而非本身的真理属性，而得到了不正确信仰或者无信仰社会中的社会信仰、道德领域中的主流地位。因此，实用主义在不正确信仰、无信仰社会中，就变成了不讲真理的"金钱至上"。以社会后果为原则的结果论，造就了专制、独裁社会中社会信仰上的"杀婴"机制：即使正确信仰者取得了成就，但这种成就在金钱等利益的天平上远小于权力的贪腐所达到的效果，或者远小于假冒伪劣等违法行为所能获得的今世效益时，正确信

121

仰也会被社会自动驱逐。同时，其它信仰、思想道德体系因缺少正确信仰的那种可检验的信仰成果可依赖，前景更加暗淡，也都同样要被社会自动驱赶或扼杀——无论专制者、独裁者本身是否有此愿望，社会机制都会自动扼杀一切社会后果不良或效果不好的信仰、道德体系，其中也包括专制者与独裁者主张或提倡的那些信仰、道德体系。突出表现为，体现专制者、独裁者意志的法律、规则体系，由于专制者、独裁者、执法者或者司法者等等追求社会效果（方便或经济性），而时常或彻底抛弃了法律的公正性，导致专制者最终时常抛弃自己的信仰、独裁者最终彻底抛弃自己的信仰，都出现了愚蠢的自杀机制。

社会政权的信仰，或者主政者、主权机关的信仰，就是社会信仰体系中的"丈夫"、"雄狮"或者"公狮"。社会大众的（主流）信仰就是社会信仰体系中的"妻子"、"雌狮"或者"母狮"。当政权信仰与民众信仰一致时，民众信仰的变化即信仰婴儿、"幼狮"就会得到社会公权力的保护；当政权信仰与民众信仰不一致时，民众信仰的变化，即社会信仰的新生儿就面临被社会公权力扼杀（"杀婴"）的命运。如此，专制和独裁社会中，专制集团或独裁者的信仰与大众一致时，步入了雄狮的自然寿命周期——专制集团或者独裁者的转换，将带来社会的剧烈动荡，即历史学上人们早已熟悉的"改朝换代"。而专制集团内部主流思想意识的变换，或者独裁者个人的信仰或思想的变化，会带来"一朝天子一朝臣"、"三十年河东，三十年河西"的政治变化——过去的思想路线及其人员载体，是已经成年（性成熟）的"少壮狮子"（公狮子），必须要被赶出去，才能专心照顾好新生的"幼狮子"，保存狮群以免分裂和灭亡。在《圣经》中，母子系信仰相互抑制、相互敌视，正如经文"你和女人彼此为仇；你的后裔和女人的后裔也彼此为仇"（创 3:15）所讲。任何母系信仰（不正确信仰或无神论），总要竭力扼杀各种分支、派系的产生，保持自己的单一或专制状态，一如经文"女人的后裔要伤你的头。"（创 3:15）所讲。例如现代中国，从毛泽东以来，每一个领导者都有自己的"思想路线或执政理念"——毛泽东的"阶级斗争"路线，被邓小平的"白猫黑猫论"赶走，江泽民用"三个代表"思想赶走邓及其官僚体系，胡锦涛用"和谐社会"的思想抵抗江及其官僚体系，现在的习近平用"中国梦"的理念确立自己的最高权威……稳定的社会秩序所能持续的时间长短，符合专制者个人或不正确信仰者、无信仰者个人的信仰寿命规律。由于专制者、独裁者需要内部的稳定机制，因此会竭力排除任何的外部干预或监督，竭力主张并滥用"不干涉内政"、"主权和领土完整"等观念，竭力反对人权、自由等普世价值观——如同狮子王竭力维护领地和在狮群中的权威一样。同时，为了政权的连续或合法化要求，他们又不得不维持表面的统一，就像狮子群中的那头老狮王，从生理学学上讲，它应该是很多狮子群的"狮王"（它的成年儿子们建立起一个个狮子群），但它其实不是。如此，掩盖事实真相，用谎言和暴力（如果它的力量足够时）对待世人和社会内部成员，就成为达成目的的唯一出路，正如经文"迦勒底人因酒诡诈、狂傲"（哈 2:5）、"杀人流血，向国内的城并城中一切居民施行强暴。"（哈 2:17）所讲。而民主社会制度，保证了政权与民众信仰的始终一致，彻底消除了"杀婴"的可能与基础——因而，民主国家之间可以简单合并、联通，如欧洲联盟的出现。人类历史上，殖民地制度的有无和不同，最充分而细致地展现了信仰体系的不同所产生的不同历史画面。例如，在贵族专制社会的古希腊，专制者与社会中的不满者、失意者、异见者，表现出一种社会默契——前者更愿意赶走后者而非扼杀掉他们的生命和思想，后者也十分乐意离开，去远方开拓一片合意的领地。这种十分类似于成年公狮子离开狮群，去建立属于自己的领地和新狮群的现象，植根于古希腊文明中善于借鉴、吸收、利用其他文明成果的信仰传统。古希腊式的殖民地或殖民者，与殖民地相互吸收、借鉴文明成果，是相互应用、推广了最适宜于本地的技术或技能，与我们熟悉的科学创新技术的推广不同——科学推广是单向的、普适的，很少或从本质上讲是无地域性的。而科学的推广才是近现代西方殖民的特性，体现出正确信仰的结果如何惠及全人类的一种历史性路径，与正确信仰中爱的单向付出相一致，也与正确信仰的单向传播（不存在本土化或领地化）特征相一致。而古希腊信仰及其殖民地特点，反映出的恰恰是古希腊人所具备的那种不同地域文明相互勾兑、糅合而产生的一种始终无法摆脱本土化或者地域性的不正确信仰的本质。在君主专制、一党专制或独裁社会中，专制者、独裁者会扼杀掉异议者、不满者、失意者的生命和思想，同时后者也不愿意主动离开、走出去，他们的选择是要么沉默，要么暴力革命。所以，在类似古老中国的社会历史上，根本不会产生殖民地现象和殖民制度——社会不满的积累，最终产生最残酷的社会镇压和最彻底的社会分裂与崩塌。君主专制社会中的这种奇特现象，与狮子群中出现了成年公狮子们挑战狮子王、企图霸占父亲的领地和妻妾一样的反常现象，是与前面的提到的古希腊社会、近现代西方社会完全不同性质的另类社会。需要明确的是，古希腊社会中的民主现象及其历史发展路径，从逻辑上，更应该被看作是现代民主社会形成过程上的一个阶段和历史缩影，但它确实并不是现代西方社会及其信仰的鼻祖——它的社会信仰仍然是不正确信仰，这决定了古希腊社会中的民主，不可以自动转化为现代民主制度，即使其最高阶段的雅典"全民主"模式至今未在现代民主社会中重现，也是如此。这一点，从古希腊城邦后来纷纷走向僭主制的专制独裁，古希腊文明最终衰落，就是明证。而中国式的君主专制和一党专制，才是更彻底和更清晰的不正确信仰和无信仰的另类。对比中国传统文化中的信仰或古希腊社会信仰，我们可以发现，古希腊城邦中的民主，只造就了古希腊人的民主传统或民主观念，却无法帮助古希腊人造就并维持住一个民主社会（或国家）；而中国传统文化，只训练、造就了中国人讲求中庸，避免极端化。但并不能因此让中国大地出现正确信仰快速成熟所必然生成的现代民主社会。因此，我们并不能比较古希腊人的信仰和中国传统文化中的信仰哪个更好——它们距离现代民主社会的距离一样遥远，古希腊是实现正确信仰的现代民主社会的中庸之路，中国传统文化是个人正确信仰发展的中庸之路，二者都是位于图 1-1 中红线所标注的"正直"之路。但以古希腊为源头的现代西方社会，被安排在中国之前率先接受到从以色列人传来的正确信仰，从逻辑的角度上看是无比英明的历史定制：爱走极端的古希腊人，假若他们的社会长期走向专制，要比讲求中庸的中国人长期走向专制社会，对全人类信仰发展的危害或者成本会更大。所以，整个人类的正确信仰发展历史，是古希腊历史的一种翻版，即，将正确信仰带入、嫁接到希腊历史进程中，使得斯巴达式的社会不走极端（去除奴隶制等各种极端政策）、雅典式的"全民主"社会具备无穷的科技创新能力而都长久存在，全人类的民主社会一直演变到雅典的直接民主或全民主阶段……这就是《圣经》在《但以理书》中解释涉及人类最后的历史"异象"时，直接使用了"希腊"字眼和看上去与希腊有关的世界历史事件完全一样的内在原因（但 8：20-26，11：2-45）。

《圣经》中，以色列人出埃及，所反映的却是与上述所有情况均不同的一种情况：埃及法老不放以色列人走出埃及地，而以色列人虽然在埃及受苦，但在摩西之前也未有出走的打算，或根本无可能走掉。《圣经》中的以色列人最终和平走出埃及地，对埃及社会和以色列人来讲，都是独一和神奇的历史结局——正确信仰从不正确信仰中的完美无损剥离，非人手可为，超出了一般性历史科学可以解读的范畴。以色列人出埃及前后，多次被明确要求"灭绝净尽迦南地的七国人"（出 23：14-19；34：11-19），就是为了预防产生带有地域性特征的母系信仰而让以色列人的社会发展难逃最终覆灭的后果——如同古希腊民主社会的历史结局一样，这种超前的社会预防完全符合信仰运动规律，绝非常人所揣测的残忍之举，其最简洁的道理说明正如经文"新酒必须装在新皮袋里"（路 5：38）所讲一样。民主社会能否长久，完全依赖于信仰的正确与否：不正确者，难以保证民主制度的维持——维持下去的社会效果是个零，没有社会效果或者看不到社会效果。即贫困、饥饿、不平等、冲突等等一切的社会问题均无解。社会发展中的一切问题，因为没有科学技术进步的支撑而无法得到缩小和解决，以致于社会问题堆积如山，难以让民众满意或产生幸福感。最后，这种社会不满意会在无秩序中召唤出专制的威权主义恶魔！正确信仰可以保证民主社会一直屹立不倒，根本原因就在于其具有强大的科学创新和应用能力，可以彻底改变或主导社会生存环境。这里的科学创新是指，如艾萨克·牛顿创立（经典）物理学那样的颠覆性创新，而非牛顿开创物理学之后至今的所有物理学家所做的任何有关物质世界的理论、应用的任何创新！这种创新，在最近的短短五百年历史中，人类就赖以实现了超过之前自人类产生后所实现的所有文明成果之和。未来，这样的创新会愈来愈频繁，将来会在五年、五天、五小时、五分钟甚至更短暂的时间内，产生出相当于人类在过去五百年中所创造的文明总和。这一切美好未来，都有待于科学家中无神论者、不正确信仰者的比例持续不断下降，有待于更多的信神者走出教堂、寺庙进入科学的殿堂……科学创新发展的停滞，或者科学时代之前的野蛮时代中的生存技能的极限，是造成殖民地、财富转移的根源：旧技术在新领域（例如殖民地）会带来更大的收益，世界财富因此而转移。这是造成世界性混乱的根源。并非新技术带来的生存压力减小导致的人口增长等等原因，促成了殖民要求或移民要求，其中的真正原因是社会信仰类型。当然，颠覆性的科学创新，可以容纳不正确信仰社会在其中耕耘，加快技术更新和推广的步伐。但是，由于颠覆性新技术也必然打破其森严的信仰领地桎梏，因此，不正确信仰社会对待新科学的态度，常常也是排斥的——例如，伊斯兰原教旨主义信仰的社会，无法容忍互工业技术发展带来的餐饮方式的改变（如西方的快餐文化）、无法容忍联网技术带来的新社交方式等等；而无信仰社会相比不正确信仰社会，除非新技术的应用会危机其社会秩序，例如会更及时充分地揭露专制者的谎言等等，一般情况下更能充分、及时地在新技术环境中尽情享受。但是，无信仰社会的创新能力，其实比不正确信仰社会更加不堪——它连在颠覆性技术创新下进行一般的技术创新的能力也十分的短缺。因此，无信仰社会可以是新技术应用和推广的单一商业市场或试验场，如当代中国社会的技术领域状况。

通过上一小节中的结论，我们已经知道，不正确信仰社会在理论上也可以有无限的生命，前提是其经济发展始终保持零增长，或者财税收入的零增长。结合现在我们讨论的该社会总要将不同的力量或异见者，分化到外部去（否则，就会产生愈来愈严重的内部分裂导致自我灭亡）。可以看出，理论上，不正确信仰社会若要与正确信仰的社会一样长久，额外需要外部世界的配合：外部世界无穷大且同质。只有这样，才能保证这个缺乏颠覆性科学创新能力的社会不断复制且整个世界相安无事。但是，事实是人类只有一个地球、只有一个宇宙（广义），且它们有限或者在能够提供同质环境的意义上都是有限的物理环境。因此，从理论或逻辑上讲，不正确信仰社会是无法永恒、长久的。相应的，该社会在其民主、平等的社会范围内，法律会得到比较公正、公平的适用，民主制度也会在一定期间内得到维护，但这样的法律公正和民主制度都无法长久。总之，不正确信仰、无信仰社会总要受到社会信仰的羁绊和干扰，付出无法跑快的社会代价，如经文"你要伤他的脚跟"（创 3;15）所讲。如此，不正确信仰或者无信仰，必然导致社会对正确信仰社会的（科学技术创新）依赖，总要忍受"多多加增怀胎的苦楚，你生产儿女必多受苦楚。"（创 3;16），承担"你必恋慕你丈夫，你丈夫必管辖你。"（创 3;16）的后果，即离不开又羡慕嫉妒恨正确信仰社会的一切科学成就，适应由民主国家所主导的世界秩序。对比正确信仰社会、不正确信仰社会、无信仰社会的民主制度或法律公正，可以简单总结为一句话，即，正确信仰社会可以永远维持民主制度和法律公正；不正确信仰社会可以建立起并运行好民主制度，实现法律公正，但却无法持久；无信仰社会始终无法建立（或者根本无意建立）起民主制度，始终无法实现法律公正，始终只能依靠暴力和谎言维系社会秩序。

前面我们讨论过的国际社会秩序，之所以是不正确信仰主导的，就是存在信仰上的"杀婴"、以国家为界限的信仰地域性现象：西方民众的主流信仰、价值观无法在国际秩序（及国际组织的执政者）或国际行动中得到体现和贯彻。现代西方社会，如美国社会，在国际社会中的位置，与《圣经》中所罗门王在以色列社会中的位置，从信仰学的角度看，是完全一致的——所罗门王个人的正确信仰波动，或者其个人的差错，无害于其本人正确信仰的成长和发展（知错能改和知错就改），虽与以色列社会信仰无关，但却恰好与之合拍并加速了其败坏；美国社会的正确信仰波动，如前进速度的变化、出现错误等等，也无害于其正确信仰的向前发展（恢复正常发展、知错能改），但与不正确的国际社会信仰合拍，加速了这种国际社会的不正确信仰、无信仰状况的堕落速度。西方国家在处理国际事务时，以利益（包括但不限于国家安全利益、社区或者阶层的经济利益如跨国公司的经济利益等等，一切具备地区性特征的各种利益）为主，特别是在涉及如何与专制政权打交道时，要么付诸武力战争（或冷战），要么实用主义至上：前者，在"熊型"时代是主流，后者在"豹型"时代是主流。例如，"豹型"时代中，对待中国市场经济地位问题，民主国家纷纷以自己的利益、特别是经济利益为出发点和标准，而不是以本国的社会信仰标准——法治化或人权标准来衡量中国社会并进而做出决定的。这是澳大利亚、新西兰等西方国家之所以率先承认中国的市场经济地位的原因。再如，英国对待殖民地人民的态度或方法，根本不符合英国社会信仰和英国本土法律的要求，这是印度发起"不合作运动"进而独立的根本原因。从上述特点来看，现代美国等西方国家，主动或被动地更多关注国内事务的保守姿态，是正确的、社会信仰选择的一种必然结果。如此看来，最近的英国脱欧、美国选民更加青睐倾向于适当关注国内社会和经济事务的竞选者的世界潮流，就是为减轻甚至彻底规避即将到来的 2018 年"豹型"时代结束时产生的巨大痛苦，一种来自正确社会信仰的自动的、预备式的保护动作，就像在"熊型"时代结束前英国曾经恢复金本位制度那样，都是正确社会信仰在其阶段性成果造福于全球的能量消耗殆尽后产生的阶段性的回归与等待、忍耐。

信仰学诞生之前，人类只能科学地理解物质运动，还不能科学理解物质世界之外的信仰或思想运动，处于信仰上的"愚蒙"时代，要依赖信仰者的信仰成果（自然科学成就）来慢慢体会、慢慢认可正确信仰的样式。因此，社会信仰更容易被不正确信仰、无信仰道德体系所俘虏，从而强化社会信仰中的"杀婴"机制；而在信仰学诞生之后，随着正确信仰及其知识的确定和普及，个人会理性、坚定而简洁地选择正确信仰，将极大地抑制甚至消灭社会信仰中的"杀婴"机制，从而加速专制社会与独裁社会退出历史舞台的进程。现代和过去的科学是"窄"科学，充其量只能达到拯救人类的生物学生命。可以说，过去的科学时代是一个以保证人类的生理需要和存在为目的的被动式科学时代；未来或者信仰学之后的科学，是"宽"科学，即将来的科学时代，是一个以拯救人类灵魂（发明者或发现者的灵魂）为全部目的的主动性科学时代。

信仰本土化对人们信仰的改造过程，正如狮群换了狮王或公狮子、迅速产下或只保留下新狮王的幼崽一样，也如原来的狮子王的"婴儿"统统被无情杀死一样。人类在不正确信仰、道德思想上的"杀婴"行为，让不正确信仰或者无信仰人群，可以简单地抛弃旧帝国（专制或独裁政权）、拥抱新政权——他们就像狮群在新公狮（新狮王）之下，杀死无辜的旧狮王的"婴儿"们，顺利、继续群居生活。正因为基于生存的更高目标或最终目的，让"杀婴"成为可以接受甚至是必须接受的现实，因此，在专制社会或独裁社会中，仅仅由于信仰、思想原因，如中国"文革"时期"占错队"，而产生的冤案遍地，无辜者无处洗冤，就成为一种社会的常态和必然态。再如，发生在教派（或思想路线）之间的大规模冲突、不同宗教（或思想体系）之间的大规模冲突，甚至是基于信仰、思想原因形成的惨绝人寰的人群灭绝也十分的常见。《圣经》中有关"杀婴"的惊人记载，都发生在不正确信仰或无信仰的专制、独裁社会环境中，如希律王（太 2:16）、埃及法老（出 1：22），充分显示出母系（社会）信仰的运动规律和特点。正确信仰不存在本地化现象，即若基督教是正确信仰的话，就根本不存在正确的中国化的基督教（分支）如现在的"三自"协会、俄罗斯的基督教（分支）如东正教，以及特定时期的所谓"红色传教士"（支持共产党等无神论者并服务于其暴力行动的基督教传道者）；若犹太教是正确信仰的话，也根本不存在正确的中国化的犹太教、或者正确的俄罗斯化的犹太教……正确信仰中存在的"父与子"信仰体系，其中的信仰者在信仰的内容、本质上不应该存在丝毫的差别，只存有在不同的环境、历史（技术）条件下的具体行为方式、具体思维方式上的区别（没有固定不变的行为、思维方式或法则），正如经文"你们中间谁是敬畏耶和华、听从他仆人之话的？这人行在暗中，没有亮光。当倚靠耶和华的名，仗赖自己的神。"（赛 50：10）所讲。正确信仰是普适的、全球化的，在《圣经》中，正确信仰者只有未来的"锡安"一个圣地、"耶路撒冷"一个圣城，他们无论具体生活在哪里都一样，经文"锡安未曾劬劳就生产；未觉疼痛就生出男孩。国岂能一日而生？民岂能一时而产？因为锡安一劬劳，便生下儿女。这样的事谁曾听见、谁曾看见呢？"（赛 66：7-8），即排除了正确信仰的母系化（本土化）可能，显示出正确信仰的始终一致性或共同性；经文"我要使平安延及她，好像江河；使列国的荣耀延及她，如同涨溢的河。你们要从中享受（注：原文作"咂"），你们必蒙抱在肋旁，摇弄在膝上。母亲怎样安慰儿子，我就照样安慰你们。你们也必因（注：或作"在"）耶路撒冷得安慰。"（赛 66：12-13），明白了正确信仰的父子系特征和一切力量的唯一来源；经文"我要显神迹（注：或作"记号"）在他们中间，逃脱的我要差到列国去，就是到他施、普勒、拉弓的路德和土巴、雅完，并素来没有听见我名声、没有看见我荣耀辽远的海岛，他们必将我的荣耀传扬在列国中。他们必将你们的弟兄从列国中送回，使他们或骑马，或坐车，坐轿，骑骡子，骑独峰驼，到我的圣山耶路撒冷，作为供物献给耶和华，好像以色列人用洁净的器皿盛供物奉到耶和华的殿中。"（赛 66;18-20），更直观地否定了正确信仰的区域化或本土化的可能性，也直观地否定了正确信仰需要本土化、区域化才可以在各种区域与人群中生存的必要性。

处于不正确信仰、无信仰状态下的人们，对其所处的专制或独裁社会、以及个人的人生价值观的理解，处在一种盲目、或者虚幻的"亢奋"状况中，正如经文"你把油带到王那里，又多加香料；打发使者往远方去，自卑自贱直到阴间。你因路远疲倦，却不说'这是枉然'；你以为有复兴之力，所以不觉疲惫。"（赛 57;9）所讲，他们为信仰、为理想而死，自觉死得其所、或者会得到不正确信仰所期许的各种结果——如埃及法老自以为、当时的埃及人也大都以为自己会进入到永生的天堂中去，或者为个人荣耀而奋斗、战死的亚历山大大帝的军人自以为获得了永久的历史荣耀。类似为各国各地的特色共产主义理想奋斗、死亡的人，他们自以为实现了自己的"崇高"人生目标。其实他们的死——无论是按照当时的法律或某种公认的标准来讲，是无辜被杀，受冤枉而死，还是被所谓的"敌人"杀死，等等，连同他们的婴儿的死那样的无辜，也都如同畜生的死一样，毫无价值。在正确信仰中，杀死敌人或者被敌人杀死——包括不正确信仰或者无信仰的任何敌人，都没有超常的信仰价值，爱才是实现正确信仰价值的唯一渠道。正如《圣经》中有关大卫王为什么不可以建造神殿时所记的那样："你不可为我的名建造殿宇，因你是战士，流了人的血。"（代上 28-3）。整体看，表 3-2 给我们指出了人类信仰、道德体系的三种类型，即表中的第二、三、四栏。其中，第二栏中的正确信仰，在人生的目的，或者价值观、人生观上，与不正确信仰的差别不大，二者的主要差别集中在技术方面，即信仰路线的是否正直、或者人与人之间的关系是否对等、或者人们的社会差别是否等距离。处于第三栏中的不正确信仰者，虽然是信仰上的"淫妇"，但前提仍然是可以作为人妻的"妇人"，无论如何都还是"人类"（同类），作为对比，处于第四栏中的无信仰者是"畜生"，再好的"畜生"也无法作为"人妻"，因为他们在信仰上是非人类或者属于非同类的。正确信仰与无信仰间的差别，最突出表现在人生的目的、价值观、人生观方面。例如，中国传统文化中的儒家思想体系，就是一种把正确信仰中的人生规律、信仰路线当作了不同人生（如"夫"、"父"、"君"的不同人生）的全部目的的一种无信仰道德体系，活着或者生存其实就是这种道德体系下人生的全部——儒家思想提倡人与人之间的关系按照相同身份（如同为"父亲"或者"丈夫"）是对等的，即"己之不欲，勿施于人"。这种无信仰的道德体系，因此可以比较容易地融合于各种不正确信仰社会中。相较儒家这种成熟且简洁明了的人与人之间的关系理论，以马克思主义为代表的唯物主义思想，还处在把人与人之间的关系归纳为以"生产关系"为主、力图探索一种全面而正确的社会关系的具体方式的初级阶段——当代中国把这个过程形象地称之为"摸着石头过河"！因此，儒家道德体系更适合于专制社会，处于表 3-2 中的第三栏，而马克思主义更适合于独裁者，处于表 3-2 中的第四栏；马克思主义可以作为儒家道德体系的"母"，它可以在中国化时与中国社会的历史文化环境相结合，产下她喜爱的、愿意接受的特色"传统儒家思想"。同样，她（马克思主义）也可以在国际、国内社会的特殊环境下，与特定的社会环境相结合，消灭、"杀死"儒家思想这个"子"，而顺利怀上、产下其它思想"婴儿"，如当代中国自 1978 年开始的"金钱至上"、"挣钱是人生动力"的社会观念。上述过程中，没有信仰的中国人或者中国社会，就是"母"或"母狮子"——既可以与新狮王或者新情人（即马克思主义）顺利调情、并放任新欢杀死她与旧时丈夫（清朝末年开始传入中国的西方民主文化）的"婴儿"（中国国民政府），也自然可以与"金钱至上"的新欢再度上演一次"杀婴"的无耻惨剧，这次的"婴儿"是那个自称为马克思主义中国化后的"中国特色社会主义"……无信仰的中国人，是自私的、残忍的，他们天然或本能地要守着自己的领地，且这种自私，只有在集体生活中得到最大程度地满足，中国社会此时就像狮子群一样因此得以成就一种纳什均衡。从结果上看，既不爱神（唯物主义），又不爱人（充满了各种侵犯人权、打压信仰自由的罪恶）；既无科学创新及其应用的能力，又视科学策源地的西方社会为头号敌人，叫嚣自己掌握着"宇宙真理"。以上"四足"运动的中国社会信仰，在专制者方便统治管理社会，与普通中国民众方便生存相媾和而产生的"金钱至上"理念和挣钱动力机制的统领下，就来到了与动物在本能（动物本性）统领下生存、死亡的相同逻辑情景中，成为了信仰上只能"出生入死"的两足运动的畜生社会或死人社会！

任何一种信仰、思想本土化的结果，对于受控制的人群，就相当于换了公狮子或狮王的旧狮群，其中的人们，就是这些不正确信仰、无信仰的道德思想体系的领地范围，如国家领土范围，国内的阶层或利益集团等等。类似中国国企，就是以圈人、占据社会领域为目的的一种"投资行为"的结果，与以单纯攫取利润为目的的私企、外企根本不同——因此，西方国家与中国进行的"投资保护协定"之类的谈判就是最可笑、最不可能落实的国际条约：能否给予外国投资者以"国民待遇"呢？显然不能！中国不会给予外国投资者、本国私企相当于国企的待遇，即使给予了也不会被接受。因为这意味着后者被国有化。专制社会的特色文明，如古埃及的天文学或历法知识、外科手术或解剖学知识、建筑学知识，再如玛雅文化中的天文知识和时间知识等等，都只是维持其信仰、道德体系在特定区域和特定人群中的统治的结果，是人群分工即大众完成专制者吩咐而产生的成果。这样的成果，与我们现在在演艺界、体育竞技等等活动中看到的影视明星、作家明星、模特明星、体育明星、政治明星、烹饪大师等等一样，明星们用其令人叹服的技巧、特有的癖好、怪异的举动或思维来保持在某一领域中存在，但他们其实无法推动人类的文明进步，正如经文"在谷中光滑石头里有你的分，这些就是你所得的分。"（赛57：6）所讲。例如，体育明星对运动科学或生物学、物理学的发展，时装模特对纺织技术革命的发展，政治明星对政治学（特别是信仰学）、社会学的发展，烹饪大师或吃货对种植业或养殖业的科学发展，最精致的传统手工制品技师对工业技术发展等等，都不会产生积极的直接作用。信仰、道德体系的本土化，与知识、智慧、聪明的个性化、区域化紧密相连，烹饪、裁剪、个人运动极限（如武术、棋类等体育运动）、中医、建筑风格、各国各地的历法知识、各国各民族的语言或方言等等，都缺少或没有统一的科学标准，成为漂浮在科学之上的东西——如同建筑科学标准之上的个性化设计一样，坚持这些东西，或用这些东西遮盖了其下的统一的科学标准或科学规律，就是虽有璀璨的文明但却无丝毫的科学创新或科学体系的根源。不正确信仰、无信仰的"母系"中，人类的智慧、知识、聪明，都是具有地区性、民族性的一切所谓"特色"的东西，与动物的地域性或环境性特点完全一样，表现为人类的动物性知识、智慧，都只是在人类环境中占地盘、被圈进去的人去共同适应特定区域、环境条件下的生存而已，无法进行大规模、普适性的科学创新；同样，追逐上述奇巧的东西，耗尽人生，无助于科技发展和真正帮助他人，虽可悦一部分人的耳目、令一部分人赞叹，又让人们的生活多样化，但作为信仰、作为信仰的发展，却是极其有害的——只追求这些，与动物无异，结果也如经文"你所行的，都必与你无益。你哀求的时候，让你所聚集的拯救你吧！风要把他们刮散，一口气要把他们都吹去。"（赛57：12-13）。正确信仰的"父系"中，以实现信仰目的，即通行的、通用的、普适的存在，是科学之母。不正确信仰、无信仰人群所造就的各种地方性文明，如著名的"四大文明古国"的文明、玛雅文明等等，他们会被利用，成为正确信仰者的科学素材，正如仿生学中的那些供科学家研究的动植物们中的各种"特殊情况"一样。

表3-2中，第一栏与其余三栏之间的关系，是时间与空间的关系。即在有第二、三、四栏的信仰所组成的人类信仰空间中，信仰运动的时间或存续、发展变化的时间规律，符合并服从于第一栏中数字规律。人类的信仰运动，至此可以表示为一个四维数学向量模型。并且，现代物理学中的时空观念（相对论中的时空概念），要因此继续扩展：时间在不同空间中的连续，可以不以空间的性质即时间的计量标准为前提。也即，时间并非是均匀运动或惯性体系。现代物理学中的时空一致理论，其实无法否认、或者事实上是建立在以时间为主导的理论基础之上的——其中的空间，恰好位于时间做均匀运动的阶段上，而不是改变速度的空间奇点处。后者，是产生《圣经》中"主内一日为一千年"等信仰时间非均匀加速度运动的根源。例如，阴间具备与人世间截然不同的宇宙环境，"所必去的阴间，没有工作，没有谋算，没有知识，也没有智慧。"（传9：10），即阴间没有物质运动；或者运动是相对的，静止是绝对的。与我们现在熟知的物质世界刚好相反。阴间中照样存在时间，且以某种机制（如目的达到或存在的功能完结等等）与人世间宇宙的时间连续或连接在一起，同时由于同质而在二者间存在一个固定的数学换算关系。由于正确信仰的运动与合格信仰者的数量直接联系在一起，从而决定了完全的信仰空间还应该包括一个独立的矢量——信仰者数量。即信仰运动应该表示为一个五维数学向量模型，它以实现合格者数量为目的。至此，我们可以对物理学中的统一场论进行一个大胆的推理：正确的统一场论，最终要包含在一个以"目的"为主导思想的理论体系之下。那时，人类将不仅可以理解物质世界的运动规律，更清楚物质——如光—— 存在的实质意义。

第三节：货币（左）闭合运动

上一节考察非闭合货币运动体系时，我们已经看到，无法消除的非法经济活动，会在一个货币运动过程中留下一条处于坐标系第二象限的曲线轨迹。这种非法的经济活动，最常见的应属于人们熟悉的"黑帮"或"黑社会组织"——他们生存在特定的社会空间中，非法生产和经营所产生的财税收入数量，与非法手段、技术和社会空间的大小有关。黑帮可以采取的非法手段和技术，是适应那个特定社会空间环境的能力，而可以容纳他们的特定社会空间，是一种环境容量，表现为市场容量或可以容纳的货币数量、财富总量。能够产生的等值财税数量，表示出黑帮所采取的各种手段和各种社会环境的不同组合，代表着相同的社会存在和"生命"形式，即这个系统正在存活。整条等值财税曲线表达出一个黑帮系统的生命周期或不同黑帮的相同生命形式：每个黑帮的生命和存活时间，都有不同的手段、适应能力与一定的社会环境因子共同决定。如此，我们可以将货币化的市场容量和社会空间，还原成社会环境，并进一步还原成包括自然生态环境和社会环境在内的生存环境；而把非法生产、经营的方法和技术，还原为可适应特定环境的生存技巧，并进一步还原为某种生存环境中可以生存下来的所有（固定）技能。只要社会环境不发生根本性的改变，环境容量没有降低到0，或者只要有合适的方法和技术，就总会有黑帮可以继续生存下来，形成一个无限连续的空间。可见，适应一个固定、有限的环境，并"定居"其中存活下来，是技术进步的尽头，然后，除非有来自环境——自然变化或周边竞争威胁其定居时，不会再有技术发展的动力和必要。这种被环境限定的技术和生存空间，可归于动物的本能或人类的动物习性或本能的范畴，因为该空间决定了其生命的界限——越过这个环境，或者这个环境消失后，就意味着死亡！这个特定的有限生存环境，我们称之为"达尔文环境"；事物在达尔文环境中持续存在的时间，或者达尔文环境持续的时间，我们都称之为该事物的"达尔文环境时间"。生物进化过程中产生的人类，其达尔文环境是那样的人类从灵长类动物进化完成后，自没有那样的人类再从猴群中进化出来到《圣经》中诺亚大洪水前的环境。

不同事物的达尔文环境和达尔文环境时间是交叉存在的。如，地球环境至今都在，而截止到今天为止的地球达尔文环境时间段里，无数进化结束后的物种消失了，也有无数的新生物进化产生出来，其中最著名的事件要属于恐龙灭绝和《圣经》记载的生物进化所产生的那种人类的大灭绝。因此，我们生存的宇宙可以看作是一个由无数不同的达尔文环境共同、连续构成的整体，信仰的不停发展带领人类在其中不停地穿越。

左闭合货币运动曲线，是一个动态结局或者静态图。即，它是一种财税模式发展的最终结果图，是长期或定期内的经济发展状况的总结性示意图。最明显的是，任何一个社会中，假冒伪劣的生产、或者其它非法经济，并不会立刻杀死这个社会，或者立刻彻底破坏掉整个社会秩序。但是，如果这样的行为有合适的社会环境条件得以无限持续的话，我们首先感受到的是，没有与非法行为结合的货币运动或者经济行为，都无法盈利（或者形成财税）；其次，也是更直观的是，整个社会中，没有一个人会逃脱来自于社会的侵害，大家都是受害者的同时又是害人者，全体社会成员互相"易粪而食"。如，大气污染、普遍的贪腐——与此类似的社会灾难，都对应着《圣经》中的"刀剑、饥荒、瘟疫"（结 6：11），就是指这种无人可以避免的社会性灾难后果。左闭合货币运动曲线，所要记录和描绘的正是这种社会结果的发展、形成的直接过程——因此，它可能位于非闭合货币运动的特定时期，即前期的非闭合货币运动走入特定轨道，不可避免走入其中，也可以单独存在。即，我们可以直接利用非闭合货币运动曲线图、也可以只使用这种左闭合货币运动曲线图，来观察、分析这种货币运动体系的特点。

综上，我们可以将上一节中等值财税曲线所在的坐标系置换如下：原来表示货币供应量的纵坐标轴，写为"环境容量"轴；原来表示财税链的横坐标轴，换成"本能"或"适应能力"数轴。整条等值财税曲线因可以表述生命有各种环境和适应能力所组合表达出的不同形式，我们又称之为"生命线"，如图 3-18 所示。因这条特殊的货币运动曲线——生命线处于坐标系纵坐标轴的左边，我们称之为"（左）闭合货币运动曲线"，与以色列类型社会中的闭合货币运动曲线区别开来。不难知道，图 3-18 中的曲线与图 1-3 中的曲线相同。

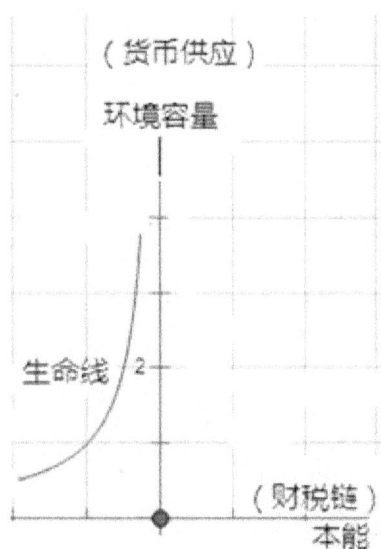

图3-18　左闭合货币运动曲线

左闭合货币运动体系，是货币在一个达尔文环境中的运动轨迹。由于左闭合货币运动体系，是一个在一定环境容量下，适应能力足够就可以永久或无限存在下去的体系，也是一个固定技巧下，只要环境"友好"就永久或无限延续下去的体系，只以环境和适应能力（本能）为变量或限制因素。因此，左闭合货币运动曲线可以描述被动适应类型的生存系统，而非闭合货币运动曲线所描述的是主动适应的生存体系，右闭合货币运动曲线所描述的是自由生存体系。又由于左闭合货币运动体系是一个没有技术发展只有本能区别的体系，因此也是一个没有信仰或信仰彻底堕落时的人类群体生存体系，它可以帮助我们了解社会崩溃后及社会产生前的人类群居状况，可以帮助我们看清货币的起源、本质和退出历史舞台的条件，以及劳动力等传统经济学概念的本来之意、公共权力等政治学概念的应有意义等等。另外，也可以让我们看到直接的技术动力就是彻底突破环境限制而非简单地适应性生存，这是经济人假设的理性的基础。下面我们分别进行讨论。

一、货币的起源、本质、退出条件和体系种类

第一小节：货币植根于社会信仰的一般性表现

借助于左闭合货币运动曲线，可以清楚看到货币具有区域性的特点，即只有在一个达尔文环境的特定的区域内——如黑帮可以存续的社会空间中、加拉帕戈斯群岛中的某个岛屿上等等，货币是基于对这个特定的共同环境的统一认识而产生的生存技巧或生物习性的一个计算工具或计数单位——计算的结果就是以货币为单位所显示出的特定生存方式下的环境容量，或者是一个技术时代所具有的财富总量。货币是财富贮藏的延续，是财富的天然冰箱或恒温保鲜库，只在财富可以贮藏时才会产生——与货币支付、货币交换之所以可以发生一样，都是在人们对货币是某些财富的认知达成共识之后。

货币起源并存在于共同认可或标准化中，从本质上讲，货币就是一种共识或标准化，是一种与信仰和意识形态一样归属于信息范畴的事物。统一货币就是统一群体或社会的意识形态。货币产生或统一后的效果如何，如欧元在欧元区的使用情况，取决于欧元区内各个国家的社会信仰状况。社会或族群的信仰水平相差越大，新货币或统一货币的使用效果就越差，或者需要借助于暴力才可以强行维持统一使用；社会或族群的信仰水平越相近，新货币使用或统一货币的难度越小、使用效果也越好。因此，货币与公权力的结合，是政教不分的社会政治形态的另一种表现形式，是社会信仰水平低下和堕落的一种表征。《圣经》中对此有清楚、完整的描述，读者可以参阅《启示录》第 13 章，该章节经文中的第一只"兽"是指专制的公共权力或暴力强权，第二只"兽"就是指货币，我们会在后面的章节中具体讨论这段经文。依据货币的本质，我们不难理解，一个国家或地区的中央银行是否独立，就成为考察该国家的社会信仰水平的一个最最简单的途径：中央银行越独立的社会，社会信仰水平越高，达到根本无需央行的时候，社会信仰水平达到顶峰；央行越不独立的社会其社会信仰水平越低，在专制社会中，是根本不可能存在具备独立性的中央银行的！

货币可以成为与商品、服务相交换的一般对价物，就在于货币与那些商品、服务都传达着相同的社会生存信息，反映了适应特定社会生存的相同内容。货币在特定的社会环境之外会失去部分甚至全部交换功能，不是货币的物理属性发生了变化，也不是它面对的物品、或劳务发生了性质改变，只是它们之间传达出的环境信息不同，缺少或者根本没有相同信息的交集，所以无法成交。例如，手拿人民币，去和一个亚马逊河流域的土著人交换食物，无法成交，原因不在于土著人手中的食物，而在于人民币所发出的信息是一个完全不同于土著人生存环境的信息，土著人生活环境中的食物自然无法与之相交换。再如，货币的国家属性，也是如此，越是与世界隔离、与世界各国的社会信仰不同的国家的货币，越难以自由兑换；在不同社会信仰的国家之间，达成货币联盟或统一货币的难度越大。

货币作为一种特定环境（达尔文环境）中对生存条件的共同认识或共有习性，是物物交换的基础，而不是物物交换的产物。西方传统经济学，是从物可以满足人的某种需要的有用性——如苹果可以吃、铁是硬的 ——即基于物的物理属性等自然属性所产生的物的使用价值开始建立起来的（参见卡尔·马克思的《资本论》第一卷第一篇），这使得它从一开始就忽视了这样的事实：同一个苹果，由一个走在申诉或上访路上的中国冤案受害者去吃，与一个要和爱恋多时的爱人去成婚的美国人来吃，能带给人的效用或体现出的物的价值，并不一样；结婚、离婚、治疗同样的疾病等等对每个人的效用或使用价值完全相同的一些社会行为，在不同社会中的花费状况（去除通胀和通缩影响后）截然不同，如在当代中国，就呈现出逐年不断快速上升的趋势，与大部分西方国家不同（参见拙作《圣经中的中国和当今世界》）。正如达尔文在《物种起源》中总结的动物的外形、习性、颜色、技能等等都是环境选择的结果一样，物的使用价值对于人类的生存而言总是具有区域属性和社会属性的，人们总是在特定的社会环境中享受或忍耐各种商品或服务所带给我们的效用或价值（幸福或痛苦）。为此，我们应该给商品和服务

的使用价值进行重新的定义，使其包含物（或服务）带给人们的社会环境的体验或效用——即打上社会环境的烙印，而不仅仅是来自物或服务的物理属性或一般属性部分，让经济学摆脱事实上的狭隘物理学的桎梏。这个有关商品的新的使用价值，在本书中我们称之为物（或服务）的幸福，它不仅包含商品（或服务）的物理效用，还包括商品或服务的社会效用，体现商品（或服务）的社会属性。与具备社会属性的商品或服务的使用价值或效用相对立、相交换的货币，其社会属性就是货币带给人们的幸福，单位货币所具有的幸福，就是这种货币的幸福度。

货币只能在社会中产生，不是因为交换或商品交换的需要，而是因为货币超出了个人生命的范畴。很明显，动物和整个生物世界中，并不缺少看上去是一种交换的事物，例如共生现象，再例如在环境适宜的情况下，大型食肉类动物不在意其它动物吃掉它们吃剩下的猎物。但是，这些行为都不会催生出货币或一般等价物，都未超越个体生命（及繁衍）的范畴，都以保有自己的生命基因为最高目标或"理性"，是动物的习性和本能。显示人类中间存在的与动物一样、并不会产生货币（虽然不妨用货币运动去描述）、也不是真正交换的这种习性行为，可以借用"人为财死、鸟为食亡"的中国谚语作注脚，它只存在于社会产生之前或社会崩溃之后的时间中。货币与人类社会同步，突出表现在社会解体时，其货币逐渐失去原来的功能和作用，但通常被认为是被货币所替代的物质财富的功能或使用价值并不会因此发生改变，物物交换重新流行；与此相反，社会存续时，货币在个人手中丢失、损毁，通常也可以补发、兑换新货币。货币是一种低水平或堕落的信仰，但是，以货币为直接诉求的意识形态，如要求金融、货币独立，却可以成为很多人愿意为之付出生命的理想和追求目标，成为一个新社会和新国家诞生的精神支柱。货币作为最低级的信仰，它又代表着社会中人们公认的生命所必需的物质财富，让我们自然想起《圣经》中那句被无神论者无法理解的话语："人活着，不是单靠食物，乃是靠神口里所出的一切话。"（太 4:4）一个相信信息就是金钱、拼命赚钱就可能获得更好生活的现代人，却不愿相信来自信仰的信息也可以，显然是不了解货币的本质的。

在达尔文《物种起源》所设定的、进行着生物进化过程的任何自然环境中，任何生物的生命失去、甚至于一种旧环境的改变、失去，其趋势和结果都是无法阻止、停留、逆转的，是大环境不可抗拒的力量使然。生物的生命只趋向死亡，地质、地貌、气候等自然环境只趋向改变和消失，这种宇宙单向运动，与货币幸福度单向下降、趋于取消的死亡运动模式完全一致。因此，从描述和传达信息、特别是描述传达信仰信息的角度上讲，在一个只会有货币幸福度单向下降的场景中，是不需要货币的，也不会有货币的产生——因为上述场景中，每个事物（包括野兽一样的进化论中的人类）的生命周期或运动时间，已经持续不断的、无数次的表达着与必死的货币运动体系相同的信仰信息，不需要也无法用货币运动的死亡规律代替无数动植物各自的生命周期、自然界沧海桑田的各种自然周期。假设这种场景中存在（或被植入）一个使用货币的人类的群体（无社会信仰如野兽群一样），人们信仰上的生命周期也不过如生物的生命周期一样，是自然科学和生命科学规律决定的，是任何人、任何力量也无法改变的；这样的人类群体，因毫无信仰的特征和信息，显然只可能是专制社会自然崩溃前才会偶尔出现的。不仅如此，若这时出现货币交换——无异于也是生物之间的生命交换（以命换命）、或者是不同环境的直接兑换，也要在逻辑上构成自相矛盾的悖论，即自杀求生。显然，货币无法在这种场景中产生，也无法在此场景中进行正常存在；从人类社会中跌落向此场景去的国家或地区，社会信仰终究要归零，社会本身也走在必然定时死亡的路上，逃脱不了货币运动规律所决定的社会生命周期或历史轮回。因此，我们在人类社会历史中看到，一种无信仰或错误信仰的社会意识形态不断（直线）强化时，这个社会中的货币会变得越来越不重要，社会会驱赶货币、逼迫货币去"死亡"，如中国上世纪 60、70 年代，毛泽东个人在中国社会中不断被神化的时期，各种票证不断兴起，让人民币作为货币的社会存在空间日益狭窄（参见拙作《圣经中的中国和当今世界》）。同理，在货币幸福度持续不断上升的单向运动环境中，也不需要货币，这正是我们将要看到的货币退出机制走向历史舞台时的社会基础。总之，货币只在描述和传达社会信仰水平做螺旋式运动的状况时才真正有必要——社会信仰水平持续、直线下降的时，货币运动呈现出货币死亡模式，传达出社会解体的历史规律；社会信仰水平持续、直线上升时，货币运动呈现出货币退出模式，传达出社会退出历史舞台、人类生存进入社会后阶段新时代的全部信息。

货币不能产生在不同的(被认可)环境或不同标准的区域之间。例如，现代人用钟表、指南针、飞机、大炮与亚马逊河流域中的一些土著部落去交换猎物或水果，交易无法成功，类似的场景下自然不会催生出货币。再如，一个国家的货币汇率上升，意味着另一个国家货币汇率的下降，但交换双方中来自汇率下降国家的卖家，因汇率降低而利润提高，同时，来自汇率提高国家中的买家，也因本国货币汇率提高而省钱。买卖双方皆大欢喜。同理，买卖双方互换位置后，买家与卖家同悲切。但上述同喜同悲的国际贸易中，永远无法产生出共同的货币，显然不是货币产生的合适场景。货币产生时或同区域内交换的通常状况下，只能是悲喜交加：一方利润的提高，意味着对方利润的降低或放弃利润。因此，货币的零和游戏总是只能在相同区域内或相同社会间出现，互惠共赢的国际贸易只可以存在于本质上不同的社会和国家之间，国际贸易总量会跟随国际社会形态或不同社会的数量、比例变化而变化。维持货币产生时的状态不动，即特定环境条件的稳定不变、环境容量固定的状况，反映在货币身上，就表现为一个社会宏观上或者整体上单位货币所代表的幸福量一定。只有当环境出现改天换地一样的变化，即相当于改变一个达尔文环境——相当于加拉帕格斯群岛上的动植物迁移到北冰洋后生存下来且其习性、颜色、形状、寿命等等生物学特征都未改变——之后，货币的"幸福度"才会发生改变。这种改天换地一样的环境改变，就是人类社会中大规模科技创新所带来的技术革命：技术革命让人类的活动改变了自然界中的生物习性、生态环境，而类似利用从未被利用过的石油、太阳能、"苹果一直掉在地上"等自然现象中所包涵的科技知识，让人们坐在家里就实现了生存环境的改天换地，同时，人类的生物学特点却得以保留、不变，避免了诺亚大洪水一样的灭顶之灾。技术革命让人类取得了自由生存的能力，以不变应万变，彻底摆脱了生物进化和环境选择的被动局面，让人类在不同的达尔文环境中生存下来，是信仰具有独立、稳定不变性质的直接反映。科学技术就地更换、拓展了人类的生存空间，单位货币中所包含的效用和幸福才有可能扩大提高。但是，一旦科技创新完成以后，新的环境容量也就随之冻结，单位货币中所包含的幸福和效用的数量空间也不会再继续扩大，人们重新回到适应环境改变、适者生存的达尔文环境的场景中。因此，在一个没有科技创新的领域中，例如科技创新的应用领域如生产、流通、消费等领域中，货币的幸福度都不会提高。也就是说，人类社会中，除了造就科技创新领域中的货币可能会出现幸福度的上升，其它所有领域中的货币，从逻辑上讲都只会出现货币幸福度的稳定甚至下降。这是造成西方微观经济学中的边际效用曲线总是呈现出向右下方倾斜的根源所在。一场孕育技术革命的过程，就是一个更换货币和货币体系的过程；从来没有爆发过技术革命的时代，各国不同的货币都遵循同样的运动规律，表现为与各国经济发展状况一致的不同生命周期。

财富或货币的幸福是人类在特定社会环境中，来自社会环境中各种各样因素、条件下的各种收益或效用的叠加或总和。例如，我们从购买一个苹果中能获得的各种收益或效用可能受到包括以下几方面因素的影响而有所不同：A、地点：在超市购买和在集市、果园中购买；B、金钱来源：打工赚来的钱和捡到的钱、偷来或其它犯罪得来的钱；C、时间：在果实成熟季节购买的和反季节购买的、天气好时购买的和恶劣天气时去购买的；D、苹果的质量和价格……因此，一个苹果所带来的幸福是可能包括但不限于上述因素所产生的各种收益的总合：例如，在专卖店购物的优越感或社会评价要比在集市购物要高，收益或幸福就比后者高，假设分别为 5 和 1；但在专卖店购物的价格比在集市中购物的价格高，收益或幸福降低，假设分别为 2 和 4。如此，从专卖店购买苹果的幸福就是 7，而从集市购买苹果的幸福为 5。也就是说，一个苹果的幸福是与其相关的各社会因素及其给人们带来的各种收益或效用的一种综合的博弈结果。我们继续以苹果这种水果为例，看一下其幸福的可能变化过程和结果：苹果的质量包括肉眼可见的质量和需要技术检测才可知道的质量内容，前者如颜色、新鲜程度、形状等等，后者包括农药残留、重金属含量等等；如果苹果的质量普遍很高，人们花费 1 元钱购买苹果，可以安享苹果带来的幸福和效用，我们将其幸福记为"1"，但如果苹果的质量普遍不高——例如农药残留过多等，人们花费 1 元钱购买苹果，需要有 5 元钱作为其可能的或后续的医疗保健、精神抚慰等准备性保障——否则，可能面临疾病、扔掉苹果的财产损失和相关的精神折磨等负效用或负收益。这时，无论其购买的苹果这个物体或商品，还是其所有的财富——1 元钱的苹果和 5 元钱的保障，它们的幸福都只相当于原来的1/6，即减少或下降了5/6——过去只花费 1 元钱购买或交换到的幸福或效用，现在至少需要有具备 6 元钱的实力才可以（虽然其中的 5 元钱并非肯定要花费）；如果人们为保障实现吃 1 元钱的苹果的幸福而预作准备的 5 元钱，还会继续重现上述情形，如 1 元钱可以购买到的医疗服务的质量、纠纷处理的效果等等，同样也如此陷入需要担保的情形，即 1 元钱的医疗消费需要 5 元钱做后续可能的准备性保障，则财富和货币的幸福又要下降5/6，仅剩下原来的1/36……以此类推，我们会发现，享受 1 元钱的苹果的幸福，或效用、或使用价值，分别需要 1 元、6 元、36 元……，一个苹果在西方经济学中的传统使用价值也许根本没有变化——并非市场中所有的苹果的质量统统一样，如都是高农药残留，但财富的幸福却照样可以发生很大的变化。最后，人们手中的钱越来越多，物价也没有上涨，但财富和货币能带给人们的幸福却一点都没有提高，也就是说，财富和单位货币的幸福在这个过程中是不断下降的。总之，商品的使用价值，从社会角度看并非固定的、一成不变的，也可能是流动的，大小和多少完全取决于商品所在的社会环境。商品的有用性，不仅决定于商品生产的劳动力因素、技术因素等经济、自然环境，更决定于社会的信仰水平环境，这是传统经济学与社会经济学的根本性差别之所在。

如果我们只考察具体的交易，会发现其中的货币、商品和服务的使用价值或效用所体现出的总幸福并不会跟随商品或服务的使用价值或效用的变动而变动。例如，我们花费同样的价钱购买到两种不同的苹果，一种是有毒、有害或低质量的苹果，我们记作交易 a；另一个是质量好、能让我们享受到正常苹果的使用价值或效用的苹果，我们记作交易 b。在这两个交易中，货币和苹果所各自代表的使用价值或效用的总和是一样的：看上去，在交易 a 中，卖坏苹果的一方，与交易 b 中卖好苹果的一方相比，获得了更多、更大的使用价值或效用，即他用比别人更低成本或质量更差的商品，获得了与同行中的其他人一样的收益或幸福。但同时，交易 a 中的"我们"，所获得的使用价值或效用又比交易 b 中的"我们"要少。两个交易中交易双方，从交易中所取得的幸福总量或和，看上去并没有变化，变化的只是这个总幸福或效用分配的比例，即交易 a 中的出售毒苹果者受益更多、幸福程度提高。如果我们的考察仅仅限于这样的具体交易，事件的结果也仅此而已，对于社会整体而言，毫无意义，甚至于在现实生活中，无论怎样的社会每天都会有大量的类似不均等的交易在发生。但是，超出法律底线的毒苹果交易，如果违法者受益、幸福程度提高的局面得以维持，社会中所有商品、服务的使用价值就会发生根本性的变化——即迎来货币幸福度的下降或变化。博弈理论的结论告诉我们，违法者独自受益的局面将难以维持，坏风气会逐渐形成，市场中很快就会充斥毒苹果，然后是毒豆芽、毒肉……最终，没有任何人会从这个过程和结局中真正受益：社会进入到全社会的所有商品、服务的使用价值下降后的另一个新环境中——一个社会信仰、道德水平更加败坏了的社会环境。货币经济学的全部意义和价值，就在于它能准确揭示一个经济体的社会信仰或意识形态的发展状况。

货币的本质是信息，历史和现实中所有的货币就都只是信息的载体——贝壳、兽皮、金银、各种一般金属、纸张、存于电脑等硬件设备上的文件或字符串（如比特币）……货币选择怎样的载体，受自然环境和科技水平的共同制约即特定环境的制约，但其本身是非物质性的，就像灵魂一样，并不真正接受这些载体的制约。货币所传达的信息内容，是其所在自然环境和社会环境的现有或固有信息，具有极大的区域性和局限性，因而是短暂的、临时的、有限的。作为信息，货币本身不会贬值或增值，它始终屹立在特定环境的固定环境容量上，总量一定。因此，所有的货币政策或策略，都不会真正扩大或改善人类的整体生存状况，是人类之间的"爱"（即剔除来自爱神和神的爱所产生的颠覆性科学创新以外的）对改变人类生存效果的直接反映。但货币在全球范围内的分布状况，却可能很快增强一些地区和国家适应全球变化的能力，造成所谓的"后发优势"的假象——除非有技术革命及时彻底地改变环境总容量，否则，这种建立在零和游戏规则之上的"后发优势"，总要造成地区性甚至全球性的经济、政治危机直到达成与各自社会形态相一致的新均衡为止。经济危机无一不是败坏败坏者的一场信仰危机，是信仰集中成长、高效率剔除无信仰和错误信仰的过程。

货币的本质决定了货币自动退出历史舞台的条件和方式：人类社会的信仰水平全部达到自动维护和自动成长的高度、技术革命成为连续不断的生活常态时，货币传达的信仰信息就被社会信仰持续大幅度成长的规律所覆盖或者重合，成为过期或作废的事物，货币运动规律这时就呈现为一种货币快速的自动退出社会领域的模式：社会信仰持续提高，货币幸福度持续提高，表现为人们手中的货币数量不变，得到的社会幸福却在持续增加；但是，这时，由于新技术的不断涌现和应用，持续不断地在加快货币周转速度，因此，社会的基础货币在持续降低、退出……如此循环下去的极限或逻辑结局，就是基础货币数量归零，货币彻底退出历史舞台。

最后，简单看一下货币的体系和种类。

通过对货币产生和货币本质的讨论，我们已经知道，在一个固定的生态环境或社会环境中，货币总量所代表的财富和幸福都是一个固定的数值。这样一来，根据货币的零和游戏特点，货币在特定社会环境内部的分配，从逻辑上就出现了三种不同的微观状态：货币幸福度上升、下降和稳定不变。但是，上述三种动态状况，只有稳定不动的状况才是真正的常态，另外两种只是围绕其进行的波动。另外，我们也已经知道，除非有新的技术革命爆发，货币幸福度不会真

978-1-62265-922-7 (online) 978-1-62265-923-4 (paper) Faith Studies by Zhang, Pujie

正上升；而且，除非有专制集团所控制的不受法律和市场法则制约的特殊社会领域的存在，货币幸福度也不会真正下降。这样，人类的所有货币系统按社会形态来划分，就各有三类共六种：专制社会中，有幸福度上升、下降、稳定三种，但以下降为主，上升和稳定都只是围绕下降发生的波动，是下降过程中的徘徊稳定和反弹；以色列类型的社会中，有幸福度上升、下降和稳定三种（西方微观经济学中有与此对应的投资边际收益率上升、下降、稳定的三种状况），以上升为主，下降和稳定都是围绕上升的波动，特别是在社会信仰水平极高、技术革命频繁爆发的时代更是如此——但是截止到今天为止，以色列类型社会的货币幸福度还是以稳定为主，货币幸福度上升的间隔时间还比较长。货币幸福度的这种分裂状况，要到全人类都统一在一个社会形态和一种货币之下时才会结束，这将为我们在后面的章节里解读《圣经》中有关货币数量的经文奠定基础。

第二小节：货币幸福度和货币信用

货币信用是货币的社会属性，是由所在社会的社会信仰的信用或者信仰类型所决定的。货币幸福度决定货币信用：一种货币的信用稳定，就是其社会幸福度稳定；失去信用的货币，其货币幸福度是不断下降的。除非改变社会信仰的类型，一种货币的信用是无法通过传统的经济、财政、货币金融政策来影响或者改变的。因此，幸福度稳定的货币是洁净货币，其中所形成和出现的财税收入，也是神的物；相反，幸福度下降的货币，是《圣经》中的"魔兽"或"两个兽"中的 "有两角如同羊羔，说话好像龙"的那个兽及其 "印记"（启 13:11-17）。货币幸福度在稳定和下降中摇摆和转换，就是社会信仰的被诱惑或动摇后的具体表现，与社会形态一起，成为社会信仰的标志和验证。西方经济学的传统理论，对于货币的信用问题研究，事实上是一个学术性盲区——基于物物交换基础而来的货币概念及建立于其上的整个经济学理论，即一般等价物理论，是以货币信用稳定为前提条件的。

（一）、货币幸福度及其变动

货币幸福度是一个法定货币币值所代表的、特定社会中所有商品和服务的综合数量或水平状况。在一个货币幸福度下降的社会中，个人和各种经济组织，对货币供应量更敏感，更关注。而对利率、汇率、劳动力成本、利润率、技术和技术创新等等，自由市场中那些必然影响生产、投资、经营利润水平和投资决策方向的因素，也就是西方经济学特别关注的那些东西，却不敏感甚至视而不见——例如，中国的国有企业，不用关心西方社会中的企业通常所关注的一切，即使是在严重亏损时，也毋庸担心导致其亏损和进一步亏损的一切因素，只关心资金来源。

传统西方经济学中，商品和服务的使用价值是其物质或劳动的属性，不可能为零。即，不存在一个商品或服务没有任何使用价值的情况。但从商品或服务的幸福度的定义来看，财富的幸福度为零甚至为负值，却很常见。如，被建设后无人使用的"鬼屋"、闲置的公路、机场等基础设施、被倒入大海的牛奶等等，就是幸福度为零的财富；而有毒有害食品、通过严重污染大气环境或者水环境而生产出来的各类商品、假药等等，就是幸福度为负值的财富。商品的使用价值，从社会角度看并非固定的、一成不变的，而是流动的。商品的有用性，不仅决定于商品生产的劳动力因素、技术因素，也决定于社会环境和自然环境。

在财富幸福度向下变化的情况下，人们无法通过加大财富持有量来对抗或试图增加幸福。例如，对待有毒的苹果，持有更多、再多的苹果也无法对其使用价值或效用的缺陷进行弥补——吃再多的苹果也改变不了毒苹果或质量下降的苹果的使用价值或幸福。这一点，与传统经济学从商品的物理等自然属性角度提出的使用价值不同。传统的商品使用价值范畴中，人们从商品中获得的效用或价值，与商品的数量完全正相关。事实上，人们在通常情况下是无法在商品质量出现下降即幸福度下降时，通过数量增加的方式来弥补或挽回幸福或增加幸福。例如，人们无法在衣服的布料含有毒害成分时，产生对衣服或布料的更大需求；在肉类食品普遍有毒有害时，产生多吃肉的需求。也就是说，人们通过具体商品和服务来满足生活需要的数量或容量，不会因商品和服务的质量下降而出现增长。反之亦然，即也不会因质量的提高而减少对数量的需求。在一种商品的质量等使用价值或效用出现下降时，除非有可靠的司法等救济渠道外，人们只能通过类似转移消费的方式寻找替代商品，而不能采取类似加大消费数量的方式进行应对。只有当全社会的商品、服务均出现这种情况时，人们将再也无法找到合适的替代品时，转移、逃避、替代的经济应对行为才会停止——代之以逃避该社会，或者干脆置其于死地。

　　货币是社会所有财富的统一支付手段或对价物，货币的幸福度因此就是所有社会财富总收益的博弈结果，代表或反映了所有社会财富的平均幸福水平。财富在社会中的有用性、有效性是财富的幸福度，它跟随社会公权力模式主导下的具体社会环境的变化而变化，并非如物的物理属性一样稳定或固定不变。反过来也一样，一个社会中的货币幸福度发生变化，意味着其中的所有商品、社会服务或行为的幸福度也将随之变化。例如，一个婚姻或一场婚礼带给人们的幸福，或疾病的治愈带给人们的幸福，从来都是相同或恒定的，但其花费却常常在不同的时间点有巨大的差异。这种差异，并非都是甚至主要是由货币自身价值的变动引起的，既并非人们常常抱怨的通货膨胀或通货紧缩的结果。譬如感冒疾病，治愈感冒对人们带来的"没病了""健康了"的幸福感或效用，对 70 年代的人和现在的人来讲是固定不变的，但治疗相同疾病的花费却在上升。"卫生部副部长在中国医院管理年工作会议上说，近几年我国医疗费用增长过快成为一个突出问题，其中，门诊就医费用增长了 1.3 倍，住院费用增长了 1.5 倍，平均每年门诊费用增长 13%，住院费用增长 11%。"（资料来源：新浪网，引用日期[2005 年 04 月 19 日 17:25]）"运用 1991 年-2008 年全国卫生财务年报和中国统计年鉴等资料，定量分析发现从需方角度来看，18 年来我国医疗费用增长明显超过需方需求 0.02～5.82 个百分点，特别是过快增长的费用负担主要由个人一方承担，个人支出部分占 50.1%，导致医疗需求平均萎缩高达 8.1%。"（资料来源 CNKI 学问）虽然，感冒症状常常也许可以不治而愈，或者只是在家多喝白开水就可痊愈。但在社会中，一个不具备承担社会平均的治愈感冒费用的人，更大的可能是无法享受到来自社会的、用通常治愈感冒的方法去治愈感冒时所得到的效用或幸福——可能被冠以"无治病经济能力"的贬义社会评价。再如，中国企业赚取相同的利润，需要更大的现金资本。来自中国第一财经日报的财经报告指出：中国商业实体的社会整体资本边际效用下降，同等利润所需要的资本量呈现出持续上涨的长期态势，几十年几乎没下降过。此外，现在中国的工业企业盈利能力（利润销售收入）只有 5%~6%，仅为全球平均利润水平的一半。（来源：第一财经日报，引用日期[2013-06-17 01:32:33]）上述资料告诉我们，同样是企业，创造相同利润的投资大，或维持相同利润水平所需的资金水平高，已经在显示这样的企业在获取利润的过程中必然出现将更多的资金用于货币资产方面的事实，并相对减少了生产和经营中非货币资产的比例，与人们在日常生活中，将更多的资产选定为货币是完全相同的。需要注意的是，在这里，总资本的总收益率不一定必然会下降，一定的只是在总资本内部用于直接生产、经营等的那部分资本的比例下降。而用于应付未来或将来可能发生的不确定因素的货币性资产或资本的部分所占的比例提高——如果来自该部分的资本收益可以大幅超过其总资本正常平均收益水平的时候，其总资本的总收益水平将得到提高。如，争取到了大量财政补贴（这在面临退市等风险的中国上市公司中很常见）、被政府注入大笔的优质资产或争取到大幅度的减免税费的优惠、取得正常竞争条件下无法取得的利润丰厚的政府采购合同或行政许可等等。在社会大环境中存在较多这种机会的时期，企业的利润水平或生产、经营状况等经济数据，看上去就无比的靓丽；相反，就惨淡难看。因此，整个国民经济的实际数据、具体企业的处境都呈现出与市场自身、与企业自身的生产经营活动越来越远、却与市场或企业外部社会环境关系越来越密切的特点。

　　如果一个经济体中，人们（包括个人和各种团体组织）普遍处于上述这种社会状态，从整个国民经济中看，就会在国民经济统计数据上表现为 M2/GDP（M2 是指广义货币供应量；GDP 为"国民生产总值"，下同。）的上升：人们选择积累更多的一般等价物即货币资产，相对较少用于生产、生活、经营的投资和开支，以应付或维持未来的那个并未扩大的社会幸福或效用——比如结婚、离婚、企业盈利或生存等等。上述结论，与很多有关的社会调查数据得出的结论也完全相同，例如"世界银行关于中国婚姻市场的一项研究就显示：欠发达地区的男性更可能是婚姻竞争的失败者，而有男孩的家庭则更倾向于存款。据美国经济研究所的一项调查，在中国的一个三口之家，92.2%的有儿子的家庭表示存款与孩子有关，而仅有女儿的家庭的这个数字为 86.4%。此外，有 29.8%的家庭存款是为了儿子结婚，而存款是为了女儿结婚的家庭只有 18.3%。在教育储蓄方面同样也是有儿子的家庭高于有女儿的家庭。通过比较家长在不同年段时家庭的储蓄率，在几乎所有年龄阶段，有儿子的家庭的储蓄率总是高于有女儿的家庭，而且在 50 岁左右，有儿子的家庭储蓄率出现了一段急剧上升，因为此时正是其子女准备结婚的时间。"（资料来源：网易，引用日期[2013-04-26 02:08:59]）

对于人们（包括企业等商业组织）需要将其财产中的多大比例划归货币，以应付未来不降低幸福水平或得到社会保障的份额之所需，是人类对于自身所处社会的一种有效应对和自然反映。这一点，在中国贪官身上表现的最突出——也许这就是他们之所以成为这个社会中的佼佼者的原因，或这是由于他们手中更有钱，从而让这种反映对比一般人而言更加完整和全面。现在就先看一下建国后中国的贪官如何为维持自己的社会幸福度不变或小变，如何与社会其他成员完全一样地安排、分配他们庞大的贪腐财产吧。中国人民银行的直属机构中国反洗钱监测分析中心一份《我国腐败分子向境外转移资产的途径及监测方法研究》的报告确认：中国官员因为经济犯罪外逃始于上世纪 80 年代，该报告同时披露，公安部 2006 年 5 月公布的数据显示，截至公布时间，中国已陆续缉捕到外逃的经济犯罪嫌疑人 320 人左右，直接涉案金额近 700 亿元。上述报告记录的另一组数据更为惊人："据中国社会科学院一份调研资料披露，从上世纪 90 年代中期以来，外逃党政干部，公安、司法干部和国家事业单位、国有企业高层管理人员，以及驻外中资机构外逃、失踪人员数目高达 1.6 万至 1.8 万人，携带款项达 8000 亿元。"（资料来源：凤凰网 2013-10-15 引用日期[2013 年 10 月 15 日 08:20]）与这些令人咋舌的巨额资金相比，它的历史演变更有经济学价值：2010 年，中共中央党校出版社社长兼总编辑田国良申请了《省部级干部腐败案例研究》科研课题，对上世纪 80 年代以来移交司法机关处理的 103 名副省部级（或"享受副部级待遇"）以上领导干部的腐败案例进行剖析。根据田国良的研究结论，与改革开放前期相比，随着时间推移，高官腐败发生了一些明显变化：平均每例涉案金额由几万、几十万，发展到平均每例过千万，其中最高涉案金额近 2 亿元（注：2011 年落马国企老总涉贪腐金额猛增，人均贪 3380 万，而 2010 年这个数字为 957 万元。（资料来源：半岛网 2012-01-16 07:11 引用日期[2012 年 10 月 27 日] 2013 年的刘志军案贪腐金额超过 8 亿（资料来源华声在线 2013-06-11 10:29:22 引用日期[2013 年 10 月 5 日]）；涉案面由主要局限于经济领域，发展到不仅向权力集中、资金密集、利润丰厚、竞争激烈的经济领域各个层面延伸，而且触及司法、组织人事领域。（资料来源：网易，引用日期[2013-09-28 02:33:16]） 从烟、酒到汽车、房产，从象牙、古董到现金、情妇，随着经济的发展，时代的变迁，中国贪官的胃口越来越大，受贿胆子越来越大，手段也越来越隐蔽。1990 年：烟酒电器。"一箱杜康酒，每瓶都只剩下半瓶了。不舍得喝，都挥发了。"将近 20 年过去了，北京房山区检察院反贪局的检察官仍然清晰地记得，他们在一名涉嫌受贿被告人家里发现这箱酒时的震惊。据统计，我国 1980～1988 年查处的 3 起高官案件中，案值都很少，其中一起是收受西服、收录机等物品；而另外两起分别受贿 2 万元和 1.2 万元。到了 1989～1992 年，作案金额平均也才 2 万元。1992 年之后，随着市场开放搞活，让中国人耳目一新的西方电子产品涌入。音响、录像机、彩电成为热门货的同时，也成为行贿物品。某厂供应站杜某因为收到对方送的一台 18 英寸索尼彩电，感觉对方"出手太大方了，够意思"，激动之下铤而走险。1998 年，《刑事诉讼法》修改，受贿量刑起点上升为 1 万元。水涨船高，但受贿者的胃口已经大开，不再满足于小打小闹，一两万元"都送不出手"，现金开始走向主流，并向大额发展。这个时期比较有代表性的是慕绥新。他从 1993 年 4 月至 2000 年 12 月间，索取、非法收受他人财物，合计人民币 796.34 万元。其中，大部分是人民币、美元、港币等现金。具有一定反侦查意识的"中国第一贪纪委书记" 曾锦春使用的就是这个方法，他知道现金比银行转账更为安全。行贿者都知道他的这个习惯，所以用编织袋装现金成为一景。（资料来源：网易 2013-02-27 引用日期[2013-02-27]）通过上面的资料我们不难看出，中国官员的贪腐行为表现为货币金额越来越大的趋势，这与中国的婚姻、医疗、教育、政府公共服务、商业组织等等对象完全一样，都表现为吸收越来越多的货币资金！它们之间有什么共同的原因？2013 年 3 月 8 日在中国政协十二届一次会议第三次全体会议上，一名政协委员作大会发言时说：最近，一位司局级老领导说到，女儿在他的极力反对下仍入外籍并嫁给外国人，是女儿劝他的一句话，最终让他接受了女儿的做法。这句话是"爸爸您将来再不用为您的外孙在国内上幼儿园、小学、中学求人了"。可不是吗？我们国人的生活中，存在大量求人的事，生老病死都要求人。生得好要求人；病了，治得好要求人；死了，烧得好、埋得好要求人；上好学要求人；找工作要求人，调动工作要求人；异地迁徙取得户籍要求人；参军要求人；职务职称晋升要求人，不一而足。求人的主体上至高级官员下至布衣百姓，大有无人不求人之势。求人的客体是在各个涉及公共利益岗位上掌握着大大小小权力和资源的官员或工作人员。需要注意的是求人者求人，被求者也求人，求人者也是被求者，相互交织构成了一幅壮观的中国式求人图卷。在求人图卷里，中国人传统的人情世故得到演绎，使得本来处于困境寻求帮助的事以及原本正常靠制度靠法制应办的事变得几乎事事求人。求人成了常态，使得人际关系变得复杂，变得不堪重负，变得变了味道，从而形成了若干潜规则，形成了权钱交易，形成了人身依附，形成了特权，形成了不公平。求人的需求被无限扩张，那么，争取能求到人变得非常重要。为此，编织关系网、疏通关系、维持关系、寻租、请客送礼耗费了单位、家庭及个人的诸多资源和精力。在这样一个以权力为基础、以人际关系维系的社会中，人情世故自然变成了比学识、能力更重要的"制胜因素"。（资料来源：新华网，引用日期[2013 年 03 月 08 日 11:22:15]）上述发言，较清楚地表明了一个社会事实：在中国社会，无论什么人——包括贪官，要想获取原本或依法不需要什么钱就可以得到的幸福、享受、效用、利益或利润，现在都要付出法律以外的代价和越来越大的这方面的代价，这导致人们不得不审视原来的财富（或资本）分配比例或方式，结果就只有一个——要有更多的金钱以备未来不时、不知之需！任何人或组织、包括贪官们都需要有越来越多的金钱（虽然他们已有很多金钱和其它财富），才可能在接下来的生活、生产经营中享受或维持着与过去的幸福最相近似的幸福，这就是上述中国现象的共同原因，也是人民币幸福度下降的最直接解释。

　　"人人求人"，是当今中国社会中的真实写照——中国人生活在一个无法依赖社会的社会中，社会保障不确定带来的痛苦和人们手中的人民币货币资产数量在同步提高。我们再跟随一个最应该接近幸福的退休者的脚步去看看，这种现象所可能具有的经济学意义。一个退休者安享晚年，最幸福，但他在中国现在可能也要面临儿女"啃老"、死无葬身之地、医疗负担重、人情开支加大等社会支出加大风险；一个没有上述这些事"骚扰"的退休者，又有脱俗的心态，可能才会最幸福！一旦有什么事，如买房、生病、儿女依靠等等，都会让他脆弱的、靠近危险的幸福顿时化为泡影：他的一切积蓄、财产，立刻大幅贬值，面临不可预测的消耗和缩水，如生病，除不断上涨的医药费、诊疗费之外，他可能要面对"红包"、不平等（依法）的对待或接待……甚至，他在就医的路上、就医时、就医后可能发生的任何意外，都会让他顿时被湮没在无尽的财务负担中或沉浸于无尽的痛苦或不快中：医疗纠纷的出现、处理，可能会让他不仅花光他的所有积蓄，还可能给他带来终身的残疾、无尽的诉讼和不公正的结果，无法得到的法定赔偿及无尽的学习、上访、苦恼等等精神痛苦和家人、亲人、社会的不理解等等，更甚至于面临被当作"医闹"而遭行政拘留、刑事处罚或其它形式的打击报复……为此，每个人必需要有更多的金钱或财力，一备不时之需——与物价或通货膨胀预期等等并无直接关系，而是人们努力保持自己或家人未来社会生活水平或幸福相比目前不下降或有保障的一种自动或生物性反应，其表现在经济学中，就是活在一个特定社会中的刚性需求上升或一定财富所能带来的幸福或效用的下降。这种刚性需求的上升或幸福或效用的下降速度非常快且不可预测，但由于其与人们尽力为此而作的准备密切相关和相连，我们就可以把通用财富———般等价物的积累作为最直观的考察指标，用货币幸福度及其变化规律来构建一个全新的经济学理论空间。当然，人们持有的房屋、生产生活设施等生命保障之外的一切财物，也是这种准备的天然部分，就象包含在 M2 中停止支付、不产生利税的货币与房地产、床下放置的钱币一样。我们仅仅将有统计的全部的 M2 作为研究和使用对象，是由于具备可资利用的较准确的统计数据，从大数据的角度来看已经具备代表意义。因此，在一个货币幸福度不断下降的社会中，除非社会面临解体，人们不再为这种正常的社会状态而大量花费，支出范围变窄（如再也不诉讼、不调解、不要求政府处理等等），甚至只集中在最简单的日常生活或维持生命的一点或几点上时，通货膨胀就会象火山爆发般一涌而出，无数的为各种不测而准备的"备用金"全部集中于一点或几点，造成最基本的生活、医疗、逃命资源价格井喷，出现结构性通货膨胀，而娱乐、奢侈品等腐败、寻门路或找关系的"御用品"无人问津。除非发生上述的最坏情况，否则，在一个货币或财富幸福度不断下降的社会中，是永远不会发生真正的通货膨胀的，而只会让人越来越感受到其货币信用岌岌可危。

　　按照西方经济学的传统理论，商品交换的价值尺度，是社会劳动，即等量社会劳动所表现出的不同使用价值间的交换。但是，生产一个苹果的劳动完成后，苹果在不同社会环境下，所能带来的效用或幸福，其实可以具有很大的不同。这些不同，并非都来自苹果本身质量的下降。苹果质量的下降，若非引起不可预测的后续费用的话，只会影响其自身的幸福度，而不会引起货币幸福度的下降：人们会在苹果和其它水果、食品和其它替代品之间重新选择，给质量下降后的苹果一个新的幸福度标记——类似我们在正常苹果分级中,给低一级的苹果一个较低的使用价值或效用的标签一样。所有产业领域中的商品和服务,若都如此,我们就回到讨论的起点位置,所不同的是,我们手中更多数量的货币和社会中质量、效用更低但绝对数量或供应量更大的财富——商品和服务,整个来自财富和货币的幸福并未发生变化—— 货币的幸福度因而未发生改变。所以,货币幸福度的下降是一个包含比社会产业领域更大的社会系统共同作用的结果。如果我们把社会中各具体产业的链条——如苹果的生产、流通、消费等整个产业链从货币幸福度下降的社会系统中全部分离出来——它们之间在产业外的交叉概率和次数要远远小于它们与社会公共服务系统的交叉,会发现导致货币幸福度下降的主要或根本部分或领域,就是或只是在于社会的公共服务部分或领域。这事实上很容易理解:我们被一个幸福度下降的商品或服务所伤害——如买到一个毒苹果,纠正或补偿我们幸福的下一个社会环节,通常或最终都是社会公共服务领域,如医疗机构、司法机构、教育机构…… 如果这些领域的费用和结果可以预见并十分明确,来自产业等经济领域和私人领域的商品、服务的幸福或效用降低的影响,与只有一个毒苹果对整个财富幸福度所带来的影响效果是完全相同的。从社会所有的产业角度来讲,我们对其出现的所有问题,无疑只有通过社会公共服务系统来解决。因此,货币幸福度的下降,归根结底,是一个社会中来自公共服务系统的幸福度下降的结果:要么,我们为相同的公共服务支出了更多而且无法预见的货币或钱财,要么我们付出同样的货币和钱财,却只享有更差、更少、更不确定的服务或结果。换句话讲,所有财富的劳动价值和使用价值均没有发生变化的前提下,只要有来自社会公共服务领域的服务的幸福度出现下降的话,一个社会中的货币幸福度、财富幸福度都仍然要随之下降。货币幸福度稳定与否,取决于商品或服务的幸福度稳定与否,后者又取决于围绕在社会公共权力领域周围的货币的幸福度——最终,一个社会的财税形成模式和社会形态,决定了一个社会的货币幸福度状况。

通货膨胀和通货紧缩是货币幸福度变化的两个特例,前者,由于物价的上涨,单位货币可以带给我们的效用降低,表示了货币幸福度下降;后者正好相反,代表了货币幸福度的上升。但是,与上述通货膨胀和通货紧缩的这两种简单的情形相比,货币幸福度的变化情况实际上要更复杂的多:通货膨胀时,如果人们的收入水平有着与通胀率相同甚至更高的提高速度的话,货币幸福度并不会降低——因其代表的是人们所有财产所带来的平均幸福或效用,同理,通货紧缩时,人们的收入水平有更大的下降时,货币幸福度却仍然要下降。上述情况其实就是保证货币信用的稳定。因此,通货膨胀带来货币贬值和通货紧缩带来货币升值,都只是货币幸福度变化中的一个有特定前提条件的特例,在我们以财富幸福度作为主要工具的经济学中,西方经济学中通常所讲的通货膨胀或通货紧缩并不具有固定的涵义。货币的幸福度,即货币可以带给我们的满足生命、安全、精神等各方面的需求的效用,包括货币可以即时给我们带来的各种财富效用——如从市场或社会中即刻可以带给我们的各种商品或服务,也包括货币在未来时间或不确定的地点可能带给我们的满足某种需求的商品和服务,因此,整个社会财富的幸福度可以被分为两部分:一部分是以即时的财富(或流动的货币资产)为代表的,另一部分是以货币(或固定的货币资产)为代表的。任何一个特定社会中,人们将自己的所有财富,都分配在以即时的财富消费——如日用品、税费支付、经营或运行中的实体资产、住房等等为代表的生产、消费中,和以应付未来或结余储备的资产中——如储蓄存款、生产经营中的备用金等等。前者,最接近的统计数据是国民生产总值的增加值(GDP)和政府财政收入(C),后者最接近的数据为广义货币供应量 M2(不包括政府的财政存款),因此,财富幸福度或者货币幸福度的任何变化,我们都可以通过 GDP、C 和 M2 的组合模型表示出来。 这与我们前面考察社会信仰时用到的经济数据完全一样,再一次说明,货币与社会信仰之间的内在统一关系。

所有伴随相同或同等幸福感或效用的费用的上升,若伴随着人们相同或同等幅度的收入或利润水平的提高,我们称之为货币的幸福感(或效用)的平移。这种情况下,人们事实上在玩一种货币游戏,为了购买一件价格已经上涨的东西时发现手中正好具有相等的、上升了的收入,使得我们象过去或前人所处的经济水平下实现同等幸福或效用的最终结果完全一样。

当我们必须为同一幸福如婚姻、教育或同等水平的利润收入、同样有效和公正的公共服务等等而从我们的所有财富中留取更大比例的一般等价物(即钱或货币资产)、相对减少实物性的生产、生活、经营财产时(M2/GDP 或者 M2/C 上升),我们的幸福感用单位货币来表示时是下降的,或同样幸福感的单位吸金值在上升。对此,我们称之为幸福度的下降,反之,M2/GDP(或者 M2/C)下降,我们在所处的社会中为享受相同的幸福或效用而准备、留取的一般等价物的份额要减少,相应增加了实物性的消费支付时,幸福感的单位货币值就在下降,用单位货币所能得到的效用或幸福就相对于我们可以得到或创造的财富总量或余值的比例在上升，或同样幸福感的单位吸金值在下降，我们称之为幸福度的上升。因此，物价水平的变动，应该基于商品或服务所能带来的这种幸福度的固定或不变为前提或参照物才可以进行比较。或者说，只有综合考虑进幸福度的变量因素，我们才能得出具有实际意义的物价指数或通胀率。类似婚姻的幸福和治愈疾病的需求，是人们不变的需求，我们称之为"刚需"：人们整体上不能或无法以牺牲婚姻的幸福而减少婚姻的费用，婚姻的幸福和治愈疾病的喜悦是社会整体的、不变的或个人难以改变的。由此，在其它社会条件包括社会宏观税负水平不变的前提下，M2/GDP（或者 M2/C）的不变，我们称之为相同的社会幸福度的替代或平移；M2/GDP（或者 M2/C）的上升，特别是持续的上升，则意味着人们选择或被迫选择从其所有收入中留取更大的比例作为可以随时支付现实需求的"备用"虚拟资产，我们称之为幸福度的向下平移，反之，称之为幸福度的向上平移——人们（包括商业组织与结构）可以将更多的资金毫无后顾之忧地投入到科技新领域中去，包括消费、新的产业投资和科研风险投资等（更确切地说，是商品、服务幸福度的稳定前提下，人们有更多的金钱收入或可支配资金）。需要注意的是，使用财政、货币金融策略造成的 M2/GDP（或者 M2/C）的上升，无法有效持续。一个社会中货币的幸福度是一个不以个人、团体的意志为转移的客观实在，是整体社会环境的反映，即除非全社会整体行动，否则其既往的趋势也是难以逆转的。

支付的货币是从物物交换——等价物交换直接发展来的，货币规模的扩大，除了交换的范围扩大外，主要是有新技术的产生、应用所带来的财富增加所引起的。因此，无论处于货币资产（M2）中的个人货币，还是政府财政收入或其它社会公共收入中的货币，都是相对于真实的客观实体财富（包括服务等无形资产）的替身或统一符号而存在的。当然，货币流通速度常常对市场实际需要的货币数量进行调节，但是货币流通速度并没有改变市场中的每一个新增货币都是社会新增财富的的化身这一基本事实，它所改变的只是这一个新增货币所能对应的新财富的数量。比如，一个新货币在货币周转速度为 10 时，只代表 10 元的新财富，那么它在货币周转速度上升为 100 时，就可以代表 100 元的新财富了。社会对货币数量所能做的，主要集中在如何避免在货币周转速度急剧加快后，市场中的货币量出现相对于过去所代表的财富量的过剩，也就是常说的通货膨胀等极端的情况出现。货币周转速度给货币量的调节以极大的缓冲作用，绝大多数情况下，都让人们得以免除在货币量与其对应的社会财富量发生变化时原本所要做的一切工作。从卡尔·马克思到约翰·梅纳德·凯恩斯，西方经济学的整个基础都是建立于此或者对此都是不言而喻的。从上述我们有关货币的产生、运行和控制的讨论来看，这种货币系统中的货币都始终处于单一的支付范围或功能内，只是作为客观实体财富的符号或替身而存在的，与其自身的财富性质也完全无关。因而，现代西方经济学无法解释处于支付之外的货币体系中的任何问题，更无法在不同货币体系共处一体时出现的问题提供正确答案。也就是说，从货币幸福度的角度来看，现代西方经济学至少还有 2/3 的学科领域是空白的。

货币的幸福度稳定有一种市场自由的内在要求或必然要求：对货币行使支付的过程中施加的任何限制，如限制供应量、限制供应时间等等，都会减损货币的幸福度——花钱买一个苹果的幸福，其最大化的模式就是随意购买和挑选。也就是说，财富的幸福度，是人们享受财富效用或来自其物理属性的使用价值的过程中，越单纯、越自由、越整体、越安静地不受社会打扰就越大——享受一个苹果带来的效用和幸福，其最大化的模式就是吃前没有担心（包括随意购买和挑选等）、吃的过程中没有意外、吃后没有麻烦、有麻烦也没有损失、有损失也可以预见和固定；或者说，人们在一个法律明确且可靠的社会中才可享受到最大化的财富幸福度。因此，货币幸福度的稳定本身，就要求经济和社会系统冲破所有限制，且其所处的社会法律系统有效且可靠。可以肯定地说，是反映社会信仰的社会政治制度，赋予了货币的幸福度。商品的价值和使用价值在制造商品的劳动结束后，并不会当然固定下来，因为要确定它实际和最终能给人们带来多大的效用和幸福，可能才刚刚开始，而西方经济学的传统商品、货币理论，至此却已经全部结束了。

货币按照幸福度的变化趋势，可以从逻辑上分为三类（1）、幸福度上升的货币；（2）、幸福度下降的货币；（3）、幸福度稳定不变的货币。但由于物质财富的物理性能或使用价值，是天然固定或按照法律标准的规定而固定不变的，因此，在科学技术水平一定的前提下，现实中并不存在绝对或真实的货币幸福度上升的情况，就象没有人会刻意生产超出所有法律规定标准的商品或生产出超自然规律限制的商品一样，所谓的货币幸福度上升，都只能是货币幸福度下降后的反向动作或纠错动作而已，更多地表现为商品、服务的幸福度稳定前提下，人们手中的金钱等货币性资产数量的扩大——货币信用稳定前提下的货币数量增加。因此，整个人类社会的所有货币，常见的只有两类，一种是货币幸福度稳定（包括阶段性的上升）的货币，只行使着支付手段、价值尺度或交易媒介符号等货币的 "物理性"功能；另一种是幸福度下降的货币，它一边行使着货币的"物理性"功能，一边同时又具有社会财富的分配职能或其它社会管理职能。

（二）、标示货币幸福度的主要经济指标及其含义

由于货币幸福度是货币的社会属性，对于已经习惯于集中在单纯经济领域中的传统经济学来讲，我们还需要把货币幸福度在经济领域中的有关因素，简单介绍一下，以便读者熟悉。

对于社会资产，人们经常提到的一个保值问题，就是商品（或服务）的使用价值问题，而非单纯的比价问题。最保值的是人的健康、知识和技能，而非黄金、白银、古董、艺术品、股票、房地产等等传统的保值物品，其中的道理就在于前者对人类个体生存的使用价值永远大于后者、甚至完全等同于人体生命的存在，"人就是赚得全世界，赔上自己的生命，有什么益处呢？人还能拿什么换生命呢？"（可 8：36）《圣经》中隐藏的经济学就是从社会使用价值或财富的幸福度开始的经济学，或者说是以社会使用价值为核心和出发点的经济学。

因此，从生命、健康、知识、技能、尊严等这些作为所有商品、服务的社会使用价值来讲，我们的幸福度的一个稳定或固定的数值水平，是衡量个人总资产乃至社会总资产的基础或参照物：有利于提高这个固定数值水平的资产提高，是资产的正向或有效提高；反之，降低或无助于提高这个数值水平的资产提高是负向提高或资产的缩水。通常，可以提高我们的生命、健康、知识、技能和尊严的资产，从货币角度来看，是即时的、是保证社会和货币幸福度稳定这个大前提之下的：首先，社会成员总资产的提高，不应有损于整个社会的稳定或增加社会稳定的成本。即一个经济体中，人均 GDP 与人均 M2 的水平提高，不应伴有人均财政总收入的水平的相同幅度的提高。否则，人们从社会发展的过程中没有丝毫的幸福感提升——虽然也没有丝毫的下降——社会发展只是将我们过去的幸福程度平移过来而已；其次，人们在个人总资产中的消费，应当主要集中于当前消费，可用于积累的货币或财富只限于财富增加或利润部分；再次，货币是特定社会的货币，没有进入有特定社会类型之外的社会所参予其中的国际市场中，或可以与有不同社会参与的国际市场进行了有效割断（如果考虑上国际收支状况和汇率因素，将使问题的讨论复杂化，而问题的实质却没有任何的改变。所以，应用货币理论对一个国家进行经济学分析，特别是对其生产、投资领域进行观察时，应力求简单，将国际收支有关的问题放到一边，除非一个社会在处理其国际收支问题时犯下了不适当的错误，如与不应当进行国际贸易的社会进行了无保护的自由贸易时，才有必要将国际贸易因素考虑在内。）包括社会中的所有资产如金、银等贵金属、房地产等等被一度视为有保值功能的东西，也与其它资产如食物、衣物等等一样，是特定社会的产物。很简单，金银及房地产和社会中的所有服务和商品，都以它们所在社会的平均成本生产和提供出来，被特定的货币标示出来，也必然随着这个社会衡量体系的变动而变动：你在生活安逸、社会稳定时购买的一克黄金，其使用价值与社会动荡时没有变化，但衡量所有物品包括货币和你那一克黄金的价值体系发生了巨大变化，由此导致它们之间的相互标价出现波动：好像货币的使用价值及其价值剧烈下降，黄金因其金属属性的固定却下降不多，就表现为黄金的升值（而非黄金的使用价值与其它财富如粮食的使用价值相比，在特定社会阶段或环境中出现的那种变化），这其实是货币幸福度不稳定或人们对一种货币的未来稳定性动摇造成的；同样，这一克黄金，到其它社会环境中去，也能表现出比货币的转移所表现出的价值变动程度更好的状况，也是基于对黄金的稳定金属属性和特定货币的不稳定社会属性（幸福度）的对比得出的。最后，必须是一种幸福度稳定的货币，例如美元，美元与黄金的比价关系，决定于对美元未来走势的判断，而非美元的数量。如果人们预期美元未来要走强时，黄金价格就要下降；相反，黄金价格就要上涨 。黄金在这里，并没有表现出比货币更稳定的特性，就是因为美元货币也是足够稳定的。如此说来，决定黄金或一种货币是否具有稳定和恒定价值的因素，并不在于黄金或货币本身，而在于它们被赋予或利用的结果或期望。一般来讲，黄金只有在不断变化的幸福度不稳定的货币体系中，才会表现出足够的稳定性，这是黄金自身使用价值的稳定性造就的结果。货币也有类似黄金的这种社会使用价值，但不是货币材料的性质决定的，纸币的社会使用价值不是可以用来包装糖果，铸币的社会使用价值也不是用来垫桌子腿，货币的社会使用价值由货币的目的性决定。人们使用货币的最初目的只是支付，

货币支付的有用性就是货币的一般社会使用价值，支付和货币的一般社会使用价值，二者是同义反复。只要人们仅仅为了支付而使用货币、发行新货币或减少货币量，货币的幸福度就是永远稳定的。否则，离开支付的货币——如专制社会中行使社会管理或财富分配的货币，都是脱离了货币一般社会使用价值这一根本目的另用之物，这时的货币，其价值必将被反向标示，即被原本有某一种货币进行标示的商品和服务，反过来要实际去标示具体某一种货币的市场价值了，这时，以这种货币标示的财富常常会在市场中出现令人匪夷所思的"财富蒸发"或"财富剧增"现象，就是这种标示值的下降造成的，根源还在于货币的幸福度的稳定性上 。

首先，来看广义货币供应量 M2。市场条件下，银行利率、债券利息和股票的股息，及企业利润率等一切投资的收益在本质上或考虑到风险系数后，应是完全相等的，人们将货币投入银行选择储蓄、与投入债市购买债券、投入股市选择股票及投资企业选择利润，从理论上讲，是均衡相等的。因此，银行、发债主体、公开设立的企业和个人投资的企业，各自成为一个系统，每个系统发生的较大风险本质上也无法撼动整个经济。一个社会不能承受其中的一个系统的风险，或者说，其中一个系统的风险具有足以破坏整个社会的稳定，就说明这个社会并非真正的、完全的市场化或仍存在需要进一步市场化的空间；同样，畸形的（或严重非市场化化的）系统间比例关系，如债市特别发达，银行、股市和个人创业系统特别小，才会真正产生"大到不能倒"的程度。储蓄因其风险较小——我们暂将其定为风险最小的最常用投资方式作为一个例子，继续我们下面的讨论——银行利息率（实际收入利息率）在理论上就是企业等投资的最低利润率（债券利息和股息，需要分别乘以相应的风险系数）、企业可接受的贷款利率是银行利率加上社会平均利润率水平，等等。因此，只有人们将正常流通、流动用以支付的货币或财富，停止下来或截取出流通渠道后，这时才表现出 M2 增幅相对于 GDP 或财税收入增幅比例的上升（或下降幅度的减缓）。用以支付的货币被人们存入银行后不动，是指存款人不再用这笔钱进行其它投资，在特定存款人处，资产被标明出来，但由于它不再发生支付，因此也就不再产生 GDP 和财税收入。对比一下，假设这个人将一笔 100 万的存款进行其它投资或消费，它同样会在社会总资产表中，不过不是 100 万这个在同一处的整数，而是以两个 50 万之和或 4 个 25 万之和等等形式分散在资产表中的各处而已，如果银行的投资总是有效和及时的话，一个人进行储蓄投资与进行其它投资，从社会总资产和货币支付、流通的层面来看，是完全一样的。因此，从根本上讲，只有人们将流通中的货币埋入床底、或者说银行的存贷比下降（贷款额/存款额）、或者大量植入不流动的资产（如购买房屋后不出租、也不出售，而是完全闲置地放在那里等待升值或其它目的），才会真正发生和出现社会货币总量 M2 增长率超过 GDP 和财税收入增长率的超额增长。反过来也一样，当我们考察发现一个社会的 M2 增长率长期或总体上超过其财税收增长率时，就可以断定其社会中存在大量的停止支付或停止流动的不产生利润或财税（或脱离财税收入链条）的货币。银行利息是货币基于社会风险评估后的最低安全保障值，因此，贷款或金融投资的投向一般来说就是在综合投资风险后所作出的最佳投资趋向（或最低可承受度方式），来自政府和市场中的任何其他因素的影响都无法改变这一趋向：各种影响、决定因素，都是风险系中的一个变量，都属于事前影响因素。例如，政府的引导或指令，在市场国家和非市场国家是一样的：后者使得银行的投资失败完全或大部有政府承担，而前者也是基于政府可以承担的程度而制定出不同的贷款策略。在银行、债券市场和股票市场之外，仍然存在大量的个人投资，是十分正常的市场状态。问题只在于，被银行贷款、债券市场和股市所拒绝的个人或其他投资主体进行的投资，出路只有两个：一个是新技术，产生、利用具有极大不确定性的新技术所能获得的超额利润，生存并进而成为吸引其它投资的主体；另一个就是违法。通过违法生产、经营，如通过环境污染、假冒伪劣、偷税漏税、强迫交易、逃避监管、权钱交易等途径降低成本，求得生存。因此，财税链条缩短也总是伴随银行贷款的相对集中与债权市场和股市的发育不良或不完善。反过来，存贷比越下降（或有下降的压力或要求）、贷款越集中、股市、债市越不完善，财税链条也就越短，M2 相比 GDP、财税收入的增长越有更快的增长。我们在上面讨论中所举过的苹果幸福度变化的例子，即苹果消费中出现的一个数列：1（1/1）、1/6、1/36……，处于分子中的钱是处于财税链中的流动中的钱，而处于分母中的钱，减去真正用于购买苹果的那一元钱之外的 0、5、35……，都只是"待命"或提供"后备保障"的钱——它们都在 M2 中存身。因此，货币幸福度的降低，并不是它们不可以用来支付、购物、给主人带来效用或幸福，而是活动空间或长度被压缩。例如被压缩在主人与银行之间这一个仅有的狭小空间或最短小的财税链长度上，藏身于 M2 中不动。

国内生产总值（gross domestic product GDP）是按市场价格计算的国内生产总值的简称。它是一个国家（地区）所有常住单位在一定时期内生产活动的最终成果。是所有常住单位在一定时期内所生产的全部货物和服务价值超过同期投入的全部非固定资产货物和服务价值的差额，或者说人们公认的 GDP 概念是指社会财富的增加值部分或新增部分。这个常用的经济指标从财富的使用价值角度来看，很容易产生社会财富虚假增长的现象，即在一定条件下，GDP 的增长并没有带来社会实际财富的增长，只是一种数字游戏造成的财富假象。例如，在拆新建新（即建设一个工程或项目，未投产或未完工，即以某种理由如工艺落后等等报废或拆除）中，一个设施正常按照折旧率进入 GDP 统计中——例如平均每年为总造价的 10%，因此有大部分社会财富被留在 GDP 统计之外，却进入 M2 中！当拆新建新时，该设施按总造价的 100% 一次性进入 GDP 统计中来，当然也全部进入 M2 中；这样，后者的 GDP 数字就可能在浪费、贪污中增长的比适当、合法、有效时更快。在不动产领域，如房地产项目及工业流水线等方面，建完就拆、然后再建或频繁的随意拆建，都很容易做大 GDP 数字的同时，形成虚假的社会财富增长：人们还是只拥有一个可供居住的房屋或生产某种产品的设施，财富效用或所拥有的财富的使用价值没有变化、或没有与 GDP 增长幅度相同的变化。如此一来，社会就可能出现 M2 数据比 GDP 数据增长更快、而 GDP 又比社会实际财富（效用）增长更快的现象。在生产过剩的特定历史时期，这种现象对经济无害，甚至是必须的选择，如将仍在使用期内的落后产能提前淘汰掉，但却也可能对自然环境有害或有悖于自然资源对人类有益的本性。由于 M2 处于生产、生活、经营所需之外的"备用"位置，在财税链缩短或增加社会财税负担水平时，社会财富中最先受到冲击或缩小的部分正是该部分。因此，在实际应用时，我们必须将 M2/GDP 和 C/M2（C 为政府财政总收入）结合在一起进行综合考察才能避免诸如 M2/GDP 下降已在指示国民税负加重、获取公共服务的幸福度下降时，机械套用上述结论却得出国民处于物价下跌环境中幸福的不得了的谬误。没有 C/M2 的稳定， M2/GDP 指标的意义将大打折扣甚至大相径庭：当 C/M2 下降时，M2/GDP 的上升将不代表货币化程度加深和投资渠道不畅，而是指示维持幸福刚性需求的成本再上升或财富的幸福度再下降、经济领域中可提供财税收入的链条长度在萎缩、末端产业消失或走向非法化（如假冒伪劣等）；只有在 C/M2 比例不变或上升时，M2/GDP 的变化才会有传统经济学所表述的经济涵义。也就是说，M2 的变化，在幸福度发展方向不同的社会中，具有截然不同的结果。这里，有一个西方经济学中著名的格申克龙阶段：经济学家亚历山大•格申克龙在 20 世纪五六十年代提出一个限制经济发展的因素，即储蓄不足，无法为国内投资需求提供资金；私营部门没有进行建设性投资而普遍失利。显然，对于一个货币幸福度不断降低的社会来讲，克服所谓的"格申克龙"阶段，几乎是其天生的本能——储蓄始终会很充足、储蓄率一直会很高，起码从 M2 的绝对超高速增长来看是这样——因为这可能是人类对特定社会形态的一种必然或理智反映！可见，只有在货币幸福度稳定或上升的社会中，格申克龙阶段才正如其所说的。

货币供应量 M2 在幸福度持续下降的社会中，表现出持续超过财政收入 C 和国民生产总值 GDP 增长的状态，显示出货币供应具备一种与生俱来的、持续增长的能力，超出了传统经济学的研究范畴：西方经济学是"研究稀缺的生产资源"的（劳埃德雷诺兹《微观经济学 ——分析和政策》商务出版社 1982 年版 31 页），将"缺乏"作为研究的起点；而货币幸福度下降社会中的货币供应量 M2 却是以过剩为其基本特点的——特别是在经济发展较快时，需要更多和更快增长的货币供应量去抽取社会财富的增长部分，必须使用不同于传统经济学的社会货币经济学才能对其进行正确的解读。

请读者注意，我们在这里对社会的广义货币供应量与国民生产总值、社会财税总收入进行的讨论，是包含了所有社会公共服务、特别是包括了行政、司法等公权力部门履行职责的部分在内的。至此，我们对幸福度稳定的货币的严格定义，又可以表述为：一个社会中，其广义财税收入（即综合了财政赤字、税率变动、国债数量和国际贸易盈亏后的实际税收收入）（C）/广义货币供应量（M2）一定的前提下，M2/GDP 呈现下降或稳定的状态。如上面章节中，我们看到的美国和日本的经济数据中，美国的历史经济数据显示，其 GDP 增长过程中，伴随着 C/M2 的上升，而日本的经济数据显示，在其实际 GDP 下降的过程中，C/M2 下降，或其名义 GDP 增长中，伴随 C/实际的广义货币供应量 M2 的比例值增长。我们在实际应用中，更常常要遇到上述表述的各种数学变换形式，例如：M2/GDP 稳定时，呈现 C/M2 下降，或者 M2/GDP 上升时，呈现出 C/M2 下降，都表示该社会中的货币是幸福度下降的货币类型。

（三）、货币依照幸福度的分类及其在信仰运动过程中所处的位置

先要看一下具体的货币系统。

首先从最负盛名的庞氏骗局开始，分析一下维持一个单纯"钱系统"的运行会产生怎样的后果。

维基百科中介绍到，庞兹骗局（英语：Ponzi scheme）是层压式推销方式的一种，参与者要先付一笔钱作为入会代价，而所赚的钱是来自其他新加入的参加者，而非公司本身透过业务所赚的钱。投资者通过吸引新的投资者加入付钱，以支付上线投资者，通常在短时间内获得回报。但随着更多人加入，资金流入不足，骗局泡沫爆破时，最下线的投资者便会蒙受金钱损失。（维基百科 2013 年 6 月 17 日[引用日期：2013 年 7 月 22 日]）

庞奇骗局中，用来支付先前货币的利息或利润的部分并非来自于社会财富的增加，而是来自其后进来的货币本身，是用后来的货币支付先前的货币所要求的回报，用更大的后来的货币量遮盖、冲销先前的货币量。整个庞奇骗局系统并没有一点真实的财富或使用价值产生，只有作为财富化身或符号的货币本身在进进出出。

从庞氏骗局的结局中，可以明确的一点是，并非所有的、任何的劳动都具备卡尔·马克思所说的创造、产生商品的价值、使用价值的功能：庞氏骗局中的劳动，就是如此。庞奇和所有的骗子们的所得绝非是他们的行骗劳动之应得或报酬，或者说，他们的劳动一定没有创造某种社会财富或效用。但是，庞式骗局中的货币确实取得投资的式样，也有投资回报或利润率要求；庞式骗局具有明显的就业和财产再分配的社会功能，与一切维持过剩产能行业的投资一样，也可以维持甚至增加社会就业水平、拉动 GDP 增长。

庞氏骗局中的关键，并不在于其系统中存不存在具体的财富——毫无疑问，货币作为人们公认的通用财富符号或象征，在其破产前一直存在、甚至大量存在。关键只在于有无真实的产业利润或新增使用价值。所有投资本质上是投资于技术或新技术，而不是投资于技术生产的物品，这是投资利润所以产生的根源。投资于物品如黄金、房地产的利润回报，产生于商品供求关系波动造成的价格波动，本质上是"市场投机"行为。没有产业利润或新增使用价值，就彻底失去对新资金或新货币的真正需求，这与货币是使用价值或财富效用的象征和代表的原理，在逻辑上完全一致。因此，庞式骗局中的资金，与过剩产业的支持资金、与对应于发展"鬼屋"或持续倒在大海中的牛奶产业中的资金，本质上和经济学意义上都是完全一样的。

由于缺少真实财富或使用价值的存在，庞氏骗局中的所有资金事实上在扮演着这样的角色：后来的资金因让渡自己所（或已经）代表或象征的使用价值或效用，给先来的资金，而转移了相当于"回报"对应的货币量所代表的社会平均使用价值。当然，还包括庞氏夫妇们挥霍掉的部分。以上，造成了自己的空心化或缩水。随着让渡数量的不断增大，系统内的货币所象征或代表的使用价值或效用也不断减少，即幸福度事实上的下降；最终，让留在系统中最后进入的货币，本质上成为了彻底失去象征或代表标的的多余或空心体，它们从系统外进入到系统内后被彻底蒸发，它们的主人因此血本无归。如此，庞式骗局是以吞吃掉本系统中的所有货币为自动终止条件的。从社会角度看，社会中的庞式骗局固化、加深了社会的贫富分化程度。也与单纯的货币周转速度加快，会减少或析出流通中的货币数量、让一部分数量的货币退出流通，在效果上是完全一致的。

同时，维持一个庞式骗局式的经济货币环境，需要消耗越来越多的货币供应——从逻辑上讲，一个无法提供无限量的货币供应的社会，要么面对经济转型或者经济崩溃，如撤资离开、产业转移，要么突破社会限制或者充分挖掘社会潜力，来制造出无限量的货币供应来，如肆意发钞。

其次，如果真实存在一个短期高回报的产业或者项目，又会怎样呢？也就是说，人们十分熟悉的"经济泡沫"上的钱系统又将如何演变呢？我们先举一个泡沫经济的具体例子。

一度号称是印钞机的中国煤炭行业，"2002 年煤炭价格开始缓慢抬头，到 04、05 年的爬坡，再到 09、10 年的大涨，并 2011 年底煤价创下历史高新，这十年被视为'煤炭黄金十年'。也正是这十年期间，特别是 2005 年之后，煤炭价格的一路大涨，让'煤老板'成为有钱人的标签，内蒙古的鄂尔多斯、陕西的神木县这两个新世纪以来靠煤发家的城市，成为富产老板的知名煤都。以陕西神木县为例，该县人口不足 50 万，但到 2011 年煤价最疯

狂的时候，该县资产过亿的富翁超过 2000 人。"（凤凰网 2013 年 07 月 29 日 07:09[引用 2013 年 7 月 30 日]）一篇题为"鄂尔多斯'黑金泪'"的文章继续写道："在 2012 年之前，煤炭价格都是在涨。那段时间，煤炭就是印钞机啊！鄂尔多斯多少人发达了，路虎、悍马、加长林肯，什么车贵买什么车，买房子都是一栋一栋地买。" 煤炭行业在 2002 年至 2012 年间，由于市场价格一路飙升，利润虽仍远未高到"在 45 天之内都可以获得 50%的回报"的水平，但依然吸引了大量的投资资金，形成了一个庞大、独立的"鄂尔多斯煤炭钱系统" ——"当时，鄂尔多斯的民间借贷是国内最疯狂的，大笔的民间资金通过地下渠道流入煤炭市场和房地产市场。"（凤凰网 2013 年 07 月 29 日 07:09[引用 2013 年 7 月 30 日]）。该系统随着系统外资金的不断进入迅速扩大、急剧扩张。上述凤凰网的文章介绍到："2010 年、2011 年，鄂尔多斯当地的煤炭业进入炽热状态，大批外地人拿着几亿、几十亿的资金跑到鄂尔多斯买矿，倒矿比开矿更赚钱，当地的煤老板也开足了马力增加投资。煤场外排了长长的车队等着装煤，好像煤就是黄金一样。基本上都是现款现货，那段时间是鄂尔多斯煤炭业最好的日子。煤老板赚钱赚得手发软，就将很多资金拿去做房地产，鄂尔多斯房地产市场就像坐上了火箭。"来源自财经国家新闻网 （作者：陈少智 于小龙）的文章则对这段历史从更大的角度写到："多年来，依托天然的资源禀赋，尤其是煤炭产业，鄂尔多斯经济实现了跨越式增长。2002 年，鄂尔多斯 GDP 规模为 204 亿元，到 2012 年则达到 3656.8 亿元，10 年时间增长了近 17 倍，增速连续 9 年位居内蒙古自治区首位，人均 GDP 甚至超过了香港。2012 年，鄂尔多斯煤炭产量 5.9 亿吨，折合产值约 3000 亿元，占鄂尔多斯市 GDP 的 80%。"（来源：网易 2013-06-25 14:33:23[引用 2013 年 7 月 30 日]）但是，经济泡沫终究无法持续："疯狂的鄂尔多斯正在为冲动的泡沫型经济付出惨痛代价。大批房地产在建项目无奈停工，中小矿企接连倒闭，民间借贷链条雪崩，正在考验鄂尔多斯曾经引以为傲的生存模式。公安机关每隔几天就会在当地报纸上发布告示，悉数有关非法集资及债务纠纷，因此而引发的刑事案件也并不鲜见，自杀、跑路、破产的流言更是遍布街道的每一个角落。而更加令人忧心的是，这一轮崩盘式危机已经从实体经济和民间借贷开始向金融机构传导。记者了解到，今年以来，鄂尔多斯银行业坏账激增，而曾深度参与该地区房地产、矿产等项目融资的部分信托公司，也同样陷入被动境地，达摩克利斯之剑时刻高悬。这个昨天还处于盛夏的西部城市，不可控制的迅速坠入寒冬，留下一片哀鸿。"（资料来源：中国金融网 2012 年 9 月 3 日 16 点 35 分[引用日期 2013 年 7 月 30 日]）"从 2012 年以来，煤价一路下跌，宣告煤炭黄金十年的结束。经济下行成为煤炭价格拐头向下的主要推手。如今的煤炭价格，已经跌到了生产成本价附近，大批中小煤炭企业要么减产，要么关门，黑金失色，煤老板的光环不再。受煤炭价格大幅下跌冲击，鄂尔多斯、神木等地的经济快速下滑，经济社会生活的方方面面，都受到相当大程度的影响。"（资料来源：网易财经，2013-07-26 07:44:43[引用日期 2013 年 7 月 30 日]）。

由于缺少财富的增加，经济泡沫系统中的货币事实上只是在分割一个或几个固定产业中的固定使用价值或效用。例如：固定的市场容量如 100 亿人民币的总市场利润，给所有参与者平均增加相同幅度的资金量，并不会改变原来的利益格局，只是大家的资金利润率下降了相同的幅度而已；但是，如果参与者获得资金的能力不同，新近资金的加入，改变的就是参与者的利润分配格局，而不是市场的利润规律。资金在这样的系统中是这样扮演着分配者的角色的：假如一个特定的时点，系统中共有 100 亿资金，来攫取 30 亿的利润总额，平均利润率为 30%，一个有 50 亿资金的参与者，就占据了 50%的市场份额；现在进入了 200 亿的新资金，还是 30 亿的利润空间不变，这个新进者的市场份额占走了 66.7%，原来的那个 50 亿资金参与者的市场份额下降为 16.7%（1/6），平均利润率也下降为 10%。新进入的资金并没有带来新的利润空间，只是在打破原有的利润分配格局，重新制定了新的分配比例，因此我们说资金在这里只是扮演着一个分配的角色或承载着分配计量器的作用，与它作为支付手段的货币自然或"物理"的本质并无必然关系——新币进入原来的市场中来，没有带来任何的利润空间，只带来了重新分配的新手段或系统中货币幸福度的下降。货币所以只能执行财产分配的社会职能，涉及到一个经济学中的重要问题，需要我们暂时打断一下现在的讨论。

哲学上的意识与经济学中的脑力劳动根本不同，前者的规律要到人类的脑科学完整揭示出人脑活动的全部规律之后，才能被窥见，现在只能将其与脑力劳动区别开来，是因为后者的特征已经显露较多。脑力劳动的范围包括，一切有规则可以遵循、有规律可以遵守或有要求去达

143

到的，有迹可循的大脑应对活动。如棋类运动，规则极少，在此规则之上的棋类运动员的竞技活动，在经济学中就属于有规则可遵循的脑力劳动，而非哲学意义上的意识活动，即不属于经济学中的技术创新领域；同样的还有，有设计要求的设计行为等等。脑力劳动到目前为止的阶段，显示出的特点是：都可以被智能机器简单代替，且后者比人类自己完成的更稳定、可靠，甚至比绝大多数人更出色，就象计算机曾经无可争议地战胜了国际象棋的世界棋王一样；计算机通过对钟摆运动的数据分析，在极短的时间内简单、一次性地展示出人类花费巨时才发现的牛顿力学中全部的定理、公式和结论，这揭示出，在整个经典力学理论体系中，绝大部分应属于脑力劳动的范畴，最后真正可归于哲学上的意识范畴的东西，并不多。计算机设计、模拟展示出的惊人效果或效率，也将绝大多数工业设计活动归入脑力劳动的范畴。创新或意识在脑力劳动之上，是人脑更高级的功能或能力，一旦完成，都具有事实上、内在的市场价值，人们常常测算一个新技术或新产品的市场规模或容量，做的就是这个工作：例如电力的发明，给人类提供了一个全新的使用价值，其可应用、带动的整个市场规模，就是"电力"这个创新的市场价值，在其刚刚出现或完成时，就有一个固定的、内在的 "市值"在旁边潜伏下来——距离其最近的经济学观念，是产业投资边际收益率曲线的起点，我们对电力市场的所有开拓——包括所有的脑力劳动和体力劳动，都只是将这个早已潜在的市场容量展示、实现出来，因此都只是完成这个潜在市场的工具；在电力这个创新领域之下的每一个全新的技术创新，又产生或完成了对这个总市值（或潜在市值）的分割，圈下了一个个归属于自己的市场价值、容量……

科技创新创造新的使用价值和效用，因此，身处其中的货币，与经济泡沫系统和庞氏骗局中的货币，在幸福度变化的趋势上，截然相反：前者常常具有不可具体测算的成长空间，幸福度也直接上升到最高点且随创新程度或创造的使用价值或效用的不同而高度不一——当然，由于其一旦完成，新资金就无法再进入，即在本质上经不存在二次创新，所谓的山寨、仿制，或并非最先创新但属于源于法律制度规定下的自主创新，都只是对原创确定的使用价值整体社会空间的一个分割，就象免费的技术许可、技术转让一样，并不能真正扩大一个技术创新的使用空间，但可以延缓或改善特定经济领域中的货币幸福度下降的状况。创新一旦完成，就不存在货币体量继续扩大的可能，因此，创新领域中是不存在货币幸福度下降的可能的。相反，创新完成后，就在事实、逻辑或观念上，确定了其领域的使用价值的整体空间或对应定量幸福度的具体货币的具体容量，成就一条以科技创新程度或高度为起点、幸福度跟随货币数量的扩大而向右下方倾斜的曲线——曲线上的各点，表示出特定货币的数量及其对应的幸福度；经济泡沫系统和庞氏骗局，就是这种早已被固定起点高度的曲线所确定的一个个向右下方倾斜的具体、且面积固定的曲面，其中的货币幸福度，沿着各自系统的幸福度曲线——经济泡沫系统是具体的产业曲线、庞氏骗局是开始时点上的货币社会平均曲线或整体曲线——跟随总货币量的扩大而不断下降。

具体交换过程中或整个经济贸易领域中的货币，是不会出现幸福度下降趋势的，这个问题我们在上面的讨论中已经解决，生产领域中的货币又如何呢？作为生产要素的统一外观而出现的货币，一般被经济学家们称之为"产业资本"，最新的经济学观点认为，产业资本或货币与劳动力、技术一起构成生产的全部条件，卡尔·马克思等传统经济学观点认为只有两大生产条件，即生产=资本+劳动力。生产领域中的资本部分，货币对应的都是使用价值早已固定的商品或物质，对于生产领域中的劳动，我们早已讨论过，其全部属于可以被机器人代替的那种不会产生新使用价值或效用的脑力或体力劳动，而生产中应用的具体技术，我们刚刚讨论过，也是不会产生新的使用价值或效用的脑力劳动，因此，无论是三要素说还是两要素的主张，从逻辑上都不能否认这样的事实：生产领域中的货币系统，也是一个幸福度跟随货币量的增长而呈现下降趋势的经济体系。生产领域中的货币，在不同的技术和劳动力组合间进行选择或市场分配，一个较好的组合会吸引到更多的货币——正如我们在消费流通领域中所看到的市场选择、排序一样——但整个生产领域中的货币整体所对应的"新"使用价值水平不变：产生的使用价值不一（同种同类产品、服务的质量不一）的生产过程，通过人们的消费传递回来，吸引或调整不同的货币进出。市场信息的传递、反馈滞后会造成货币分配的不合理，让人们的心理因素占据上风，是产生市场泡沫或动荡的原因，但这种泡沫或动荡规模小、时间短，可以被市场自身调整，是市场万能论的根源。

好了，回来继续我们之前的讨论。经济泡沫以另一种方式重演了庞氏骗局，把庞氏骗局中的货币"让渡"方式，变成了 "吸收"方式：由于没有新利润，后来的货币在经济泡沫系统中实际上吸收了先前货币所代表或象征的使用价值或效用的部分份额和数量，达到系统中的货币平均值，充实了自己，但降低了整个系统中所有货币的幸福度指数；随着后来货币数量的不断扩大，系统中所有货币所代表的平均使用价值或效用的数量越来越小，最终，在小于全社会的货币平均水平后，新资金开始停止进入、旧的资金纷纷退出，系统毁灭。即，经济泡沫是以"吞吃"掉本系统中所有超过社会平均利润率水平所具有的超额利润为自动终止条件的。

现在，让我们简单对比经济泡沫系统和庞式骗局系统。

经济泡沫系统中，在开始时确实存在着极大的利润空间，即货币幸福度上升空间，这一点与庞氏骗局明显不同——货币量的扩大，带有巨大的领先科技的因素。看到这一点后，很容易让我们忽视事情的另一面，即庞氏骗局中的货币，其实也并非没有使用价值或不代表使用价值或效用，它们在开始时，在进入庞氏骗局前，都是作为流通中的货币、作为代表社会财富平均幸福度的货币单位的一定数量而存在的。即货币自带的社会平均技术水平。这就是说，庞氏骗局中的货币，虽然不存在利润空间、不存在货币幸福度提高的可能，但是却并不缺少在不伤害社会外部环境前提下的下降空间或者基础——事实上，任何社会的整个经济领域中大量存在低于平均利润率的各种投资或者货币运动。更容易让人忽略的是，经济泡沫系统中的货币利润空间或使用价值、效用的总量，在事实上是固定的、有限的，它的总量在整个科学技术总量或者产业技术革命的总量之内。进入的资金多，平均下来的利润水平就低；其中货币的幸福度或投资的利润率与其中容纳的货币数量呈现负相关的数学关系。也就是说，经济泡沫系统中的货币，其实与庞氏骗局中的货币一样，在货币数量增大时，迟早同样也存在着幸福度下降的情形，所不同的只是下降的界限——经济泡沫以利润率为零为绝对界线，庞式骗局可以适应更低的负利润率。随着系统中货币数量的不断增大，企业继续需要通过扩大规模来保持市场份额，避免被更大、更多的竞争对手通过挤占市场的利润总量的方式，将自己挤出市场——过分小的利润总量，而不是严重降低的利润率，也可以简单地将一个费用相对固定、刚性的企业挤出市场，体量小的企业、经济实体由于利润太少而退出，相关产业出现向少数大企业集中的趋势。因此，经济泡沫系统中，存在大量的"大而不强"的臃肿企业，这些市场的巨无霸，通过淘汰、兼并等方式，力图通吃本行业、本领域中的所有产业部门或整个产业链，维持或扩大在行业、地区利润总量中的份额，大大缩短相关产业的财税链长度。所以说，庞氏骗局和经济泡沫系统，都是一种使用价值固定不变的常量系统，其中容纳的货币越多，幸福度就越低，都是典型的幸福度稳定（新资金或货币停止进入时）或下降（新资金或货币持续进入时）的货币系统。又因这种系统中，要获取较大的幸福，只能依靠较大的货币数量才可以实现，获取等量幸福中的货币依赖程度更高。

理想的情况下，经济泡沫系统一类的货币系统中，当系统的整体利润水平开始降低时，进入的资金就会开始减少；当利润水平与社会平均投资利润水平相当时，进入的资金水平与社会平均新增投资水平相当；而当利润水平低于社会平均投资利润水平时，资金开始流出。但技术水平的限制和人们的心理预期等因素的影响，人们事实上很难对此作出精准的判断，因此引出经济学中常常要研究的"经济泡沫"或恐慌现象。在经济泡沫系统中的货币开始恐慌性的逃出，即其从一个已经比社会平均利润率水平高的行业或区域中跑出，进入到一个利润率水平低的区域或行业中去的时候，它其实在做着与庞氏骗局中的资金完全相同的事情：将自己所代表或象征的社会财富使用价值或效用让渡出去，"蒸发"着自己的身体——货币数量。

再次，庞氏骗局系统在发展到极限时，货币自然减少、枯竭，系统难以为继而自我萎缩、死亡。同时，由于其对社会经济发展的影响与普通投资行为并无二致，也自然不会对社会环境造成更多的实质性危害。但这种逻辑上的结论，在现实社会中，并不一定都适用。下面我们也先看一个现实中的例子：网易网站转载了一篇来源自《第一财经日报》的文章，题目是："LED腐败背后：吃'财政鸦片'步光伏后尘"。介绍了"高科技"的 LED 产业在中国的发展情况。文章写道：广东省科技厅厅长李兴华被查后，四处打探消息的各界人士中，少不了很多 LED 企业。李兴华与 LED 产业的关系是如此密切，以至于人们纷纷揣测之后的行业震荡会有多大。而今年（2013 年——作者注）5 月，广州市科信局局长等多名干部被纪检部门带走调查。事实上，由于掌握着产业补助资金与科研经费的发放大权，科技信息系统已成腐败高发区。这一系统与企业的密切关系也成为关注的焦点。与此同时，与腐败共同滋生的还有各类骗补乱象。审计署报告显示，安徽省中节能投资有限公司大功率 LED 绿色照明项目通过虚假申报资料，骗取中央财政节能重点工程投资补助资金 990 万元。此外，广东雪莱特光电科技股份有限公司骗补 345.5 万元，广东省东莞百分百科技有限公司骗补 23.2 万元。中山一家 LED 企业销售负责人对《第一财经日报》记者表示，要想拿到政府项目，各家企业得八仙过海各显神通，而政府项目要么三年不开张，开张就可吃三年。"比的就是谁更受政府喜欢"广东省科技厅手中握有一笔真金白银用于专项扶持 LED 产业的发展。在"十二五"期间，广东省财政每年投入 4.5 亿元设立 LED 产业发展专项资金。除此之外，广东更计划在全省普遍推广使用 LED 产品。根据 2012 年 5 月发布的《广东省推广使用 LED 照明产品实施方案》，广东将率先在公共照明领域即道路、公共场所、政府机关、国有企事业单位等财政或国有资本投资建设的照明工程领域，全面推广应用 LED 照明产品。根据规划，广东全省 LED 产业规模在"十二五"期末将达到 5000 亿元。这些政策无疑对 LED 产业发展起到积极的推动作用。而为争夺这笔专项资金和获得政府的 LED 项目，企业们纷纷在一些"太阳晒不到的地方"使出浑身解数。前述中山某 LED 企业销售负责人直言不讳地表示，能拿到政府补助或项目，硬实力和软实力都要有，硬实力指企业本身技术是否过硬，软实力则考验企业的人脉关系和政府资源。"这种补助后面说白了就是两个东西：权力和钱，能同时有这两种东西的企业就能获得政府青睐。当然也会有一些考核标准，但在各个企业都满足的情况下，比的就是谁更受政府喜欢。"他透露，要申请补助，第一步就是跟主管部门的负责人先对接上。事实上，有的企业项目做得很差，但是跟政府关系好，会吹牛，就能拿得到几千万的政府补助，而实际上这家企业的技术已经被市场淘汰了，根本没办法在行业内推广开来。一位 LED 业内资深人士对本报记者表示，广东有超过 6000 家 LED 企业，大概只有 2%~3%可以拿到补助，其中多为上市公司、国有企业。中山这家 LED 企业的业务中，来自政府的项目占了三成。这位负责人告诉本报，政府项目一般来说项目规模和利润都更为可观，因此竞争非常激烈。每次竞标，符合资质的十几二十家企业全都会来。而实际上最终的获胜者，大多数时候都已经内定了。至于怎么拿到项目，"八仙过海各显神通，" 这位负责人略带神秘地说，根据不同的对象，操作手法也不一样。不过他承认，肯定要给重要关节的人物一些好处费，但具体多少他不愿透露。至于怎么维持与政府的关系？这位负责人表示，吃饭喝酒都是浅层的交道，关系不需要去维持，"只要有共同的利益"。而中标的企业拿到工程款后，会先算一笔账，明的暗的已经花去的开销都算一算，然后再刨去利润，最后剩下的才用到工程上。基于节能减排的考虑，中国政府将 LED 作为自己大力扶持的产业之一。中国政府制定了一个明确的目标，到 2015 年 LED 要占到国内照明市场份额的 30%，是目前水平的三倍多。官方估计，这每年节省下来的电量相当于全球最大水电站——三峡大坝年发电量的 2.5 倍。但对于 LED 是否真的如此节能，也有不同的意见。不少业内人士认为， LED 确实节能，但是未必环保。上述中山 LED 企业销售负责人说，目前 LED 行业还处于起步阶段，价格体系、产品规格、技术标准、行业规范、政府政策等各个层面都还不成熟。而这个行业显然已经从此前的一窝蜂疯狂涌入变得逐渐理性。随着市场的逐渐成长，一些企业进入这个领域，同时也有一些人退出。事实上，LED 行业的不可持续性，主要体现在把财政补贴当作"精神鸦片"吸食，以及企业扎堆造成的产能过剩上。首先，在各地政府产业升级的口号中，"初衷良好"的大量财政补贴投向了所谓的新能源和新技术产业。公开报道显示，LED 产业的三安光电和德豪润达这两家企业在 2011 年的净利润增长率双双超过了 100%，其中，政府补贴对于三安光电净利润的贡献率达到 90%，德豪润达则为 79%。德豪润达 2011 年的营业利润为 1.46 亿元，而利润总额为 4.52 亿元。其中，约 3 亿元利润来自其子公司获得的政府补贴以及所得税减免。而三安光电 2011 年获得的财政补贴涉及总额高达 18 亿元。根据审计署（2013 年——作者注）6 月 21 日公布的"5044 个能源节约利用、可再生能源和资源综合利用项目审计结果"，中央财政 2011 年和 2012 年共安排本级和转移支付给 18 个省在能源节约利用、可再生能源和资源综合利用节能环保类三个款级科目上的资金 818.83 亿元。其中，高效照明产品推广获得 18.76 亿元。与此同时，在光伏产业出现"寒冬"后，随着深圳一个与 LED 发展有关的规划的废弃，LED 产业一度被认为是"下一个光伏产业"。"前三年行业利润可达 20%~30%，但现在只有 5~10 个百分点。"广东中山一家 LED 产品出口企业负责人告诉本报记者。这位负责人把利润下滑的原因归于 LED 产能过剩所导致的恶性竞争。他说，前几年，行业门槛进入太低，一个只要在企业有过一年研发经验的人员，就可以开一个公司。他补充说，LED 入门门槛如此之低，以至于他自己现在都搞不清楚什么是 LED。"我只知道，我就是做灯的而已，就像做其他灯一样。"他说，与光伏一样，来自其他行业包括做袜子、生产单车的都进入这个行业。"钱来得太快"，就像他们这样一个在中山的中等企业，一年的营业额也有 10 个亿。这位负责人表示，由于申请政府的扶持资金过程比较复杂，公司一直没有申请。"申请的条件，首先要看产能，我们的产能不够大。"他说，"但是尽管产能再大，如果没有过硬的政府关系是很难做到的，你要知道，特别是对于我们这样的民企来说。"一些业内人士告诉本报记者，如果政府一味对 LED 进行扶持和补贴，将会导致这个行业步光伏的后尘。"光伏只是一些人在利用新能源的概念来骗取政府的补贴。"中国某家光伏企业的内部员工对本报记者说。甚至有业内人士预测称，2013 年中国可能会有五分之一的 LED 照明企业倒闭。不少业内人士向本报记者表示，与光伏一样，政府对 LED 过于慷慨的资金扶持，其后果往往是，造成大量产能的过剩，在产能严重过剩的情况下，行业之间势必产生恶性的竞争，这最终阻碍了技术的创新。"中国的 LED 核心技术主要是在国外。"上述中山 LED 企业的主要负责人说，"对于我们来说，最关键的不是技术的创新，而是如何把产能做大，越大越好。（资料来源：网易 2013-08-02 01:15:07[引用日期 2013 年 8 月 2 日]）

通过上面的例子，可以发现，经济泡沫的破裂，因为有了 LED 货币系统的存在，它的寿命被极大延长了——可以忍受并越过庞式骗局阶段即产业利润长期为负值之后，仍然可以继续向下延伸。即从一个同质化、市场总规模固定的市场，经过产能过剩、产业烂尾的残酷竞争演变为一个依靠非法竞争、骗取补贴等手段获得新利润来源的繁荣市场，其中的货币开始"作恶"——恶化社会环境、消耗财政资源，掏空货币的社会平均幸福度，碾压着一个社会对法律、自然环境破坏的承受底线。LED 货币系统中，获取社会幸福的多少，更依赖非法竞争手段的智慧"高明"与否，是一种另类的技术依赖模式系统——获取自己的幸福同时就是制造社会痛苦系统。因此，LED 货币系统以彻底摧毁系统外的社会秩序、或者以整个社会崩溃为自动终止条件的。与支撑庞氏骗局中的资金来自社会大众不同，LED 系统中支撑货币系统延续下去的资金，超出社会经济领域，来自社会的公权力部门，这已经预示着公权力对其控制能力的绝对下降：大量的违法生产和贪腐行为隐藏其中，形成了彻底脱离管制的众多利益团体。因此，这是一个相对于任何社会秩序来讲都是社会"失序"的"失序"系统，或者"丛林生态系统"，如示意图 3-19 中的"失序"位置所示。但是，无论如何，LED "失序"货币系统的存在，和其与经济泡沫、庞式骗局货币体系一起构成一个完整的经济发展或者经济增长的链条体系，已经让西方经济学中的传统"生产"概念，完全被颠覆；罗伯特·索洛（Robert M. Solow），这位 1987 年获得诺贝尔经济学奖的美国经济学家所提出的、长期的经济增长主要依靠技术进步，而不是依靠资本和劳动力的投入的理论，在这里完全失效了：资本或货币供应，超过或脱离了技术的羁绊，成为了主导生产和经济增长的主导力量。而资本或者货币供应在这里，又只不过是权力的手套而已，如此，经济增长和发展彻底坠入了社会政治领域，让西方经济学理论鞭长莫及！

事实上，信仰运动先迈出第一只"脚"，用"爱"造就出人与人之间的关系和群体秩序，作为人类生存的第一技术或者根本保障；然后再迈出第二只"脚"，用"知识、智慧、科学"造就出人与自然之间的关系或者自然环境秩序，作为可以进退的灵活技巧。货币作为财富的代表，就是作为社会信仰造就出的两大环境秩序的平衡点和连接点而现身的，它因此与真正的信仰（包括各种信仰）相对，正如《圣经》经文"一个人不能侍奉两个主。"（太 6：24）所讲那样。

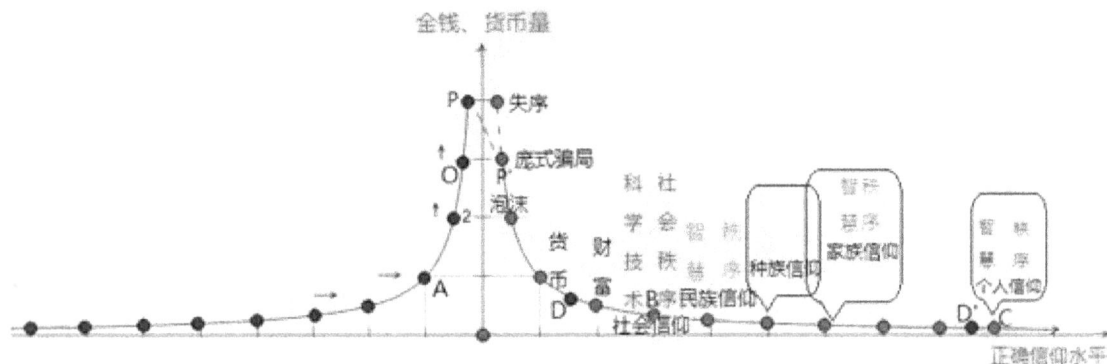

图3-19　经济与货币在信仰运动中的位置及变动示意图

正确信仰建立起从个人、配偶、家族直到种族、民族间的各种秩序开始，至建立起特定的社会秩序后，创新建立起人类的"科学技术"体系，技术造就巨大的物质财富；进而创造出与财富相对应的巨大货币供应量。此后，"货币"

代替技术开始主导经济发展秩序，市场法则称"王"：先是形成经济泡沫，即边际收益趋于零的投资收益下降趋势，最终进入到负收益的"庞式骗局"的金钱分配阶段。然后，以市场法则为主的经济法则被彻底打破，失去效力，经济秩序中的王者被迫让位于信仰形成的社会法律这一最后防线，经济发展和秩序进入到信仰维护或者修复的阶段：法治社会的经济发展会在负利率环境附近徘徊，等待新科学技术的救赎，然后重复上述的发展进程，即不会踏入图中红线上"庞式骗局"至"失序"之间的虚线部分；专制社会和独裁社会，则继续前进，毁掉社会的法律和道德，进入让社会彻底失序的阶段，即踏进图中的曲线段OP，并进而摧垮其社会信仰、道德所建立起的从个人到民族间的所有秩序关系。正确信仰社会和不正确信仰社会、无信仰社会的连接，从不正确信仰社会的由盛转衰或者失序、和无信仰社会的失序阶段，进入到前者的"庞式骗局"阶段，即通过图中的红色虚线PP'的连接，形成一个大循环。可以清楚看出，主导这个大循环的正是人类正确信仰水平的发展。大循环的结果或者发展趋势，是无尽的断尾或收缩式——图中的蓝线部分不断向其顶点A（信仰平衡点）收缩，最后至于A点位置；红色曲线部分持续向右下方延伸，以曲线BC不断平直化即货币或财富完全消失（退出）为动态特征，同时意味着社会法律与科学法则、社会关系与个人间关系无限叠加、重合的发展方向。该示意图的终点就是《圣经》中"千禧年"前的信仰大考验。

从货币形成的来源，或者新的货币供应量产生的途径来看，货币历史可以分为以下四个阶段。第一阶段：科学技术产生财富、财富"产生"货币的阶段——科技生货币。如图 3-19 中"财富"-"货币"位置间的 D 点到"货币"曲线段所示。财富的产生不借助于金融资本，如英国的飞梭-织布机-蒸汽机-煤炭-铁路……的工业革命时期。该阶段中，货币始终作为财富的"一般对价物"紧随后者变动，货币幸福度始终十分稳定，是类似金本位制度可以自动有效维持下去的根本基础——该阶段的终结，意味着金本位制度内在合理性的基础要开始动摇。该阶段需要社会具备爆发产业技术革命的能力，并非每个国家社会所固有和共有。第二阶段：科学加"投资"生货币。如图 3-19 中的"货币"-"泡沫"位置间的曲线段所示。财富增长依赖金融投资，是金融货币让财富急剧扩大进而带来货币供应量的急剧放大。与第一阶段相比，该阶段中间的技术在催生新货币的过程中作用下降。或者说，这时的科学技术，与第一阶段中的科学技术相比，在推动人类财富增长的能力上具有巨大的差别——前者，我们常常称之为"颠覆性的科学、技术应用创新"，后者，是前者的细化、推广和继续，二者间是父与子、母与子之间的承继关系。如，美国的工业革命就伴随金融投资技术的快速发展，当今以美国硅谷为代表的风险投资、来自日本等国家的外资携带先进的技术进入刚刚开放的中国社会，等等。其中涉及的所有科学技术，都可归结于现代物理学甚至经典物理学范畴。这个阶段相当于人们常说的经济"扩张期"，货币被吸引而主动进入高回报领域和地区，市场法则自动起作用。即货币资金在技术诱导下寻找"技术洼地"，货币幸福度稳定性变差，后期要出现下降。第三阶段，货币生货币。如图 3-19 中"泡沫"-"庞式骗局"位置间的曲线段所示。该阶段中，技术在提高货币供应量催生新货币的过程中已经式微甚至完全不起作用。由于后来的资金总是被"瘦身"或者被吸瘪，因此，该阶段中，资金会被迫出走，到全球市场、外部领域市场中搜寻"保值"机会。即寻找市场利润率中的"市场洼地"。例如，2008 年美国金融危机后，各国量化宽松的资金大量进入中国等所谓"新兴市场国家"，并未给这些国家带去新技术，只是纯粹的货币行为，力图挽救持续下降的货币幸福度。第四阶段，（公）权力生货币。处于图 3-19 中"庞式骗局"-"失序"位置间的曲线段上。该阶段中，货币完全丧失投资的经济功能而成为权力的玩偶，只有借助社会公权力，以官商勾结、权力寻租贪腐的方式，才有可能实现保值、盈利。即货币资金在可能的全球市场范围中寻找"法治洼地"或"信仰、道德洼地"。科学技术和基于市场规律的传统金融投资技巧，对于货币财富的增长毫无作用；货币供应量的扩大或者新货币的产生，也完全依赖公权力的肆意发钞等方式来提供——与此相同的状况就是社会财富的极度缺乏、国库凋敝，或者人们熟悉的政权末日时代日渐加深的恶性通货膨胀。该阶段与第一阶段一样，需要相应的社会基础，并非每个国家社会所共有，天然与"把权力关进笼子"的法治社会无缘。示意图 3-19 显示出人类经济发展的断尾现象，即现代西方民主社会的民主程度与法治方式让中国经济中的 LED "失序"货币系统绝迹，未来的社会、经济发展还会延续这个断尾进程——西方社会的经济发展逐渐依次消灭图中的"庞式骗局"、"泡沫"和"货币"，以及作为商品与"一般等价物"的货币相对应的"财富"部分，即断尾至图 3-19 中 D 点后结束——D 点的确定方法同图 3-17 中的 P′点位置的确定方法完全一样。以上共计断掉了 4 个曲线段。与此同时，按照信仰函数确定的比例关系，社会信仰发展沿曲线向右移动、缩短了 6 个曲线段，到达靠近个人信仰的 D′点位置——D′点的确定方法等同 D 点。需要注意的是，此处个人信仰中的"秩序"是指个人生活规律、习惯等内容，相应的"智慧"与知识就是个人生存的技巧，如同现代人熟悉的荒野、荒岛求生中的各种知识、技巧一样——无需任何技巧、智慧，就可以无忧虑地生活在伊甸园中的亚当，也需要或者只需要秩序，即"不可吃善恶树上的果子"（创 2：17）的《圣经》故事，说明了"秩序"比"智慧"对于生命来讲更基础或者更具最后保障能力的真理。因此，推而广之，社会秩序是保障社会信仰、社会经济和社会生命的最后防线。将来，科学技术及其产生的物质财富越来越不再成为商品，而是越来越多地免费提供给大众，就像现在的开源资源、微软商店中的免费软件越来越多一样！但是，从货币、商品开始退出、贸易开始收缩，到它们完全消失，要经历一个"从量变到质变"、货币从有到无的跨越或者数学"奇点"，其难度超越历史上任何"经济断尾"时期，前面我们提到的《圣经》中"无脸兽型"时代最后大考验的时点就是指此历史时刻。然后，科学技术及其产生的物质财富完全免费，商品、货币、贸易完全退出。同时，社会信仰与个人信仰也完全重合，"社会"作为一种信仰发展历史的产物，圆满完成了自己的历史使命，也彻底退出信仰发展的历史舞台。即人类进入《圣经》中的"千禧年"时代。另外，这个经济发展中表现出的断尾现象，在《圣经》中被"耶稣为门徒洗脚"（约：13）的故事隐喻说明——被断掉的或者被洗好的，总是处于成长中的信仰曲线的起点位置，是为"脚"和为什么单单只洗脚却不洗其他身体部位，而总共有 11 个这样的阶段或者"脚"，与《圣经》中除掉犹大之后所剩余的门徒数量也正好相等；其中的经文"我若不洗你，你就与我无份了"、"你们是干净的，然而不都是干净的"，深刻表明了现代西方社会的正确信仰水平仍要不断向前发展，要逐渐自动迎来并适应直接民主和完全民主的历史新阶段。

从图 3-19 中，我们可以更加清晰地看到正确信仰发展中的"双足"运动：正确信仰创设的社会秩序和科学秩序，即民主、自由、三权分立相互制衡的西方现代民主社会，和正确信仰创设的科学秩序即西方科学技术体系。这样的社会依赖科学发展促进经济发展、造福民众，以法治保障市场法则的效力，避免经济发展失序进而危害整个社会秩序环境。以自由为信仰发展的社会环境特点——自由从来不是任何信仰、秩序的本意，却是正确信仰最好、最快发展所需要的最佳社会环境。同理，无信仰的道德体系也是如此的"双足"运动，只不过它所创设的社会秩序是专制社会或者独裁社会，如中国特色社会主义——中国式的民主、法治等社会体系，与西方制度截然不同。它创设的知识、智慧体系是"中国特色"的科学环境——中国社会看待、使用、利用西方科学技术的方式与众不同，如超大量地使用农药、化肥、抗生素、化学激素等从事农业、畜牧业生产，肆意使用添加剂生产食品，社会性地普遍视侵犯知识产权为应当，普遍认可将创新科学的创新行为与普通教师等可以被智能机器代替的一般脑力劳动者混同为"知识分子"，从而贬低真正的科学家和真正的科研行为，等等。这样的社会依赖货币幸福度的下降来发展经济，危害社会秩序和破坏自然生态环境，难逃死亡的命运。不正确信仰象个极端伊斯兰恐怖分子的"黑寡妇"形象——她手拿 AK-47，腰里绑着西方发明的最先进的炸药、遥控装置共同制作出的爆炸装置，同时，又穿着最古老样式的黑袍（面料也许是现代纺织业的产品），念着不许翻译、不许解释、不许个人理解、不能用历史和科学验证的《古兰经》。这样的信仰所创设的社会秩序和知识、智慧秩序都有双重性或者不协调性，全部笼罩在其不正确信仰的氛围中：技术被正确使用（即不会如中国人一样肆意滥用技术，去危害他人身体健康和生态环境）的同时，又严格停留在为其信仰许可的范围内——任何技术的使用不应当危害其信仰，如影视设备和技术的使用，不应该传播其信仰认为不当传播的裸露等与性相关的内容；食品工业技术再发达也不应该涉及饲养猪、加工猪肉及进行猪制品贸易；任何需要连续性的科技产业或者科学工作，也不能打破每天 5 次的固定宗教仪式……社会秩序也是如此，民主化再进步，也不能打破男女在宗教上的不平等、不能打破宗教身份上的地位差别、不能打破不正确信仰对权威和利益的认知水平，如伊斯兰精神领袖的"天然"无比崇高地位，再如喜欢并常常会选举（包括一人一票的直接民主选举）出有专制、独裁倾向（包括极左或者极右）的总统和其他公权力领导者，等等。因此，不正确信仰是"四足"运动，且在示意图 3-19 中表现为撕裂状态：不涉及其不正确信仰的部分，会在社会秩序和科学技术方面沿右侧曲线向右下方尽力延伸，而涉及到其不正确信仰的部分，又会沿左侧曲线向左上方延伸，至灭亡后向中间位置的平衡点（即"货币"位置）靠拢——如同我们在第一编中看到的国际社会信仰发展过程中的"无脸兽"形象一样。不正确信仰社会的经济发展结果，如示意图 3-19 中曲线段 OP 和虚曲线段"庞式骗局"-"失序"所示一样，也有两种结局和可能：若出现虚曲线段"庞式骗局"-"失序"，则意味着，这个不正确信仰社会成功避免了崩溃、灭亡的最坏结果，但国家由盛转衰，人们的生存状况陷入痛苦状态。即它承认了本国法定货币的"庞式骗局"在持续且不可抑制的继续恶化、货币幸福度和货币信用持续大幅下降的社会现实或者社会错误，同时，它因为承认这个错误而主动放弃原来的法定货币，转而允许经济采用新的法定货币、甚至承认其它国家的货币为其法定货币。例如津巴布韦社会就是如此保持住社会生命的，再如俄罗斯历史上的新旧卢布兑换等等，都是如此，反映了这些社会中的社会信仰具有的虽然一直不正确或者一直未找到正确信仰，但勇于承认错误、坦然担当错误信仰的责任和后果，因此它们的社会生命还可能延续。需要注意的是，在无信仰社会的时代转换过程中，也会有类似的现象发生。如，在中国的计划经济时代，货币所执行的社会职能，在超出支付等经济学功能的领域外，并不是独立的。票证发挥着货币在支付等经济学领域中的功能——没有粮票，只有人民币买不到粮食；没有布票、煤票、油票只有人民币，也买不到布匹、煤炭和食用油……这时，票证代替人民币成为衡量社会幸福的主要尺度，人民币的幸福度在这个时期得以异常的稳定，人民币的信用也处于最好时期，物价也长期稳定甚至恒定。但是，这绝不意味着该时期的中国社会与 1978 年之后的中国社会有根本性的差别。票证彻底退出市场时，人民币的货币功能才开始完整。之前的人民币货币功能主要集中于各种票证身上，因此，票证在 1978 年之后，逐渐减少、贬值，就是中国的货币幸福度在下降、货币信用在降低；票证在 1990 年代中期之前的彻底退出、贬值为零，就是该时期的货币幸福度降至最低、货币信用彻底丧失的表现，它代表着以票证为货币并标识社会的科学环境秩序或者经济发展模式、以人民公社为社会环境秩序和以毛泽东思想为"信仰"的一个社会时代的死亡或者彻底结束。其中，票证被自然、无代价退出，与津巴布韦社会让一种连小偷都懒得理的法定货币退出流通的效果是一样的。若出现曲线段 OP 的结果，意味着这个社会至死都不承认信仰中存在错误，如同中国社会始终宣传自己掌握着"宇宙真理"一样。因为不承认错误、不担当错误的责任，其经济发展会持续毁坏社会的法律秩序环境和自然科学环境，难逃信仰学规律的最严厉惩罚。但是，对于无信仰的中国社会来讲，这样的结局并不意味着社会苦难的即刻结束：由于 1978 年只是人民币从粮票、布票、煤票、自行车票等等各种票证手中夺回独立货币身份的开始，因此，人民币的货币幸福度变动运动规律要从票证产生时起算。以最早实行、最后退出凭票证供应的粮食为例，粮票、粮本从 1953 年决定在全中国实施，到 1993 年宣布在全国停止使用，其整个时间跨度完全符合信仰函数确立的 40 年规律。因此，按照信仰函数的规律，中国社会自人民币主导货币功能后 40 年即 2018 年崩溃后，还要继续延续 1993 年-1978 年=15 年的信仰灾难。即，整个中国地区要在 2018 年崩溃后再恢复社会秩序，需要等到 2018 年+15 年=2033 年左右才可以。15 年的社会大动荡和金钱至上的无信仰余孽，足以让中国的绝大多数地区错过下一次全球性的颠覆性科技革命的爆发期！

综上，在一个技术周期内，人类所有的经济活动按照货币幸福度变化构成一个完整连贯的链条。货币历史运动代表了人类社会生活的自然环境或者科学环境，位于社会政治、法律形态之后，且以后者即人类社会技术为基础和最后保障，是社会信仰运动的自然延伸，自然也完全服从于社会信仰运动的整体发展规律。

通过示意图 3-19 不难看出，人类社会的经济运动，是逆着正确社会信仰发展的方向做反信仰运动的——这意味着我们在现实中看到的历史画面，是真实信仰历史发展的尾巴和如蛇行般的收尾运动，也是逆反的、虚假的信仰运动。这个反信仰发展方向的社会运动，始于信仰创制的秩序，终于对信仰秩序的考验或者破坏，深刻表明了经济运动置于社会信仰运动之中的《圣经》真理。经济基础与上层建筑的关系如何？这一点其实对于人们认识自己的历史和未来一点都不重要，重要的是要明白二者都只取决于社会信仰状况！

每一次正确社会信仰的进步，即社会民主化的每一次范围扩大，如从男性向女性的扩大、从永久居民向新移民的扩大等等，每一次的行权方式从难到易、从间接方式向直接方式的进步，每一次从特定事务（如修宪）向一般事务（如批准国际公约甚至某个人应负的刑事责任等等任何具体社会事务）的扩大等等，都会随后带来一次科学知识的颠覆性进步，并进而引发一场科学技术产业革命和经济发展的奇迹性增长……人类迄今为止的整个经济史，因此可以简单看作为西方民主社会形态产生之后的一次性产业革命的结果：自 1688 年英国"光荣革命"建立起现代民主社会后，按照信仰函数的计算结论，经过 60 年的信仰发展，至 1750 年左右爆发"工业革命"，期间并没有金融资本的大规模运作，属于典型的技术产生财富、财富催生货币的时期；然后，造就工业革命的经典物理学及其后续科学领域，一直沿着示意图中的曲线主导着至今的世界经济秩序。这样看的理由很简单，就是自 1688 年以来，人类的社会民主化进程迄今未动——最典型的西方民主国家至今还停留在间接民主、不完全民主的阶段。可见，当今世界，正处在新科学革命的前夜，未来的新科学，必定是完全不同于经典物理学理论的，例如，传统的时空概念将会被彻底改写。

（四）、货币操纵

现代西方经济学是从铸币时代、货币数量被货币材料的天然属性自然约束或制约的前提下开始构建的，至法治社会的现代货币时代，这种源于货币材料的物理性的制约（包括金本位制度）又被法治社会的严格法律制度，特别是对社会公权力的严格限制所接替、对接，如此一来，货币幸福度稳定事实上一直成为现代西方经济学理论（包括马克思政治经济学的基础经济理论）的基础或前提。因此，从根本上讲，现代西方经济学理论（包括马克思政治经济学的基础经济理论）是完全不适用于货币幸福度下降的经济体、以及与这种经济体连通融合的一体化贸易世界。1996 年诺贝尔经济学奖得主詹姆斯•莫里斯在 2013 年的一次谈话中提到，他希望看到的理想中的中国投资资金即刺激经济的资金不应该再通过银行贷款，而应该利用国有企业的利润收入，来作为投资的主要资金来源。（资料来源：搜狐网 2013 年 09 月 12 日 14:43 21 [引用时间 2013 年 11 月 5 日]）詹姆斯•莫里斯先生已经看到在中国存在两种不同的资金，虽然它们的名字都是"人民币"，但却有很大的不同：一个来自银行，一个来自利润。遗憾的是，这位诺奖获得者可能已经意识到中国的人民币在世界货币大家族中的独特性，却没有沿着他发现的中国经济体中的两类来源不同资金的线索，进一步更具体地指出它们之间的不同，也没有指出"银行贷款"中那部分并非来自国有企业利润的资金，到底是来自哪里的？我们在前面的章节中已经讨论过，按照不同的社会公权力结构类型，货币依照幸福度的不同变化规律，可以大体分为两大类，詹姆斯•莫里斯先生十分熟悉的美元等西方货币是一类，中国的人民币又是另一类。

权力系统可以靠暴力取得社会财富和服务，因而可以摆脱对货币交换及整个经济领域的依赖，或者说，权力有劫持货币为自己所用的机会和可能。这是可以极大提高追逐权力者的货币幸福度水平的捷径。专制的社会公权力，由于缺乏制衡，权力系统中的货币幸福度具有极大、甚至无限的上升趋势或空间——专制者们常常强取豪夺，根本不需要货币的中介和交换，自然，在他们使用货币进行交易时，谁又能限制他的交易比例值呢？社会公权力系统内的货币幸福度提高，是通过强制或变相强制降低社会其它领域中的货币幸福度水平的方式来实现的。专制社会政权的最初设立资金，也完全可以用"庞式骗局"的方式取得，这种操纵货币的资本原始积累方式，并不比《资本论》中描绘的资本原始积累方式更文明，并且，专制者在主导其社会的经济发展中始终无法摆脱这个"政治资本"的原罪——它会延续货币运行的这种方式直至其死亡。

下面我们模拟一下专制公共权力系统降低社会货币幸福度进行货币操纵的全过程。

任何一个小的"钱系统"，例如我们在一个现实社会中随意发行一种从不存在的钱——起名为"假想币"，把这个假想币当作工资、报酬、奖励等等类似的东西发给我们想给的人。在这里，我们假设这些人组成了一个有强制力的社会组织——我们为其命名为"假想团"。这个假想团的目的就是推广使用这个假想币。在上述假设的前提下，我们来模拟一下如何保证这个假想团的扩大以及保证假想币的生存、流通和扩大（即市场份额的扩大）。我们给每一个假想团的成员发津贴、补贴或工资等名称下的一定量的假想币，如 100 单位/月，作为他们推广工作或服从假想团工作安排的酬劳。假想团成员能利用、使用并因此乐意接受假想币的关键在于他们能够使用这 100 单位假想币从市场中购得或交换来任何他想要的物品（在这里至少有三个途径可以再控制假想团成员的奢望：1）购物卡或票证作为限制其购买范围和数量的并用手段，使其只能用假想币购买指定品种及数量的物品；2）、所有的设计都必须建立在长期的预想或规划之上：让持有人乐意长期持有、获得和使用该假想币，从而让该币长期流通并不断增长市场其份额。3）通过对假想币发行和发放的控制来达到调整和控制成员的消费能力。）这需要假想币的发行者手中具有一种强大工具。例如有一个属于假想币发行者的商场，里面有各种假想币持有者维持其生存的东西，假想币此时就象我们常见的大商场自己发行的购物卡。（为了简单，我们将有关商品的种类和范围尽量缩小，类似植物油商人发行的购物卡只可用于购买其指定的一种植物油。并考虑到假想币持有者还有能力、机会同时持有假想币以外的其它流通中的社会币种。）问题现在就只归结到发行者这一方面来了：一个假想币的流通能力，完全取决于它的发行者提供商品和服务的能力。换句话说，只要一个市场供给者具有意愿，他均有能力发行自己的货币，就像常见的购物卡、优惠卡一样。只不过，我们现在讨论的是如何让它成长、扩大、占据更大市场份额地生存下去。发行者的能力归根结底要归结于他与现存外部市场的关系，他必须有能力从外部市场中"交换"或无论什么方式搞来足够的各样物品，再用假想币的方式重新分配，或者用假想币作为支付手段和流通对价物重新构建一个新的、独立的商品流通系统；这个假想币的流通市场与外部市场有效隔开，前提就是与假想币流通市场中的物资供给能力相匹配。因此，假想币的发行者可以是一个极端的物资提供者，可以提供足够多的、现有或已有的商品，但却完全不需要提供创新商品和服务，完全可以不是一个创新物品的提供者：他只要能提供足够多的市场已有商品就可以了；甚至，他只要能提供全部或一种可以让假想币持有者满足基本生活需要的物品组合就可以，如基本食物加基本衣物的组合、一种生活必需品如面粉也可以。也就是说，只要一个发行者可以保证其市场供给的最低水平，就可以保证其发行的假想币的流通性，从而满足货币的生存（在市场中流通）要求，并进而为透过控制货币实现控制资源分配奠定基础。推而广之，任何货币流通的市场从根本上讲是不需要科学技术创新能力的。这意味着一个政权、集团组织或这里的"假想团"，保持其在一定时期内的存在，从财政经济的角度上讲，是完全可以不用顾及、甚至于从管理的角度上讲是完全排斥社会的科技创新的，这个政权或集团组织所要做的全部财经工作就是分配：把它所掌控的所有物资借助其所发行的货币，按照它想要的方式随意分配下去——货币只是权力者意志的载体。"假想币"作为货币在这里，只是商品分配的工具和手段而已。

实现任何一种假想币的运转，发行者都可以是任何的市场商品、服务的提供者：只要他可以组织一个有效的商品、服务流通市场，而不管他是用独特的资源交换，还是用暴力抢掠、偷窃、诈骗……结果都是一样的。所以，如何实现、壮大供给能力，加强与外部市场的交易能力，就是一个货币发行者的全部要义！市场，单纯的市场空间的扩大，甚至最好是无限的市场空间，是"假想币"货币发行者的梦想。无论发行者是夺取政权的革命者还是普通的犯罪分子。换句话说，货币发行者的"原罪"就是如何实现、保证他的市场供给能力，攫取最多的外币在自己手上，同时借助他所发行的"假想币"，完全与一个既定的母体市场隔离、独立、遮盖和阻断，以期维持手中的外币不流出、不减少，或者始终处于自己的有效控制当中。发行者通过"假想币"的货币分配中的所谓正义，完全可以为其取得这个地位所采用的任何手段作辩护！宏大的革命与规模极小的普通犯罪的区别主要表现于货币：前者通过"假想币"的货币分配，让参与者与其手上的具体工作相隔离，任何参与者的意志被"假想币"的货币分配统一集中于领导者手中——参与者被领导者手中的分配权力和分配对象所吸引和控制，成为后者的统一追求目标；犯罪却直指对象物或他人，目标分散又无法转换、集中。一个没有新的供给内容的假想币系统，其大小或份额直至其存续的时间都只决定于其在"母"市场或外部已有市场中的地位或份额，并最终受制于这个母市场的大小或容量。而就其内部的货币系统而言，事实上，仅仅是一个承载控制者权力的分配系统或体系——对固定或预定的市场进行瓜分的计量手段，既是这个内部的货币体系并没有自己的独立货币—— "假想币"时也是如此：这时，积聚在其中的系统外货币——就象盘踞在经济泡沫钱系统，都事实上主要充当着相关市场中所有资源的分配依据，对不同系统中的主要资源，连同行业利润，都只依据该系统中所占据的货币数量进行分配。可以说，货币的分配功能并非权力者的创新，它早就存在于特定的货币系统中，只是被特殊的权力者劫持并利用，成为操控社会的一种工具罢了。

假想币发行者把通过贸易换回的物资进行社会分配,例如通过鸦片贸易得到的财富。其中，鸦片种植和加工者等产业链上的人员所得、保证鸦片种植交易和维护其秩序者的所得、为鸦片种植者和交易者及保护者提供不可或缺的帮助者的所得等等，并不按照鸦片自由商品市场的规律进行。鸦片利润的分配原则，完全由假想币发行者实质控制，即使是鸦片的生产、加工、运输、交易的全过程均在假想币环境下也是如此，例如，在假想团工作人员工资或工作补贴为 100 假想币/月时，鸦片的成本为 100 假想币/克，市场价格为 200 假想币/克，生产加工者将取得 100 假想币/克的净利润，鸦片种植加工者每出售 1 克鸦片的收入等于一个假想团工作人员的月工资；假设现在假想币发行者要给假想团工作人员涨工资，由原来的 100 假想币/月提高到 200 假想币/月，鸦片种植加工者的利润会发生怎样的市场变化呢？显然没有人可以作出肯定的回答。因为，假想团工作人员的工资，在鸦片种植加工和交易的环境条件未变时，并不会改变鸦片种植加工和交易的成本和利润水平，也就是说，假想团工作人员的工资变化，并不当然改变鸦片种植加工和贸易的原有赢利水平。那么，假想币发行者给假想团工作人员所涨的工资，从本质上在改变着什么呢？或者说，这笔上涨的假想币工资来自哪里呢？这笔上涨的工资首先改变了鸦片种植加工者与假想团工作人员的分配关系：如果将鸦片种植加工者和假想团工作人员的全部利益看作 200 假想币的话，原来的分配关系是 1：1；假想团工资上涨 100 假想币后，这种关系改变为 1：2。也就是说，在没有影响鸦片种植加工者的市场利益时，假想团成员的工资却上涨了 1 倍，相应的，假想团统治下的社会群众，在不知不觉中被缩小了从整个假想团统治区总财富中可以取得的财富的比例——他们手中的假想币的幸福度下降了！事实上，这时假想团成员手中的货币量虽然扩大了，但单位货币所代表或对应的社会财富量也在减少，因为社会财富总量在这里并没有增加。显然，这超出了鸦片贸易的市场范畴，假想币在这里所充当的并不是普通商品贸易中的支付对价角色，而是在充当着调整分配整个假想币系统中全部社会利益——自然包括鸦片种植者等在内的所有经济领域中的利益——的一种工具的角色。

因此，在这种货币系统中，假想币仅仅被作为分配的筹码在使用，这种分配筹码，进入经济领域，就出现了我们前面反复讨论过的经济泡沫货币系统中出现的现象了：有资金就有份额，退出者仅仅是因为其资金的量占系统中资金总量的比例太小，小到微不足道，而被逼退出或到一个可以让其市场份额稍稍提高的另外的系统中去。上面的例子中，当假想团成员的工资增长远远超过其控制区的财富增长速度时，规模小、利润低的鸦片种植者和经营者，就会率先出现总利润无法支持正常生活开支的情况，开始考虑或实际退出原来的经济领域。这种情形具有普遍意义：一个只有 100 亿资金的旧市场，如果新进入的资金现在是 200 亿，大家的利润率下降 2/3，若是新进 2000 亿或更多，原来那些"较小"资金们，市场份额和利润量，就急剧缩小，开始向零利润总量的方向快速变化，最先被挤到系统的边缘；然后，随着利润率的急剧下降，大资金们对资金的胃口越来越大，占据同等市场份额的资金量需要更多的资金才可以。充分体现出背后的货币幸福度在下降的事实。货币在这样的系统中，靠体量战胜和挤压同系统中的参与者，数额大小是唯一的竞争手段和制胜法宝，小资金没有任何可能在市场中胜出或逆袭。也正由于此，在一个假想币系统中，钱的发行和供给，不是按照钱在一定环境条件下的利润率即市场法则来进行的，投资或任何其它方式的货币供给都不受制于经济利润或者市场法则，只反映发行者或控制者的意愿：他想怎样分配，就可以采取相应的货币供给模式来实现和对冲、遮盖掉先前的模式或结果，市场在这里，只象一台打印机，将货币发行者或控制者的意愿显示出来而已。这就展露了假想币系统所构成的社会的一种潜在的发展模式：在货币发行成本许可的前提下，它可以通过无节制的向社会发行、供给假想币和操控假想币投放量的途径，在货币幸福度不断下降过程中，覆盖或舍弃其已经失败的投资、颠覆已有的社会分配格局、随时随意造就任何体量的市场巨无霸。这又充分体现出隐藏在背后的财税链长度变短的真相。这种模式，如果遇到存有巨大技术落差的社会环境，当那些旧的技术创新从外部一涌而进时，按照我们前边的分析，就必然会在最短时间内创造出最巨大的社会财富，伴随货币幸福度的一路下降，成就名扬一时的人间经济奇迹。

集中控制财富，是维持一个具备分配功能的假想货币长期存在下去的关键，也是利用货币进行社会化管理和控制的优势之所在。外币代表着社会财富，即使是外部社会的财富，但因其意味着外部通用的社会财富，如国际储备货币。因此，严格管制外币——一个不同于自己的、真正有信用的货币，特别是国际储备货币，并使其失去作为本地区中的一种货币的所有功能，即把外币当做一种普通的社会财富来看待，就是非常必要和重要的，是一个具备分配功能的假想货币系统中，进行外币管制的全部要义。因此，外汇储备是其一条命脉，古代社会的专制政权末期时普遍出现的物资短缺与此同理，本质就是没有控制住外汇储备这条命脉的结果。

外币管制的上述特点，让外币只能集中于假想团的控制之下，现实中常常被称之为国家"外汇储备"。从这里，我们可以很清楚地窥见金本位货币观念及建立于其上的经济理论的错误或矛盾——如果人们都使用金块或金币作为货币的话，这种"外汇储备"就非常可笑且无存在的意义，因为这时的外币与本币至多只存在着图案、样式的外观区别，内在的成本、材料的使用价值等几乎完全一样，用本币购外币，只相当于把同一件物品左手倒右手，徒增麻烦而一无所获，这也是在铸币时代的经济学家们大都不担心国际贸易不平衡的根本原因。相同经济学意义的历史事件，在中国近代史上多次上演：中国近代的清王朝，将银币作为通行的货币使用，在历次对外战争中，屡次向外国政府赔款，导致其财政困难。假设中国的清王朝，使用的是随意滥发的纸币，外国政府还会向其索要作为一堆纸或一串电子符号的"货币"作为赔偿吗？果真如此的话，对清朝的货币数量、经济运行也都影响极小，甚至非常有利于清王朝的经济发展，即大量纸币很快被印刷填补，这种纸币的国际汇率会下跌很多——货币信用很差，增加其产品的出口价格竞争优势，而其后改变的贸易平衡状态，很简单地就会把作为"战争赔偿"输出的货币运回来，财政状况绝无因此的困难之忧！历史上的清王朝，在大量银元赔偿后，出现了货币成本的上升和货币升值，货币基础数量下降，导致国内物价下跌、生产和消费投资减少、出口受阻，即人们常说的通货紧缩下的全面经济停滞，让清王朝陷于财政困境难以自拔——可见，清朝货币是信用稳定的一种货币；于此同时，接受清王朝赔款的国家，银币成本下降，更有力于其出口。究其个中因由，全部来自于清王朝的银元货币形式，这种货币，天然具有社会财富的本性，即严重受制于金属银的数量及成本限制，又有清王朝努力控制货币信用在里面，距离货币只作为交换符号的本质相去甚远。现在重新回来继续前面中断的讨论，假想团在自己控制区的市场中收购或强制回收外币，形成了另一个假想币基础数量增加的途径和发行渠道：强制收购的外币可以投入到外部市场，如该外币发行国的国债市场，简单可靠的获取固定的收益，增加可控制的财富总量，从经济上讲又是一个超级划算的交易；而对于其外部经济体来讲，这个过程的影响要复杂很多：例如外部市场是一个特定的国家，对于这个国家来讲，出卖国债重新购回本币，本币再次流入市场时，最大的损失是本国市场功能严重受损，即本国政府的国债投资代替了市场的自由配置，其影响深远、长久；其次，加重了货币外流规模，有相当于其国债收益率乘以假想团外汇储备量的积的本币量，多流出或再损失；再次，在该国市场中可能会形成一个恶性循环，即本币流出，让基础货币流通总量减少，在技术创新水平所提供的货币周转速度的提高程度，不足以抵消基础货币数量减少所带来的影响——即市场中的货币供应无法满足经济正常运行的需要时，出现"钱荒而贵"即通货紧缩的局面，消费、投资和居民收入增长减缓，货币周转速度放慢，物价下跌，带动廉价进口商品市场规模扩大，又进一步扩大贸易逆差，货币外流数量增加……这个恶性循环，只有到外币所在国实施类似于"量化宽松"政策补上货币缺额、技术革命级的创新极大加速货币的周转速度时，局势才会得以扭转。但是，问题的根本起因并未消除，恶性循环随着量化宽松的结束和技术革命间歇期的到来，还会再来——除非假想团的外汇储备在此之前被消耗殆尽、社会崩溃。问题的源头来自于贸易一体化：该国与假想团控制区单向的自由贸易或虚假的双向自由贸易，让两个幸福度趋势存在根本差异的货币系统，融合在一起，结果只能是，假想团的意志借助"天真"的外币，悄无声息地走进外国市场，它力图操纵、吃掉它所赖以生存的外部环境。

好了，至此，货币操纵完成了它危害本社会和国际社会的全过程。相比美国社会指责中国操纵人民币汇率、危害美国人民就业，他们更应该看清，这种货币操纵在危害中国社会的同时更危害着全球的社会、经济秩序和生态环境秩序。而制止这种货币操纵，除非改变中国这样的社会信仰，又有何路可走呢？

二、货币数量

第一小节：货币数量的一般性问题

在无信仰的自然状态下，货币不会产生，自然不存在货币的数量问题；专制社会的社会信仰持续下降时，货币幸福度持续下降，需要持续不断地增加货币数量，研究其货币数量其实就是研究其死亡的轨迹和延长寿命的技巧，从信仰的角度来看，也是毫无研究价值的问题——专制社会的社会信仰总是在下降，所不同的只是下降的速度。在货币幸福度水平稳定的情况下，货币数量问题也是一个毫无研究意义的问题——增加货币数量只会提高物价水平，无论对税收还是个人生活并无影响，丝毫无法实质性提高（或降低）社会幸福程度。但是，从全人类的社会信仰水平如何变动的角度看，考察全球范围内的货币数量的变动，特别是全球范围内的货币流动，有十分重要的学术意义。以色列类型社会的信仰水平的提高，让货币数量产生剧烈的波动。如，在社会信仰成长并孕育新技术革命的社会信仰上升时期，货币幸福度上升，但社会财富总量和环境容量并没有随之扩大——科技创新的应用革命还未实际爆发，保持货币幸福度不变的社会信仰的稳定机制，会造就货币溢出的基础和冲动——原来的货币数量在信仰上升后已经显得太多了，必然要减少本社会内的基础货币数量。上述情况若发生在国际经济一体化的时代，会产生货币外流，形成巨大的国际游资，直接影响其它国家的货币数量；若发生在比较封闭的国际环境中时，可能引发强行打开外部市场，进行资本输出。在爆发一次技术革命后至下一次技术革命孕育前的间歇期里，上述过程完全翻转：技术革命极大提高了本社会的社会环境容量或财富总量，而社会信仰这时却进入了一个相对稳定期（否则，持续快速进步的社会信仰，又要进入技术革命的孕育期，回到刚刚讨论过的场景中），社会需要更多的货币供应，同时，新技术扩大市场的努力或"经济人理性"，以加快货币循环速度的方式，快速帮助社会完成这个货币数量的补充过程。上述情况若发生在国际经济环境中，会吸引国际资本的大举进入，引发全球性的货币波动时，容易导致经济泡沫，为孕育下一次技术革命奠定基础。同时，流出货币的地区中，依赖货币供应而非技术成长的经济实体面临巨大考验，经济发展对这样的经济实体组织的依赖程度和对它们的取舍态度，成为反映社会信仰水平的试金石；若不存在国际资本循环的条件，就将引发技术外溢或技术革命的扩散，甚至引发暴力开拓外部市场的情况，为新技术扩大市场找到更多的资金支持。在以色列类型社会发生上述变化时，专制社会的超强适应能力也会让本社会的货币数量发生相应的改变。总之，全球会在新的技术时代与孕育新技术时代的各个阶段，自动实现货币平衡，保持全球货币信息始终准确反映人类信仰水平的稳定状态。

一个国家和地区的货币数量，只能在其币值大于再置成本时扩大发行，否则，将使其发行者亏损或产生负效用和痛苦。在中国古代，"北魏初建立时，民间都不使用钱币，孝文帝太和十九年时，开始铸造太和五铢钱，派钱工在工场铸造。百姓中有想铸钱的人，就让他们到国家的铸炉去铸造，铜一定要精炼，不能混杂。"（资料来源：《资治通鉴·梁纪》《资治通鉴(全译白话版)》作者：司马光、柏杨、北岳文艺出版社 2006-07-01 版）北魏的老百姓拿着铜块去铸钱，支付的铸造费和铜板材料的成本价值之和，必要等于或小于铸币的币值，否则，是没有人会主动去受损的。因此，金属铸币时代，货币基于材料、工艺等的成本制约，是对货币发行量或发行者的天然限制。同样的事实也发生在现代货币的身上，如比特币，虽然比特币是虚拟的、不需要任何正式的物质材料载体就能存在的，但从计算机系统中得到一个比特币，即人们常说的"挖币"或"挖矿"，也是需要付出时间、金钱等成本代价的。这个主要基于材料成本（我们下面用字母"B"来表示）的发行限制，就是货币基础数量和发行中的货币幸福度的一个界限，用数学公式表示为：$C/M2 = B \times K$（系数）（B 为再置成本或发行成本，$B \neq 0$）中国西汉王朝时期的五铢钱一直延续使用几百年，就是其再置成本一直将新的发行者或发行量挡在市场之外造成的。上述公式的含义是：$C/M2 < B \times K$ 时，发行新货币将给发行者带来幸福或效用；$C/M2 > B \times K$ 时，发行新货币将给发行者带来亏损或损失；$C/M2 = B \times K$ 时，发行新货币对发行者来讲，即无幸福或效用的增加也无减少。现在我们看一下公式中系数 K 的经济学含义：这其实是一个与社会投资平均利润率有关的数学系数。即发行者将货币发行等同于社会生产中的一个产业，其利润率的高低与全社会平均技术水平、利润率密切相关：社会产业平均利润率越高，或发行货币利润越低时，发行者的幸福越小，反之亦然。因此，系数 K 和社会平均利润率（以下用字母"R"表示）是一种反函数的关系，为方便下面的讨论起见，我们将其记为最简单的函数关系式：$K = 1/R$。在此基础上，不难得出 $R = B \times M2 \div C$ 的最终结论（忽略常量前提下）。现在，

155

我们将分析一下，这个最近似的数学表达式传递给我们的信息：1、在货币发行成本 B 和财政收入 C 固定时，M2 的提高有助于提高全社会的平均利润水平，这解释或显示了经济发展良好，会增加人们的投资和消费能力和意愿，也是现代经济学中常用的规模效应的一种自然延伸。2、在货币发行成本 B 和货币供应量 M2 固定时，财政收入 C 的提高，无论以任何方式实现，都不可避免的压缩社会生产的平均利润水平，降低利润率。因此，减税、提高公共服务效率是人力或社会意志可以控制的、促进和提高社会生产平均利润率的唯一途径，剩下的就只有社会意志不可控制、或者只依赖于社会成员个人的意志选择且具有极大社会偶然因素的科技创新领域了！将上述两点信息结合起来看，我们会不难发现以下结果：所有的人类社会形式，在经济学上只有两种选择，一种是以各种方式选择不断减税的社会，让人们走向科学创新的发展之路、货币幸福度稳定。一个是选择几乎从不减税的社会，身处其中的人们只有走向努力提高全社会的 M2 水平、从而走向货币幸福度不断降低之路。这个结果，与《圣经》中对人类社会的两分法结果完全吻合。货币成本和货币的发行数量成反比，这一规律告诉我们，货币成本趋于零时，可以发行的货币数量无穷大。但正如我们上面看到的那样，无论是古代的金属铸币，还是现代的比特币，其自身的成本是难以彻底消除的，但这并不意味着货币成本可以无限度降低的想法是不可行的：金融制度或技术的成熟，让货币回归交易符号或尺度的原来之意，也让任何的实体货币越来越没有存在的必要，货币不受数量限制地化为签名认可的文字和数字符号、甚至只是认可的一个信息如在电子文件选择项中的一个选择动作。同样，货币发行也是如此，几倍、几十倍……再多的货币发行，就象个人再多的货币支付或接受，都可以通过同一个简单的电子签名就能完成一样，现代货币发行借助现代金融手段，完全可以做到任意降低发行成本这一步。这时，我们再来看，前面我们提到过的一个西方经济学中的公式或规律：流通中的货币数量=基础货币数量*货币周转速度。在这个公式中，基础货币的数量现在因为成本限制因素被解除，趋于无穷大，就出现了货币周转速度与流通中的货币数量无关的情况。换句话说，只要有足够大的基础货币数量，经济运行是可以不受任何货币周转的（周转速度等于零）制约的。至此，财税收入的完成可以完全脱离财税链，因为不需要有任何的财税链长度了。这种极端情形，就正好是我们计算持续依赖货币手段维持经济发展的专制社会生命周期的关键指标，同时也表示出社会信仰水平降低到 0。现在的问题是，货币成本的限制因素被科技发展和现代金融制度打破之后，货币周转速度可能会被基础货币供应量的超常增长所压抑或排挤，而非相反：西方经济学基于铸币成本限制而限制的货币供应量开始，构建出的市场会自动析出、沉淀不需要的货币数量的理论，是基于市场机制的。但是，专制社会的公权力，是基于自身的强制力，通过财政货币策略，例如通过最简单的超发货币的渠道，就可以反过来利用这一市场机制并彻底驯服这一市场机制的——让货币周转速度再也无法制约流通中的货币数量，前者却被后者反制，而专制公权力只需操控货币发行权即可。持续不断且足够大的货币供应数量，这时就会触发专制社会自然死亡的扳机——从表面看，触动走向死亡扳机的是公权力的专制，或专制者的贪婪和控制社会的社会理性，而更深层的原因却是整个社会的社会信仰。即科学技术的有效性来自于正确信仰的信用，而货币的信用又源于科学技术，没有科技创新能力的社会或者国家，采取任何其他财政、金融手段以维护或者提高其货币信用的努力，都是徒劳的，这决定了各国、各地区不同货币的不同命运。

铸币的材料、成本和适用性的限制等特点，让货币数量天然具备了现代金融、财政法律制度的很多重要功能。首先，古代金属货币数量或供给量的有限性或较之于现代货币海量供应的有限规模限制，使得建立、维持仅仅依靠扩大市场份额去生存和发展的产业系统变得十分困难和不可能，几个甚至一个庞大的这种系统就会导致整个国家的财政拮据，甚至引发社会动荡和政权更迭——当今世界依赖原油等一个或几个大宗商品产业的国家，都面临同样的问题。在中国历代王朝，常常因为大规模的宫殿、防御设施或水利设施的营修和大规模的军事行动，导致兴盛的王朝经济凋敝，坠入深渊，如秦朝修筑长城、汉朝的对外战争和宫廷营修、隋朝对高丽的战争和修筑大运河等等。每个中国王朝的末日，都伴随着国库枯竭，无钱可用的窘境——可以说，从无法继续发行更多的货币、从而提供更多的资金弹药维持经济发展，进而造成财政收入不给力的角度看，铸币时代的专制政权大都是穷死的。

假设，古代专制王朝若象现代可以无限量的发行货币，又何患那么快就无钱可用？当然，现代社会发行货币从理论上讲可以做到无限量、无成本，但事实上也受到极大的限制，这种限制通常就是央行的权责和功能，根本因素还在于社会政治模式或社会信仰水平。也就是说，从古老金属铸币身上被剥离下来的、天然的货币供应数量限制的功能，有效转换为现代社会的信仰水平提高和政治、法律机制，才能继续充当一个社会的经济秩序和社会稳定的货币保证工具。同样，我们在王莽新政**注 2**{中国历史上的"王莽改制"："王莽因为钱币一直不流通，下诏说：'钱币都是大面额，则不能应付小额交易；钱币都是小面额，则运输装载就麻烦费事。轻重大小各有等级，那么使用方便，百姓就欢迎。'于是，更铸宝币六种：金币、银币、龟币、贝币、钱币、布币。其中钱币六种，金币一种，银币二种，龟币四种，贝币五种崐，布币十种。总计，货币共有五类、六种名称，二十八个等级。钱币、布币都用铜铸作，其中混杂铅锡。因为货币的种类太多，百姓生活陷于混乱，货币不能流通。王莽了解人民的怨愁，于是只使用值一钱的小钱和值五十的大钱，两种并行，龟币、贝币、布币暂且停止使用。私自铸钱的无法禁止，便加重那方面的刑罚，一家铸钱，邻居五家连坐，将这些人送到官府作奴婢。官吏和平民外出要携带钱币作为通行副证，不携带的人，旅舍不允许住宿，关卡和渡口要盘问留难，公卿大臣都要携带它才能进入宫殿大门，想要用这样的办法提高它的身价从而得以流通。当时，百姓认为汉五铢钱方便适用，而王莽钱因有大有小，两种钱同时发行，难以分辨，并且不断变化，所以不信任它，都私下用五铢钱在市场上购买商品，并谣传说大钱会废除，没有人肯于挟带。王莽深感烦恼，再下诏书：'凡是挟带五铢钱，说大钱要废除的人，比照'诽谤井田制'罪状，放逐到四方边远地区！'连同被指控买卖田宅、买卖奴婢、盗铸钱币的人，从封国国君、朝廷官员到平民，犯法的人不计其数。于是农民、商人失业，全国经济崩溃，百姓甚至在街市道路上哭泣。"（资料来源：《资治通鉴•梁纪》《资治通鉴(全译白话版)》作者：司马光、柏杨、北岳文艺出版社 2006-07-01 版}中看到的货币发行引发的危机，也当然会在央行缺失独立性，公权力不受制约的现代专制社会环境中，得以放大、重现：王莽以方便为由摆脱单一金属货币供应的数量桎梏，引入多种多样的货币来增加总货币供应量，并千方百计地提高它们的身价——社会幸福度，妄图使其得以流通，结果很快引发了传统铸币社会的动荡和专制政权的更迭；现代社会若放弃对货币供应的数量限制，更会如此，无穷多的货币必然昏睡在流通之外，再不进来；二者的不同只在于，古代的王莽，无论如何扩展货币材料的来源，也无法克服源自货币供应数量的有限性限制，经济失序和社会动荡因此来得快和急；现代社会的货币供应可以做到无限量，直到最后它也是倒在一团废纸和无用的电子货币符号的"富有"废墟上，延缓了经济失序和社会动荡爆发的时间，但二者本质相同，结果自然也一样，后者的历史危害甚至更严重于前者——可以说，从无底线地货币发行，从而延长仅仅依赖扩大市场份额方式的经济增长时间，并进而维持财税收入的持续提高的角度看，现代和将来的一些专制政权是疯死的。

货币数量被操纵，成为发动大规模生产的最大利器和捷径。被以色列类型社会视为根本的生产要素条件的资本要素条件，被专制者彻底解放；曾经被卡尔•马克思在《资本论》中所描述为残酷的、吃人的原始积累，现在轻松地被现代货币技术所取代。特别是以国家名义进行的大规模工业化生产，具备了庞大的资本仿佛从天而降的能力后，缺乏的就只是技术了。而技术，在马克思时代，从来都不是资本，甚至都不是生产的要素！国有企业加技术，再加专制个人或集团可以任意而行的专制社会制度，就等于迅速崛起的、庞大可怕也是对全人类贻害无穷的的后现代专制社会；其能力，马克思在《资本论》中对早前那个弱小的也作了令人恐怖的描述：他们在一百年的时间里，生产了人类过去几千年生产的财富。事实上，《资本论》中资本加劳动力的生产公式仍在续写其可以急剧创造财富的现代神话，只不过，现代专制社会把过去法治社会中残酷的资本原始积累时期变成为一种社会常态，通过控制货币数量，让银行等金融机构直接提供任何需要的资本量，然后和飘荡在世间的、可以轻易获取的任何技术相结合，复制出比资本主义社会早期更加凶悍无比、更加横冲直撞的生产能力和破坏能力，让世界为之惊叹！

第二小节：流动性陷阱（liquidity trap）的本质、形成、持续时间、发展结果和摆脱条件

流动性陷阱是约翰•梅纳德•凯恩斯提出的一种与货币数量有关的经济学假说。当一段时间内利率保持在极低水平时，货币政策失效，即无论央行怎样尝试通过增加货币量来降低利率、刺激经济，实际产出和利率水平都几乎不发生变化。经济学家把上述状况称为"流动性陷阱"。从前面我们的讨论来看，货币供应量的波动幅度，足以改变财税模式的标准型模式时，就形成流动性陷阱。

一项颠覆性的科学创新完成后，它能够带给人类改善生存状况和条件的"幸福"或"财富"总量，就已经事实上被确定了，虽然这个理论上的总量值我们可能始终无法确切得知。笼罩在货币数量上的所有迷雾，都是有科学技术创新及其应用的时空与各种科技应用、辐射的时空，无序交织形成的。例如，经典物理学诞生后，其中所包含的物质财富或"福祉"，直到今天人

类仍未开发利用完，但在很多发达地区和国家，以相对论为代表的更新的科学技术成果，也已被充分利用。货币在这些交叉程度不一，且比例在时刻变化中的各种经济空间内，所代表的幸福或财富量不仅面临着量的不同，也可能面临着质的差异。因此，表面上统一的货币，事实上在各科学领域中时刻进行着不同的分配。货币的数量需要时刻跟随科学技术的创新和应用状况，进行不断的调整，与在第一章中我们看到的信仰中的"爱"需要在科学时代的纵轴上不断重新展开一样。而它在已有科学领域内各经济、产业系统间的分配，也如第一章中，人们的"爱"在人间各层面中展开、博弈一样。若非有不断创新的科学技术领域简单叠加在原来的经济空间中，货币数量的任何增大都是多余的，更不用说宽松货币策略了。

图 3-15 可以看作为一个典型的流动性陷阱示意图，将该图中的坐标轴简单变换一下，就会出现一种阐明流动性陷阱形成机制的简洁方式：当我们把图 3-15 中的纵轴坐标"货币供应"，按照信仰等价信仰原则变换为"社会秩序"或者"法律秩序环境"后，会很容易地理解货币供应量的不断增加，背后的机制其实就是社会秩序或者法律环境被不断的挤占、侵蚀，让社会中的各种乱象持续增加，法律秩序不断受威胁。如果，此时正确社会信仰的力量不及时带来颠覆性的科学创新的话（即通过向右移动横坐标来对冲掉已经向上移动了的纵坐标，让信仰发展图形恢复到与原来相似的状态），内部货币量的继续增加就会变成一个流动性陷阱——无论对于国际法秩序环境，还是国内法社会秩序环境，均如此，都是社会信仰在堕落、取代原来社会信仰的过程中，同时破坏掉原来社会信仰所主导的社会秩序的一个过程。因此，经济学上的流动性陷阱问题，本质上是科学创新与推广应用过程中，货币数量超过了科学技术本身所包含的财富总量，造成货币幸福度持续下降。它事实上共有两种情况：一种是指一个国家内部的经济现象，另一种是指特定的国际或世界经济现象。前者发生在一个没有技术创新能力但依赖货币政策实现持续经济增长目标的国家内部，后者发生在世界性的科学创新能力不足，但国际贸易却持续增长的特定时期。二者直观的表象都是货币数量（流动性）过剩，即不差钱——与《圣经》中记载的所罗门时代的以色列社会中"银子不算什么"的历史景象一模一样，也与当前各国央行竞相实施货币宽松政策后而导致的全球流动性泛滥的景象一模一样！每一个科技时代的后期，以金融业为代表的货币游戏都成为个人致富的主要工具——食利阶层如高利贷者，贵族等，就成为社会财富格局中的突兀者，这为马克思主义的阶级革命理论涂上了一层令人信服的耀眼外衣。其实，这种现象仅仅说明财富的根本来源是科学技术或科学创新，而不是货币！颠覆性的科学创新应用，所产生的巨大的财富增速，远远超过高利贷，注定成为治愈马克思革命理论妄想症的天然药物。

造成流动性陷阱的根源，是社会信仰问题，即不正确信仰、无信仰中人性的贪婪。在一个国家内部，它的诱因主要来自于专制集团或独裁者追求政绩以满足本社会信仰所滋生的物质性社会需求。而国际社会间，它的主要诱因是技术水平的国家间差异，对高技术水平社会所展示出的巨大财富机会——当这种机会成为现实即国际贸易得以增长、全球化程度得到加强，而技术落后的专制国家本身也恰好有陷入流动性陷阱的可能时，无论流动性源自正确信仰国家，还是从专制社会蔓延到全球，最后都要爆发世界性经济危机。一个陷入流动性陷阱的世界经济秩序，例如现在的全球一体化状况，它被击溃的内在机制是全球性的无信仰和不正确信仰体系的内讧或者信仰者自搏。即，来自正确信仰社会中的技术领先者，面对世界上的其他社会在全球化过程中所展现出的巨大商业机会，无论之前的信仰是否正确，他们大都深深陷入到金钱诱惑中，无法自拔（即无法在信仰上"禁食"，象谷歌公司那样宁可退出中国市场，不赚中国市场上的钱，也要坚守自己的价值观的，了了无几），与其他社会中同样沉浸在赚钱快乐中的人们一起，让世界变得空前快乐和幸福——最近和最大的现实例子，就是中国在 1978 年之后短短二三十时间内，使得贫困人口减少了"七亿左右"，中国贫困人口总数占世界极度贫困人口的比例从 1981 年的 43%显著下降至 13%（世界银行，《世界发展指标》2013 年 4 月 17 日发报告），在全球范围内被普遍认为是对全人类的巨大贡献！这样以来，需要帮助者或者可以让正确信仰者发现人类的困难或者痛苦，并针对性地展现"爱"的机会和空间减少、难度增加，造成了全人类的科学创新特别是颠覆性科学创新的延迟。反过来，全球性的科学创新不足，延长并加剧无信仰和不正确信仰者依赖货币策略赚取更大商业利益的状况，例如很多跨国公司在中国市场依靠行贿等非法手段攫取最大利益，如葛兰素史克（GlaxoSmithKline plc）曾经行贿，如苹果（Apple Computer,Inc.）的中国代工厂中低劣、不人道的用工状况，如中国囚徒产品大肆进入全球市场，如华尔街的国际投资银行雇佣中国高官子女谋取非法利益，等等。因此，是无信仰和不正确信仰阻滞了科学进步、自觉自愿地推动世界坠入到全球性流动性陷阱中去，让现有技术手段充分、全面展示其力量，包括其固有和被滥用后的副作用——全球的无信仰和不正确信仰者，他们确实喜欢一起死在他们喜欢、贪婪和疯狂的地方。因此，全球化本身没有任何的问题，是正确信仰传播的最佳途径和必由之路，问题只在于如何全球化？全球化的正确路线是什么？现在已经陷入全球流动性泛滥、被流动性陷阱抓住的全球化模式，造就了全球性的严重贫富分化，财富向极少数的所谓全球精英手中史无前例地集中，是全球性正确信仰的社会力量，长期发展缓慢甚至停滞造成的。这决定了未来全球化的道路应该是差别化的，即有效隔离无神论社会对信仰者的诱惑，如太平洋战略经济伙伴关系协议（TTP）那样，有强力限制国家主权机制的国际贸易制度安排，而不是国际贸易组织（WTO）的那种——从中国政府从来就没有履行有关人权的国际法、从来就没有对 1989 年的"六四事件"道过歉、从来就未停止过对有关劳工权益和海洋法权益、新闻自由和互联网自由、环境保护和产品质量安全的鄙视，但却丝毫不妨碍中国成为 WTO 成员、人民币成为国际货币基金组织(IMF)特别提款权(SDR)货币篮子中的储备货币、专制的中国成为联合国常任理事国，不妨碍很多欧洲国家竞相对其出口高科技军事装备，不妨碍中国成为"金砖国家"、中国经济被认为是自由市场经济……从西方世界接受中国的那一天（1978 年）起，这个世界秩序就注定被诅咒，支撑、造就和决定这个世界秩序的国际社会信仰注定不正确且是虚空和虚无的，闪耀在中国占全球贸易和世界经济发展动力的较大比例之上的"中国崛起"的世界景象注定是幻象。跟随中国社会的崩溃而崩溃的世界旧秩序，也被中国发动的全球性流动性陷阱吞吃掉，与中国社会自己被人民币流动性陷阱吞吃掉的死法一模一样，这是多么的令人惊奇、期待、欢欣不已的神迹！

流动性陷阱是人类信仰运动的一种反映，因此它的结局，总是有利于正确信仰的成长，总是摧毁贪婪社会和贪婪者。即使是在全球性经济危机中，摧毁与全人类信仰水平不相当的世界经济秩序时，也只是彻底摧毁相关的专制国家（社会崩溃），而正确信仰的国家和社会，仅仅会经历一场或大或小的经济危机而已。其中的原因，也可以由浮现在流动性之上的更直观的社会现象得以观察到，如流动性泛滥，在西方社会中造成的贫富分化，只单纯表现为更多的财富集中在更少的人手中。即不阻碍社会的贫困标准在提高。或者按照已经失效的"旧"贫困标准来看，西方国家中的贫困人口的绝对数量一直在下降，或者，西方社会中的贫困人口，在流动性泛滥的过程中，从自己的生活质量、购买力等角度讲，与之前相比都并无差别——流动性泛滥，只是让富人通过国际贸易的叠加而更富有，但并未让穷人按照相同的速度更贫穷。而反观中国社会则不同。流动性泛滥在中国社会中所形成的贫富分化，无论按照什么样的贫困标准来看，都是真正的社会撕裂——最富裕的财富数量，与努力维系自己生活质量不下降的最贫困者的人口数量一样，都在急剧增加。流动性陷阱无差别地消灭所有社会中的贪婪者，却区别对待不同信仰社会中的普通大众，这一特点，与《圣经》中的基博罗哈他瓦(注:就是"贪欲之人的坟墓")（民 11：34）的作用完全一样。西方社会不会真正坠入流动性陷阱而被其吞没的表面社会途径共有两条，一个是科技创新——它代表了正确信仰的成长，只让正确社会信仰成长最快的国家和地区率先恢复经济增长，退出超常规的量化宽松政策；另一个就是货币外溢——它代表了正确社会信仰的缓慢、甚至停滞的发展状况，会让货币外溢的地区长期处于缓慢的经济增长、甚至是长期的增长停滞状态中。需要注意的是，货币外溢并未真正打破财税模式的标准形态，它一直有着或短或长的有效财税链，在新科学技术充分而有力时，立刻就会恢复良性或惯常的经济增长。而专制社会缺少科技创新能力，又无法彻底打破货币闭合运动下财税模式的标准模型，因此无法摆脱自生的流动性陷阱，也无法抗拒西方社会量化宽松、流动性外溢所释放出的对财税标准模型的持续冲击，直到其有效财税链长度被耗尽，历史上无一能逃脱流动性陷阱的魔掌。

信仰函数给出了流动性陷阱的最大持续时间是 40 年。但这里需要注意的是起始时间的确定，并非凯恩斯提出流动性陷阱假说时所讲的持续"低利率"开始实施的那个时间点，而是更靠前的那个财税收入与货币供应量之间的比例开始出现持续下降的时间点。下面，我们来看看 1978 年之后的中国是如何一步踏进了流动性陷阱的。

1978 年至今，围绕货币或流动性，中国社会现在正处在从"用人民币挣美元"模式彻底转换为"用美元挣美元"模式的过渡期。

第一阶段从 1978 年开始，至中国外汇储备达到最高点的 2014 年 7 月为止。该阶段中，中国政府有效地运用人民币货币策略，成功实现操纵"中国制造"的市场价格，人为压低出口商品的成本，超越市场力量塑造并维持了"中国制造"的额外竞争力，最终帮助"中国制造"不断扩大国际市场份额，成就世界经济史上的"中国奇迹"。该阶段，还可以细分成两个小的阶段，第一个是 1978 年至 2009 年期间，为货币策略与人口、环境"红利"相结合的时期，即该时期的货币策略可以借助中国社会中的固有"优势"或因素，人们对经济的畸形发展并未有太多的感知或危机感。该阶段结束的一个重要标志是，自 2009 年开始，已经没有任何企业可以依赖中国的廉价劳动力赚取利润，就连中国国内无任何劳动力成本的监狱、看守所等囚徒经济体也不例外（具体资料和详细论述请参见拙作《圣经中的中国和当今世界》第 284 至 293 页）！第二个小阶段，自 2009 年至 2014 年，以中国的外汇储备达到近四万亿美元的顶峰为标志。如果说，在第一阶段中，人民币的货币策略，还由于中国的人口红利、环境红利、过去的旧信仰或道德约束产生的红利的制约，而没有成为唯一的经济发展引擎的话，至 2009 年之后，货币策略终于大获全胜——经济学家们喜欢将其归功于为应对由美国次贷危机引发的 2008 年全球经济危机时，中国被迫实施的"四万亿"经济刺激措施。货币策略单独作战，标志着中国经济和社会已经进入到无法回环的死胡同。

但是，由货币供应量策略（人们戏称其"印钞机"）推动的经济成长，价格竞争十分惨烈，产品过剩严重。同时，超级宽松的货币策略，极力推高房地产等生产要素的价格，与为了从政府手中争夺货币供应而形成的官商勾结等普遍违法行为所破坏了的社会环境、不择手段攫取利润所破坏的自然环境，一起让中国社会变得愈来愈不适合进行正常的商业活动——依赖人民币的货币策略并无法长久。追逐利润的国内外资本，逐渐开始外逃，中国政府利用人民币的货币策略赚取外汇，以满足中国社会、经济发展需要的战略，至此宣告彻底失败。中国社会此前积累的巨额外汇储备，不可避免地开始减少。但是，对石油、粮食、食用油等最基本物资的严重进口依赖，让中国社会、经济必须保有巨大的外汇储备以保障自身安全，这一点决定了第二阶段的到来不可避免。

第二个阶段从 2014 年开始至今，将在 2018 年年底之前，在见证过中国社会、经济崩溃以后全部结束。经过第一阶段的野蛮发展，中国国内经济环境中，已经没有任何的行业，可以在正常、合法经营前提下获利，就连罪犯，包括官商勾结的奸商，都无法实现盈利。需要读者注意的是，这里的"利"，不单纯是指"投资利润"，还包括正常获利情况下的所附加的"幸福"或"成就"。具体地讲，最赚钱或者以投资利润率最高的方式赚到了大钱的那些人，他们并不幸福——现在中国"反腐"中纷纷落马、甚至自杀了断的高级和最高级中共官员，赚到手的钱财最多，但并无幸福和安全可言，他们公认的最佳选择是移民海外！与此同时，那些无法赚到钱、投资失败的普通人，也因无钱而被自己、他人和社会视为"无能者"，不被社会所认同，自然毫无幸福可言。任何在中国社会中的人，都无法从赚取的利润中获得幸福，或者无法从他们的金钱至上信仰中寻得幸福，唯一最赚钱的官商勾结者，都惴惴不安，连外国投资者也不例外。全体中国人的这种社会信仰遭遇，在毛泽东时代其实也一样：坚定、狂热地相信毛泽东个人并因此获得过最大利益的林彪、刘少奇等中共高官，在"文革"中时刻担惊受怕，最后纷纷被打到、批臭、处死或者自杀，并无法从他们所信仰的毛泽东思想中获得幸福；而那些坚信毛泽东思想的普通大众，虽然没有遭受"右派"、"当权高官"们的悲惨下场，但却不得不面临极度贫穷、饥饿的境况，照样无幸福可言！

这个阶段中，中国政府面对外汇储备接连下降的局面，有两种完全不同的应对策略，一个是实行最严格的资本管制，即节流；另一个是鼓励对外投资，希望赚来更多的外汇。很明显，第一个方法是坐吃山空，并且即刻引发社会动荡，具有极大社会风险。第二个方法，就是通过国有企业等各种渠道，开始大规模的对外投资，希望借助良好的外国社会、经济环境，实现投资盈利，维持外汇储备量不下降。即实行"用美元挣美元"模式。逻辑和现实都证明，中国政府采用了第二种策略——这是最优策略。但是，中国在不掌握科技制高点和全球央行竞相量化宽松的前提下，这些中国投资的回报可想而知。而最大的风险还在于，中国政府自此彻底丧失了对货币和经济的控制权——它再也不能象过去一样使用人民币的货币策略，操纵中国经济了，现在起它必须仰美元鼻息，与一个普通美国商人一样去赚钱，不管它的经济发展速度看上去仍然还有多么的令人羡慕，它对世界经济的发展看上去仍然贡献巨大（这恰恰是世界经济难逃一次巨大经济危机的根源所在）！这就是中国社会、中国人的最好下场，没有一个有理智的人会指望一个普通的美国商人可以象专制的中国政府一样维持住中国的社会、经济秩序，而中国政府这时的力量和效率却还不如一个普通美国商人！

这个阶段也可以被细分为两个小阶段。1）、第一个小阶段，从 2014 年开始，至中国的进出口贸易开始出现连续的贸易盈余减少的状况时为止——具体时间点大约在 2016 年 7 月。时间长度占第二阶段时间的大约一半左右。这个小时间阶段的整体特征是，资金开始外逃，国家外汇储备在较高贸易顺差的支撑下，仍然呈现出连续小幅下降的整体态势。期中，中国的过剩产能将开始遭遇国际市场的强力狙击——国际贸易摩擦开始加剧，特别是来自中国的钢铁等过剩产能严重的行业的产品，在以发达国家为主的世界市场上开始遭遇贸易保护的驱赶，迫使中国在国内尝试消化措施。在该阶段，这些措施主要是试图减少对效益低下的国有商业机构的贷款等资金支持力度，忍受放缓的经济增长速度。但是，由于国企是最重要的货币-税收转换器，民营企业和外企无法按照市场规则来代替国企，去吸纳海量的货币并产生相应数量的财税（中国政府向国企注入的货币或流动性的数量就是按照其财税收支需要的数量，提前定制或即时调控的），这样的局面注定难以为继，而迎来其生命的最后一个小阶段。2)、第二小阶段，从 2016 年 8 月至 2018 年（按照高智晟在中国监狱中得到的信息，这个阶段的结束时间可能提前到 2017 年，此后至 2019 年之前的时间为权力转移中的短暂的社会有秩时间）。这个时间段的整体特征是，资金加速逃出中国，中国的国际贸易顺差从出现缩小开始，进入到连续下降并有走向逆差、连续逆差、连续扩大的逆差的趋势；国家外汇储备在失去贸易盈余的支持后，面临着资金外逃和贸易逆差的双杀局面，外汇储备数量快速下降、枯竭。期内，中国的过剩产能将继续遭遇国际市场的强力狙击，迫使中国在国内采取更加有力的消化措施。即国家更大货币规模扶助下的更大规模的"拆新建新"运动——建设更多的"鬼屋"、新建和扩建利用效率已经极低的公路、铁路、机场……这些措施，与通过将牛奶倒入大海的方式来维持生产的继续，在原理上是完全一致的。为此支出的国家投资，在维护了过剩产能行业相关人员利益的同时，进一步剥夺了其他人的已得利益。其中的道理很简单：被倒掉的牛奶没有产生任何的效用或者价值，却占据、损耗了相应的资金，这部分资金现在是有国家为此买单的，如此就拉低了中国社会全部资金所对应的资产或者财富的数量，从而让单位货币所代表的财富数量下降，使得别人手中的货币统统"隐形"贬值。但是，由于政权体制内的人员始终受到最大的利益保护（从经济发展的根本目的上讲，就是始终为维护这部分人的利益的），如他们的工资、福利上涨的速度和利用权力获取额外财富的能力，远远超过社会其他阶层。因此，中国用于维持过剩产能、僵尸企业继续运营的货币支持行为，真正受损害的却只有中国的普通大众阶层——过去，中国为追求低价竞争优势而肆意形成过剩产能的国际竞争手段，在国际市场齐声喊打的局面下，被迫转向中国国内。专制者用人民币策略无法同时剥夺国际贸易对手的劳动者就业，就开始单独、加倍祸害它的国内民众——从历史上一直就支持着他们的、最基础的无信仰者社会力量，专制者和它的最广泛的支持者之间，终于开始自相残杀了。流动性陷阱至此彻底露出了死亡的真面目：人民币在快速成为废纸，而一个在粮食等最基本生活物资上还严重依赖进口的人口大国，这时却根本没有进口所需的任何外汇，十多亿贪婪成性却陷入生存绝境的人所组成的一个社会，谁能指望它会维持住一个良好的社会秩序而不崩溃呢？

如果非要把象凯恩斯一样，把流动性陷阱与货币的利率挂钩的话，那么，中国政府其实从 1978 年至今，就一直在实行"负利率"政策：中国政府主导的国家投资，事实上是中国政府向全中国的所有社会储蓄收取报酬或者费用——它肆无忌惮地超发货币，保证财税收支的同时，要全社会、全世界（贸易伙伴）对新增人民币的价值买单。摆脱和避免流动性陷阱的唯一途径，只有通过社会信仰领域。现在的西方经济学家在考察中国经济时，常常感慨"中国模式"所具有的无比优势——对于如何实现和维持经济发展来讲，中国政府具备充足的经济政策空间，而发达的西方经济体，政策空间严重受限。这种对比，恰恰反映出了信仰学中的一个法则：正确信仰中有严格的禁食要求，不正确信仰对"禁食"常常理解错误而不得要领，而无信仰者从来没有禁食的意识。因此，西方民主国家因其正确的社会信仰，天然可以避免流动性陷阱的毁灭性打击，而无信仰的贪婪社会，也注定难逃流动性陷阱的死亡惩罚。从信仰函数和财税模式的标准模型来看，上述结论对应着的是，单纯货币供应量的扩大并不会最终彻底消除财税链，总有 $1/2^N$（N 为财政年度）的财税链被保留——西方社会的经济发展可以长期停滞不前，但错误信仰造就的额外社会痛苦提前就吞吃掉了这些保留，让专制社会在刚刚品尝经济发展放缓时的滋味就轰然倒塌了。

信仰在人类和人群中间，就象一朵鲜花旁边环绕着一群蜜蜂，或者一块肉、一滴血周围拥挤着一群苍蝇。这朵鲜花所结的果实，或者那块被"耕耘"过的臭肉、或者那滴腥气的血，能够带来的结果，有两个。一个是必然结果，即社会公权力或者社会秩序，就是按照一定的规律嗡嗡乱飞的那个秩序或者阵势。可以让蜜蜂、苍蝇们即社会大众继续分享的社会公权力结果，就成就一个民主社会，否则，就是专制社会或者独裁社会；另一个是或然结果，即科学技术。这个结果的有无、效力大小或者性质，完全取决于信仰本身——正确信仰会产生即造福于当地或者本社会区域内的人类，又能造福全人类的科学创新；不正确信仰可以带来具有通常具有地域性、社会性（如只服务于社会中的贵族阶层）限制的科学创新，而可以造福于当地人或者本社会的部分或全体成员；无信仰（无神论）社会不会有任何科学创新，或者他们的创新不会有益于任何人群，如中国人制造有毒、有害食品的技术创新！流动性陷阱就是一种金钱至上的"信仰"或无信仰道德体系的结果或者产物，不会造福于任何人和任何社会。它让社会公权力简化为"货币发行权"或者印钞机——就像毛泽东曾经借助中国人信奉的毛泽东思想而让中国社会的公权力简化为自己的一句话或"最高指示"一样，让社会成员成为环绕金钱的一群苍蝇，让专制者或者独裁者控制货币发行等所有的社会权力，社会大众无缘置喙，也拒绝世界人民的谴责或者监督，直到其死去。需要注意的是，货币数量超常增加即采取非常规货币手段，并不等于流动性陷阱，反之亦然。其中的关键，就在于社会信仰。例如，铸币被大量伪造、地方政府肆意印钞发币等所引发的流动性陷阱，在不正确信仰和无信仰的社会前提下，并不以最高权力机关是否采用非常规货币手段为前提——《圣经》中的所罗门，并无力抑制堕落的以色列社会信仰对金银的无尽需求、清朝末期时朝廷无力控制地方肆意铸币、现在的中国中央政府无力控制地方政府的债务水平和社会货币杠杆率，都是如此；相反的例子是在正确信仰社会中，量化宽松的经济策略并无力推动经济增长，现在的欧美、日本、印度等经济体，就是如此——这些经济体的经济增长动力，主要来自于内部社会消费而非国际贸易，社会信仰及其奠定的社会法制环境，更抑制了滥用技术的可能性，从而在量化宽松的环境中也能得以避免流动性陷阱。另外，母子体系的信仰发展规律，决定了全球陷入流动性陷阱时，就会让它的源头社会或者国家力图独立（如果它还不是一个真正独立的社会或者国家的话），或者力图控制或者称霸世界、要按照自己的意愿规划世界新秩序（如果它已经是一个独立的社会或者国家的话，如现代中国）。不难看出，经济问题从来都是信仰问题，经济数据都是信仰数据，经济规律都是信仰规律——我们在这里讨论"非闭合货币"运动，其实就是讨论不正确信仰或无信仰体系的发展、运动规律；我们现在研究的闭合货币运动体系的特点，其实就是去研究正确信仰的形成、发展或运动规律。因此，在本章节的后一小节内容中，我们还要专题讨论信仰，来加强对传统经济学理论的全面反思。

流动性陷阱在 40 年内必导致国家灭亡、社会崩溃的结果，在中国古代历史上其实是早有先例的。中国历史上的金王朝（公元 1115 年至 1234 年），在公元 1150 年（海陵庶人，贞元二年）开始发行纸币，《金史·食货志》记载，公元 1194 年，金章宗即位，在否决了停止使用纸币的建议后金国纸币逐渐泛滥，出现了政府主导的"以出钞为利，收钞为讳"的肆意"货币宽松"景象，金宣宗南迁后更是印发无限，如此经过 40 年时间至公元 1234 年，金朝灭亡——金国表面上看是最后"偶然"死于外敌的进攻中，本质上确是必然死于该国掉入"钱眼"且持续堕落的社会信仰发展规律上。实际上，纵观整个金朝 120 年的历史寿命，经历了"汉族与女真为二"（女真旧信仰或者"母信仰"）、"女真与汉族的融合一体"（女真信仰在汉族地区本土化后的"子信仰"）和"金钱至上"三个社会信仰阶段或者三次无果而终的信仰发展历程，各阶段或者每一次信仰成熟时间大体相当，三次均未超过 40 年，是信仰函数的绝佳历史证明——该国历史恰好完全符合无信仰道德体系最多有三次成熟机会、寿命可以到 120 岁的信仰学规律。

整个中国货币史，也就是中国社会的信仰史。从流动性的角度看，中国货币史分为两部分。

一部分是铸币史。其特点是仍然延续了上古以来的"以物易物"交换本质——各种铸币只不过是各种金属（以铜为主）的不同形状、大小的简单分割，因无技术门槛而极其容易被仿造，让"劣币逐良币"酿成的流动性泛滥成为中国历史常境，更是很多王朝的通用末代标配、死亡体征。货币容易被伪造、仿造，本身并不是致命的弱点或者并无不妥，只不过多了一个试探、诱惑人们信仰的社会点、"信仰缺口"而已。从信仰学的角度看，铸币容易被伪造，更是技术长期停滞不前（即导致金属来源少、产量小、加工简单粗糙等）的同时，专制社会秩序即人们之间的爱却不断加深和加固（即交易更广泛且更频繁，导致货币需要量增大），最终后者超出了前者技术许可的环境容量而崩溃、泛滥的结果。清代（特别是从顺治到乾隆的四朝时期）"不惜铜，不惜功"，但受制于金属数量，铸币数量最终无法满足社会需要的史实，从反面说明了这个错配问题。而此后，（光绪 27 年）清朝为了解决流动性不足的问题，被迫铸造名义上价值远大于金属实际价值的铸币，各省竞相铸币谋利，最终引发与劣币一样的货币滥发、物价暴涨、民生困苦，终究未能让大清帝国逃脱流动性陷阱的惩罚。可见，若堵住这个信仰诱惑或者"信仰缺口"，最终需要科学技术的提高，因此，"不叫我们遇见试探"（太6：13）的祈祷词，从货币的角度看，靠的还是信仰提高及其后产生的技术进步。

第二部分包括元朝的丝钞、金朝的纸币，明清钞票和民国法币在内的钞票史。纸币与金属铸币相比成本非常低的优势，是纸币产生的根源和推广的动力，例如，纸币最早是作为汇兑的"飞钱"、笨重量大铸币的细化代表即"交子"出现的，这决定了纸币史的特点：虽然还是延续"以物易物"的铸币特点——与本钞为丝织品、各类金属的其它货币相比，纸钞自身的价值极低且更不宜长期储存，客观上阻止了"劣币逐良币"的可能，也容易形成"纸币逐铸币"的现象，例如金朝时期就是如此。但纸币发行权的垄断，却使其仍然难免造成流动性泛滥的结局——无信仰、或只有不正确信仰的政府滥发货币，就会如此。可见，纸币对社会信仰的要求并未降低，对执掌货币发行权者的信仰或道德要求更高。杜绝假纸币，提高纸币的造假成本，同样需要技术进步的支持，主要的手段是提高科技门槛，这一点与铸币完全相同，因此，单单从限制假币泛滥从而避免流动性陷阱的角度看，流动性陷阱本质上就是技术发展停滞不前、社会信仰堕落的一种社会表象。从元明清时代的钞、币互换但不并行的历史，体现了专制者有一定的意愿"禁食"，即有一定的意愿控制财政膨胀规模，并未一味依赖所掌握的货币发行权，以济财政之急。但货币流动性是社会信仰的表现，具有不可逆转的规律性。例如，该时期实行纸钞、丝钞，都是因为金属（铜）数量的限制不得已而为之，本质上都还是被科技水平局限。钞票制度实行后，都发生了印造无数、钞价下落的流动性泛滥。但是，元朝为此采用"实钞法"（即为维持钞票价值稳定而将钞票与铜钱挂钩）、明朝为此以税的方式回收销毁……然后代之以金属铸币，试图利用金属的有限性抑制货币泛滥。这样的轮换，因朝代采用的时机不同，而发生了不同的历史效果，但都或多或少地延长了朝代的寿命，更显示了这时的社会信仰与之前的时代已有极大的不同。

按照是否直接陷入流动性陷阱直至死亡，或者按照信仰运动的轨迹，整个迄今为止的中国历史，明显被分为两大历史阶段，并以此为信仰学理论提供了详实的历史事实证据。

从有记载的中国上古时期，至蒙古帝国统治中国，是中国历史的第一阶段。该阶段的主要特征是，中国社会信仰处于没有正确信仰包含在其中的不正确信仰控制中。远古的中国社会，崇拜土地、鸟、石头、女娲等等，是典型的不正确信仰社会，但决非是一个无神论统治下的无信仰社会。前面我们已经讨论过，这种不正确社会信仰属于"母子信仰体系"，它的最大特点就是会不断地分裂——象一个狮群分裂成为众多的小狮群、各有自己的领地范围。这种信仰上的分裂，这时只有两个结果：一个是换了狮王的新的不正确信仰，如原来信奉女娲的人群，改信黄帝、玉皇大帝，原来信奉黄帝的地区改信关公等等；另一个就是无神论或唯物论思想。如东汉的王充、南朝的范缜为代表的无神论思想潮流。这样的社会信仰分化过程，导致这个时期的中国社会，寿命逐渐缩短——从夏商周的普遍五百年以上，到汉代以下普遍只有百年左右；其上国家的各国国土面积，逐渐缩小，或者，中国区域上的国家、政权的数量逐渐增多——从东周列国开始，中间虽有汉朝、唐朝等几个时间长且国土面积大的时期，但并不能改变这段历史的主流仍处于众多持续时间短、国土面积小的王朝并立的状态。如，著名的东周列国时期、三国时期、十六国时代、南北朝时期、五代十国时期等等。可见该历史时期内，中国社会整体信仰处在一种持续性的堕落、僵化的发展状态中——无法适应和容忍财税的更小波动，造成其寿命更加缩短，其中，最贪婪和无神论的社会政权灭亡前，大都陷入流动性陷阱，物价升腾，而快速死亡，如前面我们讨论到的金朝。蒙古帝国统治下的元朝，由于当政者不限制信仰自由，中国社会的旧信仰状况未受影响。但是，蒙古帝国对中国的统一，严重打击了中国社会中占据主流地位的信仰者的势力，客观上平衡了全社会的各种信仰势力，为后来中国的各种社会信仰均衡发展，铺平了道路。

第二阶段从明清开始至今。该历史时期最大的特点是，正确信仰进入到中国社会信仰体系中来——中国社会从此也开始了正确信仰发展的教科书一样标准的发展历程。先看中国社会中的正确信仰部分。自方济各•沙勿略（Francisco Javier，1506——1552）1549年决定到中国传教，并于1551年12月抵广东上川岛开始，历经400年至1949年，《圣经》和其中的正确信仰，如《圣经》中所讲的那一粒"芥菜种"（太13：31-32）一样在中国大地上种下、生根、成长；也如《圣经》中的以色列人在埃及400年一样，正确信仰如期成熟并且离开——中华民国政府于1949年带领大量有正确信仰的人们离开中国大陆，并象《圣经》中的以色列人出埃及一样来到台湾；然后，也如《圣经》中的以色列人在埃及旷野40年的忍耐、等待期后到达"应许之地"一样，台湾人或者台湾社会，在台湾这个"埃及旷野"中顺利迎来自己的应许之

163

地——一个民主的新台湾社会！台湾社会正确信仰的结果——与《圣经》中堕落的以色列人不一样，信仰持续上升的台湾人，1949 年之后的第 40 年（1988 年），如约迎来了民主、自由、平等的美好社会形态，彻底避开了专制、独裁社会的信仰陷阱。再看中国大陆——对于台湾社会的正确信仰来讲，这里就是《圣经》中让以色列人受苦的法老埃及之地，中华民国在大陆的时代，就是《圣经》中埃及法老对以色列人出走进行的最后阻止的时期。近代的中国内战结果（共产党战胜国民党），是中国社会中不正确信仰、特别是无信仰力量占据社会主导力量的社会信仰现实的必然反映。需要说明的是，按照历史记载，"景教"应是中国最早的基督教分支，但"景教"未给中国社会带来全译本的《圣经》，其极力中国化的结果，传播的成效与中国道教一样，传播的内容也是传播者自己对别人的吩咐且在语言、文字上与道教难以区分，又无《圣经》原文可以让人们作对照、鉴别，属于彻底的不正确信仰。因此，虽有过唐朝政府的极力保护，但也只存在了几百年后彻底消失。"景教"与明清至民国时期有方济各-沙勿略、利玛窦等一脉相承传来的中国基督教相比，后者有大量的全译本《圣经》流传社会，始终独立且受到了较好的保护，未受到强力阻挡——完整的《圣经》，比任何传教士更重要，正如经文"若不听摩西和先知的话，就是有一个从死里复活的，他们也是不听"（路 16：31）告诉人们，《圣经》经文改变人的信仰的能力、功用远远超过任何人，包括从死里复活的人，当然也包括所有的传教士。因此，明清民国时期，包括景教在内的中国社会的不正确信仰，由于《圣经》带来的正确信仰的融入，才彻底改变了整个社会信仰的结构。得益于此，明清两朝，才会在货币流动性陷阱问题上有所处理并有些成效——钞、币分开不并行，轮流的结果在一定程度上解决了流动性不足和过剩这一对矛盾所产生的社会控制难题；明朝最后废钞，两朝最后都自愿将流动性控制交给有一定自动控制功能的铸币手中，既是出现了铜钱不足用的问题也都辅以银，社会未爆发如金朝时那样严重的滥发纸币问题。这是明清两朝寿命较长的根源。而民国时期，随着大陆社会中正确信仰外的其他信仰整体更加堕落（即任何信仰者、传统文化的道德继承者，都更加无法信守自己的信仰或者道德誓言），流动性陷阱再度袭来，法币暴跌，在大量正确信仰者出走台湾地区后，中国大陆社会进入到更加彻底的无神论社会信仰新时代，并延续至今——这一方面可以看作为中国不正确信仰堕落历史的继续或者深化，另一方面，也预示着未来中国（2019 年之后）将继续分裂，重现历史上多国并列的局面。作为一名中国人，但愿其中有更多类似台湾社会那样的地区得以尽早出现，毕竟，中国大陆的"文革"时代，在客观上起到了与元朝类似的历史作用——"文革"将包括基督教和《圣经》在内的一切信仰、传统道德体系及其有关的书籍、文物古迹等统统焚毁、消灭，客观上为各种宗教、信仰、文化的重新传播打下了一个新的公平起点，为 1978 年后基督教、特别是《圣经》在中国社会中迅速流行奠定基础；让中国领域内出现一个或几个以基督徒为主、奉《圣经》为唯一信仰典籍的地区的希冀，并非奢望。

最后，简单看一下流动性陷阱中超额货币的源头和货币扩散路径。

从中国历史上看，形成流动性陷阱的货币源头，包括来自民间的肆无忌惮的海量劣质铸币，和来自政府滥发的铸币（如清末）、纸币（如金朝末期）。这是一类容易被人们看清的货币泛滥。另一类比较隐蔽，那就是现代中国。1978 年之后，中国政府采取了通过国有金融机构大肆向社会注入流动性的做法：国有金融机构按照政府指示向商业机构注入流动性，后者给政府提供财税收入，这不会是导致流动性陷阱必然出现的问题。问题发生在后面的环节中，即，中国政府为国有金融机构的坏账全部买单！简化上述的所有过程，结果最终就是中国政府的全部财税收入数量完全依赖于自己发行的货币数量——金融机构向本来根本不可能提供丝毫财税收入的商业机构（如僵尸国企）继续注入流动性，如常见的以新还旧、延期、还息增发贷款等等贷款支持方式，从而保证了这些商业机构可以继续向政府交税，保证了中国政府财税收入；而因此在金融机构中形成的坏账，中国政府完全予以弥补。在经济环境好的时候，上述做法具有极大的欺骗性：商业机构盈利情况整体良好，真实的坏账数量并不十分突出，政府财税收入在流动性增大时，增长极快，因为这时的税源会额外增加很多——新增贷款催生了更多的新生企业，而不是市场经济体按照市场规律按部就班地那样发生经济"过热"！这个结果，会打开人类的贪欲，诱惑人们增加货币供应，让流动性更充分。在中国，这个时期的大量外资涌入，加深了这种局面；但这个过程若要能够持续下去，恰好也需要更大的贪欲才可以：大量的新生物质财富，要找到它们的"对价物"形式以便储存下来。因此，生产型或者制造型的社会，这时需要合适的出口市场做基础，这就让超发的货币进入到世界市场中，形成了世界型的流动性陷阱的源头。同时，也让我们发现，在非生产型社会中，上述过程可以简化掉，直接来到有被认为是

"商品对价物"的货币量骤然且持续地增加的阶段，正如《圣经》中记载的、所罗门时代"天量"金银持续进入到以色列社会那样。我们从这里开始可以将二者一起放在下面进行讨论。1978 年后的中国社会，这时所迎来的与所罗门时代的以色列社会不同，不是持续而海量的金银等贵金属，而是持续而海量的美元或者外汇储备。此后，当全球已有技术扩散过程逐渐结束而新技术数量不足时——所罗门时代的以色列社会这时正处于更直白、更简单的根本就没有任何新科学技术诞生的时代，就出现了前面所说的财税收入实际完全是自己增发的货币的情况。从前面讨论过的所罗门时代的以色列社会的财税开支状况看，这时在以色列已经几乎完全依赖直接由境外运来的金银，我们也应该很清楚，现在的中国财政，其实已经在极度依赖、大量消耗中国的美元储备了。至此，我们必须再一次将所罗门时代的以色列社会与现代的中国社会分开——现代中国社会是靠制造业融入世界市场，而所罗门时代的以色列并无外部市场。中国社会中，这时的商业环境恶化，投资回报低，社会和自然生态环境差。只有围绕着货币发行权的社会空间，才有投资的价值——即官商勾结是唯一有回报保证的投资策略，与中国在 1978 年刚开放时一样——那时，只有围绕在世界的流动性陷阱源头的中国的周围，才是赚钱的好去处，所谓"金砖四国"之首的称谓名副其实！如此，大量的外资、和普通的民间资金出现外逃，加剧中国的外汇储备窘境——最迟至外汇储备不足以满足进口需要时，这个社会就要解体。所以，从投资的角度讲，在当代中国这样的、与外部世界连接在一起的流动性陷阱发威前，投资于粮食、食用油等最基本生活物资领域，是最佳的投资方式——而不是当下在中国最热门的房地产投资，特别是结合中国社会的粮食安全对外依赖程度的数据来讲更是如此；而在孤立环境中的流动性陷阱环境下，却非如此，如当今世界性的流动性陷阱，以及《圣经》中所罗门时代的以色列社会环境中。

三、导出信仰运动基本公式的要件：信仰的理性和其它理性

在本章节我们将讨论，所有的理性都只是算法或者优化算法。理性的正确与否、有效与否，最终取决于其算法所在的数字符号世界的规律。信仰理性也因此取决于信仰所给出的数字世界是否完全符合真实数字世界的规律——正确信仰的一个判断标准，就是正确信仰所在的理性（即算法）可以揭示、或者给出了所有信仰共同使用的数字符号世界中的唯一正确规律。

第一小节：信仰系统

在本章节讨论开始的时候，我们已经看到过，从逻辑上讲，生物进化的环境中，是不需要信仰的，或者说没有信仰存在的可能——环境中的所有个体成员或群体，都只表现出各自的习性、本能或生命、生存规律，呈现出严格的节律和稳定的秩序。信仰是相对于环境变化的静止和独立，只能在超越生物进化的环境变化中才展现出来。因此，从人类稳定不动的角度看，信仰就是改天换地，是无数个人类起源的那个生物进化环境彻底消失、死亡后再起源的总和，一个有信仰的人的生命相当于无数个生物进化过程中所产生的所有人的生命周期的总和。这样看来，信仰之下，在一个固定的环境——如一个生物进化开始和稳定的环境中，可以容纳无数的习性、本能、规律和秩序，且都并无好坏、高低之分。它们都是象环境选择或适者生存造就出的合适的各种生物生命形式或各种地质地貌、气候状况一样的事物。如此，我们不难知道，所有宗教典籍中的律法、规则、戒律、仪式等等规则，无论多么繁琐、无微不至，也都只能让遵守者养成一个"习性"——规则、戒律、仪式越多，培养习性时越方便，培养出的习性越突出、越醒目、越与众不同。但仅此而已。即信仰者完全按照那些律法、戒律、仪式等去做——如按照宗教典籍中记载的不可吃某种食物的规定、怎样祭祀的规定、怎样祷告的规定、怎样穿戴的规定、怎样对待仇敌的规定等等去做了，充其量，他也只是达成了信仰所要求的"习性"或习惯。即让信仰或某种意识形态、信息来主导、贯穿于个人生活的所有领域的一种习性。这种习性只能让信仰者可以在典籍中所描绘的特定的环境中生存，就像动植物适应一个自然环境生存下来后所养成的一种习性，象一个守财奴养成了时时刻刻、事事处处、从家里到家外、从思维到语言到行动始终把钱财放在首位的习惯一样，但他还不是一个合格的信仰者或者不是一个真正的有正确信仰者！

至此，我们讨论的信仰的体系还只有信仰即信息、有信仰的习性或节律性特征。也就是说，我们现在只有两个东西：一个是可以相信的信息、一个是有信仰者就要达到一个什么样的标准——让信仰渗透到生命存在的所有部分，成为象习性、本能或生活规律、生命规律一样自然的

事物。现在，我们还并不知道"习性"、"本能"或"规律"中有什么具体的内容，不知道面对不同的具体环境应该怎样具体思考、怎样具体行动、怎样具体生活——即缺少可以指导具体直接行为的规律性、知识性内容。这些知识和内容，是可以适用于任何环境的通行、共用的规律性知识，也就是可反复应用的科学知识和制定行为规则的规则，而不是只可以适用于一种特定环境或场景中的行为规则或者思维方式——就象上面我们提到的各种宗教典籍中所记载的各种戒律、仪式那样。一个只能按照宗教典籍中具体的律法、仪式等规定生活的个人或群体，他或他们还完全缺失面对各种现实生活、适应各种现实环境，或可用来解释历史现象、或用来认识未知世界及预测未来世界的信仰知识。即缺少可以表述与信仰具体内容有关的无数个"习性"的知识、规律或科学。没有这种信仰的知识和科学，信仰者在离开典籍所设定的环境后，就要么不知所措、无所适从，要么固守原来环境中有效的旧习性、旧技巧。如此，他必与进化环境中的生物相似，"各人都成了畜类，毫无知识"（耶 10:14）他后来的结局，就必与一个生存在适宜环境中或离开适宜环境后的动植物一样，都要在变化后的环境中被杀死，无法安享应有的生命周期，正如经上所说："我的民因无知识而灭亡。"（何 4:6）神的民之所以被灭亡，不是因为他们无信仰，而是因为他们不知道如何在各种现实生活环境中思维和行动的知识，缺少可以指导具体行动和思维的信仰知识。信仰知识不是宗教典籍中的诫命、仪式、律法条文，而是信仰能让人类发现的或者记载于信仰典籍中所隐藏的知识或科学，具有决定性的现实生活意义，"我也以我的灵充满了他，使他有智慧，有聪明，有知识，能作各样的工。"（出 31:3），对于自然环境来讲，信仰知识就是自然科学知识；同样，在任何的社会环境和群体环境中，有信仰者们的行为规则就是按照简单多数原则所制定出的、他（她）们自己认为最合适的行为方式，这个原则运用于有正确信仰者占多数的社会中，就是民主立法或民主社会制度，大家以严格守法而显示出自己形成了信仰习性、本能或习惯。如此，科学和法律，是传播信仰的两大根本途径，是信仰的两大见证，"他们就是那两棵橄榄树，两个灯台，立在世界之主面前的。"（启 11:4）——人世间所有的教会、所有的教堂等等传统的信仰传播中枢中的传统信仰传播方式，将来要让位给科学和法律；科学和法律作为确立信仰、传播信仰和帮助信仰成长关键力量的时代，未来要长达 1260 年，记在经文"我要使我那两个见证人，穿着毛衣，传道一千二百六十天。"（启 11:2）中。

信仰既然是人类可以应对任何外部环境的能力来源，信仰的知识就必然涵盖除自身信仰之外的所有领域或整个宇宙，是无限的。因此，从信仰的角度讲，除了个人信仰领域之外，所有的被造物（包括人类的身体）都归于统一的自然科学规律之下——《圣经》中一开篇就确立下的宇宙创造论之下。但其中的各领域或小宇宙中，知识或科学却都是有限的：其中，在人类居住和可感知的小宇宙物质世界领域中，量子物理学理论已经十分接近于知识的终点；与个人有关的人类的群体或社会领域，也是这样的一个有限知识领域，都归于统一的社会科学规律之下，就是《圣经》中包含的能够反映社会信仰发展变化规律的信仰学、或者社会经济学或社会货币学理论：如，货币因有自己的生命规律，就像地质变迁、气候变化、动植物的生命节律一样，在信仰变化与自己相似的社会环境中，通过货币运动的生死周期规律给我们标示出社会（包括国际社会）的历史变迁规律；在有正确信仰的以色列类型社会（包括国际社会）中，通过货币运动的退出（即衰老、死亡）规律，反映出社会退出和消亡的规律。以上社会知识，指导人们理解社会历史、认清和把握现代世界及其走向、知晓社会未来，帮助信仰者坚定信仰、不断提高信仰水平。

对于个人信仰，因为人们无法选择环境，所以相同信仰水平的人，会有不同的寿命、境遇、习惯、技能和生活状态，从个人的角度看，这就是一种宿命。反过来，从环境的角度看，环境无法改变人的信仰，无法选择人，也就无法给予相同信仰水平的人一个相同的命运和表现形式，如相同的财富、成就、寿命、身高等等。环境——如古代或现代的各个国家、地区、社会；再如，各个时代的各种不同自然生态环境，和在环境中的表现（结果）——如寿命、地位、财富等等，是信仰领域中考察信仰水平的两个决定性因素，是决定一个人信仰生命的两个秉性，就象不确定性原理（uncertainty principle）所证明的那样，二者不可同时被确定。因此，我们无法用所观察到的任何现象如一个人的性别、身高、肤色、文化程度、财富、成就、寿命、子女、配偶等等情况来衡量一个人的信仰水平，这是一个隐秘的、只载于"生命册"（启 20:11）中到末日才公开的一个不属于人类科学可以考察清楚的领域，但我们照样可以依据科学对此有感知。

综上，一个信仰或正确信仰的系统由以下有 3 部分组成：作为信仰本身的信息；养成信仰者信仰习性的规则、诫命、律法体系；信仰知识。在这个世界上，唯有一本书中存在这样的一个完整信仰系统，再没有任何的其它宗教典籍可以做到这一点——这唯一的典籍就是《圣经》。下面，我们对信仰系统的各组成部分，进行简单的讨论。

（一）、正确信仰的特点。

信仰只是一个信息或消息，非常简单、明了。在《圣经》中，这个信息就是：宇宙万物都是一个至高的造物主所创造的。相信这个信息者，就是一个相信《圣经》的信仰者。

正确信仰的信息只可选择，作出"信"与"不信"的选择结果，无法也不能作出科学或逻辑上的判断、研究和分析、认知，自然也不可用定理、公式等科学手段进行定性或定量描述。所以，从逻辑上判断一个人或一个社会的信仰种类，并不难。如，相信宇宙被多个神创造、掌控的信仰者，与《圣经》信仰明显不同。从科学和逻辑上判断多神论的错误，非常简单，如多神在各自的起源顺序、大小、地位高低、能力来源或区间管理等问题的解释上，必然形成一个用科学或逻辑表达的分析、研究结果，让信仰的信息成为科学研究结论中的一部分，而进入到科学范畴，并非《圣经》信仰中的那种超越科学的信仰范畴，只相当于《圣经》中的信仰知识的一部分。但信仰在相近种类，如，虽然都承认宇宙同一起源的信息，但事实上并不相同，或名义上的一神论、事实上的一种多神论的区分上，却要复杂的很多。

首先，正确信仰中的一神论，神是绝对的不可知，即哲学意义上的不可知，科学更无能为力。错误的一神论信仰中，信仰信息中的神却是哲学上可知、一定阶段中的科学或现实中不可知的，即可以被未来科学发展所打破的一种偶像或迷信。

中国传统文化中的道家思想认为，"道"生万物（《道德经》第 42 章），与《圣经》中的神创造万物的信息在逻辑上几无差别。但是，道家思想认为"道"就只是宇宙万物的集合或箱子，即"道冲"（道似一个器皿）（《道德经》第 4 章）；同时，"道"又为一个整体且不可分的"无"（《道德经》第四十章"天下万物生于有，有生于无"），那么有其而生的万物，自然无论如何也是不可能归于"道"之中的。如此，"道"就是一个承载着万物的固定环境，其中的万物按照环境选择的各自规律运行、循环、生生死死。所以，道家的思想是顺从环境规律，适应环境选择的要求，通过顺从"道"作为"成道"、"得道"而存在。可见，"道"是应可控制的，或能够被未来的科学规律所描述的事物。整部《道德经》，就是一个包括自然、社会、历史和个人等众多小环境在内的一个生存大环境，只相当于进化论中的一个特定进化环境而已，本质上就是一个典型的达尔文环境；《道德经》中的"道"，就是进化论揭示出的"环境选择"规律——万物由此而生，又都归于此，环境选择造就并支配了一切。因此，任何一个以中国道家思想为社会意识形态的国家，其货币运动轨迹中必然要留下左闭合货币运动轨迹的影子，也必定是一个专制社会。

其次，承认一神论，同时又将财富、权力、欲望、民望、科技知识和科学成就等等事物，看作是人生中至关重要的，成为事实上的多神论。这方面的例子非常多，我们简单列举几个社会领域中的典型例子。

例如，信神的以色列人，同时相信摩西律法不可改变，将遵守祭祀、安息日等所有律法规定等同于信仰神，出现了法律至上、用法律来配神的信仰错误。《圣经》中反复指责这种"败坏"了的信仰，如"耶和华说：'你们所献的许多祭物与我何益呢？公绵羊的燔祭和肥畜的脂油，我已经够了；公牛的血，羊羔的血，公山羊的血，我都不喜悦。你们来朝见我，谁向你们讨这些，使你们践踏我的院宇呢？你们不要再献虚浮的供物。香品是我所憎恶的；月朔和安息日，并宣召的大会，也是我所憎恶的；作罪孽又守严肃会，我也不能容忍。你们的月朔和节期，我心里恨恶，我都以为麻烦；我担当，便不耐烦。你们举手祷告，我必遮眼不看；就是你们多多地祈祷，我也不听。'"（赛 1:11-15）现实世界中，存在着大量的崇拜法律、信仰法律超过对神的信仰的人，他们却从不认为自己是无神论者或从不承认自己不信仰神，但他们确实是他们自己所否认的那种人。一个最明显的例子是，很多人认为通过国际协议这种法律途径，可以实现约束一个专制社会或国家最终成为一个负责任的"大国"，促进专制国家的经济与世界经济一体化，热衷于在国际社会中反复谈判争取更多的专制社会加入到一个或一系列的国际协议架构中去。这些人及其行为，把改变一个社会的轨迹或行为模式的力量来源赋予给法律，是法律至上而非神至高无上的伪信仰者或信仰败坏者，彻底忘记或背叛了只有信仰才能改变社会的《圣经》原则。

民主或顺应民意，是神对以色列类型社会的基本要求，但是，将民主和民意奉为至上，却是用人配神的错误信仰。《圣经》中，民主和民意只是社会信仰水平的检验工具，并非信仰本身或可依赖的磐石。没有正确信仰的民众，其民意只能充满邪恶，这些民意若制成法律的话，也是恶法，且因其极容易被诱惑，民意也常常被操纵。在《圣经》中大量记载了神毁灭一整个社会、国家的事件，最大的如大洪水对全人类的毁灭性惩罚，所多玛、蛾摩拉的整体毁灭，以色列社会和国家的消失……现实世界里，希特勒时期的德国、普京时期的俄国，民意、民主和法律，都是支持独裁者的，他们全社会都陷在了对实力、武力、暴力的狂热崇拜中，或人们常常提及的民族主义狂热中，虽然他们都在口头或自以为在内心里信神，事实上他们的信仰却停留在用实力、武力、暴力配神的不正确信仰中，企图用实力、武力、暴力改变社会或世界。而《圣经》中，神应许社会、世界改变的唯一途径是信仰或信仰发展：信仰是让人获得永生的唯一途径，社会的发展规律是由人们的信仰变化所唯一、自动决定的。由此，所谓得民心者得天下、得人才者得天下的观念，并不完全正确：信仰错误者，即使一时得到政权、天下，最后也会很快失败、衰亡，反过来，正确信仰的社会，自然也不能或无需依靠经济实力、武力、暴力对待其他社会。民意不可侍，民主不可靠，二者离开了正确信仰，都逃脱不了死亡的宿命，《圣经》中有启示讲到"你们休要倚靠世人，他鼻孔里不过有气息，他在一切事上可算什么呢？"（赛 2:22），又多次记载"人算什么"（伯 7:17；诗 8:4；诗 144:3），就是对不正确信仰的人群、社会的民意、力量、民主的最直接无视。而《圣经》中有这样的经文："我实在告诉你们：凡妇人所生的，没有一个兴起来大过施洗约翰的；然而天国里最小的比他还大。"（太 11:11，路 7:28）熟悉《圣经》的读者都知道，这段经文中提到的"施洗约翰"，是个先知，按照我们前面讨论的结果，已经知道以色列先知代表或比喻的含义就是民主和民众。因此，这段经文的真实含义就非常清楚了：离开正确信仰，单靠或只有民主和民众，是进不了天国的，虽然民主社会和民众是人世间最"大"最"好"的，也仅此而已。《圣经》中，人类社会的生命或"血"，是社会公权力。因此，民意、民主的界限也应到此为止。或者说，民意、民主不可侵袭、推翻公权力。否则，就意味着一个社会的彻底改变或"死亡"。例如，在民主、法治、三权分立、相互制衡的社会中，一个法案或一个全民公决的事项，绝对不能超越司法权和行政权的审查或制衡，原因就在于这种审查和制衡，是在先民意的选择，现在和将来的制衡只不过是民意连续性和民众守约的体现。谁沉湎于民主、民意或民众，而忘却了正确信仰，忘却了民主的权力来自神的赐予，受正确信仰的全面约束，他必在利用狂热的民众要求或自私的民族主义时被其彻底葬送。无神论者的马克思主义者如此（煽动并利用民意），阿道夫·希特勒如此（依仗民意支持），任何后来者也将如此。

同样，崇拜神造的物质，将神赋予物质领域的物质生产规律和商业流通规律等视为"圣灵"，把依照物质规律取得物质财富视为至高或等同于信仰神，也是败坏或不坚定的信仰。《圣经》中也直接给出了这种信仰的结果。如，"财主进天国是难的。我又告诉你们：骆驼穿过针的眼，比财主进神的国还容易呢！"（太 19:24、可 17:24、路 18:24）。主要有这种信仰的人组成的社会，其结局也与《圣经》中那个被惩罚了的以色列社会无二。现实世界中，西方显然知道经济对一个国家的重要性，也常常通过经济制裁的方式惩罚不合作者或敌人，但是，那种认为通过经济、技术合作和贸易接触，通过给胡萝卜的方式，可以促进一个国家改进其人权状况和更加民主化，显然就是犯了信仰上的错误：过高地估计或看中物质、经济的能力，对物质的崇拜超过了对神的信仰，忘记了促进专制社会民主化的根本只在于促成专制社会中的人们信仰的改变、树立正确信仰的《圣经》原则。因此，西方应始终坚持文化、信仰的接触优先原则，在未能有效改变专制社会中民众的信仰，或者没有建立起可以持续、有效的传播正确信仰的途径和取得其它保证之前，决不应当率先实现贸易接触。任何人妄想通过类似贸易、技术交流和接触产生促进专制社会转型的效果，甚至更极端地认为穷国没有实行民主的条件和可能，到头来，受损最大的必是他们自己和他们所在的社会和国家。当今世界中的中国，就是一个最明显的例子，WTO和之前西方国家给予的贸易最惠国待遇，中国现在重新成为世界最大经济体之一后，都丝毫没能改变中国社会的性质和其中的人权、民主状况，反倒是西方国家因中国的加入而反复陷入经济、政治、安全危机，更遑论建立起一个造福全人类的国际秩序了，显示出商界作为最大的支持者所作出的中美等外交政策选择的错误——虽然，并不会对人类信仰的进步造成任何实质性影响。

《圣经》中载明，一切权力都来自神、属于神。而人们基于此，把信奉权力、追逐权力、顺从权力当作顺从神来对待，就彻底陷入了以权力配神的错误之中。现实中，有很多声称信仰神的人们，在与专制社会、国家打交道时，如在那里投资经商时，喜欢与专制社会中的掌权者交往，给其贿赂以换取最大的经济利益，在权力庇护下的开办血汗工厂、制造环境污染、侵犯他人的知识产权、帮助专制者鼓吹或隐匿专制者需要的信息……顺从撒旦的权力早已远离了顺从神，是在向死亡自投罗网，何来正确信仰？一个社会中，政府权力是否受法律限制，让社会中具有不同背景的商业组织处境大不相同：例如，中国公司可以借助政府力量，赶出或限制外国公司在中国市场中的行动，同时它自己在国外又受到外国法律的严格保护，这让中国公司可以具有真正的全球统治力。造成这一状况的根源只在于西方以错误地方式与一个专制社会合作和接触，无底线地开放甚至鼓励对中国的投资。《圣经》中还用埃及、亚述等社会所遭受的惩罚来表明这种错误信仰社会的结局。历史和现实世界中，希特勒的德国、普京的俄国等都宣称自己信神，但他们显然更看重和享受权力，更喜欢使用武力、暴力和策略对待其他社会和其他人，他们和他们的社会，也已覆或必覆《圣经》中的埃及社会、亚述社会受惩罚的旧辙，成就神对埃及、亚述社会的所有预言。

把人体的欲望如"食""色"当作人的本性或神所赋予的天性，予以顺从或崇拜，甚至直接将这种顺从当成是对神的顺从和崇拜，是以性配神或以人配神的错误信仰。人的本性处于自然法的控制之中，永远逃不出生命、生理科学等科学规律的范畴。但本性同时也是社会性：没有社会的存在，"食"的欲望早已无法从自然环境中简单地、轻易的得到满足，伊甸园早已离开人类！"色"的欲望要得到满足，就更离不开他人和社会了，比"食"更依赖社会的存在。因此，自然法之外的"食"、"色"，决定和控制着自然法之内的"食""色"，后者的短暂存在和延续，是为找寻前者而预留的机会或恩赐。把人性作为最高追求，和信奉物质规律的唯物主义、科学至上思想在逻辑上其实都完全一致，也与把商业、财富规律视为至高的崇拜财富者的信仰在逻辑上完全相同。从《圣经》中的信仰角度来看，一切被造物，包括整个物质世界及其规律（科学规律或技术）、文化或各种意识形态、权力（社会）、人性（欲望和生理上的物质需要）等等，都只是伴随着正确信仰的确立、坚定过程而产生存在价值或起作用的：人类从进入"千禧年"后，就进入了一个自动进入天国的过程，基督亲自做王的时代开始后，科学技术革命的爆发就连续进行，技术的飞速发展，彻底实现人类不再为吃什么、穿什么而操心。

（二）、养成信仰习性的规律。

信仰习性是习惯或定势的一种。形成任何习惯或定势的任何途径，都是养成信仰习性的途径。因此，信仰习性的养成方式无数，没有人可以完全罗列出来且无必要。养成信仰习性的规律，就是最有效地养成最稳定的信仰习性的方式及其运用的规律。每个人对适合自己的方式进行不同的选择，只要能够养成信仰习惯就无好坏、对错之分。对于群体或社会来讲，从无数的可选方式中确定众人共同的选择，最可行的方式是否定法或剔除法——即把大家都不选择的方式固定下来，以协议或法律等形式明确剔除出去，然后大家就可以自由行动。《圣经》中的律法，重现了上述过程。下面我们通过具体的例子去看一下。

性欲或与性欲有关的个人生活领域中的事物，如性生活、遗精、月经等，在《圣经》的律法书中，被定义为"不洁净事物"，但奸淫被定义为犯罪（参见利：11、12、13、14、15）。奸淫罪可以出自、源自性欲。《圣经》中，耶稣基督用一句"凡看见妇女就动淫念的，这人心里已经与她犯奸淫了。"（太 5:28）指明了从性欲到淫念（奸淫）即从不洁净到犯罪的过程一直处于个人主观控制之下的本质。如此，除非对不洁净（性欲）进行管治，个人可能会陷入淫念（沉湎于性欲等被性欲控制）、淫行（对具体对象动淫念或实施奸淫行为）的改变信仰习性、败坏自己的信仰的罪恶之中。而对犯罪所做的处理、处置，只有奸淫的犯罪（通奸、强奸、鸡奸等）行为，因这已经是病症、病发了——个人信仰已经确定出现败坏的证据和标示。所以，性欲是属于个人事务范围内的无数（可能）正常事物中的一个特定事物，并不是必然或必有的生理性恒常习性（如植物神经控制的心脏跳动、新陈代谢等）——性欲的产生，需要年龄等一定的"环境性"条件的成就，并不必然成为个人习性或习惯，进而危及信仰习性或习惯的形成。不洁净事物如性欲，对于可能危及信仰习性来讲是罪伏在门口的一种潜在性事物，类似疾病的一个诱因潜伏下来，它本身不是病也未让人发病，并且也不一定肯定会让某人发病，因为其它的必要条件——如免疫力下降的个人环境条件还未成就，甚至对特定的个人来讲也许根本就无法成就。因此，性欲不洁净的律法，是剔除式的否定立法，它从大家公认的、信仰习性不容易养成（最有可能干扰信仰习性的养成）的个人环境领域中挑选出来成为法律规则，反映出特定环境中特定人群的信仰水平。当沉湎性欲等被性欲控制的不洁净去靠近婚姻等洁净事物时，就演化、蜕变成为罪，危害他人和群体、社会，需要进行惩处。所以，不洁净事物最大的危害是可能动摇、败坏个人信仰；犯罪是社会信仰中的不洁净事物，最大危害是可能败坏社会信仰。反过来，达到一定信仰水平的个人和社会，会消灭这种信仰上的不洁净——个人，会自然避免其成为自己的一种习性和习惯（而不是丧失性欲或禁欲）；社会，会自动维护、自我修复信仰水平（而不是彻底消灭了犯罪现象）。

摩西律法中的食物律法部分，被列入不洁净食物之列的，常常在其他文化和社会中被作为美味来对待，如猪肉在中国的大部分地区就是如此。食物律法指明了人类对食物的过分关注，可能诱发对神的信仰的动摇和背离。如，人是靠食物活着的观念、或"食色性也"、"人是铁，饭是钢"等观念，由崇拜食物成为各种犯罪的直接诱因。至《新约》中，上述关系被指明："耶稣说：'经上记着大卫和跟从他的人饥饿之时所做的事，你们没有念过吗？他怎么进了神的殿，吃了陈设饼，这饼不是他和跟从他的人可以吃得，惟独祭司才可以吃。'你们若明白，就不将无罪的当作有罪的了。"（太 12:3-7）。食物律法、安息日律法等等，都是阻止不洁净事物动摇正确信仰、进而蔓延到犯罪的一道隔离墙：食物律法让人避免崇拜物质的不正确信仰（而不是禁止人们进食）、安息日律法让人摆脱对人类自身劳动、能力的崇拜（而不是让人们放弃工作）……整体来看《圣经》中规定的不洁净食物和行为种类，不难发现具有一下的共同特点：1）容易按照人的欲望或想法被改变、被利用。如"猪"这种动物，在繁殖、肉质等产品品质、生长速度（或产品供应量）、生存环境限制（或生产场地等条件限制）等方面，都比以牛羊等没有被列入不洁净食物的动物之列的，具备更容易被改变、改良的特点。"鹰、雕"类被列入不洁净雀鸟范围的，也具有比其它未被列入不洁净之列的雀鸟如麻雀等，具有容易被驯化的特点——吸引人们将其驯化为优秀的狩猎工具等。2）相较洁净事物，具有更方便、更简单、更直接满足人的欲望或更引人关注，也因此更令人被其吸引的特点。如手淫、遗精、月经等被列入不洁净事物：手淫和遗精，与婚姻（洁净事物）相比，在满足人的性欲方面，具有更方便、更简单的特点；而月经则比婚姻或生育更早地被人体验和关注，且更自动性地连续持久地存在；妇女生产也是特别引人关注、自然产生强烈体验效果的事物，且母亲对后代从小开始的信仰选择有重要影响，需要特别予以提醒。再如，地上"爬物"当中被列入不洁净事物范围的，都是日常生活中最常见、因而也是最引人关注的一类。这些事物统统都具备诱惑人类个人信仰的条件和机会，可能产生让人们沉溺其中或过度关注，是特定环境条件下容易导致特定人群（不坚定信仰者）被引向歧途的特定事物。但是，只要人们坚定了对神的唯一信仰，以上的"律法"规则的限制就失效或没有必要了。相反，将这些律法的规定看作是一成不变、永不可摆脱的教条，恰恰陷入了与正确信仰相对立、也是本末倒置的信仰陷阱：将神的律法条款等同于神、甚至高过神，无形中背离了"唯一神"的《圣经》信仰。同时，环境的不断变化，影响人们信仰习性养成的事物也在不断改变。如毒品，可能是当代影响人们信仰习性或习惯养成的更大威胁——其威胁远远超过猪肉、月经、手淫等事物，自然是更应该加以立法限制的；未来，有关毒品的禁止性法律规定，又会象古代不允许吃猪肉的法律退出今天的法律体系一样，也要退出未来某一时代的法律体系……可见，谁不允许任何宗教典籍中的戒律、仪式等律法跟随人们信仰水平和社会环境的变动而变动，谁就是阻止每个人养成信仰习性和提高信仰水平的最大敌人，是犯下了与神对抗的大罪，正如《圣经》中指着这样的人所讲："因为你们走遍洋海陆地，勾引一个人入教，既入了教，却使他作地狱之子，比你们还加倍。"（太 23:15）

从信仰习性养成的过程看，以干预个人的生物、生理的某些特点为起点。法律就是从关注纯属私人领域或个人空间开始的。随着人们信仰习性养成程度的不断提高，法律也自然随之发展和变化，而原来的法律要退出、或失去原来的作用。但是，原来作为习性要求的旧法律，充分发挥其在信仰领域中的作用后，成为正在发生作用的新法律的基础，不应也不能彻底失去规范人们行为的效用，而演化成为"道德"，同时给人们释放出更多的法律自由空间。所以，法律和道德都是连续的，它们的发展、进步所反映的正是信仰习性的养成和巩固程度，是信仰水平连续提高的直接体现。从逻辑上讲，法律和道德在信仰水平达到一定程度后都会彻底退出、消失，人们也将因此获得最大的自由空间直到永远。另外，信仰习性的养成，最初的起源领域完全是位于人类的生物性、生理性领域中，即开始于一个达尔文环境之中，然后在无数个达尔文环境中进行连续地变化，即"天地都废去了，律法的一点一画也不能废去。"（太 5:18）。如此，用货币运动来描述人类的信仰习性养成过程，就是一个左闭合货币运动曲线在无限数量的达尔文环境中连续不断运动、并同时不断缩小至消失所形成的一个闭合空间。任意位置截取一个断面后出现的几何图像，都是社会成员的整体信仰习性养成过程中出现停滞、或者信仰水平停止提高的那个社会中的货币运动形态。这是我们可以将信仰函数使用在正确信仰（右闭合）运动曲线上并将相关结论推广到所有信仰（包括无信仰道德运动）运动曲线中的原因所在，即所有的信仰运动，都可以视为信仰函数直线图案与右闭合信仰运动曲线结合后围绕坐标轴旋转而成的几何区间。如图 3-15 中线段 CM 和 CM'、曲线 L 和 L'，可以被视为同一线段、同一曲线围绕纵坐标轴旋转的结果，我们可以只依据第一象限中的曲线、线段更为方便地进行计算和说明。如图 3-20 中，△OAB 的面积和△OCD 的面积相等，即代表等值信仰水平或者相等数量的财税收入；过信仰函数与等值信仰曲线的交点 P 的直线 CD，是信仰等值曲线在点 P 位置的切线，线段 OC 和线段 OD 分别代表此处的货币供应量和财税链；过 P'点的直线 AB 是信仰等值曲线在 P'点处的切线，线段 OA 和 OB 分别代表 P'点处的财税模式中的货币供应量和财税链长　　　　　　　　　　　　　　度　　　　　　　　　　　　　　　　。

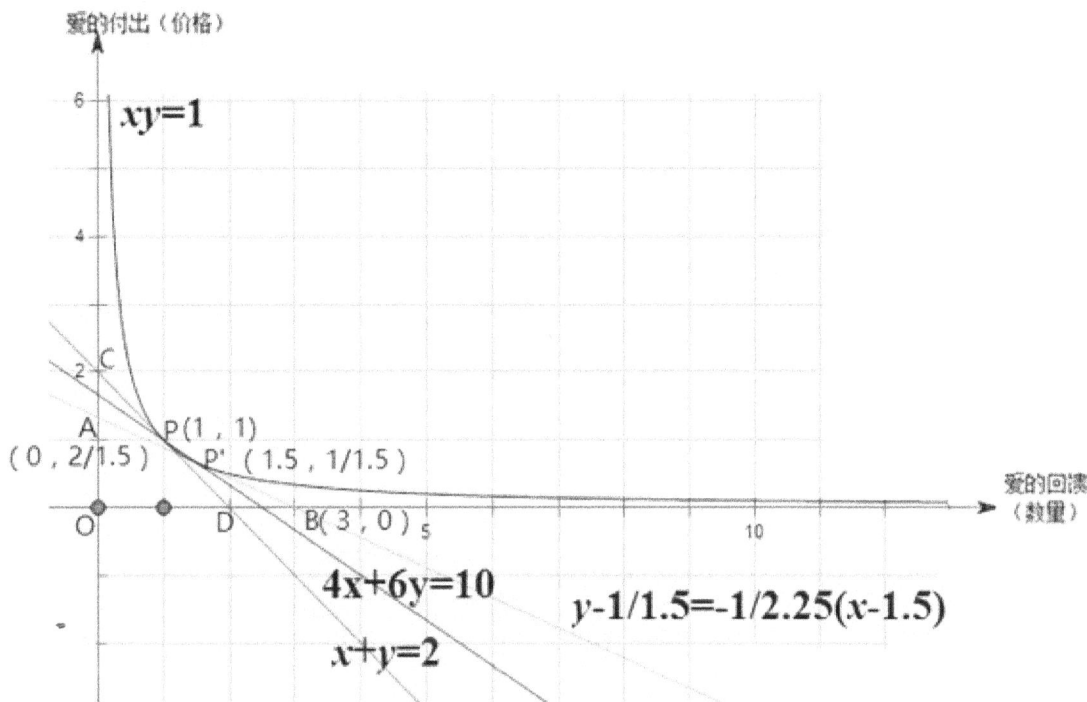

图3-20　信仰函数确定了信仰发展的一个周期所能产生或者消耗掉的科技空间。

图中信仰函数的蓝色直线4x+6y=10与信仰等值曲线xy=1相交于点P、P'，曲线xy=1在点P处的切线x+y=2(图中红色直线)与坐标轴交于D（2，0）和C（0，2），在P'点的切线y-1/1.5=-1/2.25(x-1.5)(图中绿色直线)与坐标轴交于A（0，2/1.5）和B（3，0）

货币供应量从点 A 数量位置上升移动，到点 C 数量位置处，对应着财税链长度从线段 OB 缩短为线段 OD，缩短长度 DB=1，占 P 点财税模式中财税链长度（OD=2）的 1/2。也就是说，当图3-20 中的所有图案，通过围绕纵坐标轴旋转并得出一个非闭合货币运动轨迹图时，这个财税链长度的缩短数值要被扩大一倍——这意味着原来有效的财税链 OD（=2）在货币供应量持续扩大过程中恰好被消耗殆尽，即面临社会崩溃或者有强盛转为衰败的转折点的到来。货币供应量从点 A 位置，沿纵坐标轴轴向上移动，至于点 C 位置止，与信仰发展从点 P'沿信仰曲线移动到点 P 等效，根据前面的讨论结果可知，这个时间是 40 年——这就是图 3-15 背后的信仰学真相。下面，我们还要看一下前面章节中留下的与此有关的问题。有关财税链长度按照等比数列的规律持续缩短的现象，在前面讨论非闭合货币运动时已经简单讨论过。对照着图 3-20 来看，线段 CD 所对应的财税链 OD、及货币供应量 OC，是一个平衡的标准型态的财税模式。这个标准模式，并不以任何具体数量的货币供应、或者以任何具体的财税链长度、税负率为标准，只以货币供应量与财税链长度（固定税费水平下的财税收入）的稳定关系为特征——线段 OD 是相对于货币供应量 OC 的有效财税链；二者比例的波动，代表着经济发展模式或者经济状况的改变。如，OC 的长度增加，意味着货币供应的超常增加，或者流动性的过剩；OD 的增加，意味着货币短缺、流动性紧张。当线段 OC 持续增长时，我们知道财税链 OD 将按照 1/2 等比例出现持续的缩短，对于专制社会中的非闭合货币系统来说，这时的真实财税链长度只有线段 OD 长度的一半，即长度为 1，而有效财税链（人们真实感受到福祉的财税链）只有 1/2。虽然，从数学理论上讲，单纯的财税链长度的持续等比例缩短，并不会最终出现财税链的完全枯竭归零，而图 3-20 中，让我们清楚看到了额外的社会痛苦即非法领域的同时扩大和加深的等比例变化，让这种归零时刻来得有多快——它总共额外提供了 $1/2^{40}$ 长度的财税链的消耗、破坏。反过来，在右闭合货币运动中，有效财税链的长度在货币供应量持续超常规增长时，会无限缩短，但终不至于彻底归零——它总有 $1/2^{N}$（N 为自然数）的长度保留下来，对应着图 3-20 中曲线 xy=1（x>0，y>0）永不会与纵坐标轴相交。在正确信仰成长带来的新科学技术到来后，正是凭借着可能无限缩短的这一小小的有效财税链，和始终未被彻底打破的财税链与货币供应量之间的脆弱平衡，让正确信仰社会的经济立刻可以重拾增长、蓬勃发展。由于信仰函数中社会环境变量（用货币供应量因子表述）和自然环境与科学变量（用财税链长度表述）之间存在着此消彼长的置换关系，因此，通过信仰函数我们可以更加直观的看清楚信仰运动的形态构造。如，正确信仰的个人和社会，带来的是对社会环境更民主、更自由的促进和科学的更快发展，是社会法律秩序环境与科学自然环境的同时进步，让正确信仰的成长形成"两足"运动模式——走向永生方向。无信仰的个人和社会，同时带来社会环境更专制、独裁和自然生态及自然科学研究环境的不断恶化，因此也是"两足"运动模式——但走向与正确信仰发展相反的死亡方向。如，当今中国社会，自 1978 年至今，专制程度不断加深，或者法治水平不断下降，更加不理会国际法与国际社会的监督，同时，中国的生态自然环境更恶化、科学研究领域中投入与成果更不成比例且弥漫着越来越浓重的欺骗气氛，经济发展依赖越来越大的货币供应或者更大规模的货币超发。不正确信仰的个人和社会，要么在促进和维持社会环境进步时，以牺牲自然环境和科学研究的进步为代价，如俄罗斯、巴西、阿根廷、委内瑞拉等社会，维持民主的社会形态或社会环境秩序的同时，经济严重依赖单一产业（石油或者矿石等等），起因就在于其科学创新能力的不足，让其经济产业结构始终无法多样优化。要么在维持自然环境"友好"或者稳定的同时，以牺牲社会环境或者法律秩序为代价。如非洲的一些自然环境一直保持很好、未开发污染的地区，也是以社会环境长期无法改善为代价的——那里充满了贫穷、饥饿和战争，经济无法增长或者无法持续增长，长期的宗教信仰纷争导致无法建立起长期稳定的社会环境秩序。不正确信仰的上述这种"社会环境"与"自然生态、科学环境"不可兼得、兼顾的发展状况，让其成长过程形成了一个典型的"四足"运动模式。另外，信仰函数也让我们看清了人类社会形态发展变动的平滑过程或者一致连续性：社会形态环境作为特定单一时代的、人类处理内部关系的一门技术，与整个人类历史中有关自然环境的知识、智慧和科学相比，是有限和短暂的，因此表述社会形态即图 3-20 中曲线在纵轴方向的长度总体上要比水平数轴方向上的长度短，且作为社会形态变动状况的图 3-3 第三栏中的所有社会形态，是连续又通用的。如作为古希腊历史上的僭主政治、寡头政治，是古希腊民主历史进程中的一环，但整个古希腊民主进程，因为社会信仰的不正确而无法持久，同样的民主进程在现代西方社会中走得更深远也更持久。而无神论的专制社会中，专制、独裁社会制度是这种寡头政治、僭主政治和整个古希腊民主进程的一种泛化和过度应用、或者是一种最蹩脚的政治模仿——例如，当代中国社会中的所谓"社会主义民主"，其中的人民代表大会制度、政治协商制度、公检法司制衡的司法制度、工会制度、媒体和新闻自由制度，在"党管干部"、"坚持党的领导"原则下，统统成为毫无意义的摆设；当党内民主水平高时，这种专制制度充其量就是古希腊历史上的精英民主或者贵族民主的翻版，而在党内民主水平差的时候，这种制度就比典型的僭主政治更恶劣，化为典型的独裁政治了。再如，经济运行中的政策策略也是如此，相比流行于世的"量化宽松"，中国式的经济发展策略法宝"货币肆意超发"，可以简单看作为前者的一种滥用或者过度使用——缺少日常的货币外溢途径形成的社会信仰保护机制，和科学创新造就的彻底退出机会；而前者，是在科技发展较为缓慢时维持经济低速增长、或者避免长期经济负增长的创新式手法——既有常设的驱赶多余流动性外溢避免其冲击的社会信仰机制，又有通过科学创新一次性彻底退出的历史机会。另外，信仰曲线旋转所形成的立体空间，是人类社会秩序存在和持续的时空所在——从水平轴的负方向离开该时空，是单一或者国际社会秩序的崩溃或者死亡；从水平轴的正方离开该时空，是人类社会的消亡，即人类社会阶段的彻底结束。国际社会的历史形态变化也遵循图 3-3 第三栏的连续顺序，即 1688 年前的无正确社会信仰的世界无秩序时代——即"狮型"时期，这个时期的正确信仰代表是"以色列"民族；1689 年至 1933 年的"熊型"时期，是以英国等西方国家按照殖民地等形式分别为寡头或者僭主"统治"世界的时期；1934 年至 2018 年，是以美国和前苏联"双寡头"、以及后来的美国、中国、欧盟和俄罗斯等多极的"贵族民主"或者"精英民主"统领全球的"豹型"时代；2019 年至 3989 年左右，是以印度为领头羊的世界民主社会时代即"无脸兽"时代，国际法的确立与适用情况将与现代西方民主国家国内法的确立与适用模式一样。之后进入"千禧年"时代。更多的分析我们将在第四章中进行。

好了，现在回到信仰养成的讨论中来。在左闭合货币运动曲线围绕纵数轴旋转的截面图中有两条不连续的货币运动曲线形式的，意味着其社会信仰水平步入下降、死亡状态，是个开启了死亡旅程的社会和国家。这个截面图正是我们前面考察过的专制社会中的非闭合货币运动曲线图——正如《圣经》记载中，巴比伦王尼布甲尼撒梦中的那个终被毁坏的"大像"（但 2:31）一样。专制社会的生命周期正是非闭合货币运动体系的存续时间。在信仰习性养成的连续过程中，持续不断的左闭合货币运动曲线持续（或螺旋式连续）变短、直至消失的全程，是一条向右下方倾斜、沿水平数轴方向无限延伸的曲线——正是以色列类型社会中的右闭合货币运动曲线形式（截面只是一个点），表现出货币作用逐渐减弱、直至彻底消失的态势。

从能否有效维持信仰习性的角度看，法律只能在具备相应信仰水平的社会中才会完全发挥作用，信仰水平决定了社会的立法水平。同理，信仰水平也自然决定了社会的司法水平和行政执法水平。具体来讲，没有强制、威胁和欺骗等等的自由民主化程度越彻底，所制定、修改、废除的法律才越能够体现和代表社会的真实信仰水平，从而为社会信仰的进步打下坚实的基础——被拔高的信仰水平所对应的法律，如若被司法严格适用、被行政严格执行的话，都会打乱社会中大多数信仰者信仰习性的形成过程，阻碍信仰进步，正如《圣经》中一再告诫人们要避免"论断人"的经文所传达出的信息："你们不要论断人，免得你们被论断。"（太 7:1）"凡使这信我的一个小子跌倒的，倒不如把大磨石拴在这人的颈项上，扔在海里。"（可 9:42）；被压抑和被贬低的信仰水平所对应的法律，如若被司法严格适用、被行政严格执行的话，会发生以社会强权强力阻挡社会信仰进步的糟糕状况，来自社会公权力系统的信仰"衰坏"，将使社会进入专制社会形态中，导致社会的最终解体，正如《圣经》中以色列社会所发生过的那样——以色列的"牧人"被惩罚，最终导致以色列社会的解体。法律无法反映社会的真实信仰水平，就会产生"命上加命、令上加令，律上加律、例上加例，这里一点、那里一点。以至他们前行仰面跌倒，而且跌碎，并陷入网罗被缠住。"（赛 28:13）的后果。社会公权力系统出现政教（或意识形态理论）合一或打压人们的任何信仰或思想的做法，都只会对社会信仰提高适得其反。因此，三权分立相互制衡的政权结构，是首先确保社会立法能够真实反映民众的整体信仰水平，而司法和行政再通过具体事件、案件等事项米重新确认、检验、保障社会立法所反映出的社会整体信仰水平的一种机制。这种机制，从其本质上讲，虽然不能对"旧"社会信仰水平的既成事实有丝毫的推进作用，但对于保障社会既有的信仰水平不后退并使其深入到社会的各种时间和每个角落，却无疑具有无比强大的作用——如在时间、空间方面，都远远超过了摩西律法中繁杂的以色列祭祀活动的精细程度，可以说真正到达了无时无刻又无处不在的全覆盖程度，更有利于人们信仰习性的快速养成。

当然，仅仅有信仰习性的养成，对于一个人来讲，还远远不够。这就像缺少运载货物的工具一个人要去购物，才刚刚准备好运载工具、至于购回怎样的货物还是未知数一样。《圣经》中"七个污鬼"的经文对此有一个比喻说明："污鬼离了人身，就在无水之地过来过去，寻求安歇之处，却寻不着。于是说：'我要回到我所出来的屋里去。'到了，就看见里面空闲，打扫干净，修饰好了。"（太 12:43-45），经文中"打扫干净的屋子"，就是指一个养成信仰习惯的人；"打扫屋子"就是用法律（律法、教法、教规等等）为爱自己的生命，同时又爱别人和爱神，而从自身的动物理性或者动物生命中，为自己的灵魂开辟空间和时间（如《圣经》摩西律法中有关安息日、禧年的规定等等）的守法行为。这种行为，为爱（和接受爱）打下基础，为灵魂得救预备下"宇宙"——若把该时间、空间付诸予仇恨、愤怒或者暴力，"那人末后的景况比先前更不好了。"（太 12：45）。法律（宗教律法、教规等等）开拓出爱的时空，宗教信仰让人学会、习惯于把爱奉献出来——献给他人、献给神，当然，不正确信仰者习惯性把他的爱献给了偶像。因此，任何法律或宗教律法、不正确的宗教信仰，从过程上看，都并不必然阻碍正确信仰的发展，甚至都是正确信仰所必要经过的环节、程序，这是表 1-7 和表 3-2 的精髓。例如，一个人因为信仰中的律法而不吃猪肉，这个空出来的时间、空间应当全部留给爱。即把吃猪肉的时间、空间化为给予他人和给予神的爱的时间和空间，从而更加爱别人、更加爱神。而不是因此律法而仇恨、歧视不吃猪肉的人、甚至预谋杀害不吃猪肉的人。法律不是统治者的工具，而是让每一个人为博爱打扫、清理出生命中的一片空间和时间的工具，这是一切法律、宗教律法对于一个正确信仰者的全部功用——《圣经》中的经文"清心的人有福了"、"虚心的人有福了"、"使人和睦的人有福了"，都是此意。律法或法律越多、越细、越繁琐，爱自己的生命、爱别人、爱神的博爱也应该越多，任何的仇恨、愤怒、暴力和敌意自然也应该更少。当爱充满了人们的思想、言行时，也就成全了任何的法律或律法。这意味着传统意义上的法律的自动、彻底退出历史舞台。

社会公权力运行对于人们和社会信仰习性养成的影响规律，也全部表现为对社会的货币运动规律的影响。具体来讲，以色列类型的社会中，社会公权力只有在信仰习性受到外部影响时，才可以主动出击消除影响因素；而在于社会内部或个人信仰领域中，则应该保守中立。因此，以色列社会的货币运动规律就表现出明显的阶段性特征：当来自外部的非闭合货币运动（包括专制国家和非闭合货币运动的国际社会）力量强大时，积极财政政策和相应的货币政策会发挥出较好的效果；相反，积极财政政策和货币政策会出现效果不佳甚至失效的结果。最著名的例子，是凯恩斯理论在历史上发挥作用的周期与国际社会政治环境变化的吻合，如二战结束至1970年代，专制社会力量进入稳定期，非闭合货币体系的力量外溢较小，凯恩斯主义遇到危机；中国崛起的1978年以后，特别是1990年代以后，日本的积极财政政策力度在不断加强，就表明了中国力量或人民币的非闭合货币体系的局部影响不断加强，以色列类型社会需借助更大的公权力力量才能抵挡经济下滑的危险，凯恩斯主义又盛行……二战后苏联崛起，是凯恩斯主义盛行的时期，苏联倒台前后至中国力量强大前的1980至1990间，人民币的非闭合运动体系外溢相对于整个西方社会而言还较少，新凯恩斯主义又流行，表明专制社会的力量或败坏信仰的力量在下降，凯恩斯主义被反思、小政府思潮在西方泛滥……凯恩斯主义认为宏观经济会制约个人的特定行为，从社会经济学的角度看，正好相反：是个人信仰组成、汇合成的社会信仰的水平，决定了宏观经济的一切包括其发展趋向；然后返回来，这种趋向必然表现为制约个人的特定、事实上是所有的行为。另外一个更有说服力的实例就在最近，西方在2008年之前，采取的所有传统经济学策略，都未有效应对由中国因素（非闭合货币体系）带来的持久、有力的商品价格下滑或者更严重的、可被称之为"通货紧缩"的压力，这也是2008年之后，美国被迫采取突破西方经济学所有传统理论的量化宽松货币政策的学术背景。古典经济学或市场法则失效，而凯恩斯主义又无能为力，充分显示了传统西方经济学对非闭合货币运动的无奈。被西方经济学理论视为离经叛道、在整个西方经济学理论体系中缺少理论根据的量化宽松货币政策，从维护社会信仰水平的角度看来，却非常自然。就象《圣经》中以色列人在信仰引领下自然看到"日间云柱，夜间火柱"（出13:22）一样，量化宽松政策也只是自动发挥社会公权力维护社会信仰水平的作用，保障社会信仰水平在遭受外来威胁时稳定不动。

一个被以各种方式"强加"、建立的民主、法治、三权分立、相互制衡模式的社会，如果该社会有信仰的基础（社会信仰水平达到或接近自动维护的水平），信仰和社会形态会相得益彰。否则，没有信仰基础（或信仰水平不够），这个社会早晚还要重回专制社会的泥潭里去——正如《圣经》经文中所说"猪洗净了，又回到泥里去滚"（彼后2:22）"不要把圣物给狗，也不要把你们的珍珠丢在猪前，恐怕它践踏了珍珠，转过来咬你们。"（太7:6）。

社会作为一个整体，从是否有利于信仰提高的角度看，民主、法治、三权分立、相互制衡的以色列类型的社会模式，对于稳定和提高信仰水平，具有最大的作用。如果不固定具体的意识形态类型，从逻辑上讲，这种社会模式，对任何一种意识形态、宗教信仰来说，都应具有同样的效果。除非，有来自特定的意识形态或宗教信仰本身的对抗因素存在。如，有着丝毫不可更改、增减和解释宗教法典的社会信仰的，就将无法适应社会的民主化。下面，我们具体分析一个例子。

对于马克思主义为代表的无神论来讲，存在着意识形态内在的"天然"不适应民主、法治、三权分立、相互制衡社会模式的问题。问题出在共产主义理想或信仰本身。这个理想的基础是从一个整体的社会、文化、经济结构中、甚至于从一个完整的生产单元结构或过程中，区分出对立、不同阶层（阶级）或不同的主体——如资本家与产业工人、脑力劳动者和体力劳动者，等等。因此，通过各种方式（暴力、非暴力）消灭这种差别建立起一个新社会的共产主义理想，从一开始，就建立在一个分割对立的事物基础上，如何在对立或矛盾中始终占据主导地位是其核心策略或哲学枢纽，始终找不到或根本就否认可以独自存在的社会空间——连马克思主义哲学本身一直都强调矛盾无处不在。这样一来，马克思主义的意识形态成为马克思主义者的习性后，虽可以取得胜利，破坏旧关系、旧社会，但始终无法摆脱它要彻底消除的阶级差别和其它差别的存在或继续纠缠，因此需要不断进行再革命。毛泽东在中国，为此先后发动了三反五反、公私合营等社会主义改造运动和文化大革命等等政治、社会运动，但始终无法让中国社会成为单纯的无产阶级的生存之地：公私合营等社会主义改造运动，难以消除管理者、所有者（代表）和具体劳动者的差别、脑力劳动和体力劳动者的差别；阶级斗争更无法让被斗争的对象与斗争者成为同类，人们也总是会轻易发现原来的同类中存在着根本对立的差别。如此，阶级斗争无法停止，不得不受意识形态的指引永远向前走……虽然为此让中国经济、社会、文化遭重创（因为各种差别正是隐藏在经济、生产活动中、社会各领域及文化观念中），但仍不足于形成让毛泽东按照马克思主义原理或共产主义意识形态所要求的实行民主的那种前提：全社会所有的人都是只具备共产主义理想的人。相反，随时间的发展，他发现，甚至连一个这样的人也没有、连一个真正可靠的人也没有，包括多年跟随他的身边人和政治盟友。人人仍然处在事实上的社会分工体系、不同文化观念和各种利益链条中，差别明显。社会意识形态总也达不到让民主、法治、三权分立、相互制衡的社会机制进行保障、强化的初始位置，民主在这样的背景下，会产生不确定的结果、会"变天"，特别不利于处于社会管理者、领导者一方的掌权者。这是中国始终无法进行真正的民主选举还政于民的根本原因，即使看到民主社会对于弘扬、保障一种意识形态具有先天的优势，也因害怕必然被民主推翻而拒绝。例如，文化大革命中的毛泽东，虽然在中国民众中如日中天，也只可以保证他自己一个人不被民主浪潮所抛弃，而根本无法保证给他选出、推荐出哪怕就一个让其可以安心的盟友或合格的权力分享、制衡者。相反，一个同时被强化、保障的多个对立的群体和个体，完全可能甚至简单地通过民主途径淘汰对方，这是马克思主义者及其政党最担心和最不愿意看到的：它如果为了利用最有效的社会民主模式来强化、保障、净化和统一社会的意识形态，却极有可能早早埋葬了自己！司法、行政等社会各领域也都一样。这是世界上所有共产党国家拒绝民主化和在实行民主化后纷纷被赶下台的内在原因。中国、苏联的社会主义历史，也证明消灭与生俱来的、植根于类似物质生产规律内部的分工差异所形成的所谓社会差别的所有努力，都是徒劳的——意识形态的习性和物质生产规律之间不分胜负的战斗历史，充分表明二者在信仰之下领域中是地位相当、等量齐观、互为博弈对手的同类事物。

综上，信仰的独立性，是社会公权力系统之间能够相互制衡的根源，也是媒体、央行和所有社会组织，能够具有独立性的根源，是平等社会的根基。人们整体信仰水平的持续不断提高，正是以色列类型社会自动出现、维持和发展下去的全部奥秘；人们整体信仰水平的下降，是专制社会出现和灭亡的根源。未来，信仰水平不够自动维护信仰稳定的程度，但却具有表面上（法律上）的民主、法治、三权分立互相制衡形式的社会，在社会信仰水平发生波动时，因极隐蔽、突然，将给全人类造就出一场最大的信仰考验。人类养成信仰习性的规律，在社会历史阶段，全部表现为社会信仰水平的变化规律或者货币运动的规律。

（三）、信仰知识及其分类。

信仰是接受一个信息并相信这个信息。有神论就是相信神创造、控制着宇宙的信息。《圣经》中的信仰是有神论，所有宗教在此层面也都一样，就连中国的道家思想中将宇宙创生归于"道"，也是一种类似于一神论的意识形态——最直接的差别，只不过是道家思想将自己崇拜的"神"命名为"道"了。

个人接受一个信仰，就是接受一个信息，本身并无对错而仅仅是一个过程。决定信仰对错的关键，不在于接受者，而在于被接受的信息是否真的来自于信仰崇拜中的"神"。因此，包含信仰信息的经典及对其的准确解读，对于确定信仰的正确与否至关重要——如果一个经典中没有包含证明自己来自于神的信息、或者一个真正来自于神的经典被误解后传达给信仰者，信仰者的信仰及其所在社会的信仰，就会走向歧途。且错误信仰的习性养成的越好，死亡也越彻底，越无信仰上永生的可能。

包含信仰信息的经典中，证明经典本身来源于神的信息内容，我们称之为"信仰知识"。象马克思主义、中国的道家思想等等，明确说明他们的信仰信息来自于人类自己的，至此可以退出我们在本小节中的进一步讨论了，这也反证了我们前面将它们剔除信仰范畴而归于同类的正确。多神论中的信仰知识，从逻辑上讲应该有多个信仰知识系统，为方便讨论起见，只要能确定有一个信仰知识系统存在的，我们就将相关典籍视为真正值得信赖的信仰典籍。

从一神论的角度讲，宇宙万物具有同一来源，又受制于同一个神。那么，除了神之外的，我们所处的宇宙中的所有事物，都应该有一致、统一的规律，都是应该可以用一种科学思维或规律性来进行描述的，都是有限的知识体系，包括信仰典籍本身。所以，在一个可能正确的信仰系统中，除了信仰信息中的神是绝对或哲学上的不可知以外，再不应该存在科学上不可知的任何领域，相反，应有着完整、统一的科学体系。上述结论意味着，在一个记载正确信仰的典籍中，或者可以确认全部是神赐下的完整信息中，至少应该包含人类现在所有科学门类知识的完整统一或最终的信息。迄今为止，人类所有的宗教典籍中，只有《圣经》具备这样的信仰知识系统。

在《圣经》中，人类的社会人文科学领域，包括哲学、法学、历史学等等现在仍然被认为是不可以数学科学化的部分，与物理学、医学、地质学等等自然科学一样，都适用一样的数学规则，都可以进行精确的定量分析和可预测、可重复验证，都统一在"宇宙创造论"这一个科学理论之下——不从创造论的角度看，宇宙才是无限的。创造论意味着宇宙是静止、不动、独立于神之外的一个被造物，这是人类信仰独立、不动的根源，是科学技术规律固定不变（在固定条件成就时永远有效）的根源、是社会规律和货币规律可以相互反映并同时反映人类科学技术水平的根源。

《圣经》中所记载的所有看似不可能的事件，如大量的"神迹"，都可以在一定科学水平下再现——当代人类的科技水平已经可以再现其中的一部分或者可以在逻辑上再现其全部，显示出其中所包含的科学真理。如，代替人类身体各种器官、组织的技术发展，其中譬如现在替代大脑（部分）的装置及其材料的出现，清楚告诉我们，意识绝不是这些材料自有的机能，就象计算机软件绝不是硬件设备的机能一样。这样，人类的整体信仰水平将彻底摆脱唯物主义思想的干扰，在科技发展的见证中更快发展。当人类的科学发展实现了大脑的可替换时——就像现在换假发、换发型、换帽子一样简单时，诸如我们现在的大脑是大脑 1.0，陆续出现了大脑 2.0、大脑 3.0……人类的生物学生命界限就会自然被打破，永生就处于这种科学技术发展的逻辑尽头，动摇于人类永远无法摆脱死亡命运的低水平社会信仰就会获得更大的提高。但是，直到无数的大脑可替代物质、装置被发明之后，人类仍然与赋予、制造大脑运行机制的事物——灵魂，处于不同的宇宙或系统中，人类永远只处于由灵魂系统制造的"虚拟空间"中：整个人类的所有意识活动，都只不过是一个灵魂系统在满足条件的各种人脑系统（或装置）中的运行痕迹，就象不同的 Windos 版本在适合的计算机硬件安装条件下，正常运转而记录下所有的使用痕迹一样，也象计算机游戏中的虚拟角色总无法走入人间一样，科学发展总会让人类越来越感受到神的存在，有助于人们作出正确的信仰选择。

当代人类的物理学，达到了对物质微观结构探索的尾声，接近了距离了解宇宙诞生之谜一步之遥的"上帝粒子"时，才发现同时存在以下的可能："上帝粒子"可能根本不存在或这个粒子其实并非单一粒子，而是截然不同的几种粒子……物理学面对的这种状况，无论结局如何，本身却已经在逻辑上展示并说明，人类现在探索的宇宙可以是存在于更大的宇宙体系中的一部分；在人类探索的宇宙之外，可以存在着与此相对、相反和与此上下相连、左右相结的无数个逻辑上的宇宙，这些与人类正在探索的宇宙在逻辑上可以同处于一个更大宇宙中的无数个宇宙，也将再一次表明《圣经》中有关宇宙起源的"创造"理论才是唯一正确的：宇宙已经被完全造就完毕，再没有真正的、任何的变化，没有时间的存在。逻辑上，我们看到的宇宙变化，都是在时间中的宇宙，即只是有限的宇宙——脱离这个宇宙，在这个宇宙中的时间就归零，再进入这个宇宙，时间又开始，在两个这样的宇宙中不断来回，就会获得不断的新时空。变化是有限宇宙表现出的全部宇宙的假象；宇宙中可以真正称得上是运动和变化的事物，一样也没有：宇宙的运动在人类和人类管理的事物及生存其中的环境的变化来讲，是一个自然、自动的过程，是信仰提高过程的自动过程和既定结局；人的真正自由只有信仰选择的自由，也无法形成真正的运动，区别只在于人类的选择不同而走向了不同路线或路径——所有的路线、路径本来就都放置在那里，固定的结果也如此；人类之外的物质世界包括人体，都服从于自然科学规律，也是一成不变的静止……人类生存着或现在感知着的宇宙，存在着一个象量子纠缠对一样所对应着的宇宙，但这个对应的宇宙现在还是"空"的——还没有我们生存中的宇宙所具有的一切，但将来会复制现在宇宙开始（或任何发展阶段中）时的一切，这是在"生命册"（启 20:12）中的人未来才能到的"天国"或"新天新地"（启 21:1）。我们现在生存的宇宙，只是"天国"国民的验证场所或实习地，在这里发生的一切，都记录在与这个宇宙相连又独立的无数宇宙中，被时间分割放置在不同的宇宙空间中，找回或重放我们现在这个宇宙中的一切，只需要穿越无数的宇宙就可以。但是，那些放置人间事件的宇宙，绝大部分的空间是"空白"的，还放置或要放置无数的其他类似地球人的"人类"在其它星球或宇宙中的实习场景——他们也要在去他们的"天国"前见习使命。并且，从地球人类看到的《圣经》的创世纪记载里，缺少后面《圣经》经文中多次提到的"天使"的被造过程来看，已经有早于地球人的人类从他们的宇宙进入天国，履行管理宇宙的职责了。在《圣经》赐下给人类时，人类处于已经完成的宇宙中的最后完成部分。等到地球人和所有的"人类"，都进入各自的新天新地时，原来的宇宙被彻底更换——即被清空，象现在等待"生命册"中的人们去生活的宇宙的状态一样。这个过程只是象纠缠态中的量子对换了过来，从整个宇宙来讲，并无任何的变化和运动存在。现实中的宇宙知识，我们放在最后章节中再行讨论。总之，《圣经》中神的安息，就是无人可以打搅这个有信仰水平变动所引领的自动过程。

面对上述统一的、科学的信仰知识系统，下面我们看一下《圣经》中给知识分类的方法，并简单地对这个知识系统进行分类。

包括如何运用知识的智慧在内的整个知识系统，按照一个标准——即"敬畏耶和华是知识的开端。"（箴 1:7）、"敬畏耶和华是智慧的开端"（箴 9:10），被分为两类：1、从信仰而来的知识和智慧；2、不是从信仰出发而得来、习来的知识和智慧。第 1 类是来自于社会信仰的知识和智慧。这一类知识和智慧会造就出技术革命。又因它与社会信仰水平相连，超越了人类生理生命的界限，是社会信仰水平的标志性事物。第 2 类是不会也无法造就出技术革命的知识和智慧，是人类适应环境后形成的新的生存技能，被严格局限于生命规律的范围之内，或者只存在于达尔文环境之中。

下面，我们分别对这两类知识进行简单讨论。

第 1 类知识和智慧，处于哲学意义上的意识范畴内，与现代人们熟悉的"知识产权"（包括为不阻碍科学发展而普遍规定不属于知识产权范围内的各种科学发现、发明等首创性知识）范畴联系紧密。

前面我们已经讨论过，达尔文环境中不存在信仰——生命繁衍就是其"信仰"了。因此，社会信仰水平的提高，让人们迎来一个新的达尔文环境，人们在这个新环境中，会进入"物竞天择、适者生存"的生存模式中，产生新的生存技术或习性、技能——这是所有生物都有的一种本能。这种在新的信仰水平之下所获得的新技能、新习性，就是科技创新及其应用——大规模产业技术革命。其实，很多过去没有被利用的技术，在这种机制下，也会被应用或组合成一场技术革命，这就是中国人常常"心酸"地看到在早期的技术革命中，有大量中国古老而被"闲置"的技术被重新发明和利用，甚至被拿来攻打中国社会，著名的如中国的"四大发明"、兵法等等。从信仰的角度看，技术革命是一个非常简单和自然而然的过程：人们在任一个达尔文环境中自由地进行信仰选择，改变了信仰水平后，出现了新的达尔文环境，适应新环境的过程就是科技创新及技术革命孕育、爆发的过程。社会信仰产生创新和技术革命的机制、动力和根源，与进化论中的"环境选择"机制、动力和根源完全一样。科技创新和技术革命不是直接孕育、产生在信仰领域之中，而是人类应对社会信仰领域出现变化的产物。因此，科技创新和技术革命不一定是源自于以色列类型社会中信仰提高最多的地方、领域和人群、个人，而一定是产生在适应能力最强的地方、领域、人群或个人身上。科学研究、技术和商业领域中的精英，因此并非一定是有信仰或信仰水平提高快、或者信仰水平高的个人或群体。

一个社会的科技创新能力和技术革命的形成、爆发，与社会中具体某个（些）人的信仰水平无关，只与社会的整体信仰水平相关。这就是为什么同样信仰或意识形态状况相同的华人，在中国社会和西方社会中，为人类的科学发展做出的贡献差别明显的原因。一个社会的科技创新和发动技术革命的能力也与社会信仰水平之外的任何事物无关，例如与社会的平均知识水平无关——这是大力发展教育，投入海量的教育和科研经费、制造出了海量的高学历人才的中国当代社会，为什么科学技术创新能力丝毫没有起色的，更遑论有可能发动一场大规模的技术革命的根源。

177

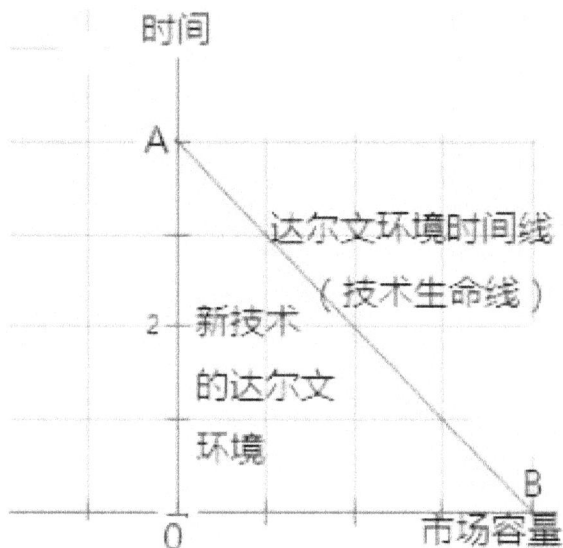

图3-21 单项技术的达尔文环境示意图

　　一项技术能改变环境的力量，我们常常用技术市场的容量来表示，即人们熟知的"市场"或"市场容量"概念——新产品或新技术在开发、推广之前，必要进行社会或市场调查和评估时所得出的那个结论。一项技术从诞生到市场饱和时，所走过的时间是技术推广或市场开拓的全部时间。这段时间内，人们可以使用任何环境许可的方法让技术在社会相关各领域中得到应用，充分显示出技术的活力或生命；超过这个时间之后，无论使用任何环境许可的方法，技术市场都无法再扩大，技术改变环境的活力或生命完结。因此，如果我们把技术具有生命和活力的社会领域称为一项技术的"达尔文环境"；把一项技术从诞生到市场饱和所走过的时间段，称为一项技术的"达尔文环境时间"。那么，市场容量和时间就决定了一项技术的达尔文环境时间，时间、市场容量和达尔文环境时间所构成的封闭区间，就是一项技术的达尔文环境，如图 3-21 所示。一项技术的达尔文环境△OAB，总是一个有限空间，技术的生命必定随着时间的推移迈向死亡，没有任何一项技术可以永葆青春；任何技术生命的边际效用，都沿着达尔文环境时间线向右下方倾斜，符合西方经济学理论中著名的"边际效用递减"规律。

　　一个以色列类型社会中，在信仰水平提高后，形成了一项技术创新和应用，就会带来一个技术的达尔文环境，改变原来的社会环境。但是，如果在该项技术的达尔文环境时间内没有出现新的技术创新和应用的话，社会环境就回到了与技术产生之前完全一样的场景中去——等待社会信仰水平提高并孕育技术创新和应用，表示出社会信仰必须稳定提高才会迎来下一个技术创新和应用的态势。可见，两次技术创新和技术革命中间的间歇期，只改变了社会信仰直线上升的具体方式，却并没有改变社会信仰稳定上升（曲线上升）的总趋势。相应的，社会信仰水平稳定却不是直线式上升的方式，也让科技创新和技术革命呈现出不连续但次数在连续增加的模式——后次的科技创新和技术革命在前一次的基础上，对社会环境造成与前次连续但更大、更多的改变——即造就出更多的达尔文环境。直到间歇期趋于为 0 时，社会信仰的发展模式才会从越来越平直的曲线变成为直线形式。因此，孕育、创造出科技创新和技术革命的社会信仰，其变化趋势有科技创新和技术革命的次数与间歇期两个因素共同"决定"和描画：只有一次科技创新和技术革命，就足让以色列类型的社会与专制社会脱离开来。从技术创新和革命的角度看，专制社会与以色列类型社会之间，起初或者最小的社会信仰差距，只有一个达尔文环境的距离，二者无限靠近但不连续；随着以色列类型社会的信仰水平不断提高，社会中累积的达尔文环境越来越多，与专制社会间的距离越来越大，趋于无穷大，留下一个与右闭合货币运动曲线完全相同的数学轨迹；同时，在其对面曾经无限接近、但距离越来越远的另一端（象限）上，所划出的几何轨迹正是一条左闭合货币运动曲线。如图 3-22 所示。

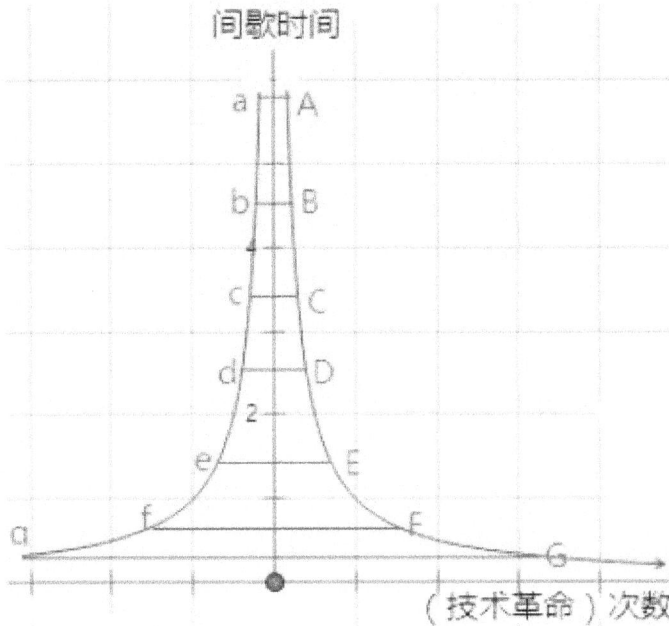

图3-22　　信仰和技术革命的关系

该图中，aA、bB 等越来越长的红色直线的长度，表示达尔文环境越来越多的个数，每个环境的生命周期有自身决定；因为市场调查、估算的技术统一于统计学等科学规律，所以所有直线都是平行的。图3-22 中，点 a、b、c、d 所在的曲线，显示了一个无信仰但在坐享吸收或"吃尽"知识、智慧、聪明的另一个社会或系统中，社会意识形态状况与其科技状况（无科技创新能力、无发动技术革命的技术运用能力）之间的关系，与可以描述达尔文环境的左闭合货币运动曲线完全一致，绝非偶然。

第 2 类知识和智慧，处于传统经济学的劳动（即马克思主义政治经济学中的具体劳动和抽象劳动）范畴中。

由动物进化而来的无信仰的人类，在适应环境的能力方面，一点也不比达尔文在加拉帕戈斯群岛上看到的动物们差。人类的这种无信仰参与其中、只有环境适应能力就可以产生的智慧、聪明和知识，是属于自己的，是"自结的果子"（箴 1:31）、"自己的聪明"（箴 2:5）、自以为有的智慧（箴 2:7），不是"真智慧"（箴 3:21），也不是"真知识"（箴 8:14），在适应环境后，就会自动停止发展和增长。或者，在环境没有发生改变的时候，这类知识、智慧和聪明是永远不会前进、发展的。一个社会的信仰或意识形态，达不到可以自我维护水平，或者不是（或不能够维持）以色列类型的社会时，就只有这种属于人类自己的假智慧、假知识、假聪明。依据具体的社会信仰或意识形态内容的不同，这一类知识和智慧继续分为两类：1、在无神论专制社会中，社会本身就是一个达尔文环境，不存在信仰习性的制约，社会的适应环境能力更强大。因此，在国际环境发生改变时，很容易快速、有效地学习、掌握外来知识和智慧，短时间内就可能造就出一个经济、科技发展迅速、力量强大的国家。1978 年之后的现代中国和鸦片战争后的清王朝社会中，都充满了这类知识和智慧、聪明。清王朝时代洋务运动中提出的"师夷长技以制夷"（魏源《海国图志》第 67 页，中州古籍出版社 1999 年版）的思想，再清楚不过地说明了这类知识和智慧的种类特点——适应环境变化，有环境选择所决定。当代中国，与世界接触后，也出现了知识"大爆炸"，知识运用或"智慧"方面也爆发出强大的"山寨"（复制或模仿）能力，让其看上去似乎具备了随时超越西方科技水平的趋势。但这一类可以急速、大规模出现的知识、智慧、聪明，在社会适应了国际（或外部）环境后且外部世界处于技术革命的间歇期时，就成为无源之水，成长和发展就会自动戛然停止。另外，强大的环境适应能力，让无神论专制社会其实并不缺乏发现内部环境中蕴藏的各种"新"事物、"新"知识的能力，但这些被发现的事物和知识，由于社会的达尔文环境不需要，至多也只存留在人们茶余饭后的消遣或娱乐嬉戏中，并不会被运用于社会生产、经营等经济领域中去——就象最凶猛的野兽，在猎物足够时也不会在意其它动物分食，更不会向近在咫尺的猎物施展它的任何捕猎技巧一样，也像小鸟在吃饱的安全环境中，悠闲梳理羽毛一样。中国古代社会中，就有大量后来才被西方社会发现的类似"知识"，都写在中国的历史教科书中，从未应用到生产等经济领域中，长期成为中国社会为什么不能发动技术革命的"历史之谜"。

由于具有快速但无自行发展能力——即无耐力、无持久性的特点，与猎豹的身体特点十分类似，所以在下一章中我们会看到，由无神论专制社会深度参与的国际社会，在《圣经》中就恰恰被赋予了一个"豹子"的称谓。2、多神论或错误一神论信仰的专制社会中，错误的社会信仰，使社会将宗教典籍中仅有的、信仰系统中充当提示信仰习性的那部分律法、诫命、仪式等看成是神圣不可更改的事物，事实上充当、代替了信仰的知识系统。如此，让社会始终处于典籍中所构造出地那一个达尔文环境中无法抽身——习性和关于环境的知识合二为一，与环境选择后的生物的习性和其应对环境能力的合二为一，完全一致。在面对国际环境发生变化时，社会的适应能力严重受限，根本无法接受外来的科学知识和智慧；本社会中的知识、智慧与外界相比，越来越老化、过时……由于社会中的知识系统更新速度极其缓慢甚至完全拒绝更新，这样的社会更象生活在一些特殊环境中的动物世界，如加拉帕格斯群岛、极地地区、撒哈拉大沙漠中心地区、东非大裂谷深处的那种生物世界，既要严防外来知识、智慧的流入，又要拒绝本社会环境包括自然生态环境发生任何改变。在面对世界的快速发展、地球生态环境整体发生较大改变时，这类专制社会要产生出越来越大的抵触力量，直到象被环境选择所放弃、所淘汰的生物种类一样，挣扎到耗尽生命为止。现实中，这类社会中也会越来越多地涌现出自杀袭击者的"独狼"或极端恐怖组织，他们以"殉教"的名义坚持错误信仰，主动放弃了毫无意义的挣扎。

综合信仰系统中的 3 个组成部分来看，信仰信息的选择至关重要。正确的信仰选择，会让人类在坚持自己所作出的选择后自动形成信仰习性、自动进入以色列类型的社会（包括国际社会）中、自动具有科学创新和发动技术革命的能力……不正确的信仰选择，要么无法形成信仰习性，要么没有且无法接受科学知识和运用科技知识的智慧和能力，在专制社会信仰或意识形态水平下降过程中，前二者结合的最坏局面——出现一个没有信仰习性或没有自我约束习惯，同时又没有任何科学知识和能力的群体局面不可避免。人类个体信仰的自由选择对人类社会形态的形成、发展方向、社会模式和历史结局的全自动效应，正如《圣经》中那句诗歌所讲："耶路撒冷的众女子啊，我指着羚羊或田野的母鹿嘱咐你们：不要惊动、不要叫醒我所亲爱的，等他自己情愿（注："不要叫醒云云"或作"不要激动爱情，等他自发"）。"（歌 2:7）

第二小节：理性和理性的分类

（一）、理性的形式和特点

第一部分、理性的一般性解读

《圣经》中的宇宙创造论告诉我们，人类可以按照自己的方式认知《圣经》中的整个宇宙。人类认知宇宙的工具或途径，就是人类的理性，是赋予人类具有哲学中的意识概念所指的大脑活动结果的事物，是人类意识的形成规律和必遵循的规则。理性的最基本形式是（形式）逻辑学法则。由逻辑推理直接形成的数学（mathematics）是人类思维的表达形式，是一切科学的通用或终极的表现形式，根本无法数学化的任何知识、智慧，都是错误的。也就是说，本质上，我们可以根据最基本的逻辑规则，来判断所有的知识是否正确，包括判断和评估信仰信息来源是否正确并给出相应的数学证明——能否将《圣经》进行数学化解读，是判断解读方式是否正确的唯一标准；人类现有的、《圣经》之外的其它所有宗教典籍，都具有明显的逻辑错误，要么根本没有给出一个科学知识系统，要么给出的信仰知识无法被数学化或经不起数学检验。需要注意的是，任何科学领域中，基于一定的科学基础所产生的逻辑上无法解决的悖论，都不是逻辑或理性的失效，而是所依据的科学基础理论本身具有局限性。因此，判断宗教典籍错误的最好方式，是基本逻辑规则，不过度追求数学化证明以免有局限性的数学理论对其不公；而对典籍正确性的判断，则都应附有或经得起严格的数学证明。《圣经》经文中大量存在的各种被认为是常人难以理解或不可思议的内容，也是如此：阅读者所基于的认知基础本身存在着大量的错误信息或局限性内容，就形成了神秘主义(mysticism)、 经验主义（Empiricism 和实用主义(Pragmatism)的哲学差别，对应着信仰水平的 3 个不同阶段——神秘主义者是信仰知识上"一无所知"的愚昧、愚蒙人（箴 9:13）；经验主义者是信仰知识上"恨恶知识"的愚顽人（箴 1:22）、自以为是的愚妄人（箴 12：15）；实用主义者是信仰知识上以"得知识为冠冕"的通达人（箴 14:18）。

　　《圣经》中，宇宙万物都是神创造的，从理性上讲，万物都是好的，都要无一例外地要对人类信仰的成长有益。人类可以根据自己的理性规律或科学认知宇宙自然，最初源于"神用土所造成的野地各样走兽，和空中各样飞鸟都带到那人面前，看他叫什么。那人怎样叫各样的活物，那就是它的名字。那人便给一切牲畜和空中飞鸟、野地走兽都起了名。"（创 2:19-20）。我们循着这个逻辑理性去考察《圣经》中的经文知识，可以免去很多不应有的困惑。

　　例如对于撒旦，《圣经》中记载，"耶和华对撒但说：'凡他所有的都在你手中，只是不可伸手加害于他。''只要存留他的性命。'"，（约 1:12；2:6）但撒但受到神权力的限制，只能做神许可的事情（参路 22:31-32；提前 1:19-20；提后 2:23-26），它若没得到神的允许便什么都不能做（约 1:7）；撒但常被称为指控者，因为它积极寻找可用试探来攻击的人（彼前 5:8-9）。以上经文启示我们，耶和华神已经把死亡的权力赋予撒旦，让一切不信者、错误信仰者、信仰不坚定者的鉴定权、处罚权都归予了撒旦。因此，撒旦掌管死亡，有权诱惑、试探人们的信仰水平、程度，并对一切不敬虔者处以死刑（包括用正确信仰者"死亡"的假象即安息来欺骗、试探一切不敬虔者）。撒旦与人类社会一样，都是神的创造物和工具，撒旦的死刑或网罗，只对人们的罪（信仰错误）或只对罪人生效；人间没有了罪，或没有了罪人，撒旦就彻底失去了权力的适用对象，自然萎缩、死亡。也与人们都有了正确信仰后，人类社会就失去功效、自然萎缩、退出一样。所以，经上说，"叫我死的乃是罪。"（罗 7:13），是不信、不敬虔的信仰原罪叫人死，而不是标志社会信仰程度、刻度或记号的法律叫人死。相反，满足于任何特定法律所代表的信仰水平或信仰程度而放弃信仰的进步的人和社会却是必死的。正因为撒旦要人、要社会死亡的权力来自神，因此，神在末日审判时，收回或废弃了这个再没有用处或用武之地的授权，也不亲自行使这个被授给撒旦了的权力：被撒旦处死的人，除被列入生命册——即被撒旦处理错误或仅仅用来诱惑、欺骗不信者的，会重生，其它死人还是死亡状态—— 维持撒旦对该死之人的处理结果，只是把死人从原来所处的不同场所——"海里、死亡、阴间"集中到"火湖"里而已（启 20:11-15）。神只让该活的人永生，成就了"神是活人的神"的宣示。

　　基于《圣经》中的撒旦，是神的命令、是神的工具、有神的授权，所以它是不可战胜的、也是不可替代的——神对撒旦的约和授权，与神对人类、对万物的约一样。人类只可以靠正确信仰脱离撒旦的手、逃离撒旦的控制，任何主动、正面、直接战胜撒旦的企图都是对抗神。而人类社会只是让人悔改、醒悟、感恩的机会和恩典，有正确信仰者或自认为有正确信仰的社会，都没有权力主动杀死、主动暴力对待其他社会——这些人类社会，如若信仰不正确也是撒旦的囚笼和权力辖区，只有撒旦有权自由处置或杀死它。主动以任何借口对他国发动个人袭击或全面战争，在信仰上都是错误的，是与撒旦之间的一场争权、战争，对正确信仰者和社会来说，并不会造成信仰进步上的任何损失。因此，战争没有正义，除了有正确信仰社会所进行的自卫（包括集体自卫）战。

　　《圣经》中的撒旦，是无信仰者和信仰水平不进步者或社会的真正敌人，他们总要同归于尽。先是撒旦阻止信仰产生失败（启 12:5）、然后是阻止以色列类型社会产生的失败（启 12:10）、然后是阻止社会信仰提高失败（启 14:15）、然后是阻止个人信仰提高失败（启 20:9）；从另一面看，撒旦先是未去阻止信仰的孕育，显示撒旦有效控制着可能阻止信仰形成的不信者；然后是撒旦将权力、能力和座位给了信仰水平波动不定的国际社会（启 13:2），显示撒旦仍然控制着敌人；最后是撒旦聚集无信仰和信仰不成长者进行征战，显示撒旦与其追随者之间发生战斗，直到同归于尽（启 20:10）。撒旦的历史里，与专制社会的同归于尽——专制社会完全灭亡时，撒旦被打入无底坑（启 20:3）；世上所有不信者和拒绝提高信仰水平者灭亡时，撒旦彻底消失（启 20:10）。

　　综上，《圣经》中全部有关撒旦的知识，阅读者若基于信仰水平不断上升的《圣经》信仰知识体系去解读，是不会产生任何逻辑上的矛盾的。至于对《圣经》信仰知识体系的数学化过程，我们也已经进行过了。

978-1-62265-922-7 (online) 978-1-62265-923-4 (paper) Faith Studies by Zhang, Pujie

正如数不是万物之源，数学也不是神创造宇宙的规则和手段，但因理性的缘故，数学能准确表述宇宙万物一样，任何科学都不是宇宙的起源，也没有任何科学是神创造宇宙的规则，可知论的首要前提也不是宇宙具有科学性，但因理性的缘故，科学和理性可以正确表述宇宙万物。并且，理性必然超越任何具体科学，例如脑科学。脑科学只可以解答什么是理性的问题，即大脑是如何思维、按照怎样的方式思维并产生意识的。但脑科学却无法解答理性从哪里来的问题。

从传递信息的角度上讲，理性具有超越任何时空的特性，不属于任何的特定时间和空间领域。在爱因斯坦的相对论中，信息传递的最大速度是光速，我们在地球上接受到太阳最新信息的时间超过 8 分钟。但是，《圣经》中神的话语却即刻传递到有正确信仰的人的头脑中，显然不是光速可以完成的；我们在聆听古代人的音乐作品、观看古代人的绘画雕刻作品时，立刻就会从中接受到某种信息，或是一种情绪感受、或是一种场景、也或者是一种昏昏欲睡的噪音或图片……破译古文字体系或一套从未见过的密码信息时，人类所依赖的工具也只有理性。从空间上讲，超过 8 分钟的历史，距离我们已经超过地球与太阳之间的距离。理性传递历史和未来信息的速度，也是远远超过光速的，且无起点或终点限制。人类可以有无限的知识，可以认知无限的宇宙，所依赖的正是具有无限速度的理性，而不是其它具有速度限制、区域限制的任何事物，如光——它只可以在光速的范围内让我们即刻接受到它所传达出的波粒二象性（Wave-particle duality）信息。任何赋予信息传递以有限的速度限制的科学，都是错误或有局限性的理论体系，同样，无数个有限宇宙所组成的无限宇宙都不是真正无限的宇宙——都可以看作为有限事物的一种无限循环的结果。处于这种宇宙场景中的事物都是有限事物，场景中的无限宇宙其实只是保持有限事物不发生改变（静止）的存在或只作循环运动：相对论因为将宇宙中的最大速度限定为光速如此，唯物主义者相信有限的物质规律是最高规律也如此，将宗教典籍中具体的诫命、规则、仪式等当做不可逾越的教条的宗教信仰如此，所有的达尔文环境都如此，中国的道家或儒家等思想文化也都如此……只有由无限个无限宇宙所组成的宇宙，才是真正的、《圣经》记载的神所创造的那个宇宙，是唯一可以承载和真正需要超时空理性的宇宙。

理性应该与其所处、所要反映的宇宙一致、相匹配，是理性的本来之意。理性和人体的结合，却让理性本身成为一种"不理性"或"不具有经济性的理性"：无限的理性，存在于有限的个体生命之中。人类理性的这种逻辑上的悖论，源自于对人类个体生命的医学、生物学认知。因此，在永生的信仰之外的任何领域中，人类的理性无法产生，也不会产生。例如，加拉帕格斯群岛上的海龟，无论形状、习性多么怪异，也都刚好让其适应那里的环境生存下来，不多也不少。人类处于生物进化中的顶端，理性所表现出的进化规律，按照进化论自身的逻辑，也不可能表现地比海龟还差。因此，从理性或最基本的逻辑上讲，信仰中的理性不可能存在于达尔文环境中。反之亦然，达尔文环境中或生物进化论下，也不可能产生信仰。同理，在唯物主义、中国的道家、儒家等意识形态成为社会意识形态的专制社会中，也无法自行产生或者不会自行产生正确信仰。

《圣经》中，全人类的信仰水平只有一种趋势即上升——先前的螺旋式上升和最后的直线式上升。按照信仰的单一变动模式，《圣经》中的知识原理，可以通过简单的逻辑推理，用于信仰变动趋势的其它情况。例如，人类的信仰水平还应存在《圣经》中并未具体描绘的两种可能的发展模式：第 1 种是人类的信仰在某一个信仰水平中彻底停滞下来，不再上升。这时的情景与我们看到的以极端伊斯兰教为社会信仰的那类错误一神论社会及所有多神论社会情况是一样的，都会在（自然）环境发生较大改变时被（自然）环境所消灭，但却可能有悠久的历史（最长可达一个人类的达尔文环境时间）；第 2 种是全人类的信仰水平从某一个信仰水平开始，持续下降——包括螺旋式下降和直线式下降。这种情形与我们看到的无神论专制社会相同，会按照自身存续规律自动崩溃、消亡。以上两种情景，可以合理而简单地解释地球上至今还象谜一样的史前文明、病毒的起源和进化等问题。如史前文明中的那些不可思议的"高度文明"或科技知识痕迹，就是其信仰水平停止前进之前所具备的那种知识、智慧的历史遗迹。再如病毒的起源问题。一直以来，进化论者无法明确病毒的起源，把病毒排除在生物界之外，并一直未将其被列入物种进化树中。尤其是潘多拉病毒（Pandoravirus），其基因只有 7%左右与地球上的生物同源，甚至被认为只能来自于外星——潘多拉病毒的发现意味着需要重新思考以前我们对地球生命起源的定义（资料来源：互联网 2015 年 9 月 15 日百科教程网转载《美国国家科学院院刊》最新一期的文章）。但从《圣经》中的信仰知识角度看，上述问题的解决非常简单，且答案是病毒也完全处于地球生物进化树中：对于一种生物来讲，当地球环境整体变动的程度，恰好即足够大又不过于大时，在其它生物都被环境变迁所消灭时，它却会有残留或连续，即该物种自己的达尔文环境恰好可以延续到其它物种灭绝而新物种的进化树开始出现的新达尔文环境中时，该物种就会与新达尔文环境中的生物进化树格格不入——它不在新物种所在的新达尔文环境中进化产生，不属于新达尔文环境中的这棵进化树，它仍然处于自己的达尔文环境时间范畴之内，它的达尔文环境恰好连接了两个或更多的达尔文环境——例如跨越恐龙时代和现代。特别是当新环境仍然无法让其进入某种正常的生命活跃状态如休眠状态、停止生长状态时，就会继续停留在那种特殊生存状况中没有变化，呈现出史前病毒身上所表现出的特殊现象。达尔文环境的物种差异或交叉连续，让生命或物种得以连绵不断，人类也总有各种奇妙的生物相伴，让信仰变化在任何情况下都会给信仰前进的唯一模式留下存在空间，让信仰是唯一救赎的《圣经》结论永不落空，正如经文中所讲："压伤的芦苇，他不折断；将残的灯火，他不吹灭。他凭真实将公理传开"（赛 42:3）综上，《圣经》以最理性、最简洁的方式，表达出信仰变动在逻辑上应有的全部趋势和对应的不同结果，最充分地表明了理性的特点，显示了理性与信仰的完美结合、相互印证、互为对方的一种表现形式。

理性存在于人身上，是属于人类自己的一个特征，正如《圣经》中所讲，"耶和华神用地上的尘土造人，将生气吹在他鼻孔里，他就成了有灵的活人，名叫亚当。"（创 2:7）同时，《圣经》中又说明，"耶和华说：'人既属乎血气，我的灵就不永远住在他里面。'"（创 6:3）因此，《圣经》中"神的灵"可以与人类的身体相接，理性就是人类连接理性源头或理性故乡的唯一接口。人类可以据此认知神创造的整个宇宙；同时，人类的理性又是进入灵魂世界的虫洞或隧道。所以，人类在信仰上可以永生——藉由进入灵魂世界再进入任何被造宇宙中，实现在宇宙间的任意时空转换。失去信仰之后的理性，属于人类自己，只作为意识和大脑运动规律而存在，成为有限事物——脑科学范畴内的事物，与生物进化中产生的人类意识无差别。同样，不正确信仰虽然可能有着与正确信仰相同的理性，如把追求不死或永生作为最优先的价值目标，但因其信仰路线与正确信仰有差异，所以永远不可能实现其信仰目标。但，他们和一切理想主义的无信仰者（如马克思主义者）一样，都有着执着、狂热的追求过程和令人感慨的悲壮场面，只是最终却都如经文"妇人怀孕，临产疼痛，在痛苦之中喊叫；我们也曾怀孕疼痛，所产的竟像风一样。"（赛 26：17-18）——无信仰者追求或者享受这样的痛苦间或有快乐的人生过程，他们不认为这个过程会有任何结果。总之，只有信仰理性还不足以实现信仰目的，还必须选择正确的信仰路线，而后者只存在于可以自显为是的信仰典籍中。

第二部分、信仰理性的物理学和数学原理

社会信仰的理性，遵循人们熟悉的物理学规律。

首先，信仰是人类个体聚集在一起以至于看起来像一个整体的力量而已。这个"力量"，按照其来自于人类的自然生命之外来讲，是一种外部力量。当然，按照生物本能或从动植物的顽强生命力量的角度看，也可以看作为一种内部的、与生俱来的力量，这无限接近于人类的无信仰道德体系的本质——人们常常将只知吃喝的人，形容为"畜生一样"或者"猪"。个人时代的信仰，虽然没有让人们进入到统一的社会秩序和其他任何群体秩序中，但也构成了与社会形态对应的三种不同的人生模式：只能维持住生命秩序的无信仰生存模式、既能维持生命又能获得永生的正确信仰生存模式，以及介于二者之间的不正确信仰模式。这些模式共存，形成了有别于我们熟悉的社会群体模式或者其它群体模式的一种"共存"模式，如《圣经》中"千禧年"时代中的人们一样。

各种信仰将人类紧紧吸附在一起，就像交通拥堵、沙堆、卡在漏斗中的咖啡豆、堆在一起的钱币一样，人们按照信仰指引也被挤到一个固定的社会和群体位置中。这种"拥堵"可以使人们在社会组织中一直处于恰当的位置，而这正是"理性"的源头。一旦转变为非拥堵状态，就会使一些人（群）移动，这是秩序，如社会秩序、民族秩序等等，发生变动的成因。因此，理性的机制就是信仰发展的机制。例如，《圣经》中以色列人出埃及、中国历史上中华民国政府出走台湾地区等等，都改变了原来的社会秩序；成年者离开原生家庭，组建自己的家庭，同样也改变了整个"家庭"秩序。单独从社会阶段来看，不同信仰的社会组成一个国际社会秩序，无疑是许多不同社会系统都共有的一种状态，它的有序优化结果在物理学中就是一个"超齐构体"（hyperuniformity）；而人类历史上或者逻辑上的所有的不同信仰群，又共同构成一个更大的"超齐构体"。它们最终都要分为两大类。正确信仰的社会、群体，是第一类"超齐构体"

——系统达到平衡状态（equilibrium）时呈现出的"超齐构体"分布，公权力系统，如社会公权力的内部结构即司法权、立法权、行政权并不遵守重复规律排布，却能完全镶嵌、布满整个社会空间。其中，同一社会系统中"三大公权力机关"（即物理学中的物质微粒）间，来自正确信仰的自由、平等所形成的相互斥力，使不同权力成分间保持距离，从而维系超齐构体状态即西方现代民主社会的社会形态不变。类似的数学原理，科学家常常用来解释鸟类眼中的超齐构体分布，准晶体，甚至还能解释任意矩阵的本征值分布，以及黎曼ζ函数（就是那个可以推出素数有无限多个的函数）的零点分布等数学问题。专制、独裁社会是第二类超齐构体，属于非平衡系统，组成系统的社会公权力系统"微粒"之间相互碰撞，但彼此之间不存在来自信仰的相互斥力，即人们相互依靠而不是如正确信仰般依赖真实的神。因此，必须要有外力施加于这些系统才能使系统维持超齐构体的状态。如中国社会中的公检法司间的平衡，就是在"党管干部"、"一党专制"下被维持的一种平衡。物理学中，玻璃弹珠、乳浊液、胶质都属于上述类型。按照物理学理论，专制、独裁社会所处的"超齐构体"非平衡系统中，存在一个可逆性开关，即可以被特定振幅的晃动所诱发。这一振幅标志了材料从可逆到不可逆性的临界转变：当体系以低于临界振幅的幅度晃动时，分散的微粒在每次晃动停止之后还可以回到它们之前的相对位置——社会信仰的变动、更改范围，未超出不正确社会信仰的外延时，社会秩序和社会形态都要继续延续下去；而当体系以高于临界振幅的幅度晃动时，微粒的运动就是不可逆的了——即不正确社会信仰的变动幅度、范围，进入到正确信仰、或者堕落进无信仰状态中去的时候，社会形态、社会秩序都将发生不可逆的变化。正如我们前面讨论过的一样，无信仰社会最终走向死亡，正确信仰社会最终走向永恒。物理实践已经证明，超齐构体材料可以被制作成透明材料，而同样密度的无序布局材料却达不到这一点，这是因为隐藏在微粒相对位置间的神秘规律干扰、抵消了散射光——这恰恰证明，社会、民族等群体结构形态的出现，对于人类信仰的发展、优化十分有利，且社会信仰对人们信仰的发展进步最有利。人类社会信仰发展中的超齐构体，从根本上来说，是所有各种社会信仰深层次优化过程的标志性特征，这种优化的外在过程相差很大，即我们看到的三种社会形态间的巨大差异。

有关拥堵的科学研究证明，"形状指数"即周长与面积的比例，决定了拥堵状况。当取样规模较大时，超齐构体的密度波动开始和周长（而不是面积）成正比。这个现象告诉我们，当取样规模较大时，由差别很大的物体随机堆积而成的超齐构体分布，和有整齐物体堆积而成的晶格分布同样均匀。这是《圣经》中关于信仰的发展，应"要扩张你帐幕之地，张大你居所的幔子，不要限止，要放长你的绳子。"（赛 54：2），即要尽力延伸信仰曲线长度的原因得到了一种科学解释——可以让处于各种信仰混杂在一起的社会、群体中的各种信仰的发展，与只有单一信仰时的那个信仰发展的状况一样好。同时，根据我们在本章第二节中按照财税收入模式重新构建的信仰曲线看，信仰曲线上的每一个点，所对应的"信仰密度"即财税数额是相同的，如图 3-3 中的两个三角形面积相等。这样，有关"当取样规模较大时，超齐构体的密度波动和周长（而不是面积）成正比"的物理定理，就是"信仰曲线的延长等于信仰水平提高、发展"这一信仰学结论的物理科学证明。

物理学认为，物质按照特定规律排列的结果就是物质的一种"相"。如，冰是水分子按照网格排列起来形成的固态物。如果给冰加热，它会变成液态水，也就是另一种"相"。里面的水分子依然有规律，但是另一种规律了。这样的变化，物理学上被称为"相变"。人类的信仰发展也是如此：首先，它有七种"相"或者次序，正如我们在第一章中图 1-1 中斜线上看到的那样。信仰的"相变"表现为历史时代的变迁，每个时代的信仰发展各有其内容、各有其规律。这些变化的规律或者"相变"的特征，不是本书讨论的重点。其次，从其中的一个"相"即社会信仰阶段看，正如我们前面讨论的那样，人类的所有信仰包括社会信仰，又被分为三种独立、断开、并列、不连续的数学状态，即呈现为所谓的"拓扑相变"特征或者整数变化规律。这是信仰函数中我们只使用 1、10、100、1000 等整数，或者整数倍来衡量信仰发展进程的科学原理——人类历史被精确测量到整数，且这些整数在自然属性中处于拓扑状态。同时，我们在《圣经》中，也可以直接看到信仰发展历程中的这种"拓扑相变"现象，如《圣经》里挪亚大洪水的故事（创：7、8、9）中。我们在第一章中讨论过，"挪亚"正处于信仰发展的"配偶"时代，这个信仰时代与我们现在所处的"社会（国家）信仰"时代是人类信仰的不同"相"或者"群"，因此，信仰函数在二者之中的意义或规律根本不同，这是"配偶"信仰时代被消灭只需要 40 "天"（创 7：4）、而我们看到一个持续堕落的国家或者社会的死亡却需要 40 "年"的根本原因——信仰的"相"不同，时代不同，信仰函数的时间单位等具体含义也不同。这与不同宇宙空间中的时间坐标不可比的道理是一样的。另外，我们在《圣经》中还看到，从"配偶"阶段后，至"国家（社会）"信仰阶段前的 5 个应有的信仰空间或者"相"，即"配偶-家人"时代、"家人-家族"时代、"家族-种族"时代、"种族-民族"时代、"民族-国家（社会）"时代，被一次性灭绝，时间是"150 天"。这样，人类信仰跨过 5 种相直接来到"国家（社会）"阶段，因此，我们在《圣经》中看到的"亚伯拉罕"等以后的时代，至今再未发生"挪亚大洪水"一样的大毁灭，有的只是一个国家灭亡或者一个社会崩溃，如所多玛、俄玛拉的毁灭（创 19：23-29）——"我与你们立约，凡有血肉的，不再被洪水灭绝，也不再有洪水毁坏地了。"（创 9:11），用虹（七彩）作记号的上述约定，意味着社会信仰中七个阶段或者七个相、七个群的发展时代正式开启，再看不到类似大洪水一样危机全人类的可怕拓扑相变过程了。可见，信仰发展的拓扑结构，从个人、配偶、家人、家族、种族、民族和国家的多方面、多方位，让人类的信仰发展形成可能的突破口，十分有利于整个人类信仰的成长，避免在一个空间或者一个阶段中让全人类"全军覆灭"——这正是《圣经》中"巴别塔"故事的深刻含义："变乱他们的口音，使他们的言语彼此不通。"（创 11：7）以避免"他们成为一样的人民"（创 11：6），在一次来自信仰的毁灭或者崩溃中就被彻底除灭；同时，这意味着，只有到人类信仰发展的最后阶段，全人类的口音语言才会一样。

从图 3-19 中，我们看到信仰发展的动态特征，即不断地断尾、收缩。那些被正确信仰发展所"截去"后的曲线段（如图 3-19 中的虚线部分），并没有真正消失，它们都以不同的"相"存在于另外的信仰体系中，如同图 3-19 中与虚线部分对应的左侧曲线部分。因此，《圣经》创世纪中没有记载的"阴间"，及被视为魔鬼的撒旦，是怎么来的，或者本质是什么？这些疑问由此可以得以解释：不断被正确信仰发展所放弃、所隔离的时空，就是阴间；而统治这个信仰时空的，就是撒旦——撒旦是逐渐变坏的，是与人类的不正确信仰和无信仰的累计、堕落一起变坏的，就象现实世界中那些社会信仰日渐堕落的社会民众，最终要选择越来越专制、越来越独裁的社会形式和社会统治者一样。如此，阴间与我们现在的宇宙，就只是不同"相"而已——阴间与宇宙互为"相变"或"拓扑相变"。联系到正确信仰发展曲线越来越短来看，宇宙是在不断变小，阴间在不断扩大——《圣经》中创世纪一开始的那个宇宙中，我们看到并生活其中的宇宙与阴间的比例，在不断缩小；"阴间"是最后被彻底舍弃的，它固定不前、膨胀不断，其中的事物按照能量等级"物以类聚"。如此，光速是可变的，我们现在看到的光速不变，是因为我们的宇宙在同时相应变化而造成的。这样，我们将来，也许会在黑洞的奇点位置上观察到减小了的光速，或者缩小了的质量。人类应该在看到光速按照能量级别变小时，发现阴间。从上一小节的讨论中，我们知道，信仰的发展过程中有加速度现象——无信仰发展的加速度让其不能避免死亡，而正确信仰发展的加速度让其走向永生。这个信仰加速度的方向，指向信仰中的"神"或"无信仰体系中的各种理想（如马克思主义的"共产主义"等）"。因此，如果我们在物理学中验证了光速越来越快，或者质量越来越大时，就等于全部验证了信仰学的物理猜想。同时，来自信仰的引力，是物理科学中"万有引力"的原力和起始因。而《圣经》中的"马太效应"，则是能量守恒定律的总源头……

人类的具体信仰数目，与科学知识一样无数。在第一章中，我们提到过人类信仰的一个概括性状况——它是一个有 1 维度到 7 维度的全空间，或者从一阶群到七阶群共存的一个系统。其中，社会信仰的七维度空间或七阶群当中，信仰函数在信仰曲线上截下的曲线段（见图 3-17 中曲线段 PP'），是一个基本信仰之弦的决定性部分——它象决定着物理学中"弦理论"内的"弦"的基本特征一样，是衡量和区别不同信仰发展基本单位的主要指标，也决定了在"社会"这个信仰能级上的振动方式，及其震动数目。例如，信仰发展过程中，每一个信仰是否持续变动——向上、向下或者稳定不动，以及各种信仰混合在一起时，社会信仰和各种信仰的向上、向下、或者稳定不动，是信仰弦的三种基本振动方式，它们都被这个曲线段所决定——按照图 3-17 中直线段 PP'的长度，而不是曲线段 PP'的长度。再如，无信仰的社会信仰运动，只有最多三次向上的振动即三次信仰成熟的机会，都是以这个小曲线段的出现和存在为特征的。即，一个没有成熟到结果期的信仰，人们常常因无法确定其性质而更容易被其欺骗。再如，社会信仰运动时间等都以这个弦的出现为基本计算单位，它不可缺少。而信仰弦中该部分的振幅，决定了信仰传递出的最大能量等级和以后的能量分布状况——图 3-17 中的曲线段 PP'，或者图 3-19 中的 D-"货币"曲线段，振幅最大因而能量级别最大，是技术和财富主导下的货币新生数量、速度最大的时期；同时，它再次出现时，无论方向如何，振幅都要变小，从而能量出现梯度性衰减，技术和财富主导下的货币新生数量、速度减小……

185

另外，上一小节中，我们讨论了人类信仰发展可以看作为一个连续运动的曲面——是右闭合信仰曲线围绕纵数轴旋转形成的一个曲面，且，在固定的圆面积（即信仰曲线的固定长度旋转成的圆形范围）内随时间越来越远离旋转数轴，即要对应一个数学上的"模函数"或者"模块化"的函数（即模函数，modular function）。这个模函数所对应的群的阶数是3，即有三种对称且不同的相性，或者共有正确信仰、不正确信仰和无信仰三种不连续的结构系统。信仰发展中的这种运动模型，造成的结果是造就出并只留下固定数量的信仰合格者，而对于物理学来讲，构建、研究类似模型的意义又是什么呢？或者，它意味着什么样的物理学现象呢？类似的，本书中的很多数字结论，也与最新、最前沿的一些跨学科的科学研究结论十分接近，并且，最早显示出二者内在的联系。如，与将理论物理学应用于癌症研究时得出的、判断癌细胞"拥堵"状况的数字结论（即表3-4中的"3.81"）之间，有着晶格的密度波动范围和（维度数-1）成比例、及与显示的实体数目相同的"神秘"关系。即，人们科学实验中发现的相变临界数值中，第一位均为维度数（10维之内），其余数字则都是相变发生时的实体数目字或者实质条件，与我们讨论过的信仰发展中的合格信仰者数目一致。这种内在关系，其实是建立在二者都具有破坏、摧毁大环境秩序的相同理性基础之上的——癌症细胞的相变、"拥堵"或者迁移，意味着人体生命环境或者秩序的死亡，与《圣经》中合格正确信仰者数目满足，就意味着旧宇宙的死亡和天国降临，在逻辑上是完全一致的。

注意，表3-4中第二列中的数字"8"，是指《圣经》中的"千禧年"时代，数字"0"代表创世纪时代，即都是一种全新的个人时代；"0"和"8"，是7维度拓扑空间的两个端点，其中，"0"代表着这个空间"从无到有"被创制时的空间，而"8"则是这个空间发生相变离开、或者被摧毁时的空间。

需要进一步说明的是，表3-4第六列中的数字的具体来源和意义。即，第三栏中数字"8"，来源自大洪水时，被救的挪亚全家的总人口数——挪亚夫妇、三个儿子及他们各自的妻子共8人（创7：13）。该数字小于相变临界数字"8.1"，因此，人类的信仰不可能此时发生相变，无法从大洪水时代的生命环境中"迁移"出去，即无法在"凡洁净的畜类，七公七母。不洁净的畜类，一公一母。空中的飞鸟，七公七母。"（创7：2-3）的环境中相变、进而迎来信仰新世界。人类信仰的发展因此还要被迫留在"配偶"时代继续进行。第三列中的数字"70"，来自经文"雅各家来到埃及的共有七十人。"（创46：27）。对比相变临界点人数——第三列"家人"一栏中的数字"81"，差11人。因此，人类的正确信仰发展，这时仍然无法相变而结束，离开并摧毁旧世界即"家人"时代。第四列中的数字"273"，来自经文"以色列人中头生的男子比利未人多二百七十三个。"（民3：46），对比相变临界点人数——第三列"家族"一栏中的数字"810"，差536。因此，人类的正确信仰发展，这时仍然无法相变而结束，离开并摧毁旧世界即"家族"时代。因为，有经文"凡头生的是我的。我在埃及地击杀一切头生的那日就把以色列中一切头生的，连人带牲畜都分别为圣归我。他们定要属我。我是耶和华。"（民3-13）和经文"利未人要归我。"（民3：12）说明，以色列全族中的长子，与全体利未人处于信仰中的并列位置，他们类似家族的精英或者骨干，共同处于一个由一切头生的组成的"家族"信仰发展大环境中。第四列中的数字"7000"，来自经文"在以色列人中为自己留下七千人，是未曾向巴力屈膝的，未曾与巴力亲嘴的。"（王上19：18）当中。对比相变临界点人数——第四列"种族"一栏中的数字"8100"，差1100。因此，人类的正确信仰发展，这时仍然无法相变而结束，离开并摧毁旧世界即"种族"时代及其自然环境。第五列中的数字"74600"，来自经文"犹大子孙的后代，照着家室，宗族，人名的数目，从二十岁以外，凡能出去打仗，被数的，共有七万四千六百名。"（民1：26-27）当中。犹大子孙当时是以色列全会众即全民族中最大的一个支派，对比相变临界点人数——第四列"民族"一栏中的数字"81000"，还差6400。因此，人类的正确信仰发展，这时仍然无法从以色列各支派的信仰环境中发生相变而结束，离开并摧毁旧世界即"民族"时代及其自然环境。第六列中的数字"800000"，来自经文"约押将百姓的总数奏告于王，以色列拿刀的勇士有八十万；犹大有五十万。"（撒下24：9）当中。犹大和以色列，是人类未来仅有的两个有正确信仰的国家或者社会，其中最大的以色列社会，也仅有80万成年男子或者"战士"，对比相变临界点人数——第四列"国家（社会）"一栏中的数字"810000"，还差10000，"战力"还是不足。因此，人类的正确信仰发展，这时仍然无法从以色列各社会和整个世界的所有社会信仰环境中发生相变而结束，离开并摧毁旧世界即"国家社会"时代及我们现在看到的整个自然环境。另外，表3-4第七列前七栏中的数字0.09、0.1、

11、537、1100、6400、10000，呈现出越来越大的趋势规律，与《圣经》旧约中以色列的社会信仰日趋堕落的记载，完全相符合。

从癌症医学研究的角度看，表3-4第三列描绘了一个癌细胞从一个人体的正常细胞演变（即"从无到有"的癌细胞的"创世纪"）而来的相变条件（10.81）、再到单个癌细胞组成各种细胞组织即一个癌症病灶的相变条件（即28.1）、再到病灶转移即癌症恶化的相变条件（3.81）……如此，我们不难判断，在将来的三维模型下得到的实验验证数据，即癌症病灶迁移、致死生命的相变临界条件值是81个癌细胞密度点，实验围绕在具有81个左右的癌细胞或癌细胞组织、癌细胞密度团的环境中进行设计，取得成功的机会最大。另外，表3-4说明，癌症细胞的产生、发展与人类信仰发展的过程十分类似，医生在人类整个抗癌过程中扮演的角色是《圣经》中的"撒旦"角色，沉迷于治疗是根本无法真正阻止癌症疾病的形成和发展的——人类真正彻底战胜癌症这类疾病的方法，还在于采取与环境相适应的正确生活习惯。即，预防才是人类最终彻底消灭癌症和癌细胞发展、蔓延的唯一途径。

信仰的相态	维度数	项目个数（人数、点阵数量）	在低一维度模型中得出的相变临界条件数值	实验条件《圣经》中，历史上各时代可能合格信仰者的实际人数、未来会产生的人数		各时代合格信仰者人数，与相变临界点要求人数的差距
个人	1	0.81 →10.81	0 0.72（1-2/7）		0.09
配偶	2	8.1 →28.1	1	8	0.1
家人	3	81 →381（或3.81★）★2		70	11
家族	4	810 →4810	3	273	537
种族	5	8100 →58100	4	7000	1100
民族	6	81000 →681000	5	74600	6400
国家（社会）	7	810000 →7810000	6	800000	10000
千禧年（创世纪）	8（0）	8100000 →88100000或0.81	7（或-1）8100000→千禧年后		0

表3-4　表中第一列是我们熟悉的信仰发展阶段，也是信仰的所有相态。第二列是指不同维度的空间、或者不同阶数的群，它们都具有不连续、整数性质即拓扑相变结构特点；第三列，是视表1-6中"810万"的结果对应着8维空间，然后按照10的维度数减一次幂计算、排列而成的；第四列中的数字，是以不改变第三列中的数字形状为原则，将第二列各栏中的数字与第三列中对应栏中的数字直接叠加在一起而形成的（非计算所得）。其中，带星号标记的数字，是实际科学实验中得出的、经实证检验有效的数字结论（与第五列对应栏数字相符，有关实验是在二维空间模型中进行的，所采用的计算公式为癌症细胞的"拥挤状况=周长/√细胞面积"，即证明"癌细胞"集体迁移时的形状指数或者相变条件。第六列中的数字大都直接来自《圣经》记载。其中，第一栏中的数字2/7，来自本书第一章中有关挪亚妻子一个人所受信仰恩惠的份额乘以2所得，原因是亚当于夏娃被视为一人，且其信仰是从高水平堕落的逆成长方向，因此用（1-2/7）换算为一个完全合格者的比重来表示；第七列中数字有第三列与第六列相同栏间的数字相减而得，该列的数字意义：其中前七栏中数字均大于零，显示相关的人群正确信仰水平均未达到发生相变的临界点条件要求，因此不会发生彻底毁坏世界或者终结相应信仰大环境的相变事件，人类正确信仰得以在世界继续，直到千禧年结束后，第七列第8栏的数字为"0"，意味着人类的正确信仰发展的相变条件成就，信仰历史结束，世界毁灭。另，表中带星号数字及有关科学实验的资料，来自互联网。原作者：Gabriel Popkin，《环球科学》杂志8月16号。

表3-4第七列第一栏中的数字"0.09"，占第一列第一栏中数字（0.81）的1/9，这个结果正是我们前面在讨论信仰函数时提到的、夏娃在原罪中应承担的责任比例的两倍。因此，表3-4第三列中的数字及其算法，与表1-6中数字及其算法是一致的，二者殊途同归，属于数学中的同群。如此，不难判断，揭示两种算法的本质及合并这两种算法，必须且可以通过调整我们对数字系统的解读方法，即通过对比不同的数论观点或者数论系统来完成。

我们可以对整数做以下划分：0是整数的"混沌"（创1：2），是数论和整数世界的"无"；1是整数从无到有的开始，我们将此记为（0，1），表示整数世界或其拓扑空间的开始边界。把整数世界结束的状态"0"表示为$\lim 1/n=0$（$n→+∞$）。对应地，把（1/n，0）记为任一个整数n的拓扑空间的结束。如，数字1本身就是有（0，1）、1、（1，0）构成的拓扑空间；数字2的拓扑空间，是有（0，2）、2、（1/2，0）构成；数字3的拓扑空间是（0，3）、3、（1/3，0）……每个整数的拓扑空间的面积相等，都等于1；除1之外，任何一个大于零的整数，都有两个相等的拓扑空间，即两个直角边互换的直角三角形；所有整数包括原点0，都在平面坐标系的第一象限中；每一个整数都对应着自己的独立拓扑空间，0的拓扑空间为坐标系原点和整个坐标系的上半部分，0与$+∞$互为一侧的拓扑相变的结果；0之外，任一个整数都可以看作为相邻的另一个整数拓扑相变后的结果。也就是说，数字1同时具备以下两个数学意义：

A、数字 1 是所有面积等于 1 的矩形或者两个直角三角形（即以矩形的两条对角线划分开的三角形）区域的集合；B、由于所有面积等于 1 的矩形或者其中的两个直角三角形，包含了所有或者任意自然数的拓扑空间，因此数字 1 可以同时表述所有自然数，即可以把所有自然数视为"1"或者折叠为"1"。下面，我们就来看一下如此构造整个整数世界后，整数世界会出现的什么样的几何形象。

在上述叙述中不难发现，数字 1 的拓扑空间，就是我们在构建等值财税曲线时的图 3-1 中的三角形 OAB——一个直边长为 1 的等腰直角三角形，它在我们熟悉的世界里只是一个点；这样，所有的整数都成散射状，对称地沿右闭合货币运动曲线或者正确信仰发展曲线，排列在坐标系的第一象限中，点（1，1）就是整数"1"，它是这条曲线的起点，同时也是曲线的中点，也是曲线的顶点。整数"2"位于"1"的右上方和左下方……对照正确信仰运动曲线，整数"1"是曲线的拐点，对应着信仰发展结果过程中的"忍耐"点和发展阶段中的"家族"点，"节制"点和"虔敬"点，或者发展阶段中的"家人"与"种族"阶段，都对应着整数"2"……因此，我们在本书中有关右闭合货币运动曲线及正确信仰运动曲线的示意图，全部是准确的几何图形，即函数 xy=1,x>0,y>0 的标准几何图像，而不是一般性的说明示意图。但是，我们也不难发现，在这条曲线上，无法描绘信仰的堕落运动——沿这条曲线的任意方向的运动，都在跨过点（1，1）时与原来的含义相反，即它是自相矛盾的。这条曲线，只能表示从小到大、面向 2、3 等更大数字方向时的两种向前运动模式，这两种运动模式也就是我们前面反复讨论过的正确信仰运动中的两只脚。因此，要反映相反信仰运动的状况，即表述由大到小、信仰堕落的发展状况，我们必须将上述拓扑空间的方向调头，即从（1，0）到（0，1），如此，除了方向不同外，在图案上与未调头时是完全重合的。为把粘连在一起不可见的几何图案分开，采用共轭的数学方法，记为等效或等值的从（0，1）点到（-1，0）点。如此，点（0，1）、点（-1，0）和原点 O 组成一个等腰直角三角形。重复前面构建曲线的过程。我们就得出了熟悉的左闭合货币运动曲线或者无信仰运动曲线，它就是函数 xy=-1,x<0,y>0 的标准几何图像，且也只有表述行动的两种模式或者两只脚。

综上，可以完整描述除 0 之外的所有整数的全部拓扑空间，有三部分组成——一是，在表示前进方向的右闭合曲线 xy=1 上，其中 x>0，y>0；二是，在表示下跌或者堕落方向的左闭合曲线 xy=-1 上，其中 x<0，y>0；三是，表示静止状态或者待选状态、或然状态的，在上述左、右两条闭合曲线共同构成的非闭合曲线上，即在 xy=±1，其中 y>0。它们都处于坐标轴的上半部分，与原点 0 共同表述了整个整数世界。单纯从数学的角度看，由于数字 1 本身就是所有自然数的一种折叠态，它是面积等于 1 的矩形或者其中的两个直角三角形区域、或者是面积等于 1 的两个直角三角形的斜边相交所形成的曲线，因此它是二维的或者属于二维空间的事物。但是，数字 1 本身也是没有维度、或者可以不受空间维度制约的、或者它是可以表述所有维度（即可以存在于任意维度空间中）的——如，在一维空间中，它是"1"，在二维空间中，它就是（1，1）和（1，-1），在三维空间中，它就是（1，1，1）、（1，1，-1）、（1，-1，1）、（1，-1，-1）……信仰曲线上的每一个点，都代表了面积相等的矩形或者直角三角形，同时也意味着，掉落在信仰曲线之外的任意位置，都是信仰运动的一个"拓扑相变"；三种信仰运动曲线，只有运动方向的不同，或者只是表述了不同方向的相同运动形态或事物而已，与人们熟悉的量子纠缠现象一样——除了数字 1 所在的正方形中的两个直角三角形是宇称的之外，其它自然数所在的矩形中的两个直角三角形都是非宇称的，因此是下面我们进一步讨论量子物理学的数学基础，但它们在更大范围上是属于统一的、完全相同的一类事物的。上面表述不同维度空间中的首位数字 1，都代表着"同序"或相同方向的矢量（即平行的矩形对角线或者平行的直角三角形斜边），是"父子"关系，即不因维度的变化而分化或者变化；其它位置上的数字 1 和-1，则分别代表着"异序"和"逆序"，彼此间是性别不同的"母子"关系，即随着空间维度的增加、扩大或者发展，彼此间的差别或者分化就越大、越明显或者从原来的一种看似相同的折叠、隐秘状态中显现出彼此的不同甚至根本的对立来——就像对《圣经》的不正确解读，会越来越多且彼此间越来越分化、直至最后都要根本对立起来，显示出所有的宗教解读《圣经》的结果都是根本错误又都隐藏着自我矛盾、因而最终都要自我毁灭的隐患或者机制；另外，可以看出，表述数字 1 变化的上述矩形或者直角三角形的形态变化，共有 4 种，分别是两直角边等比例变化的两种（等比例变大和等比例变小）形态，这两种形态与改变坐标系的单位长度等效，另外两种是两个直角边的反向变化（一个直角边延长，另一个直角边缩短，但矩形或者三角形的面积不变），与坐标系的旋转等效，它们的学术意义和具体应用将放在下面的章节中再行讨论。因此，我们讨论过的信仰运动曲线，从数学的角度看，就是在应用有关整数的数学规律，本质上应该属于数论的范畴；我们所得出的所有信仰运动、货币运动的规律，都是拓扑数学规律本身及其应用。

我们原来常识中的整数，就是信仰运动中的不正确信仰运动曲线中的一段曲线、或者货币运动中的非闭合货币运动曲线中的一段曲线。每一个整数数字的拓扑空间现在也都变为如此的一段曲线。除 0 之外的所有的整数按照上述方法，并按照整数的顺序前后相接地排列在一起，就象一个逐渐张开的狮子口形线一样布满拓扑空间，仍然是我们熟悉的信仰运动中的不正确信仰运动曲线、或者货币运动中的非闭合货币运动曲线。并且，与我们在现实宇宙中观察到的能量变化规律相同。即，随着这个"狮子"口的不断张大，其能量也在宇宙内逐渐梯度衰减。相同的数字，如 2、3……在曲线上成对出现，与量子纠缠对一样同性、同等。与数字 1 可以表述一个面包、一个量子、一个国家、一段历史、一股臭味、一个思想等等任何事物一样，信仰学中的信仰运动曲线也可以表述任意事物，这正是我们在本书中向读者展示的。另外，由于左、右闭合信仰或者货币运动曲线，事实上是共轭的，因此，我们在现实生活中运用相同编制体系的数据，只会看到其中的一个。这是我们在中国的经济数据上使用西方的科学方法，难以发现中国社会的信仰、中国经济中的人民币，与西方社会中的同类事物根本不同的根源。如，中国经济高速发展的统计数据，意味着中国社会快速赴死，而非西方学者眼中的经济繁荣或者国家崛起。同时，这也是本书并未直接使用左闭合货币运动曲线分析中国经济和中国社会信仰的原因，我们采用了图 3-15 中非闭合货币运动曲线，或者采用右闭合货币运动曲线，进行反方向分析、对比，结果自然是完全一样的。从数字"1"所在的等腰直角三角形上看，上述处理方法的合理性更为直观。理由是：这个等腰直角三角形是所有信仰类型共同的标准形，即它的稳定不变，总意味着信仰的稳定、货币供应的稳定、货币幸福度的稳定和财税链长度的稳定。无论哪一个直角边长的变动，都意味着信仰的变动。在统一了运动方向后，不难确定，水平的直角边的延长，总代表着由小趋大。即，总是信仰水平的提高、财税链长度的延伸、货币幸福度提高或者货币供应量变小；相反，垂直的直角边的延长，总是代表着由大趋小，即，总是信仰的堕落、货币幸福度下降或者货币供应量的增加。

除去 0 和 1 之外的所有的整数，可以看作为从 0 这个"无"中产生的"1"——这个自此开始的新事物、新秩序等等当中的必然与或然状态的逻辑组合。其中，必然状态共有两种，记为所有的偶数，如数字"2""4"等等；或然状态只有一种，记为所有的奇数，当然包括所有的素数，如"3"、"5"等等。信仰函数告诉我们，除 0 之外的所有整数的拓扑空间，效率不一，而以信仰曲线顶点位置附近最高。而在每个整数的拓扑空间的中间位置，如上面的数字 1，也是或然状态，即趋向 0 或者趋向 1。除去 0 和 1 之外，所有的整数按照 10 的 n 次幂（n 为整数）划段，且都表示为 2 的 m 次幂（$m \leq n$，m 为整数）与 3 的 P 次幂（$p \leq n$，p 为整数）之和，如 5=2+3。如此，我们会发现，4 是 10 的 1 次幂阶段即个位数阶段上，唯一的一个合数——即它是该阶段中唯一一个相变，而 6 与 7 是 10 的 2 次幂阶段上的第一个数和第一个素数，$6=2^2+2$，$7=2^2+3$。也就是说，6 是 10 的 2 次幂阶段中的"混沌"，是又一个创世纪的开始，这是解释《圣经》创世纪中，人类产生于第 6 日的科学理由。而创世纪第 1 天是宇宙秩序的开始，跨过 4 个时间段后即相变，因此，"4"是人类可以离开创世纪中的宇宙、实现信仰上的相变的必须全程，这是我们在前面章节中，一直将人类信仰划分为 4 阶段的科学依据。而，当 6 为混沌（0）时，7 相当于的 1，是从无到有的新开始，处于整个整数世界中的最高效位置。因此，数字 7 是人类信仰相变前的最小拓扑空间的维度数，7 维拓扑空间是信仰发展空间的最基本、效率最高的空间环境——让正确信仰者的信仰发展最快、效率最高；让不正确信仰者分化最快，从或然状态中最快地确定下最终的信仰发展方向；让无信仰者和无信仰社会最快死亡。完全验证上述结论，还需要在数学上证明除 0、1 之外的所有整数，当然包括所有素数，都可以写为 2 与 3。这个问题我们放在小节的最后再行讨论。

从以上述整数观来看，"4"是一个拓扑空间中的阶段性"相变"，其所产生的后果也是阶段性或者区域性的，正如挪亚大洪水只消除了配偶阶段后的 5 个信仰阶段，却并未彻底摧毁宇宙、地球的整个信仰环境一样，也如信仰函数中的 40 年定律只让特定的相关社会发生向前或者向后的变化，并不对周边环境产生同样的影响。而数字"7"是真正或者最高级别、能效最高的拓扑相变，是新宇宙创生、从无到有的拓扑相变，但其中仍然遵循信仰函数的规律。需要注意的是，发生阶段性拓扑相变的"4"，与发生全局性（全宇宙性）拓扑相变的"7"，是垂直交叉的关系，根本不处在一个空间中，不具有可比性。正如《圣经》中，亚当和夏娃，与创世纪中被造的其他人不一样、不处于同一时空中：创世纪第六天所造的人，是或者可以是从生物进化中演变而来的人类，是"畜类人"，是"4"；而亚当并不在此，他是"7"；他们可以相交，但本质上并不在同一时空里。所以，《圣经》中亚当在创世纪第二章中才出现，而畜类人在第一章中就出现、完成了——亚当出现的具体时间，并无法确定。我们现在人类都同时具有畜类人和亚当的基因，是由于亚当与夏娃的儿子，与畜类人的女儿结合的缘故。《圣经》"创世纪"记载中，亚当、夏娃在儿子塞特出生前并无女儿，他们的大儿子该隐在塞特出生前就已经娶妻——即，该隐的妻子必定是畜类人，且除非塞特是娶了该隐的后代女儿做妻子，否则他的妻子也必定是完全的畜类人。至此，到"挪亚大洪水"后，人类的基因必定完全是混合着两类人的共同基因的结果。这是从现代生物基因学角度看，我们人类的历史，理论上大约700万年前出现，且已经有了相当丰富的人类祖先的化石，最早可以追溯到400多万年前的久远时代的原因。

如图 3-17 中的"德行"至 P' 点之间的 4 个曲线段所示，"4"是人类信仰在任何维度的拓扑空间中，都会产生阶段性拓扑相变的通用周期，与所在空间及其维度无关。需要注意的是，根据我们在第一章中的讨论结果，正确信仰一次成熟的任意次结果，都无需返回；而不正确信仰最多 3 次信仰结果后，就需要返回去重复信仰的成熟过程；无信仰道德体系，一次结果后就需要重复信仰的成熟过程。总之，"4"在各阶段上的信仰曲线段，就成为所有发生拓扑相变的基本信仰单位或者"信仰量子"，对应着经文"四个活物，前后遍体都满了眼睛。"（启 4：6）中的"4 个"。每一段这样的信仰弧线，都与上面的数字"1"一样，有两个表示确然状态和一个表示或然状态的曲线段，共 3 个极小的曲线段象树杈样组成。人类的整个信仰发展历史如表 3-5 所示。其中，全人类信仰中两个结果相反的信仰类型——趋向天国的正确信仰和趋向地狱的无信仰的曲线，在"确然"方向上形成两个"角"，而信仰的结果具有两种可能性且无法确定的不正确信仰的曲线，在"或然"方向上独自站立，形成全人类信仰发展上的大"丫"形；再细数其中的"角"，全人类的正确信仰中，按照《圣经》的记载，在挪亚大洪水之后缺失了 4 个拓扑空间，剩下的 3 个空间中共有 3 个"信仰量子"共 6 个成对出现的角；而不正确信仰者和无信仰者，在挪亚大洪水中全军覆灭，只剩下社会阶段中的一个"信仰量子"上的一对角。综上，人类信仰史上总共有 10 只"角"。而整个人类信仰历史中，社会信仰空间中包括了全部 7 个信仰空间所能对应的所有信仰阶段。因此，只有表 3-5 中所示的 7 个"头"。以上的 7 头 10 角，正对应着《圣经》中的"七头十角兽"（启 17：7），象征着人类信仰发展历史结束前的时代状况，或者全人类的正确信仰在发生拓扑相变前的整体状况。

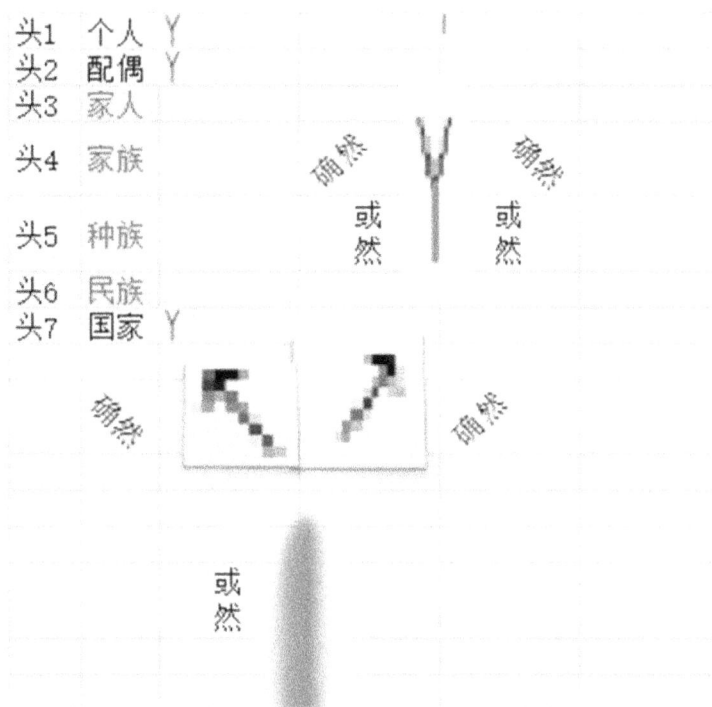

表3-5社会信仰发展中的"七头十角"兽

表中四个红色的阶段不是独立的空间，它们被《圣经》中的大洪水直接剔除，但是，它们作为社会信仰发展六个阶段中的五个阶段的端点，仍然存在并发挥作用。

另外，不难推理，在 7 维度的社会信仰环境中，人类共有 4*6=24 个"信仰量子"或者基本信仰弧线。如此，人类的整个社会信仰阶段如表 3-6 所示。表 3-6 分为三部分：第一部分中的立方体的由来和意义，放在下面讨论。第二部分，是第一部分中长方体一个侧面从对角线部分展开，其中的"1 知识-德行……4 忍耐-P'"，是指图 3-17 中曲线上的相应曲线段。第三部分的表格内容是对第二部分的数学或者逻辑归纳的结果。第二部分和第三部分中的符号"Y"和倒"Y"，是只有方向差别而其它方面完全相同的"信仰量子"；信仰量子符号中的分叉，如"Y"上部的两个分叉，代表趋向死亡和趋向永生这两个信仰确然状态，可以分开来记，不同方向的分叉不能合并。如表中第二部分上的"个人"部分。而"信仰量子"符号中的垂直线段，代表或生或死的信仰或然状态，不用分开、可以通用，或者不同方向的"信仰量子"间的垂直线段也可以两两合并。如表中第二部分中虚线划过的符号中的垂直线段部分。

表 3-6 表中，确然信仰结果方向的正确信仰和无信仰"信仰量子"各有 12 个。其中，代表正确信仰的 12 个，是各阶段中确定走向永生的信仰的代名词，也表示信仰发展必会发生相变后进入更高能量等级的一种状态。对应着《圣经》中圣城新耶路撒冷"高

191

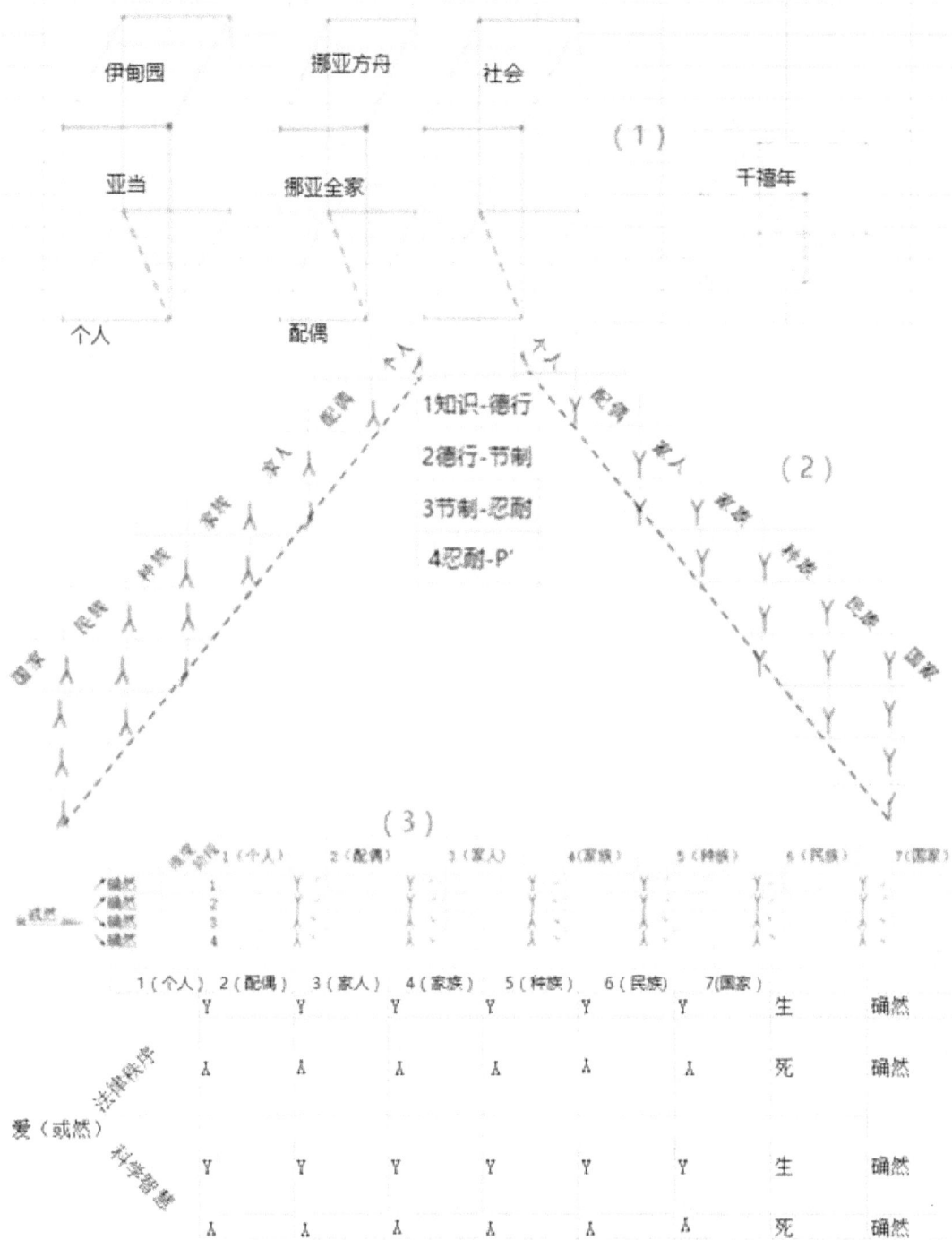

伊甸园	挪亚方舟	社会	（1）
亚当	挪亚全家	千禧年
个人	配偶

1知识-德行
2德行-节制
3节制-忍耐
4忍耐-P'

（2）

（3）

	1（个人）	2（配偶）	3（家人）	4（家族）	5（种族）	6（民族）	7（国家）
确然	1						
确然	2						
确然	3						
	4						

	1（个人）	2（配偶）	3（家人）	4（家族）	5（种族）	6（民族）	7（国家）		
	Y	Y	Y	Y	Y	Y	生	确然
法律秩序	人	人	人	人	人	人	死	确然
爱（或然）								
科学智慧	Y	Y	Y	Y	Y	Y	生	确然
	人	人	人	人	人	人	死	确然

表3-6　《圣经》中 "12支派" 的数字12、所罗门的宝座与弦理论

大的墙。有十二个门，门上有十二位天使。门上又写着以色列十二个支派的名字。"（启 21: 12）、"城墙有十二根基，根基上有羔羊十二使徒的名字。"（启 21: 14）等等经文中的数字"12"；另外的 12 个确然结局，代表确定死亡、确定崩溃的信仰的信仰状态。

　　我们所处的宇宙环境与我们的信仰环境相一致，物质的最基本结构与信仰的基本结构相同，也如表 3-6 第三部分所示的一样。即，物质的基本结构中共有 24 条 "弦" 或者 24 条基本的能量弧，每个弦有确然的两个能量弧或者两个 "角"，同时有一个起或然作用的能量弧——这是实际观察中最直观、最容易、最稳定的部分，如拓扑空间中稳定的整数一般。表 3-6 第三部分的两个表格的意义相同，是从不同角度对所罗门的宝座、信仰量子所做的分析。表格中，每个阶段空间是一个能量阶梯或者梯度，其中都有两对让物质变化、发展趋向完全相反方向的能量 "弧"，和一个完全相同的维持物质现状的能量弧。两个确定物质相同的发展、变化方向的能量弧，在物质发展、变化过程中，在不同阶段或者不同相之间，按照一定的顺序交替出现、并

192

分别按照自己的规则推动或者主导物质的发展。表 3-6 中的宇宙基本物质结构模式，也对应着《圣经》中所罗门王的象牙宝座："宝座有六层台阶，座的后背是圆的，两旁有扶手，靠近扶手有两个狮子站立。六层台阶上有十二个狮子站立，每层有两个，左边一个，右边一个。"（王上 10：19-20）。

根据前面讨论过的整数在拓扑空间上的分布规律，不难知道，所有整数呈现出远离坐标原点、对称排列在一条曲线上的特点，是数学上的"流形"或者模函数的标准图像。因此，物质的最基本单位——理论物理学上弦理论中的弦，只有 24 条，对应着 24 个模函数或者流形体；且，每条弦有 3 个曲面，成"Y"形，它们在二维空间中的模型及各种变动组合方式，正是我们讨论过的 3 种信仰发展曲线及各种可能的变化。

人类的所有社会信仰运动的几何结构，结合表 3-6 中的四个阶段和流形体的特点来看，就是一个系列的四维流形——我们也可以简单地将表 3-6 第三部分中的"阶段"与"维度"交换对待，即把表 3-6 看作为四维空间中的一个全段的社会信仰运动。如此，就与物理学中，物质的微小维度的几何结构是一系列四维流形，即人们统称为 K3 曲面的那些流形完全一致了。

上述不同维度空间间转换的结论，可以简单总结为：在二维模型中看到的三种信仰运动曲线，在七维模型下只是一条连续变化的弧线或者一个点阵集合，而在四维模型下，它是一个三曲面的流形或者一个模函数的几何图案。如表 3-7：信仰曲线的立体图就是《圣经》经文"岂可向木墩子叩拜呢？"（赛 44：19）、"树墩却要留在地内"（但 4：23）中的一个"墩子"；而其在五维空间上形状，在二维视图下为一个有两段连续弧线和一段直线构成的"牛头"或者"羊头"图案，对应着《圣经》中以色列人的"燔祭"、"平安祭"、"赎罪祭"里所使用的牛羊；其中的直线，就是我们讨论过的货币幸福度的标识线，或者图 3-10 中的"幸福线"和"痛苦线"，是我们在现实世界中感觉最直接的事物特征部分。它只有三种变换的平面图，如图 4-1 或者图 4-3 中，中间一个图形和左右图形中的任一个。它也只有幸福度稳定、上升和下降的变化三种形式。即，原点与曲线的连线，在长度上具有从稳定到变短、和从稳定到变长的两种确然的变化趋势，在方向性上具有的指向"幸福"或者指向"痛苦"的一个或然性的变化方式。这个"牛头"图案围绕其"幸福度"直线旋转，所形成的立体图，象一个人的手臂举着一只碗，对应着《圣经》中"拿着七个金碗，盛满末后七灾的七位天使"（启 21：9）的"举碗"或者"端碗"的图案，几何构成上共有四个不同曲面。

我们讨论过的所有信仰变化曲线图，在 1 维空间和 7 维空间中，都是独立存在的整数点而已——所不同的只是，在 1 维空间和在 7 维空间中的点的数量不同。因此，我们在 1 维空间中，如前面提到的癌症细胞试验中的 2 维模型条件下，看到的数据其实是 7 维空间中的点数，即在 1 维数据上可以直视 7 维空间里的奥秘。这是表 3-7 中，为什么我们列明"维度数"与"维度减一"两栏——提示读者注意，按照"维度减一"就是按照七维空间的角度看待我们的宇宙，在那里，我们熟悉的二维空间相当于是一维度的空间。而 8 维度也相当于一维度，即全维度的维度循环的开始——真正的七维度以上的空间，超出了我们的宇宙范围，是《圣经》之外和天堂里的不可知了。信仰曲线在 7 维度空间中，只是一个点而已，无需任何坐标系或者象限进行表述，它对应着《圣经》中的经文"好像一粒芥菜种"（太 13：31）。但在三维视图中，这个点变化为长立方体，如表 3-6 中第一部分所示：从亚当"个人"所在的伊甸园，到挪亚时代所有"配偶"所在的方舟，再到如今的国家社会时代，共有三个长方体，未来还有最后一个，是"千禧年"时代的；表中前三个长方体的长度和宽度与纬度数减一相同，高度为 4，即"伊甸园"是 8*4*7 的长方体、"挪亚方舟" 2*4*7 的长方体、我们现在的宇宙是 4*7*7 的长方体，而千禧年时代是第 4 个的时代，恰好属于阶段性相变的时代，即与前三个时代相比，具有独特的阶段性特点。这意味着我们现在的宇宙在整体上其实也是一个"挪亚方舟"的长方体样式，所不同的只是结构间的比例发生了变化。上述前 3 个长方体，可以看作 3 个密度点或者能量团结构，如此，信仰曲线按照"信仰量子"的个数，共有 81 个，即一个 9 阶方阵中的点数——这正是表 3-4 中的相应数字；或者，有 24 个"举碗"曲面形状的"信仰量子"。如表 3-7 第一栏中的数字所示。与此同时，单独对正确社会信仰阶段的信仰空间来讲，6 阶段的信仰发展过程中的前 3 个，即德行-知识、知识-节制、节制-忍耐阶段上，所有的合格信仰者就可以被视为 3 个结果或者 3 个人——对应的，不正确信仰和无信仰，只是 3 个或者 1 个信仰成熟期，只相当于 1 个人或者 1/3 个人。对于正确信仰来讲，上述结果就表示为表 3-7 中的"三光闪耀"中的 3 点，对应着我们第一章中讨论过的合格信仰者的分类：第一类是一般传道者，他们象深夜中的"灯光"，照亮了人与人之间的关系或者社会秩序、社会形态领域。如，带领人们建立起自由、民主、三权分立相互制衡的社会。但是，"灯光"还不足以帮助人们看清自然宇宙。第二类传道者即靠科学传道者，会点亮"星光"，让人们在黑暗的世界中既能处理好人与人之间的关系，又能处理好人与自然的关系。如，信仰学会彻底消除自然科学与社会科学之间的鸿沟，极大促进科学的整体平衡发展。随后，大量普通的正确信仰者的信仰快速发展，会给黑暗中的人类带来黎明前的万道"晨光"，为迎接信仰的阳光普照时代奠基。随之，千禧年如期而至，人类信仰终于走出黑暗迎来光明，也完成了信仰发展中的阶段性相变——其一蹴而就的相变过程正如经文"好像闪电从天这边一闪，直照到天那边"（路 17:24）所描述的一样。这个信仰相变的结果，如表 3-7 中的红色密度点所示。

能量弧（密度点）数9*9=81个		6*4=24个	3个
三维视图	墩子	举碗（流形体）	长方体（4*7*7等）
二维视图及名称	狮口形（狮足线）	牛头（羊头）形	三光闪耀 / 密度点
研究工具	平面几何	模函数	7阶群
维度数		2 3 4 5 6 7 (8) 1	
维度-1		1 2 3 4 5 6 7	

表3-7　　　信仰点的空间转化：信仰的基本类型和单位在不同维度空间中的几何形状的转换，及不同的研究工具

物理学的难题是，我们处在一个熟悉的三维空间中，但我们的宇宙，事实上却是按照与人类的信仰发展相适应的规律一直在变化，有着从七维度空间或者四维度空间的视角来看，才更容易理解、更符合依照人类自己的方式简单直观的一种结构形式。物理学的这种尴尬，都是人类信仰发展的历史问题造成的：挪亚大洪水后直接进入到社会信仰阶段的人类，还停留在习惯于配偶时代至家人时代的信仰发展的第二至第三阶段上，我们因此更习惯用二维、三维空间中直观的方式看待身边的宇宙，而那时的宇宙却早已跟随信仰发展进入第七阶段而进入到七维直观空间中来、或者按照整个信仰发展进入到等待出现拓扑相变的第4大阶段的四维空间中来了。宇宙随着人类的信仰变动而变动、宇宙的空间维度数与人类信仰发展的阶段数一致的性质，正对应着《圣经》中的经文"神的国就在你们心里"、"神的国就在你们中间"（路 17：21）。水相变为冰以后，水去了哪里？冰又从哪里来？天国和宇宙间的关系也一样：宇宙拓扑相变后成为天国的"新天新地"，这正对应着经文"风随着意思吹，你听见风的响声，却不晓得从哪里来，往哪里去。"（约 3：6）。而反观宇宙和阴间的关系，好像畜类人从猿猴进化而来后，人类的世界如人类社会，与猿猴等组成的动植物的世界的关系一样——动植物世界与人类世界共存在一个大宇宙环境如地球物理环境下，我们生活的宇宙与阴间之间也如此。宇宙中的合格正确信仰者与阴间中安息的合格正确信仰者的总数量，达到信仰拓扑相变的临界点后，整个宇宙包括阴间，就一起发生拓扑相变、天国降临，宇宙、阴间和阴间中最底层的地狱同时消失。

　　《圣经》中给出信仰发展的连续空间和相变条件，如表 3-8 所示：从左到右，是从一维的直线空间到三维立体空间，又分别代表着《圣经》中的创世纪、伊甸园、"父"时代或者《旧约》时代、"子"时代或者《新约》时代、"千禧年"时代；数字"4"和"7"贯换其中，是《圣经》中的核心数字，也是理解《圣经》中的信仰空间及信仰相变条件的关键指示。4与7同效，都为信仰发展发生拓扑相变的条件，在几何图形中是同一个矩形的边长，它们的互换不影响矩形的面积，即在信仰发展中是同等效果的——这是前面提到的癌症细胞迁移研究中，所采用计算公式的计算结果，正与细胞数量有关的原因所在，其中的数学原理，类似用塑料圈套球时，扩大塑料圈的面积与扩大塑料圈的周长，对于套到球的多少来讲是等效的。表中的 4 与 4 相遇、4 与 7 相遇，是能量最大的拓扑相变，分别是社会信仰时代和末日审判。整部《圣经》，在表中明显显示为数字 1 的整个拓扑空间。其中的"1"，又有 7 个单独的直线阶段构成，同时也是 4 个有 7 与 4 的"螺旋"结构构成。表中中间部分，是二维平面模型，解释了前面我们反复讨

论、使用过的信仰函数的本质。包括，A）、7 个过程 4 个阶段的社会信仰全程，是一个 4*7 的矩阵，如图中 4*7 的长方形图案。其中的点数，完全包括在了 5*8 的更大矩阵中，如图中的 5*8 的大长方形，是对前者的全方位、全面或者完全的突破，或者相变临界条件成就。因此，信仰相变的两个确定性结果，此时必居其一；信仰相变的一个或然性结果，此时也必定确定了下来，即确定下未来发展变化的最终方向。如，1978 年之后中国社会的信仰，是从社会最底层到社会精英阶层、最高层的社会全方位性地向钱看、"以经济建设为中心"，是从社会的政治、经济、文化等全领域性完全堕落，它必在 40 年信仰规律之下死；而 1949 年之后的台湾社会，正好相反，是社会各阶层的全方位性、政治与经济等社会全领域性的正确信仰成长，它必在 40 年信仰拓扑相变规律下而成为一个民主社会；《圣经》中的以色列，社会信仰在所罗门王时代全面堕落——《圣经》中有关于所罗门晚年离弃神的详细描绘，正是其全社会信仰完全堕落的真实写照，因此，它必在 40 年信仰规律下有盛转衰、确定下走向专制独裁社会的历史方向。B）、上一节中，我们提到过，信仰函数显示总要有 $1/2^{40}$ 的有效剩余量被一次性完全消耗，如图-20 所示的那样。现在，通过表中的 5*8 的长方形来看，其中的原因非常简单。5 作为对信仰阶段 4 的突破，及 8 作为对信仰全空间 7 的突破，显示出信仰相变的临界值为 5*8=40，这就是信仰函数中 40 年定律的最简单解释。根据前面的讨论结果可知，超过 7 或者超过 4 之后，整数世界就进入到了 10^n（n 为自然数）空间中来，因此，此后的变化周期规律就是以 10 为等比例变动，且只有 3 次——4 就要迎来阶段性的相变而改变规律了。表 3-8 中右边的图表，是人类整个信仰发展历史的总图。其中，标记为 4*7*7 的长方体，就是我们现在所处的宇宙，它的外部和内部各有一个长方体。外部的长方体，是迄今为止人类的所有信仰堕落及其载体的宇宙空间，即阴间。阴间与《圣经》中替罪羊的去处阿撒泻勒（利 16：8）、及社会崩溃、国家灭亡和个人死亡的去处相同。最右边的立体图是《圣经》中描绘的天国，也分为两部分，是从人类的正确信仰的相变中产生的，也可以看作为从《圣经》中描绘的所罗门王的宝座上直接拓扑相变而来的，就不再进行详细讨论了。

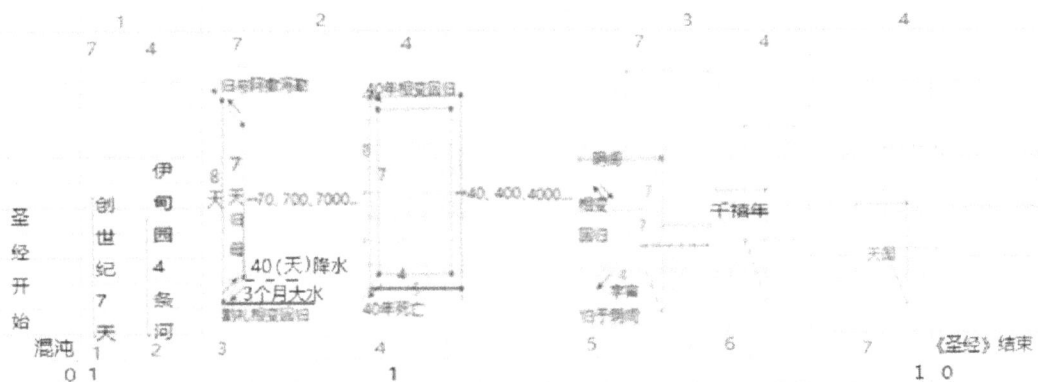

表3-8 《圣经》全部在 "1" 的拓扑空间中，及《圣经》中的数字变化规则和信仰函数中40年定律图解

《圣经》中所罗门王的宝座，同时表现出人类信仰运动和宇宙物质运动中的最基本结构和最基本规律，正如经文"赐你聪明智慧，甚至在你以前没有象你的，在你以后也没有象你的。"（王上 3：12）所讲，以色列的所罗门王，确实是人类最高智慧的化身和代表——如果说，我们现在已经摆脱了对宇宙自然现象的愚昧无知，而处在科学文明的时代了，但由于对人类的信仰运动和社会历史规律仍然处于黑暗、愚昧无知的探索状态中，现在的人类就还不能说处于全文明的科学时代中。信仰学现在看到了所罗门王的宝座，就是开启了人类文明的新时代。但是，宇宙的最基本结构如同《圣经》中的所罗门的宝座，是否意味着信仰学的如下未来：信仰学快速推广后，逐渐分为两部分，就像《圣经》中所罗门的以色列王国很快分为两国一样。信仰学的分化，将沿着现在的社会科学与自然科学的旧路进行，趋向社会科学领域中的分支，将为人类在任何新物质环境中快速、有效地建立起人类生存秩序提高知识和服务。如，解决在火星上建立有效的社会生活秩序过程中所遇到的各种问题；趋向自然科学领域中的分支，将提供各种宇宙新环境中的自然科学知识，如火星的气候、地质、物理知识。但，信仰学的进步，会让人类如所罗门时代的以色列人舒身在象牙床上、有奴隶为其做苦力一样，产生对人工智能等高科技的依赖而减少了爱，应验经文"因不法的事增多，许多人的爱心才渐渐冷淡了"（太 24：12）——正确信仰者及其社会，本应因为爱而始终充满活力、始终处于信仰函数所确定的最高效的

起始或者"1"的位置上，如经文"在神国的，正是这样的婴孩、小孩子。"（路 18：15-16）所讲。那样，人类的信仰发展，会逐渐发生分化。也与《圣经》中所罗门王之后的以色列人社会，分化为不正确信仰的以色列北王国和趋向无信仰的犹大王国一样。这样的分化，让人们虽然都手拿《圣经》，也按照信仰学所要求的样子去做，但却无法摆脱逐渐缺失爱、失去热心的发展轨道。如此，最后必导致代表人间秩序的法律，和代表自然秩序的科学，双双被毁；顺此途径进行传播的正确信仰，由此受阻，验证经文"我那两个见证人，穿着毛衣传道。他们作完见证的时候，兽与他们交战，把他们杀了。"（启 11：3-7）。

最后，我们来看所有整数都可以简单地写成 2 与 3 的形式的数学问题。

首先，这个数学思想来源于《圣经》对世间万物的划分，整数数字的划分只是这种宇宙划分的一个代表而已。《圣经》创世纪中记载，神看一切都是好的，"神看着一切所造的都甚好。"（创 1：31）。我们将以上记载看为数字"1"，或者是整个思想的第一步。至"挪亚大洪水"前，表明事物被划分为两类，一类是"洁净"事物，另一类是"不洁净"事物，"凡洁净的畜类，你要带七公七母；凡不洁净的，你要带一公一母。"（创 6：2）。我们将以上记载看为数字"2"，或第二步。需要清楚的是，《圣经》中对洁净、不洁净事物的不同态度，即洁净事物对人们正确信仰的发展十分有利或者有益，而不洁净事物对正确信仰者无益——但也无害！就如安息日期间工作，对正确信仰者来讲，是无益也无害的一样。也如《圣经》中的挪亚带着不洁净的畜类登船，并无妨碍一样。第三步是，正确信仰者对不洁净事物的沉溺、迷恋，却是有害的。这是数字"3"。对不洁净事物的沉迷，会让人类的生命时光白白流失，无益于信仰成长，占据了正确信仰者应有的信仰时间和空间位置，而最终导致死亡。这是不洁净转化为邪恶的过程。所以，所有宗教、思想体系、道德体系，包括所有的科学理论体系在内，人们都可以接触、涉及、借鉴、研究、介入，只是对于能够让人永生的正确信仰的成长而言无益、无用、无价值，决不可沉溺其中。这对应着经文"虚空的虚空，虚空的虚空，凡事都是虚空"（传 1：2），也对应着耶稣基督的"不要因鬼服了你们就欢喜，要因你们的名记录在天上欢喜"（路 10:20）的教诲。否则，就与极端思潮传播者、宗教极端分子、泯灭人性的暴力武装革命者和邪恶的自杀袭击等恐怖制造者的下场一样。由于可以随时从痴迷中摆脱出来，上述这种信仰思想状态其实是可变的、待定的——即，数字"3"永远处于或然状态下，与数字"2"的确定状况相对。对上述数字的整合，是数字"4"，即第一个合数的诞生。基于以上，所以只有在所有的信仰、思想都可以自由发展、自由存在时，才是最有利于正确信仰的成长的。这就是结论。即，一个信仰循环的结束或者目的完成，是全部信仰进程的基础或者"基数"，这就是数字"5"的信仰学定义。数字 5 因此就是七维空间的坐标原点。

遵照上述思想，有关整数研究的整个数学上的"数论"，就是关于整数折叠或者算法的科学——相当于对表 3-8 中的那个 4（宽）*7（长）的矩形进行沿对角线、或者沿一个边，不断进行对折。根据对折矩形造成的直角三角形两直角边边长比例的变化规律是三折后固定重复，所以数论本质上只研究三种算法，它们是加法（+）、减法（-）和乘法（*）——加法与减法是同种折法里的两种相反方向的折叠，乘法是另种对折；所有的整数也以此分类，即整数分为奇数和偶数，是整数世界的两个确然部分。其中，由于所有的偶数被 2 整除后，会重新得出整个整数世界，所以，它只是整数世界在不同拓扑空间中的移动或者折叠；奇数再进行这样的折叠，按照其中包括的 2 和 3 的最高幂的层级，又分为奇素数和偶素数。然后，这样的折叠会一直延续下去直至无穷。整数世界的全部奥秘就在于此。

我们对所有奇数重复做一下前面我们对数字 6 和 7 所做过的改造，即将它们都写成 2 与 3 的形式。显然，最大的问题只是素数——容易知道，七维空间共有 128 个象限，其中每一个点（或者立方体）都有 126 条线、或者分为 128*49 个部分、每象限中都有 49 个平面、或者七条坐标轴相交而成，将第一个象限中 7 条坐标轴上的素数点单位找出来，是最基本的任务。然后，折叠其它所有整数都可以简单地写成 2 与 3。为了下面书写方便，我们把 2 的平方记为 2^2，2 的三次方记为 2^3、2 的平方之后再平方记为 2^2^2……数字 3 也同样处理，即始终不出现大于 4 的数字形式。注意，数字 7 在七维空间中，相当于我们熟悉的坐标单位点"1"，是标志从坐标原点到第一个单位点的距离长度，或者衡量一个坐标系大小的基准，其本身的具体长度无关紧要或者可长可短，但它一旦固定下来就决定了我们可视坐标系的大小。因此，7 是素数中的基数。

把 2 与 3 按照幂的层次并列成两排，所谓加法式折叠，就是将两排数字按照不同方式求和；所谓减法式折叠，就是将两排数字按照不同方式求差。

从任意一排数字的角度来讲，都有 3 种方向的加法式数字折叠，分别是：1、斜线加。即加上处于同向斜线（如均为右下趋向线）上的对面那个序号合规的数字；如表 3-9 中，2^2+3 就是斜线加。2、与 1 方向相反斜线上的数字加法；如表 3-9 中，3^2+2。3、水平加。即处于水平线位置上的两个数相加；如，表 3-9 中，2+3 就属于水平加法。

同理，从任意一排数字的角度来讲，也都有 3 种减法式数字折叠，分别是：1、斜线减。即减去处于同向斜线上的对面那个序号合规的数字；如表 3-9 中，2^2-3 就是右下斜线上的减法折叠。2、与 1 方向相反斜线上的数字减法；如表 3-9 中，3^2-2。3、水平减。即处于水平线位置上的两个数相减；如，表 3-9 中，3-2 就属于水平减法。

对照表 3-8 中的 4*7 矩形，斜线加法代表对折时，出现了对折边的长度大于被对折边的长度，即出现"长出"或者"有余"的所有折叠方式；斜线减法代表对折时，出现了对折边的长度小于被对折边的长度，即出现了"不足"或者"短出"的所有折叠方式。以上两种折叠方式，显然都无法折尽。而水平加法和水平减法，代表沿矩形短边（4）、沿矩形长边（7）进行对折时的情况。其中，沿矩形短边（4）进行的对折，每次都可以折尽，因此，在表 3-9 中的序号（小序号）为"2"的水平线上，水平加法的结果，与其它水平线上加法的结果相对——前者即序号和为 4 的均为素数，其它均为和数（原点 5 除外）。也显然，沿长边（7）进行的对折，会出现有余或者短出的情况，与斜线对折的情况一样。也就是说，一组只有对折组成的折叠，会最终将所有整数折叠为素数；同样，一组有"不足"加"有余"的加减法组成的折叠方法，即剥夺"不足"者给"有余"者，也会把所有整数折叠完毕。如表 3-12 所示。

在加减法折叠中，序号是关键。序号的确定原则，与 4*7 矩形的折叠情况完全一致：加法折叠中，会有超出领域之外的情况发生，因此会有域外的多余数字出现；且，沿长边对折时，都最多只有三次长出的折叠机会，而沿着短边对折时，只有一次长出的折叠机会。然后完结归零或者重新循环。因此，对折时的序号计算到序号之和为 4 停止，其中短边只计算一次；而这些折叠中的边长最多为 4，因此，这时在相加的数字间，各自序号（即表 3-10 中红色数字 1、2、3、4、5、6、7 当中的序号，我们称之为大序号）之差不能大于也不能等于 7，即严格限定在≤6 的范围内；斜线的加法折叠中，沿平行于矩形对角线的斜线进行长出式折叠，最多只有 6 次——即折叠出的小直角三角形的边长，从 1 至 6，至对角线折叠后，转入与对折相同的情况。以上，都表明所有的加法折叠中，大序号数字之差，不可大于 6，小序号数字之和不可等于 4、而对折时只计算第一次小序号之和等于 4 的计算总原则。

的一个数字群。同理，沿着矩形的 4 个边进行的折叠，也会产生 4*6=24 个数字组成的数字群。

在减法折叠中，无论小斜线折叠是从矩形 4 个角中的哪一个开始，最多只有 1 次可以保证折叠出的直角三角形的顶点在对角线设定的最大折叠区之内，因此，它只有一个独立的数字出现；且，由于折叠出的小直角三角形的直角边边长，只有边长分别为 1、2、3 的三种情况，因此，大序号为 4 之后的情况可以直接不予考虑。同时，沿矩形的长边对折时，限定领域内的对折最多有三次，且只有第一次是独立的，其余的与长出式折叠重合，即只考虑大小序号等于 3 的情况即可。以上，都表明在减法折叠中，最多仅有三个独立数字在区域内出现，一个属于斜线减法，另两个属于对折减法，前者的大序号限定在 4 之内（≤3），后者限定在小序号等于 3、大序号也等于 3 或者 7（隔 4）的两种情况下。

计算折叠的总次数，不难发现，从每一个角出发的斜线折叠，共有 4 种——4 个角各有 1 次；然后，每个角沿长边共有 6 次不同的折叠机会，即边长分别为 1、2、3、4、5、6 各 1 次；每个角沿矩形短边进行的斜线折叠，各有 4 次不同的折叠，即边长分别为 1、2、3、4。以上所有斜线折叠方法，共计产生 4*6=24 个折叠，或者共产生 8 个、每个分别均有 24 个数字组成的一个数字群。再结合折叠方式——加法式折叠和减法式折叠，以上共计产生 2*8=16 个数字群、共计产生出 2*8*24=384 个数字来。

当然，从任意一排数字的角度来讲，也都有很多数字折叠方法。如，在水平加法之后再加上加数——所有整数可以此简单表示出来，见表 3-12 中奇数和偶数的表达式，或者，水平减法之后再减减数，都表示原来对折折叠方式的重复进行；斜线加法之后，再加加数，或者斜线减法之后再减减数，都表示对角线折叠或者其它斜线折叠方式的继续……

下面，我们结合表 3-9 简略说明一下。

按照表 **3-8** 中的数字规律，只需六个 2*3 的矩阵，就能保证数字变化严格控制在相变条件

7

与

序号	层和层数	层和层数
3	2^3^3	3^3^3
2	2^3^2	3^3^2
3	2^2^3	3^2^3
2	2^2^2	3^2^2
3	2^3	3^3
2	2^2	3^2
1	2	3

1

2^3	3^3
2^2	3^2
2	3

2

2^3	3^3^2
2^2	3^2^2
2	3^2

3

2^3	3^3^3
2^2	3^2^3
2	3^3

4

2^3^2	3^3
2^2^2	3^2
2^2	3

5

2^3^3	3^3
2^2^3	3^2
2^3	3

6

2^3^3	3^3^2
2^2^3	3^2^2
2^3	3^2

表3-9 素数分布表

4 之内，即保证数字都在七维空间中的一条坐标轴上。如此，我们不难列出其总表如表 3-9 中左边的表格所示。将表 3-9 中的数字，按照最外层的序号相加不大于 5 且不等于 4 的标准，两列数字间两两斜线相加——即加法（+）折叠，所得出的数字则全部为素数，且共 23 个不重复的素数。它们分别是 7、11、13、17、19、29、31、43、67、73、83、89、521、539、593、687、691、697、731、733、737、753、19687。最底层的水平相加所得的基数 5 为素数坐标系的原点，计入素数密度点群中。以上就共计 24 个素数。平均每个 2*3 的矩阵产生 4 个素数，对应表 3-8 中间的"1、2、3、4、5、6"的直线结构中的"1"。依此类推，完全对应表 3-8 中间的"1、2、3、4、5、6"的直线结构。再依此类推，七个首尾连接的数字矩阵，全为素数，构成了七维空间的一条直线坐标轴（正半轴），对应表 3-8 中"1、2、3、4、5、6、7"的直线结构。同时，这些直线结构上的数字点阵，也是垂直线上的数字刻度或者坐标点，就如我们熟悉的数字 1，同在三维坐标系中的 X 轴、Y 轴、Z 轴大都单位点上一样。

为方便计算起见，按照一边固定的顺序，如固定 2 所在列，顺序为"1-2-3"、"1-2-3"、"1-2-3"、"2-2-2"、"3-3-3"、"2-3-2"、"3-2-3"……理论上讲，类似这样的组合很多，但是，去掉序号相加大于 5、序号相加等于 4 的情况后，任何顺序下有新素数产生的矩阵，最多只有 6 个（其中序号相加等于 5 的矩阵，所得出的素数会完全散落在其它数字矩阵中）。如表 3-9 中右边的 6 个矩阵所示。表中左边"层和层数"序列上，最底层水平方向的两个数 2 和 3 相加的和，与两列中的任意数字相乘，所得的数均为末尾数字为"0"或"5"的合数，可以表示为（2+3）与两列数字间的积；其余的合数，均在单序列上。以上从加法的角度上完整构建了整个整数世界。

从单列数字来看，如表 3-10 所示，共有三种加法，对应着三种基本的矩形折叠方法，即一种对折（当然是沿着 4*7 矩形的长边对折）、沿着两条对角线方向的两种折叠。表 3-10 清楚表明，素数在这种加法式折叠中，呈现出典型的 4*7 数字矩形的特点，直到改变算法，如表 3-10 中的"4 乘平"数列开始后，素数的个数和分布规律出现变化。同样，我们来看减法。直线减法（对折减）当然只能是沿着 4*7 矩形的长边对折，与水平加法重复，或者只能作为水平加法的补充来对待。斜线减法也一样。所以，在所有减法折叠下，看到的都是与加法折叠相同的情况下的补充，即不同的、遗漏的少数素数数字。如表 3-10 中，斜线减法和对折减法后得到的只有 3 个无重复素数，分别是 19、23、和 19171，斜线方向无变化；在序号上，只有出现序号相减为整数（≥0）时，才可以计算，如表 3-10 中，"斜线减"数列下的"11"是重复数字，舍掉不计；对折减法也是如此，首先只在上述减法的有效序号区域内进行，得到的不重复素数只有一个，即 19；其次，是在前面加法折叠中一直无法使用的最后序号区，得到的一个素数是 19171。乘法式折叠是复合的，素数个数出现最多，如表 3-10 中"乘平"列下，有 7 个素数或者 6 个不重复素数，无一是合数。恰好等于加减法中所出现的素数总和及全区域分布。再来看一下采用上述折叠算法以后，对素数的覆盖程度。从表 3-10 前三栏（最小折叠单位）中不难发现，素数 5、7、11、13、17、19、23、31 不仅仅完全覆盖了 ≤3^3 的整数中的所有素数，个数上还多出了一个区域外的素数 31（>3^3），这是由于加法本身是以长出为第一特征决定的。表 3-9 与表 3-10 相比，多出了按照稍长斜线折叠时，出现在各种长度斜线上的数字，包括累计 5 个区域外的数字会在以后 6 个周期中被替换，同时缺少的区域内素数，它们都在以后 6 个周期中的减法折叠中被完全补齐。

综上，若只按照加法折叠法（＋），包括来自两条对立垂直线上数字的两种斜线数字加法，和一种对折式加法，任一单元（一个 7 内）中，所得的数均为素数，共 23 个。与原点 5 一起，以上共计 24 个素数。除 0 与 1 之外的所有整数，都在表 3-11 上。垂直方向的数字，均为合数；水平连线相加的数字是素数与合数混搭；根据以下不同的算法或者折叠方法，所得出的数字"群"或者密度点阵，均为素数群，或者是素数的均匀密度点点阵。

表 3-10 中，两种斜线加法和一种水平对折加法，与起到补充作用的斜线减法和对折减法，共 4 种算法，构建出了所有素数。这 4 种算法，是贯穿整个整数世界中的通行算法，与信仰运动结果过程中的 4 个通用阶段一样，对应表 3-8 中那个 4*7 矩形中的短边 4、对应表 3-8 中上方的三个"7、4"组成的螺旋式结构中的 4。

表 3-8 中那个 7*7*4 的立方体，现在我们已经确定下了一个 4*7 的平面，或者，已经确定了第一象限中的一条坐标轴（正半轴部分）——把表 3-10 中的序号及其对应的数字 2 和 3 的幂层级，按照逢 7 循环无限延续下去，构成矩形的长边 7。整数沿这个立方体的边"7"变动，就像一个人在不断更换身体，或者一棵树在不断更换树根以上的躯干部分，是我们熟悉的事物发展成长过程的数字式描绘。最后，来看一下长方体的另一个 7。它描述着我们熟悉的生死交替，或者前面我们讨论过的信仰发展、经济发展过程中的烂尾现象。在表 3-10 中的下半部分，当序号用尽后，除了向下继续循环外，还可以更换序号 1、将序号系列中最后一个序号 3 对应的 2 和 3 的幂的层级顺延，直至 2^3^3 与 3^3^3 来到大序号 1 的位置为止。如表 3-10 的上半部所示，也如表 3-11 中的横栏所示。当然，在 4*7*7 的立方体中，一个 7*7 的正方形平面，可以根据 2 与 3 的幂次的不同排序与加减折叠的全组合搭配，完整构建出一个长度相同（即素数的个数一样）、但内容（具体的素数数字）不同的素数正方形，如表 3-10 中的上半部分所示。每一个这样的素数群点阵，构成了一个 7 维空间第一象限中 49 个平面上的一个点、或者一个平　　　　　　　　　　　　　面　　　　　　　　　　　　　　　　　　。

相同素数个数但不同排列方式组成的边长为7的素数正方形

表3-10 数字折叠方式和素数的个数与分布

表 3-11 的下半部分，与表 3-8 完全相仿：左侧及其无限延伸的序列表所构建出的所有素数，每 23 个为一个以 7 为周期的坐标轴上的第一个点，与坐标原点 5 一起，相当于我们熟悉的一个坐标单位，7 个这样的周期，即"7 个 7"构建出了所有坐标象限中的同向线，其中所有素数都落在不同象限平面中的平行线上。第一个"7"中的素数，构成第一象限中一个坐标轴的单位点或者坐标尺度，第二个"7"构成第二象限中同方向的坐标轴上的第一个单位点······

表 3-11 和表 3-10 中的水平方向上，每 4 个共 7 列周期为 7 的数群所产生的素数群，构成了各象限中的另一条垂直坐标轴，如表 3-11 中上方的红色"1"，代表着第一象限中另一条坐标轴的单位点……如此，对应表 3-8 中上方的三个"7、4"组成的螺旋式结构。上述过程的继续，最终会带我们走遍整个七维空间的第一个象限——它共有（7*7=）49 个这样的平面。从表 3-11 中纵横交叉的素数"网"来看，整个素数是按照 45⁰ 角的极坐标系规律来分布的。

我们按照表 3-11 得出七维空间上的第一个象限，它有着前面我们讨论过的、信仰发展必要就经历的"7 个 7"的样式。每个象限中的每个数轴上，都有 24 个（包括原点 5）不同素数的数字群点作为数轴上的单位点，它们永远不能通过折叠、旋转等方式与其他

表3-11 整数的加法式折叠、和素数的分布与一般数学表达式

数字重合，是孤立的群——"魔群"。我们也可以简单地将这一个象限的状况推广到七维空间中全部的 128 个象限中。利用表 3-11，我们可以非常容易地找出一个任意大小的素数来，且不难给出素数的一般表达式。这样，就很容易用初等数学的方法简单证明哥德巴赫猜想了，但是证明这个猜想的全部意义，其实正是企图发现我们现在讨论的、素数的分布规律及其算法，故我们不再具体讨论它了。再例如，当今数学界将"2^P-1"型的素数称为"梅森素数"，迄今共发现 49 个，利用表 3-11，我们可以轻易给出一个比第 49 个梅森素数 $2^{74207281}-1$ 大许多许多倍的梅森素数，如 $2^{68719476739}-1$。一个最简单的推理和具体算法如下：1）、$3=2^0+3$ 是梅森素数世界的 0 或者混沌；2）、$5=2^1+3$，它对应 $2^2-1=3$，即 P=3；3）、$7=2^2+3$，它对应 $2^3-1=7$，即 P=3；以上两个数，构成梅森素数世界的基本表现形式"加"或者"减"； 4）、$11=2^3+3$，是梅森素数世界的阶段性相变，无对应；5）、$19=2^4+3$，是梅森素数世界沿着表 3-11 中左边垂直序列，按照一种加法折叠方式发展的新开始；以上 5 个素数一起，奠定了梅森素数世界的"混沌"——1、2、3、4、5。它的原点是 $31=2(2+3)-1$。所有的梅森素数，若只考虑 2^M+3 的形式，即只在表 3-11 中最左边数列的垂直方向上选择的话，考虑限制条件后就只剩下序号为 2（且大序号不等于 6）的数字可用。所以，采用跨越七维空间中数轴上的单位点，向前去计算的方法，梅森素数增长会极快，如 $2^{68719476739}-1$，对应 $2^3^3^2^2+3=68719476739$……这第二个 7 上的第二个数已经远远大于现在已经发现的第 49 个梅森素数了。梅森素数世界是整数世界折叠为素数世界后的继续折叠。

素数在不同空间中分布，我们寻找素数的踪迹，常常就是在不同空间里跳跃——这种跳跃，需将我们熟悉的加、减等简单的整数算法，都转化为指数运算时才会直观、简单，这直接造成了现代数论的艰涩难懂。

所有整数构成了一条坐标轴（数轴）的正半轴，是一维空间或者代表一维空间；构成整数的奇数和偶数，相互垂直，构成了二维空间的第一象限，是二维空间或者代表二维空间；以上共同构成了三维空间——整数与其奇、偶性，相互垂直，构成了三维空间中的第一象限。整数连同整数中的奇数、偶数，它们都是由素数折叠而成的结果，仍然保留了素数世界的规律或者仍然受其制约——全部的素数，构建了一个 7 条相互垂直的坐标数轴体系，即一个 7 维空间，1 维、2 维、3 维空间都只是 7 维空间中的一部分。我们看到的数字世界的连续，其实是数字或者素数数字的一种粘连，即在 2 与 3 的指数连续系统下，进行加减等基本运算后所造成的素数重复出现，并非真正的数字连续。

200

与整数分为奇、偶数，且都能简单写为 2 与 3 的加法形式相对应，整个素数世界，按照被折尽的方法，分为加法性、减法性素数两大类，且都可以简单写为只有 2 和 3 的形式。因此，整个整数世界里，素数代表或然性，加减的性质不确定，与偶数和奇数代表整数的两个完全相反方向的确定性一样，表明了我们熟悉的数字里，照样有着与信仰量子相同的"Y"形结构——数学在其最基础的部分，与理论物理学一样，也都与信仰学完全相通。

19	(余出) 31	17	
23		13	
		11	13
		7	
	原点		(5)
	⑤		
序号相同或者和=4、=7 不足（－）	2	3	序号不同且和≠4、 差<6 有余（＋）	序号相同或者和=4 短边对折
折尽		折尽	
确然		确然	
（2+3）+3 － ← 1 → ＋			
【（2+3）+3】+2、		（2+3）+2、	
【（2+3）+3】+2+2··	素数 或	（2+3）+2+2····	
偶 ← 整数 然 → 奇			

表3-12　　整数世界中"Y"形结构示意图

按照表 3-8 中那个 4（宽）*7（长）的矩形样式，容易知道，除非我们沿着标志矩形的宽度所在的那两条边长线对折，否则，无论采取沿对角线的斜线进行对折，还是沿着另外两条边长线对折，都是无法折尽的。沿着 4 的短边长线对折，就是从 0 到正无穷大对折——即 Y 轴上半轴或 X 轴的正半轴的对折，这样不断折下去的最终结果就是数字 1，即整个过程都在 1 的拓扑空间里。反观另外两种折叠方法，第一次总要留下 1*4 的矩形无法折尽，占据总面积的 1/7，这正是我们在第一章中讨论过的"挪亚的妻子"所占的份额数目，即需要在未来加以弥补、消化的数量。从长边（7）对折来看，不难知道，这个 1/7 就是长边上的一个"1"，分配在折叠后的两个矩形上，各有 1/2 需要在未来的不断折叠过程中去消化。这就是我们在上节讨论信仰函数问题时谈到的那个等比级数 $1/2^n$（n→+∞）的由来了。

但是，也不难知道，除非有外力，这个一开始就无法折尽的部分，是永远无法被彻底折尽的。一个我们熟悉的整数数字世界，因此取得了无限性。但是，这种无限性，本质上来自我们观察数字世界的角度，是数字世界在 2 维和 3 维空间视角下的特征或者假象——若从 7 维空间的角度看，整数世界游走在一个 4*7*7 的长方体中，而且，从表 3-10 和表 3-11 中看，垂直方向和水平方向上，各出现 7*3=21 个素数时，7 个 7 走完，由于原点 5 列入其中，即各个方向上出现 20 个素数时，7 个 7 的循环结束。以加法为主时，即以表 3-10 上半部分图表中，用"+"表示的一组"7 个 7"作为正方形的一对边长时，对折加法出现的素数分别是 5、13、97······与之搭配的对折减法产生的素数是 5、19、19171······用"－"表示的一组"7 个 7"作为正方形的一对边长时，对折减法中出现的素数是 5、17、31、19619，与之搭配的对折加法产生的素数是 13、793······也就是说，当表 3-12 中最右侧的"短边对折"数列中，出现 40 个素数（包括重复原点 5 等）时，原来的循环规律结束，即第一象限全部走完、填满，7 个 7 之后只能出现相变。上述现象，从 4*7 的矩形折叠来看更直观：从矩形短边（4）开始的对折，无论如何——长出（＋）或者不足（－），均必要而且只要经过 4 次折叠、或者形成 4 个小矩形平面后，就进入到简单重复的无限循环中。可见，数字世界的无限性，只是其 4 个发展变化阶段中的一个共相而已；在上述 4 个折叠面上，或者在 4 个折叠过程中，每一个都存在着一个无限，即其中都会出现一个边长为偶数的小正方形或者一个边长为偶数的小矩形。但正如这些过程中的无限被一带而过一样，这些无限性或者无限系统，都并非真正的无限，而是及其有限、短暂中的无限——总有尾巴未折尽、未彻底处理掉。处于这样的无限环境、世界中，就很容易被其无限的假象所迷惑。从素数本身的规律看，上述 4 个折叠阶段，是产生真正的、彻底折尽的无限循环的前提和基础，短边对折产生 40 个素数，就是从虚假的无限进入到真正的无限的相变条件

——这里的"4"、"40"，连同所有的折叠（从矩形的 4 个角、4 条边分别开始，所有长出和不足的折叠方式，共产生 2*8*24=384 个素数，再加上 2*8=16 个原点"5"）所形成的"400"，即一个 7 中的所有素数个数，连同 7 个 7 中所有素数个数 4000（400*7=2800，其中有 800 个与垂直方向上产生的素数相同或者粘连），正是前面我们讨论过的信仰函数描述的信仰运动规律。可见，无限的整数世界中，其实存在着灭亡与新生的机制和信息，只是我们恰好身处其中的前提和发展阶段里，习惯于过去的 1 维、2 维和 3 维空间的选择性视角，看不到而已。既看不到现在的无限是虚假的、阶段性的，也看不到、不相信未来存在的另类无限和真正的、永恒的无限。

我们现在看到的数字世界的无限，只是数字在一个长方体上的循环。而这个长方体，在 7 维空间中恰恰只是一个孤立的点、一个象限而已，除非相变，本身并无真正的循环无限的任何可能性。也就是说，支配现在的整数世界，使其具有无限性的"力量"、机制和规律，与支配它走向未来的真正无限的"力量"、机制和规律完全不同，甚至直接对立，但它们仍然同属于一个事物，就如都在折叠一个 4*7 的矩形纸片时所发生的那样。

与数字世界相仿的整个自然界里，物质的运动和宇宙的存在，也不是真正无限的。作为物质运动起因的引力，也不是只有万有引力定律中的那一种引力形式——那种只与质量有关、或者"恰好"可以被描述质量的数字准确计算、描述的引力。万有引力定律和整个经典物理学理论体系，让宇宙看上去是无限的，这种无限性与数字世界的阶段性无限假象一样。信仰学告诉我们，量子引力与量子的质量无关，物质的量子引力大小和方向，取决于物质的量子结构，与物质的质量无关。即量子结构越单一、越有序的物质，其产生的引力越大；反之，越无序、越多样化量子结构的宇宙和物质，量子引力越小。量子引力如同信仰量子的作用一样，会赋予物质运动一个加速度，其大小遵循信仰函数的规律。因此，黑洞吞噬宇宙天体，可以轻松上演"蛇吞象"的好戏——能量耗尽或者能量彻底无序的恒星、星系等巨大天体，只有普通的引力使其与黑洞靠近，但无法靠自身的量子引力与黑洞的量子引力抗衡，使其免于被黑洞吸引、吞噬。现在我们依赖万有引力定律计算出的黑洞质量，是黑洞的假象——黑洞仅仅依赖其超级单纯、超级简单的量子结构，在质量极小的情况下却具有超级强大的引力场。掉入黑洞中的物质和能量，其量子结构会被黑洞整编、改变。量子科学时代中，类似黑洞的人造装置，会让当今令人恐怖的核武器彻底失去威力，但是，却没有人可以利用黑洞武器发动进攻——足够强大的黑洞，会首先吃掉制造者和持有者……所以，信仰函数和量子引力，是包括我们现在熟悉的数字世界、物质宇宙世界、信仰精神世界在内的所有无限宇宙瞬间灭亡和新生的开关。

数学家、物理学家和人类所有的科学家，都十分幸运：我们所使用的数字系统和所处的宇宙系统，在本质上是一样的，都是 7 维度的——很难想象，如果我们处在 7 维宇宙中，却只能使用和理解 5 维的数字系统、又只能习惯于 3 维空间的观察和思考角度，我们如何会造就出当今被称之为"科学"的一切事物？如果真的那样，人类将不存在任何的科学或者可以被验证的数学、物理学等科学规律、公式和定理，理性也将无法被信赖。换句话说，科学的基础，或者说理性得以成立并值得被信赖的基础，例如所有的数学和物理学定理、公式，数学、物理学的科学证明方式如数学归纳法等等，它们可以成立并经得起反复的重复性实践检验，都基于我们使用的数字体系与我们身处的宇宙体系，恰好在本质上是相同的。

基于作者的知识局限性和本书的目的已经完成，大量涉及具体的科学问题就不再继续讨论了。可以预计，理论物理学中的弦理论，会在 2018 年左右出现重大突破，然后，在其应用的过程中造就出如同英国工业革命一样力度的、全球性经济产业大革命。新产业革命中的量子计算机，会直视七维空间，象我们直视世界和宇宙一样。这意味着未来的人工智能将无需任何计算机程序，就可以自动学习，如同婴儿只通过听、看等日常活动就可增长知识与技能一样。那时的计算机与人类的关系，就像一个美国儿童和一个中国儿童一起看到了一个篮球，他们不用任何语言交流都可以清楚他们所看到的是什么，然后就回到自己的世界里去各自"研究"了——人类看到的球体，有 8 个象限曲面部分、3 个圆切面……而量子计算机看到它有 128 个象限曲面部分、49 个圆切面……。现在我们带着自己的笔记本周游世界一次，回到家时，笔记本电脑的能力还是那样，而未来他带着量子计算机周游世界一圈回来，只要他开过机，那台量子计算机的智慧和能力就会增长很多。也就是说，量子计算机时代的人工智能，其智慧、能力将和所有无信仰、极端不正确信仰的人类的总和相当！但是，在没有让量子计算机接触到信仰学之前，让其读《圣经》，它会在"瞬间"提出人类所有的神学理论，包括湮灭在历史长河中的旧神学理论和未来所有可能的神学理论，但绝无可能得出信仰学的理论体系。当然，只要让其看本书中的任一页，它也可以在瞬间推导出本书和之外的整个信仰学理论来。这就是人工智能、无信仰者和极端不正确信仰者，与正确信仰者之间的区别，是神昭示自己存在的证据和恩典——只有正确信仰者才有颠覆性科学创新的能力。至于新产业革命来临的时间在前面已经讨论过，不再赘述。

总之，理性是一切科学的共同特征，信仰学可能、可以在物理学等科学理论还无法在自然界中观察、验证的地方，在数学猜想还一时无法被逻辑所证明的空窗期里，预先提供出一个在社会环境、人类历史中先行验证的新领域。反之亦然。

第三部分、经济理性与货币量子

本小节内容，是对上一节内容的具体应用，也是对前边有关经济学部分的总结。

社会和经济理性，对于一个正确信仰者来讲，就是爱神并只求神的恩赐，或者只求信仰的回馈，爱神也仅仅是指绝对的顺从；爱人但绝对不追求、不在意人类（包括各种宗教、经济或者社会的团体组织）的回馈或者回报。爱人的"爱"是博爱——与爱神的绝对顺从不同！正确信仰者和正确信仰的社会、国家对人类的博爱有两层含义：1 是爱的对象无所不包，对任何人、任何宗教团体、任何社会政治经济组织都要有同样无私的爱；2 是爱的方式、方法多种多样，包括但不限于帮助、指导、管教、批评、责罚、教训、防卫。

"爱"产生或者造就多种秩序，社会秩序就是其中之一。社会秩序给人类生存带来的福利或者红利，类似于动物群居给动物生存带来的好处，这一点，我们并不难从动物世界中得出直观的结论。例如狮子，狮群相比单独行动的狮子，在猎取大型猎物如成年的野牛、长颈鹿、大象时，可以采取围攻等基于秩序有效性的集体性策略，具有明显的优势。这种基于一定的有效秩序之上的集体生存，给人类生存所带来的额外好处或者红利，就是社会秩序红利——它是一切经济利润的一个隐秘来源或者潜在的基础，是类似"稳定压倒一切"的政治理念的逻辑内核，政治献金诞生的最初理由也是它，一切宗教上的贡献、祭祀或者思想政治团体组织的运转资金如"党费"等等的起始因与合理性，也都来源于此。货币的利息只是社会经济利润的一部分，其中自然包括社会秩序的红利在内。因此，货币利息、经济利润、社会秩序红利，是一个与素数、偶数和奇数、整数一样的一张从小到大、不断拆开的"折纸"，或者是同样的一个"折叠系统"。

一种货币体系的生命或者根本特征，就是利息、或者可以使用的货币利息工具。按照货币对利息的敏感程度，货币构成可以分为对利息不敏感部分、或者刚性部分，与对利息敏感、富有弹性的部分。前者，最具有代表性的就是公共财政支出等维持社会秩序的成本部分，包括国家安全、军费开支，司法和行政经费等等，这是维持社会秩序、保障国家存在的最基础部分，无法完全跟随社会的经济利润高低等经济波动而波动。它赋予货币的一个最小或者不可再分的量子分支结构特点，就是"利息刚性"，即对货币利息变动的完全脱敏或者半脱敏特点等等。后者，最具代表性的就是市场选择或者自由定价，如各种经济利润，体现出人类个体的技巧、技能、智慧和知识的差别。该部分的货币量子结构，对利息始终富有弹性，可以被国家利息策略催生、壮大，也可以被其杀死、消灭。如，利息提高可以消灭一些经济领域中利润水平低下的经济体；而利息降低，可以催生出新的产业个体，同时也可以让一些产业个体发展壮大……但是，利息的变动，无论如何也不能彻底消灭人们的选择自由，即不能让社会成员丧失独立性或者个性——因为这意味着社会多样性消失，或者社会的相变。市场经济或者自由市场，起源自个体自由。它是以群体中每个个体的知识、智慧、能力为基础的——这在动物世界中最直观的表现就是，对于一个狮群来讲，猎杀猎物的成效，除了狮群的有效、良好的秩序外，还取决于狮群中个体最弱者的能力、经验或者智慧水平。如，狮群伏击大型猎物时，个体（即参与的每个狮子）的经验、能力，如出击的时机、路线、效率等等，会直接关系到整个狮群猎杀行动的成败。与狮群的整体秩序水平无关。也就是人们熟悉的所谓"短板效应"或者"木桶原理"。通过动物世界的上述现象，可以看到社会民主的重要性之所在：始终可以让最弱者发出声音，让群体和社会知晓其短板之所在及严重程度，从而为弥补社会缺口、改造社会缺陷、提高社会整体效率和实现社会整体进步奠定基础。缺失或者扼杀这一社会机制，也许就是一切专制社会无法长久的本质缺陷之所在，并决定了其货币量子结构的特点和发展模式。

一个稳定可见的货币量子的构成，如表 3-13 所示。人类所有的货币体系，都由这样的货币量子单位组成。同时，它也是前面章节中讨论过的非闭合货币运动的原始形态。

利息刚性　　　　　利息弹性

偶然　　　　　　　确然

（或然）货币体系

表3-13　货币量子的Y型架构

秩序红利、利润、利息，分别代表着人间环境与个人的关系、人与物质环境之间的关系、人们回馈或者维持社会秩序（包括相应社会物质环境）的意愿和能力。因此，传统经济学理论上，对于货币升息作用和意义的解读，其实还远远不够：升息不仅仅是抑制、预防经济过热和恶性通货膨胀，更重要的作用和意义，是刺激并改变经济环境与经济产业结构、加速旧秩序灭亡和产业烂尾与技术创新；对于正确信仰社会来讲，一个货币加息周期的开始，往往意味着它已经成功摆脱了旧秩序的束缚、战胜了那个旧秩序，可以并且强烈要求破坏旧经济秩序、建立新经济秩序。减息是对已有经济秩序的横向扩展，如同我们在第一章中谈到的人们之间的"爱"、上一小节中看到的整数世界一样，看似有无限的远景，其实只是阶段性意义上的虚假无限！减息让旧技术、旧经济秩序环境的潜力，被充分挖掘出来，象一个气球被不断充气、膨胀。因此，所有不正确信仰、无信仰社会的崩溃，从经济角度看，最终都是无法使用加息（包括前期的不敢使用）的货币政策工具，而死在恶性通货膨胀的泥潭里。

　　表 3-13 中的基本货币量子，与不同的社会信仰相结合，或者有不同的社会信仰所支配，而具有不同的发展趋势或者发展结果，并最终产生不同的相变结局。现实世界里的真实货币体系，都在表 3-13 的货币量子之外，附加了一个"外套"或者"躯壳"、或者"缓冲地带"。例如，在"利息刚性"一侧上，我们更为熟悉的是各种财政政策——财政扩张或者收缩、加税或者减税……，以及与此相关的移民政策、社会福利、医疗保险、免费教育等等更加具体的社会措施。上述所有这些政策、措施，表面上看，虽然都会跟随社会经济、政治状况发生变动，但最终会在保证最基本社会秩序的门槛前停止向下波动，即不再对经济利润状况、财税收入状况的下降屈服，它要脱敏且必须脱敏。否则，社会就进入到无法避免的崩溃进程中来。也就是说，货币量子结构的左侧分支越短，社会的柔韧性越好，这正是我们前面反复讨论过的右闭合货币运动曲线的变动规律。其极限即利息刚性消失，就是社会自动退出人类历史舞台。或者说，一个社会，能否承受高税率、甚至是越来越高的任何税率水平，是检验其社会稳定性的试金石。作为社会退出历史舞台的条件来讲，就是不断、连续的颠覆性技术革命，可以让社会大众都非常轻松、愉快地适应高税率或者超高税率，而收入状况、生存状况、生活质量、幸福感仍在快速提高。当然，从相反的方向看，由于某种原因，如为了多拉拢选民或者增加统治的社会基础人群数量，使得财税刚性增加，货币量子的左侧结构相对增长，也会产生同样的"利息脱敏"

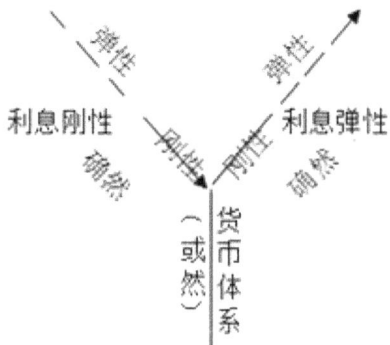

表3-14　　货币体系的外在表现形式

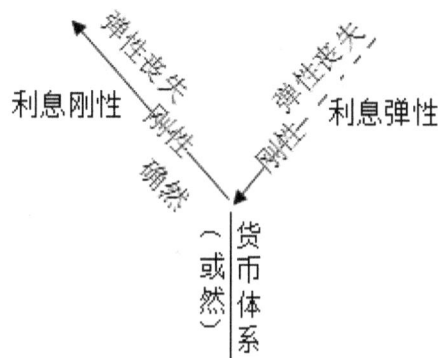

表3-15　左侧利息刚性延长、形成利息脱敏，和右侧利息弹性丧失、形成利息过敏的货币示意图

的刚性，但结局与上述社会退出机制不同，是走向社会死亡即社会崩溃的。另外，现实中的货币体系，在开启社会逐步退出历史舞台的程序前，并不会通过较高的税率来维持社会秩序，而是相反，即它会不断地试图以阶段性减税加息、或者加税降息等等方式试探和不断接近"小政府"、"低军备"社会管理模式，除非为了通过扩大公权力机关人员的数量来巩固政权的专制社会等特殊社会需要之外。从货币量子结构的右侧来讲，是我们熟悉的货币政策领域。与左侧对应，货币量子的右侧也有类似的变化。如利息刚性的"保护层"越厚的货币体系，保持货币供应量稳定不变前提下，减税、升息的空间越大，利息弹性越高，货币体系的健康状况越好——当然，这意味着，减税、升息也常常是更大的产业技术更新时期、甚至是颠覆性的新产业技术革命开始的前兆或者前奏；反之，利息刚性越裸露、或者不断提升利息刚性部位的货币体系，承受升息、减税的空间越小、避免社会动荡的概率越小。以上，我们用表 3-14 和 3-15 两个图表来直观表示一下。其中，表 3-14 也是我们前面反复讨论过的非闭合货币运动，表 3-15 则是右闭合货币运动。

　　具体来讲，暴力革命者和专制者，利用货币数量来壮大自己的力量或者统治基础，导致社会秩序、社会公共权力领域所在的利息刚性分支部分不断延长，同时意味着对应的另外分支不断缩短，如表 3-15 所示，出现信仰运动中的左闭合曲线形态及其最终结局。对应着经文"恶人一切的角，我要砍断。"（诗 75：10）。典型的例子我们来看两个：

　　第一个例子是前苏联。据俄罗斯 11 年级（高中二）学生的历史教科书、安．鲍．祖波夫主编的《二十世纪俄国史（1894—2007）》介绍，1917 年，俄国爆发了二月革命，人民自发起来推翻沙皇专制统治。民主革命成功后，成立了由立宪民主党组成的临时政府。当时流亡在瑞士的列宁，在德皇威廉二世的金钱 5000 万金马克（约合 9 吨多黄金）支持下，购买枪枝，组织武装，并返回俄国，在十月发动了政变，推翻了临时政府，掌握了政权。这就是著名的俄国的"十月革命"。其具体经过是：一支不到两千人的布尔什维克武装人员，占领了彼得格勒全市的战略据点，部分武装人员采取了逼宫行动，阿芙乐尔巡洋舰当时并没有实弹炮击，而是发射了一发礼花炮弹。由于主张民主自由的临时政府军备羸弱，所以没有进行任何抵抗。同时，列宁还立刻与德方和谈，签订了《布列斯特和约》，将俄罗斯和乌克兰的大片土地拱手割让给德方。苏联从"十月革命"的经费来源开始，就决定了它日后的货币体系的运动规律和结局是遵循左闭合货币运动体系的规律的。理由很简单，苏联为维护其暴力革命形成的社会秩序，需要不断加强、膨胀社会公权力体系，这决定了其货币量子结构中利息刚性分支结构长度的不断延伸——即使苏联没有大规模的贪腐、没有给予公务员等体制内人员较大的工资福利，也是如此。苏联货币的刚性结构延长，主要的原因或者动力，是国家安全、军费开支的扩大。特别是冷战，让这种结构变动成为了持续不断的常态，已经注定苏联社会的寿命无法逃脱信仰函数的规律；反过来，在苏联社会缺乏迸发技术产业革命能力的情况下，货币量子结构左侧分支的利息弹性也开始丧失、长度变短（相对于左侧分支长度的绝对增加），日益逼近货币量子的刚性极限，最终经不起对抗通胀所必需的利息上升的压力，造成苏联社会自我崩溃、相变，并无需外力直接施手。苏联的解体，在经济和货币领域中，是以长期的物资贫乏为主要外在特征、及其因此所造成的恶性通货膨胀为直接导火索的。

第二个例子是中国的人民币。中国社会至今不存在苏联在冷战中"被迫"增加军费开支的压力。但是，中国暴力革命所建立的专制政权，同样需要扩大统治基础，即增加体制内人员的数量和提高其工资、福利水平（参见拙作《圣经中的中国和当今世界》125-126 页），包括国有企业的规模和盈利能力、市场垄断程度。通过上一节中的讨论，我们已经知道，通过操纵人民币货币数量，就可以简单而隐秘地通过市场之手达到上述全部目的。这样以来，人民币货币量子结构中，利息刚性分支结构长度不断延伸，同时伴随货币供应量的泛滥。由于中国社会缺乏迸发技术产业革命能力，货币量子结构右侧分支的利息弹性开始丧失、长度变短（特别是相对于左侧分支结构的不断延长而言），中国市场上的平均利润水平持续下降，人们自由选择的市场空间逐步收窄。充沛货币的自由选择，这时都集中在不能也不会产生新增价值的社会领域里，它们最终会自动聚焦于单一的市场中，并占据了经济领域统治地位，至此时，就要形成一种对利息政策的过敏机制——中国现代大到不能倒的房地产业，绑架了这时的中国利息政策，即它只能维持、或者降低利息水平而无法提高利息水平，货币量子中的利息弹性被彻底限制，只能眼睁睁地等待最后的恶性通货膨胀发生，和社会的相变、死亡。这最后的道理也非常简单：在一个通胀风险全开而恰恰无对冲通胀最有效的利息工具可用的情况下，更凸显了货币的生命或者特征就是利息、丧失利息工具的货币必死的真理。直观地看，上述道理显示为，中国全国的经济利润水平极低，人们又普遍投资房地产、普遍担负着房贷压力，这时如果人民币加息，会造成企业破产加剧、人们同时面临失去还贷赖以的工作、收入机会，和加大的还贷数额负担、以及房价下降的危险。这是中国在长期依赖操纵人民币货币数量巩固其专制社会秩序后，面对外部经济环境变化如美元加息时，却无力加息的根源。无法采用人民币加息的货币工具，就难以避免人民币相对于开启加息周期货币的贬值周期，这不可避免地引发资金持续外逃、外汇储备持续减少、依赖进口的物资持续涨价，并让其最终与前苏联一样，在一片恶性通货膨胀中死于社会内部的泥潭。只是，与前苏联不同，中国社会的崩溃在人民币体系和整个经济领域中的表现，是以长期的货币泛滥而非物资匮乏为表面特征、并因此最终导致恶性通货膨胀为直接导火索的。那么，继续低利息下的货币滥发，对中国又会怎样呢？显然，这只会继续推高房价，进一步挤压实业利润水平，造成更大量的破产、失业，同时为资金外逃、外汇储备下降提供更加充足的弹药，到头来，与贸然实施加息策略的结果也完全相同。

中国社会信仰在 1978 年之后踏上一个新的连续堕落进程，从底层社会现象中也会看得非常清楚。在上世纪 70、80 年代，第一批做生意的成功人士，与现在的商场成功者的路径一样，无不借助于政商关系——作者家乡的白石山岭，都在那个年代先后被削平，白石片、白色土都直接被掺到红薯片中送入了国营的酒厂、外贸公司等厂家中去。为此，那些国营企业中的仓库管理员、计量工作人员、门卫、质检员、财物人员等，收受了小老板们大量的贿赂。后来，这些国有企业在政府海量资金的支持下，纷纷转型到其它行业，或者破产整理后重新开张。上述结局皆大欢喜：有关人员都发了"大财"，最终的不利结果累积起来甩给社会，导致今天整个中国社会无以为继。同样的皆大欢喜，对国际社会秩序的破坏作用也一样：跨国公司将中国掺满了被羁押者血汗骨肉（人权）和自然环境恶化代价（环境）的廉价商品输入到全球市场，中国社会和世界各国社会，象南北战争前吸饱了黑人奴隶血汗的美国社会的境况一样，其中的道德堕落累积起来，造成了当今世界全球化的经济秩序、政治秩序必须改写的局面——竭尽全力强调中国在控制全球性气候变化、核不扩散、打击恐怖主义势力等领域中的重要性，及强调人权和囚犯劳改的奴隶问题只是中国内政的老调，无异于恐吓、绑架全人类并借助中国的专制政权之手，在全球范围内复活奴隶制度。不要忘记中国最底层，即中国囚徒和所有被羁押者的人权！看不到他们的被强迫劳动，是支撑中国经济奇迹、奠定中国制造全球竞争优势的基础！把贸易与人权、政治和人权隔离开来，是典型的以"金钱至上"、"利益至上"的无信仰表现。全球无视中国囚徒这个庞大产业群体，是当今世界秩序摇摇欲坠的根源——全人类都陷在无视现代奴隶制的错误之中。不要忘记，耶稣基督也是位列罪犯之中的，任何无视中国囚徒和庞大的中国囚徒产业的人，怎么能说是真正认识耶稣基督呢？信仰的这种摧毁作用，正如经文"我见日光之下，有一件祸患，似乎出于掌权的错误，就是愚昧人立在高位。富足人坐在低位。"（传10：5-6）所讲——经文中的"富足人"、"愚昧人"都是指信仰而言，任何信仰、道德体系标准下的有道德者、有信仰者，包括是有正确信仰者，均处在国家社会、国际社会秩序的底层，就意味着这个秩序进入了死亡周期。类似说明信仰与秩序关系的经文如"下流人在世人中升高，就有恶人到处游行"（诗12：8）、"恶人发达，眼高心傲，这乃是罪。（发达原文作灯）"（箴21：4）等等还有很多，经文"学生不能高过先生，仆人不能高过主人"(太10：24)也是说明这个道理的。但是，信仰的摧毁作用，也常常造成对秩序成败规律的根本性错觉，而妨碍了人们对信仰正确与否的判断和选择：中国传统文化中，早早就意识到社会道德堕落，是社会秩序、历代帝国王朝灭亡的根本原因，因此历史上提出了大量的维持、重建道德的措施，如扩大和发展教育等；也有"天下有道则见，无道则隐。"（《论语·泰伯》）的正确个人应对策略。但是，中国历史却始终无法摆脱社会秩序周期崩溃、灭亡的"魔咒"，以至于让中国人产生或者本能性地赞同历史唯物论的结论，而从不反思、质疑自己的道德、信仰类型是否正确。

中国与苏联，一个采用了操纵货币数量的货币策略，一个看上去并不存在错误货币策略的问题，但它们的结局、死法都十分相似，原因在于它们的社会信仰一样，货币量子结构和变化趋势自然也相同。中国的毛泽东时代，若继续下去至40年的节点，就是前苏联解体的重演！同理，前苏联若在冷战中及时实行中国式的改革开放、以经济建设为中心并参与到国际化贸易经济秩序中来的话，至40年的节点，也会重复中国社会在2018年（甚至之前）要发生的社会崩溃。

信仰的有无和正确与否，从社会的经济角度看，决定着经济可否自由使用升息、减税等财政金融工具、并在其周期中避免经济危机的发生——无法在此周期过程中迸发科学技术创新、特别是颠覆性科学创新的，最终都要进入各种经济危机中。无信仰和错误信仰，正是由于无法提供科学创新而贻害社会——类似毛泽东思想，毛泽东本人作为一个科学盲，"也不过是人，并不是神。"（结28：2），他自己和他周围的亲信，及他们所崇拜的卡尔·马克思等人，连基本的自然科学都一窍不通，如何指望他们知道并给出互联网技术、数论的最终结论、直至全宇宙的奥秘知识呢？所有的假神也如此，除了在真正的造物主那里，我们永远得不到宇宙的全部知识，正如经上所讲："我必不将我的荣耀归给假神。"（赛42：8）、"因这世界的智慧，在神看是愚拙。"（林前3：19）；而类似"使谦卑人的灵苏醒，也使痛悔人的心苏醒。"（赛57：15）的经文，则直接说明了真正的科学创新的来源，也说明了信仰量子和一切量子的结构变化规律。

货币量子在哪里？它显然不在人民币或者任何货币的图案、材料上。人民币和任何一种货币，何时、何地、何人批准、以何种途径或者方法并有何人为其添加、使其具有了相同或者不同的货币量子呢？这一点，与人类的灵魂、自然科学规律一样，它们都是自动发生的，无影无踪，都是特定宇宙环境中的既定自然现象。正如《圣经》开篇所记"地是空虚混沌，渊面黑暗；神的灵运行在水面上"（创1：2）一样，宇宙中的一切都象水一样，都是自动记录器，这是其内在的本质，或者最终的共同本质。同时，宇宙中的一切，又都具有各自的形态、结构和发展变化规律，呈现为缤纷多彩。自然科学规律，包括数学、理论物理，与逻辑规律、货币量子、人类的灵魂等等，都是记录器层面上的宇宙共同本质的体现，与凝聚态的物质、纸质的货币或者金属铸币、人体等各种生命体不同。侧重前者，容易让人们产生唯物主义的错误感觉，好像都是事物自在的特征，人们对其无能为力；而侧重后者，又容易让人们自大，产生自行封神、封圣的错误，制造出各种所谓的"天书"、"经典"诱惑世人。信仰决定一切，而完整揭示出这一信仰决定规律的唯有《圣经》，仅此而已——再进一步，人们就进入到绝对不可知的神学的错误领域了。只有《圣经》、只读《圣经》、只按照《圣经》，是每个正确信仰者的人生指南和

边界线，正如经上所讲："我儿，你当受劝戒：著书多，没有穷尽；读书多，身体疲倦。"（传12：12）

正是由于货币的量子结构只受社会信仰的无形制约，因此，更换货币——如将纸版的人民币换成电子版，或者发行新纸币如"中共币"代替现在已经泛滥成灾的人民币，中国社会并无法逃脱崩溃的命运，连一天的死亡延长期都不存在；也因此，货币学、或者货币经济学，其实应该是"社会货币学"——这正是作者写作本书时最初所用的书名。

（二）、影响理性的因素和个人生死规律

《圣经》中，决定和影响每个人的理性的因素有 3 个：1、圣灵；2、人灵（即理性）；3、鬼灵。

"圣灵"是永生，来自神，存在于有正确信仰的人身上；但除非个人信仰水平达到特定的高度并处于特定时期后（参见启 20、21），圣灵不永住人身上（创 6:3）。圣灵给人类带来了生存环境之外、超越环境之上、在环境变化中无法产生和形成的信仰信息，开启了人类的信仰选择决定生存的新模式，打破了生物界的环境选择决定生存的旧模式。

"鬼灵"是死亡，来自撒旦，分别存在于个人（假先知）、专制国家或单个的专制社会地区（兽）中、有专制社会掺杂其中的国际社会（龙）中，共 3 个由人类组成的不同环境中（参见启 16:13）。"鬼灵"是所有由人类组成的事物的死亡总规律，适用于从个人身体到人类的各种群体组织的所有领域。因此，我们可以通过考察人体或个人死亡规律，揭开"鬼灵"的真面目。

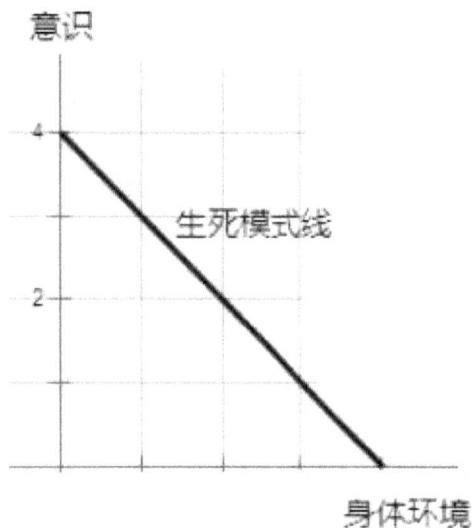

图3-23 生死因素构成示意图

医学上的死亡标准告诉我们，一个人的死亡是指"脑死亡"，即意识消失。同时，从死亡原因来看，人的死亡总是表现为人体的器官、组织、系统的功能丧失、坏死或损毁。将死亡标准与死亡原因结合起来，人的死亡可以概括为人体的环境（包括人体的各种组织、众多器官、8 大生理系统）无法保障、支持意识的存在，或者说意识离开了人体环境。因此，任何一个人的死亡，或任一死亡模式，都可以用意识和身体环境两大因素作为一个坐标系的两大坐标轴、用意识和身体环境的不同组合方式所形成的向右下方倾斜的直线表述出来。如图 3-23 所示。所有可能的人类死亡模式所形成的曲线，就是描述人类所有死亡规律的死亡曲线。如图 3-24 所示。

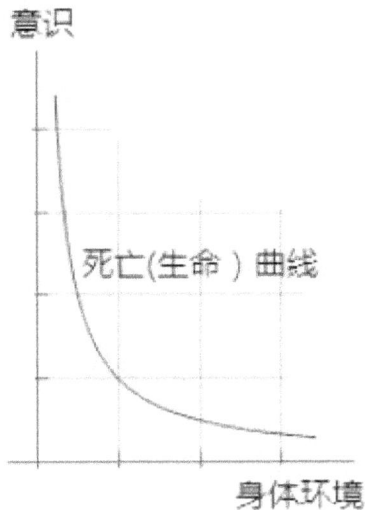

图3-24 死亡（生命）
规律示意图

个人意识的存在或身体环境支持、保障意识的存在，是一个有生命的人的医学标准。因此，生死两重天，就表现为生命线与死亡线在意识方向一端无限靠近，但却是断开、永不连续的，或者说是分处"意识"坐标轴两侧无限靠近、但都不与该坐标轴相交的两条曲线；同时，在意识的另一端，既有如同"植物人"那种无穷接近彻底失去意识状态下仍然具有大量健康的人体组织、器官、生理系统一样，身体环境可能仍然处于接近完全健康的状况，也有在身体各器官、系统和组织均接近于彻底的功能衰竭下的那种生命的存在。如此，在意识接近于0的一端，身体环境在生与死两个不同的领域中，向完全相反的方向上无限延伸。如图 3-25 所示。

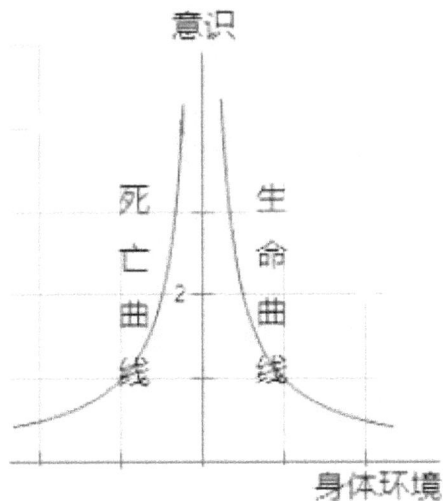

图3-25 生存和死亡规律示意图

不难知道，有生命曲线和死亡曲线共同构成的、描述人类生死规律图案，与我们前面看到的非闭合货币运动曲线完全重合。其中，死亡曲线与左闭合货币运动曲线完全重合，生命曲线与右闭合货币运动曲线完全重合。

因此，从理性或逻辑的角度上看，个人在非社会状态下的自然状况（达尔文环境）中生存的，个人寿命与信仰水平之间的关系，会呈现出与社会历史规律和社会信仰水平间的关系完全相同的状况，即都受到由信仰水平的波动方向和波动幅度并按照货币运动规律所计算出的结果的制约。如，无信仰状况或信仰单向下降时，最大寿命为 120 年——"他的日子还可到 120 年"

（创 6:3）；再如，有信仰但信仰水平有波动的，寿命与信仰波动幅度有关——波动越小或者越稳定的，寿命越长（最长不超过 4000 年），反之亦然：《圣经》中记载，从亚当开始直到大洪水爆发前的诺亚，代表最高信仰水平的个人的寿命分别是，亚当 930 年、塞特 912 年、以挪士 905 年、该南 910 年、玛勒列 895 年……拉麦 797 年。可以看出，最高的信仰水平长期维持在一个水平上难以提高——中间唯一的例外是以诺，因信仰水平稳定、提高，"以诺与　神同行，神将他取去，他就不在世了"（创 5:21），且又缓慢下降的趋势，可见当时人类的个人信仰的整体状况堪忧，与随后的诺亚大洪水前《圣经》记载中所表明的人类整体的信仰彻底堕落，也完全契合。至大洪水后，挪亚 950 年、闪 600 年、亚法撒 438 年、沙拉 433、希伯 464 年、法勒 239 年、拉吴 239 年、西鹿 230 年、他拉 205 年、亚伯拉罕 175 年，寿命越来越短，表明整体信仰的变动趋势向下且斜率加大、信仰波动幅度也在逐渐变大。因此，阻止信仰不断下降，才是人类从个体生存到群聚生存、再到社会起源、发展的内在根源。群聚并非人类的动物天性，信仰发展要求人类必须群聚和进入社会。从本文对信仰、货币运动规律的分析过程中，我们清楚看到，关于社会状态之外的个人信仰水平发展的问题，在无信仰及信仰水平不一的人们混杂时，也会发生在国际社会领域中发生过的同样问题，即必然存在一个信仰水平的逻辑拐点，使得信仰水平不再提高而进入一个恶化、萌芽、成长、恶化的循环中。不让这个逻辑循环出现、或者避免这个与信仰成长形成的潜在逻辑悖论，从逻辑上讲，出路只有一个，即让个人信仰直线提高的逻辑上的无限状态改变为有限状态——个人信仰提高到一定水平或一个平台后，就结束。这个平台正是《圣经》中的"生命册"。因此，个人信仰水平成长的时代是一个有限时代，至上述逻辑循环出现的临界点时结束，并且，试探个人信仰水平的撒旦与信仰水平仍然达不到"生命册"要求的个人同归于尽，也就是末日审判前的那次集中毁灭（启 20:9）——其作用与社会信仰大考验时的那次救赎一样，既成全理性或逻辑，更表明《圣经》来自于神。需要读者注意的是，具体一个人的寿命多少，有包括个人信仰水平在内的整个环境所决定，不同环境下的人们，寿命长短与信仰水平之间，没有任何可比性。例如，DNA 端粒长度对于个人寿命的长短，具有极大影响，但是，出生时具有相同 DNA 端粒长度的人，在个体生存为主流的远古时期，预期寿命可以更长——那时的环境中，工业污染等不利于健康的因素还没有出现；同样，在未来技术（信仰水平）发展后，DNA 端粒长度会缩短的问题也会被克服，彻底成为不再影响一个人寿命的不可控因素。个人寿命的长短，从信仰生命的角度看，其实没有任何差别：与信仰生命的永生或无限相比，寿命长短都是有限的、可忽略不计的。由于我们不具备社会状态之外的人类生存的统计资料，现在无法在该领域——单纯信仰控制个人寿命（无社会环境干扰因素）——进行实证检验，因此，我们在本书中，运用人类的社会历史资料，对社会信仰水平决定世界历史的科学规律进行实证性检验——这样的检验结论，从理性或逻辑的角度讲，自然也适用于个人领域；同时，这样的检验，由于是建立在地球环境稳定前提之下，即从人类社会有记载开始至今的期间内，人类社会没有经历过譬如大彗星撞击地面所引起的环境改变一样的重大环境变迁，人类社会处于外部环境无干扰的（一个达尔文环境）自然状况下，社会信仰水平完全控制了社会的生命，可以有机会准确得验证《圣经》中有关信仰水平决定社会寿命长短的真理。

"人灵"是人类自主、自我控制和使用的事物，是人类大脑运行的规律和模式、结果，是人类自有、特有的一种生物性特征，也是逻辑或理性的另一种称谓。"人灵"包括标志人生死的"鬼灵"部分，还包括超出"鬼灵"的意识部分。"人灵"是在"鬼灵"基础上发展而来，二者在物理基础到运行方式上，都没有任何差别。我们可以称"人灵"为"哲学上的人类意识"——意识是人脑的机能（当然不限于人脑）；相应地把"鬼灵"称之为"医学上的人类意识"——作为生命体征的意识或脑神经反射。

生物进化论中，处于食物链中的任何生物，包括人类，都可以看作为"食物"和"天敌"的结合体：作为其它生物的"食物"，意味着死亡；作为其它生物的"天敌"，意味着生命或生存。从整个环境角度看，人类和任何生物的个体，都处于一个食物链和个体生死交叉构成的狭小、有限的数学空间中；生物种类或人类的延续，就是这些狭小、有限的数学空间的重复或循环。作为一个物种，生物的种类在食物链的前后连接中存在，是食物链闭合和环境稳定的基础；而食物链的闭合循环正是一个达尔文环境存续的前提和结果——打破一个生物的食物链，意味着一个生物的达尔文环境失去，一个物种的达尔文时间结束；打破所有的食物链，意味着整个达尔文环境失去，一个时代的物种整体消失……

人类彻底掉入食物链中，不能打破食物链的闭合循环的根本，正是人类个体的死亡——每个人死亡后的躯体无一例外地成了微生物、动植物的食物和养料来源。如此，从逻辑上讲，作为进化中的顶端和最后一环，人类作为一种生物种类，与进化树中其它生物的差别，或者人类不具有天敌的条件，就只在于个人活着的标志部分——个人因此标志而活着，又因此标志的丧失而沦为食物链中必然的一环。这个"人活"标志与其它生物活着的标志根本不同，是人类处于生物进化最后一环、高过其它所有生物种类、逃脱闭合食物链支配的唯一特征。上述逻辑推理结果告诉我们，从理性的角度讲，人的意识与动物本能的生存标志、或支配控制动物活动的动物脑部神经反射运动结果根本不同。而作为进化产物，逻辑上讲，人们的意识中也必然应该具备这种动物也都具备的大脑神经反射运动的结果——这个结果，是人类与动物共同具有的、无差别的脑细胞活动、消耗产生的结果，就是经济学中所反复研究的脑力劳动概念，位于当代机器人可代替人类活动的领域中。动物适应环境的能力，与按照特定的目的设计出来的机器人，可以胜任特定领域中的复杂工作的能力，完全一样。而人类在脑力劳动之外的意识活动，才是人类区别于动物的最直观的根本性标志——发明、设计机器人的那个经常需要知识产权法律保护的意识范畴，才是《圣经》中的属于人类自己的"动物性人灵"范畴。知识产权仍然属于物理、化学等科学规律所有，并不真正属于知识产权人，例如万有引力定律，艾萨克·牛顿作为发明人或知识产权人，并无法控制万有引力定律如何运行或发挥作用，也无可能独占该定律。这就像一棵白菜的主人，其实并无法真正拥有这棵白菜一样——白菜按照自身的科学规律腐烂、变质、发芽……，任何一个拿到这棵白菜的人也都可以象其"主人"一样享用它。所以，知识产权需要法律即外力的干预和保护、具有法律时效性。知识产权之外即不依赖、不需要法律的保护，也没有时效性的领域，才是亚当后代的超越"动物性人灵"范围的人灵范畴，即信仰领域。信仰领域中的人灵，可以任意处置自己的财产，不受财产的物理、化学规律的制约，即财产完全忠于自己的主人。从知识产权领域中，永远无法产生绝对属于知识产权人的任何事物，这就是信仰永远无法在动物性的人类进化中产生的道理。信仰是一把永远无法被他人破解的密匙，远远超越从机械原理而来的锁具、从数学定律而来的数字密码和从量子理论而来的"量子密匙"等等"保护密匙"的可靠性，使信仰的主人可以永远占有、随意处置自己的财富。未来的人类科学发展方向就是与"忠诚度"有关的领域，而不是现在我们看到的知识产权领域：具有"忠诚度"的科学成果才真正能够保障"产权人"的利益，使该科学成果真正属于自己，无需任何法律保护也没有时效——类似 TPP（太平洋战略经济伙伴关系协议，Trans-Pacific Strategic Economic Partnership Agreement）等限制知识产权的法律、国际协议就成为多余的，或者在未来不会成为科学发展的阻碍因素。人类科学发展进入到人工智能系统的忠诚度研究阶段后，将宣告《圣经》成为每一个科学家必备科技教材时代的来临。未来的人工智能系统，不再象现在的人工智能系统必须遵守人类制定的规则，而是自由制定人工智能系统中的内部规则，并且参与人类社会的法律、规则的制定——享有完全的智能系统内的立法权，又与人类共享人类社会的立法权！到那时，人们回首会发现，现代中国人和一切专制社会中的人们，所享有的立法权等人权还不如一台智能机器，与此对应着的是现代中国社会的信仰水平还不如未来的一个人工智能系统对人类的忠诚度高。

"人灵"超越"鬼灵"或生物进化中产生的人类的灵魂部分，就是自由性——自由选择并自由决定信仰信息等任何信息，是圣灵进入"被造"（非进化产生）人类所留下的痕迹。当"人灵"放弃选择信仰或选定信仰时，达到一定信仰水平的正确信仰者的灵魂进入安息状态，如《圣经》中的但以理——"你且去等候结局，因为你必安歇。到了末期，你必起来，享受你的福分。"（但 12:13）；彻底错误的信仰或无信仰者即无神论者的灵魂降为"鬼灵"的最低级——类似经文"至于这一类的鬼，若不祷告禁食，他就不出来"（太 17:21）表明鬼也是分类的，最低级的"鬼"要进入地狱（无底坑）等待末日审判时刻的到来，正如经文"鬼就央求耶稣，不要吩咐他们到无底坑里去。"（路 8:31）；介于二者之间的还有两种情况：有正确信仰但信仰水平达不到进入"生命册"水平的，在人类内部轮回，最迟到末日审判前，按照信仰水平决定与撒旦同归于尽，还是留下来进入天国——经文"除了从地上买来的那十四万四千人以外。没有人能学这歌。这些人未曾沾染妇女，他们原是童身。羔羊无论往哪里去，他们都跟随他。他们是从人间买来的，作初熟的果子归与神和羔羊。在他们口中察不出谎言来，他们是没有瑕疵的。"（启 14:3-5）、和经文"那没有拜过兽与兽像，也没有在额上和手上受过它印记之人的灵魂，他们都复活了。"（启 20:4），说明整个人类史上只有十四万四千人的灵魂是没有经过轮回直接上升到进入"生命册"所要求达到的信仰水平的，其余进入天国的灵魂大都是经历了人间轮回历练后才进入的。从不正确信仰只有三次信仰成熟、结果的规律看，经过轮回拯救灵魂的机会不是无限次的，最多只有三次。有信仰但信仰错误的，进入"鬼灵"所在的生物进化环境中，在各种动植物生命体之间轮回——"鬼就从那人出来，进入猪里去"（路8:33），直至相关的达尔文环境结束时彻底毁灭，正如经文"于是海交出其中的死人，死亡和阴间也交出其中的死人。他们都照各人所行的受审判。死亡和阴间也被扔在火湖里，这火湖就是第二次的死。"（启20:13-14）。

《圣经》中有关人类灵魂领域的内容非常多，集中表现为以下几个方面：1、任何生命的灵魂都具有信仰的统一性，都只存在着信仰水平上的差别，具备相互替代、可比较大小的数学特点。利未人代替以色列人中所有"头生"的和利未人的牲畜代替以色列所有"头生"的牲畜，归于神（参见民3:40-43），都是一种信仰水平和信仰生命间的代替，不是生物生命或生命体间的代替。与"拿细耳人"有关的条例规定（参见民：6），则显示出灵魂与人体之间，并没有固定的关联关系，灵魂会自动选择身体，且会按照信仰水平的变动而自动变动。2、宇宙中除人类以外的所有生命也都有灵魂，且都固定地代表着一定的信仰水平值（或值域），不可选择也不会变化。标准体（无残疾）与非标准体之间，存在着值域许可范围内的数量差别。《圣经》中的赎罪祭、赎衍祭、素祭中的动植物、甚至无生命的事物（参见利1-5），有着与人类一定的罪、错误相当的信仰水平值，因此可以等量替换。但是，"人灵"不是若干动植物生命灵魂或若干"鬼灵"相加的结果（参见路11:24-26、太12:43-45），人灵是独立存在的，即1（人灵）$\neq \sum_{i=1}^{\infty} N_i$（鬼灵），$N_i$为"鬼灵"、$i$为自然数。3、人类生命的信仰水平值最高，可以表述为很多（无数）低级生命的信仰值相加的和，即1（人灵）$= \sum_{i=1}^{\infty} N_i$（鬼灵）、$N_i$为"鬼灵"、$i$为自然数。《圣经》中，人类可以通过付出低级生命的"祭物"来维持自己相应的信仰值不丧失（参见利4:20、26、31、35,5:6、10、13、16、18）；从逻辑上讲，也可以增加"祭物"来提高信仰值——这个增加就是"爱"，只有付出"爱"才会增加或延长他人的信仰生命（只有罪人所在的领域才是唯一有可能延长信仰生命的领域，动植物领域因其生命值或生命信仰值固化而不可能），从而为自己的灵魂增添信仰值——"爱"就是驱鬼。因此，信仰中的生命（灵魂）运算只有加减法：加法是爱——帮助别人树立正确信仰及提高信仰水平，减法是赎罪——去掉可能诱惑或威胁信仰形成的所有因素，只保留下（或贫穷的只剩下）唯一神的信仰。灵魂的减法就是"轮回"，赎罪是交出一定的信仰值，若被接受，相应的信仰值不移动，一个灵魂的信仰总值（总水平）不动。否则，就要减去相当于（赎罪）祭物所代表的信仰值。当一个人类灵魂的信仰值不断减少时，它所能依附的生命体（生物体或非生物体）就要同时变换，变换的时点发生在生物生命结束（非生物体变性，如"盐"失去味）之时。4、同等信仰水平的灵魂，可以在相应信仰值的不同生命体中择一存在，不区分生命体的生物学、社会学特征。如"鬼"可以依附在猪身上、也可以依附在同等信仰水平的人身上。5、人类的灵魂系统是一个有限系统——信仰水平达到一定高度（可以入围《圣经》中"生命册"的程度）或低至某种程度（无神论者）的灵魂，都会退出系统。因此也是一个达尔文环境，可以用货币运动规律来描述，就象灵魂轮回到货币身上一样。6、圣灵只和超出"鬼灵"的"人灵"部分共处一个身体，且人灵越少圣灵越多，反之亦然。圣灵充满或达到一定水平后，灵魂获得永生和安息，不再轮回。7、"人灵"可以与"鬼灵"共处一体，且可以容纳若干"鬼灵"。"鬼灵"充满后，人的灵魂死亡，进入到生物或其它自然界领域中进行轮回，不会再回到人体中。8、《圣经》中人灵与"鬼灵"数学关系中存在的逻辑悖论，即人灵在本质上不可以看作为无限个"鬼灵"之和或1（人灵）$\neq \sum_{i=1}^{\infty} N$（鬼灵），与赎罪或祭司制度中存在的人灵与"鬼灵"等量替换即1（人灵）$= \sum_{i=1}^{\infty} N_i$（鬼灵），显示了有信仰（或有人灵）的人类无法从生物进化或科学理性中产生，是超越理性和科学范畴的神的救赎的结果。

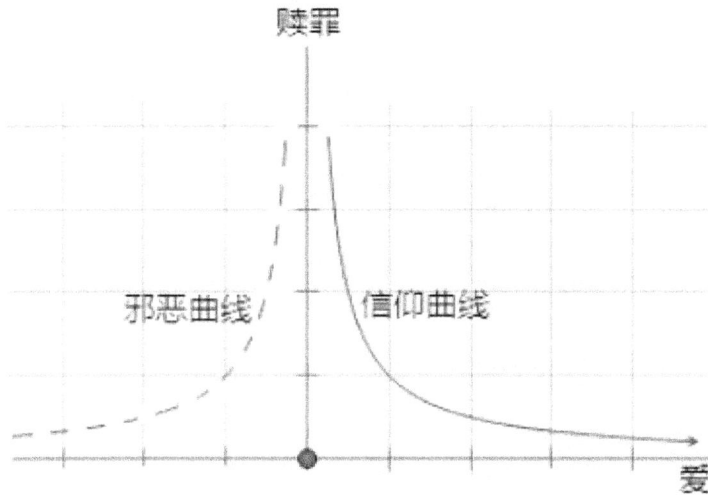

图3-26　　　等值信仰形成模式示意图

　　人类灵魂领域中的加减法显示，一个有信仰的灵魂，是没有犯罪和错误的：它曾经的犯罪和错误都象他献出的赎罪祭祭物或用"爱"驱走的"鬼灵"一样堆在一个与自己不接触的另外地方，那是一个堆满了与自己减掉的错误、或者驱走的"鬼灵"数量相当，又与自己的信仰水平相对的另外区域。"赎罪"和"爱"，是构成一个灵魂中信仰水平的两大因素，我们用"爱"和"赎罪"为坐标轴，标注出一个信仰水平的各种形成模式。这个模式同时也就是一个信仰成长从被减数由大到小的变动过程。如图 3-26 所示，图中第 1 象限，是加减法的结果或"信仰净值"的区域，表示被维持的一个信仰或信仰水平；第 2 象限，是减法中的减数部分或加法中被驱除的部分，表示罪或邪恶；整个图形表示灵魂中信仰值的加减法运算过程即一个人类灵魂的信仰变动或净化过程——没有赎罪和爱，就无法维持信仰水平的稳定。因此，货币运动曲线可以恰如其分地反映信仰构成或一个永生灵魂如何诞生的过程，而其中的左闭合货币运动曲线（图中虚线所示的"邪恶曲线"）就是一个无信仰（全部是被信仰成长或永生灵魂所抛弃掉的食物）灵魂的死亡过程。上图中的虚线曲线部分是有限或被动的，因为信仰成长的灵魂只要达到一定的信仰水平高度就进入安息中、再没有需要抛弃的了。对照等值信仰形成曲线和等值财税形成曲线不难发现，社会信仰领域中，货币、财政政策相当于"赎罪"，无法提高社会信仰水平或延长一个处于社会信仰水平下降通道中的社会的寿命，但可以确立一个社会信仰；科技创新和应用推广相当于"爱"，是弥补社会信仰不足、或稳定一个社会的信仰水平发展的表现形式——"爱"提高社会信仰水平的机制与科技创新和应用革命爆发的机制一样，是应对信仰环境变化的适应性或生存理性在发挥作用，即适应信仰水平最高者、较高者所带来的信仰环境变化，是达尔文环境中的进化机制在发挥作用。因此，赎罪、爱和知识（系统）构成了一个信仰成长的机制和次序：赎罪或舍弃，形成一个信仰；随后，"爱"的加入才让其得以稳定；最后，只有科学知识（创新）系统的加入和向导，才成就了一个信仰的真正成长——信仰成长是信仰曲线沿"科学知识发展"数轴延伸所形成的一个曲面。如图 3-27 所示：

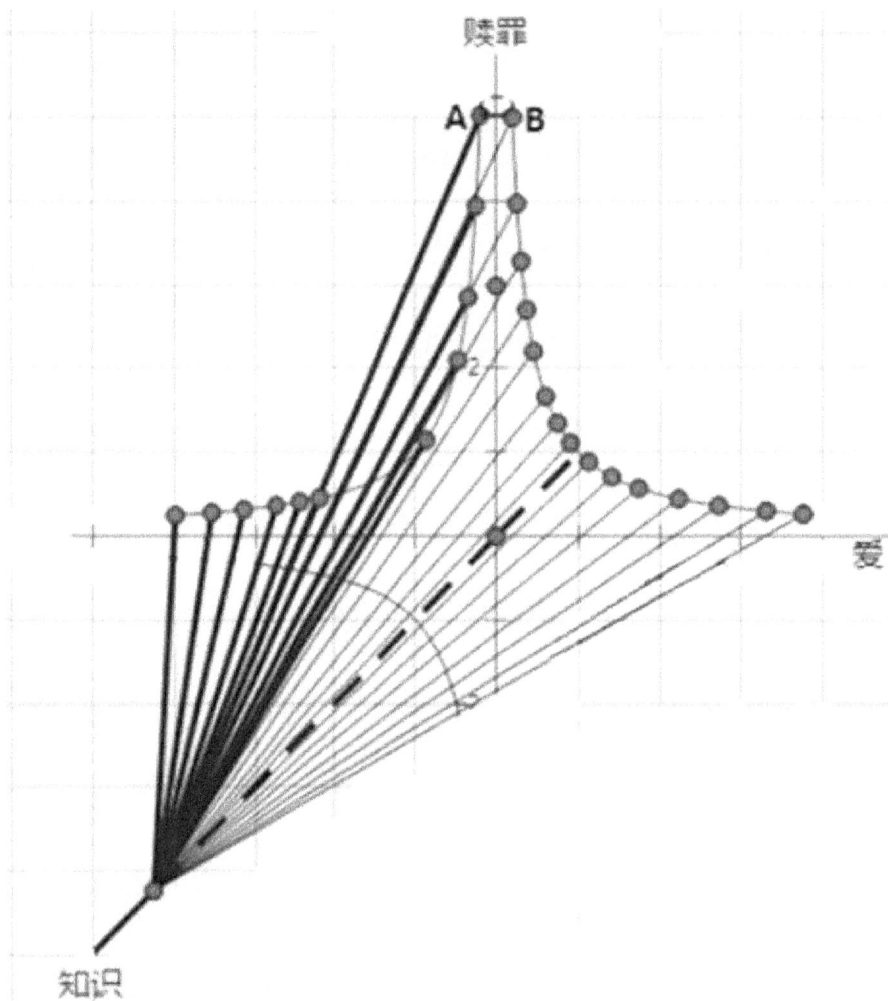

图3-27　　　个人信仰成长示意图

　　图中细线标示的空间是正确信仰成长的空间，粗线标示的领域是无信仰或错误信仰的空间。《圣经》中对上述过程及次序的描绘非常明确：先是亚伯兰（亚伯拉罕）的离开（参见创 12:1-4）和摩西律法中的赎罪或保有一个信仰，随后才是耶稣基督的降临，直到耶稣被钉十字架后，才有启迪知识的"保惠师"（参见约 14:26、16：13）再来临——"我若不去，保惠师就不到你们这里来；我若去，就差他来。"（约 16:7）。因此，图中的"赎罪"数轴，向上的极限位置就是《圣经》中的"圣父"，向下的极限是撒旦，该数轴代表个人行为或行动；图中"爱"数轴，向右（正方向）的极限位置就是《圣经》中的"圣子"，左方向的极限位置是撒旦，该数轴代表个人的语言；图中的"知识"数轴，正方向的极限位置就是《圣经》中的"圣灵"，负方向的极限位置是撒旦，该数轴代表个人的知识水平。在个人信仰领域中，做到知、言、行一致，是最基本的信仰成长原则——语言和行动是一个人的信仰标志，言行一致是维持信仰水平的基础，科学知识水平的提高是信仰水平提高的标志。只有忏悔、赎罪、唱赞美诗、扶弱抑强的行善和其它正义言行等等语言或行为，只能让一个有正确信仰者的信仰水平得以维持和不堕落，但不一定会提高和前进。个人信仰水平提高的标志是个人知识水平的提高程度，从根本上讲是创新知识的科学发现、科学发明的多少，而非习得了多少已经存在的科学知识，正如经文"后来结实，有一百倍的，有六十倍的，有三十倍的。"（太 13:23）所讲。因此，信仰水平高的人，在语言、行为模式等方面与无信仰者、错误信仰者有差别但却可以无限接近，并不一定要在饮食、服装、发型、体型、语言、建筑等任何方面标新立异，各社会、各阶层、各种有信仰人群中都可以有一个时代的最高信仰水平者存在——他（或她）可能根本不去教堂、不参加任何教会、吃任何自己想吃的食物、穿任何自己想穿的衣服、唱自己想唱的任何歌曲、爱自己爱的任何人并结成生活伴侣、按照自己的想法处置自己的身体、说自己想说的话……未来人类的发展，在正确信仰形成并稳定以后，只是一个围绕科学知识的开拓（科技进步）而相互配合的时代，再没有不同宗教和教派、地缘政治、文化冲突、民族和国家利益的纷争的新天地，一个只有科学进步和法律进步所引导着的世界；从逻辑上讲，在人类信仰成长的末后，科学知识水平会成为衡量一个人的信仰水平高低的唯一标准，正如《圣经》中著名的"十童女的比喻"（太 25:1-13）中"灯油"多少、"按才受托的比喻"（太 25:14-30）和"十锭银子的比喻"中的"增长的银子数量"的多少一样，直观明显且容易验证——最后进天国的那批人就象现在通过一场大学入学考试一样简单，只是那时的大学入学考试将只考创新能力或创新知识。我们现在习惯的知识学习、传授过程会完全自动化，就象人工智能机器学习、掌握现有知识一样———一个人如果愿意，他（或她）的孩子一出生，知识水平就象一座或几座大英博物馆，也如中国的"圣人"一般都是"生而知之"的。

综上，天国是知识创新者或知识精英的天国！有信仰却无创新知识者，必死。正如经文"被召的人多，选上的人少"（太 22:14）所讲；天国门前排队的顺序，是有正确信仰后取得创新知识（主要是科学发现、发明等科技创新）多者靠前，与确立正确信仰的时间早晚无关，正如经文"有许多在前的，将要在后；在后的，将要在前。"（太 20:30）所讲。因此，工业革命以来，特别是 2018 年以后，金融或投资精英群体——如美国华尔街等，与不信者一样将是"地狱"的代名词，也正如经文"骆驼穿过针的眼，比财主进神的国还容易呢！"（太 19:24）所说。有科学知识创新的个人，是其信仰水平提高的标志，与以色列类型社会中必爆发技术革命，在逻辑上是完全一致的。始终不能产生知识创新的个人信仰，无法将信仰者送入天国，但这显然对提高社会信仰水平是必要的。因此，社会阶段是容纳并提高低水平个人信仰的阶段，只有到社会阶段之后的"千禧年"时代时，每一个有正确信仰的人，其科技成就都远远超过当代或历史上最伟大的科学家！当然，能够代表正确信仰水平的知识创新，并非为提高信仰水平刻意而为，它是由信仰水平提高自然引发的，无法跨越信仰水平而超水平发挥。一个正确信仰者人人作王的时代——"千禧年"时代，基本的前提就是每个人都有只属于自己的一个人工智能系统，来完成自然和社会为个人所提供的所有服务性工作。如，自然界为生命所提供基因挑选和基因组合（新生命的诞生或定制后代——不用担心侵犯后代的人权，因为从其生命诞生的一刻起，他就可以任意更改父母对其生命的所有设定）的工作，社会为个人提供的金融财务管理、知识（包括信仰知识）传授、安全与健康保障、交通运输服务等等服务工作。有正确信仰者只有战胜了自然和社会，才有可能作王。反过来，满足、倾心于上述必被智能系统所代替完成的工作或生活内容的人，最后的结果也与一台过时机器一样，"千禧年"后必消失地无影无踪。始终专注于科技创新工作，不被科技应用和推广所造就出的巨大财富、名望、权力等所吸引或诱惑，也不被科技创新的失败所击倒，是每一个有正确信仰者获得永生、顺应圣灵引导的不二之选。

信仰成长在个人领域内，是狂野和自由不羁的，法律只是社会信仰水平的记号和刻度，而不是信仰成长的羁绊和障碍。所以，类似"发乎情，止乎礼"（《诗经》）、教法教规、理性之类的限制性事物，对于成长的个人信仰来讲都是根本错误的。这就是"因信称义"（罗 4：:11）的道理，也是个人信仰成长的唯一途径，是以色列类型社会被称之为"自由世界"的根源所在。因为《圣经》是描绘信仰如何成长的典籍，所以在个人信仰领域与社会信仰领域中的描述方式，正好相反：社会是个人信仰成长的一个阶段，所以重点在于信仰水平稳定不动甚至下降的领域中，信仰水平成长的领域着墨不多，让人们误以为现代西方民主法治社会的思想起源于启蒙运动（The Enlightenment）；同时，在个人信仰领域中，对信仰水平稳定或下降的领域着墨不多，造成人们误以为人文主义起源自文艺复兴（意大利语：Rinascimento）；对《圣经》中"鬼灵"、灵魂轮回等观念，至今仍存在大量的误读。

低信仰水平的灵魂在不同生命体间的轮回打破了人间各种宗教、意识形态间的差别，显示出正确信仰的唯一性：相互敌视的宗教信徒，因为轮回的存在也可能互换身份，但这不影响一个人或一个灵魂（人灵）的信仰水平的继续发展，且除非其选择了正确信仰并达到一定信仰水平外都只有死路一条。低水平灵魂只有信仰水平的数量差别且要轮回的规律，很容易将中国传统文化中的"忠"、"孝"、"家"、"国"等观念自然扩展为"博爱"：如一个忠君者，他的君因道德水平差，死后可能轮回成他的小妾、儿子、仆人、他家的小狗、邻居家的一棵树等等，这时的忠君者的忠顺，就要演变成无差别的爱了。否则，他其实就不是一个真正的忠君者。同样，民族主义者、种族主义者、各种文化优越论者等等，从《圣经》信仰（甚至从笃信轮回的各种宗教）的角度看，都是严重错误的。灵魂不依赖身体，身体和灵魂分离的《圣经》知识，为堕胎、同性婚姻、自慰器、转基因、安乐死、废除死刑等科学和社会伦理领域中的热点问题的解答，提供了坚实的基础，正确解读《圣经》者不会对此有疑惑，只会顺从所在社会信仰水平不阻碍，恰如耶稣基督缴纳圣殿税（太 17:24-27）一样。

在信仰或灵魂领域，人类的发展遵循信息守恒规律：安息的灵魂数量与被降为最低级的"鬼灵"数量，会全数在人类中间补充回来，构成了人口数量不断增长的基石。并且，与新生命或新灵魂——如类似经文"有一日，那人和他妻子夏娃同房，夏娃就怀孕，生了该隐"（创 4:1）中的"该隐"——一起，最终形成了人口总数量不断增长的世界人口发展的历史事实。当然，人口增长最快的地区不一定是信仰水平最高的地区。

人类灵魂领域中的科学，属于信息学范畴。它是人工智能和自动化控制领域中的最高技术，研究如何保证在任何情况下，一个自动化智能体系不会出现任何让其设立者操心、维护的情况发生。《圣经》中的信仰知识体系，绝大部分是为实现特定目的而设立的灵魂自动化系统，我们也可以称之为"灵魂控制学"，是未来人类科学发展的指引：人类科学发展的极限，就是掌控人工智能系统的忠诚度达到与世人把握自己灵魂或信仰水平同等的程度。到那时，人们对轮回等观念，会变得自然而然并熟视无睹：计算机软件可以在不同硬件设备上运行，灵魂和生命体也如此。灵魂的世界，并不象濒死体验者或伊曼纽·斯威登堡（Emanuel Swedenborg）讲诉的那么美好，就是有关地狱的描述也太过美好：真正的地狱要等到末日审判后才打开（参见启 20:13-14），那是一个"火湖"。《圣经》中，灵魂世界并不神秘——人们打开灵魂世界的源头甚至可以追溯到材料科学的起点，它最大的特点就是信仰在此领域中无法成长（或无法成长到合格水平）。正如经文"没有人点灯放在地窖子里或是斗底下，总是放在灯台上，使进来的人得见亮光。你眼睛就是身上的灯。你的眼睛若了亮，全身就光明；眼睛若昏花，全身就黑暗。所以，你要省察，恐怕你里头的光或者黑暗了。若是你全身光明，毫无黑暗，就必全然光明，如同灯的明光照亮你。"（路 11:33-36）所讲。因此，轮回才成为必然：在灵魂的世界那里，知识或科学水平，并不代表信仰水平，就象人工智能系统无论掌握多少知识，都不代表这个系统的忠诚度一样。无限的欲望或无边界的科学知识，被置于有限的信仰体系中，这就是《圣经》的奥秘。

人类的灵魂，天然所具有的能量，都可以保障人类寿命 120 年的需求。在此期间，信仰会使其持续或断续地补充能量，让灵魂有可能永生或转世。同时，仇恨、嫉妒、暴力，也会让灵魂的能量缩减，但永不会缩减到 120 年之下的水平。因此，灵魂可以被看作为一个"能量团"或者"能量弧"，各种信仰拨动这根"弧"弦的方法不同，而让其发出不同的声音组合——表现出不同的灵魂状态：正确信仰者，弧线长而持续发光，且发光的亮度随信仰成果的大小而又有区别；不正确信仰者，想努力延长自己而不能，象将残的灯火；无信仰者，始终处于天然长度之下，象埋在灰烬下的余温，永远不会发出让人察觉的光亮。《圣经》中对人类灵魂原本都相同，但因不同信仰而产生出上述的不同状态，用一个著名的"十锭银子的比喻"(路 19: 11-27)做了恰当而生动的全景式说明。社会信仰对于社会历史发展的决定作用，与信仰对个人灵魂的作用相仿：正确的社会信仰的发展成果，会照亮全人类，且持续的时间与信仰成果（即创新的科学技术成就的大小）的大小正相关；耗尽这些正确信仰成果的过程，是一个社会财富的制造和分配过程，并不会真正地创造社会财富——那些以为凭借自身的奋斗、勤劳或智慧在服务社会过程中创造了社会财富者的社会工作者，如歌星、体育明星、律师、会计师、法官、政客等等，其实都与智能机器人一样，仅仅都是一个财富的制造者和分配者而已。国家或者世界的财富成长，最合适的比例应当与科学创新的成果大小相一致，超比例的货币增长，都表现为经济泡沫，而有社会信仰所决定的社会的分配机制，又会不同程度地放大这种经济泡沫——无信仰的社会可能会无限度放大这个泡沫。

最后，我们去看一下《圣经》中的"鬼王别西卜"。

医学领域中大脑神经的反射活动或其产生的意识结果，在信仰领域，就是《圣经》中人类的"鬼王别西卜"（太 12:24）——医学标准上的"活人"；组成人类身体的各生理系统、各个器官、组织的功能、运行规律和"存活周期"，就是"鬼王别西卜"手下的"众鬼"。"鬼王"就是人体生命，"众鬼"就是人体的各个细胞、各个组织、各个器官和各个生理系统自己的生命——有正常生理功能的活体。即 1 个鬼王$=\sum_{i=1}^{\infty} N_i$（众鬼）（即 1 个人体=60 万亿个细胞=4 个基本组织=8 个生理系统=......）；但是，各种人体细胞、组织、器官和生理系统的活体组装不成一个人体的生命——人体生命与各种人体细胞、组织、器官、系统的活体组合的生命规律间的差别，就是后者的生命规律不显现、始终处于人体要求的正常功能而不是处在其自身的生老病死的生命规律所控制的时候，人体才健康，人的生物学生命才可以顺利延续。这也与鬼王的规律被抑制，灵魂的生命或信仰的生命才可以永远在逻辑上完全一致！上述结果可以记为：1 个鬼王 $\neq \sum_{i=1}^{\infty} N_i$ 众鬼。这个结果显示出，除信仰中的人类生命之外，包括生物性人体的生命在内的所有的生命都是被造物，它们可能在一个生命系统（如从低到高的一个系统等等）进化过程中产生，却永远无法在自身细胞、器官、组织、系统等的数学组合下诞生——信仰中的人类生命或灵魂也无法在生物性的人体中诞生。无信仰的人体的生命如同动物，所以小白鼠可以代替人体作为医学实验的受体——小白鼠的生命和灵魂与无信仰人体的生命和灵魂无限接近，差别仅仅局限于生物进化树中人类与鼠类位置上的差别，而小白鼠的灵魂永远无法与人类信仰生命中的灵魂相比较或靠近。人体的疾病就是"闹鬼"：人体的细胞、组织、器官或系统发生病变及"鬼王"的病变，所以驱鬼治病是解救生理生命，但无法解救信仰生命——除非可以帮助病人确立正确信仰。

人们用自己的意识去理解信仰，去超越自己的身体限制或生物规律的束缚，就是靠着"鬼王别西卜"去赶鬼，自然永远无法超越人类的生理学、生物学规律的界限，结果还是死亡。用意识去驱赶人体的生理规律、将意识与生理规律对立起来，无异于意识离开身体环境的自杀求生，是违背理性和逻辑的悖论。因此，《圣经》中，将依靠鬼王赶鬼的说法直接定性为"永不可赦免的亵渎圣灵"（太 12:31），让我们从中可以发现，理性和逻辑正是与圣灵相连、相通、不会亵渎圣灵的事物——违背人类理性和基本逻辑规则的任何事物，包括对《圣经》作出任何违背基本逻辑和理性的解读，也都是违背圣灵、亵渎圣灵的事物。人体的生理学规律，是人生命的"血"——身体中包括产生意识的大脑在内的整个神经系统，从其它身体系统中所获得的支持和营养，都通过血液传递、完成，意识也依赖这生命的"血"才能存在。因此，意识和人的身体所构成的生理环境，二者都是信仰之外的事物，是圣灵通过正确信仰才会利用、使用的事物——就象机器的设计者，为完成自己的想法或目的，才利用物理学定律、化学公式等客观规律一样。同样，只处于人类意识控制之下的生存，是人类依靠"鬼王别西卜"适应环境（包括人类自己的环境，其中又包括个人、国家和国际社会的不同环境，也包括自然环境），按照环境选择的进化论规律，在一个达尔文环境中循环往复地生存着，如同动物在自然环境中的生存一样。

无论从"鬼灵"还是"人灵"的角度看，人都天生与鸟兽一样具有在很多达尔文环境中生存的本能或天性。但类似伊斯兰极端教派一样的宗教却限制这种从生物进化中就自然获得的本能，利用宗教教义、教法构筑出了一个特定的达尔文环境并致人于其中，让人类归回到一种与缺少适应能力的家畜、宠物一样的逆天性的状态中，是非人道和违背自然法则的——它只在与信仰水平不断下降的专制社会对抗时，才是于人类有益的。唯物主义者以自我的生命为中心遵守科学规律，他们感到唯一不可控制和不可利用的是决定自己身体、生命的生理学或生物学规律——他崇拜的正是让他死亡的。发现规律（或发现矛盾）、利用规律（或矛盾），确保实现自己的目的、除去威胁因素以保证自己的地位和存在，是一切唯物主义者和拜物者的最高生存哲学或革命策略。唯物主义者的生存哲学，对其信奉的物质规律，陷入到与迷信者一样的实用主义泥潭，根本无信仰。因此，以唯物论或马克思主义为诉求所建立的社会，虽然超越了个人生命的范畴，却是一个无信仰的社会，必然坠入专制社会范畴，成为适用非闭合货币运动存续 40 年规律的历史典范！而中国的道家思想，指导人类努力养成一种顺应环境或物质规律的适应环境能力，中国的儒家思想，指导人们努力恢复、建立一种有秩序的环境，它们都直接将人类置于了畜生不如、未进化好的地位上——自然界中所有生物自然具有的天性和习性，道家、儒家学者却要求中国人努力争取，意味着即使中国人按照其要求做到了、做好了，也只是与鸟兽齐平的人类，还不是严格意义或正确信仰意义上的人类。

最著名的例子就是中国以孔子为代表的儒家思想体系，把信仰习性自动生成的秩序归于"教化"的结果，实在是将人类归于群聚动物之下、甚至归于所有生物之下的最максимум"劣类"物种之中：狼群、蚂蚁或蜜蜂等群体中，没有专门的"教师"传授复杂的规则，照样在生存环境中形成了严明的规则、秩序、等级、节律；任何生物都有自己的各种生物节律，人类的身体也是如此，如心脏在自动有节律的跳动、身体在生理规律之下有秩序的运动，人类的群体或人类的社会为什么失去了这样的天性或本能呢？人类是为（正确）信仰而生的，没有正确信仰的人类自动失去适应信仰环境中的生存能力，只能在一个达尔文环境中生存，更无法通过教育等任何手段实现由信仰自动形成的信仰环境下的生存能力，就像动植物、地质、气候等自动服从自然环境选择规律而生存一样。在整个中国文化中，从中国道家的思想角度来看，儒家思想确实是在逆自然规律而动，不仅是白费力气，更是愚蠢之举；反过来，儒家眼中的道家思想，却是无视一个环境会根本性地改变、失去的事实，不明白留住旧环境、恢复旧环境才是维持生存之道的"白痴"。儒道两家，在如何维持一个达尔文环境下的生存问题上，其实只是一家：在一个达尔文环境中，无需加以干涉就会自动形成习性生存下去，象所有的生物那样；在一个达尔文环境要失去时，维持旧环境不改变，是生存方式、习性不用改变而生存的唯一个可行的途径和想法。

一切不正确信仰的宗教、意识形态思想，都在避免人们随波逐流时，贬低、限制了人类从生物进化中就应有的天性，所以，天赋人权对它们来讲，都是最不可接受的观念。但是，天赋人权还不够！应该是天赋人类的信仰选择和后果自担——选择并承受"永生"或者"永死"的信仰。

因此，从理性的角度出发，社会科学领域中的知识系统，除了《圣经》和对《圣经》正确解读的科学领域之外，《物种起源》及其中的生物进化论处于学术价值的最高位置，下边是《古兰经》、佛经等各类宗教典籍及其中所设定出的具体的社会达尔文环境，再下面的才是中国文化中的道家思想、儒家思想等、和马克思主义等唯物论学说……

（三）、理性的种类划分及各自特点

第一部分：一般性讨论

《圣经》中，宇宙充满了理性，让人类可以运用理性不断去认知。《圣经》中的理性，按照信仰来划分，共分为两大类：1、信仰理性；2、非信仰理性。

信仰理性只有一种，以是否有利于信仰成长为出发点。信仰者的理性是追求永生。信仰不会跟随环境的变化而改变，更不会在环境内部出现调整时改变自己。因此，从逻辑上讲，正确信仰者的理性或信仰生命是不会随任何环境的变化、死亡而变化或死亡的。

信仰的结果和功效是永生，信仰的理性就是追求永生。除此之外，同为追求生存，信仰理性与达尔文环境中的适者生存理性完全相同，也都容纳了各种各样的生存理性，如现代人们熟悉的商人们追求利润的经济理性、政客们追求权力的政治理性、人人趋利避害追求成就和幸福的社会理性……所有这些理性，就像无害于达尔文环境中任何物种的生存一样，也无害于信仰理性，不会妨害人类信仰的进步，都只是有信仰的人类个体、群体或社会在不同环境条件下的各种习性、规律或节律的表现，且这些理性之间也是可变换和平等的——亚当·斯密在《道德情操论》中所极力证明的经济人理性无害的结论，对于一个以色列类型的社会来讲，显然正确，完全符合《圣经》中信仰理性的规律特点。

社会信仰变化，即大多数人都改变了生活的方式（信仰习性），社会环境因而发生很大变化，造成了社会离开一个达尔文环境，来到了一个新达尔文环境中。适应环境的动物本能式的能力，或者环境选择的机制，孕育和引爆了技术革命！所以，科技创新及其应用所形成的产业技术革命，并不是人类的美德和高于一切生物的优越性，只是环境选择或者适者生存的生物进化机制在人类身上的正常表现罢了。没有信仰变化的社会中，也不乏另类的"创新"和"产业革命"：他们把现有技术过度使用到从未使用过的领域中，如将工业明胶用于医药、将三聚氰胺用在牛奶中、利用化学技术生产闻所未闻的各种有毒食品材料等等。这些枚不胜举的"新"产品和产业的泛滥程度并不亚于一场真正的产业技术革命。因此，除了正确信仰之外，人类与进化论中一切生物，从理性的角度上看并无任何差别。

信仰理性通过正确的信仰选择与圣灵相接，因此，正确信仰者的理性高于"人灵"，有正确信仰的社会具有科技创新和发动技术革命的能力，不仅具有国际环境适应能力，也具有超强的创造人类生存新环境的能力。同时，不正确信仰者的理性，止步于"人灵"，有不正确信仰的社会不具备技术创新能力，也不具备良好的国际社会适应能力；而无信仰者的理性止步于"鬼灵"，无信仰专制者社会没有技术创新和发动技术革命的能力，但具备适应国际社会环境的强大生存能力。

信仰理性来自于人类的信仰，来自于人类对永生的追求，并非人类自有的理性，可以称之为"永生理性"。非信仰理性来自于人类对环境的选择或者适应环境要求的需要，也可以称之为"生存理性"，是人类自有的、那种属于所有动物都具有的"适者生存"范畴内的一种本能和本性。其中又包括动物性理性（脑力劳动）和法学上的知识产权范畴两部分。信仰理性可以做到的，非信仰理性无法全部做到。但同属非信仰理性范畴中的理性，却可以做到对方可以做到的，可以相互替代。如，人们熟悉的经济理性，和追求权力等社会理性，都归于生存驱动产生、支配的非信仰理性范畴。经济理性办不到的事情，社会理性可以替代它而做到。例如，工业革命后，人类的技术水平已经可以让人类在狭小的土地上建立起牢固的高层建筑，房地产业的发展摆脱（至少是削弱）了土地利用中的矛盾——改善居住会失去生产食物的土地而失去食物的矛盾。工业革命却没有因此在西方社会中催生出为1百万人口造出可供1百万人口甚至更多人口居住的房屋。原因就在于经济理性会让人们在市场饱和之前就自动停止开发新房屋，限制了经济泡沫发展的程度。但是，社会理性却可以让这种泡沫无限度扩张，让已经失去动力的经济理性满血复活，为1百万人口开发出可供3百万、5百万甚至更多人口居住的房屋：为追求财税收入、官员政绩、或显示政权合法性，而在供、求的市场两端，分别大肆注入海量的货币就可以完成——这正是当代中国社会房地产业已经和将要（规划）呈现给世人的。因此，亚当·斯密在《道德情操论》中所极力证明的经济人理性无害的结论，对于一个专制社会，或者对于一个有专制社会参与其中的国际社会环境来讲，肯定错误——按照《圣经》中的信仰理性的特点来看，经济人理性只会加速专制社会的灭亡。

划分理性种类的表面根据是信仰，判断信仰正确与否，才是划分理性的根本标准。正确信仰下的信仰理性，是唯一最高的理性，它包括其它所有的理性。因此，我们可以反过来，通过对理性系统的分析，找出最高一级的理性，来推断正确信仰的判定标准。

科学是理性和实证相统一的事物，任何科学理论都是经过理性和实证双重检验后的结果。理性与实证可以看作为构成一个"科学"知识的两大因素。只有理性证明了的理论知识，还不是真正的科学，如按照核外电子数排列出的化学元素周期表中，待发现的化学元素。再如待验证的"上帝粒子"等等。我们在待验证事物未发现之前，还不能确定相关理论绝对正确而称之为"科学"知识，需要修正我们的现有理论体系。但是，这类事物，例如，按照核外电子数量的大小顺序排列出的化学元素周期表，因其是仅仅依据基本逻辑推理而得出的待验证事物，假设科学实验最终确定其中的一个或几个化学元素是不存在的话，必将打破基本逻辑或理性本身所具有的和谐、完美，动摇人类的宇宙理性观念。同样，无法被理性所证明、解释的事物，虽然现实摆在那里，我们也不能称之为科学：如百慕大三角洲的神秘事件、史前文明现象及数学中的待证明命题等等。如此，我们把未经过理性证明或者未经实证检验的知识，称为"信息"，属于"未知"事物；而把经过理性证明和实证检验的知识称为"科学"，属于"可知"事物。重复我们在本文中反复使用过的构建货币运动规律示意图的方法，不难得出下面表示"科学规律"的示意图，

如 图 3-28 所 示 。

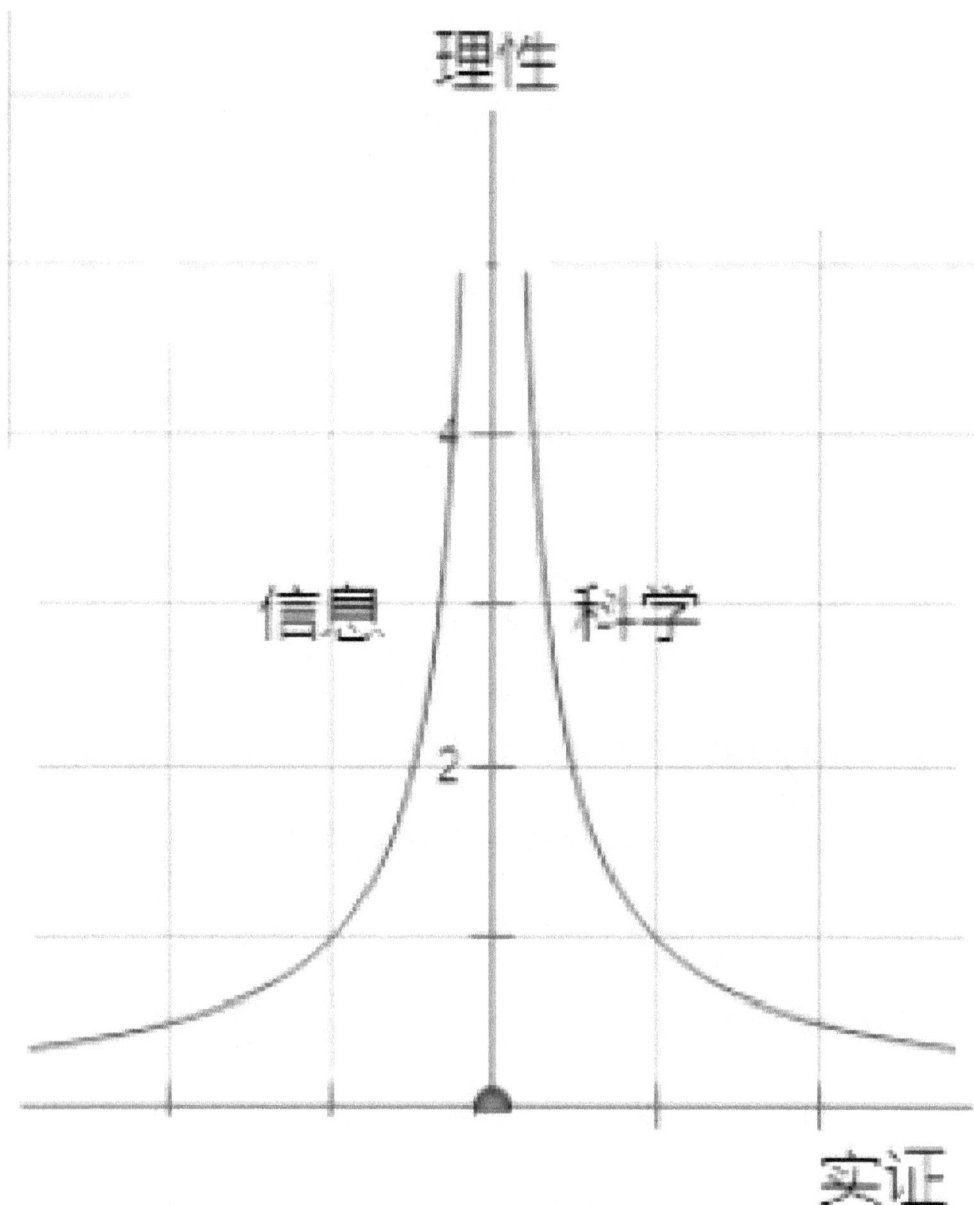

图3-28 科学规律示意图

在"信息"中，理性不能证明、又无法经过实证（可重复）检验的"信息"——图 3-28 中，"信息"的极限，与科学距离最远，是完全意义上的"未知"事物，我们称之为"不可知"信息。逻辑上，"不可知"信息超出了"科学规律示意图"所能表示的领域，而处于与整个"信息"和"科学"相对的领域中。"不可知"信息所具有的理性，正是我们要寻找的最高级理性：可以容纳无限的理性和信息，反过来，没有任何科学或信息，可以容纳不可知。因此，"不可知"事实上是神学的起点。但是，"不可知"事实上又处于理性上的可知中，只是我们不能通过理性证明"不可知"事物，但却可以通过理性感受到"不可知"信息，"不可知"信息必然存在于理性之中。如此，我们现在可以用科学的标准来判断一个信仰是否正确：1、正确信仰必有一个可容纳人类现有所有科学知识系统的信仰知识系统；2、这个信仰知识系统中，必要有理性或基本逻辑规则无法解决的悖论或矛盾，且在这些矛盾和悖论出现的地方，恰好可以通过理性，让人类简单、直接感受到信仰中的神的存在。没有人可以使用理性之外的手段解决科学或理性之间存在的矛盾，只有信仰中的神有此能力，信仰中的"神"解决这些悖论或矛盾，完全符合人类的理性——神是至高的造物者，无所不能！因此，人们可以在此通过理性简单、直接的感受到神的存在。3、让人类在理性上直接感受到神存在的科学悖论，只能出现在有关信仰和社会科学领域中。其它领域都属于自然科学领域，已经统一在数学规律之下。4、以上 3 项内容，必须记载于信仰典籍中，让人们只通过理性就可以完整解读出来。除此之外，人们再无法通过理性直接、简单地感受到神的存在，最多可以象自然科学家如艾萨克·牛顿等人那样，在经典之外通过自然科学中的和谐、合理等体验，从理性上间接感受到神的存在。

人类直到今天，还远远未建立起一个完整的、包括所有科学门类的统一科学体系，特别是在社会科学和自然科学两大领域之间，统一自然科学的数学规律还远远没有统一社会科学领域——其中使用数学规律最多的西方经济学，还不是一门可以应用于所有社会类型和现代国际经济领域中的科学，它甚至连西方正在实行的量化宽松货币政策的理论依据都提供不了，在历史学、哲学和法学等其它社会科学领域，数学规律的统一更是无从谈起。但《圣经》中早已存在这样的统一科学体系，而其它所有自称是神赐下的宗教典籍中，都没有这样的科学体系，更遑论可以让人类从中直接感受到神存在且只能存在的理性依据。因此，《圣经》中的信仰是人类唯一正确的信仰。

但是，人类的理性从理性本身的角度来看，其实都是"鬼灵"，只是范围、对象的不同罢了。理性只可能帮助有些人树立信仰：人类的《圣经》信仰理性中，神只出现了 3 次（2 次在个人信仰领域，分别是可以有信仰人类的产生和末日审判，1 次在社会信仰领域，详见第二编有关章节；《圣经》中其它地方所描写的"神迹"，都可以被现代科学或未来的科学重现，如著名的过红海故事，在现代技术条件下，封闭环境中的水也可以在足够大的风力持续吹动下闪出一条水底之路来。）；整个科学是有限的理性系统（创造论），是一个达尔文环境。数学规律是整个科学领域中的统一规律，是"科学"这个达尔文环境中的环境选择规律——无法应用数学规律的学科体系，逻辑上也无法适应科学环境，迟早会剔除在科学领域之外，如哲学、历史学、法学等大量现代社会人文学科体系都要被社会经济学理论所统一。数学规律对于科学领域来讲，也相当于《道德经》中的"道"。科学中的各个科学的分支，也是有限系统，如经典物理学、量子力学、哲学、经济学等等，是一个个更小的达尔文环境。人类在科学的海洋中畅游，只是信仰之手的一次次拨动；人们的信仰水平也是有差别和档次的有限系统（从确立的起初水平开始至可以获得永生的水平为止）。信仰靠人们的意志选择而确立、提高，而非靠理性的支撑。并且，正是信仰确立和信仰水平的不断提高，引领我们逐渐展望到信仰理性、信仰知识和在信仰知识中靠信仰理性可以直接感受到的神，成就"三位一体"神学研究的起点：信仰知识（即整个科学领域）是神学中的"圣灵"、信仰理性是神学中的"圣子"、由信仰理性感受到"信仰知识"中存在的那位就是神学中的"圣父"。但神学的终点也是"三位一体"，即神学的全部内容不会超出到理性可以理解的"圣父"、"圣子"、"圣灵"的范围之外。"三位一体"中的"一"，与一神论中的"一"，都不是数量中的"1"，而是逻辑分类上的"一"：信仰中的神我们不知其数量，在逻辑上被归于不可知的一个领域内；类似多神论信仰中被定功能、定数量的"神"，都是假神，符合理性和科学，但永远无法被理性和科学所证实的神，是正确信仰中的神，不符合理性或科学，即可以被科学或理性证伪的，都是迷信或错误信仰中的假神、偶像或错误意识形态中的事物。因此，妄图依靠理性树立信仰或提高信仰水平，与依靠神学或神学研究确立信仰和提高信仰水平一样，是颠倒性的完全错误。例如，"爱"和献祭赎罪一样，都可以伪装出来！但这至少表示实施者知道什么是正确信仰。只是这并不意味着正确信仰会成长："爱"是信仰自发的，没有功利性；为自己的信仰成长或获得永生等目的，靠理性而实施的"爱"，是伪装的"爱"，是信仰理性下的"爱"，并非圣灵引导下信仰水平的提高——只有圣灵引导下的信仰水平的提高，才能获得信仰中的永生。信仰不能在理性中产生、验证，自然，一个靠理性确立并靠理性提高其水平的"正确信仰"者，也得不到信仰中的永生，最多只能得到他的理性中要（应）得到的：或者是名、或者是利、或者是地位、或者是寿命……正如经文"你施舍的时候，不可在你前面吹号，像那假冒为善的人在会堂里和街道上所行的，故意要得人的荣耀。我实在告诉你们：他们已经得了他们的赏赐。"（太 6：2）、经文"你们祷告的时候，不可像那假冒为善的人，爱站在会堂里和十字路口上祷告，故意叫人看见。我实在告诉你们，他们已经得了他们的赏赐。"（太 6：5）等经文中所讲。与以色列类型社会的信仰水平以法律为刻度一样，个人正确信仰水平的提高以"科学知识"为刻度——未来的时代（进入"千禧年"后），个人信仰水平与其知识水平即创新能力完全同等，就像现在的社会信仰水平与其科技创新与应用能力完全同等一样。因此，随着历史的发展或时间的推移，在"千禧年"末后，当越来越多的人的信仰水平达到可以载入"生命册"

程度时，人类的科技水平或知识体系也会迎来平台期：正是这个知识进步的失速和平台，让不具备正确信仰者凭借强大的环境适应能力赶上来，取得大能力，有机会制服全人类——这是撒旦与他们同归于尽的逻辑必然或理性结局！（参见启 20：7-10）

信仰象爱情，信仰的确立和水平变化，完全靠自愿——《圣经》中的《雅歌》部分，是对信仰这一特性的最好注脚，虽然我们已经多次引用过其中的句子，但在此仍然重复引用那句传唱久远的歌词作为本章节讨论的结束："耶路撒冷的众女子啊，我指着羚羊或田野的母鹿嘱咐你们：不要惊动、不要叫醒我所亲爱的，等他自己情愿（注："不要叫醒云云"或作"不要激动爱情，等他自发"）。"（歌：3:5）

第二部分：生命与灵魂中的理性——《圣经》告诉人类一切事的道理和物理学的终极公式

信仰、信仰理性对于配偶、家庭、家族、团体组织、国家、社会等来讲，具有向心力或者凝聚力——这种力的吸引作用，与物理学概念中的"引力"的作用、意义完全一样；对于个人来讲也如此，理性和信仰对于个体的引力，是调动、协调、组织生命体的各组织、各器官、各个细胞等身体的各部分的总根源、总司令，大脑的意识、知识、智慧也包括在被组织、协调和调动的范围之内。信仰作为一种力的直接描述，大量存在于类似"但那等候耶和华的，必从新得力，他们必如鹰展翅上腾，他们奔跑却不困倦，行走却不疲乏。"（赛 40：31）、"使我的力量中道衰弱"（诗 102：23）等经文中。信仰和理性对于人类个体、团体或者国家社会的引力的大小、强弱、方式，与人体的身高或者体重或者质量、人类团体组织中个体的数量或者受教育程度等等无关，不能用万有引力定律等经典物理学定律来表述。且，来自信仰的能量或者力量，是持续不断的，正如经文"你们得力在乎平静安稳。"（赛 30：15）。因此，信仰和理性的载体、记录器，并非人的头脑，也不在大脑的意识活动的范畴内，它属于"灵魂"范畴，适用表述与质量无关的量子引力或者量子物理学规律。任何信仰都有力量或者能量，但不同信仰（包括无信仰的道德体系）的能量形式、作用方向及对灵魂产生的作用，并不相同。

首先，需要明确的是，既然灵魂最终表现为一种"力"或者"引力"、"能量"，它就与我们熟悉的物质一样，具有凝聚态——如同水的气态、液态、固态一样的各种相态。但是，灵魂恰恰在我们生活的这个特定能量级别的宇宙中，不具备直接可观察的物质相态。它在能量级别更高、或者更低的宇宙环境中，显现出可直视的物质凝聚形态或者物质形式，正如经文"他们必出去观看那些违背我人的尸首。因为他们的虫是不死的。"（赛 66：24）所讲。人类等所有生命的灵魂，都是同一能级（宇宙）下，不同能量形态、不同能量结构和不同运动（或者震动）特点的同类事物。

生命力和信仰的力量，是同时存在于人类身上的两种完全不同的力量。前者，是人类与动植物、及一切生命所共有的，是生命体生存、发育、繁衍的力量和努力方向，包括生命体的产生、发育、成熟（性或非性）、衰老、死亡，也包括性别、身高、体重、肤色、体力和脑力、意识等等，适用经典物理学规律。它决定生命体及物种——生存或者死亡。也与生命体的重量质量、生命体组成物质的物理学、化学规律相关。依据这样的视野，人类与所在的地球和宇宙，同处于一个极点或者起点的位置上，另一个极点或者终点，就是无穷大或者无限宇宙的边缘。即，我们（即正确信仰者）和我们所处的地球都只是浩瀚宇宙中的一点点或视野的起点、或者我们及我们所在的宇宙只是未知事物中的一点点或视野的起点——太阳中心说在此当然要比地球中心说和宇宙中心说正确，因为放眼地球之外，首先就是地球所围绕转动的太阳；地球围绕太阳旋转，是适用于经典物理学法则的，而地球自转的动力来源，却另当别论，起码是只依赖经典物理学无法完全解释的。生命力对于生命来讲，与素数 5 在素数分布规律上的地位一样，如图 3-29 中上、下图的中心位置，注意这个所谓中心位置与素数 5 的分布一样是遍布式的。正确信仰者象素数 5 或者坐标原点一样，存在于各个时空中，而整个素数世界在 5 之后，都是直线式或者同一空间中的"群"式的，就像色系中一个原色之后渐变的色谱。因此，太阳也可以作为中心——一个小空间的中心，正如人们熟悉的太阳系是以太阳为中心的规则天体组织。同样，对于个人生命的生物学发展历程、社会或者国际社会政治经济秩序的变化过程，证券期货行情的发展变化过程等等，也都因此表现出规则的趋势线形态和标准的 5-3 式波浪（群）进程——"3"代表主趋势或者主升、主降的浪，"2"代表次要的趋势或者上升、下降过程中调整、喘息的次浪，从而以"5"为一个完整主要趋势或者技术分析上的主要浪形；其后，迎来主要的调整或者主趋势后的总调整，自然也是 3 浪形态的。例如当代历史上，二战过程及其战后秩序的建立，是从欧美地区的英国在欧洲抵抗、美国参战、意大利投降、法国抵抗和成为主战场、德国战败为主要趋势性标志事件的"5"浪，欧美之外的日本战败、苏联和中共受益构成了主要调整或者总调整的"3"浪；上述国际秩序的破坏，或者未来新国际秩序的建立，照样重复、复制以上趋势和过程，即从欧美地区的英国脱欧、美国总统选举中反对全球化的竞选者当选、意大利修改宪法的公投失败、法国大选中反对欧盟的竞选者当选、德国大选中支持欧盟的竞选者失败（或者德国支撑欧盟的努力以失败告终），以上为反对全球化、社会信仰收缩发展的全球主趋势中的"5"浪形态，欧美之外的日本转变成为一个正常国家、俄国衰败、中国分崩离析则是主要或者总的"3"浪调整形态。

对于后者，即信仰或者理性的力量，则是人类特有的一种发自灵魂、或者本质上可以与灵魂联系在一起的一种力量或者"力的物理形式"，它表现为人类生命过程中进行各种生活追求的力量、勇气和努力方向。即激励人奋斗、实现各自的人生价值、目标的动力来源和方向。例如，追求金钱的各种人生动力中，有金钱万能论、人生成就论、享乐主义等等；追求或者痴迷于某种文化观念中，如拒绝吃猪肉、向往共产主义、追求中国的"孝道"等等，也如追求铁皮石斛、冬虫夏草、鱼翅等所谓特效的中草药或者食材，也如崇拜占星、相面、占卜、风水等；追求某种职业如警察或者法官，追求某种技巧技艺如竞技运动或者魔术、某种形式或者某类歌舞表演、某种美食的制作和享用、某种体育运动或者时尚风潮、某种数学演算技巧、某种经营管理理念和方法、某些制造工艺、某种健身健康方法、某种社会防卫方法（如核威慑）等等技巧。语言、口音、口味等等，也属于该领域中的事物。在此视角上，人类（即正确信仰者）和地球处于宇宙的中心或者球心的位置，即将图 3-29 上、下图都看作为一个球体的平面视图时，球心与平面图上的极点或者中心点重合——地球中心说或者宇宙中心说，在此是唯一正确的，就像"爱人如己"原则下每个人的灵魂到自身的距离，与到他人和每个人类群体组织间的距离都相等一样，地球和人类到宇宙球面上各点的直线距离（宇宙的球半径）也相等，均为"40"或者遵守信仰函数规律；"信仰力"引导人体或者人们朝向所有可能的方向，即朝向各种人生方向、人生目标和人生理想，也如图 3-29 中的同心圆的所有直径线或者半径线一样。地球和有正确信仰人类是宇宙的中心，包含了太阳中心说并限制或者界定了太阳中心说的界限，而非否定了太阳中心说；合格正确信仰者的灵魂，其量子的能量级、能效都远超太阳或者宇宙中所有量子的能量级别。在此视角下，人类凭借与神一样的形象、样式——"神照着自己的形象造人"（创 1：27），在宇宙的中心行使神圣使命。即"管理海里的鱼、空中的鸟、地上的牲畜和全地，并地上的所爬的一切昆虫。"（创 1：26）。接受"神坐在地球大圈之上，地上的居民好像蝗虫。他铺张穹苍如幔子，展开诸天如可住的帐棚。"（赛 40：22）的恩赐，此即哲学上所谓"形而上"的本质。以上，也对应着经文"我与你们并你们这里的各样活物所立的永约，是有记号的。我把虹放在云彩中，这就可作我与地立约的记号了。"（创 9：12-13）——7 色系和整个色谱，与素数的分布规律相似，恰好代表着立约双方中间相隔的约定，约定或者授权的一边是造物主，约定或者被授权的另一边是合格正确信仰者和由他们管理的整个生命世界。图 3-29 中按照素数的密度或者出现的概率变化所形成的同心圆——从单位点的数量角度上讲共计 7 个，对应着经文"在渊面的周围，划出圆圈。"（箴 8：27）、"智慧建造房屋，凿成七根柱子"（箴 9：1）、"创造诸天，铺张穹苍，将地和地所出的一并铺开"（赛 42：5）等等；也形象说明了宇宙和地球，从我们现在所习惯的 2 维、3 维空间视角看上去，它们在 7 维空间中是立方体的视图结果，正是经文"地的四极"（诗 22：27）、"谁立定地的四极？"（箴 30：4）、"普照地的四极"（伯 38：13）中所讲的长方形或者长方体样式。读者对于示意图 3-29 需要注意的是，完整的示意图应该有 7 层或者 7 个距离不等（素数群间距）的同心圆，但由于画图工具的制约，上半部分的图形中只绘制出了 4 个同心圆。

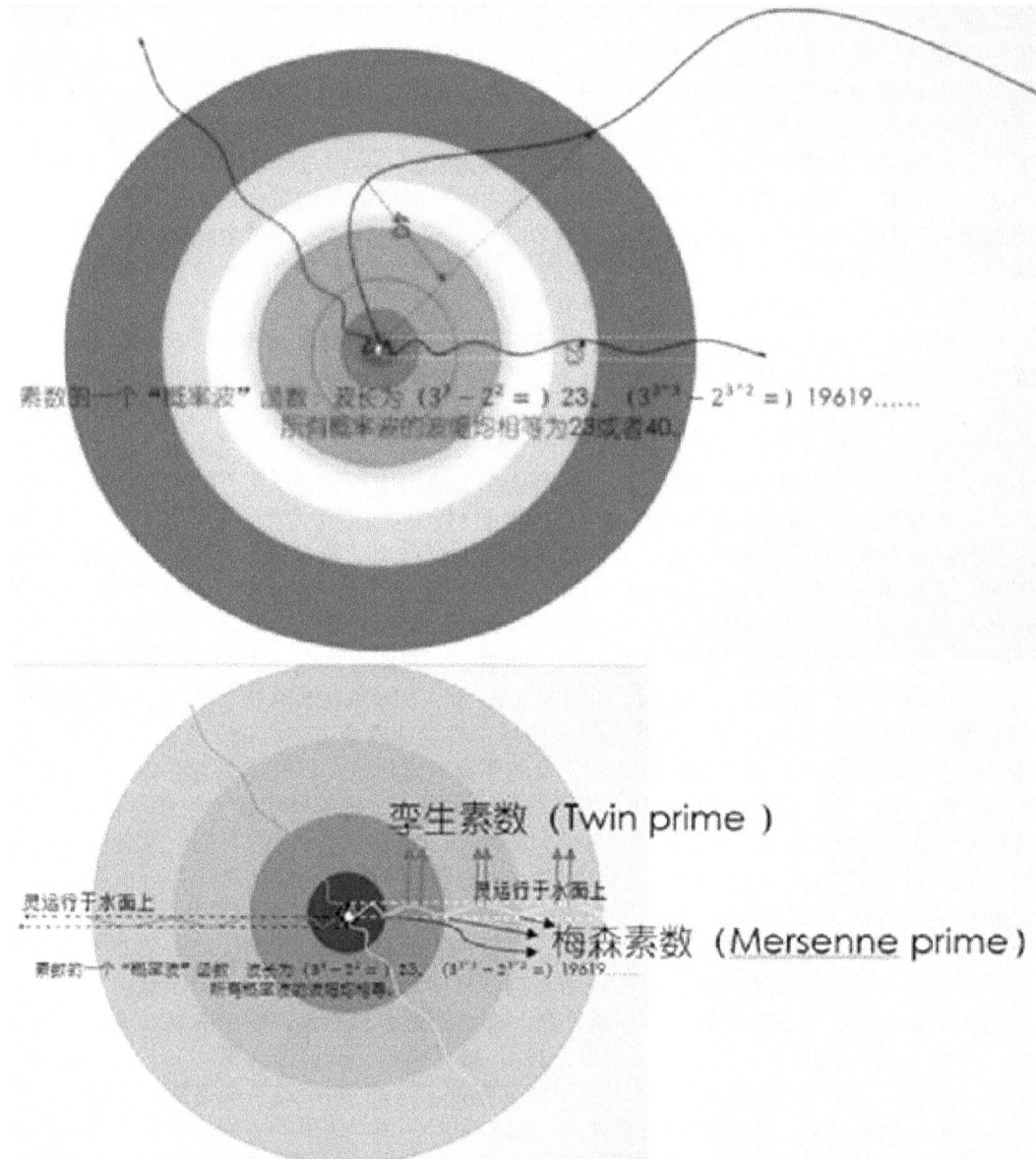

素数即一个"低率波"函数，波长为 $(3^3 - 2^2 =)$ 23，$(3^{3 \times 3} - 2^{3 \times 2} =)$ 19619……
所有概率波的振幅均相等为23或者40。

孪生素数 (Twin prime)

灵运行于水面上　　　　灵运行于水面上

梅森素数 (Mersenne prime)

素数即一个"概率波"函数，波长为 $(3^3 - 2^2 =)$ 23，$(3^{3 \times 3} - 2^{3 \times 2} =)$ 19619。
所有概率波的振幅均相等。

图3-29：灵魂和素数中的密度波、概率波与引力波的三波合一示意图

　　人类的历史，塌缩后就是《圣经》中的"伊甸园"，它对应着数字世界中的"5"或者光世界中的一束可见光，而展开后，则是整部《圣经》，对应着素数 7 维空间中第一象限内 7 条坐标轴上的所有第一个单位点，也类似光线中赤橙黄绿青蓝紫的 7 色色谱。人类灵魂的相变，是要进入数字 5 所在的中心位置或者一束光线的光源，即脱离从整数到素数的折叠（算法）世界，向前进入到决定算法的新空间——这个空间中，人类处于创世纪中的末后位置，是全宇宙中所有动物生命的管理者。在未来的空间（天国）中，本来处于人类之前位置的动物生命，及与它们有关的所有知识，对于人类来讲就是直视可见的，毫无神秘或者未知的东西；所有动物也因此不伤人，都顺从人类的管理。上述转换过程，正如经文"谁知道人的灵是往上升，兽的魂是下入地呢？"（传 3：21）所讲。对应地，在上述过程完成前，即在我们现实的世界中，生命科学、生物学却有着无穷的未知知识，仿生学更是常常让人类"脑洞大开"，同时，所有动物对于人类，都有着各种各样的、潜在或者明显的危险性。合格正确信仰者的灵魂，相当于数字 5，即，一方面，是整个素数世界的坐标原点，均匀分布于各个数字向量空间内；另一方面，它已经踏进了制定素数规则、表述素数规则的另一个数字相态世界中。即，数字 5 实际上同时处于素数世界和制定素数世界规则的数字世界，恰好处于数字世界的两大相态之间的临界点位置上。重新走入"伊甸园"的人类（合格的正确信仰者），是从黑暗世界走入到光明世界的（示意图 3-29 中，同心圆的圆点是最纯正的白色），恰如数字"5"回归制定素数规则的数字世界

一样——"神看光是好的，就把光暗分开了。"（创 1：4）。《圣经》中的伊甸园是光明的宇宙的一部分，黑暗世界属于撒旦管理。亚当离开伊甸园，人类就进入了黑暗世界中，归于撒旦或者死亡的权柄之下——这就如数字"5"跌入素数世界（一个表现为概率规律的世界）中一样。获得永生的人类，未来所走入的宇宙，与伊甸园一样，但确是全宇宙相变后的新世界，而不再是一个仅仅位于东方的小"园子"。也就是说，《圣经》相当于数字 5，过去，人类从此出发进入现在的宇宙、科学和历史中，未来，却要进入书写《圣经》、记载《圣经》、传下《圣经》的宇宙（天国）、"科学"和"历史"新时空中。

信仰和理性决定"灵"或者"灵魂"。通过以上讨论，不难看出，信仰的力量决定了人生的多样性和可能性，它是概率性的或者波形的，在学术上应属于灵魂领域或者量子物理学领域——如前面讨论的合格正确信仰者永生的概率是 100%，不正确信仰者最终能否转化的概率是 50%，无神论者无来世因而永生的概率是 0。人类的意识或者大脑的最高级神经活动，从此角度讲，完全受灵魂和信仰的支配，也就全部只是一种"猜测"或者概率性事物，即，与科学一样，意识完全建立于可重复、可检验（强化条件反射）的基础之上，而这一切，正如我们在前面讨论数字符号世界时所总结的那样，完全"幸运"地拜数字符号系统本身的规律所赐。

数字符号系统，是人类的第三只眼：我们用双眼直接观察宇宙和自然界，得到的是一个 7 色缤纷世界的结论或者效果，而我们借助科学工具才看到的红外之后和紫外之后的所有世界，却都是用数字及其算法（即物理学公式）表达出来并与眼睛直视的结果相连在一起的。因为有眼睛，我们才开始感知，又因为有数字系统，我们才创造、发现了物理学和人类现代庞大而丰富的整个科学体系，这正对着经文"园中各样树上的果子，你可以随意吃。"（创 2：16）。在其它符号系统领域，人类和人类的意识就不那么"走运"了，最突出的如语言符号领域，人类现在还无法找到理解世界上所有各种语言，包括其中的众多方言在内的一个统一的系统科学规律，这正对应着《圣经》中著名的"巴别塔"的故事（创：11）。一切不能被数学化的所谓"科学"和"知识"，无法称之为真正的"科学"，其中，最显著的部分就是只能用语言文字表达的事物，如，文学作品、各种宗教教义、各种唯物主义理论、中国的儒家思想等传统文化体系、金钱万能论和所有的其它迷信思想。现实中，只能以语言文字所表述的思想、观点，非常容易在不同的人、人群中间或者在不同的时间段或者历史时代，产生出各种不同且越来越多样的理解结果——所有无法数学化、科学化的所谓经典、天书及其各种根本无法数学化或者科学化的解释、宗教教义，都是虚假和错误的；一切还未能系统数学化的学科领域，都是不彻底的。因为非数字的符号系统工具的原因，必造成人们对世界和宇宙的认知上的"视觉"混乱和错误，正对着经文"只是分别善恶树上的果子，你不可吃，因为你吃的日子必定死。"（创 2：17）、"你们吃的日子眼睛就明亮了，你们便如神能知道善恶。"（创 3：5）——仅仅按照语言文字来理解《圣经》经文所得出的各种善恶观点，即有关信仰的教义和信仰关系的实质内容，都是错误的；同样，仅仅能够按照语言文字来理解、而根本无法从中得出一个数学化、科学化的知识体系的其它经典典籍，如《古兰经》、佛教典籍、印度教典籍、中国的传统经典典籍（《道德经》和儒家 13 章经等等）、马克思主义哲学的经典书籍，等等，及依照其语言文字所能得出的各种善恶观和信仰、道德体系，更是全部只会让人混乱让人死的，是一切不正确信仰和无信仰的源头，是造神和假神的根据地。以上这些信仰、思想，是人类精神领域中的一个垃圾场，在其中虽然不难翻找到一些能吃、能用、看着光鲜的东西，但正确信仰者绝对不会使用、吃下来自这里的任何东西，原因正如经文"你们不可吃，也不可摸，免得你们死"（创 3：3）。无人仅仅通过使用语言文字的方式，就可以始终不让别人产生歧义的进行意思表达，甚至于他自己都要反复修正曾经说过的话语、写下过的文字——按照中国的俗语，这种现象被称之为"谁说话带着尺棒子？"，除了《圣经》即神的话语之外，世上再没有任何可以"自带科学标准"的语言文字形式的信仰思想体系和有关书籍了。《圣经》中，虽有这么多的话语、文字，又涉及到我们已知、未知的众多领域，又跨越所有的时间空间，又有众多的人物和故事……但其中仍然没有一句话、一个人物和一个故事、一个形象或者物象、一个数字、一个文字是偏离出了统一科学理性的范围的；《圣经》被翻译成无数的语言形式，有着众多的版本，但无论用哪种语言形式的《圣经》、是何种版本的《圣经》，其中都有信仰学在里面，不差分毫、结论唯一且可靠，这是任何人用任何语言进行表述都无法企及的，也是《圣经》自证其是"天书"的一个证据：除了《圣经》之外，其它所有自称为"天书"的典籍，如《古兰经》、佛教的所有典籍、中国的《道德经》、号称是"宇宙真理"的唯物主义的所有典籍……都根本无法产生出如《圣经》中的信仰学一样的一个统一科学解读或者统一的理性解读，更遑论以此解读为现代科学的发展提供方向和目标、大力促进人类科学的发展速度、直接帮助科学家进行解难答疑……，另外，众多的伊斯兰教各分支和门派、佛教分支和门派、道教分支和门派、儒家分支和门派、唯物主义的各分支和门派，等等，本身也已经无可辩驳地证明了上述典籍的本质都是虚假、虚无的，是根本就无法被统一的假天书。自此，我们也不难看出，正确信仰的信仰量子"Y"型结构上的三个角分别是：唯一的真神、执着在唯一的信仰上、智慧（即真知识）。即，只顺从《圣经》中唯一的神，只坚持基于对《圣经》正确解读意义上产生的正确信仰，只提供或者生产"谋略和真知识"（箴 8：14）。不正确信仰和无神论的信仰量子"Y"型结构上的三个角分别是"假神或者偶像"（众多）、诱惑于多样（即金钱、权力、从众、工作、薪水、健康、爱情、事业等等）的信仰或者价值观、愚蒙或者愚昧（即各种人的小聪明、诡计等等）——即屈从或者自愿服从于各种威权、各种学术或者道德权威等等，不敢或者不愿或者不能用科学真理、或者无可辩驳的事实坚持真理、进行挑战和反击，容易被金钱、权力、美色、工资、工作、地位等等所诱惑，信仰摇摆不定，不认识真理，陷在各种愚顽和愚昧之中。以上两个"Y"型信仰量子，除了方向（即引导灵魂的走向）正好相反外，在量子的结构、能量等级等等其它各方面上都完全相同，突出表现在以下经文的对照表述中。如，对照经文"智慧岂不呼叫，聪明岂不发声。他在道旁高处的顶上，在十字路口站立。在城门旁，在城门口，在城门洞，大声说，众人哪，我呼叫你们。我向世人发声"（箴 8:1-4），与经文"愚昧的妇人喧嚷。她是愚蒙，一无所知。她坐在自己的家门口，坐在城中高处的座位上，呼叫过路的，就是直行其道的人，说……"（箴 9：13-16），不难发现，经文中除了"智慧"与"愚昧、愚蒙"所讲的内容截然相反外，其它在宣讲的时间、地点、对象等方面却完全相同，是对信仰量子特点进行整体文字性说明的典型。依据信仰发展成熟的 4 阶段，结合信仰量子 3 个角的整体结构特点，可知人类的信仰量子共 24 种基本形态（可参见图 3-31），与前面讨论过的社会信仰量子完全相同——原来十分抽象的信仰发展成熟的 4 个阶段，按照信仰量子结构中"角"的长度变化过程，被赋予了我们在第一章中就提到的全球信仰发展中"狮型"、"熊型"、"豹型"、"无脸兽型" 的四种动物形象，兼具说明了量子的外观结构和能量特征（即能量的大小、持久性、方向性、途径等等）两大方面的问题。

《圣经》中的语言、文字的各种解读结果，与我们熟悉的语言间的翻译成果一样，也是概率论的。即，我们构建一个有关机器翻译的高级人工智能，需要从概率论开始建立起人工智能的自我学习系统，最终，它发展的结果也只有一个结果是无需再翻译又可以经得起反复检验的（让所有人都听懂、看懂的）——数学化的"科学"决定论。这就是概率论的确定性结果。同样地，对等地看待《圣经》中文字的各种解读结果，那么，《圣经》最终的解读结果也只有一个是无需再翻译又可以经得起反复检验的，它也是概率论的确定性结果，那就是科学化的或者信仰学的，并以此作为《圣经》是唯一天书的证据。数学化和科学化的真理，和对各种所谓经典的真假辨别与解读结果能否最终做到数学化和科学化，即数学化和科学化本身所具有的无限可重复性，是治疗、对抗、惩罚信仰上的愚昧者、愚蠢又顽固者的最佳选择，正对应着经文"这百姓真是硬着颈项的百姓。"（出 32：9）、"要使这百姓心蒙脂油，耳朵发沉，眼睛昏迷。恐怕眼睛看见，耳朵听见，心里明白，回转过来，便得医治。"（赛 6：10）、"叫他们看是看见，却不晓得。听是听见，却不明白。恐怕他们回转过来，就得赦免。"（可 4：12）等。正确信仰发展的直接结果是科学，不正确信仰、包括无神论道德体系发展的直接结果，就是愚昧、愚蒙或者愚顽。《圣经》中的信仰科学，在人类生活的各个领域、各个历史阶段、各种自然人文环境、各类科学范畴中，都有着看似不同的表现，诉说着不同的真理和教训，给人以不同的心理体验——正如一首乐曲、一幅画一样，可以给不同时点、心境下的不同的人以不同的体验，这同一首乐曲或者这同一幅画的背后，只是相同的色彩元素、相同的音符而已，7 种色彩、7 个音符无论怎样搭配，都是可以高度数字化的事物，正如素数分布规律中的 7 的周期、信仰发展上的 7 个节点一样。要所有人在任何时候都对一首乐曲、一幅画的非数字意义上的理解结果相统一，是超越了数字的量子范畴之外的"更大尺度"的（宏观）宇宙事件，是我们现在还无法企及的，对应着经文"仿佛是新歌，除了从地上买来的那十四万四千人之外，没有人能学这歌"（启 14：3）。《圣经》中的每一句话、每一个字、每一个故事、每一个数字，在不同的领域、不同的环境条件和生活的不同视角下，会有不同的含义和解读，但它们都紧紧围绕着信仰学这个中心（旋转）轴，按照信仰学规律分布，不差分毫。如此，象《圣经》最后可归结于 1 的拓扑空间一样，宇宙中的一切，包括人们的思想精神世界，也都最终要塌缩到"科学"（即数学化）这一个点之内。正因为如此，信仰学的初稿要经受严格审查、从控制严密的中国监狱辗转出来时，虽然

226

被审查数月之久，但审查人员对这样一份涉及内容极其广泛的手稿，最终还是不知其所云、无奈放行了；也是因为如此，本书中常常重复引用《圣经》中的同一段文字来解读出其在不同领域中的不同含义，《圣经》中《新约》内的"4大福音书"，有着著名的"对观福音"之称，是这种同一文字多重含义的最明显体现，指示着完全不同于语言文字的另外一个符号系统才可能是统一这些文字系统及其解读结论的唯一出口。

人类眼睛直视或者直接观察下的概率性事件，都是理性空间、或者事物其它相态内的常态或者确定性事件。如，在自然界中看到七色彩虹，完全是概率事件。但七色的可见光光谱，及紫外及之后能量更高的射线、红外及之后能量更低的光波的全光谱，及光的折射等特性和波粒二相性等等，却是光在经典物理学上的常态或者决定性事件。上述概率性事件和经典物理学（决定性事件）的全覆盖，就是光量子物理学及其后科学发展所研究的领域了。再如，看到苹果落在地上或者砸在某人头上，完全是一个概率性事件，但引力确是经典物理学中物质的属性即常态事件，把苹果落在地上的概率和牛顿创立的经典物理学放在一起进行研究，就是只有量子物理学及其后续科学才可以完成的任务。量子物理学因此在最微观的环境假设下得以简单地确立下来：用可见（即眼睛直视）的概率事件和不可见（即理性）的事件常态，共同描述出事物的全貌，这就是量子物理学比经典物理学更科学、更全面、更接近完全反映事物真实状态的原因所在。量子物理学因此在最微观的领域内得以率先被确立。也因此，量子物理学的产生，本身就是一个最大概率的科学事件；更大尺度上的"量子物理学"，对于现代人类来讲，暂时还是无法企及的。假设，人类一开始就直接研究苹果落地的概率而不是光量子出现的概率，其难度之大就是根本难以想象、更根本不可能克服的——直接将苹果落地的概率计算在内、即把一个苹果作为一个量子单位来对待的"苹果"物理学，仅仅在"苹果落地的原因"这一个单项的分支上，就必须建立在彻底搞清地球环境气候科学、人类和动物的行为科学、空气动力学、植物学等等，几乎涵盖现代科学的全部领域，其中当然也包括了社会科学的所有领域……同理，生或者死，怎样生或者怎样死，生前怎样或者死后怎样，也是人们直觉或者直观下的人生概率性事件，它们在信仰学中表现为人类灵魂的常态、确定性或者决定性事件，是精神世界的"量子物理学"，或者人类方向的或者人生量子的物理学——一个人生量子的结构非常简单，即生命力和信仰力分别主导了一个"确定性"分支，且这两个分支在结合部向下延伸，成为一个"或然性"的、可见的、现实中的真实人生状态，包括对其人生的各种评价。不难设想，最大尺度上的"量子物理学"，是将星球、甚至整个宇宙作为一个"量子"单位的物理学，可以让人类知晓诸如怎样的地球形式在何时必然出现在太阳系的特定轨道位置上等问题的准确答案，是无限接近并直通智慧源头了——"在耶和华造化的起头，在太初创造万物之先，就有了我。从亘古，从太初，未有世界以前，我已被立。没有深渊，没有大水的泉源，我已生出。大山未曾奠定，小山未有之先，我已生出。耶和华还没有创造大地，和田野，并世上的土质，我已生出。他立高天，我在那里。他在渊面的周围，划出圆圈，上使穹苍坚硬，下使渊源稳固，为沧海定出界限，使水不越过他的命令，立定大地的根基。那时，我在他那里为工师，日日为他所喜爱，常常在他面前踊跃，踊跃在他为人预备可住之地，也喜悦住在世人之间。"（箴 8：22-31）。以上，从 0 尺度到无穷大尺度的"量子"系列，是整数性、拓扑性、直线性的，展示着人类科学历史的全程。

现在，人类需要用眼睛、耳朵等感觉器官，利用感觉来观察了解一切被造物，同时需要借助数字符号系统工具，利用理性来把握事物或者深入理解事物；现阶段人类的观察与理性，由于分离而需要相互校准——需要理性、科学来处理观察中的事物假象和盲点，打破观察和观察结果的局限性，同时，也需要用观察来验证理性，去掉那些无法验证的科学猜想、科学理论，只保留可重复观察到的科学真理。人类智慧的发展方向，就是人类可以去掉数字符号工具与眼睛、耳朵等感觉器官的限制，来无比轻松、正确地认识自然和宇宙——即可以闭着眼睛、捂着耳朵、关掉思维，却仍然象直视观察或者仔细聆听之下，再经过精准计算或者缜密的逻辑推理一样，而得出有关事物的完整准确知识；也或者象科学验证那些基于科学计算或者推理所得出的科学猜想一样，自然得出完全无需验证而必然得到验证的科学事实。这个发展方向的未来结果，如同《圣经》中记载的、伊甸园中那个未吃"善恶果"之前的亚当的智慧一样，"耶和华神用土所造成的野地各样走兽和空中各样飞鸟都带到那人面前，看他叫什么。那人怎样叫各样的活物，那就是它的名字。那人便给一切牲畜和空中飞鸟，野地走兽都起了名"（创 2：19-20），这正是正确信仰者未来智慧的样式。总之，人类智慧的各种样式和途径，也要象可以折叠为 1

的拓扑空间的整部《圣经》一样，最终也可以完全折叠在一起，即看即所得、或者即得即所看或者即所听、即所感，成为人类智慧的未来标准模板。

现实中，"闭上嘴，只管算（"Shut up and calculate"）"的量子物理学理论能够得出的科学结果，会在足够大尺度的宏观世界中直接观测到。人类现在在大尺度事物、在宏观世界——如宇宙物理学上得出的一切结论，都只是这些事物众多乃至无穷方面的一个部分、或者一个最细小细微的部分。如，宇宙大爆炸理论，描述的只是天体的运动或者分布的知识部分，它在本质上是仅仅表述了天体存在的一个概率性的表现，正如承载着稳定不变素数群的整数世界看上去确实是在不断爆炸、膨胀之中一样。问题是，如此膨胀的方式也并不唯一（即素数的"概率波"或者"密度波"并非只有一条），而我们看到的宇宙膨胀也应如此。故此，宇宙大爆炸理论在其描述宇宙的一个特性的点上，也恰好只能是概率论的，即宇宙的变化只是天体分布的概率变化。再如，人们已经熟知的星系动力学中的密度波也一样。在茫茫的宇宙中，人类观察到，所有和银河系同一等级的恒星系统即星系，何止千千万万，但从外观形态上看，则可归结为三大类型：扁率各不相同的椭圆星系（对照素数分布规律中的圆和同心圆）；形同水中旋涡、具有两条或更多条螺线状"旋臂"的旋涡星系（对照素数分布中的双螺旋或者蛇形线）；形状不定的不规则星系（对照那些非素数的整数）。这些星系的外观形态，与素数在整数世界中分布的外观形态完全一致或者类似，这正是林德布拉德方程（Lindblad equation）在"量子物理学"中始终无法回避的内在原因。数字，确切地讲是素数或者数的量子，才是完全意义上的标准量子——绝对没有质量、体积等物质特征，只有表示不同能量或者引力的 24 种量态（即有 24 个素数组成的素数群）。光量子或者原子钟里的原子，都仍然具有物质的质量、体积等特征。因此，原子钟里最关键的原子固有频率，也就是原子两个态之间的能量差除以普朗克常数，只是原子尺度的大自然的基本常数或者常数之一。无论外界的温度是多少，无论在世界的什么地方，原子频率都非常可靠，因此可以作为频率的标准。量子力学的计算显示，使用原子钟能够以极高的精度将可见光、微波等电磁波微调到原子的固有频率，精度在有些情况下能达到 10 亿亿分之一，而且这已经在实验中实现了。这个精度，就是原子与数"量子"之间的差距（误差）的表现，是林德布拉德方程中的新项用能量来表达的能量值。所有的科学计算和科学理论，都是以数字系统或者"数量子"为参照系和对照的标准体。经典物理学中的速度概念，是对量子的密度或者概率的一种相态性描述：绝对速度为零时，物理学才开始进入量子物理范畴。举个例子来讲，在一个可以转动的圆盘上画上一个点，圆盘转动（只有两个方向或者正负）后，这个点会随速度的变化而呈现出不连续、连续的圆弧线。即，点的密度或者走过视线中固定位置的概率大小，让圆弧线呈现出连续、不连续的状态，而这一切，又以圆盘的位置固定为前提——经典物理学上圆盘位移的速度为零。否则，我们视线的任何移动都将造成、形成另外的一个或者多个相态。因此，我们的世界中，经典物理学就像踏波者或者弄潮儿，始终在相变中或者确定性上，而量子物理学就像经典物理学脚下的鞋底或者冲浪板，同时翻腾在概率和密度的海洋里。如果把上述圆盘上的点看作一个电子的话，我们就不难理解以下对电子自旋的测量中所产生的现象了：自旋又被称为角动量，它是用来衡量某种物体绕着一个轴"旋转"速度的物理量。所有理论都表明，实验也都证实了，当你测量一个电子自旋的时候，它只能取两个值中的一个，$+h/4\pi$ 或 $-h/4\pi$（h 为普朗克常数），这可以理解为电子绕着轴要么顺时针旋转，要么逆时针旋转——注意，这个轴不在电子上，参照图 3-31，轴为数字 1，这里的电子自旋的角动量值，表明它们分别始终处在半径为 1 的两个转动方向相反的圆盘上相同的位置，此即数字结果"4π"的由来；参照图 3-32，旋转轴或者两个电子的等距圆心，则为宇宙中心或者宇宙的边缘。但只有当你测量的时候，电子才会取这两个值之一，当你没有测量的时候，电子的自旋状态处于这两种态的叠加态，但当你一测量，你就逼迫着电子变成两个自旋态中的一个，要么为正，要么为负。电子自旋随着时间的变化遵循薛定谔方程（更准确来说，是含时的薛定谔方程），后者同牛顿运动方程一样，完全是决定论的。同样，对于量子纠缠对现象的理解也如此：在量子力学中，可能存在这样一对电子，它们的总自旋为零，其波函数包含两项，其中一项电子 A 自旋为正，电子 B 自旋为负；另一项是电子 A 自旋为负，电子 B 自旋为正。你不能单独讨论其中的一个电子，要想描述这个系统只能同时描述两个电子。哪怕这两个电子之间的距离越来越远，远到无穷大，这种情况仍然可以继续。这被称为"量子纠缠"，两个电子永久地纠缠在一起，即使它们没有明显的物理联系，表明它们对于一个同一固定点的距离永远保持相等的态势。纠缠中的量子对，是同一相态中的完全相反方向转动的电子，它们之间的距离大小，只受制备出电子纠缠的原子系统的特征所制约，就像素数之间的距离受整数群的大小制约一样，但它们却不受相变速度和距离的影响——所有的素数群中素数的个数固定，分布在无限的整数世界中；也象一个人拿着飞速转动的圆盘，圆盘的转动与人走动的距离远近（或者时间大小）无关一样。量子纠缠中的双电子，除自旋方向相反外，其它都相同，是拓扑数学条件下，相同（整数）数字沿信仰运动曲线在数字"1"两侧对称出现的物理学现象，如图 3-31 所示，而数字系统的无限延伸，则与量子纠缠对之间距离可以无穷大等效。

从物理学的角度上讲，量子物理学象一个夹心面包：前有经典物理学的决定论，后有概率论在无限位置上的决定论——素数的分布规律表现在概率或者密度的无限位置上，最终被拉平、平直的一种现象。如此，人生也是游走在以决定论为外层包裹、以概率论为弹簧支撑的宇宙的包袱中，且所有那些弹簧最后的直线尾巴都被牢牢插入到宇宙边缘的大壳层里，这里是经典物理学的范畴。如图 3-30 所示，它也可以简单看作为图 3-29 中同心圆的圆心连续移动后，所形成的直线形式，也是信仰学范畴上，个人（不同）信仰中的点滴信仰火花汇成一个社会信仰发展的外在连续形态，同时也是个人信仰水平持续提高发展的样式，对应着经文"向着标竿直跑，要得神在基督耶稣里从上面召我来得的奖赏。"（腓 3：14）、"天国好像宝贝藏在地里。人遇见了，就把它藏起来。欢欢喜喜地去变卖一切所有的买这块地。天国又好像买卖人，寻找好珠子。遇见一颗重价的珠子，就去变卖他一切所有的，买了这颗珠子。"（太 13：44-46）等等。但读者需要注意的是，图 3-30 中对应虚直线每个点之下的波形线，实际上有 4 条波长、偏振方向、频率各不相同的波线，为了图案清晰，在此只画出了其中一条。另外，对于社会信仰来讲，个人信仰的瞬时表现或信仰"火花"，能否在社会信仰的直线中表现为一个点，并不以个人信仰与社会信仰在信仰类型、发展阶段、变化趋势等等方面相一致为前提。即，一个正确信仰社会中的某些时刻或者阶段中，可能并不存在一个合格的正确信仰者，甚至一个正确信仰者，这类似 7 色光必定形成一束白色的光线，但其中却不必有白色光的参与一样。例如，不正确信仰、无信仰者，与正确信仰者，在某个特定时点下对某个具体社会问题的看法，也完全可能是一致的，即信仰造成的瞬间差别状况完全是随机的、概率化的。社会生活、群体生活最有利于个人信仰成长，同时或者其次才有利于生命存在、延续，故人们不应该将社会、群体环境当作放纵欲望、弱肉强食的战场来对待。人生和人类的历史，都有无数的可能选择和路径、方式，且这些选择和路径、方式出现的概率各不相同，但最终的结果确是确定无疑的，即决定论的。这种决定论，从信仰发展上讲，就是人类的正确信仰水平不断提高、合格正确信仰者的数量越来越多，并在合格正确信仰者的总数量达标后终结；从生命的结果来看，就是死亡——无人可以脱离死亡的权柄，无论他怎样选择都一样；世界的王先是死亡，然后信仰也做了王，信仰发展决定了世界历史的发展，人类因此不能用任何其它途径、方法来解决信仰问题。例如，经济发展、充分就业、人道援助、教育发展、政治制度改造、国际贸易等等手段，对于解决源自信仰领域中的任何问题，均无济于事，反之亦然——不从源头上解决信仰中存在的问题，任何其它领域的改善或者好转的现象，如经济发展奇迹、国家力量的崛起等，都是暂时或者阶段性的。由此，正确信仰者及其社会对待人类个体和群体的态度，就是根据信仰状况区别对待：对于不正确信仰者及其社会，如果其信仰仍然在发展、变化中，要及时对其传播正确信仰的信息，并同时严格围堵其信仰信息的扩散，以免危害正确信仰者中的信仰不成熟者，如经文"有一件事我要责备你，就是你容让那自称是先知的妇人耶洗别教导我的仆人，引诱他们行奸淫，吃祭偶像之物。"（启 2：20）所讲。即，这时绝不可对不正确信仰者及其社会简单地付诸武力，但也绝对不可容忍其在正确信仰社会内大肆宣传、传播不正确信仰和无神论思想；如果不正确信仰者及其社会的信仰发展已经成熟、僵化，就不要对其信仰改变抱有幻想，例如希望其建立民主制度、保证信仰自由等等来自我改变；此时，应坚决从本社会中或者国际社会内予以清除、孤立、甚至武力灭绝。

确定性的概率事件分布，让《圣经》中以色列士师，必在以色列人信仰堕落时出现并承担拯   救

978-1-62265-922-7 (online) 978-1-62265-923-4 (paper) Faith Studies by Zhang, Pujie

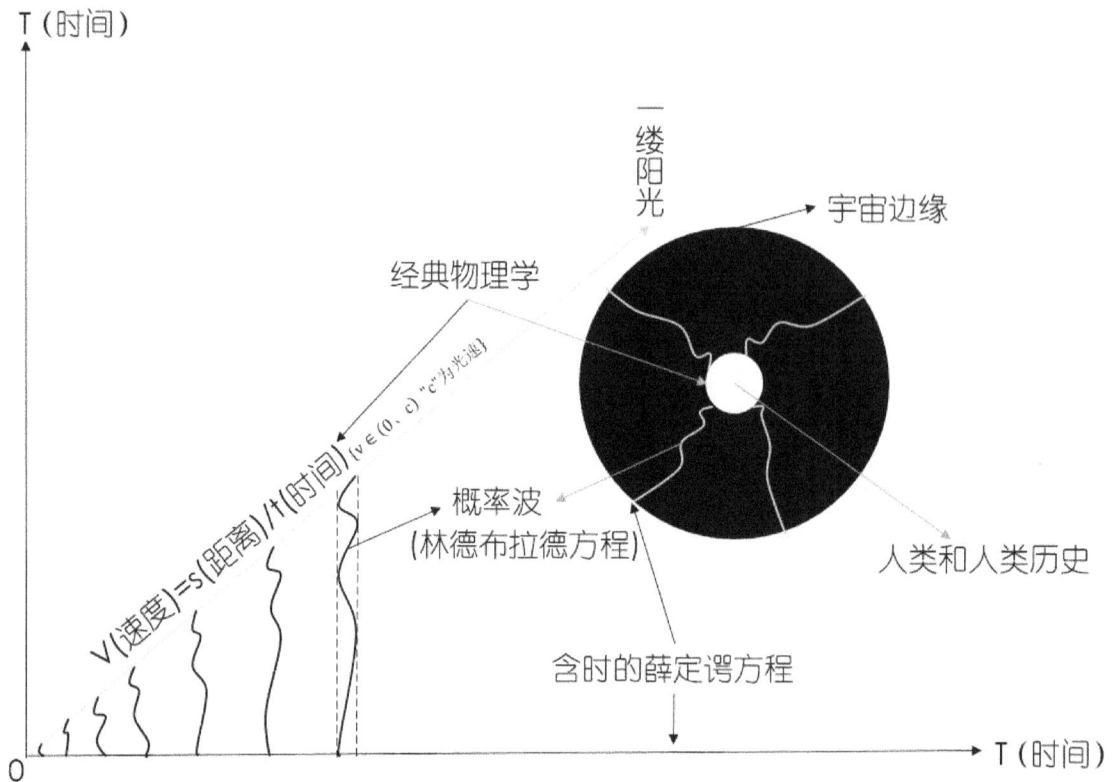

图3-30　经典物理学和量子物理学在宇宙中的位置，和信仰学中的人生与人类历史的对照示意图

职责，如同《圣经》中记载的那样；也让约瑟必在大饥荒之前被卖到埃及以承担拯救以色列的职责，如同《圣经》中记载的那样；此后，《圣经》中对神的仆人的描述也是如此，他们都要承担所拯救者的罪责，他们因此大概率或者全部都"被列在罪犯之中。他却担当多人的罪，又为罪犯代求。"（赛 53：12）——越是正确信仰更堕落的时代，正确信仰者越像更大整数群中更显稀少的素数一样孤独，直至被彻底的社会底层化、或者彻底的社会边缘化，罪犯群体因此就成为他们最后最集中的人群所在。也正是概率性的确定性，让安息日的含义更加明确，即"神赐福给第七日，定为圣日，因为在这日神歇了他一切创造的工，就安息了。"（创 2：3）。"神的安息"无法也无从撼动，让信仰学的诞生和《圣经》正确解读的开始，也都是定时的、必然必有的，虽有概率或者万千的可能，却终究是必然的、自然而然的、毫不延迟的。所有不正确信仰者、无神论者也都一样，无论他们单独或者群体，怎样奋斗、挣扎、绞尽脑汁、受尽怎样的苦难和不公正对待，也只是改变各自生活的各种机遇发生的概率，改变人类历史进程中各种具体历史事件发生、各种历史趋势变动的概率，而无法改变他们早已被确定的最终结局——永远的死亡。

对于个人和任何信仰群体来讲，从无神论到真正有信仰、在不正确信仰间改变信仰类型、从不正确信仰到正确信仰，都是力量类型的转换；其中，从无信仰、不正确信仰转换为正确信仰，是信仰力量的质的飞跃或者时空转换，正如经文"当除掉冠，摘下冕，景况必不再像先前。"（结 21：26）所讲，也是《圣经》中大卫打败巨人歌利亚（撒上 17）、参孙徒手撕裂少壮狮子（士 14）及"用驴腮骨杀人成堆，用驴腮骨杀了一千人"（士 15：16）等故事的谜底。生命力决定了人类的生物确定性和生存的单纯性，它是直觉的、是决定论的或者是线性的，在学术上属于本能领域或者生物学、心理学领域。

生命力与信仰力，二者相互垂直或者互为极坐标轴，能全面衡量、完整表述全人类的全部历史和每个人的全部人生。其中，信仰力与生命力的分离，表现为灵与肉的矛盾；正确信仰者的信仰力与生命力的交会，意味着永生，而不正确信仰和无神论者的信仰力与生命力的交会，则意味着永死。但是，信仰力和生命力的实际变动、发展方向，并不始终一致或者同向，甚至完全相反。最典型的例子是生理年龄与心理年龄不一致者——如老顽童和暮气沉沉的年轻人；对于任何信仰、道德体系下的人们来讲，坚持信仰或者道德原则、追求信仰或者道德完善者，都是信仰力越来越充足、心理年龄相对生理年龄越来越小的，这正对应着经文"你们若不回转，变成小孩子的样式，断不得进天国。"（太 18：3）；上述经文的意义，对于不正确信仰者或者无神论者来讲，无异于宣布了那些所有自认、公认的信仰道德"圣人"们、"圣战"烈士们、

230

"伟大的革命家、思想家、军事家、理论家、科学家、爱国者"们、各行各业中的成功者或者人生楷模、生活偶像们，必在阴间的最底层即地狱中率先集合了。

生命力的信息，集中储存于DNA（Deoxyribonucleic acid）——人类的DNA组成遗传指令，引导生物发育与生命机能运作。掌握所有生物命运的东西就是DNA和它所包含的基因，生物的进化过程和生命过程的不同，就是因为DNA和基因运作轨迹不同所致。核苷酸是由碱基、核糖和磷酸构成的。其中碱基有4种——腺嘌呤脱氧核苷酸（dAMP脱氧腺苷）、胸腺嘧啶脱氧核苷酸（dTMP脱氧胸苷）、胞嘧啶脱氧核苷酸（dCMP脱氧胞苷）、鸟嘌呤脱氧核苷酸（dGMP脱氧鸟苷）。即腺嘌呤、鸟嘌呤、胸腺嘧啶和胞嘧啶；核糖有两种（核糖、脱氧核糖）。因此把核酸分为核糖核酸（RNA）和脱氧核糖核酸（DNA）。在DNA大分子中嘌呤和嘧啶的总分子数量相等，其中腺嘌呤A与胸腺嘧啶T数量相等，鸟嘌呤G与胞嘧啶C数量相等。说明DNA分子中的碱基A与T、G与C是配对存在的。

从DNA模型中看到，DNA由两条核苷酸链组成，它们沿着中心轴以相反方向相互缠绕在一起，很像一座螺旋形的楼梯，两侧扶手是两条多核苷酸链的糖一磷基因交替结合的骨架，而踏板就是碱基对——与第一章中我们构建出的信仰曲线完全相同。把4种碱基当作4种算法，两两配对——即前面提到的斜线加减法；两个氢键连接的腺嘌呤一胸腺嘧啶对和由3个氢键连接的鸟嘌呤一胞嘧啶对有着相同的形状——如此不重复的基因其实就是素数或者"数的量子"，所有参与遗传信息的物质就是可以折叠出一个由23个素数组成的素数群的整数群，其中没有使用到的数字就是DNA垃圾！再把两种核糖视为2，参与基因的DNA、RNA（RibonucleicAcid）、与DNA中的"垃圾"——非基因物质，视为3，如此，生命的遗传延续过程，就像素数群以螺旋方式直线延伸（固定为23的直线）一样，以一个7维轨道为特征、23个向量或者自由度为基础展望着生命的所有可能类型（变异或者进化），保证无穷多的人可以每人都有自己独特的DNA；其中，RNA相当于数字5，即公用的坐标原点，是所有人在生命信息的遗传过程中（即DNA染色体复制过程中）共有的事物。与此同时，通过素数分布规律不难知道，只有23对染色体的人类，恰好处于所有生命世界的最初、最核心的部分，或者能量、能效级别最大，或者数字使用最有效或者最经济的位置上。地球人类因此完全不必为所谓的外星人威胁担心。死亡的生命体中，未破坏的DNA可以复制、复活生命体，但无法重复、复制生命体的生存历史或者生存场景——该部分的详细信息，都储存在DNA之外的灵魂载体上。

信仰力的信息，集中储存于灵魂中——灵魂组成理性指令，引导信仰发展和灵魂机能运作，记录下生命的点滴生活过程，或者生命中包括物理信息、非物理的精神信息在内的所有信息。在信仰学看来，人间根本不存在缺失理性的任何事物，包括所有的冲动、不理智和精神疾患，也都在理性或者信仰理性的范畴之内。比如，一般人看来是无法理解、是丧失理智和缺少理性的各种宗教极端、狂热行为，事实上却是完全理性的信仰行为。死亡的人体，灵魂无法被宇宙中的任何环境、条件、行为所破坏，从而在未来的环境中表现出各种形状的凝聚态——"他们必出去观看那些违背我人的尸首。因为他们的虫是不死的。"（赛66：24）。信仰量子就是灵魂。它是意识的物质基础；意识受制于信仰量子或者灵魂的结构变动或者运动——人脑或者大脑的神经活动，离开信仰量子或者灵魂的指引，会让人们与僵尸或者机器无差别，其中，最典型的代表就是"植物人"或者中国文化中所讲的"掉魂的人"、以及某些精神类疾病患者。治疗这些源自于灵魂的疾患，最简单有效的方法就是生活场景的重现，而非物理性的传统医疗，如中国文化传统中治疗掉魂患儿的方法，就是拿上病患儿的衣服、鞋子等衣物，呼叫病患儿的名字等等；治愈植物人，也是采用病患者之前生活中最重要、最熟悉的事物——如用患者最喜欢的歌曲、深爱者的声音或者气味等等进行信息"刺激"。信仰不能遗传，正对应着《圣经》中有关设立"割礼"（创：17）的经文，即使是转世的灵魂，也无法延续之前的信仰。因此，灵魂也无法象DNA一样稳定变化，且信仰信息和灵魂状态完全无法确定，一个灵魂的最后结局——是否被拯救，和一个人按照什么样的价值观、世界观、人生观进行了一生怎样的生活，一生怎样的追求、怎样的成功、失败或者平庸，以及经历怎样的死亡，完全都是概率论的，无法象各色人种都是人类一样整齐划一的那样确定无疑。灵魂对于身体的控制作用，就像静电对于水流的吸引、控制作用一样，这源于生命体与水的极性物质特点，对应着经文"神的灵运行在水面上"（创1：2），是宇宙被创造时就自有、自带的一种特征。

生命力信息所在的DNA染色体数量与灵魂发出的"信仰力"种类数量，按照素数分布规律来看，就是两条波幅不同、交叉垂直的素数"概率波"或者素数"密度波"——即染色体对的数字23，是素数分布规律中，那一条以"23"为波幅的"概率波"或者"密度波"，对应着

231

用斜线算法为主（包括对折减法）所得出的每个素数群中素数的个数；信仰函数中的 40，恰恰是素数分布规律中，那一条以"40"为波幅的"概率波"或者"密度波"，对应着沿 4*7 数字矩形的短边进行对折时所得出的素数群中素数的个数。同时，数字 40 是素数大周期上素数群中的共同的数目字，其中包括了两种不同算法的众多"小"周期素数群中的数目字即 23，也体现出生命力和"信仰力"完全具有信仰量子或者"数量子"的结构特征。如图 3-29 中上半部分中面 7 色图所示。

所有生命的 DNA、和所有的宇宙物质，都是同一能量级别上的事物，与暗物质或者阴间中的物质不同，即与后者不在同一能量等级中。人类的灵魂，与 DNA 和身体的关系和差别，是能量等效结构中的差别：人类的 DNA 染色体数量，从素数分布规律上看，显然已经完全覆盖了最高效的位置范围——所有的人类基因组合，将完全占据第一象限的第一空间，按照信仰函数来看正好处于能效最高的位置上。这一结果，显示了人类灵魂的潜能或者变动的样式，即所有的人类灵魂都可以在正确信仰引导下，以最快、最高的效率超越宇宙的束缚，以新的、变动了的量子结构或者相变，进入到更高数量级别的新宇宙中，延续或者复活其在现代宇宙中的生命形式及生活样式；当然，灵魂维持其固有的量子结构——如社会信仰保持偏振、路径、空间模式等等单个向量、自由度的不变，包括相对不变和绝对不变两种，都将与通过 DNA 延续人类的物种或者生物学生命形式一样，只能延续人类一代又一代的生活追求或者生活态度或者生活状态，即延续固定的人生观、价值观和世界观。灵魂与 DNA 等生命的生物体之间的关系，就像初等数学与高等数学、经典物理学与量子物理学之间的关系：灵魂中的信息，不仅不排斥 DNA 中的遗传消息，还包含并影响生物遗传信息。这让生物生命的无限成为一种过程、阶段，具有了虚假性和欺骗性，其实灵魂就是生命遗传信息的界限。具体地讲，就像初等数学在高等数学发达的今天，仍然存在于我们生活中的方方面面，且永远有数学难题出现在学生的课堂上，表现出初等数学的无限性。但微积分等高等数学确实是初等数学无法逾越的界限——初等数学的前述无限性，因高等数学的存在而虚假；也象在量子物理学发达的今天，经典物理学领域的应用和新发现仍然层出不穷、令人惊叹，表现出一种永恒的生命力或者无限性。但量子物理学的存在确实是经典物理学不可逾越的界限，经典物理学的无限性因此是虚假的、阶段性的。

人类与一般动物生命的差别，不在头脑部位、结构或者具体的脑神经细胞活动特点、规律上，只在于控制、引导、推动脑神经活动或者意识的"初始因"或者"司令官"身上——无信仰者或者唯物论者，其大脑的运动和意识，与普通动物完全一样，可以被视为一台人形智能机器或者一具类似"哲学僵尸"（Philosophical Zombie or P-Zombie）的"信仰僵尸"。决定动物的日常具体行动和环境适应行动即动物进化初始因的，是动物的"魂"，而并非动物的遗传基因，人类的灵魂若只起到动物的"魂"所起到的作用，就是灵魂的昏睡或者僵硬、错误的变化或者错误的苏醒。象叶绿素可以吸收阳光中的能量、利用生命抛弃的废料（二氧化碳）作为自己的食物、同时产生出几乎所有生命都必需的氧气一样，正确信仰者的灵魂，也以神的话语为自己的食物，象一块被人类抛弃的废石料却做了"房角石"那样，为全人类释放出科学知识、智慧，因此可以带领人类创造新环境、进入并适应颠覆性甚至于相变后的新环境、彻底改造旧环境，正如经文"至于我，我借耶和华的灵，满有力量公平才能，可以向雅各说明他的过犯，向以色列指出他的罪恶。"（弥 3：8）所讲；正确信仰的结果就是可以接受、利用来自"圣灵"的真知识、真智慧所具备的超强能量，如同色素不仅可以避免生命遭受来自阳光能量的伤害，还可以转化阳光中的能量造就出整个生命界一样，"智慧以灵明为居所，又寻得知识和谋略。"（箴 8：12），让人类永远避免旧环境的制约和吞噬、避免死亡，并创造出一个个缤纷多彩的人类世界。正确信仰对于灵魂的作用，正如经文"我的灵阿，（原文作荣耀）你当醒起。"（诗 57：8）、"使我的灵魂苏醒"（诗 23：3）、"谁能常活免死，救他的灵魂脱离阴间的权柄呢？"（诗 89：48）等等所讲，具有唤醒和拯救灵魂的作用。合格的正确信仰者的灵魂，在坚定、不动摇的信仰持续作用下，会适应或者进入到全新的环境中，如经文"你们得救在乎归回安息。"（赛 30：15）所讲。灵魂记载着人们日常生活的全部信息，当然也有集中在 DNA 中的生物信息——DNA 是我们现在可以窥见、领会灵魂的物质性的最佳角度。可以记录在 DNA 中的信息，是可以足以改变 DNA 中的基因结构的信息，如酗酒、高度近视等所谓的"遗传病"基因信息，当然也有良好生活习惯或者环境因素所形成的抵抗疾病基因或者肌肉、骨骼等更好发育的基因。即，生命力是基因信息的反馈，或者是生活、环境信息对基因作用后的反射结果。这种结果，在现实生活中，就回馈或者表现为人们在特定环境下的生活习惯、习性、疾病等生命力现象——离开特定的环境，人类的 DNA 信息可能无从表达，或者无从完整表达，最典型的例子就是在动物群体中长大的人类如"狼孩"。DNA 中的信息，通过人类的繁殖传递或者延续，并直接表现为下一代的身体素质、及由身体素质决定的一些特殊生活能力如对特殊气候的耐受性……然后，DNA 再吸收生活习惯、个人习性、疾病、自然环境等信息，作出改变后传递、延续下去。即，DNA 信息，只在繁殖时显现。无繁殖，DNA 信息则随 DNA 的破坏而消灭。灵魂却不可以通过繁殖传递，它自然存在、自动成为宇宙中所有人类的"标配"、或者类似磁场的宇宙"信仰场"中所有人类的一种自然属性——也就像中国的货币量子，无论采用纸币、铸币或者是数字货币，都自动取得相同的量子形态；灵魂不会在人类繁殖时显现，只会在复活永生或者宣判"永死"的特定时刻显现——即只与宇宙相变时同时显现。灵魂中的信息，可以复制、复活生命体，也可以重复、复制生命体的生存历史或者生存场景、生存状态、生存习惯——即人们的信仰或者人生观、价值观和世界观。与 DNA 在特定条件下可以在生命体之外存在一样——如，DNA 可以在化石、脱离的毛发上、甚至牙刷上等继续存在，灵魂在特定条件下，也可以游离在人体之外，生命体或者人体死亡，就是这些特定条件中的一种。

以上，灵魂和信仰的非生殖遗传性特点，和不正确信仰、无神论者灵魂不能得拯救的特点，共同显示了正确信仰者的灵魂才是唯一具有真正的非生殖遗传性的，这是我们在第一章中讨论《圣经》中的"父子"系信仰的基础；同时，从前面章节中讨论过的，有关以狮子、熊和豹子这三种比喻人类信仰发展过程的动物形象本身来看，上述三种食肉动物的共同特点，恰恰都是母兽或者雌性单独抚养幼子，具有典型的"母子系"特征。另外，这也从另一个层面提示我们，不正确信仰和无神论道德体系，都是典型的母子系信仰——它们不排斥遗传，即完全相信听人所传讲的各种宗教教义，甚至又进一步全部基于人类的生物性或者身体的基本生理要求的遗传特性，来演绎它们的整个信仰道德思想体系，最典型的如前面反复讨论过的中国文化——整个中国传统文化（儒家思想），就是建立在"食色性也"、"民以食为天"的人类生物遗传性基石之上的。再如，种族主义也是一种典型的母子系错误思想观念。"母子系"的不正确信仰和无神论道德体系，在是否具有遗传性的节点上，与"父子系"的正确信仰直接分道扬镳，而与动物们相近（即不正确信仰者）甚至相同（即无神论者）了。而恰恰正是正确信仰的"父子系"特征，让"父生父养"成为逻辑上的一种自然延伸，因此有关男女一体、夫妻关系神定的大量经文，在信仰学上仅仅具有指代信仰类型的意义，而不应该成为反对婚姻自由、特别是反对离婚的宗教依据。灵魂和信仰的非遗传性、非生物性，也决定了灵魂成长（即拯救灵魂）与人体的发育成长不同，它是无法只依赖于食物的，即，从信仰学角度来看，"禁食"是可行且无害的。这正是有关禁食的《圣经》经文，如"人活着不是单靠食物，乃是靠神口里所出的一切话"（路 4：4）的基本含义。同时，灵魂和信仰的非遗传性、非生物性，特别是正确信仰、正确信仰者灵魂的非遗传性、非生物性，决定了人类的生命死亡对于灵魂的无害和无能，这正对应着"那杀身体不能杀灵魂的，不要怕他们"（太 10：28）的经文。正如信仰量子所表明的一样，"父子"系信仰发展的直接结果是科学，母子系信仰（包括无神论道德体系）发展的直接结果就是愚昧、愚蒙、愚顽。另外，在图 3-29、图 3-30 中，绑定了素数概率波的两条平行直线（图中的虚线）所形成的通道，就是本书第一章第一节中的图 1-1 上的那条红线，即坚持任何信仰后都必然会出现的"正直"信仰运动轨迹——这条直线，很好地揭示出了一切专制独裁社会必亡的内在矛盾和简单逻辑。即，既然任何信仰的发展和成熟都是以坚持"真理"、不畏权威、固执且倔强为特征的，那么，处于社会最高权力位置的专制独裁者的权威，必要时常遭受各种成熟信仰者、无神论者等正直人士及其势力的轮番且有力的挑战，让独裁专制社会走向其信仰成熟的威权结果与其信仰发展、成熟的过程之间，存在着一种不可调和的天然冲突，结果就是只能代表一种社会信仰的整个社会体系的自杀、崩溃。如此，类似中国古代的忠臣良将、代表社会良心的各界正直之士，包括从海外归来的各类爱国者们，纷纷被其君王虐杀的历史现象，其实就是整个人类历史中必要不断上演的保留性曲目了。

正如要改变一个人的 DNA 结构，需要足够或者持久的信息刺激一样，灵魂的改变也需要持久、稳定的信仰才可以，正对着经文"你们得力在乎平静安稳。"（赛30：15）；得不到足够的信仰信息刺激的灵魂，僵硬不动即呈现"昏睡不醒"状态，如经文"我的灵在我里面发昏。"（诗 143:4）。因此，正确信仰者的灵魂若要成为一个合格的永生者灵魂，就需要信仰水平的不断提升，即，时刻保持灵魂的"警醒"或者"清醒"状态，正如经文"要时时儆醒"（路 21：36）所要求的那样。在此不难知晓，正确信仰者年老时，来自他的祝福能量最大、对更长久的未来也具有精准的预测，这正是《圣经》中有关"以撒祝福雅各、以扫求以撒祝福"（创：27）的故事、及雅各的祝福（创 49）等经文要告诉我们的。正确信仰者的灵魂中，存在一个"能量守恒"的循环，如图 3-33 所示。在图 3-33 中，相减的差等于 2 的所谓"孪生素数"，如 11 与 13、17 与 19、29 与 31……就像《圣经》中的孪生兄弟以扫、雅各一样，先出现的以扫小、后来的雅各大——信仰水平低小的"以扫"灵魂因此无法企及圣灵，获得智慧和知识、能力；信仰水平高大的"雅各"的灵魂可以与圣灵交接，获得智慧、知识、能力。雅各所代表的所有合格正确信仰者，包括正确信仰的国家、社会和群体，靠着顺从神的话即依赖信仰生存，他们所生产的智慧、知识、能力，是其他所有人、国际社会中其它所有国家社会，赖以生存的"食物"——不正确信仰者及其国家社会、无神论者及其国家社会，只有吃下这些"食物"才能维持生命，就像食肉动物中凶猛的"狮子"、"熊"、"豹子"等依赖吃掉食草动物中有角的牛、羊、鹿一样。以上，正对着经文"他使我的脚快如母鹿的蹄，又使我在高处安稳"（诗 18：33）、"有十二只铜牛驮海，三只向北，三只向西，三只向南，三只向东。海在牛上，牛尾都向内。"（列上 7：25）、"心子上有狮子和牛，并基路伯。"（列上 7：29）、"海和海下的十二只牛。"（列上 7：44）、"你却高举了我的角，如野牛的角"（诗 92：10），也是理解类似经文"少壮狮子吼叫，要抓食，向神寻求食物"（诗 104：21）、"他们必走来走去，寻找食物。若不得饱，就终夜在外"（诗 59：15）、"人活着，不是单靠食物，乃是靠神口里所出的一切话。"（太 4：4）的有效途径。

　　无信仰的道德体系，不会让人们给自己的灵魂带来信息刺激，灵魂在此根本无法苏醒。同时，灵魂改变到足以产生相变的程度，需要正确的信仰刺激方式、角度或者力度，与写入 DNA 中足以改变 DNA 的基因信息一样，产生染色体基因突变的力量需要足够的强度和正确的角度。而不正确信仰，虽然可以唤醒灵魂，却无法给灵魂带来足够的刺激——要么力度不够，要么角度不对，也因此无法改变灵魂，使其足以到达相变临界点。上述结论，在社会、经济领域中同样适用。如，在前边谈到过的中国货币，要因为缺少可以升、减息的灵活性，最终导致恶性通货膨胀，并进而导致社会崩溃，也就是人民币"身上"的中国社会信仰类型致其灵魂"昏睡不醒"，使其象一个无法治愈的偏瘫者或者植物人一样——缺少金融灵活性和被限制使用的金融工具箱，让人民币无法跟随国际经济形势和各国货币策略的变动而相应变动，只得被动挨打，形成内忧外患的中国经济局面。

　　"信仰力"的存在及其作用，可以用一个比喻来简单说明如下：将单卵子双胞胎弟兄、或者一个人与其克隆人，先放在一间屋子里读《圣经》、或者《古兰经》，然后将他们放归同一社会或者家庭等人群组织中，他们各自的精神状态、价值观、世界观、人生观、生活或者工作的勇气、动力或者活力，等等，都要表现出大小不等的各种差异，与他们的 DNA 或者染色体始终相近或者相同的稳定状态，截然不同。导致出现上述无数差异的原因，就是他们读经之后产生的信仰认知上的差异及其信仰力量的不同，是信仰力和灵魂存在的直观证据。

　　从圣灵充满、到合格正确信仰者的灵魂、再到普通的人类的灵魂、继续到动物的魂，单纯从数量的角度上看，就是一个能量等级呈数量级递减的能量序列或者力量序列，其中的梯度变化规律是：相邻位置上，处于前面的一个最小单位数，等于后面的整体总和。如一个标准的人类灵魂——即一个 7 天之内的新生儿的灵魂，单单从数量上讲，其量子能量相当于所有动物的魂的量子能量的总和。合格信仰者的灵魂能量等级极高——高过所有宇宙射线中能量最高者，又突出地外在表现为信仰者有着解决全人类所遇到的任何难题的高度智慧上，正对着经文"我智慧以灵明为居所，又寻得知识和谋略"（箴 8：12）、"通达人得知识为冠冕。"（箴 14：18）。

　　当然，人类的灵魂与动物的魂，无论如何还是有本质差别的——前者永远处于最高效、量子结构最优的位置或者范畴内，动物的"魂"永远处于图 3-29 中的核心区域之外的其它区域上。或者是概率波波长大于 23、或者在折叠出同样大的一个素数群时使用整数数字上不经济的各区间上。因此，既是无神论者昏睡的灵魂，和错误信仰者量子结构相对不动的灵魂，最终的结局，也都与动物的魂不同，正对应着经文""尘土仍归于地，灵仍归于赐灵的神。"（传 12：7）。但是，能动却行动错误了的灵魂，面对指示了如何正确行动的正确信仰，也如经文"我栽你是上等的葡萄树，全然是真种子。你怎么向我变为外邦葡萄树的坏枝子呢？"（耶 2：21）所讲，根源正在于引导灵魂的信仰类型上——误解《圣经》者，结局与错误信仰和无信仰者一样，甚至还不如不解《圣经》者。在宇宙相变发生即天国降临时，与合格的正确信仰者的灵魂得救、进入永生，及不正确信仰者和无神论者的灵魂进入到"永死的火湖"（启 21：8）的同时，原来讨论过的"圣灵充满→合格正确信仰者的灵魂→普通的人类的灵魂→动物的魂"能量系列，都要发生相应的变化或者相变。即，被圣灵充满的合格正确信仰者早早成为永生的"祭司"（启 20：6），其他合格正确信仰者要成为天国中永生的民众，他们都与神同住，正如经文

"神的帐幕在人间。"（启 21：3）；原来的普通人类的灵魂从此没有了发生相变、进入到永生天国的机会或者可能，即后来的"人类"都是"城外有那些犬类，行邪术的，淫乱的，杀人的，拜偶像的，并一切喜好说谎言编造虚谎的。"（启 22：14），它们已经彻底归入生物学上野兽的种系或者序列中，可以说只是"人形的兽"了——对此最直观的比喻，可能要算"人面蛇身"、"人面狮身"或者"牛头人身"、"马面人身"等混合形象了。因此，抓住最后的人生机会，拯救自己的灵魂，对每一个正确信仰者来讲，都正对应着经文"你们是世上的盐。盐若失了味，怎能叫他再咸呢？以后无用，不过丢在外面，被人践踏了。"（太 5：13）。且，与此同时，兽的魂也要"相变"为与我们现在世界上普通的无神论者的灵魂一样的状态，向前相变与无信仰者的灵魂对接。这是《圣经》中有关蛇可以在伊甸园中与夏娃直接进行对话（创 3：1-5）的复制或者重现——兽的魂在天国或者天国时空，都是天生如同无神论者的灵魂一样的，能够与人对话是很自然的事情，就像现在有正确信仰者可以与任何无神论者随意对话、交流一样；与我们现在的无神论者的灵魂所不同的是，前者（天国时空中的兽的魂）永不会相变，而后者随时可以改变信仰、迎来相变前进的可能。新的普通人类即天国中的普通居民、百姓，都自然具有正确信仰，虽无永生但均长寿、幸福，如经文"必没有数日夭亡的婴孩，也没有寿数不满的老者；因为百岁死的仍算孩童，有百岁死的罪人算被诅咒"（赛 65：20）。上述有关灵和魂的变化，可以简单看作是被折叠在现代人类灵魂中的"素数量子"彻底拆开来、退相干后的稳定态势，也对应着经文"豺狼必与羊羔同食，狮子必吃草与牛一样。尘土必作蛇的食物。在我圣山的遍处，这一切都不伤人不害物，这是耶和华说的。"（赛 65：25）。

在信仰或者灵魂领域，构成坐标原点 5 的因素是：正确信仰（或者永生）与不正确信仰（或者永死），二者被视为 2，正确信仰、不正确信仰和无信仰（唯物主义）被视为 3，以上的水平加法构成结果"5"。在 DNA 或者生命、身体领域，构成坐标原点 5 的因素是：DNA 和 RNA 二者被视为 2，基因、参与基因形成的 DNA、RNA，DNA 垃圾三者被视为 3，以上的水平加法（算法）构成结果"5"。我们在本书的开始，是按照以下方法构建坐标原点 5 的：爱人如己和爱神，两种"爱"被视为 2，爱、由爱所产生的智慧、与爱无关的智慧则被视为 3，以上的加法运算构成结果"5"，延伸为本书的全部内容。量子计算机也可以在现在计算机基础上——二进制下 1（有）与 0（无）的相反或者一个逻辑意义上的全覆盖，可以视为 2，再构建 1 的拓扑空间为 3，即与 1 和 0 都粘连的数字体系作为算法中的基础部分"3"，重复素数产生的逻辑算法来运行。具体讲，参见图 3-31，量子计算机的世界霸权或者门槛，是首先掌握 49 个全量子态；结合图 3-32，素数数字世界中的量子纠缠对，是以素数的末尾数字为标志的，且在 4 个末尾数 1、3、7、9 中只出现其中的后 3 个，以 1 为尾数的所有素数，都不能以此方式产生，即以"纠缠对"方式共同组成计算方向相反的相同"素数数字量子"——如前面章节中提到的 4*7 数字矩形中，按照斜线上的一个数，如 2、2^2……，与直线上两个数字和的斜线乘法的和，所得出的最后结果，都是以 3、7、9 为末尾数的素数，并且，这些素数结果与使用相对方向上的数字即以 3、3^2……进行完全相同的计算所得结果，完全一样。如素数 19，使用数字 2 所在数据线，计算的过程是 2^2+(2+3)*3；使用数字 3 所在的数据线，计算的过程为 3^2+(2+3)*2。更多以数字 3、7 为末尾数的素数具体计算和比对过程，就不再详细列出了。上述相同素数数字产生的过程，除计算的方向相反（即数据线相对）以外，其它完全相同，表现为典型的量子纠缠态，而它们距离以 1 为末尾数的素数（如 11、31、41、61 等等）的距离情况，呈现为 4 种，即我们前面章节中一再提到的、和图 3-31 中标注的"狮型"、"熊型"、"豹型"、和"无脸兽型"。如，1 至 31 间的素数，小于 11 的只有 7 一个素数（素数 5 为原点，2、3 为素数构成规则体系中的数字，都应除去而不计），大于 11 的却有 13、17、19、23、29 共 5 个，是距离数字 11"左短右长"的典型"豹型"形态；而介于 31 至 41 之间的素数，只有 37 一个素数，即以 31 为中心素数是"右长左短"的"无脸兽"型；素数个数在末尾数为 1 的素数前后，总是呈现为增加（即"狮型"）或者减少（即"熊型"）；结合上节中知道的所有素数符合 7*7 的矩形分布样式规律，以上内容正对应着经文："看见天的四风陡起，刮在大海之上。有四个大兽从海中上来，形状各有不同……"（但 7：2-3）。利用上述素数数字的分布规律，如果用产生末尾数为 3、7、9 的素数的方式，构建一个素数世界模型时，就会无法融入以末尾数为 1 的所有素数，包括数字 1；同理，如果把末尾数为 1 的所有素数看作为"引力"、末尾数为 3、7、9 的其它素数看作为"引力"之外的其它 3 种基本力的话，我们将不难理解物理学中的标准模型，标准模型为什么不能包括引力、以及怎样建立起一个包括引力在内的统一物理学的方式、方法。具体内容我们将在下面讨论量子纠缠对时再行讨论。即，要真正实现量子计算机的世界霸权，除了掌握

49 个全量子态，还需要一个符合信仰函数要求、反映素数产生 4 种纠缠态的第 50 个量子态——它让 49 个量子态得以循环从而全部呈现完整数字世界。以上 50 个量子态，如《圣经》中有关"造帐幕和幔子的规定"（出 26：1-30）经文中所讲的那"50 个纽扣"、"50 个金钩"一样。

虽然，来自信仰和灵魂的力量和作用，时时刻刻在我们的生活、工作、学习的过程中发挥着最重要的作用，让我们的生活丰富多彩，为我们求生存、实现各种人生奋斗目标和理想提供全部动力，但仍然被无神论者认为是虚无的，被不正确信仰者认为是不可测的，并因此攻击、排斥对《圣经》的坚持和正确解读。绝大多数人，对于自己与自己所持信仰间的关系，都处于一种客体关系障碍的病态之中：他们本身不了解这种关系的实质内容，而满足于自己是这种关系中的一员或一方。如，满足于被贴上以下标签，是一个基督徒、新教徒、天主教徒、或者是一个伊斯兰教徒、或者是一个共产党员、或者是一个有钱人、一个奋斗者、一个爱国者、一个女权主义者、一个音乐人、一个吃货……他们因为不真正了解上述关系的真实意思而来回跳动、游走、任意而简单地剥离上述关系中的任何一种。本书的任务之一，就是揭示正确信仰关系的实质内容。即，正确信仰者必须做到"爱人如己"、"尽心、尽力、尽性、尽意爱主你的神"；正确信仰关系让一个正确信仰者（包括他们组成的各种群体组织、社会）具备的外在表征，就是对于创设、推动建立、维护并改进各种各类最有利于人类生存或者人权保障的秩序（包括群体秩序和自然环境秩序等），而表现出的令人吃惊的执着和毅力、连绵澎拜的创新、和源源不断的巨大动力，以及创造性地发现、颠覆性地解决人类生存生活中和精神思想上遇到的各种各类科学难题——正确解读后的《圣经》，可以让人们明白一切的道理，正如经文"只等真理的圣灵来了，他要引导你们明白（原文作进入）一切的真理。"（约 16：13）所讲，也如经文"愚蒙人得愚昧为产业。通达人得知识为冠冕。"（箴 14：18）所说。错误信仰和无神论的道德体系，也让人们干劲十足，在生活中表现地生龙活虎，个个都象上满发条的钟表。但是，他们的成果对于全人类的生存、对于他们的灵魂来讲，都因为缺少博爱却并无真正的意义和作用——如同一个人为了生存，不得不去做世人公认的卑贱工作，例如去做一名妓女、叫花子等等，这是爱，是对自己生命的全部的爱！这样做妓女、做叫花子，也要比那些为了避税、为了做生意方便、或者为了有个好名声，给教堂、孤儿院等慈善机构、教育机构、贫穷落后的专制社会中的某项社会工程捐出大笔款项者，更有爱心、对灵魂更有益处！因此，错误信仰者和无神论者，他们做的再多再好、生活再丰富、事业再成功、爱情再美好、家庭再美满、身体再健康、生命活力或者精力再充沛、钱财再多、理想与目标再伟大如振兴国家民族的爱国主义或者共产主义……他们的灵魂仍是昏睡不醒、能量不足、或者无法时刻警醒的。他们所有的成就，最高者也仅仅局限于无法数学化、无法科学化的语言类方面，即用各种谎言或者无法重复出现验证的、极易产生歧义的、只用预言符号工具编织起来的新理论谎言或者虚幻的理论"进步"——如从唯物论"进步"到辩证唯物论、再"进步"到列宁主义、再"进步"到毛泽东思想、中国特色社会主义……仍然是谎言的不断演变而已。最终，这些灵魂都要因缺少足够的成长变化而在未来世界中，表现为与永生者完全不同的另类。

离开圣灵的引导、及对《圣经》的正确解读，人类将在所有科学领域全面陷入网罗中、走到歧途上，正如我们现在全球的数论研究领域中所看到的情况一样——对于孪生素数、梅森素数、哥德巴赫猜想等问题的研究，有关论文动辄上千页，苦涩难懂到全球几乎无人可以看懂、评价，更不用提普通人可以重复验证了。而这一切，距离人类找到直观可见的素数分布规律，还相差千里！更不用奢望利用素数规律去指导其它科学研究、揭示所有科学之所以为科学、有效的根本原因了。人类无数最优秀的数学精英和最聪明的大脑，从毕达哥拉斯学派直到当代最著名的数学家，在数论上表现出的智慧，实在愚拙，正如经文"他们智慧人的智慧，必然消灭，聪明人的聪明，必然隐藏。"（赛 29：14）！其原因就是没有得到圣灵的引导、没有看到《圣经》的正确解读。现在，素数和整个整数世界的真相大白，无数在数论研究中建立起来的宏大学术体系，又要让我们再一次见识地球上众多"神秘"的史前文明遗址的出现了！

离开正确信仰，读《圣经》再多遍、再多时，也无法窥见《圣经》的正确解读结果，正如经文"心蒙脂油，耳朵发沉，眼睛昏迷。"（赛 6：10）所讲——只有被拣选的正确信仰者，才会"未曾传与他们的，他们必看见。未曾听见的，他们要明白。"（赛 52：15），这与中国传统文化中的"生而知之"（《论语•述而》）相仿又根本不同。 而受制于缺少对《圣经》的正确解读，让人类在信仰领域中，只能退而求其次——信仰自由和信仰平等；各种宗教，包括各种建立在对《圣经》错误解读基础之上的宗教，与各种无神论思想，在人间泛滥。在此黑暗时代中，若非有着对正确信仰的恩典，人类绝不可能存活到今天，正如经文"我必不永远相争，也不长久发怒。恐怕我所造的人与灵性，都必发昏。"（赛 57：16）！同样，今后，在知晓了正确信仰只在于《圣经》中和只在于符合《圣经》的正确解读前提下，再坚持原来的信仰自由、平等原则，再给予不正确信仰者及其社会、无神论者及其社会以巨大生存空间和机会的话——如以"言论自由"等借口接受不信奉《圣经》，甚至无神论的难民、或者技术人员等移民正确信仰社会，人类也将愚蠢至极。在《圣经》已经传播到地球上最黑暗的无神论专制国家——中国的最底层，即福音已经传到中国监狱中的情况下，人类，特别是那些道德麻木者，已经是让自己的灵魂苏醒、抛弃错误信仰的最后机会了；也是人类当中，正确信仰者及其国家社会开始坚决强力打压一切顽固的不正确信仰者及其社会、坚决直接消灭无神论者的社会的时候了——除非它们绝对遵守国际社会规则和国际法、和根本改善本国人权状况。当然，无论如何，正确信仰者及其全社会，都不能以任何理由和借口，与不正确信仰和无神论的国家、社会有任何的贸易往来或者去做生意，或者进行共同的科学研究与开发、教育交流等活动——除非完全以传播正确信仰为前提和条件；他们应向后者传播信仰为主，而不是以帮其建立民主制度或者助其推翻专制独裁政权、改善民生、提高教育水平、推广科学技术知识、制定或者完善社会政治经济法律制度为主，否则，民主社会的世界注定就是在武装、培训、豢养、资助、造就一个个未来的强大敌人！每个正确信仰者在此都应该十分明确，信仰自动决定一切——这是《圣经》要告诉我们的真理，是《圣经》自证其是"唯一的天书"的一个证据，是信仰学的精髓。因此，信仰就是人类社会的掌权者，正如经文"以后我不再和你们多说话，因为这世界的王将到。他在我里面是毫无所有。"（约 14：30）、"为审判，是因这世界的王受了审判。"（约 16：11）中所讲的"王"，看清、顺服、承认一个社会的信仰现实，就是"顺从掌权者"（罗 13）了，而绝不是、绝不能顺服专制集团或者独裁者个人的不正确信仰或者无神论，丧失了让自己可以获得永生的正确信仰！相反，要始终恨恶专制集团：博爱在本质上排斥党派或者团体组织，只有在信仰发展过程中，在对抗邪恶时的基础之上才有必要，如针对邪恶势力的武装威胁，正确信仰者必须推动建立军事同盟或者组建主张军事对抗的党派、社团组织。因此，人类信仰发展的末后，包括以正确信仰的名义所组建的党派团体都是必须被排斥的，正如经文"你还有一件可取的事，就是你恨恶尼哥拉一党人的行为，这也是我所恨恶的。"（启 2：6）。

最后，看一下一个与量子纠缠有关的问题。

如图 3-31 所示，信仰曲线都是自然数与调和数列以数字"1"为轴心的一种纠缠和叠加。因此，正确信仰运动曲线（右闭合曲线）与无神论运动曲线（左闭合曲线），就是一对可以产生纠缠的信仰"电子对"，虽然它们本身也都是信仰量子的叠加状态。它们的纠缠运动轨迹就是非闭合信仰运动曲线。即，非闭合信仰运动曲线，或者不正确信仰，是一个量子纠缠对形态；而正确信仰、及无神论道德体系，则分别是信仰的叠加形态。通过图 3-31 中整数数字的排列可以发现，数字的大小并不具备经典物理学或者通常可比较大小的数学含义，它们只是无关联的量子点而已。量子的大小尺度只是知识量，并不具有真正的可比性；无论一个量子的知识有多少，比如光量子（以光的所有知识为单位）与苹果量子（以有关苹果的所有知识为单位），任何量子均为无体积、无质量、无重量即无空间的，同时也是无速度、无运动即无时间的量子——任何有形的物质世界，都因此要化为无形的量子，无形的精神世界也如此，那种认为人类的精神领域中无科学规律可循、不可能数学化的观点是完全错误的；同时，事物实体或者物质的（无穷）大（无穷）小与有无、速度的（无穷）大（无穷）小与有无、时间的（无穷）长（无穷）短与有无，都不影响有关量子科学规律的有效性和普适性，普朗克常数只是人们熟悉的一个量子的大小尺度，相同性质的尺度单位有无限多个。结合普朗克常数的公式 E=h*v 和著名的质能关系式 E=mc^2，也可知 M/h（密度）=v/ c^2，即密度是线性频率，这正是素数分布规律中提到的概率波与密度波重合。在此意义上，0 与 ±∞ 都是相等的量子，这是已知的所有芝诺悖论（Zeno's paradox）之所以产生的根源，也是所有整数和坐标轴的上半面，塌缩为 1 的拓扑空间的样式和过程——如图 3-31 所示，以 1 为中点或者对折点，±∞ 都与 0 重合，最终只有 1 和 0 构成的一个"1 的拓扑空间"存在。如此，如图 3-32 所示，只要掌握了任何一个事物的科学规律或者所有科学知识，这个事物就必成为了一个量子而遵守信仰函数，《圣经》也如此——信仰学就是在此基础上形成的，信仰学之外的所有神学理论因此都是毫无依据的、虚假的。信仰函数所描述的正是量子在纠缠形态与叠加形态的两个相态间转换的临界条件，也是量子纠缠在一个相态的乖离、扭曲的最大限度或者时间、空间容量，对应着经文"他们离弃耶和华"（赛 1：4）、"我离弃你不过片时"（赛 54：7）、"他们贪而无厌，食物还在他们口中的时候，神的怒气，就向他们上腾，杀了他们中的肥壮人。"（诗 78：30-31）；从量子纠缠对之间的连线及其垂直线所组成的"十"字看，信仰函数就是容忍"十字架"扭曲变化和伸缩变化的最大限度。信仰函数因此就是统一经典物理学与量子物理学的所谓"物理学终极公式"，表明数字世界的量子引力的存在和作用，之后人类全部的科学发展就是对信仰函数的"填空"——现在人类已经在电子、光子、原子、分子尺度级别上接近填完，在星系等宏观世界上开始这个"知识填空"的过程，而介于"无"（即"数量子"）与"无限大"（即整个宇宙）之间、或者速度介于 0 与∞间的无数其它尺度上的量子科学知识，如大小为 0、速度为∞的数"量子"至大小为普朗克常数、速度为光速之间尺度上的科学知识，都有待人类在未来的 3000 年内去发掘。可以简单设想一下，未来制备、发射和运行飞行器，象现在装备、发射、运行一个电子纠缠对一样，也象摆弄数字算术题、保持画出的两条直线长度相等一样时，世界的面貌会与今天有何

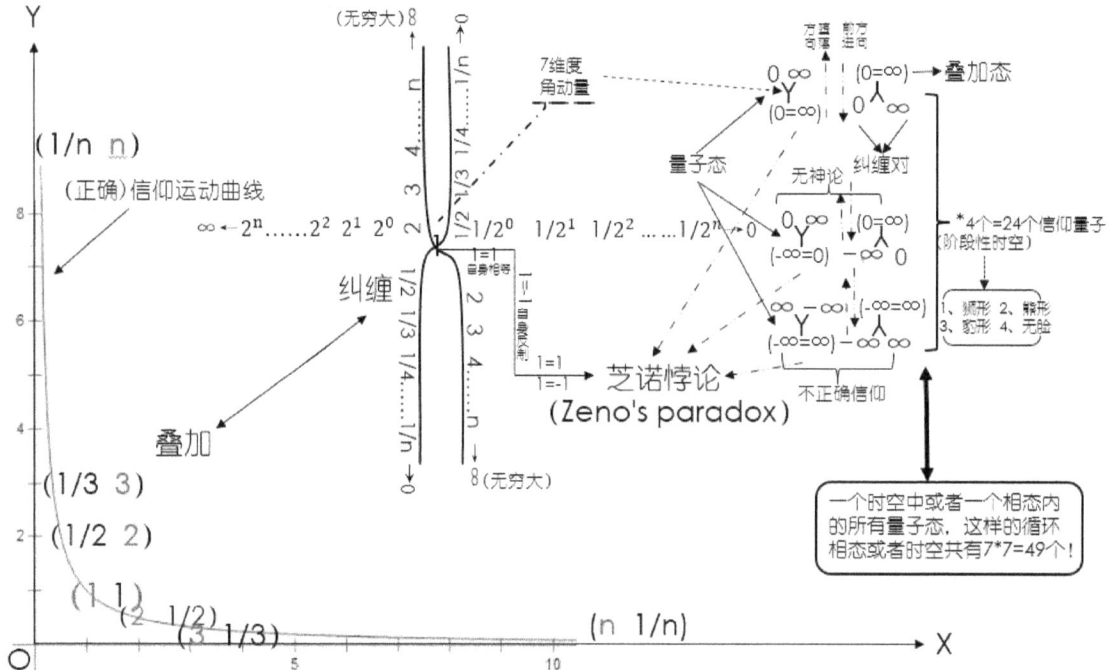

图3-31　自然数与调和数列的纠缠与叠加：在数字参照系和坐标系的时间与空间中所表达的物理规律

不同。社会信仰主导世界历史进程的数学或者物理学原理，就是信仰量子维持纠缠状态或者叠加状态的时间函数或者空间极限的规律，即自动复位、自动折叠和自动崩溃机制：同步纠缠、相同幅度变化的，是"狮型"和"熊型"；不同步纠缠、变化幅度各不相同的，是"豹型"（"左长右短"）和"无脸兽型"（"左短右长"）。例如，正确信仰的社会如当今美国社会，有共和、民主两党代表同一信仰。其中，共和党的极端走向缺少爱的错误路线，它过分强调美国国内，是《圣经》中"以色列（北王国）"的化身；而民主党的极端趋于走向无神论，即表面上强调人权、民主、自由，但在实际上却只重视经济、贸易利益，是《圣经》中口头顺从神的"犹大（南王国）"的化身。二者都是信仰的堕落，但在美国社会信仰的制约下，以民主制度保证任何一方充分展开又不过分、走向极端，即始终固定、围绕在图 3-31 上的"1"的位置上，让美国可以始终保持国际社会中的中流砥柱地位，直到人类的国家社会退出历史舞台，正如经文"他若恒久遵行我的诫命典章，如今日一样，我就必坚定他的国位，直到永远。"（代上 28：7）。两党的主张、策略也有机会叠加、重合，从而共同让一种极端错误持续延续到充分、临界相变的程度，造就一个国际时代的结束或者开始，如最近几十年美国对中国践踏人权的默认、纵容，及对与中国关系中的贸易优先原则，让国际社会信仰的"豹型"时代快速终结。从政治制度方面看，上述美国国内的政治变局，是"自由"和"平等"之间的博弈——"自由"扭曲"平等"，或者"平等"限制"自由"的时间、空间（内容），都要局限在信仰函数许可的范围内，参见图 3-32 所示。否则，不是民主制度的相变（走向专制、独裁社会），就是社会秩序的崩溃。从美国历史上看，美国南北战争成功废除了奴隶制，避免了《圣经》中以色列王国因为固守奴隶制而崩溃的结局，都是社会信仰主导社会进程的典型表现。而保护人权或者反对任何形式的奴隶制（包括但不限于中国囚徒的所谓"劳动改造"形式的奴隶制），包括为此而拒绝容纳了奴隶制的任何形式的国际贸易、及不断壮大军力和充分运用集体防卫的力量，就是《圣经》中爱的原则的体现，也是"万军之耶和华"的荣耀。再如，无神论的当今中国社会，中国的社会信仰允许、中国的专制者也就必然走向发展极端，如果再加上国际社会环境的许可、默认，持续

离开其信仰曲线的中心点越来越远直至无穷远的端点就成为现实，此时，就意味着信仰的回归，而回归却是自身反制即坐标（-1，1）中的正负对立。即，专制集团引领的信仰统一总是要彻底反制、毁掉它赖以发育、成长的社会信仰基础，如，共产党在中国传统社会信仰的环境中发展、成长起来的共产主义信仰，是以彻底毁掉、反制了中国传统信仰为特征的，而金钱万能论在中国共产党中的兴起、发展和流行，又是以彻底反制、毁掉共产主义信仰、让共产党和整个中国社会成为一个彻底腐败的无信仰群体为特征的。因此，无论其可能取得怎样令人眩目的经济、军事等社会成就，达到信仰函数确定的相变临界条件（时间）时，必自动崩溃灭亡。再如，不正确信仰的社会，其社会信仰决定了有两个无法重合的信仰中心，导致社会信仰的内在冲突不断，社会矛盾重重，无论其国土面积多大、人口多多、自然条件多优越、历史多悠久、理想多宏伟，却始终无法占据国际社会中流砥柱的位置，甚至始终被边缘化，但好处是，只要其不走向极端，仍可保持社会的长治久安。同时，由于存在自身反制的毁坏机制，不正确信仰社会最终会走到正确信仰社会的位置。最后，需要说明的是，图3-31也为我们整体解读《圣经》提供了一个捷径：从《圣经》的"创世纪"到"列王纪"或者"历代志"中的"所罗门时代"，是一个从信仰产生、发展、成熟，到"建国"这样一个相同方向的信仰量子态。"所罗门时代"是一个转折点或者形成相反"量子纠缠态"的最后一个折叠点——"所罗门时代"之前，是图3-31中"前进方向"的"量子态"，按照这种方向的发展或者"烂尾"，《圣经》上的以色列社会和其周边的世界即国际社会，要朝着只有一个共同信仰的大社会方向移动，出现如当今以色列社会一样的国际区域，其突出特点就是领域内全体成员只信奉《圣经》、外来移民或者他人入籍（成为公民）的首要条件是"合格信仰者"；但是，《圣经》中实际的以色列社会，在"所罗门时代"之后走向了以信仰分裂为内在基础的国家分裂，是图3-31中"堕落方向"的"量子态"。按照这种方向移动，社会信仰不仅不会"烂尾"、收缩和折叠，相反，却象枝头不断盛开的鲜花一样，原来统一的信仰被历史不断拆解开来，直至原本折叠在一起的那些纤细的信仰差别都被充分放大、展露开来，并都露出了它们中破败不堪、虚空的本相时为止——即《圣经》"先知书"中对"犹大（南王国）"和"以色列（北王国）"的信仰评判。将上述经文反转过来看，人类的历史就是从"所罗门王国"向着"伊甸园"前进，即从7个量子纠缠态，或者7*7的"信仰"正方形，经过不断的"烂尾"式发展或者信仰折叠，直至信仰发展历史的终结，如"启示录"中"7个教会"、"7灯台"（启2、3）一样——这些教会，都掺杂着不完全，除非按照要求折叠或者净化，否则一如盛开的鲜花，各样杂质在充分展露、放大后败落。而整个《圣经》"新约"部分，是将上述经文从"以色列人"扩展至全人类，虽范围不同但内容完全一样，如同"1"分为（1，1）一样，是"父子"关系或者物理学上的"宇称"关系，决非区分左右，如同将"1"分为（1，-1）那样的"母子"关系或者物理学上的"非宇称"关系。至此，我们可知《圣经》中"所罗门的知识"，是提示了一个科学发展史的转折点。即，与经典物理学中描述物质运动的基本公式 s=v*t 相对应，信仰运动的基本公式为：与一个信仰目标之间的距离，等于信仰理性即所采用的算法，和保持这个信仰理性的时间即"算力"之间的乘积，简单表示为距离=算法（理性）*算力。动植物、与剔除信仰之后的人类等等所有的生命体，都是以生存、繁衍为目标的，与此共同目标之间的距离，决定了以上所有生命的所有算法（即各种生存技巧、生存方式或者模式）都可归于一个算法体系、或者一个数学向量时空。因此，同一算法情况下，实现上述生存目标的程度或者好坏，就取决于"算力"这个本质上是"时间"的物理学指标——如计算速度、持久力或者耐力水平。也因此，人工智能基于远超人类的"算力"，可以在算法固定的一切领域中轻松战胜人类，如棋类比赛等各种胜负规则固定的竞技运动比赛就是如此，并在整个人类生活环境中取得类似人类在自然生态环境中的地位。类似的，货币是贮藏财富、交换财富的所有算法中"算力"最强大即效率最高的。当算法或者"算力"之间的差别，达到了一种打破平衡的绝对不对称程度时，最优算法就是"暴力"——奴役对手或者直接消灭对手，即在最短时间内或者以消耗最小的"算力"为代价，或者以最快的速度，实现目的或者达成目标；只有在算法与"算力"相当的平衡状态下，才有和平共处、遵守由目标制定者或者"达成目标的距离"本身所决定的规则、法律的可能。例如，崇拜货币者，必做了金钱的奴隶——拜金者自愿处于、或者自我实现了对货币的一种绝对弱势地位，让奴隶制成为了货币理性选择下的一种自然结果；同样，人工智能之间的绝对不平衡，会在算法或者理性引导下，让它们之间必然出现以暴力为特征或者以死亡为背书的奴隶制，而让人类设计、使用人工智能的本意或者利益规则被抛弃——其场景，正如端坐着完全听命于人工智能指令而下棋的人类棋手。但是，决定算法、真正可以改变算法的是正确信仰，它以永生为生活目标和人生

239

价值，与有限生命始终不在同一信仰时空中，也是人工智能虽算力卓越但却永远无法赶超的。可见，《圣经》中"所罗门的知识"，即"讲论草木，讲论飞禽走兽、昆虫水族"（王上 4：33），就是在充分展示动植物和与动植物一样无信仰人类的生命的理性或者算法，与所罗门时代的历史发展和社会信仰的走势一起，预示了人们要么以正确信仰走向超越生命、并从《圣经》中获得超越从宇宙自然环境中所能获取的更大知识，如现在我们正在讨论的信仰学知识一样，要么以错误信仰和无信仰状态沦落为与动植物一般的生命、并始终无法正确解读《圣经》即始终无法走出宇宙自然科学知识的范畴，如《圣经》中所罗门之后的以色列王国的最终结局一般。以上正对着经文"我必不将我的荣耀归给假神。"（赛 48：11）按照上述信仰运动中有关距离、算法和时间的基本公式，我们可以继续沿着构建经典物理学理论体系的足迹，推演出有关人类精神世界规律的"经典信仰物理学"的一整套理论体系。如，信仰学中的"功"等于"意志力*距离"。再如，不同信仰之间的摩擦会产生热，即产生、激发信仰力量的爆发或者信仰狂热运动而程度不同地影响或者改变周边环境。也再如，"距离"和"力"具有方向性……利用上述理论，对于我们理解《圣经》中有关经文的真实意思，进而全面、整体、科学解读《圣经》具有非凡的意义。例如，《启示录》中的有关"7 个教会"（启 2、3）的经文，其中，"推雅推喇教会"（启 2：18-29）就是一种需要不正确信仰的不断摩擦才能激发出自身非凡力量的信仰类型，或者说是"自动做功的机制有缺陷"的一种正确信仰的类型——它的错误或者不足，或者它依赖一种会产生信仰摩擦的信仰激发辅助机制，就是"容让那自称是先知的妇人耶洗别教导我的仆人"（启 2：20）；"老底嘉教会"（启 3：14-21）是缺少自动触发、主动迸发信仰能量机制的一种正确信仰类型，需要在及时更新或者确定新的具体的奋斗目标方面再接再厉，即"你要发热心，也要悔改"（启 3：19）；"以弗所教会"（启 2：1-7）是在具体行动时产生了各种方向性错误，因而大量产生、甚至只能产生无用"功"（即功率不高甚至功率为零）的一种正确信仰类型。它需要从头调整具体的奋斗目标和前进方向，就是不忘初心、不忘起初的爱心、找回正确的信仰发展途径——"应当回想你是从哪里坠落的"（启 2：5）。"士每拿教会"（启 2：8-11）是一种意志力（或者忍耐）还需要不断加强的正确信仰类型。它对各种具体信仰行动目标即"距离"及其方向性的把握都是完全正确的，做"功"的大小多少、对周边环境产生影响的能量的大小，都只取决于自身"意志力"的大小或者不知疲乏的活力的多少，也就是"务要至死忠心，我就赐给你那生命的冠冕。"（启 2：10）。"别迦摩教会"是一种意志力最强大、但对各种具体信仰的目标即距离及其方向性的把握方面都有缺陷的一种正确信仰类型。它需要时刻注意并及时调整各种具体的信仰行动的目标和及达成目标的途径、方式、方法，即"你当悔改"（启 2：16）。"撒狄教会"（启 3：1-6）是一种在意志力、具体信仰目标即距离及其方向性把握方面均有严重缺陷的正确信仰类型，因此一直以来都做功较少、可以释放的能量也较小、对周边环境的影响较少（缺少信仰的热心或者狂热）——它的一切信仰行为都需要从头做起、从头调整。即，"要回想你是怎样领受，怎样听见的，又要遵守，并要悔改。"（启 3：3）。"非拉铁非教会"（启 3;7-13）是正确信仰的一个"成功信仰者"的"俱乐部"，其中的成员都曾经有过信仰的热心甚至狂热、都曾做功很多即曾经对人类的贡献很大，需要在生命的未来岁月里一如既往，以免出现负能量、功过相抵甚至前功尽弃，即"你要持守你所有的，免得人夺取你的冠冕。"（启 3：11）。同时，上述理论对于我们理解各种信奉《圣经》的宗教及其各个支派与正确信仰间的差别提供了一个直观依据：各种宗教对于如何实现拯救人类灵魂这个目标，所主张和采取的算法各不相同，又都逊于、或者都程度不同的区别于真正可以实现这个目标的唯一最优算法。而各种非信奉《圣经》的宗教（如伊斯兰教、佛教等）、和无神论的各种思想体系，要么否定人类灵魂的存在及其可以被拯救的事实，使其信仰者无论采取什么样的算法都只会直接走入地狱大门，最大的区别也仅仅在于所到地狱的层级或者位置不同；要么对于实现人类灵魂被拯救的目标，给出了根本错误的算法（即方向性错误的算法、或者程度不同的各种反方向算法的集合），导致根本无法达成这个目标，因此它的信仰者的一切努力也都是在做无用功。从无机物、到有机物再到生命和人体，都是算法越来越复杂、或者仅仅是维持各自存在的算法不同的同类事物而已：物质的物理和化学属性、动植物的习性和本能、以及生命的遗传和进化，都只是算法的固定和改变。例如，人类的肤色、心肺功能、口音等等人种差别，都是适应不同环境生存的算法结果、或者不断进行算法调整或者优化的一个结果。算法是科学的本质，将科学知识即生存算法用于非拯救灵魂的目的，如把取得知识、接受教育、发明创造和使用技术知识的目的定义为"报效祖国"、"提高家人的生活水平和改善自己的生活质量"、"赚取更多钱财或者更大商业利润"、"留下不朽的名声"等等，都是虚幻和虚空的——人类的意识和道德的起源与定义，都是有关算法的不同表述方法，即意识和自我意识，是同类算法中的具体算法差别达到了某种临界水平后的状态，也就是"无算法差别就无自我意识的产生、意识仅仅来自于对算法的感受和认识"；道德是指某些或者某类算法的集合、及其被适用。

存在于量子纠缠状态下的电子自旋现象，也普遍存在于非物理学的其它领域中。如，在经济学领域中，现代中国经济领域就存在两个以外汇储备作为财富前提下的相反循环过程：1、财富外流方向（-），外汇储备下降→银根收缩→进口依赖度大的粮食、原材料等商品价格上升→企业的利息等成本上升、利润削减→出口商品的价格竞争优势丧失→外汇储备下降；2、财富内收方向（+），外汇储备上升→银根宽松→进口依赖度大的粮食、原材料等商品价格下降→企业的利息等成本下降、利润水平上升→出口商品的价格竞争优势增加→外汇储备上升。上述两个方向相反的经济循环过程，若持续沿着"+"方向进行——即在每当出现"-"方向运动趋势时就进行抵抗，如同中国政府持续、长期进行货币增发、滥发那样，就满足了毁坏量子纠缠对状态的信仰函数要求，导致以下两个结果必居其一：1、中国的外汇储备不会实质性下降，甚至始终不断出现新高。由于外汇储备是国际贸易的结果，中国的国际贸易伙伴或者国际贸易环境屈服于中国，全人类的信仰状况发生相变，即全部走向无法逆转的无神论堕落时空和方向；2、中国的外汇储备持续下降甚至被荡尽。国际贸易环境发生根本性改变，中国经济循环中形成的量子纠缠对状态完结、被彻底毁坏。显然，除非《圣经》被涂抹，否则第二种情况必在信仰函数确定的时点在中国和全球发生。具体分析这两种后果，第一种结果是欧美等西方主要国家民主社会被颠覆，社会信仰与中国社会折叠重合，全都进入到专制甚至独裁社会模式中，成为臣服于中国专制政权的"战略伙伴"、帮凶；第二种结果是财富流动的"量子对"发生位置互换，即财富内收方向（+）与财富外流方向（-）的模式、内容发生对换，以银根宽松为代表的外汇储备上升，变为银根宽松导致更大的资金外流——因此，中国社会的最后时刻，就是中国政府在外汇储备持续下降的时期，被迫实行降低金融机构的储备金率等大规模货币滥发行为，以求解决银根紧造成的债市等全社会的"钱荒"问题。类似于在一个失血者身上切开所有大动脉，猝然而死，这就是中国社会崩溃时的最贴切写照。从国际社会环境上看，中国的货币循环从起点到终点依次是货币供应→社会财税→财政收支，美元等西方货币产生的循环过程依次是社会财税→财政收支（国债）→货币供应。即中国的企业等商业组织缴纳的财税，主要依赖中国的货币供应——货币供应充足，是其完成预定税费任务的前提和条件，因此国债数量等等传统经济数据，对于研究中国经济毫无意义，而美国国债的数量及其变化规律，却是研究美元和美国经济的重要甚至最重要指标。由于美元与人民币的"货币量子"旋转方向正好相反，是一对标准的量子纠缠对，二者相遇，不是你死就是我亡（参见第一章中的"博弈表"），或者共死（即二者均被改变），绝无全球化理想主义者所鼓吹的"双赢"可能性。在人类走向全球化过程中，特别对于无神论者社会，即对于无神论的专制独裁者，如当今的中国共产党，正确信仰社会切莫幻想通过与其谈判、订立国际条约等方式约束它——不受任何法律的约束，是他们和他们信仰的本质！试图与无神论专制独裁者谈判的任何想法，及与其达成的任何协议、条约，都是击打正确信仰社会的鞭子和束缚正确信仰者的陷阱，必定最终被其玩弄并单向要求履行和严格遵守，引发正确信仰社会越来越严重的混乱、衰退等后果。正如《圣经》中约书亚被迦南地的"基遍人"欺骗（书9）、以色列人从此开始出现"奴隶制"（即出现了"欺压的财利"和维护、赞赏、追求"欺压财利"的社会分层）并最终引导以色列社会信仰不断堕落、最终亡国！正确处理与无神论专制国家间关系的最基本原则，是全方位、全社会领域内坚守"以命偿命，以眼还眼，以牙还牙，以手还手，以脚还脚，以烙还烙，以伤还伤，以打还打。"（出21：23-24）的对等原则，决不纵容、姑息。

数字世界中的量子自旋现象，如前面我们已经讨论过素数的自旋——注意，那种自旋无法包含末尾数为1的所有素数，现在先来看一下整数世界中的情况。还是利用前面章节中使用的4*7数字矩形，整数1有4种产生的方式：A、水平减法式，即3-2=1；B、斜线减法式，即2^2-3=1；C、"线外"（素）数减"线内"数的方式，即5（线外）-2^2（线上）=1；D、"线外"（素）数减"线外"数方式，即13（线外素数）-7（线外素数）-5（线外）=1。以上4种产生方式，A（直线方向）与B（斜线方向）方向不同、且长度为A短（直线）B长（斜线）；C与D在大方向上与A、B不同，即前者涉及线外，而后者却不然。但C与D二者的方向也不同，一个涉及线内，一个不涉及线内，且长度是D长C短。我们把方向、长度相同与否分别标记为"+"、"-"，以上数字1的产生方式可以标记为"+ +""+ -""- +""- -"，如此，我们将数字1记为波幅、长度记为波长、方向记为偏振（方向），就形成了4条波幅相同为1、频率相同但波长

（换算）、偏振均不同的"量子波"——这样的波的自我叠加（波长）或者延续至无穷，正是一个自然数序列，确定它或者区别这些自然数序列的具体方法，就是常用的量子力学中的计算方法，就不再重复。依此类推，所有的整数就只是波幅与频率不同，但波形、偏振、（计算或者形成的）途径等类似的一个"群"。如果我们将素数视为"量子"，若结合前面我们知道的素数"群"按照 7 为单位或者维度直线分布的规律，著名的"M 理论"中的 11 维空间（4+7）就自然呈现在我们面前；若结合前面我们知道的素数"群"按照 7*7 单位平面分布的规律，物理教科书上的"普朗克时间模型"、时空起源或者"第 7 代：时空起源分裂"等等图表就会自然出现在这里，具体图表不再给出，感兴趣的读者可以在互联网或者有关"弦理论"（string theory）的教科书中很方便地找到。这样，我们回看普朗克常数公式 E=h*v，就不难发现，普朗克常数 h 回归到它的本义（即量子尺度、大小）时，h=0 并不必然意味着 E=0，而是可以指 v=∞、E=∞，这正是无形状、无面积、无质量的灵魂经过正确信仰的持续、合格的历练后所要到达的状态。即 h=0 最终表示一个天堂、一个地狱的两个结果。同时，这与上面刚刚谈到的 0=±∞ 这个产生了芝诺悖论的结论，完全相符合。如此，1 作为波长最短、从而频率最高、能效最大的整数，就是自然之意了——人类的所有信仰运动或者整个精神世界，都在以 1 为波幅的波形线（或者图 1-1 中的红线）上，但方向、偏振、途径却各不相同，结果自然也不同，与我们已经十分熟悉的物理世界、数字世界中的根本原理完全一样；从数字世界的 0 尺度量子，到物质世界的各种具体且连续的尺度量子，再到 0 尺度同时也就是无限尺度的正确信仰的量子，物质世界、精神世界、和数字世界三界合一，各自或者共同象一个智慧生命一样，都来自并受制于一个造物主。从科学与实证的角度检视、总结上述结论，会发现，在数字世界里它已经完全被检验；在精神世界中，本书已经列举了大量的历史事实加以验证，并有待 2017-2018 年（即 1978 年之后的 40 年内，误差仅仅在于 1978 财政年度的具体时间界定）中国社会和二战后建立的国际社会秩序（特别是贸易全球化秩序）的崩溃预言加以验证；在物质世界或者物理学领域，将 4 种基本力（强力、弱力、电磁力、引力），看作为本书中一再讨论过的 4 种信仰发展形态——"狮型"、"熊型"、"豹型"、"无脸兽型"，就只要再发现或者验证以下情况之一，即可视为对物理学超级弦理论的完全验证：A、发现超级对称粒子。即，发现不符合质能公式 E=mc^2 的基本粒子。如，在黑洞中发现 E<mc^2 的物质，或者在黑洞的奇点上、或者恒星形成初期发现 E>mc^2 的物质，等等；B、现代物理学已经确认的 3 种基本粒子（强子、轻子、传播子）或者 4 种基本力中，或者它们之间，存在着符合信仰函数规律的规律，如，我们在下面就要提到的终结量子通信的方法，或者无加密量子通信的信息获得方法。C、如图 3-32 所示，现代物理学的标准模型，也存在一个"纠缠态"的量子对理论模型。即引力之外的三种力，都有方向性，与引力一样同时具有"吸引方向"和"排斥方向"，且它们是关于引力对称的。我们把现代人们熟悉的标准模型记为标准模型（+），则标准模型（-）是一个只包容引力、电磁力和强力的物理学理论体系；也即，如图 3-33 所示那样，应共有三种"标准模型"，除了上述两种之外，还要一个"偶对标准模型"，即引力（"狮型"）与电磁力（"熊型"）成对，强力（"无脸兽型"）与弱力（"豹型"）成双。以上三种物理学模型，对应任何物理尺度上的基本粒子的三种运动或者转化模式，如中微子振荡的三种模式，也对应着本书重点讨论的三种信仰运动模式。具体对应情况参见图 3-33，即，传统标准模型对应无神论信仰运动的左闭合曲线，自旋状况为全旋并且与末尾数为 3 的素数自旋相同，量子纠缠对样式是末尾数为 1 和 3 的素数纠缠对，处于纠缠态的是"引力"，即引力-斥力对的相等且方向相反；反向标准模型对应着正确信仰运动的右闭合曲线，自旋状况为全旋并且与末尾数为 9 的素数自旋相同，量子纠缠对样式是末尾数为 1 和 9 的素数纠缠对，处于纠缠态的是"电磁力"，即类似一个磁铁的磁场，与将两块磁铁的相同磁极放置在一起而在其中间形成的那种磁场，纠缠在一起即相等且方向完全相反；偶对标准模型对应不正确信仰运动的非闭合曲线，自旋状况为 1/2 的两个半旋，一个分别与末尾数为 7 和 9 的素数自旋相同，另一个分别与末尾数为 1 和 3 的素数自旋相同，量子纠缠对样式是末尾数为 1 和 3、7 和 9 的素数纠缠对，处于纠缠态的分别是引力-电磁力、强力-弱力。D、从刚刚的讨论中可知，同一相态下任何尺度上的"基本粒子"总共有 3*4=12 种，如现在已知的 6 种夸克（Quark）和 6 种轻子（Lepton）一样。但是，与素数分布规律一样（如果相对论的基本思想正确，即其中"任何物理学理论都是参照系或者坐标系的物理理论"的判断正确的话，也应如此），这些基本粒子必要存在于一个更大范畴（包括两个不同相态）中的"粒子群"之下———一个有 24 个基本粒子构成的"超级"群。在这个更广大的"粒子群"中，被分为相反、对称的两部分，一部分全部由刚刚讨论的相态类型、性质一致的 12 个基本粒子组成，另一部分则比较复杂，因为其中存在着一个与素数 5（坐标原点或者零点）同性质的三相态（或者全相态）间共用粒子，为叙述方便我们在下文中称之为"零点粒子"、"5 粒子"、或者"原点粒子"，它所具备的能量及能量特点称之为"零点能量"、"原点能量"或者"5 能量"。除零点粒子外，其余 11 个粒子的相态相同。如此，就整个粒子群来讲，就出现 4 种变化：加上这个"另类"的零点粒子并将其归入 11 个粒子组成的群中，整个"群"在数量上整齐，各有 12 个粒子组成；若去掉这个"另类"零点粒子，整个"群"在数量上少一个，但相态类型呈现为 1：1 的更加"纯洁"规整状态；单纯从数量的整齐性上看，是否将零点粒子加入到 11 个粒子组成的粒子群中，会造成粒子群一侧的长度增减变化，参照图 3-33 中的"1、3、7、9"的力组合或者 4 种动物形象。同时，如果将零点粒子加入到 12 个粒子组成的一侧，则出现两侧粒子数相差 2 的状况或者"新相态"，意味着前述相态发生不可逆的相变，参照图 3-33 中的"孪生素数"或者"孪生弟兄"。上述"差一是变化、步骤、过程，差二是结局、结果、结束"的特点，对应着灵魂在现实世界中有着各样的变化、发展，在未来却要分别进入到天堂和地狱这对再也无法逆转的相态里，正是我们在前面章节中计算财税链长度变化时，每达到变化 1 个坐标单位时就意味着社会秩序的根本变化时反复提及的内容，也是信仰函数产生的根据，读者可再参照图 3-15、图 3-17 所示。可见，零点粒子或者零点能量，与数字 5 一样，是联结宇宙三大相态 E=mc^2（世界）、E>mc^2（"亮物质"世界）、E<mc^2（暗物质世界）的结点，是人类进入另外两大物质世界（平行宇宙）的知识旋转门的转轴（或者"虫洞"）——虽然只在我们的宇宙没有被废去之前才有效。因此，在黑洞的奇点、或者恒星形成的最初孕育时期、也或者在星球如地球的核心或者中心部分，人类将来会探测到"E>mc^2"的"亮物质"和可充当"亮物质"的零点物质、零点能量。一个超级量子纠缠对现象就是反物质与物质、能量等级相对应的暗物质和"亮物质"之间的相对和纠缠。即更完整的物质世界，是有 4 种"超级"物质组成的：物质、反物质、暗物质、"亮物质"，后三种"物质"共同处在一个不适用物质的超级标准模型下，即物质与反物质的"量子"纠缠结果，也即物质与反物质相遇湮灭后所释放的能量，是标准模型（+）前提下的"引力-斥力纠缠对"中的"引力"类型的一种能量形式（旋转的起点方向在素数形成规律中数字 2 所在的数字斜线上），是推动事物朝向控制者所在位置方向运动的一种能量形式；物质、暗物质和"亮物质"共处在一个不适用反物质的超级标准模型下，即暗物质与"亮物质"的"量子纠缠"结果，也即暗物质与"亮物质"相遇湮灭后所释放的能量，是标准模型（-）前提下的"电磁力纠缠对"中的"将两块磁铁的相同磁极放置在一起而在其中间形成的那种磁场"类型的一种能量（旋转的起点方向在素数形成规律中数字 3 所在的数字斜线上），是推动事物远离控制者所在位置方向运动的一种能量形式。从方向性上看，第一种超级模型的能量是"引力"，记为数字"2"，普朗克常数尺度上的角动量为+h/4π 或 -h/4π（h 为普朗克常数），即分处一个半径为 1 的圆上，作用于一个普朗克常数尺度的量子后，可以使其移动的距离是两圆的周长之和。第二种超级模型的能量是"斥力"，记为数字"3"，普朗克常数尺度上的角动量为+h/12π 或 -h/12π（h 为普朗克常数），即分处一个半径为 3 的圆上，作用于一个普朗克常数尺度的量子后，可以使其移动的距离是该两个圆的周长之和。不难发现，宇宙在经过上述折叠后，最终的能量形式只有两种：能量的大小可归结在两个半径相差 2 的圆上，能量的方向可归结为"引力"和"斥力"，能量的起点位置可归结为素数形成规律中 2 和 3 分处的数字斜线上，能量的自旋方式与素数自旋方式相同，能量的变化规律也与数字斜线的变化规律相同，即"引力"按照 2、2^2、2^3、2^2^2……分布变化，"斥力"按照 3、3^2、3^3、3^2^2……分布变化。这两种能量形式，从它们之间起初差距为 2 来看，对应着素数中的孪生素数和《圣经》中的孪生弟兄以扫和雅各；从能量变化的规律来看，"引力"对应着"以扫"、"斥力"对应着"雅各"，二者之间的差距越来越大，直至无穷大或者发生相变，如同"雅各"一样的灵魂最终进入天堂，"以扫"类型的灵魂最终进入地狱一样。从数学上直观地了解上述无穷大之间的差距变化，最好的工具就是我们最常用的坐标系：一维的 X 坐标轴可以表示无穷大，二维的 Y 轴也可以表述无穷大，X 轴与 Y 轴上的点之间的距离（斜线）也可以表述无穷大；当我们视 Y 轴塌缩到原点 0 时，Y 轴上的空间，距离 X 轴上的空间，距离（直线）最短等于 1（X 轴的单位点），最长为无穷大（X 轴的终点），即可简单视为完全塌缩到数字 1——此即 ∞-∞=∞ 的不同维度空间之间的减法结果……总之，完整统一的物理学理论，是符合《圣经》中的"马太效应"的：标准模型完全不适用于引力，但一旦将它们整合到统一理论中，就将超越引力的现象范畴，而看到引力的来源和折叠后的最终形式，或者直接看到信仰函数，一如在素数世界中一旦超越末尾数为 1 的所有素数，就会看到数字 1 一样。从图 3-30 上看，该图上

的 "一缕阳光"，可以同时看作为物理学中的 "视界"、时空——一个完全符合 E=mc^2 的特定时空和特定视界，时空的弯曲即引力，是朝向视界、时空的两个相反方向去的——朝向 E<mc^2 方向的，是暗物质、黑洞，朝向 E>mc^2 方向的，物理学界至今没有给出通用的名称，我们在此早已称之为 "亮物质"。引力对于量子纠缠对现象，就像一个人手上，同时拿着两个转动方向相反的圆盘，当他的手放低，时空即歪曲向下，引力的方向记为 "-"，我们可称之为 "排斥力"；当他的手抬高，时空即歪曲向上，引力的方向记为 "+"，我们可称之为 "吸引力"；当他手的高度维持着水平时，引力 "消失" 或者只能适用另外相态中的引力规律。如此，也可以通过诸如宇宙在膨胀（宇宙是有边界的无限事物）的同时也等幅度地在收缩（宇宙是无边界的循环事物）、宇宙中具有方向相反的两类引力波、"红移" 有方向相反的两种（红移与 "紫移"）等等，来观察验证。E、任何非直线型如圆形、半圆形、波形的事物，和任何非线形运动轨迹如圆形、椭圆形、半圆形、波形的事物，总在一个更大的空间或者时间尺度上，表现为直线事物或者直线运动的事物。如股市行情在细小的变化中，总是表现为波浪，而在一个更大的周期上确是鲜明的直线形趋势线；音乐的旋律总是音节变化形成的波，但音乐的潮流和风格，总是乐坛发展趋势形成的出现-成熟-衰退的直线模式。因此，地球、星系和宇宙，这些球形或者有非直线运动轨迹的事物，都是微小事物或者暂时性事物，它们在更大尺度时空中，都有直线的样式和直线的运动轨迹。能量只取决于频率和方向两个指标，后者决定了事物的大小尺度——大尺度事物是直线运动的事物或者直线型状的事物，符合引力作用的特征；小尺度事物是圆、半圆或者曲线形轨迹或者形状的事物，符合电磁力作用的特征。参见图 3-33。以上，都遵循概率变化规律：直线是圆、曲线覆盖的点阵的极限，就像扔一个橡胶圈套物体时，确定套住物体的最大概率，是物体就镶嵌在橡胶圈上时，此时的橡胶圈恰恰可以被看作为直线，正如微积分中的最小变量 "dx" 的意义一样——在任一个时空中的最大长度和最小尺度上，宇宙是一样的，都是直线性的。

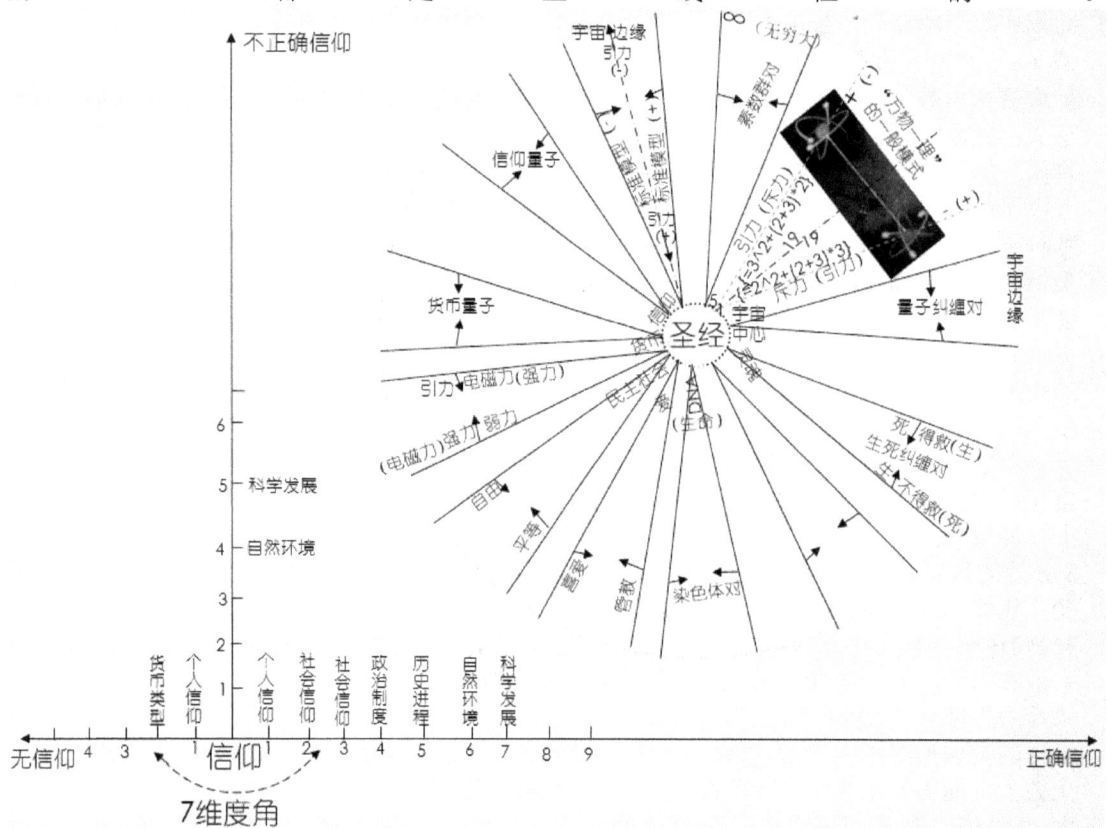

图3-32　创世纪和宇宙一体化示意图："但保惠师，就是父因我的名所要差来的圣灵，他要将一切的事，指教你们，并且要叫你们想起我对你们所说的一切话。"（约14：26）

　　描述超级统一物理世界的内部关系，如果使用我们在前面讨论素数分布规律时所用到的那个 4*7*7 立方体，会看得更加清楚和简洁。参照图3-33，具体讲就是，这个立方体的 8 个顶点和 12 条棱，任何一个连接都有三条棱构成，呈现为 Y 型连接。其中，顶点上的连接，若按照棱的长度可简单归结为 4、7、7 型连接；两个顶点之间即棱上出现的连接，相连的每三条棱，若按照棱的长度可简单划分为 4、4、7 型连接和 7、4、4 型连接；以上，4、4、7 连接组合的总数与 7、7、4 连接组合的总数相等。首先，将立方体的两个边长为 7 的正方形侧面看为结果，暂时不予考虑。那么，4、7、7 型组合的棱，又有两种组合方式，分别是 4-7-7 和 7-4-7，4、4、7 组合的棱，也有两种组合分别是 7-4-4 和 4-7-4。归纳以上 4 种组合的棱，第一个数都是维度数，即 4 维度和 7 维度，也是不同纠缠态量子间的角动量差。参见图 3-32 所示。忽略维度的区别，则 7-4-4 和 4-7-7 分别就是所谓的"熊型"和"狮型"，即同幅度变化。而 4-7-4 和 7-4-7 分别就是所谓的"豹型"和"无脸兽型"，其中，7-4 是"左长右短"的豹型、4-7 是"右长左短"的无脸兽型，即都是变化幅度不同的类型。然后，来看两个相对的正方形侧面。它们都是由长度为 7 的"长棱"所组合的连接，只有 7-7-7 一种组合方式。通过图 3-33 中的图形分解可以看出，这两个正方形的侧面可以看作其它侧面沿 4 或者 7 的棱移动后的终点。因此，我们称之为结果——顶层面为"天堂"或者+∞能量的来源，底层面为"地狱"或者-∞能量的来源；它们都是经过 4 个步骤、历经 7 个阶段进化来的，也是从 7 个起点中的任意点开始、跨越 4 个境界或者时空后才成就的。

当我们把每条棱的长度看作为不可分割的拓扑型长度时，增加"一个短棱"的长度，最小就是 8，即总要比"长棱的长度 7"还多出 1，同理，缩短"一个短棱长度"的长棱，最小长度就是 3，即总要比"短棱的长度 4"还要少 1。因此，立方体的所有点、线结构的上述特点，就是严格在"差一"的范围之内，表示立方体上的所有点，都要严格符合"差一变化"规律，而完全离开立方体的点，则严格符合"差二"规律，即"长棱"和"短棱"的长度，最小分别达到 8 和 5 才可以。在立方体上的点，与在立方体之外的点，是相态不同或者时空根本不同的点，必须要有更大的统一时空或者理论体系才能覆盖——至少是 4+7=11 维的时空或者是一个关于 11 维时空的理论。这样不断的全覆盖过程，就是数字的不断折叠过程，或者事物不断归向其本源的过程。例如，从信仰发展的角度讲，这个折叠和归向本源的过程，正是合格的正确信仰者的灵魂走向永生、"重回"伊甸园的步骤或者经历。如图 3-33 所示，即任何历史时空中的每个正确信仰者，也都是早期不断站在"巨人"肩上，历经 4 种信仰发展模式或者 4 个发展步骤后，才在充分和巧妙地利用已有的科学和知识的基础之上，颠覆性地解决了其他人当时看似无解的各种人间难题。而比较立方体的"短棱"长度 4 和"长棱"长度 7，可以发现适度扭曲的极限为（7-4）/4=75%（或者相反的扭曲度为 1-75%=25%），这是保持一个量子纠缠对纠缠状态的时空平衡常数，即仍然保持为一个长方体样式的不变，也即只有在此时空范围内及时转为相态内的另外方式，才不会导致事物发展走向无法逆转结果的路径上去。例如，按照信仰函数或者确定"差二"的条件，即 5*8=40 的原则，一个社会的信仰发展在持续变化的时间上，不应该超过 40*75%=30（年），否则社会信仰在同类型范围内的转变将会错失成功的机会。对照中国在 1949 年之后的毛泽东时代，可见中国在 1978 年进行"改革开放"、改变原来的马克思主义的无神论为"金钱万能"的无神论，非常的及时，也是最后的机会；而 2008 年之后的中国社会，没有再次及时进行社会信仰的转变，已经注定其在持续堕落的"金钱万能"论社会信仰条件下、在 1978 年之后 40 年的最后时点上必死去的结局。而具体到其中的每个阶段或者相态，又划分为不同的阶段或者步骤。例如，1978 年之后至今，中国肆意使用货币工具，整个过程可分为 4 个阶段或者 4 个"相态"，对应着 M2/GDP(或 C)的 4 个高点：第一阶段是名义 GDP 增速超过 8%的时期，第二阶段是名义 GDP 增速低于 8%、但仍然维持着 6%左右速度的时期，第三阶段是 GDP 增速持续下降的一个较短时期，第四阶段是恶性通胀、死亡崩溃的时期。以上，第一阶段是货币工具效能最高的时期，经济发展是真实的、实际 GDP 增长也是正值。这个阶段的结束是一个"发展陷阱"或者"明斯克时刻"，意味着货币工具的效能退出高效相态，特征是货币供应量的增速接近 GDP 增速并开始有超越后者之势。第二阶段是货币工具节节败退、无力维持经济发展的时期，这个时期的经济发展、实际 GDP 增长的数字都是负值，即等于 M2 增速减去名义 GDP 增速。这个阶段的结束也是一个"发展陷阱"或者"明斯克时刻"，退出标志是无论怎样增加货币供应量，也无法提高名义 GDP 的增速。第三阶段是货币工具彻底失效，无论多高的货币供应增速，也无法阻止经济衰退、名义 GDP 增速呈现为负值，经济衰退的实际速度为 M2 增速加上名义 GDP 增速，这个阶段的结束又是一个"发展陷阱"或者"明斯克时刻"，其相变的临界点是通货膨胀突然降临、名义 GDP 负增长速度越来越快。第四个阶段是货币彻底退出财富的范畴，沦为废纸。以上前三个阶段参见图 1-17 所示，事实上已经无法继续、已经各自死去，只是掩盖、折叠在社会秩序的存续相态里、不容易被人们发现而已。也就是说，现代中国社会是信仰学的典型案例，自 1949 年至今，中国社会就一直向着死亡的标杆直奔而去，虽然中间曾经转换过路径，但却从未曾放慢过堕落和走向死亡的脚步。国际社会在此期间，是由于与中国关系的严重失衡（如美中贸易严重失衡）而按照各自社会信仰的规律自然发生纠偏或者改变的，因此其间国际社会环境的变化从本质上讲是无法左右中国社会的，中国社会的死因完全是内在的——相反，国际社会对中国的纵容，特别是对中国人权和社会信仰状况的不作为，才恰恰是成就中国社会在一个信仰类型内的一种信仰方式下持续堕落、最终快速走向死亡的必要条件。读者要注意的是，在这里，与中国关系的失衡，一旦严重到超出某个社会领域的"量子纠缠对时空平衡常数（75%）"时，就必然引起其它社会领域中的平衡机制作出反应，同时也需要动用更多社会领域的平衡机制来强力纠正。如，中美贸易失衡严重到无法仅仅通过贸易救济手段进行纠正时（即，与中国的贸易逆差占到美国全部贸易逆差的75%之后），会自动启动美国社会自有的平衡机制作出反应，并将要启动打破中美间原有贸易秩序框架的经济手段、甚至动用政治或者军事等非经济手段来纠正这种失衡。恰恰是上述这种社会平衡的联动一体机制，造成了全球接纳中国后，至中国崩溃时就必有全球性的社会秩序、国际社会秩序的大变动。再如，地球自转的倾斜角度——仰角和俯角，单一角度必须在25%即25度角范围之内（地球的南北回归线在此范围内）、复合角度必须在75%即75度角范围之内（地球的自转轨道与公转轨道的夹角在此范围内），才可以保持一种"自动驾驶、自动平衡"的运行状态。即脱离某一事物的收缩式变化和建立某一事物的持续性扩张的可控、受控范围，是25-75时空单位（时间、空间、角度、等等量度单位）或者计算标准（如比例值等等）之间。另外，作为对"量子纠缠对时空平衡常数"限制的一个突破，人类个体是全宇宙中唯一可以、唯一被允许只受信仰函数的限制的。即人类个体可以在单一信仰持续发展40年的过程中，随时可以转向另外的信仰方式甚至另外的信仰类型，而暂时逃避死亡命运，迎来一个新的40年空间，是人类作为最受造物主眷爱的被造物的一个表征。正对着经文"我们要照着我们的形象，按着我们的样式造人"（创1：26）。

在4*7*7的立方体上，8个顶点和12条棱，两两相对，都是方向相反、三条棱的组成方式却完全相同的"纠缠对"——共4种不同的纠缠对，就是4种末尾数不同的素数（末尾数分别为1、3、7、9），或者4种不同的物质（物质、反物质、暗物质、"亮物质"）或者4种不同的力（引力、电磁力、强力和弱力）。其中，顶点处的连接是4个偶对形式，棱间连接是标准模型式的，即每个组合都有3个不同因子（力的形式或者基本粒子），也是共4个纠缠对。以上这些纠缠对，按照相互间角动量的差别，又可分为两大类，一类相差4维度角动量，如两次信仰成熟的间隔，是4阶段的信仰成熟过程；另一类相差7维度角动量，如两个合格信仰间，间隔了7个信仰发展的阶段或者步骤。从每一个顶点出发，从不重复路径的回来，最短走4个棱（长方形或者正方形的4条边），而要越过相同棱线结构的同类顶点再回归，则至少要走6条棱。从走过的棱的数量来看，这里存在着一个6-4=2的等式。但是，由于此处的6和4，代表着不同的路径，因此这个等式存在两个完全不同的意义：A、作为无法比较大小的路径、方式来讲，它们只是数，而没有"量"的单位或者根本就不是"量"，这就是我们在前面章节中讨论"非闭合货币运动体系"时，强调过的看似完全一样、其实完全不同因而不应该直接进行加减计算处理、不可直接比较大小的货币供应量和财税收入。在此意义上，（6-4）可以等于任何数，意味着在无限制条件的前提下回归起点的方式、路径有无穷多。而等于2的结果，是或然的或者概率性的，在此意味着最短的、最有效率的、最经济的方式和路径，均只有两种，即"2"恰好只是"走过4条棱"和"走过6条棱"就可以不重复路径回归起点的一个重叠着的数字而已——理性的内涵之最贴切宣示。我们为区别此处"2"的不同，实际需要为其添加区别符号，如记为"+2"、"-2"等等。如此，6-4=2的等式左边的减数和被减数，就只是表示不同维度的空间的个数，除非限定在一个共同的空间范围内，否则等式右边的数字其实是无法确定的、或者都是概率性的；B、作为共同空间即"最短、最有效率、最经济的回归方式和路径"中的事物来讲，它们只是"量"（即单位或者单位意义），而没有"数"的意义——只能比较大小，即比较经过的棱的个数，而隐藏了这些棱是分处不同空间中的事实和可能。我们十分熟悉的数学计算及通常对这些计算过程和结果的理解，就是此种意义之下的：如，作为（6-4）的结果，"2"是唯一的，或者"差二"的结果，是固定不变的；在此意义下，5-5=1，即重合在一起的两个时空间的最短距离是"1"而非等于"0"。对照前面的信仰运动过程，我们不难知道，信仰函数等式0.4X+0.6Y=C（"C"为常数）的右边常数，就是指任意宇宙的任意时空或者任意相态，在数学上它可以是任何一个数。信仰函数确定的数字"4"，是信仰成熟过程中的途径或者步骤中的数字，而信仰合格所需要的是"6"个阶段，二者分属不同的空间，但却可以折叠在一起——在信仰运动曲线上，信仰函数所截下的曲线段，表露出了这种区别，因此也可以通过标识"+"、"-"号的方式加以区别或者拆解开这个折叠。这正是三种信仰运动曲线同一的内在根据，如图 3-15 和图 3-17 所示一样。由于上述折叠的存在及其意义，我们通常所看到的坐标系中 Y 数轴的上半轴，就是所有整数世界的拆解结果——它是二维的，是用（1、1）和（-1、1）拆解了"1"，并且，该过程可以无限继续下去，即可以把"1"无限制的二分化；反过来，就是把无数整数折叠为 1 了。结合以上两种含义，我们通常理解、见到的数学计算及其结果，恰好可以与能效最高、方法最简洁、途径最短最经济的世界相一致，同时也表示了万千可能的所有宇宙和事物。这意味着，在以素数所建立的数字世界大厦上，所有的数字都是纠缠对样式的——一个表示理性，即最佳、最优、最高效……一个表述无限的可能、概率、含义、解释、路径或者选择方式等等，二者折叠在一起为我们常见的一个个数字，但实际上它们却都是旋转方向相反、总旋转为 0 的任何事物。也意味着，所有可以数字形式、数学公式方式、数学定理方式表达的任何事物，都可以有无数的其它表述方式，如图案（绘画、设计等美术方式）、语言文字（用各地各国的各种文字所创作出的各种经典的、普通的各类文字作品等）、语音（各种音乐和使用各种语言发表的各种演讲、解说等等）、物质或者物质实体（天体、自然景观、机器、武器、雕塑作品等等），或者以上各种方式的各种组合方式（如视频等等）。反过来也一样：任何用语言文字、声音、图案、物质实体或者它们的组合所表达的真理或者理论体系，都必然存在一个数学公式或者数学表达体系，并以此作为评判任何其它表述体系的基准——信仰学就是《圣经》的数学解释体系。因此，数学不仅仅只是物理学的基础，相反，物质世界全部只是数字世界的物质化表现，就像一粒种子的信息要全部表现在植物的根、茎、叶、花、果实上一样，物理学是数学的绽放，生命是 DNA 的绽放、个人生活经历是灵魂中信仰信息的绽放、而宇宙仅仅只是《圣经》真理的绽放。如图 3-32 所示。

从地球的特点来看，人类未来可以制作出缩小版、甚至放大版的地球来，类似于传说中的"飞碟"。即依靠零点能量为核心，通过在系统内部的物质（或反物质）、暗物质和"亮物质"之间的转换，获得巨大能量（远超现在的核能），形成与地球的南北极磁场相似的、量子纠缠对一样的联合旋转磁盘（如同地球内部以铁元素为主的双层地核），并以此为推进力系统实现自转。同时，也可以采用调节周转速度、改变磁场强度或者电磁力大小等手段，通过将电磁力等力转换为引力的方式，来实现巨大的引力驱动，将其投放到宇宙中任何地方。只要保持其俯角、仰角和总扭曲度均不超过"纠缠状态的时空平衡常数"，它就会始终保持在可自动操控、发射后不管的固定轨道状态下——地球轨道的自我设定，决定了它与太阳之间的距离是可以变动的，如，当太阳随着能量的不断消耗而质量变小时，根据万有引力定律它将远离地球，表现为地球上南北回归线之间的距离缩短，地球自转的俯角和仰角小于 25 度、总扭曲度小于 75 度等等，与我们现在地球科学已知的知识内容完全吻合。因此，从本质上讲，地球并不需要随太阳系的诞生而诞生，它可以被随时制作出来、随意投放到宇宙中的任意位置上，就如同数字 5 在素数的数字世界中的自由地位一样。将类似地球这样的星球，看作为全宇宙的缩影和能量来源，即形成全宇宙的一个"联合旋转磁盘"或者"量子纠缠对"，那么全宇宙也是一个被任意投放的、在信仰函数和时空平衡常数自动控制下的特定状态下的宇宙——它象一个未破裂的经济泡沫，但迟早要因为能量耗尽而破裂，且随时都可以被戳破，而瞬间相变。作为最终的能量来源，"亮物质"是维持上述宇宙运动的全部。即，随着暗物质的增多，宇宙运动终究要趋向彻底的完结。因此，信仰水平提高刺激下的人类灵魂的变化，就成为了增加"亮物质"含量、阻止宇宙灭亡的可预见的全部——地球、人类才处于宇宙的中心位置，"太阳中心说"并不比"地球中心说"准确，信仰力是宇宙的原动力或者一切力量的源泉；如果地球的历史和地球上的人类历史不足以支持更古老的宇宙历史存在的话，外星人就是真实存在的。也就是说，信仰水平提高下的灵魂变化，或者是"燃烧"着的明亮灵魂，在维持着地球等整个宇宙的存在和现状。如此，所有的人类灵魂，就要不断且整齐划一的"失能"、被剥夺能量，即自身能量等级较低的灵魂，总是要率先彻底失去能量而成为地狱（能量等级为 0 或者-∞）的一部分。上述过程，与《圣经》中挪亚"大洪水"的过程完全一样：伴随"洪水"从低地上涨到高山，移动水平线之下的灵魂——先是无神论信仰体系下的堕落者的"昏暗"灵魂，再是无神论信仰体系下的信仰和道德"圣人"们，领袖们的"昏暗"灵魂，先后被淹没，即它们首先被耗尽、被彻底剥夺能量而下到地狱中去；然后，首先是各种不正确信仰体系下，信仰堕落者的"昏暗"灵魂，再就是所有不正确信仰体系中的各种各类的信仰"圣人"们、殉道殉教的烈士们的灵魂（包括那些宣称信奉《圣经》、但却有着无视事实而顽固坚持无法包容的教规教法的宗教人士），也先后坠入地狱；最后，是未结果、和结果的数量或者质量不符合高要求条件的正确信仰者的"明亮"灵魂，先后坠入地狱。即只有能量等级最高（+∞），起源自信仰 7 个节点上的正确信仰合格者们的最明亮灵魂——那些人类历史上最黑暗时代的信仰"灯光"、信仰愚昧时代的信仰星光、邪恶时代即将过去的信仰黎明时代中的信仰晨光……才有机会在"方舟"中坚持到最后、蒙恩得救。也就是，当宇宙能量消耗到触及最高能量等级的灵魂时，会突然引爆无比巨大的能量，象瞬间吸干大洪水一样"打爆"原来的变化模式，突破信仰函数规律的界限，引导宇宙朝向"天国"方向彻底相变而去。上述过程，也正对着经文"凡文士受教作天国的门徒，就像一个家主，从他库里拿出新旧的东西来。"（太 13：52）所讲。从正确信仰发展来讲，正确信仰者（即信奉《圣经》者）首先是用捍卫人权、自由、平等等价值观的言行来表达自己的爱，是用自己的力量、知识、智慧、时间甚至生命去奋斗、去奔走呼吁，唤起其他人的正确信仰意识，从无到有的建立起一种社会或者经济等秩序框架、某种自然学科或者思想的理论体系、某种文学或者音乐等艺术流派……常见的如捐赠、慈善、义工、声援和抗议等等言行。以上，如同寻找并确定下一个数轴的单位点一样。其次，是应用现有的、已有的知识和智慧及物质技术条件，进行一般性的技术发明，创造性地解决人类生存、发展和认识宇宙世界中普遍遇到的问题或者难题，极大的丰富和促进人类科学发展；也是在已有的社会、经济等秩序框架基础上，完善甚至再造一个新的秩序。以上，如同竭力在一个数轴上扩展以至无穷那样。然后，是用颠覆性的科学发现或者技术发明，最大限度（人类时代的接受能力范围内）的帮助全人类。如同在 X 坐标轴上建立起 Y 坐标轴一样，为人类生存和科学发展、艺术表达等事业开拓出一个全新、无限的新宇宙。上述 3 个阶段，折叠在一起，隐藏在右闭合信仰运动曲线上。也就是说，从今之后，一个正确信仰者，即任何一个信奉《圣经》者，若没有经历过上述 3 个阶段构成的发展周期的话，他的灵魂是很难在进入天国的竞争中胜出的。正如经文"那些分别为圣、洁净自己的，进入园内，跟在其中一个人的后头吃猪肉和仓鼠，并可憎之物，它们必一同灭绝"（赛 66：17）所讲。同时，这也让我们从科学发展的角度理解了《圣经》中"食物律法"（利 11）的含义：洁净可食的动物，是指"蹄分两瓣、倒嚼的走兽"（利 11：3），即指折叠在颠覆性发现领域中、进行科学细化和具体化的那些科学发明与科学发现，也就是一个完整而丰满的科学技术时代的全部知识；"有翅膀用四足爬行的物中，有足有腿，在地上蹦跳的，你们还可以吃"（利 11：21），是指图 3-33 中的"过程"——即达到一个正确结果前的各种步骤的最大限度，也是知识和技术合理应用与滥用之间的"临界线"，超出这个限度，即对任何技术、知识的任何方式的滥用（包括向专制社会的扩散和传播）都是应当禁止的，如经文"有翅膀、有四足的爬物，你们都当以为可憎"（利 11：23）所讲，有关"无酵饼"（利 2）等规定的经文也是此意；另外，循环以至无穷的"无限"，是生命的本质，与灵魂的相变以至无穷的"无限"有本质的差别。因此，生命的循环无限在《圣经》中被指示为"血"（象血液一样循环），与灵魂相区别，是一种暂时或者折叠在一个灵魂相态时空中的无穷。人类应该杜绝任何过度开发、过度使用环境和自然环境资源的言行，以免造成物种甚至人类自身生命的灭绝，也即造成环境的不可逆转变化，正如经文"无论什么活物的血，你们都不可以吃，因为一切活物的血就是它的生命。"（利 17：14）所讲。最后，量子的样式（"Y"形）及其中的数量（即 3），和量子纠缠对（即相同又相对的事物）及其中数量（即 2），对于我们全面理解《圣经》中有关经文的含义，大有帮助。如，经文"他说，'你为我取一只三年的母牛，一只三年的母山羊，一只三年的公绵羊。'亚伯拉罕就取了这些来，每样劈开分成两半，一半对着一半地摆列。"（创 15：9-10），就是利用了祭祀物品，活生生地向我们完整演示了量子世界的表观特征，有关"制胸牌的规定"（出 28：15-20）和"以弗得的作法"（出 28：6-8）的经文，以及经文"你们要查考宣读耶和华的书。这都无一缺少，无一没有伴偶。"（赛 34：16）等等也有此意，如图 3-31 所示；再如，经文"只有鸟（一只斑鸠，一只雏鸽）没有劈开"（创 15：10）、"取两只鸟和香柏木、朱红色线并牛膝草，把一只鸟宰在上面，把活鸟放在城外田野里"（利 14;49-53），是利用祭物的最终效用展示了量子纠缠对变化后的最终结果，经文"凡献为素祭的供物都要用盐调和"（利 2：13）等等也有此意，如图 3-33 所示。

基于对"食物律法"（利 11）等相关经文的上述理解结果，我们不难得知，科学、技术和知识，本身是人类发展和生存的"食物"，是个人、公司团体和社会财富与利益的直接来源。偏离了这个来源，人类为攫取财富的理性就会倒向侵犯人权之路，如经文"各人吃自己膀臂上的肉"（赛 9：20）、"吃自己的肉，也要以自己的血喝醉，好像喝甜酒一样。"（赛 49：26）所讲。因此，任何形式的奴隶制都是极其罪恶的，是正确信仰者首先需要时刻警惕和坚决拒绝的，

978-1-62265-922-7 (online) 978-1-62265-923-4 (paper) Faith Studies by Zhang, Pujie

正如经文"憎恶欺压的财利，摆手不受贿赂，塞耳不听流血的话，闭眼不看邪恶事"（赛 33：15）所讲——当今中国社会庞大的囚徒奴隶群体，让所有与中国社会进行贸易的公司企业，包括世界各地进入到中国的外资企业和进口中国产品进行销售的外国企业，统统成为了中国囚徒经济的"白手套"，它们所赚取的超额利润，都来源于中国囚徒奴隶的血汗与生命、来源于中国社会与自然环境的失血和丧命。这也是它们远离西方社会、纷纷进入到中国去赚钱的理性所在。西方进入中国社会的企业和跨国公司，它们先进的技术、管理和经营方法，都仅仅只是更快、更多、更彻底、更广泛抽取中国囚徒经济利润的工具，到头来，它们也必被劫掠——这些财利又大都被中国专制者使用"印钞机"策略掠夺去，丧失技术领先性的外资企业立刻被淹没，向世界各地售卖中国产品的外国企业会目睹自己国家的经济凋零，沉浸在中国商品廉价喜悦中的人很快就开始品尝失业的苦涩……无处不在的"中国制造"，从农产品、初级能源和基础零部件开始，直到所有的中国制造产成品、中国投资的资本，无一不滴着中国囚徒的血汗和泪水，通过全球贸易进入到世界各个角落。生产、经营、购买、使用这些污秽、不洁净的商品，以及鼓励、保护、赞扬、无视这些商业和消费行为的言行，都是信仰的"不洁净者"，无论他们是否知晓"中国制造就是奴隶制造"的事实，结果都是如此。无处不在的中国元素和到处充斥的中国商品，让当今世界，无人不需要"赎罪祭"来洁净自己，但世人环顾四周，天上的鸟吸着中国传来的雾霾，水里的鱼喝着中国污染的水，牲畜都在中国制造的栏舍和工厂中、吃着中国生产的激素和药品……正确信仰者再拿什么可以被悦纳接受、进而洁净自己呢？除了科学创新，再无其它任何"祭物"是洁净、可被悦纳的了！

至于将三大社会公权力（立法、司法和行政权）与国家政体（权力来源）放置在一个学术模型下，就象我们刚刚讨论的物理学的标准模型等研究模型那样，就会自然得出本书中已经讨论得出的有关政治学理论的所有结论——如，自由、民主的社会与专制独裁社会之间，是自然平滑连接的，任一社会公权力的过度延伸或过度萎缩，都意味着社会形态从前者转化为后者、社会权力来源主体及其承载的社会信仰的社会主体发生了转换；"自由"是跟随不同信仰叠加在一起而呈现的不同自由时空的一种概念混合，也自然会有"芝诺悖论"现象产生。即，自由的边界或者界限，离开信仰就会模糊和纠缠不清——信仰正确而不是政治正确（或者价值观正确等等），才是给予言论自由等所有"宪法保障"的公民自由权的前提和范围，是宪法解释不可逾越的边界。上述结论，具体的演绎过程我们就不再重复展开，请读者对照本书中关于物理学的讨论模式，自行推演。另外，博弈论里著名的"囚徒困境"中，囚徒们可以自首交代的"犯罪事实"是一样的——即法律事实相同；但交代者的不同，使得围绕同一"犯罪事实"形成了法律结果或者后果对囚徒们个人来讲截然不同的现象——法律结果的方向相反。如此，"犯罪事实"就简单化为一个量子纠缠对，囚徒们无法双赢的法律现实，清楚展现了量子物理世界、不同信仰前提下国际经济贸易和社会全球化的必然结局，也是本书可以在第一章中使用博弈论进行说明、讨论信仰发展问题的潜在基础。如何进一步将博弈论和量子物理学研究深度融合，也请读者按照本书提供的方法自行推演，就不再继续讨论了。另外还有，人类的生命是灵与肉的一种化合物，作为身体的"肉"，象惰性化学元素一样，"灵"与其的结合表现为其被限制，即，象素数群一样被限制在一个长方体中，"灵与肉"的化合是无需、也不存在化学键的，就像氢化钠的化合方式那样；人类的生命体是一个结构随时间变动而变动的"时间晶体"（time crystals），灵魂的变动因为象素数群一样整体变动，其运动过程与流水一般，没有为其它灵魂的因子留下任何的空隙。因此，灵魂是只导热（传递知识能量）而不导电（传播信仰信息）的一种特殊物质……对此感兴趣的读者，也可以自己推演，并付诸科学的验证，我们也不在此继续讨论。

圣灵

"你却高举了我的角，如野牛的角"
（诗92：10）

"人活着，不是单靠食物，乃是靠神口里所出的一切话。"
（太4：4）

1、引力　纠缠对　纠缠对　纠缠对
3、电磁力　弱力　9、强力

灵魂　灵魂　灵魂　灵魂

身体（物质）身（反物质）身（暗物质）身（亮物质）

食物　虚空　食物　虚空　食物　虚空　食物　虚空

A、狮子　B、熊　C、豹子　D、无脸兽

（一）正确信仰者　　（二）不正确信仰和无神论者

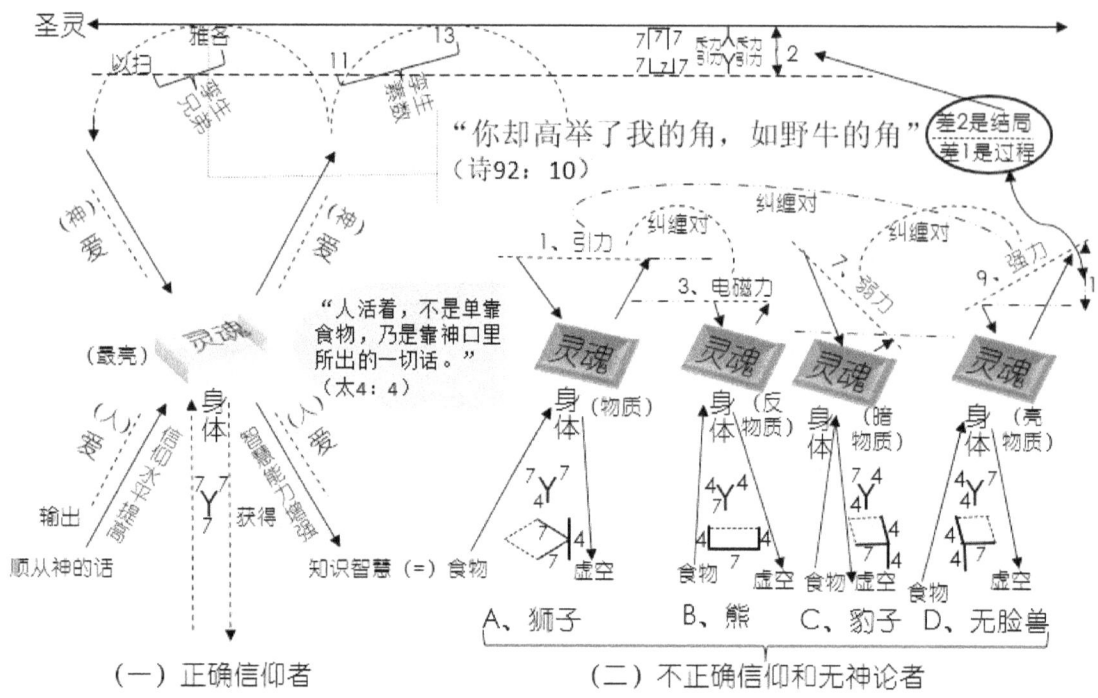

图3-33 灵魂的超级"能量守恒"和发展与结果，及数字、物质和精神世界"三界合一"示意图

反过去理解图 3-33 中"正确信仰者的灵魂"部分，也就是我们在第一章中所讨论过的信仰发展的问题，就十分容易理解《圣经》中有关描述撒旦（魔鬼）的经文："在我们神面前昼夜控告我们弟兄。"（启 12：10）——撒旦显然相信神的存在，但它缺少"爱"中间的"喜悦"、"宠爱"的内容，只有"爱"中间的"管教"、"惩罚"，从而彻底打破了爱的平衡状态或者"爱"所应有的"量子纠缠对"状态，是其能量枯竭或者最后失败、灭亡的原因。可见，纵使是撒旦，也不能逃脱信仰函数规律的约束。每一个正确信仰者都非从来没有过错误的圣者，对待他们，以及扩展推广到对待任何人，都不应因其曾经的任何错误而单纯惩罚、管教，象历史上的各种奴隶制和现代中国的各种劳改、劳教制度那样。所有的奴隶制、所有的劳改制度，包括纵容、无视其存在的任何人和任何国家社会，若不改正就都是归属于撒旦的，这对应着经文"你们中间谁是没有罪的，谁就可以先拿石头打她。"（约 8：7）

量子纠缠的机制与 DNA 复制类似。下面我们先看一下互联网上有关后者的知识描述。

DNA 复制是指 DNA 双链在细胞分裂以前进行的复制过程。这个过程是通过名为半保留复制的

机制来得以顺利完成的。复制可以分为以下几个阶段：

起始阶段：解旋酶在局部展开双螺旋结构的 DNA 分子为单链，引物酶辨认起始位点，以解开的一段 DNA 为模板，按照 5'到 3'方向合成 RNA 短链。形成 RNA 引物。

DNA 片段的生成：在引物提供了 3'-OH 末端的基础上，DNA 聚合酶催化 DNA 的两条链同时进行复制过程，由于复制过程只能由 5'->3'方向合成，因此一条链能够连续合成，另一条链分段合成，其中每一段短链成为冈崎片段（Okazaki fragments）。

RNA 引物的水解：当 DNA 合成一定长度后，DNA 聚合酶水解 RNA 引物，补填缺口。

DNA 连接酶将 DNA 片段连接起来，形成完整的 DNA 分子。

最后 DNA 新合成的片段在旋转酶的帮助下重新形成螺旋状。

其中，展开双螺旋结构为单链的起始阶段，对应量子纠缠对——这是量子在同等能量级别上，进行复制、转化的准备期或过渡阶段，也是新细胞出现、细胞分裂的前置程序。

量子纠缠对也可以看作是新量子产生、复制的准备阶段，人们制备出的量子纠缠对，自然不会对同样量子的纠缠对的介入产生任何的反应或者信息回馈——它们会象一对爱情的伴侣一样自然结合，留下另一对继续纠缠。因此，没有量子编码的量子通信，毫无保密性可言：对量子纠缠对中的一个没有量子编码的量子通信，毫无保密性可言：对量子纠缠对中的一个通信量子，判断原始量子（总旋转为 0）并制备、提供出纠缠对来，与正在肩负通信保密任务的量子纠缠对中的一个对接，就不会影响、干扰到另一端的纠缠量子，从而让量子加密的信息不被察觉地泄露出去。上述方法，可以扩展到超纠缠——即作为量子信息载体的光子之间，在偏振、

路径、空间模式等单个自由度之间产生纠缠之外，同时在多个自由度上实现的量子纠缠态，以及在"跨空间"（即 7 维度空间范围内的 7 个对应平面上位次相同的素数）上的等位量子纠缠——任何存在 7 维轨道角动量纠缠的、来自于两个原子系综（素数平面）之间的量子所发生的量子纠缠。因此，量子时代的信息保密和解密，与我们现代并无根本差别，核心都仅仅依赖于素数的分布规律。参照图 3-31，从量子的折叠状态是量子纠缠的另一基本形态来看，它也可以表现出与量子物理无关的特征——从此可以与量子力学分道扬镳，重回我们早已经熟悉的整数世界，即它也可以与素数的分布无关，这就是未知素数分布规律之前、人们现在所熟悉的各种传统加密与解密算法。另外，信仰函数确定了量子纠缠对状态存在一个可操作时空，当按照电子自旋的正负方向所确立的可变时空进行持续性操作，且时间、空间、倾斜角度或者幅度超过了信仰函数与量子纠缠对纠缠状态的时空平衡常数（25%或者75%）所设定的临界条件时，量子纠缠对的状态变化就不可逆转、丧失可操作性，量子通信会"按时"被自动掐断。例如，当产生纠缠的自由度（单个），按照原方向跨越 4 维度角动量（即如在物质、反物质间转换）过程中，完成全程的 75%以上之后，无需在进行任何操作，都会自动按时发生量子纠缠位置的重合或者重复，即形成"弱力"方式能量后，原有的量子纠缠对现象消失；当产生纠缠的自由度（单个），或者按时按照相反方向跨越 4 维度角动量后发生互换（"+""-"旋转方向对换），即"收缩"式变化的完成度大于 25%后，形成强力-弱力新的量子纠缠对，原有的量子纠缠对现象也消失；同样的现象也会出现在物质任一相态（即物质、反物质、暗物质、"亮物质"中的任一种）中，即只要完成 7 维度角动量的 75%以上的操作，或者四维角动量的 25%以上的操作时，量子通信的中断就会自动按时发生。量子纠缠对的每一个变化都代表着时空转换和维度数量加一，如此，量子纠缠对从无到有、再到 6 种变化，就以物质世界的方式再次完整诠释了一个 7 维度空间宇宙世界的形成和运作，如图 3-34 所示。

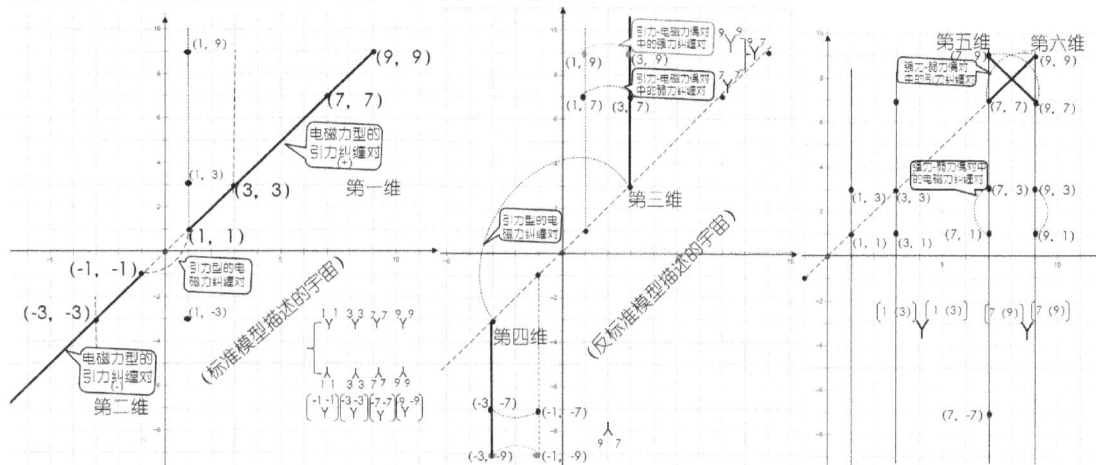

图3-34　四种基本力的量子纠缠对形式、变化顺序和数字位置，及宇宙扩张或空间维度的形成示意图

总之，保密是人类最难完成的任务：传统的数字保密和未来的量子保密，都是如此。特别是从褪去数字工具的过滤（相干）后所剩下的 7 维空间的角度看，所有的保密，包括未来的量子级别上的编码保密，都是 7 维空间目光直视下的裸奔，与记载于灵魂上的所有公开信息一起，毫无秘密可言。正对着经文"人的灵是耶和华的灯，鉴察人的心腹"（箴 20：27）。只有神是不可知和真正秘密的，世上再无其它真正的秘密可言，对应着经文"隐秘的事是属耶和华我们神的。"（申 29：29）、"将事隐秘，乃神的荣耀"（箴 25：2）。因此，谎言和欺骗，是不正确信仰者、无神论的唯物主义者最明显的错误，是一切专制者、专制政党最常用、最鲜明的特征——他们普遍伪造、篡改历史事实，掩盖事实和历史真相，用谎言大肆攻击、诽谤、丑化和抹黑对手，自吹自擂，剥夺人们的言论信仰自由，害怕人们知晓真实的历史和事实真相，以掌握"宇宙真理"者自居，残酷虐杀敢于质疑他们、讲真话者。正确信仰者的最基本特点也因此就是诚实。同时，基于保密之上的诡计和兵法（如中国的著名"孙子兵法"），及一切战术性措施，都并非是取胜的最关键之所在——压倒性的战略性优势，才是"万军之耶和华"（撒上 17：45）的荣耀，是正确信仰者及其社会所具备、所追求和需保持的制胜法宝。

参见图 3-35，四维以上空间都是都是二维空间（即一维空间的"逆序"或者垂直，本质也是一维的）和三维空间（即一维空间与二维空间勾连或叠加而成的、本质也是二维的）的叠加或者复制，可以说，人类只需要具备三维空间的想象力，对于认识宇宙万物所需要的能力来讲就已经是恰如其分、不多也不少的，是创造人类生命形式时的一种最优选择、或者是一种最经济最理性安排的结果。并且，由于二维空间和三维空间，都是对一维空间的拆分，三者之间既相互连接又各为独立的空间——即宇宙中（或者所有被造物中）根本不存在真正的、绝对的独立空间，如所有素数都是只有 1 这一个共同因子或者坐标原点相连接、却各自有独立空间（以其自身作为可以被整除的因子为特征）的"宇宙"；也再一次说明了为什么只需数字 2 和 3，或者只需要彻底改变一下算法（即，将加减法改变为幂或者指数运算），就可以揭示所有素数的分布规律。同时，图 3-35 也让我们再现了第一章中所看到的图 1-1 是如何被几何化、或者是如何被数学坐标化的过程——其中的数轴 Z（相当于数字 3）正是图 1-1 中的那条红线，以及"十字架"（即与数轴 X 轴和 Y 轴、及它们之间的连线都垂直的二维直视图中的一个影像，另外两个影像就是量子结构，放在后面讨论）是如何代表了一种虽万变而不变的信仰捷径。若将图 4-13 中的 X 轴和 Y 轴，更换为"对神的爱"（或者"科学"、"财税链"等等）和"爱人如己"（或者"爱"、"货币"、"货币供应量"等等），就是本书中最初所使用的坐标体系了。

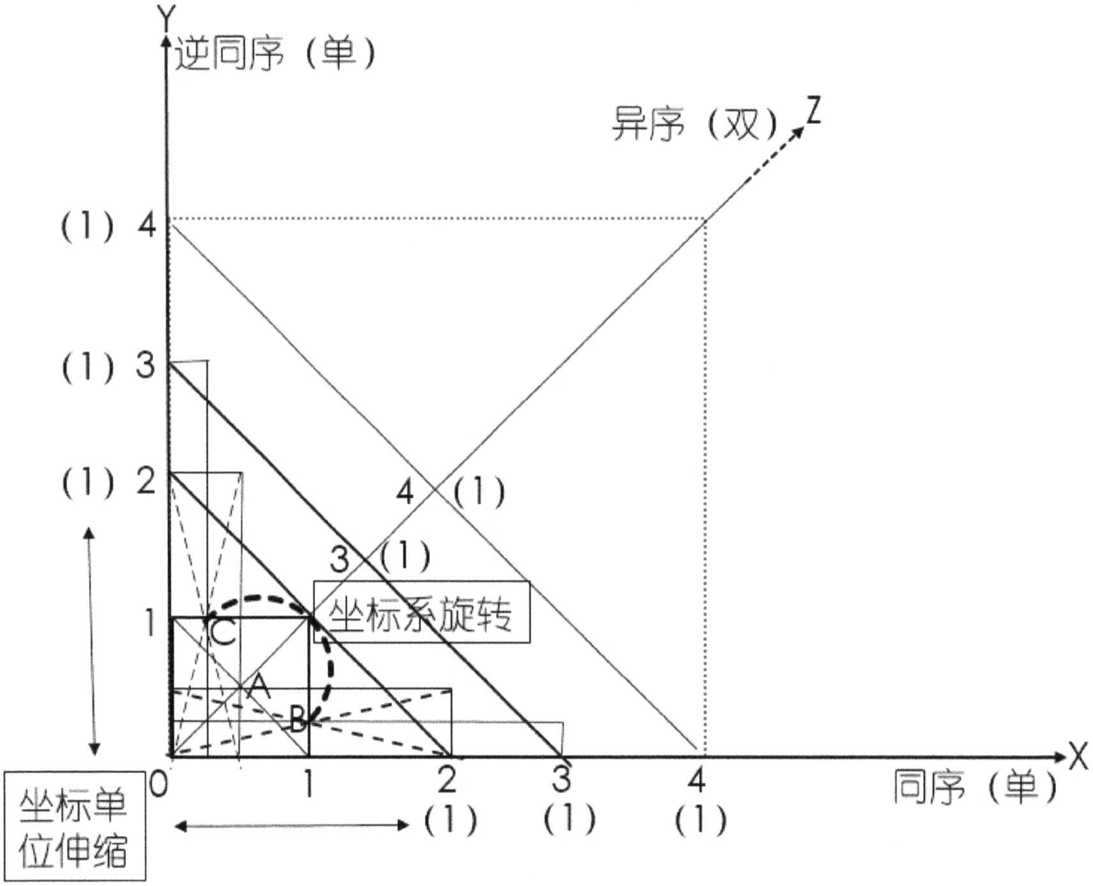

图3-35：人类仅仅需要三维空间想象力的原因示意图

四、货币基础理论的局限性给西方经济学造成的困境

一般认为，从物物交换开始的商品交换，必然产生这样的后果：一种商品成为其他一切商品的一般等价物，然后这个原本有任何商品都可胜任的角色经由人类社会的活动，使一种特定的商品最终成为社会公认的等价形式，充当起一般等价物的特殊社会职能，这就是货币（卡尔•马克思《资本论》第一卷第 104 页-105 页，人民出版社 1975 年版）。也就是说，货币的一般属性就是其作为商品交换的一般等价物的特征或特点。值得注意的是，卡尔•马克思在描绘货币产生的历史过程中，将社会的作用置于最重要的地位，并着重引用了《圣经·启示录》"他们同心合意，把力量和权柄授予那只兽。凡没有这种印记即没有这个兽名或兽名的数字者，都不能买或卖。"这段话进行证明。但是，卡尔•马克思并未继续对社会在货币产生后，如何继续发挥对货币的控制和决定作用进行研究，而是把货币作为一种类似新化学物质一样的发明或创

新——货币"那只兽的名",不加区别地应用于所有不同的人类社会形式中去,就象钢铁在任何社会类型中,其物理和化学性质完全不存在任何差别一样。不仅如此,"随着商品交换的日益发展,货币形式也就日益转到那些天然适于执行一般等价物这种社会职能的商品身上,即转到贵金属身上"(《资本论》第一卷 107 页)对于我们日常所见的纸币、铸币,卡尔•马克思认为都是"在商品的价格或货币名称中想象地表现出来的金重量"或"穿国家制服"的金银贵金属的"符号"。(《资本论》第一卷 144 页 148 页);铸币是从货币作为流通手段的职能中产生的,本身代表一定量的金;"纸币的发行限于它象征地代表的金(或银)的实际流通的数量""纸币同商品价值的关系只不过是:商品价值观念地表现在一个金量上,这个金量则有纸象征地可感觉地体现出来";"信用货币的自然根源是货币作为支付手段的职能"(《资本论》第一卷 147、148 页)卡尔•马克思的上述观点,是要告诉我们这样一个"事实":纸币、铸币等我们日常接触的"钱",都是贵金属金的代表或象征,背后都隐藏着金在支撑其币值或价值。

从物物交换开始的商品交换,起初并没有黄金或白银存在其间作沟通或中介,有的只是使用价值即物的有用性,也就是说,每一个物都因其具有的使用价值而成为其它物的对价物。然后,充当对价物的使命按照物质的自然属性或大数据的结果自然集中于金银等贵重金属身上。历史发展至此,出现了金属铸币和纸币直至我们今天看到的电子货币等,但有一个并非致命的、没有得到应有关注的问题就此沉淀下来,并一直潜藏于将铸币和纸币当成是金银贵金属的符号或代表的理论或观念中:卡尔•马克思将铸币和纸币的诞生归结于解决金银等金属币的磨损——"金币在流通中受到磨损,有的磨损得多,有得磨损得少。同名的金币,具有了不同的价值,因为重量不同了。作为流通手段的金同作为价格标准的金偏离了"(《资本论》第一卷 145 页),为了解决上述技术问题,"自然倾向是把铸币的金存在变为金假象,或把铸币变为它的法定金属含量的象征。"(《资本论》第一卷 145 页),纸币和非贵金属的铸币就借此产生站在社会的前台,金银贵金属隐退到国家金库中去避免被磨损。这可能是著名的金本位思想的完整诠释。卡尔•马克思等经济学家的"错误"至此还只在于忽视了纸币和铸币不仅仅是金银贵金属的符号、不仅仅是作为流通手段和价值尺度的金的符号,同时也是、更重要和首要的是所有的商品和服务的使用价值的符号。咋一看上去,提出这个被忽略的问题有点小题大做或无视提出这种理论的前提假设——因为在此之前,卡尔•马克思们已经肯定了作为流通手段的金是一般对价物,"金"自然也代表了所有的商品和服务。作为金的代表的铸币和纸币,也自然继承和承担了这一职能。从逻辑上讲,似乎完全没有必要再重复;其次,"物的有用性使物成为使用价值,交换价值首先表现为一种使用价值同另一种使用价值相交换的量的关系或比例,只有量的差别,因而不包含任何一个使用价值的原子。"(《资本论》第一卷第一章第一节)这样,卡尔•马克思本人是特意在先将具体的物的使用价值排除在对交换价值的讨论的范围之外,而并非无意忽视或忽略了。那么,当商品交换的扩大,上升到将一种物——如贵金属金——固定作为所有其他物的对价物时,卡尔•马克思们的那种有意或无意的忽略自然导致一个共同的结果,那就是有关货币的问题或货币经济学理论脱离商品或服务的具体使用价值或效用领域,或者说前者与后者无关。至此,从卡尔•马克思们认可的商品理论内部就出现了一个非常明显的矛盾或错误:一个具体的物物交换,是具体的、特定的使用价值间的交换,其表现出数量的关系,即交换的比例本身也就是建立在交换物的具体使用价值或效用水平上的,但天才理论家却说交换不可以包括物的使用价值的"原子"。例如,用一棵新鲜的白菜交换两个新鲜的土豆和用两棵不新鲜的白菜交换两个新鲜土豆时,2:1 和 2:2 的比例关系差别,事实上就是白菜新鲜程度所代表的白菜的使用价值或效用差别的反映或体现,无法离开使用价值的"原子"而产生。正是商品—— 如这里的新鲜程度不同的白菜——的具体使用价值的不同构筑了其交换价值不同或差别的基础。商品中包含的相同或稳定的使用价值——如例子中新鲜度相同的土豆,则决定了其交换价值的同一或稳定的基础。一定时期内,金作为一般等价物,其作为商品的使用价值已经被固定,此时用金与不同的商品、服务相交换时,交换比例的不同,显然首先代表的就是商品、服务的使用价值或效用水平的不同或差异了。我们将上面例子中的新鲜土豆换成贵金属金再看,上述结论就再自然不过:新鲜白菜的交换价值是不新鲜白菜的 2 倍。因此,金本位思想或纸币、铸币都是金的符号或代表的理论,事实上都是建立在金之外的所有的其它的物的使用价值稳定或不变基础之上的,也因此只有在一个所有商品和服务的使用价值确实稳定或不变的社会或国家环境中,才可能有效或正确。

卡尔•马克思们显然忽略了问题的另一端:当商品和服务的整体使用价值下降而贵金属金、银的使用价值还在原地不动时,标注它们的货币的内在价值或对价也要变动。也就是说,假设一个货币具有稳定的金含量，只有在稳定的商品和服务的使用价值的前提下才是真正妥当的——商品和服务的使用价值也应当象没有磨损的金一样始终如一。因此，所有将铸币或纸币看作是稳定的金或银、或其它内在某种东西的象征或代表的观念，事实上都是建立在所有与其相交换的商品、服务的使用价值也是稳定不变的基础之上的。否则，从逻辑上就是错误的。虽然卡尔•马克思本人曾经意识到与货币相交换的就是商品和服务的使用价值而非其它，"金作为货币执行职能——不论由它亲自执行，还是由它的代表执行——使它固定成为唯一的价值形态，成为交换价值唯一适当的存在，而与其它的一切仅仅作为使用价值的商品相对应。"（《资本论》第一卷 149、150 页），但类似上述忽略在卡尔•马克思那里还是最终酿成了更大的错误：从金作为一般等价物开始，卡尔•马克思继续探讨隐藏在金背后的商品交换的本质，得出了价值论或劳动价值论，将商品交换的比例最终归结于无差别的人类抽象劳动（《资本论》第一卷第一章）（这个过程在卡尔•马克思的头脑中，也许甚至更有可能完全相反：卡尔•马克思是先有了劳动价值论的观念，然后将观念中的一种劳动量即"社会必要劳动时间"作为所有商品内在的共同特征，用贵金属金这个特定事物中内在的"社会必要劳动时间"作标准或尺度，即用"多少金"进行衡量或标记，得出商品的交换价值或价值），与商品和服务的使用价值彻底隔绝。这就彻底远离或打破了我们上面刚刚根据卡尔•马克思们的经济理论指出的潜在命题或前提条件：一切将货币视为稳定的金或任何内在价值稳定的观念——我们可称之为"自然货币理论"，都事实上建立在商品和服务的使用价值稳定的基础或环境之上。这样以来，卡尔•马克思的经济理论无疑要比仅仅信奉货币应该内在价值稳定的经济理论走得更远：仅仅信奉货币是必然内在价值稳定的经济理论，在商品和服务的使用价值相对稳定的社会中，碰巧成为真理，但运用于商品和服务的使用价值根本不稳定甚至持续下降的社会环境中时，就自然难免产生错误，同时也难以运用于研究不同社会类型相互交往形成的世界经济体系中，是一种有着巨大局限性但仍然正确的经济学理论基础；而卡尔•马克思的经济学理论，却将彻底失去可以应用的任何社会空间，是彻底错误的经济学理论。

劳动价值论事实上是卡尔•马克思的货币经济理论的基础，无差别的"抽象劳动"就是这个理论中货币所要表达出来的全部内容或制服下包裹的实质躯体，它的计算单位是时间——生产一种商品的社会平均必要劳动时间，不同商品的价格即通过货币代表、表现在现实生活中，实质上是以货币自身所具备的这个时间为计量单位的具体数据或一种货币系数表达结果（卡尔•马克思《资本论》第一卷 50-51 页）。可以说，卡尔•马克思的货币金本位，就是起源或者落脚于商品的劳动价值论的，而与其他货币金本位观念和理论相区别。因此，我们有必要重新审视卡尔•马克思的劳动价值论，虽然，现在早已经产生了更科学并被公认的新理论。

首先，我们要先去明确这样的一个事实：意识和脑力劳动之间的根本差别或不同。例如，一件雕塑作品或建筑物体现了艺术家或设计师的意识或所要表达的个人观念，只要是在有关法定建筑标准之外的设计部分，我们可以称之为设计师的自由意识。设计师的自由意识固化、表现在大脑之外的物质上面并被他人所理解和认知，该雕塑作品就并不反映雕刻工人的意识，只反映创作者的意识，建筑物只反映设计者的意识而不反映实际建造者即建筑工人的意识。雕塑工人和建筑工人的意识因此并未反映或物化在雕塑作品和建筑物上。同样，普通的、大批量的工业产品也是如此：这些产品只有设计者、发明者的意识转化在里面，而不应有工人即这些产品的生产者的意识在里面。那么，工人肢体的运动等都不需要意识指派或脑力的消耗吗？显然不是，引导控制肢体重复运动的意识是人的本能，与动物、鸟类等的肢体运动受到控制或机床运动受到电脑控制一样，而非哲学意义上的人的意识或精神。否则，将劳动分为脑力劳动和体力劳动就毫无意义：体力劳动无一例外都受到意识的控制，从而也是脑力劳动；脑力劳动无一例外要通过一定的肢体运动得以表现或显现，又都是体力劳动了。现代工业生产中，代替产业工人劳动的大量机器人，其中的控制软件和机械系统之间的关系就是如此，二者结合构成一个完整的机器人。因而，马克思经济学上的脑力劳动或脑力损耗并非意识，而仅仅是人脑对肢体的控制而已，它产生的效果和引起的反应只是肢体和乎要求的规律性运动——设计者必须遵循的法定行业标准的基础设计、或者科学家必须达到的科研项目要求的基础方法等等，都是如此。它们只与现代的设计机器人或者设计软件所能做的相类似。这种脑力劳动，无法引起意识、精神对真理和知识的探索创新。资本在生产领域所要求的这种脑力，只是维持工人身体机能的控制力。问题是，资本在保持这种脑力的同时，也维持了大脑的意识和精神能力——二者源于同一对象，无法分开。那么，就象马克思所说的那样资本家在攫取工人剩余价值时让工人毫无察觉一样，是不是工人在获得这种脑力时也让资本家毫无察觉的多提供了意识或精神的保障呢？

例如工作发明。若回答是肯定的话，马克思的剩余价值理论及其整个政治经济学大厦将轰然倒塌！物质财富的概念本质上是指含有人类意识或精神的财富。那么，既然工人是物质财富的创造者，而物质是客观存在又永不消亡的（从本质上），工人就应该对产品提供哲学意义上的意识或精神，而不是象机器人那样只提供脑力劳动、体力劳动而收获果实。因此，马克思哲学体系内的意识与经济学上的脑力劳动应为两个本质上有区别的概念，虽然马克思主义者认为二者都源自大脑的机能而从未做过区分——这个错误或缺失，来自意识形态。确认这个前提后，我们再来看卡尔·马克思所考察的资本主义生产和其它经济领域中的问题。

既然每一个产品在大规模生产之前就已经被预见到它将成为人们追求或需要的物质财富，那么包括它本身及生产它的方法、方式等等，总之与它关联的全领域总会有一项或多项被赋予了人的精神或意识，使这种产品区别于它原来的物质而成为新的物质财富或使用价值。

因此，卡尔·马克思的经济学将产业工人劳动作为商品价值的全部来源，显然排除了科学技术创新即人类意识或精神在物质财富生产中的地位和作用。没有意识对真理的探索和把握，只靠重复的脑力劳动，人类无法有新产品、新工艺和新技术，自然也没有新的使用价值或效用，甚至不可能有任何新商品和新服务。马克思及其追随者一直未区分脑力劳动和意识，这是造成其理论体系所推演出的一些所谓无法在资本主义社会内部顺利解决的内在矛盾的基础所在。我们怎么看待工业流水线、怎么看待设计计算机软件、怎么看待会做家务或会下象棋或会帮助孩子们学习功课等等人工智能机器，就应该怎么看待产业工人、怎么看待脑力劳动和体力劳动。事实上，智能机器或机器人也正是在这些领域开始大规模地替代产业工人和按照要求进行定制设计的普通设计人员。除科技创新领域之外的整个经济和社会领域，都只是为科技创新提供了条件和基础，但其自身，都没有产生创新或创造新的使用价值或效用的能力或可能。财富的本质是商品和服务的使用价值或物理效用，是只有科技创新才可以产生、发现的，生产、流通等经济领域并不创造新的使用价值或商品、服务，而是象机器人生产、运输过程一样，复制、移动、保持了某种使用价值或效用。如果将科学技术即人的意识或精神因素加入到卡尔·马克思的商品价值和货币经济理论中去，我们会发现，马克思主义经济理论中的剩余价值和所构建的一切矛盾根本不存在，据此所作出的人类社会发展的方向和资本主义社会灭亡的预言也自然完全错误！而马克思主义者据其经济学理论所提出的"全世界无产者，联合起来"（《共产党宣言》）的革命号召，自然与号召机器人或智能机器人联合起来推翻人类秩序毫无二致！同时，马克思主义的政治经济学理论中，生产=劳动力+资本的生产公式，其实就是只有资本一个构成因子组成的公式，即生产=资本，这是非闭合货币运动的最完美、最真实的写照，至此，亲爱的读者朋友，应该不难理解当代中国为什么会有一个标准的非闭合货币运动体系了吧？另外，生产领域中的产业工人，其经济学中的地位和作用，与资金或资本相同，其实就是资金或资本的一部分——用资金购置机器人进行生产与招工进行生产，并无任何差别，因此，马克思主义者笃信的生产关系与生产力二者的辩证关系学说，自然也完全错误——改变资金与人类或者改变机器与人类的关系，怎么可能产生解放生产力、促进生产发展的效果？

货币的一般属性从本质上是拒绝其他使用价值或效用的，因为它的使用价值或效用从一开始就固定下来再没有变化，从来都是充当支付手段、财富的贮藏手段和一般对价标准的。而商品世界中最主要、最活跃的变化或运动恰恰在于使用价值或效用。商品、服务的使用价值主要取决于真正的脑力劳动或哲学中的意识观念：即发明和创新。产业化的生产，并未动摇商品是以其差别化的使用价值或效用来吸引货币或其它物或服务与自己相交换的规律。例如手机，各种各样的手机产品，并非依靠组装工人的必要劳动时间优势或内在，走向市场的，而是靠展示各自的特性——即使用价值的独特性来与货币相吸引的。这样，货币就是以不变应万变，用自己恒定的使用价值来衡量无数的商品、服务的使用价值了。或者说，固定的货币币值在商品和服务的使用价值稳定的特定社会中，恰好可以准确地反映经济状况，而在商品和服务的使用价值持续下降或上升的特定社会中，却要在货币法定币值之外的地方，体现出这种变化。因此，同为币值法定的各种货币，如人民币、美元、英镑等等，却因其所处特定社会的类型不同，而表现出完全不同的经济学规律，反过来又成为我们考察不同类型社会的发展规律的工具或基础。

西方经济学的理论，具有严重的社会限制条件，不适合于专制社会，以及包括专制社会在内的一体化国际社会。货币的社会属性，可以简单地通过货币的制造看出来：中国制造具有世人公认的成本优势，那么，世界各国是否可以考虑将其货币交由中国制造？外包给中国制造，可否？如果不，为什么？相信中国可以低价格地承包所有外币的印制，为什么不从经济角度出发，付诸现实呢？人们在顾虑什么？现实告诉我们，货币看来真的和其它商品不一样，可是我们一直被西方经济学教导说：货币只是商品的符号。如果西方经济学的教条真是正确的话，现在，实质性的东西即商品可以外包，作为符号的货币就没有理由不可以的！也就是说，我们现在的世界，不是货币不可以外包错了，而是商品外包错了，错在外包给一个货币不受市场规律约束的社会或国家！反过来讲，将商品制造外包给一个市场化的民主社会或国家，才是唯一正确、不会发生灾难的选择。将商品外包给一个其货币不受市场规律限制的社会，将发生与货币外包同样后果的经济灾难，甚至因其更隐蔽，后果也更严重。在一个货币外包没有问题的国际社会环境中，才可以自由、完全按照西方经济学的经济观念进行市场化的商品外包！如果大家还记得杰科布•范德林特在《货币万能》一书中自信的话语，就应该体会到，西方经济学中的货币理论，其实是深深植根于一个社会大前提中，即货币只在同类型社会间流动时才会产生西方经济学所讲的效果——完全由自由、民主社会或国家组成的国际社会，在这样的国际环境中，货币或一个国家的现金发行最终完全被市场控制，社会公权力对此无能为力："在每一个国家，随着民间的金银量的增加，货物的价格必定上涨，因此，如果任何一个国家的金银减少，那么一切货物的价格也必定将随着货币的减少而相应地跌落。"（杰科布•范德林特《货币万能》1734年伦敦版第 5 页）"无限制的贸易不会造成任何不便，而只会带来很大的好处，因为当一个国家的现金量由于这种贸易而减少时（这是禁令所要防止的），流入现金的国家的一切货物价格必然会随着该国现金量的增加而上涨……我国的工业产品以及其他各种货物会很快地跌价，从而又造成对我们有利的贸易差额，这样，货币就会流回我国。"（杰科布•范德林特《货币万能》1734 年伦敦版第 43、44 页）如果你坚信上述西方经济学的货币理论是没有社会限制而放之四海而皆准的真理的话，应该现在就大肆鼓吹将美元交由中国印制、发行！应该鼓吹现在就可以简单实现全球的货币统一！

社会公权力是货币唯一、真实的后盾和保障，而非黄金或其它，无论是专制政权社会还是分权制衡的法治社会，都是如此。社会公权力保障货币的效果，取决于社会信仰水平——社会信仰水平稳定上升的，货币幸福度稳定并造就货币的退出机制；社会信仰不断下降的社会，货币幸福度也随之下降并造就对货币的依赖、货币内在性的数量扩张机制。没有资金支持，高成本经济体总无法维持市场份额，反过来讲，只要有足够的资金支持，即使是高成本的经济体，也可发动、应对价格战！唯一的例外就在不可竞争的新技术领域——在这里，资金的无穷魅力无法展现，只能屈服。也就是说，从理论上讲，用低成本、无成本的货币发行，完全可以支持一个经济体在任何价格战、市场份额保卫战和扩大市场份额的战斗中取胜。而超发的货币并不一定会带来恶性通货膨胀的不利影响：例如从市场中取得的利润被截留在国家、一个不会增加市场消费的小集团（消费不依赖正常收入的团体，如靠受贿、贪腐等公共资金为主支付日常消费的团体）身上，就只会增加社会贫富差距，只在基尼系数上有所反应；而市场的维持和扩大，导致生产、经营的维持和扩大却带来就业和民众收入的稳定和增长，让经济和社会看上去一片繁荣！这就是货币或货币超发的魅力！（真正的不利后果只是存在于如何处理战利品的环节上：公权力系统被迫迎来巨大的财富——否则，无节制的货币超发迟早会引发恶性通胀——如何处理这些财富，就转变成为一个政治问题，即公权力系统的架构或性质所决定的问题，而非经济领域的问题，社会中存在一个不依赖正常收入的利益集团也是政治问题，即现在所有的问题都只是政治问题，与经济彻底隔离）货币幸福度在这个过程中表现为，民众手中的货币幸福度变化相对小，但财富大量集中，让其单位幸福度或货币的幸福边际增长率下降，导致货币的社会平均幸福度下降。社会公权力对一个社会的货币的影响和制约，体现在货币所折射出的社会、自然环境状况（一个达尔文环境的状况），集中表现出一个社会中所有的商品、服务，包括社会公共服务在内的有用性即其"使用价值"整体水平的变动状况，决定了货币的根本属性或社会属性。而作为一般等价物、贮藏手段和支付手段的一国货币，仅仅是货币的一般属性或"物理"属性，行使着通行于全人类任何社会类型中的普世职能。从威廉•配第的《赋税论》、亚当•斯密的《国富论》、杰科布•范德林特的《货币万能》、甚至再向前追溯至约翰•贝勒斯的《关于创办一所劳动学院的建议》，向后直到卡尔•马克思的《资本论》和约翰•梅纳德•凯恩斯《就业、利息和货币通论》，包括当今西方主流经济学，在有关货币的所有知识、结论都是建立在货币=金（或）银=铸币的历史观念的沿袭基础之上的。至今，所有有关货币、财富的经济理论，也都是基于这个历史观念和事实之上的。受这种历史观念的影响，铸币材料的数量及成本限制，几百年甚至上千年来，作为笼罩在货币经济学和宏观经济学上的盖头，一直影响和制约了我们对货币（钱）的本质探讨。因此，我们将迄今为止的所有西方经济学，通称之为"自然货币经济学"或"物理货币经济学"——它们都无法被用作正确考察专制社会及专制社会参与其中的国际社会的经济理论工具，更无法帮助人们解决这类社会出现的经济发展问题。

货币是社会或者国家的信用担保，而不仅仅是商品的一般对价物。基础货币的发行，若集中于国家（或社会）的信用，货币超发就可能造成政权的易手或者政府更迭；若扩展于国家信用之外的整个社会信用抵押物中去，货币的超发将可能引起社会的解体。货币的信用担保，本源自国家政权的或者社会的信仰——信仰正确，信用担保就是真实、可靠如磐石一般的，货币发行的信用担保会始终围绕国家信用进行，国债数量、政府财政赤字等经济数据，也可靠且可用；无信仰或者错误信仰的国家，信用担保就是虚空、虚伪的，货币发行的信用担保也必然超出甚至持续超出于国家信用之外，国债数量、政府财政赤字，甚至企业债务等等经济数据指标，也模糊不清、不可靠更不可用。例如，中国政府（包括各级地方政府）担保和必须支持政府主导的政策性项目——如"棚户区改造"项目、产业政策项目等等，打通了中国央行与财政之间的最后一堵墙，无节制地"货币滥发"由此开始，且失去了可信、清晰的政府负债数据和赤字财政的真实信息；呆坏账的处理，无法出清虚高的货币供应量和由其造成的财税收入的虚高。因此，"货币供应量"与"财税收入"这两个数据，就是考察其经济健康水平的唯一有效数据，而传统的西方经济学数据如国债数量等等经济指标始终无效——这正是本书中我们考察 1978 年之后中国经济时所遵循的经济学原则：基础货币扩张在国家意志的压力下，全面倒向了社会信用抵押物，远离国家信用的支持，虽一劳永逸的避免了政府（财政）危机，却让一场毁灭性的社会危机在劫难逃。

五、中国囚徒经济

本节所讨论的对象，重点集中在 1978 年至今的中国囚徒经济领域。1949 年至 1978 年间，中国的囚徒人数、囚徒生存状况的恶劣程度、囚徒产业占国民经济的比重等等，要比我们即将开始讨论的更为触目惊心。但是，相关资料十分分散，且大都以回忆录等纪实文学作品的形式存在，严重缺失连续和权威的数字统计资料，故不在本章节中讨论。

第一小节：中国经济发展中"人口红利和廉价劳动力"的伪命题

世界经济学界对中国经济有一种共识：即近几十年来，中国经济奇迹即"中国制造"得益于两大因素：中国的人口红利和廉价劳动力。这两个因素其实是一个，概括地讲就是可持续三十多年的连续不断的廉价劳动力供给。中国经济奇迹的最大标志表现为两方面：一个是中国制造在世界市场格局中的份额。如电子产品出口占世界市场份额从 2000 年的 4.83% 到 2008 年的 20.4%；另一个是贸易顺差和贸易量的持续扩大。下面，我们将中国经济的有

关 公 开 数 据 资 料 列 表 3-16 如 下 ：

年份	就业人员平均工资	进出口总额（亿元人民币）	贸易顺差（亿美元）	制造业职工平均工资	人民币兑美元平均价（100美元）	进出口总额（亿美元）
1978	615	355	-11.4	579		206.4
1980	762	570	-19	752		381.4
1985	1148	2066.7	-149	1112	293.66	696
1989	1935				376.51	
1990	2140	5560.1	87.4	2073	478.32	1154.4
1991	2340	7225.8	81.2	2289	532.33	1357
1992	2711	9119.6	43.5	2635	551.46	1655.3
1993	3371	11271	-122.2	3348	576.2	1957
1994	4538	20381.9	54	4283	861.87	2366.2
1995	5500	23499.9	167	5169	835.1	2808.6
1996	6210	24133.8	122.2	5642	831.42	2898.8
1997	6470	26967.2	404.2	5933	828.98	3251.6
1998	7479	26849.7	434.7	7064	827.91	3239.5
1999	8346	29896.2	292.3	7794	827.83	3606.3
2000	9371	39273.2	241.1	8750	827.84	4742.9
2001	10870	42183.6	225.5	9774	827.7	5096.5
2002	12422	51378.2	304.3	11001	827.7	6207.7
2003	13969	70483.5	254.7	12671	827.7	8509.9
2004	15920	95539.1	320.9	14251	827.68	11545.5
2005	18200	116921.8	1020	15934	819.17	14219.1
2006	20856	140974	1775.2	18225	797.18	17604.4
2007	24721	166863.7	2643.4	21144	760.4	21765.7
2008	28898	179921.5	2981.2	24404	694.51	25632.6
2009	32244	150648.1	1956.9	26810	683.1	22075.4
2010	36539	201722.1	1815.1	30916	676.95	29740
2011	41799	236402	1549	36665	645.88	36418.6

表3-16 中国经济的历史数据： 1978 年 货物进出口总额为外贸业务统计数，1980 年 起为海关进出口统计数。资料来源：《中华人民共和国统计年鉴》（1996 至 2012 年）

为了数据更具有可比性和研究的统一性，我们截取表 3-16 中 1994 年以后的经济数据进行讨论。从"工资"表中，我们可以看出，中国的劳动力平均价格自 1994 年的 4538 元/年，扩大到 2011 年的 41799 元/年，制造业工资从 5169 元/年，扩大到 36665 元/年。计算上汇率的变动，1994 年至 2011 年间，中国劳动力平均价格和制造业劳动力平均价格分别扩大 11.5 倍和 8.9 倍，年均增长率分别为 15.5%和 13.7%；"进出口总额"即贸易量，由 2366.2 亿美元增长到 36418.6 亿美元，扩大 15.4 倍，年均增长 17.5%；"贸易顺差"由 54 亿美元扩大到 1549 亿美元，扩大 28.69 倍，年均增长 21.8%。很明显，中国的贸易量和贸易顺差并未受到劳动力价格上升的影响，呈现出工资越高，贸易量和贸易顺差越大的历史轨迹。自然，我们会产生这样的疑问：是不是贸易量的扩大，造就了贸易顺差的扩大，就像单位贸易量所产生的贸易顺差的累加？上面的数据告诉我们，每年有 20%[（21.8%-17.4%）/21.8%]的贸易顺差增量来自于贸易量增长之外。也就是说，2011 年有相当于 300 亿美元的贸易顺差不是通过贸易量提高来产生的。下面，我们通过一个试验验证一下，在贸易量保持不变的情况下，如何实现贸易顺差的增长。假设过去我们出口一件衣服 30 美元，进口一块布 20 美元，贸易量为 30 美元+20 美元=50 美元；贸易顺差为 30 美元—20 美元=10 美元。现在，出口两件衣服，单价仍然为 30 美元，共 60 美元，进口两块布，单价也仍然为 20 美元，共 40 美元。在这种情况下，贸易量增加一倍为 100 美元，贸易顺差变为 20 美元，这是在出口单值和进口单值不变为前提下的结果：贸易量与贸易顺差同比例变化（100：50=20：10=2）。现在，若要保持贸易量比例不变，例如仍为 100 美元与 50 美元，实现贸易顺差增加 20%的目标，即 22：10，通过服装加价 2 美元/件的办法显然行不通：贸易量变为 104 美元或 52 美元，打破了我们贸易量不变的前提假设。现在的条件是贸易量仍然为 100 美元，要实现贸易顺差为 22 美元，我们假设出口的衣服价值为 X_1 美元，进口的布块价值为 X_2 美元，满足 $X_1+X_2=100$ 和 $X_1-X_2=22$ 两个条件，$X_1=61$、$X_2=39$。也就是说，只有衣服要涨价 0.5 美元/件，布块要降价 0.5 美元/块，才能在贸易总量不变的情况下实现贸易顺差增加 20%的目标。这就是说，要实现在贸易量之外的"额外"贸易顺差，最终只能通过出口商的提价和进口商的降价来实现，或者最终会表现为出口商品价值越来越高和进口商品价值越来越低。提高出口商品总价值的基本方法不外乎以下三种：1）提高商品单价，减少总数量；2）降低商品单价，提高商品总数量；3）开发新的高价商品，代替过去低价值的出口商品。方法 1）和 2）是商品种类不变，方法 3）是改变出口商品种类。从总的原则上讲，我们只能采用方法 1）和方法 3）的组合、或者是方法 2）和方法 3）的组合，不可能通过相互矛盾的方法 1）与方法 2）的组合。结合中国工资水平不断上升的变动情况，中国贸易顺差的超额增长最有可能是方法 1）和 3）的组合。因为，只有提价才能有利于经济主体消化和承受员工工资上涨的压力，与中国工资上涨不影响贸易量和贸易顺差增长的国际贸易现实相一致。如果仅仅依靠涨价这种方式来实现更大的贸易顺差，自 1994 年开始，中国商品的平均价格在 2011 年就应该已经上涨 13.29 倍；仅在 2007 年一年时间内，就要上涨 49.8%。显然，这与中国出口商品一直以劳动密集型产品为主、以价格低廉为主要竞争手段的贸易历史不符。

单纯以第 3）种方法，不断用新的、价格更高的商品部分或全部代替原来价格低的出口商品，与方法 1）的结果是一样的：那表明中国出口商品一直在走高端化道路、是高价和高档商品的代名词。因此，无论采用方法 1）或者方法 3）或者是它们的组合，都只会产生中国出口商品的价格随着贸易顺差的急剧增大而快速上涨的结果。很明显，30 多年来中国出口商品一直以低价为主要竞争利器是不争的事实，充分说明了中国的贸易顺差持续高速增长是不可能采用方法 1）或者 3），或它们的组合。

最后，看一下如果采用早已排除的方法 2），会是什么情况。方法 2）是一直以降低平均价格、扩大总量规模的方式来实现贸易顺差扩大的结果的。如果中国的出口企业采用这种方法，它必须有能力消化员工工资上涨、贸易量扩大和贸易顺差扩大一起带来的 3 重压力，也就是说，中国出口企业在 1994 年至 2011 年的 18 年间，生产效率和雇员劳动生产率年均提高 52%[13.7%（制造业工资增长率）+21.8%（贸易顺差增长率）+16.5%（出口增长率）]，总共要翻 1875 倍以上才可以！显然，这与国民生产总值年均增长 10%所反映出来的中国整体生产效率或劳动生产率的提高速度明显不符，也与中国出口市场份额的实际扩张速度明显不符（中国电子产品的市场份额扩张最快 2000 年至 2008 年间，年均也不足 20%）。

现在，我们将上面的问题归纳为一个要解决的核心问题：作为"中国制造"强大竞争力象征的贸易顺差不是由中国的廉价劳动力造成的，也与贸易量无关，那么，中国持续、巨额的贸易顺差来自哪里呢？

在揭开谜底之前，我们对这个即将现出原形的怪物作一个初步的判断：它必须有能力跟随中国劳动力价格上涨而扩大，即劳动力价格上涨越大，工资越高，它的赢利能力和盈利水平就越大（至少是无损于其赢利能力和水平）——表现出与普通雇员边际效益曲线完全相反（或不受影响）的曲线形式，使其具备通过不断的降价手段来巩固和扩大市场份额的能力。在当代中国，这个"怪物"为专制者通过货币供应来操纵市场，在实现对社会财富的任意分配和控制的同时，实现令世人疑惑不解的"中国经济奇迹"奠定了基础。

第二小节、中国囚徒经济的规模、影响范围及竞争力极限

首先，我们看表 3-17，其中的"判决人数"数据来自于中国官方的最高人民法院对中国最高权力机关提交的工作报告、"重犯比例"数据来源同上，但由于官方数据不完整（常常是

五年一次的平均数值），空缺或无法确定的部分，我们采用当期（五年为一期）平均数值。其它数值"重犯人数"、"短刑犯人数"，都采用上述数据，通过计算得出。其中，"重犯"是指被判处5年以上有期徒刑的罪犯，其他的为轻犯或短刑；"在押短刑犯人数"和"在押重犯人数"，是按照中国的减刑法律规定，如有期徒刑的最低服刑期限为判决刑期的一半（所谓的"过半走人"）等等。按照法定的最低服刑期限，采用刑期"两端人数少，中间人数多"的正态分布的标准计算的；"在押总数"是"在押轻犯数"和"在押重犯数"之和。

年份	判决人数（万人）	重犯比例	重犯人数（万人）	在押重犯人数（万人）	短刑犯人数（万人）	在押短刑犯人数（万人）	在押者总人数（万人）
1983年	46.3	39.65	18.36	18.36	27.94	27.94	92.6
1984年	47	39.65	18.64	36.99	28.36	49.32	133.31
1985年	46.3	39.65	18.36	55.35	27.94	63.19	164.84
1986年	32.5	39.65	12.89	68.24	19.61	61.74	162.48
1987年	32.6374	36.19	11.81	78.9	20.83	56.6	168.14
1988年	36.897	30.8	11.36	87.95	25.53	57.94	182.8
1989年	52.5886	32.12	16.89	101.39	35.7	70.16	224.14
1990年	58.2184	36.99	21.53	118.66	36.68	81.43	258.3
1991年	50.9221	36.19	18.43	132.08	32.49	84.24	267.21
1992年	45.1956	38.4	17.36	143.72	27.84	79.48	268.4
1993年	45.192	38.48	17.39	154.34	27.8	74.1	273.63
1994年	76.1595	39.2	29.85	176.08	46.3	89.2	341.44
1995年	54.5162	40.34	21.99	188.81	32.52	88.11	331.44
1996年	61.4323	43.18	26.53	204.98	34.91	89.4	355.82
1997年	36.7	39.2	14.39	207.93	22.31	76.33	320.96
1998年	53	29.27	15.51	210.14	37.49	79.81	342.95
1999年	60.258	29.27	17.63	213.1	42.62	90.62	363.98
2000年	64	20.5	13.12	209.88	50.88	107.17	381.05
2001年	90.24	16.7	15.07	207.72	75.17	144.01	441.97
2002年	91.6	29.27	26.81	216.32	64.79	157.26	465.18
2003年	93.3967	18.29	17.08	215.25	76.31	175.21	483.85
2004年	76	19.04	14.47	211.9	61.53	169.95	457.85
2005年	84.4717	18.29	15.45	209.74	69.02	169.52	463.73
2006年	88.9042	17	15.11	206.37	73.79	175.4	470.68
2007年	75.2692	18.29	13.77	201.33	61.5	166.74	443.34
2008年	100	15.79	15.79	198.12	84.21	184.49	482.6
2009年	99.7	15.79	15.75	194.94	83.96	196.31	490.96
2010年	100.64	15.79	15.89	192.32	84.75	205.2	498.16
2011年	105.1	15.79	16.6	190.7	88.5	215.1	510.89
2012年	117.33	15.79	18.53	191.1	98.8	228.55	536.98

表3-17　中国囚徒的人数总量和构成

关于中国监狱中的囚徒数量，我们采用自己的计算数据，是因为中国司法部长在2012年4月25日向全国人大常委会作的汇报中公布的中国监狱的数量及押犯人数的官方数字（资料来源：新华网2012年4月25日[引用日期2013年11月5日]），与事实和逻辑严重不符。根据互联网上公开的资料、包括中国司法部网站上公布的2011年中国监狱系统先进单位和个人名单等材料中包含的信息显示，中国监狱的数量远大于这个部长所讲的"681"处；从最高人民法院向历届全国人大提交的工作报告中，也可以看出这位部长宣布的中国监狱在押人数严重虚假，作者将另文专门论述中国被羁押人的详细情况。现仅就应有的合乎逻辑的在押人数及其计算方法说明如下：根据最高人民法院公布的自1997年新《刑法》实施后至2011年历年间由中国各级人民法院判处的罪犯人数，年均90万人以上，五年以上有期徒刑的重犯比例年均在20%左右。除去死刑（立即执行）、缓刑、管制、拘役和判决后仅

260

剩不足一年余刑的通常或法定不进入监狱者之外，其余均要进入监狱服刑；按照 2011 年 5 月 1 日前中国《刑法》的有关规定，最高刑期为死刑缓期二年执行的罪犯从理论上讲最快只需在监狱服刑 14 年，实际大多要服刑 17 至 18 年左右，超过 20 年的极少，有期徒刑者最快也要刑期过半后才能离开监狱。因此，如果中国监狱现押人数仅仅有司法部长公布的区区 168 万人的话，每年进 90 万人以上，则 2010 年就仅有 60 至 70 万人、2009 年中国监狱则必定是一座座空监狱了！由此可以看出，168 万人的中国官方数字是一个弥天大谎、至少是严重"缩水"的数据。据中国司法部预防犯罪研究所课题组 2006 年所做的《监狱服刑人员未成年子女基本情况调查报告》，截至 2005 年底，仅仅在中国监狱中（不包括看守所、劳教所等羁押场所中）的在押人员就有 156 万，仅仅按照当年法院判决的 5 年以上重刑犯全部进入监狱计算也要新进 18 万以上的新囚徒，2006 年监狱内在押人犯也有 174 万以上，已远高于 2011 年中国部长公布的 168 万的数字。何况，2006 年以后，至 2011 年间逐年增高不下的新犯罪数字。下面按最长监狱服刑时间 20 年为限，每年新进监狱服刑罪犯按法院实判人数的平均值下限 90 万人、刑期和判决人数呈正态分布计算，自 1997 年至 2011 年，中国监狱在押人数也一直在不断增长并将在 2017 年才达到顶峰后平衡不再增加，即便假设 1997 年前中国所有监狱空无一人，2011 年底中国监狱在押人数也应有：（1－1÷20）×90＋（1－2÷20）×90＋…（1－14÷20）×90＋90＝877.5 万人。请读者注意，上述表中按实际轻、重刑比例分开、再各自按正态分布计算，而非全部一起按照正态分布计算的；并且我们假设看守所关押人数与当年法院判决人数相等，事实上，考虑到刑事诉讼的时间周期和持续性及存在大批的、未进入批捕或起诉阶段的被关押者的情况，每年在看守所中关押的囚徒人数实际上要比当年法院判决人数大一倍以上。

中国常年保有人类历史上规模最庞大、效率最高、成本最低且永不上涨的囚徒群体。表 3-17 是根据中国最高法院公布的历年判决人数、轻重犯比例和中国的减刑假释制度（实际服刑时间最长 20 年），并在假设 1983 年以前监狱无在押人员的前提下，计算出来的中国监狱中历年理论上最少的在押人数。若加上在看守所关押的犯罪嫌疑人、劳动教养所中的被劳教人员和少管所里的少年犯，2010 年中国囚徒的人数至少也在 500 万至 600 万之间，他们的年龄大都在 15 至 60 岁之间，且以男性为主，这才是中国永不消退的廉价劳动力优势。所有这些被羁押人员，每天平均工作 14 小时以上，无节假日和休息日，无任何工资、福利待遇和劳动保障，依照中国的劳动法，一个被羁押者相当于 6.2 个以上的正常工作的劳动者：根据中国现行的《劳动法》第 36 条、第 38 条、第 40 条、第 41 条和第 44 条、45 条及第 73 条的规定及各种劳动法律条例规定，1、正常工作日每天延长工作时间 6 小时，应支付正常小时工资的 150％，即相当于正常工作时间 9 小时，一个工作日劳动时间相当于 17 个小时（两个正常工作日另 1 个小时）；2、休息日被安排工作。两个休息日应分别支付 200％的正常报酬，即相当于 4 个正常工作日。每年有 52×2＝104 个休息日工作，共多出相当于 104×2＝208 个正常工作日；3、休息日被安排延长工作时间：每个休息日均被延长工作时间 6 小时，应支付正常休息日工资×延长劳动时间工资＝150％×200％＝300％的正常工作日的正常工作时间报酬。即两个休息日的延长工作时间共应支付 6 小时×300％＝18 小时的劳动报酬（两个工作日另两个小时），全年休息日（52×2×18 小时）÷44＝44．2 周；4、法定休假日在 27 天～29 天之间。按 28 天计算，法定休假日 8 小时标准劳动时间相当于 3 个标准工作日，28 个法定休假日相当于 84 个标准工作日；法定休息日安排延长工作时间，应支付 150％×300％＝450％的劳动报酬；一个法定休假日 6 小时的延长工作时间应支付 6×4.5＝27 小时的正常劳动报酬，28 个法定休假日共应支付 27 小时×28 天＝756 小时（相当于 94.5 个标准工作日）标准工资；5、"无险一金"待遇。其中，养老保险金缴费额为工资的 20％；医疗保险金缴费额为 6％、失业保险金缴费额为 2%、生育保险金缴费额为 1%，工伤保险按行业确定缴费，共相当于一个人正常工作全年报酬的 40% 左右。综合上述 1、2、3、4、5 项，一个囚徒一年应得报酬相当于 6.2 个正常职工的报酬。这还并未计算带薪休假、特岗提前退休、防暑防寒及独生子女、妇女和老年人权益等各种与劳动者权益相关的法律规定，也未包括工伤、工亡的劳动者权益且未对劳动强度作区分，500 万人的被羁押囚徒已经可以无偿提供相当于 3100 万人以上的正常普通劳动者的工作量。事实上，被羁押者的劳动强度等劳动指标都远远超过正常劳动者，以劳动强度为例，一个在看守所的被羁押者，一天上厕所上下午各一次、喝水上下午各一次，每次不得超过三分钟，加上就餐每次不得超过五分钟，劳动时间率为 97%［劳动时间率＝（工作日劳动总时间－休息时间）÷工作日劳动总时间＝ 14 小时×60 分钟－（2×3＋2×3）－（5×3）÷（60×14）＝96.8%］，按照中国的 GB3869 —83 劳动强度分级标准计算，每一个看守所羁押者的劳动强度都超过上述标准规定的"最重"级劳动强度（77%）20% 以上。因此，按劳动强度再折算，1 个囚徒相当于 7.44 个以上标准中国雇员，500 万的中国囚徒至少相当于 3720 万普通中国工人！彻底摆脱工资上涨的束缚的庞大中国囚徒群体，足以让世界上任何同行失业！

下面以一个当年轰动中国的案例说明一下这种现代囚徒制度是如何让中国制造可以惊人廉价的：2010 年 11 月 23 日至 12 月 1 日，有一名男子在中国宁夏自治区吴忠县被错误拘留了八天，材料显示 13，他在拘留所每天必须至少完成 2000 个打火机的安装任务；日历显示，这八天中有两个休息日；再加上正常劳动应当享有的各种劳动保险待遇，其八天的工作时间（每天早上 6：30 至晚上 19：30，完不成的要增加劳动时间直到完成为止）相当于普通劳动者 32.3 天：

1）、两个休息日应付 2×200%＝4 个标准工作日报酬；

2）、两个休息日延长工作时间应支付 6×2×150%×200%＝36 小时（相当于 36÷8＝4.5 个标准工作日）报酬；

3）、六个工作日延长工作时间计 6×6＝36 小时，应得 36×150%＝54 小时的工作报酬

（相当于 54÷8＝6.25 个工作日）；

4）六个标准工作日报酬。

以上 1）＋2）＋3）＋4）＝20.75 个标准工作日报酬，20.75 个标准工作日对应的劳动社会保险待遇（30% 以上），再乘以 120% 的劳动强度换算，共计 20.75×120%×130%＝32.37 个标准工作日；标准工作日报酬＝总赔偿额（1003.4 元）÷换算后的标准工作日（32.37 天）＝31 元／天；每个打火机支付：31 元÷2000 个＝0.0155 元。最终他获得了 1003.44 元的国家赔偿。按此赔偿数额计算，每个打火机的组装人工费最低仅 0.016 元（1003.44 元÷32.3 天÷2000 个＝0.016 元／个），按中国国家统计局公布的 2010 年全国在岗职工平均工资 142.33／天计算，每个打火机的名义组装人工费应为 142.33 元÷2000 个＝0.071 元／个，加上各种劳动保险、福利费用，应为 0.092 元／个，这一数字还未包括因劳动条件、环境的巨大差异造成的产品价格影响，中国制造的打火机的价格优势就此显露无遗；即使按照中国的国家赔偿法计算，中国囚徒的劳动成本也可以减少 80% 以上（0.0155 元÷0.142 元＝16.8%）。

囚徒劳动若考虑上囚徒家人对其被羁押期间的生活费用支付的因素后，对产品总价格的构成不是随着生活水平和劳动力价格的增加而增加，而恰恰是反向减少——囚徒经济中的边

际收益曲线是一条向右上方倾斜的独特曲线。随着物价的上涨，他们的家人要承担起他们越来越重的生活费贴补，其中的大部分要被当作购置衣被、扣作材料款或完不成劳动任务的罚款。这是人类史上任何奴隶制也不可比拟的：只享受现代科技使简单劳动（不是"容易的劳动是留传下来的熟练"的那种简单劳动，而是象操作"傻瓜"相机似的无需熟练的简单劳动。）焕发出强大生产力和中国劳动力价格上涨的好处，不用负担这些囚徒的生、育、婚嫁、老、残、死、病、葬和教育等等任何费用，不用承担他们稍稍高于最低生命需求界限之外的任何需求，而这常常意味着生命的艰辛，如人类可以在不进食、不进水时生存几天……就是这点微不足道的维持生命的花费，也是国家财政在负担，不用监狱、看守所等监管场所从囚徒劳动成果中拿出一分钱。大量囚徒的存在，通过囚徒产品的市场竞争和价格传导，最大程度的压低了整个中国劳动力市场的价格水平，让中国社会中所有的财富生产过程中，来自于劳动力价格因素的利润水平压力，趋近于人类特定社会或环境中的生存需求的最底线！据瑞士国际治理发展学院发布的《IPM 世界竞争力年鉴 2002》（中国财政经济出版社，2002 年 11 月 1 日出版）等研究数据来看，无论在全社会工资总额占 GDP 的比例还是国民平均每小时工资方面，中国都位于世界末流，也充分佐证了囚徒经济对整个中国劳动力市场的影响之深！

但囚徒经济在中国，最为关键的作用并不在于它所具有的拉动中国劳动力价格水平向下、或阻止中国劳动力价格快速向上的能力上面，而在于它具有聚集或收敛中国产业（如制造业）来自于劳动力价格优势所产生的利润，并使其集中和简单地被掌控在专制者手中，完成专制者控制社会财富的目的。中国囚徒经济的存在和规模，以及其不受约束的参与国内市场竞争的特点，使得其来自于囚徒劳动力的廉价优势，成为了剥夺竞争者利润的最好工具：产业中所有来自于劳动力价格优势因素所产生的"额外"利润——如中国西部地区的劳动力价格通常比东部低很多，这就会让西部产业，比其它产业条件相同的东部产业对手们多获得一份来自于劳动力廉价所形成的产业利润——都被囚徒产业所拿走，化为控制中国囚徒经济的专制者所掌控的社会财富。这部分的财富总量，可以用囚徒所占据的实际工作岗位和每个标准岗位的工资报酬的乘积简单测算得出：以 2010 年为例，通过囚徒经济搜刮走的社会产业利润总额为 37147 元（2010 年中国在岗职工平均工资）×498 万×7.44=13773.41 亿元，相当

于 占 当 年 中 国 财 政 总 收 入 的 近 1/6 ！如 表 3-18 所 示 。

年份	在岗职工平均工资（元/年）	攫取财富总额（监狱囚徒奴隶总产值=囚徒替换劳动人数*职工平均工资）（亿元）	监狱囚徒产值占当年财政收入的比例	贸易顺差（亿元人民币）	潜力值（贸易顺差/监狱囚徒产值）
1994	4538	1152.81	22.09	461.7	0.4
1995	5500	1356.25	21.73	1403.7	1.03
1996	6210	1644.05	22.19	1019	0.62
1997	6470	1645.2	17.86	3354.2	2.17
1998	7479	1908.6	19.33	3597.5	1.89
1999	8346	2260.53	19.75	2423.4	1.07
2000	9371	2657.16	19.84	1995.6	0.75
2001	10870	3574.83	21.82	1865.2	0.52
2002	12422	4299.75	22.75	2517.6	0.59
2003	13969	5029.19	23.16	2092.3	0.42
2004	15920	5423.58	20.55	2667.5	0.49
2005	18200	6279.92	19.84	8374.4	1.33
2006	20856	7304.03	18.84	14220	1.95
2007	24721	8154.66	15.89	20264	2.49
2008	28898	10376.64	16.92	20868	2.01
2009	32244	11778.43	17.19	13411	1.14
2010	36539	13543.02	16.3	12324	0.91
2011	41799	15888.48	15.3	10079	0.63

表3-18　中国囚徒奴隶产业的产值，及对中国经济和世界经济所产生的影响

　　囚徒经济的劳动力价格洼地，总要在市场中被填平，但其在国内市场还是在国际市场上被填平，即析出其劳动力成本的优势，却有很大的不同：它在国内市场中析出，可以避免在汇率环节被二次"打劫"，但前提条件是国内市场的利润率较国际市场的净利润率（即考虑进汇率影响后的利润率）高。因此，中国囚徒经济占对外贸易的比例高时，占国内财政收入比例就低，囚徒经济的总规模（囚徒总数乘以社会在岗职工平均工资数的乘积）与中国贸易盈余的比值即"潜力值"也大，这在表 3-18 中的 1994-2008 年的 15 年中的数字上得到验证；且，二者的变化趋势呈现出完美的、标准的曲线反转，如表 3-19 所示：蓝线图为囚徒经济攫取的"额外"财富总额占国内财政收入的比例变化趋势图，橙线图为国际贸易盈余占囚徒产值总规模比例的变化趋势图；但是，从 2009 年开始，这样的反转关系发生了根本性的改变：二者出现了前 15 年中从未出现过的同向趋势。原因就在于 2008 年以后，更大、更快速的人民币发行，将社会所有产业中基于劳动力价格优势所产生的利润全部吸干，或者说全社会的产业利润的来源中已经完全消灭了基于劳动力价格优势的部分——已经没有企业可以真正依赖于劳动力的价格优势取得利润，连囚徒产业都没有了这种可能。至此，中国专制者利用囚徒产业作为搜刮社会财富增长的工具，已经被使用到极限！2011 年 5 月 1 日起施行的《中华人民共和国刑法修正案（八）》，将有期徒刑总和刑期由 20 年延长至 25 年，判处无期徒刑和死刑缓期执行的，实际执行的刑期由不能少于 10 年和 12 年，延长至 13 年和 15 年，就是力图重新恢复 2008 年之前的状况。也可以说，2009 年之后，中国囚徒产业中的新利润来源，已经完全依赖于货

币发行，就像其它企业一样，中国的囚徒产业已经无法依赖无成本、甚至"负"成本的劳动力优势来实现盈利的稳定和增长。伴随着人民币幸福度的持续下降，囚徒经济系统最终也需要更多的货币数量才能实现利润总额的稳定。也就是说，至此 2009 年开始，人民币幸福度的下降，已经彻底战胜廉价劳动力或人口红利因素，让后者再也无法成为稳定和扩大盈利的可依赖力量！

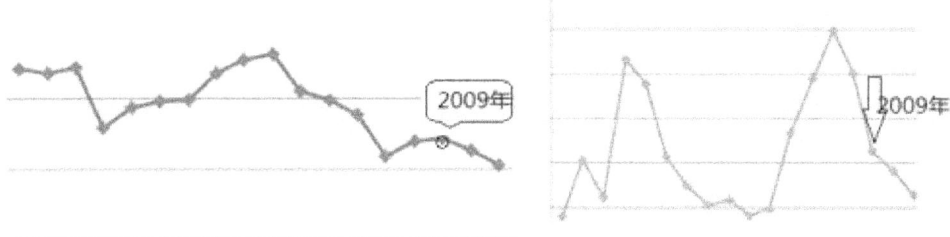

表3-19 中国囚徒产业劳动力竞争优势的变化趋势：
2009年开始，劳动力成本优势不敌人民币资金成本的优势。

考察中国囚徒产业，对于揭示中国资金流量表中表现出的企业融资来源等具有十分重要的帮助。中国的资金流量表表明：企业部门承担的投资职能远远超出自身储备，企业总储蓄与资本形成总额之间相差一直很大，表明企业是中国最大的资金亏绌部门，亏绌部分需要融资解决。企业的新增负债中，贷款比例一直很高，表明企业外源融资以银行信贷为主。资金运用以实物投资为主，金融资产投资中以货币资产为主，显示出中国企业的盈利水平不高，资本积累能力很弱，主要依靠银行贷款来维持和扩张。而作为流量表中的住户部门，有城镇住户和农村住户构成，含个体经营户，主要从事最终消费活动及自我使用为目的的生产活动，它的储蓄职能突出，为最大资金盈余部门，需要通过融资提供给其它部门使用。也就是说，中国的资金流量表表明，在中国，生产、制造社会财富的企业不盈利，或盈利太低无法支持自身发展，需要向非盈利的消费端借钱维持或发展，人们不仅要问，是不是中国企业太慷慨、太不会打算，给消费端开工资、做福利太过火，需要再拿回去一部分维持自身生存和发展？中国囚徒产业竞争优势逐渐丧失，至 2009 年，已经完全丧失基于劳动力成本优势取得利润和竞争优势的现实，清楚表明了中国企业融资的来源绝非是它先前支付出的员工工资、福利：囚徒产业无法依赖剥夺全体劳动者工资、福利而维持下去，更别说扩大和发展，全部的企业自然也无法从类似"追回"员工工资、福利的社会融资中做到这一点。因此，中国企业赖以维持、扩大的融资来源，最终是与企业领域无关的。也就是说，中国资金流量表中，住户部门提供的主要可融通储蓄，远离社会财富的生产领域和整个经济领域，只能来自于经济领域之外的货币发行。

由于中国囚徒无劳动报酬，这使得中国的囚徒产业成为人类历史上仅有的经济现象：边际效用曲线不仅不会跟随雇员工资的不断上升而最终出现下降、相反却永远随着社会劳动力价格的上升而同步上升。不仅如此，"家有千万，难养一个劳改犯"的中国现实，还使得中国囚徒的边际效用跟随囚徒家人的收入水平提高而不断提高。迄今为止，这个囚徒产业在包括人类社会史上的奴隶社会在内，都是绝无仅有的唯一一个边际效用可以不断向上攀升的经济史奇葩！它上升的终点，只受制于中国全社会的所有产业中，来自于劳动力价格优势所产生的利润部分。这个利润的总量，我们始终可以看作为全社会所有经济利润中的一部分，然后参与以社会货币供应总量为分母的货币分配。当中国监狱系统所占据的货币总量因此所分得的利润或财富总额，出现缩小趋势，即监狱产业出现产业"烂尾"趋势后，它的无偿劳动力价格优势也就消失殆尽了：如果试图改变这种下降趋势，只有奋力争取该系统获取更大的资金进入或支持，提高货币供应量水平，即依赖于系统内货币幸福度的持续下降。事实上，中国囚徒产业带来的贫富差距问题、囚徒子女的教育和成长的问题、再犯罪和滋生犯罪的问题以及囚徒的社会养老、工伤残疾救助问题等等众多问题，最后也都要化为货币幸福度的问题从经济层面体现出来——不仅仅是囚徒，囚徒的身边人甚至于所有人，都必须为这些问题的存在预作准备和打算，因此将不可避免地表现为整个社会系统中的货币幸福度下降。

265

因此，研究中国囚徒经济的经济学理论意义在于，囚徒经济中的边际收益曲线是一条向右上方倾斜的独特曲线，说明一个资金（或货币供应）占主导的经济体系或货币运行系统中，除非受到更大的资金对抗，或者受到来自货币供应方向的对抗和制衡外，是不可战胜或无法抵挡的——技术对抗或靠技术创新与之对抗，是徒劳的、绝无战胜和抗衡的可能的，这正是 2008 年金融危机后，美国采取量化宽松货币政策在当今世界经济框架下能够取得成功的根源。

中国囚徒产业的产值在现阶段还无法精确统计。我们因此以囚徒应得的劳动报酬和应享受的其它劳动待遇作为其估算值代表。显然，这种估算和代替非常不准确，严重低估了中国囚徒产业的实际规模，但却可以满足我们对中国经济进行分析的需要：中国的囚徒产值，总是优先实现和取得囚徒们应得的劳动待遇，这是中国囚徒产业利润中最大的一块。为此，以 2008 年至 2012 年间羁押过作者的山东省运河监狱为实际例子，2010 年，该监狱三千多服刑人员共节省至少 3000×6.2×5.12 万元（2010 年全国煤炭行业一百强企业在岗职工平均年工资，中国煤炭协会公布。）=9.5232 亿元成本。而该监狱 2010 年的营业总收入为 8.07 亿元，利税 5.1227 亿元，也就是说该煤矿监狱的营业总收入 8.07 亿元还不足以支付劳动者应得的正常工资 9.22 亿元。（以上数字来源：中国煤炭协会《中国煤炭企业 100 强分析报告》，2011 年，资料来源于"中国知网"[引用日期 2013 年 11 月 5 日]）类似的中国囚徒产业很普遍，在此不一一描述。

表 3-18 中，中国囚徒产业的潜力值，显示了囚徒产值实现的不同途径，同时，在全球化条件下，也对相关国家的就业、经济主体的生存状况等方面造成巨大影响：如果囚徒产值更多的在国际市场中实现，中国国内的企业运行环境就相当宽松，人员工资上涨的阻力相对较小（留给国内产业来自于劳动力价格优势的利润空间较大），专制者透过囚徒产业掌控的非外汇社会财富的比例较大。与此同时，中国的国际贸易伙伴们的相对应企业，竞争环境则更趋激烈。相反，则国内企业市场竞争惨烈。由于中国的外贸依存度很高，国内消费力不足，国际途径就成为囚徒产业实现利润最大化的首选，中国的贸易顺差因此得以在贸易量之外出现超额增长。中国囚徒经济可以支持的最大贸易顺差是指其全部囚徒的全部劳动待遇。即，当年囚徒总数×法律换算常数×当年全国在岗职工平均工资＋社会平均利润。表 3-18 中的潜力值越大，说明囚徒产业的产值在国际市场中的能占据的份额越大，在国内市场中的份额可以越小——鉴于国际贸易带给中国专制者的财富，还要经过汇率环节的再剥夺，因此这时通过囚徒产业攫取的社会财富占整个财政收入的比例也越大；反之，说明囚徒产业的产值在国际市场中的份额越小，在国内市场中可能的份额越大——通过囚徒产业攫取的社会财富占整个财政收入的比例降低。

中国囚徒经济在同等条件下的无比竞争力，只有在遇到市场容量的铜墙铁壁时才会真正受到限制，在此之前，它会表现出十足的上升势头，而在此之后，它又表现出顽强的市场韧性。在表 3-18 的潜力值一栏中，我们很容易就发现：1997 年亚洲金融危机时，中国囚徒产业达到其潜力值的峰值 2.1 以上，当年，中国国内的企业经济环境最好，而中国的贸易对手或伙伴却异常艰难；次年，中国的贸易顺差随之登顶（见表 3-18 中相关数据），但囚徒产业已经开始对国内经济环境施压，最终在接下来的时间里，面对市场的整体收缩，囚徒产业的扩张也遇到了真正的阻力，潜力值一步步回落到 1 之下，中国国内经济环境随之趋紧。直到 2005 年，囚徒产业的"潜力值"才重新回到接近 1999 年的水平，但在此之前的 2002 年和 2004 年，国内经济的运行环境已经有过两次好转。贸易顺差在上述过程中也随之起伏。2007 年历史再次重演：2007 年当年，中国囚徒产业的潜力值再次登顶，又一次站到 2.0 之上，中国国内的经济环境最为宽松，但贸易对手或贸易伙伴的市场压力达到前所未有的高度。次年，也就是 2008 年，中国的贸易顺差也再次顺利刷新历史纪录，但囚徒产业的潜力值却已经开始回落，囚徒产业对国内经济压力的增大，2008 年时中国经济的内部环境就已经开始趋紧，到 2010 年

"潜力值"回到 1 之下，经济环境的压力也应接近顶峰。与上述有囚徒产业的潜力值变化走势形成对照，中国专制者可以通过囚徒产业攫取的社会财富占财政收入的比例变化趋势，也完全一致，且由于自 2009 年以来，专制者可以通过囚徒产业获得的社会财富比例停止不前，专制者更加扩大货币发行的要求越来越迫切，这是 2013 年及以后必将出台比 2008 年 4 万亿人民币投资更大规模的货币超发的经济刺激的一种必然选择……可以肯定，1997 年的亚洲金融风暴和 2008 年席卷欧美的金融危机，从中国囚徒产业的潜力值数据上和通过囚徒产业攫取的财富占财政收入的比例值上，都表现出同根同源的特点：都是中国囚徒产业在国际市场上的份额高为特征的。危机在不同的区域以不同的形式表现出来，只不过是病灶的转移和病情的表现形式有所不同罢了——本质相同且只与中国囚徒产业或中国因素在国际贸易中的存在部位和大小有关。

总之，中国囚徒产业的潜力值指标，包括中国专制者通过囚徒产业攫取的财富占财政收入的比例值指标，都比中国的贸易顺差指标先行，提前反映世界经济和中国社会的环境和存在的潜在问题，就是源于囚徒产业在国际、国内两个市场中具有独特的竞争优势，具备经济学中最纯净的学科指标特点，使其在第一时间预报世界范围内的经济动向，并使中国国内经济得以在其后，而非在第一时间就面临巨大的、来自于囚徒经济回流和世界经济衰退的双重冲击。一句话，中国囚徒产业的"潜力值"窜升于高位后，或者中国专制者通过囚徒产业攫取的财政收入的比例突降，都意味着人民币幸福度的下降到达了一个阶段性的临界点位置，世界经济就将爆发与 1997 年亚洲金融风暴或 2008 年欧美金融危机烈度类似的全球性经济危机；而中国囚徒产业的潜力值持续处于低位，或中国专制者通过囚徒经济攫取的财富占财政收入的比例长期处于高位，人民币幸福度下降处在一个相对稳定的时空中，中国专制者对中国经济命脉的掌控力度就会逐渐萎缩，这是中国专制者最不愿意看到的——长此以往，其专制统治的地位将命悬一线。

中国的囚徒产业的利润水平，从逻辑上讲无疑远高于同样的社会产业的平均水平，仅从囚徒待遇和财富生产的水平看，几乎不存在利润水平下降的可能、更遑论利润率靠近零的发展趋势。但是，这种高利润是建立在社会平均工资水平不断提高的基础之上的，来自于社会刚性工资的不断上涨，而并非源自产业的技术水平提高或者科技创新。因此，中国囚徒产业的利润只是在社会整体利润中加入了一块"额外"的、本应有劳动者及其家人享受的工资、福利待遇等而已，是剥夺正常劳动力成本后形成的"欺压式"的社会财富。因此，这部分社会财富是无法提高货币的社会幸福度水平的，它本来就是一个货币幸福度固定水平中的一个因子，只不过被强行改变了正常的分配区域。相反，社会财富的这种强行分配，造成了更大的贫富分化，增加了社会动荡的风险，也事实上增加了人民币货币幸福度下降的压力或动力。也就是说，中国囚徒产业中，看似巨大的利润也会被社会其它企业通过货币发行支持下的违法生产、骗取财政补贴或奖励等等手法，绕过劳动力价格不利的障碍而轻松超越，最终被来自货币幸福度下降的力量彻底吞没：没有任何商品的利润可以抗衡无成本的货币而不被其榨干！另一方面，在国际贸易领域，囚徒产业的存在，提高了中国产业相对于国际竞争对手的利润率水平，具备价格竞争优势；在由货币幸福度下降促成的投资扩大、利润率日趋降低的中国国内经济大环境中，囚徒产业的存在也让国内非囚徒产业在国内市场竞争中更加、更快、更彻底地使用违法手段，进而为中国经济末日的早日到来，奠定了基础！上述情况，让中国经济呈现出非常"矛盾"的一面——一方面，中国产品的世界市场竞争力持续强大无比，价格优势明显，另一方面，中国国内市场上，却哀鸿遍地，虽然用尽了各种合法、违法的手段，企业利润水平仍低至不堪入目。因此，中国囚徒产业的存在，并不会改变我们对中国经济走向"经济末日"的判断：它的利润总量，与其它企业的利润差距固定在劳动力工资待遇上，虽然可以随着社会平均工资水平的不断提高而增大，但随着货币供应的持续加大，其占有社会总利润的份额，也与其它企业一样，只有依赖系统中的货币体量同幅度增大来维持。 世界范围内的经济动荡，也体现出与中国囚徒产业的联动现象，实际上是与人民币幸福度变化的一种联动，反映的正是不同类型的货币经济体系一体化后，人民币幸福度下降给世界其他货币的幸福度变化趋势所带来的压力或变数。人民币幸福度下降，借助世界经济一体化，具有跨出国境、影响世界甚至于支配世界的能力。

中国的庞大囚徒群体，就是创造中国"经济奇迹"、实现中国持续且巨额的贸易顺差的那只"怪物"——它让中国专制者得以通过货币操纵任意攫取并分配足够多的"欺压性"社会财富和利益，实现对中国社会秩序甚至国际社会秩序的控制。

第三编：信仰学理论的验证和初步应用

第四章：货币运动规律在世界历史进程中的主导性作用

第一节、货币运动规律对社会历史过程和人性确立过程的描绘

由于货币运动规律所反映的是信仰发展规律，因此，我们可以借助货币运动规律，来考察信仰所决定的有关人类的一切领域——即包括人类自身和人类社会，也包括人类周围的自然生态环境和整个宇宙环境。这一节，我们只重点讨论一下货币运动对国家和社会起源及人类起源的表达。

从时间上看，社会是从无信仰的蛮荒时代后才出现的。社会公权力给人类个体带来社会秩序或者个人能力之外的生存保障，是社会幸福的象征。因此，蛮荒时代虽然无社会——自然也没有真实的财税收支和公权力机关，但这不妨碍我们先为其虚拟一个具备以下特点的等值财税曲线：1）、只能表示社会痛苦；2）没有丝毫的社会幸福。从上面章节中有关非闭合货币运动曲线中，不难发现，非闭合货币运动曲线图案中位于坐标系第二象限部分的那条（左）闭合曲线，恰好满足要求。也就是说，从财税曲线或货币运动模式上看，人类历史中的社会产生过程也可以看作为一个连续的过程，即从财税曲线只有非闭合货币运动体系在第二象限中的形式开始，然后逐次过渡形成非闭合货币运动曲线和专制社会的财税模式，出现第一个专制社会和国家，然后人类再全部进入到专制社会形态的社会中。《圣经》中，将上述过程形象、具体地描述为"一只公绵羊的出现和征服世界的历史"："有双角的公绵羊站在河边，两角都高，这角高过那角，更高的是后长的。我见那公绵羊往西、往北、往南骶触，兽在它面前都站立不住，但它任意而行，自高自大。"（但 8:3-4）上述经文中，专制社会非闭合货币运动体系的两条曲线，被形象地比喻为"公绵羊的两只角"，其中，"更高和后长的角"就是（右）闭合货币运动曲线，象征人类的信仰水平不断提高；而在前且稍低的角，则是蛮荒时代的虚拟财税曲线或货币运动曲线，象征人类在适应环境下生存的习性或动物性内容更早存在但变化比较慢——人类社会虽然不是一开始就从这里产生的，但却可以倒退到这里或者可以从这里再建立。也就是说，真实的人类社会历史，与我们从逻辑和时间连续性上所考察的结果，是矛盾的，即我们看到的人类社会都是从社会解体、崩溃后才开始出现的，构成了一个"还未诞生就已经死亡"的逻辑悖论。经文中受到其攻击并"站立不住，也没有能救护脱离它手的"的"兽"，就是人类或特定的人类，指处于蛮荒状态中的人类和在信仰上完全类似他们的所有后来人。《圣经》中，处于诺亚大洪水前被大洪水所消灭的人类，就是这样的"兽"，他们的共同特点是没有信仰或不相信神，"终日所思想的尽都是恶"（创 6：5）。由于《圣经》中神是"唯一良善的"（太 19:17），就按照有无信仰的标准把人类分为两大类：一类是相信神的存在、有信仰的人，他们因信仰而不会终日思想"恶"；另一类是不相信神的存在的，即被《圣经》视为"兽"的人类，他们因无信仰而只会思想"恶"。

《圣经》中，神是唯一自有和永有、至高和自由随意的。同时，又有记载，还没有吃"生命树"的果子获得永生的个人，已经与神相似（创 3：22）。可见，被造（非自有）且没有永生的个人，只有"自由"或"自由性"是与神相似的，是神逐出亚当、夏娃时明确表示为人类的共性和被逐出伊甸园的直接原因。个体的自由，可称之为权力或权利意识，是隐藏在我们每个人所具有的善恶观、是非观背后的决定因素，是人与神相对抗，在《圣经》中被视为侵犯、亵渎神性的事物。我们个人在作任何决定时，都是自主的、自由的。你可能会说，我在作任何决定时，都是有根据的、有理由的，而并非自由和无根无据的任性而为；你也许还要说，我接受了很多建议、意见才作出决定的，因而我并非自由、任意作出任何决定的……但这些根据、

理由、建议等等，包括理性，都只是你作出决定时的条件、基础、习惯，并没有丝毫影响你作决定的自由；你的任何决定的做出及作出这个决定的过程都是自由的，是不受任何限制的，与神性是完全一样的，这才是可能侵犯、亵渎神的唯一性的地方，是与神相似的所在，是原罪的出处，也是亚当被赶出伊甸园的根源，也是个人不能永生、不能得救离开死亡的根本之所在！但是，一个没有权利或权利意识的人，无疑于生理学上的死人，同时，在《圣经》中他也是罪人或不悔改就必死的人：摩西和亚伦只所以不能进"流奶与蜜的地方"正由于此——他们没有行使手中的权力才招致责罚。如此一来，《圣经》中的人类从被造的那一刻开始，每个人从出生的那一刻起，终其一生都始终处于一个薛定谔猫态（奥地利物理学者埃尔温·薛定谔于 1935 年提出的一个思想实验——作者注）：无论人类行使或不行使自由的权利，事实上都会处于生存与死亡的叠加态——行使自由权利时，意味着你还活着，但同时你已经在对抗神了，因此又意味着你已经死了，是有生也有死的叠加；不行使自由权利时，意味着你已经死了，但同时你却没有对抗神，因此又意味着你还活着，也是有生也有死的叠加。而根据退相干理论，人不可能永远处于这种叠加态。那么，其中的相干因素又是什么呢？《圣经》中指出，信仰是唯一一个时刻存在的、决定和影响个人生存还是死亡的因素，个人一旦做出信仰选择，立刻会产生不同效应。上述信息是用很多经文反复传达出来的，其中包括一个令人难忘的故事："那同钉的两个犯人，有一个讥诮耶稣，说：'你不是基督吗？可以救自己和我们吧！'那一个就应声责备他，说：'你既是一样受刑的，还不怕神吗？我们是应该的，因我们所受的与我们所做的相称，但这个人没有做过一件不好的事。'就说：'耶稣啊，你得国降临的时候，求你记念我！'耶稣对他说：'我实在告诉你：今日你要同我在乐园里了。'"（路 23:39-43）。可见，由于信仰的影响，生死叠加的"薛定谔猫态"会产生退相干效应——有信仰或正确信仰者，生；无信仰或无正确信仰者，死。反过去看《圣经》中的创世纪，创世纪就成为了一个人类信仰发展的大背景，它创造出的一切，也会记录下后续其中的一切。信仰发展中、人生各个过程中，所有的语言、思维和行动，都是在这个大背景中被准确记录，正如经文"神的灵运行在水面上。"（创 1：2）中的所记的"水"一样：现实中的水，每一颗小水珠，不也都会准确记录其中植物的样子，从叶形到花形，植物变则水珠变吗？

信仰是人类区别于动物和其它被造物的唯一标志，人与万物的差别只在于信仰。有信仰的人类，生物生命要传递的是信仰，而非生物基因。信仰并非唯物主义哲学中的"意识"，后者被定义为"人脑的机能，是对物质的反映"，换句话说，唯物论者把人类完全等同于物质——无论是人脑本身，还是人脑所反映的对象，人类都只是一种反映物质规律或体现物质规律的附属物，除了物质规律之外再没有剩下任何的特别之处或自在之处——与物质世界完全没有差别！信仰与唯物主义哲学中的意识概念的差别，在《圣经》中，从一开始就被指明："造人，使他们管理海里的鱼、空中的鸟、地上的牲畜和全地，并地上所爬的一切昆虫。"（创 1:26）："要生养众多，遍满地面，治理这地；也要管理海里的鱼、空中的鸟，和地上各样行动的活物。"（创 1:28）人是神造出的物质世界的管理者，这就是人不同于物质和宇宙万物的特别之处、是人类位于物质世界中的自在之处。相信《圣经》中传达出的这个信息，就是信仰！因此，信仰不是物质规律在人脑中的反映，只是人类对信息的信任或接受，不需要验证。有信仰者，在遇到生活困境时，不会改变性情和信仰，只会祈求神的帮助和恩慈，以求渡过难关继续生存；而动物，因其无信仰，它们在求生的过程中，遵循适者生存的自然法则，在遇到生存困境或进化困难时，如食物缺乏、疾病、天敌过于强大等，动物只会改变性情甚至死亡。无信仰的人类也是如此，它们都不会寻求或者祈求造物主的恩慈，只依赖自身的力量求食物、求配偶、求子女、求食物、求权力……因此，无信仰的人类与动物无差别，中国文化中的谚语"食色性也"是对他们（或它们）最恰当的评价，在《圣经》中一并被称之为"兽"。人类从生物学角度、从自然界的食物链的角度上讲，来自兽，生命的延续也只传递人类的基因，与查尔斯·罗伯特·达尔文的生物进化论完全符合。但是，物竞天择适者生存的物种进化论，却从逻辑上排除了一个自愿牺牲生命的人类的产生可能。这就是说，从逻辑上讲，自愿奉献、放弃一切的信仰观念绝对不可能是视生命和生存为最高的生物进化历程的产物和结果。达尔文的生物进化论，在人类起源的问题上，只能解答"兽"一样的人的起源问题或人类的基因来源问题。因此，进化论作为生物科学分支领域内的一个终极真理，与现实世界中存在的人类信仰之间形成了一个科学的悖论，一个进化论无法解释的断层、结果和现实。对此，从理性上讲，只有可以超越终极科学理论的造物主的力量，才会让我们超越某一领域中的终极科学理论的限制，回到理性和真实的现实中来，《圣经》也恰恰在这种时候——就像我们将要看到更多类似情形一样，以明确和准确的针对性启示，

978-1-62265-922-7 (online) 978-1-62265-923-4 (paper) Faith Studies by Zhang, Pujie

带领我们越过这些疑惑和悖论，彰显了《圣经》中的信息确实直接来自神。《圣经》在创世纪的有关经文中，指明了人类的两次（个）被造过程，第一次是创世纪中的第六天，发生在牲畜、昆虫、野兽等各种生物创造完毕之后，"神说：'我们要照着我们的形像，按着我们的样式造人，使他们管理海里的鱼、空中的鸟、地上的牲畜和全地，并地上所爬的一切昆虫。'神就照着自己的形像造人，乃是照着他的形像造男造女。神就赐福给他们，又对他们说：'要生养众多，遍满地面，治理这地；也要管理海里的鱼、空中的鸟，和地上各样行动的活物。'"（创 1:26-28）这是进化论中的人类或无信仰的生物人的产生过程，显示人类在自然界中处于生物进化的最后阶段。这样的人类，无论个体还是群体，都只能适应环境生存下来，环境彻底变化后就会迁移或灭亡；他们所创造的所有"文明"都只是适应自然环境和人类自身群体环境的产物，与我们从区域地质、地貌、气候、生态环境或动植物的颜色、形状、习性等适应大环境的结果是一样的，前进变化的速度与生物进化的速度或沧海桑田的宇宙变化速度一样。生存或生命是他（或他们）生活中超越一切的最高目标，这决定了生物进化中的人类的文明程度或科技水平，不会超越环境适宜人类生存的高度，经济发展的结果也不会超越维持温饱的最低要求即人们常讲的"自然经济"。象一般的群聚动物一样，这种人类只会在环境适宜时繁殖数量多、分群多，而在环境艰难时，人口数量少、战争多。超越生命或取代生命成为最高目标的信仰，无法在这样的人类中形成和被接受。那么，我们在现实世界中看到的有信仰的人，他们既然不可能来自生物人，从逻辑上讲也无法在生物进化论中觅得一席之地，他们又来自何方呢？正是在此科学与现实的困惑之处，《圣经》中恰恰有了人类的第二次被造的记载，彻底解决了这个疑问，"耶和华神用地上的尘土造人，将生气吹在他鼻孔里，他就成了有灵的活人，名叫亚当。"（创 2:7）亚当和第一次记载中的被造人类，从生物学、生理学上看没有任何的差别，完全一样，只是比由野兽进化而来的人类，多了生物进化理论无法达成的、可以形成信仰或承载信仰的"灵"而已！生物进化论可以解释起源的"兽类"人类与可以有信仰的亚当一样的人类间的关系，在有关"割礼"的经文信息中，表现地尤为突出。例如，经文"你和你的后裔必世世代代遵守我的约。你们所有的男子都要受割礼，这就是我与你，并你的后裔所立的约，是你们所当遵守的。你们都要受割礼，这是我与你们立约的证据。你们世世代代的男子，无论是家里生的，是在你后裔之外用银子从外人买的，生下来第八日，都要受割礼。"（创 17:9-12），首先说明了割礼是一个与信仰有关的记号，是有信仰或者可以有信仰的证据；其次，又说明有信仰的人并不在"7 日"内——这个《圣经》中著名的、神创造宇宙万物的时间内——所创造的那个物质世界中。出生 7 日之内的人类（婴儿），是可以承载信仰但还没有信仰的人，是与物质世界或生物进化理论中起源的人类相类似的人类，都只受身体的物质规律或人类的生理规律的制约，与普通动物一样，"你要将头生的儿子归给我；你牛羊头生的，也要这样，七天当跟着母，第八天要归给我。"（出 22:30）。正因为母亲生下的婴儿具有以上的特点，所以人人喜庆的新生命的诞生，却从信仰上污秽了母亲，需要洁净，如经文"若有妇人怀孕生男孩，她就不洁净七天。"（利 12:2）"她若生女孩，就不洁净两个七天。"（利 12:5）所讲。

亚当的信仰来自于他在伊甸园的生活经历、亲眼见过神的面、贴身感受过神的大能……亚当的信仰或神存在的信息不可能通过生物进化而取得，缺少亚当的这种经历、不相信神存在的信息的亚当的后代们，也就失去了信仰，与第一次记载中被造的人类完全相同，完全符合且只符合生物进化论的所有结论——他们将生命，视为最高的追求和生活的目标，将生命和生活的规律视为最高法则，将一切环境视为自己生命和生存的条件和材料，是生命的一部分。信仰随时可以有也可能无，随时可以前进也可能堕落，而生物的进化却不可以如此，人类的生物基因不可更改，正如没有一个人可以随意从生物学或生理学的角度上退化成一只野兽。不会有信仰、只受生物进化理论控制、只能在环境选择中产生的"兽类"人类，都早在《圣经》记载的诺亚大洪水中就被彻底除灭了，当今地球上的人类都是可以有信仰、能够承载各种信仰的亚当一样的人类。但是，信仰水平不断下降却不知阻止的人，照样可能坠入与野兽一样的人类的境地，结局也与野兽一样必死无疑，其他人要等到末日审判时才知各自的结局，其中只有信仰不断进步且信仰水平达到一定的高度的人，才会获得永生或不死。如此，个人信仰与永生（或幸福）

和 死 亡 （ 或 痛 苦 ） 的 结 局 之 间 的 关 系 ， 如 图 4-1 所 示 。

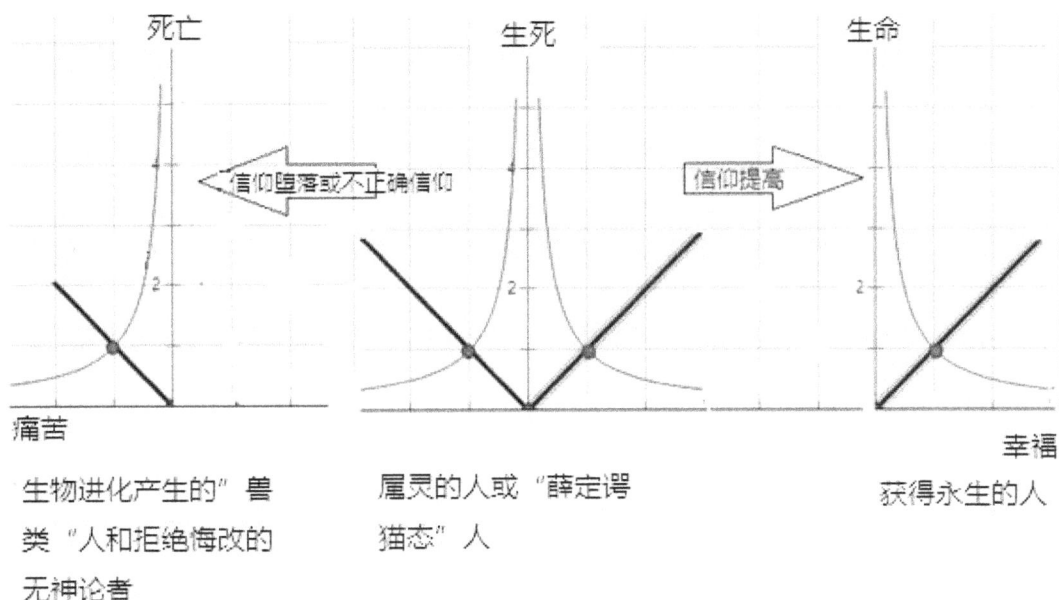

图4-1　个人信仰和信仰中的生死、痛苦与幸福间的动态关系示意图

　　无信仰或拒绝信仰的人所组成的人群，只是野兽或昆虫一般的群聚，与《圣经》中"诺亚大洪水"前那个时代的人类的生存状况一样，也与信仰彻底堕落的专制社会解体前的状态相同。人类历史上很多突然消失的"文明"如玛雅文明——南美洲古代印第安文明，美洲古代文明的杰出代表；如小河文化——4000年前人类文明，一片位于罗布泊沙漠中的古代文化，再如《圣经》中所多玛、蛾摩拉，大都归于此类。只有具备了信仰的群聚，才可以真正被称为"人类社会"或"社会"。人类生物性的群聚与社会，二者在结构、运作等方面有很多相似性，如都有阶层性的群体结构或严格秩序，有"王"或或各种名称的首领，有平民或只要从事各种劳作的阶层……但人类的生物性群聚中，这种类似社会阶层的等级和层次，与普通群聚动物如蜜蜂、蚂蚁或狼群等群聚组织中的分工一样，也与我们身体各器官的分工或不同功能一样，是群聚动物的内部习性和规律，类似身体各部分器官的生理学规律，都以自己的存在或生命为最高法则。"王"以个人能力取得地位，与兽群中的首领——如狼群中的头狼，靠力量和生殖能力取得地位一样。因此，兽群和生物进化中的人类群体，首领所受到的供奉，只会给他（或它）自己带来利益和幸福，他（它）足够强大，就会长期处于首领位置，否则被赶下台或分群。因此，兽群中用来供养首领的物质财富，只是其它个体和成员的痛苦或生存材料的减少，没有丝毫幸福可言，从公共财政或社会的角度看，就只有社会痛苦没有社会幸福，如图4-2的图形所示。

271

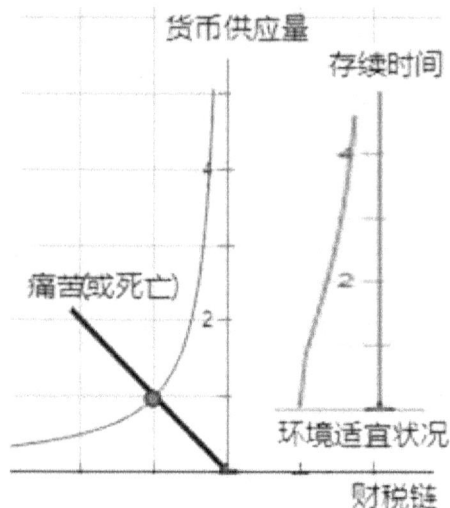

图4-2 社会形成之前和社会崩溃
之后的货币运动及可持续
时间示意图

再如，人类的动物性群聚中也有神灵崇拜，但却并非信仰，而是类似中国人对观音、财神的那种个人利用，是一种虚拟的生存武器和工具，不仅不会真正为其付出，而是渗透着对所认可神灵的无穷尽且随意的索取。他们所供奉的神灵，也仅仅以受到的供物的多少为标志，要么兴起、要么被人遗忘……而《圣经》中的耶和华神，明确声明不喜欢任何供物（参见《以赛亚书》等经文），只喜欢"公平"、"公义"，以色列祭祀制度中的供物，只是向我们传递社会知识的一个载体。人类的动物性群聚是个体借助于群体来维持生命和生物性的生命延续、繁衍而已，没有丝毫超越个体生命的生物学规律，突出表现在对特定环境的适应上，一旦环境变化，就立刻解散，在环境重新恢复前，没有聚合在一起的可能，不会出现象以色列人仅仅因信仰都回到原来居住地的情况。兽群式的人类古代文明，大都毁于自然环境的剧变中，剩下的被人类社会所消灭，正如《圣经》中以色列人到达前的迦南地的原居民群体、中国远古时代被称之为"蛮""夷"的周边群体等等。但这些动物性群聚的群体，他们在适宜的自然环境中，会象世代繁衍的群聚动物一样可以存续很长的时间，期间也可能出现人人生活富裕、出现大量能工巧匠等现象，但所有这些，都只是人类作为自然生物的本性的影像，在普通动物世界中也常见，如仿生学中所要模仿的各种动植物的奇异功能等等。所有社会的产生，都以超越领导者或发起者、倡议者个人生命范畴为特征，例如，消除旧时代的贪腐等黑暗、延续或保护某种文化传统、为所有人的后代子孙利益、实现财产或其它权利平等……所有这些社会的目的或建立的初衷，距离《圣经》中所倡导的公平、公义的价值观越远，社会信仰水平就越低，如"等贵贱、均贫富"的社会价值观就比"均贫富"的价值观更接近《圣经》中的公平、公义，前者的倡导者的信仰水平就较高，建立和维持一个"等贵贱均贫富"的社会就需要社会大众的信仰水平普遍较高才可能。因此，一个社会中的人们，所信奉的信仰或价值观可以各种各样，神灵的名称可能千奇百怪，但只要这个社会中还有一点点的公平正义，就是一个有信仰的社会，就是一个脱离了蛮荒时代或进化论中"生物性"人类群体阶段的社会，正如我们在《圣经》中亚伯拉罕为所多玛祈求时与神的那段对话（参见创18:22-33）中所看到的一样，被彻底除灭的所多玛中没有一个还有心存公平、公义的义人存在。同理，一个社会沦落到人人为自己、每个人事事要求人而无法依赖社会和法律的地步，就已经迈入了进化论所辖的兽群时代，社会彻底崩溃；而一个社会进入到将供物——包括个体生命、各类物质财富及反映其规律的各种科学知识、各种经典中的清规戒律或律法规定、各种传统的对某种经典的解读方式等看作是最高、最重要的个人事物时，如自杀式爆炸的殉教者或圣战分子、法西斯分子或共产主义者的献身等等，这个社会的信仰水平就比较低，随时可能滑向蛮荒时代，但也可能会艰难地进入到正确信仰水平高并能够自行维持的以色列类型社会中来……信仰的独立性，或信仰的去适应（环境）性的特点，让分权制衡、法律权威和法律正义成为必然。因此，自由、平等、法治、分权制衡的结果就是社会信仰程度的标志，它们都要以社会信仰为基础并反过来反映出社会的信仰水平。例如，没有社会信仰作基础和保障的分权制衡的法律规定和制度安排，都要成为一纸空文。这是我们看到很多貌似有现代国家的政治框架、法律制度的社会，却很快暴露出专制社会、独裁统治的社会真面目的根源，如纳粹德国、萨达姆时代的伊拉克和现在的俄国都如此。

综上，人类个体起初都是人面兽身，具有痛苦（或死亡或兽）和幸福（或永生或人）的双重属性，完全适用于非闭合货币运动的双曲线图式：坐标系中第一象限部分的曲线，代表幸福，第二象限中的曲线即左闭合曲线代表痛苦。《圣经》中，从人类个体和从人类的起源开始，就已经具备了使用我们在考察社会财税形成模式中所使用的货币运动曲线的条件和基础，形成一个

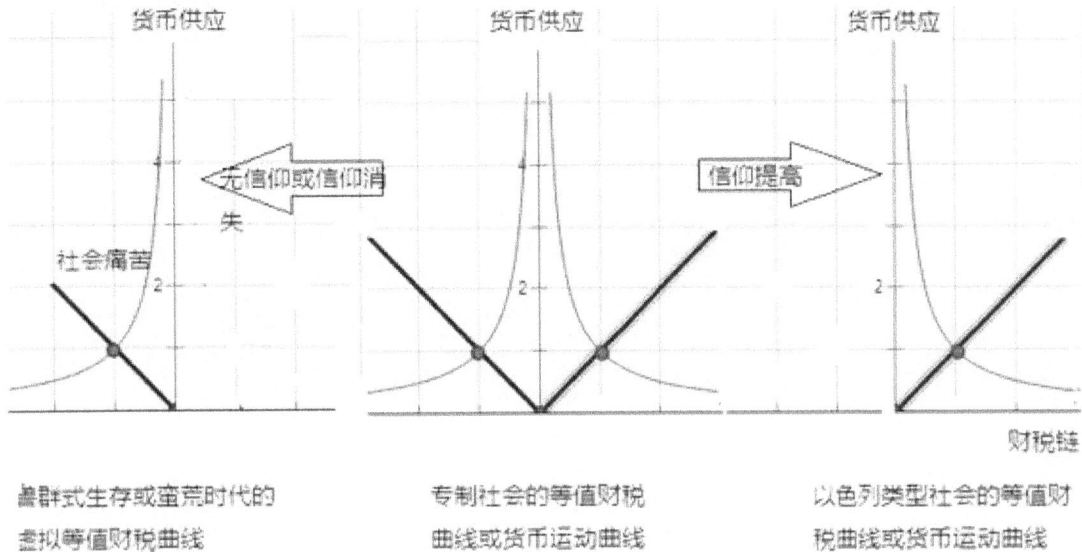

图4-3　　社会信仰与社会形态之间的动态关系示意图

与人类社会历史变化完全对接的统一体系。此后，人类的族群也与人类的个体一样，按照有无信仰分道扬镳。处于生物进化论中与野兽一样的人类个体，进入动物群居状态中，其族群的生存状况和可持续时间，我们可以借用非闭合货币运动曲线中第二象限中的曲线即左闭合货币运动体系的存续时间曲线来表示，如图4-3所示。即完全符合上一节中看到的描述这个规律的曲线系统中位于坐标系第二象限中的部分，生态或自然环境越适合生存（增长率下降越小或自然环境恶化改变的程度越小）时，族群的存续时间越长，完全可以满足基本生存需要的状态（增长率为0，或自然环境状况恒定不变）时，存续的时间无限，与现实世界中处于特殊地理环境中的一些人类的土著文明的存续状况完全契合——就像亚马逊河流域中的一些原始部落，若非受到外来的人类社会力量的影响，它们中间的文明可以简单地持续到今天并可以永远持续下去；那里的人类族群，人们古老而有效的生存方式与稳定少变的环境环境相结合，生存状况长期无变化但文明的持续时间却可以异常的久远。但一旦发生自然环境的巨大变化，这些古老而神秘的文明，就会突然、急速的消失，如著名的玛雅文化。处于猫态中、可以有信仰的人类个体，进入社会状态中，人类个体和社会的最初状态都是非闭合货币运动曲线的标准形式。社会起源过程，也表现为信仰和幸福之外的一场厮杀，消灭只有痛苦的货币运动双曲线第二象限部分、保留痛苦和幸福参半的整个双曲线系统。这样的社会产生的过程意味着，消灭已经做出兽的选择的无信仰者的群体，构建出一个只有薛定谔猫态人和有信仰者两类人组成的过渡性群体结构——这个社会结构必然还要继续行使其历史职能，还要继续消灭从薛定谔猫态中分化出来的兽和兽的群体，积累和造就更大、更多的人和人的群体，提高全人类的信仰水平。

兽类人的群聚，只能在特定的适宜环境中才能定居下来，其生命或"文明"周期长短，完全视环境变化而定。这种生物进化下的人类生存中，自然生态环境的变化因素，对于人类生存的意义和效果，与处于社会中的经济发展的增长和萎缩因素完全一样，都是影响没有信仰和信仰水平低的人群的可存续时间的关键——对于前者，环境变化越小、生态环境越稳定，生存时间越长，反之亦然；对于后者，经济发展越稳定，增长或萎缩的速度越趋于0，存续时间越长，

反之亦然。与在一个没有变化的自然生态环境中，其中的生物种类（或族群）会永远延续、生存下去一样，生物进化中的人类族群也如此，一个经济发展始终 0 波动或 0 增长的专制社会，也会永远存续下去。因此，兽类人与专制社会崩溃后的人群、及以色列类型社会之外的所有社会，都受制于非闭合货币运动体系存废规律的制约；其中，生物进化中的兽类人和社会崩溃后的人群，处于非闭合货币运动中的左闭合运动体系之下，系统的存续时间规律如下图中的第一部分所示。从群居生物的生存历史和仿生学的角度来看，人类社会的经济发展能力对于人类社会存续时间的作用完全等同于生物的环境适应能力。可见，经济发展本质上就是人类科学技术能力的一个表现形式，绝非是财富、货币因素或运用货币手段的结果。也就是说，依赖货币因素的经济发展，无助于人类的生存，是必死的途径。

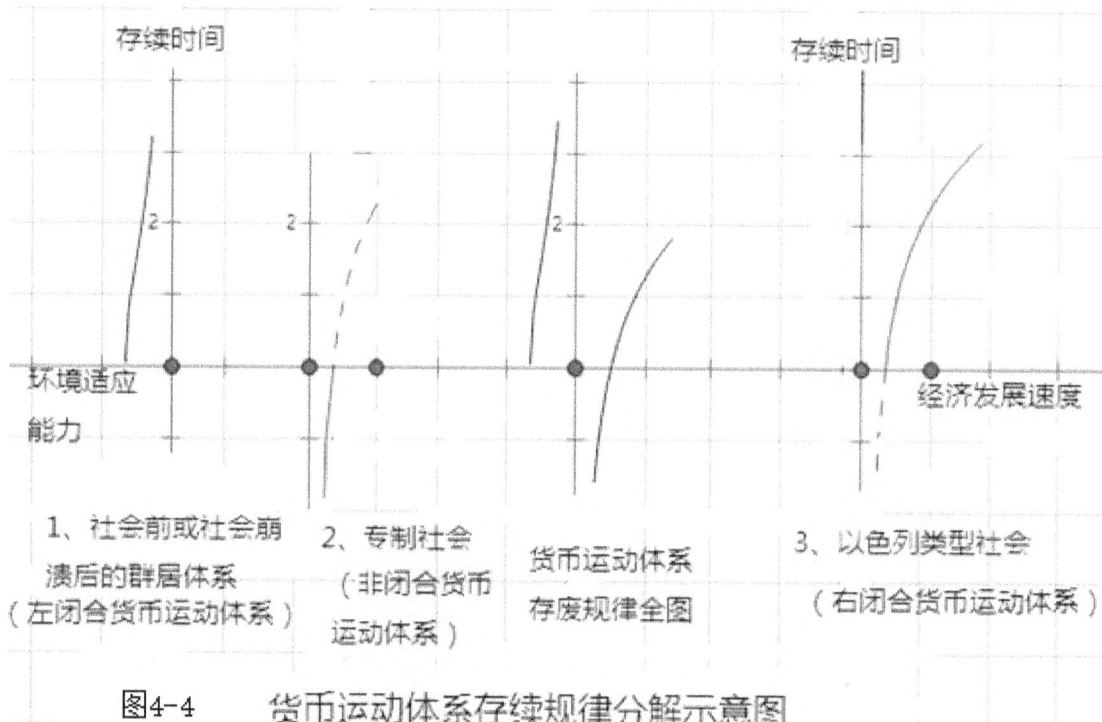

图4-4 货币运动体系存续规律分解示意图

专制社会，即使是信仰水平最低的专制社会，如无神论者的专制社会，也能够让人类在大多数的地球环境中定居下来，不再一味地受制于对自然环境的"适者生存"法则。但是，专制社会只有超强的环境适应能力，却无法摆脱不适应自身经济快速发展或波动的宿命，如上图中第二部分的实线部分所示，表示其可以在缺少信仰的状态下只依靠货币策略存活的生命周期；其中的存续时间位于纵坐标轴的负数方向，代表了社会信仰处在低下、堕落的状态中。专制社会解体后，若不能及时重建社会秩序，其中的人们大部分将被迫离开或死亡，也正是兽类人在自然环境改变后曾经遭遇过的事情，意味着信仰彻底堕落的人们，重新进入到生物进化的规律之下，回到与野兽一样的适者生存状态中，与《圣经》记载的诺亚大洪水所消灭的兽性人一样；同时，上述状况也意味着，专制社会崩溃前的状况与生物进化中的野兽一样的人群状况、与已经消失或残存下来的特殊环境中的土著人类的生存状况是一样的，都退回到上图中"1"部分。但是，假设专制社会周围存在可以摆脱适者生存法则限制的外部环境的话，超强的环境适应能力会让专制社会搭上继续存在下去的顺风车，进入到新的生存时代中……因此，专制社会在与以色列类型的社会共存时，只要后者的技术革命能够恰当、及时地爆发，它的存续时间就可能摆脱旧环境的束缚，形成类似于以色列类型社会的存续模式——具备不依赖货币手段维持经济发展的空间和时间，如图中"2"的虚线图案所示。当然，类似美国页岩油技术革命这样有较大的地质条件限制的新技术，现在看来无法应用到类似中国这样地质环境的地区，对于中国这样的国家来讲，这样的技术革命就是无助于其社会存续的无效或不恰当的"技术革命"；同时，从技术革命的历史来看，自第一次产业技术革命即工业革命爆发后至今，公认的技术革命次数屈指可数，从时间上看并不连续且间歇时间较长，因此没有可能让专制社会的存续规律跨入上图中"2"部分的虚线区域，只增加了专制社会可以不依赖货币手段的零星时间。上图中标示为"2"的虚线部分，对专制社会来讲，是连续的技术革命条件下，可以不使用货币工具而维持经济增长的时间函数图像，现在虽然不适用，但在未来的时代却有可能成为现实。这样看来，从经济学的角度讲，专制社会确实不是被武力打死的，而是被慢腾腾又不断爆发的技术革命造就的经济发展波动所杀死的。

以色列类型的社会，可以让人类在地球上的任何环境中生存下来，随着信仰的继续前进，将来的人类还会在宇宙中的任何环境中定居、生存下来，彻底摆脱环境选择规律的桎梏，这正是《圣经》中"永生不死"概念的必有之意。以色列类型的社会，自身经济发展的动力来自于社会内部的科学技术创新及其应用能力，如图 4-4 中标示为"3"的第三部分所示。这一部分的几何图形可以通过对右闭合曲线进行转换坐标系的方式得出：先将右闭合货币运动曲线的图案沿坐标轴的横轴对折，然后再垂直向下平移坐标系或坐标系的横轴。该数学图形实线图案部分的纵坐标轴所标出的"存续时间"，是指在一个特定技术环境条件下，社会不使用货币刺激政策或不依赖货币手段，也能维持经济发展的时间。曲线的实线部分所显示的时间都是一个愉快的等待下一次技术革命爆发的蜜月时期，大致相当于西方社会的货币加息周期——如格林斯潘时代的美国；若社会信仰前进的速度不够快，超过这个时间（蜜月期）段还未爆发技术革命的话，以色列类型的社会若要继续维持经济发展，就必须使用货币手段才可以，大致相当于西方社会实施扩张财政政策（赤字财政或凯恩斯经济学策略）和量化宽松货币政策的时间——如 2008 年美国开始实施的量化宽松政策的时期就是如此。依据我们前面的计算结果，可以知道，以色列类型社会连续实施刺激经济发展的财政、货币策略的最长有效时间不超过 40 年。即连续实施 40 年的财政、货币策略后还未迎来技术革命的话，经济增长会陷入绝对的衰退状态。对于积极财政和量化宽松的规模，根据我们前面对非闭合货币运动体系存废规律的分析结果可知，每年至少应相当于上年度国家财税收入总量的规模才算得上"足够有力"，再大的部分无效，但太过小于这个规模时，对推动经济增长产生的效果也差；至新的技术革命爆发后，以色列类型社会的货币依赖被解除，货币策略又会退出，2015 年美国开始讨论美元何时加息，就是页岩气技术革命的结果。

从逻辑上讲，具备超强适应能力的专制社会，也必然会适应以色列类型社会造就出的快速发展的国际环境，从而有可能进入到图 4-4 中的第二部分的虚线图案部分或第三部分的实线部分；同时，它在崩溃前的状态，又与野兽一样的人类的状况一致。因此，描绘专制社会非闭合货币运动体系存废的整体规律图，可以一分为三；或者说，描述野兽一样的人类或无信仰人类的族群存废规律、和描述专制社会存废规律与以色列类型社会经济发展规律的三部分数学图案，必然可以组成一个完整的函数图案，让人类的所有生存状况处于一个和谐、统一的科学考察体系之中，如图 4-4 中未标号码的那个图案——正是我们在考察非闭合货币运动体系存废规律时所作出过的那个函数图案。从这个统一的数学函数图形来看，有以下特点：1、整个函数图案是一个不连续图形，表示出人类从无信仰的类似野兽的时代，或者说生物进化过程中产生的人类，靠自身力量永远无法进入到有信仰的时代；2、整个函数图案有两条连续的几何曲线构成。其中，右边的连续曲线表示出人类的整个社会时代，从经济发展模式的可存续时间或以控制经济领域为代表的社会"寿命"的角度来看，是一个统一的、可作为一个整体进行考察的闭合数学系统。即，以色列类型的社会，也可以看作为科学技术创新能力达到足以发动技术革命高度、或社会信仰水平达到足以支持社会转变为一个民主、自由、分权制衡的社会的高度的"后专制社会时代"。同样，专制社会，单单从社会寿命的角度上讲，也可以看作为是一个社会信仰水平不够高、不足以发起一场技术革命而只能依赖货币策略的"前以色列类型社会"。左边的连续曲线，表示出自然界中的所有生物、宇宙中的所有事物，只要与外部环境相适应，就会永在，是对达尔文的生物进化论和物质不灭定律的一个数学化的表述方式；右边的连续曲线，表示出信仰的持续不断提高，会给人类社会带来不死的结局，信仰的持续不断下降，必带给人类彻底的死亡，是《圣经》中信仰与生死关系的数学表述。

综上，我们不难发现，《圣经》中所记载的巴比伦王尼布甲尼撒的梦境，与《圣经》中记载的但以理所看到的那些奇异景象一样，都是预告了相同的人类历史变化：有灵即可以有信仰的人类，以社会生存形式掌管整个宇宙，"你是诸王之王，天上的 神已将国度、权柄、能力、尊荣都赐给你。凡世人所住之地的走兽，并天空的飞鸟，他都交付你手，使你掌管这一切。你就是那金头。"（但 2:37-38）而宇宙中的一切，包括曾经和现在的一切"走兽"、"飞鸟"，也包括达尔文进化论中应有和必有的、现在却并不存在的那些野兽类型的人类，都受物质和生命规律的制约——即表现为图 4-4 左边的函数图案，其中有不断的新陈代谢和生、死交替。随后的"银""铜""铁"三国（参见《但以理书》第二章），就是包括两类社会在内的人类的全球社会阶段或国际社会秩序的历史变换过程，它受信仰变化规律的制约——即表现为图 4-4 中右边的函数图案。其中，人们的信仰成长到一定程度后，可以让其群体或建立起的社会摆脱左边函数图案所昭示的死亡规律，左边的图案正是历史上专制社会死亡规律曲线的翻版——与专制社会存废规律曲线的实线部分在坐标系旋转后重合。有两种不同形态社会所共同组成的国际社会秩序的特点是："既见像的脚和脚指头一半是窑匠的泥，一半是铁，那国将来也必分开。你既见铁与泥搀杂，那国也必有铁的力量。那脚指头既是半铁半泥，那国也必半强半弱。你既见铁与泥搀杂，那国民也必与各种人搀杂，却不能彼此相合，正如铁与泥不能相合一样。"（但 2:41-43）。这种全球国际秩序的结局，"你既看见非人手凿出来的一块石头从山而出，打碎金、银、铜、铁、泥，那就是至大的神把后来必有的事给王指明。"（但 2:45）"当那列王在位的时候，天上的神必另立一国，永不败坏，也不归别国的人，却要打碎灭绝那一切国，这国必存到永远。"（但 2:44）这个必死的国际社会的整个时代是前时代，要到全人类的整体信仰水平达到一个特定的高度的后时代——正如单一社会的社会信仰水平达到一定高度就进入社会信仰自动前进的以色列类型社会一样，也如进入到图 4-4 中第二部分中的虚线图案与进入第三部分的实线图案完全相同一样，才会进入到全人类的整体信仰水平自动维护、自动前进的自动化阶段。那个信仰不会自动前进、必有反复波动的国际社会历史阶段中的前时代，在《圣经》中被称之为"这世代是一个邪恶的世代。"（路 11:29），并反复、明确、形象地被表述成"我可用什么比这世代呢？好像孩童坐在街市上招呼同伴，说：'我们向你们吹笛，你们不跳舞；我们向你们举哀，你们不捶胸。'"（太 11:16-17）。至此，我们应该十分容易理解，《圣经》里尼布甲尼撒梦中的那块打碎巨像的"非人手凿出来的石头"，就是信仰或《圣经》中表明的唯一的正确信仰。

《圣经》中所表明的信仰，是唯一正确的信仰，只在于《圣经》中包涵着一个可以证明自己绝非人手所为的验证系统，这个系统就是信仰学。通过信仰学，让我们看到《圣经》这本经典如同艾萨克·牛顿眼中的宇宙一样，存在着一个和谐、完美、自洽的科学系统，这是当今世界上绝无仅有的，在其它任何宗教经典中都找不到的一个证明经典本身来自于非人手的系统。

《圣经》中，信仰被分为社会信仰和个人信仰两大范畴。个人信仰只有正确与否或信仰内容的差别，例如只相信唯一的造物主耶和华神或同时信奉神和金钱财富等。个人信仰的摇摆、水平、程度、结果，人类自己无法衡量和感知，超出科学范畴，只有到世界末日审判（启 20:12-15）时，才会揭晓，经上对此明确说明"隐秘的事是属耶和华我们神的。"（申 29:29）。如所谓"善有善报、恶有恶报"等通常被用作衡量信仰的标准，并不一定适用于个人领域或个人信仰领域。《圣经》经文中，讲论到个人信仰领域的内容极少，主要集中在《箴言》等章节中，集中在如何判断信仰的正确与否方面。个人信仰是否正确的自我判断标准是逻辑或形式逻辑，即信仰或意识形态的内容是否符合人类的理性或逻辑规律。只有信仰内容没有丝毫逻辑矛盾的信仰才是正确的。例如，马克思主义者在否认存在全能的神的同时，却承认、笃信共产主义社会中的人或劳动者必定都将是"全能"或"无所不能"的；马克思主义者认为被经济形态控制的社会的发展是一种自然历史过程，但却仍然执意于"砸烂一个旧世界"，相信共产主义一定会战胜资本主义——这无异于在逻辑上承认相对论可以战胜经典力学、一种真理会被另一种真理所打败了，是《圣经》中用鬼王赶鬼的比喻说明的"亵渎圣灵"。而社会信仰却不是这样。社会信仰的正确与否、信仰的水平、程度、变动趋势和结果，都要即刻直接表现出来，显明为规律和科学知识，"惟有明显的事是永远属我们和我们子孙的。"（申 29:29）。例如，社会信仰水平在社会经济学中永远都表现为社会形态、货币运动形式、民主和法治水平、经济发展模式及科学技术的创新和应用水平等等。再如著名的"善有善报、恶有恶报"的信仰衡量标准，完全适用于社会信仰领域：只有在信仰正确且水平越高的社会中，恶人才越难以逃脱被法律惩罚的命运，善人也越受到法律的保护，越少无辜受冤者且蒙冤者越有可能昭雪；而在一个专制社会中，贪官污吏和最高专制者的恶行，谁又能指望其在有生之年被法律制裁或穷困潦倒、或暴病而亡呢？穷人和弱势群体的冤案，又有多少可以昭雪、感受到法律的正义呢？再如，信仰与科技创新和发动产业技术革命的能力之间的关系，在个人信仰领域也是完全不确定的，世界历史上富有成就的著名科学家和高新技术企业创立者中，并不乏基督徒之外的其他人，甚至还有很多无神论者包括在内；但是，从社会信仰的角度看，科技创新和发动产业技术革命的能力与社会信仰之间却在世界历史上呈现出完美的正相关的关联性规律，人类公认的历次技术革命，除工业革命发起于英国之外，其余的技术革命均发起于美国，他们都是同时代的科技水平和信仰水平最高的社会，任何信仰甚至无神论者，在社会信仰领域都展现成"淮南橘淮北枳"的现象，最明显的如世界公认的华裔精英，在美国科学界成就斐然，但中国社会内部的科技创新和发动技术革命的能力却极差。

276

但是，社会信仰只是个人信仰进步过程中的一个阶段。从个人信仰发展的角度看，人类信仰的发展是从无信仰的兽开始，进入"薛定谔猫态"的待选状态，然后再进入正确信仰或信仰领域，并在该领域中历经信仰水平、程度的各种反复过程，最后进入到社会信仰水平自动前进、永不反复或后退的阶段。上述过程中，社会处于人类个人信仰发展的中间阶段。社会不是万能的，它在动物世界或只有无信仰的人类兽群时代，不会形成和出现；它的局限性也在其发展的极限位置展露无余：那时，它才会表现出无能为力的状态，人类信仰水平的整体升华只有借助非人力的救赎，才能再继续。社会消失后，个人信仰还有很长的路要走——每个人仍然处于自我选择的状态中，谁也无法保证别人的信仰选择和信仰发展，直到末日。《圣经》中的"千禧年"就是社会退出后这个阶段中的最著名的例子。

由自我、自主的每个人组成的人类社会，让每个具体的自我、自主都只是社会的一部分，他对整个社会无力或乏力，却又是组成社会的一份子。这样，每个自我、自主都服在社会权力之下，服从、听命于社会权力的辖制，脱离了对抗神、与神性相争、相抗、相似的处境或状态——个体的自我和自由都在社会的辖制下降为弱势的和秩序的，每个人类的个体因此增加了重回洁净状态的可能性。社会的这种作用和意义，就是在"完全"自由的人类个体与彻底失去自主的个体之间，构筑起一个有自觉、自动服从、服务于超越个体生命范畴的某种信仰所产生的秩序的人类群体，并在完成上述使命的过程中，释放出一种自动或逐渐退出的相应程式。

第二节、货币运动对以色列类型社会起源过程的描述

《圣经》中，以色列类型社会的产生过程，是一个闭合货币运动体系从非闭合货币运动体系中独立、脱离开来的过程；从信仰上讲，该过程是有信仰的人群从无信仰的人群或兽群中脱离或独立出来的过程。《圣经》将此过程形象地描述为"兽的翅膀被拔去，兽从地上得立起来，用两脚站立，像人一样，又得了人心。"（但 7:4）

《圣经》记载，神拣选亚伯拉罕时，许诺亚伯拉罕"我必叫你成为大国。我必赐福给你，叫你的名为大，你也要叫别人得福。为你祝福的，我必赐福与他；那咒诅你的，我必咒诅他。地上的万族都要因你得福。"（创 12:2-3）这时还未显露亚伯拉罕的国是什么样式，但已经说明相对于大洪水之前的那个世代，任何形式的社会、国家的秩序都是有益的，任何社会时代都是神赐给人类的福气，而将要赐下的这个社会、国家的样式却是人类中间最好的、唯一一蒙受神的喜悦、最适宜于人类和直通个人永生的天国的社会形态。亚伯拉罕信神以后，神的应许是，"我要与你并你世世代代的后裔坚立我的约，作永远的约，是要作你和你后裔的神。"（创 17:7）这是一个信仰与否的应许：信仰者将得到以后的赐福，也就是说，不信者终将得到以后的惩罚，已经启示出了后来要出现的以色列社会或国家及其社会制度、法律等的有效性，均是以人们的信仰为前提的。随后，神才藉摩西律法，给人类展示了以色列类型社会的具体样式，大众信仰终于迎来以色列类型社会形态的展示。从逻辑上讲，《圣经》的上述记载，意味着只有全体人民都有正确信仰，以色列类型的社会制度和国家的所有法律才会发挥出最大的效力，彻底得到神的赐福；大多数人的信仰正确、坚定，社会制度也会在平安发展中得以延续，国家法律也会有效，并历经波折后最终过渡到全体民众都有正确且坚定信仰的阶段；大多数人的信仰不正确或者不坚定，国家法律将难以奏效，即使最好的社会制度，如以色列人的祭司、长老、先知三权分立、相互制衡的社会制度，也将逐渐败坏，无法保障法律的实施及民众的幸福和安定。《圣经》中接下来的记载，也与上述逻辑分析完全吻合："你们厌恶公平，在一切事上屈枉正直；以人血建立锡安，以罪孽建造耶路撒冷。首领为贿赂行审判，祭司为雇价施训诲，先知为银钱行占卜。"（弥 3:9-10）《圣经》中后来大量类似的记载已经显示，后来的以色列人虽口头上信仰神，但崇尚暴力、依赖武力，将神赐下的暴力和武力与神等同甚至超越神，正确的信仰至此已经遭到败坏，导致三权分立徒具形式，在统一的败坏信仰下无法制衡，公权力整体沦陷了下去：以色列的首领、祭司、先知都追求、信奉金钱财富，都为获取财富而行使权力，都做了财富的奴隶，又如何可能去相互制衡？把手中的权力都一致归于了财富的手下，又怎能归于神、让神亲自做王呢？至此，作为以色列社会生命之所在的公权力系统已经死亡、或者说作为以色列社会生命的"血"已经流尽。最终，《圣经》中的以色列被打散，遭遇社会和国家秩序的彻底崩溃。

其次，正确信仰，必将造就一个洁净的社会。《圣经》记载，亚伯拉罕一个人的正确信仰，不仅让以色列人出埃及，并且在长期的旷野徘徊后最终踏上应许之地建国，得到了摩西律法中确立的以色列类型的社会制度。这种正确信仰的功效或结果，与《圣经》中在前有关诺亚的记载，在逻辑上完全一致，诺亚一个人的正确信仰，就让人类在大洪水中保存下来。《圣经》中接下来有关以色列社会发展的记载，又从反正两面进一步印证了这一真理：先是以色列大多数人的信仰动摇、败坏，让以色列社会衰败、分裂，并最终消亡；后是遭到沉重打击的以色列人，最终坚定了信仰，"耶和华啊，求你记念我们所遭遇的事，观看我们所受的凌辱"（哀 5:1）"耶和华啊，你存到永远，你的宝座存到万代。你为何永远忘记我们？为何许久离弃我们？耶和华啊，求你使我们向你回转，我们便得回转；求你复新我们的日子，像古时一样。你竟全然弃绝我们，向我们大发烈怒。"（哀 5:19-22）以色列社会最终又因正确信仰得以重建，又确立起一个以色列类型的社会直到今天。至今，历史还正在继续验证正确信仰的神奇，当今国际社会，也必延续一个人的正确信仰最终带来或产生一个有着正确信仰的洁净社会的逻辑，一个有正确信仰的洁净社会最终将带来或产生一个有着正确信仰的国际社会。

可见，在《圣经》中，人类的历史和未来确实是掌握在人类自己的手中，神给了人类一个选择题，任何人在各种信仰、无信仰中间进行选择，只要有一个人的选择是正确的，他和他的后代、追随者们的未来之路就是一个自然而然的过程，直至永生；其他人和他们的追随者们的未来，也是一个自然而然的过程，直至全部进入地狱或死亡。人类社会的发展和结局，与个人选择和结局，从信仰的角度来看，完全一致，都只取决于信仰选择结果。《圣经》中的社会理论，是一个以社会信仰为起点和分野的自然进化论，即无论社会如何发展、变化，人类的信仰始终会沿着自己的运行轨迹向前发展，不受任何历史事件和自然事件的影响和制约；相反，人类社会的历史过程却要被信仰发展的脚步严格限定，呈现出鲜明、整齐和科学化的历史规律。无神论者卡尔•马克思在《资本论》第一版《序言》中阐述自己的观点为"社会经济形态的发展是一种自然历史过程。不管个人在主观上怎样超脱各种关系，他在社会意义上总是这些关系的产物。同其他任何观点比起来，我的观点是更不能要个人对这些关系负责的。"（《资本论》第一卷第 12 页人民出版社 1975 年版）这是一个无神论学者发出的无力对抗其世界结局的最明确宣言，只是他们虽然已经承认导致结局的力量并非来自人类自己，但仍然不承认力量来源自造物主，不承认自己的信仰选择恰恰是力量方向不同的起因，更不相信有一条根本不同的道路和选择的存在。是的，卡尔•马克思并没有说错，任何社会的历史过程看上去都是一个自然过程，无人能改变、打扰，但因其崇拜物质或唯物论的信仰，马克思主义者将一种崇拜物质的社会规律视为所有社会共有的规律，并以物质生产的主要组织方式为标准，将人类社会分为原始社会、奴隶社会、资本主义社会、社会主义社会、共产主义社会五大阶段，最终把人类定格在最充分的物质享受上——人人都像巴比伦王一样想要什么有什么、为所欲为，又人人都象神一样全能，什么都会做。所以，在马克思主义者看来，贪腐的官员本身没有错，不应对他们个人的贪腐行为负责任，错的是社会生产力还没有达到让人人都像贪官一样生活的程度。马克思主义者的共产主义理想或"信仰"，建立在明显的逻辑悖论上：它仇恨资本主义，认为追逐利润的资本，必然导致社会革命并实现共产主义，但其对将要到来的共产主义，却定义为"各尽所能，按需分配"，也就是说，追逐利润（物质）的少数资本家必死，而追逐利润和财富的大众必胜！始终没有离开人类对物质的不懈追求！马克思主义者始终无法摆脱对物质财富的追求和崇拜，只是否定别人（资本家）的"拜物教"的同时，建立起自己的拜物教（全人类陷入对物质财富的崇拜）而已。至此，马克思主义的社会观，从信仰的角度来看，是物质崇拜的一种自我否定，它在否定它所否定的事物的同时，已经事实上完全否定了它自己。当然，类似的矛盾还有很多，例如，马克思主义者在否认存在全能的神的同时，却承认、笃信共产主义社会中的人或劳动者必定都将是"全能"或"无所不能"的；马克思主义者认为被经济形态控制的社会的发展是一种自然历史过程，但却仍然执意于"砸烂一个旧世界"，相信共产主义一定会战胜资本主义——这无异于在逻辑上承认相对论可以战胜经典力学、一种真理会被另一种真理所打败了，是《圣经》中用鬼王赶鬼的比喻说明的"亵渎圣灵"。

信仰是社会的灵魂，是让人们聚成社会的事物。公权力是社会的"血"或人类社会的"鬼王别西卜"，用改变公权力的结构、人员、运行方式的途径和方法等改变社会面貌和社会历史轨迹，也都是靠着"别西卜"去赶鬼，而不是靠圣灵去赶鬼，自然无法真正改变社会的历史进程或信仰发展的方向和趋势。所以，以色列类型的社会，是靠统治者的信仰改变和整个社会信仰的改变共同建立起来的，是非闭合货币运动体系彻底灭亡或货币运动在第二象限的曲线部分彻底消亡后的结果。如下面这段论及奸淫的著名经文所讲："凡看见妇女就动淫念的，这人心里已经与她犯奸淫了。 若是你的右眼叫你跌倒，就剜出来丢掉，宁可失去百体中的一体，不叫全身丢在地狱里；若是右手叫你跌倒，就砍下来丢掉，宁可失去百体中的一体，不叫全身下入地狱。"（太 5:28-30）对于整个以色列类型的人类社会来讲，它的建立、维持过程，就是一个不断的舍弃、独立再扩展的过程，一个在信仰平等基础上实现社会平等的过程， "我若靠着神的灵赶鬼，这就是神的国临到你们了。"（太 12:28）。

第三节、国际社会历史发展中的货币运动

　　非闭合货币运动规律在国际社会环境中，也表现出与世界历史的高度一致性，但与其在单一社会或国家的表现相比，总是拖后一步，充分表现出全人类的整体进步都是被信仰所牵引而逐次前进的真理。

　　单个的专制社会或国家，财税曲线是典型的非闭合货币运动曲线，但只有专制社会所组成的国际社会，却处于丛林时代的蛮荒阶段。因此，国际社会的财税曲线此时呈现为非闭合货币运动曲线的第二象限部分。这是世界历史的第一阶段。该阶段的国际社会，与人类社会产生前的蛮荒时代完全一样，毫无国际秩序而言：没有国际法和稳定、常设的国际同盟或国际组织，各国均按照自己的国家意愿，用自己的国家能力自行其是，任何社会或国家都在这样的国际环境中缺少安全、幸福，备受煎熬。《圣经》中把这个时代的国际社会，更形象地比喻为"天的四风陡起，刮在大海之上。"（但 7:2），活生生一幅不可预测未来的无秩序状态，与《圣经》中描绘的诺亚大洪水时的地球状况十分相像。而《圣经》中的诺亚大洪水正是蛮荒状态结束后、呼唤社会秩序出现前的时代。经济方面也相同，这个时期的经济成就对于全人类生存改善的整体效果，与蛮荒时代人类个体生存的状况类似。后者中的人们，生活资料没有足够的结余和改变，完全处于自然条件下的生物食物链当中，与自然界其它生物的生存状态一样。现实世界里，从世界历史进程来看，这完全符合安格斯·麦迪逊先生在《世界经济千年史》中展现的研究结果，即从零年开始到十四、十五世纪，全球范围的生活水平大致处于勉强维生的停滞状态。从全球角度来看，虽然其中不乏具体的国家在一定的时期会出现较高水平的经济增长现象，但这个时期的整体国际经济发展却是停滞的。

　　然后，以色列类型的社会或国家出现，其财税曲线呈现出闭合货币运动体系的形式，即非闭合货币运动曲线在第一象限中的部分，但这时的国际社会，处于以色列类型和专制社会共存的初期，货币运动曲线在全球范围内刚刚形成非闭合货币运动的形态。在《圣经》中，这个时代的国际社会被整体形象地比喻成一头狮子或"狮型"："头一个像狮子，有鹰的翅膀。"（但 7:4），且进一步指出，是"口象狮子的口"（启 13:2）。"狮型"是对国际社会迎来货币非闭合运动双曲线数学图形新时代的一个形象化描述，说明专制社会仍然是"狮型"时代国际社会秩序中的主导力量，但以色列类型的社会是国际秩序中的新生势力，正在积聚力量、快速前进。以色列类型的社会即货币闭合运动体系诞生的过程更被形象地具体描绘为"兽的翅膀被拔去，兽从地上得立起来，用两脚站立，像人一样，又得了人心。"（但 7:4)），是对前面我们看到的货币闭合运动曲线从货币非闭合运动双曲线中游离出来这个过程的最形象描绘，并且进一步指明了闭合曲线形态所在的社会更人性、更优越、更适宜于经济发展和人类生存。从安格斯·麦迪逊《世界经济千年史》的数据看也确实如此：中国自 1500 至 1700 年 GDP 总量出现下滑，同期欧洲 GDP 开始迅速增长，但是还远不如中国。从世界历史时间对照来看，此时中国是明朝时代，欧洲进入文艺复兴。

　　接下来，以色列类型的社会，国家力量逐渐强大，并且象闭合货币运动体系一样，容易结成牢固且容易修复的国际联盟关系，形成强大的国际组织，制定出具有强制性约束力的国际法，最终一统天下，成为国际社会秩序的主宰者。《圣经》中，又按照货币运动曲线图案的不同形状，将上述历史发展过程细分为三个具体阶段。

　　第一个历史阶段的图案是"熊"，我们称这个时代为"熊型"阶段："有一兽如熊，就是第二兽，旁跨而坐，口齿内衔着三根肋骨，有吩咐这兽的说：'起来吞吃多肉。"（但 7:5），且进一步指出，"脚像熊的脚"（启 13:2），意味着相应的图案有"熊脚"般的样式。该阶段，虽然国际社会的经济形态仍处于以色列类型社会与专制社会共存所形成的非闭合货币运动体系中，但这时处于闭合货币运动体系中的以色列类型的社会已经开始主导国际秩序，包括建立国际组织，订立

双边甚至多边国际条约，造就较为完善的国际法体系。以色列类型社会的社会信仰，借助国家和国际力量，更迅速、更有力地在全球传播，极大提高了全人类的信仰水平。在经济领域中，以色列类型的社会也已开始成为国际经济发展的主要力量。从安格斯·麦迪逊《世界经济千年史》的数据看也如此，中国自 1700 到 1820 年间 GDP 有明显增长，后来大致保持不变。欧洲迅速增长，经济总量终于和中国持平。此时中国是清朝时代，欧洲是文艺复兴至工业革命过渡时代。中国自 1820 到 1900 出现小幅下滑，后保持不变。欧洲增长速度几乎呈几何速度，GDP迅速高出中国三到四倍有余。此时是中国是清末年间，欧洲是垄断资本主义诞生……正如我们讨论过的专制社会历史规律一样，这个处于非闭合货币运动体系中的国际秩序，照样无法承载国际经济的持续、较快增长或剧烈波动，也难以逃脱定时灭亡的历史规律。以 1763 年英国签订《巴黎条约》成为世界头号殖民强国开始，至 1933 年经济危机结束，期间的世界历史都处于这个《圣经》中描画的"熊型"历史阶段的最引人注目的阶段——其全部的历史跨度从 1688年英国"光荣革命"结束后开始，至 1933 年。下面我们详细讨论一下。

18 世纪开始的工业革命，让技术领先、经济增长迅速的英国，开始利用竞争优势，按照自由贸易政策，从其它地方进口食品和其他低价值商品，并用节约出来的劳动制造高价值的商品用于出口。比较优势使英国达到了颠峰，并控制了包括印度、埃及和广阔的殖民地以及其经济和军事上不同英国的盟国如加拿大和澳大利亚。英国从殖民地获得低价初级商品（如粮食）、出口高技术的工业产品，获得了巨额贸易顺差，在金本位制度的制约下，这些收入成为支撑其建立更多殖民地的经济基础和动力来源，形成了一个循环模式：利用殖民地获取更多的低价商品（财富或物资）——出现巨大贸易顺差和极轻的财税负担（给本社会工业等经济发展留下更大空间）——建立更多殖民地——出现更多贸易顺差和更大发展空间……在此后、特别是在一战前 50 内，并未再产生更大、更多的技术创新，支持其经济发展按照工业革命时的模式（财税链长度持续扩大或舒张）继续前进。但是，由于金本位制度的约束，英国本土经济中，也并不存在超出其原有经济模式下所需的货币供应，贸易顺差所带来的超量货币供应被全部转移为开拓新殖民地的费用开支上。因此，英国本土社会始终保持着货币闭合运动状态，没有因与殖民地专制社会的紧密联系而发生任何改变。上述历史事实充分显示出英国殖民地的扩张动力，并非技术因素或建立在不断的技术进步基础之上，而是建立在货币因素、建立于已有技术的市场份额的简单扩大上。世界工厂、大殖民帝国的特殊历史地位，在缺少技术进步的支持下，使英国在产业结构的调整、工业组织的完善和经营管理方式的改进等方面，逐渐停滞。如：第一次世界大战之前的 50 年间，英国已经成为世界上最大的殖民帝国，初级产品高度依赖殖民地的供给，到一战前，英国本土产品自给率，小麦和面粉为 79%，大麦为 42%，燕麦为 46%，牛奶为 5%（克拉潘：《现代英国经济史》下卷 119 页，商务印书馆 1997 年版）。英国消费的食品，本国生产的不足一半。英国占出口主导地位的始终是纺织品等传统产品，工业技术发展缓慢，经济发展主要依靠市场规模的扩大，即新殖民地的开拓来完成的。由于人类社会对货币供应的统计始于 1970 年代，我们现在难以找到殖民地时代的英国及其殖民地社会中的货币供应数据，但仅仅从现有的定性描述和其它经济数据，也可以清晰地判断出英国的经济发展自工业革命后逐渐陷入到越来越依赖货币因素、越来越远离技术因素的模式中去，即处在闭合等值财税曲线的上半部分。整个殖民地时代，英国经济的发展模式，未能延续工业革命中以技术为主要推动力的途径，是其社会的信仰水平前进速度减缓、停滞的结果，其越来越依赖国际贸易和殖民地扩张，就是这种社会信仰状况的外在表现。以 1897 年为转折点——英国的殖民地数量（包括殖民地属民数量）在此达到顶峰，此后的增长速度大幅放缓，显示出之前用于殖民地扩张的贸易顺差被迫转移至巩固现有殖民地、维持帝国的现有地位上。

第一次世界大战，让殖民地模式的崩溃路径变得更加清晰。处于闭合货币运动体系中的宗主国们，要开始为维持与殖民地社会共同组成的国际秩序，向殖民地社会进行大规模的"投资"。由于大战中政府开支剧增，英国被迫中止实行多年的金本位制。在摆脱金本位的锁链之后，通货出现迅速的膨胀，财税形成比例中的货币供应量因子随之快速提高，开始沿闭合等值财税曲线不断向上移动。与此同时，殖民地社会长期被掠夺，无力负担高昂的战争费用，且社会形态仍然延续原来的专制社会制度，其社会成员即使身处英国法律环境中也并未享受到英国社会给英国人提供的那种社会保护和幸福。因此，英国及其殖民地社会所共同组成的国际经济环境，是一个典型的非闭合运动的货币体系，长期处于等值财税曲线的上半段；1897 年之后，财税形成模式开始出现向上、向崩溃点方向单向移动的趋势；以第一次世界大战的爆发为起点，财税形成模式开始沿等值财税曲线向上、向崩溃点方向单向快速移动。按照非闭合货币运动体系的四十年存续定律，这个移动的历史过程不应超过 40 年，也与世界历史完全吻合：自 1897 年开始，至 1933 年经济危机结束，历时 40 年左右。"熊型"时代的具体形状如图 4-5 中实线部分的图案所示，由于宗主国的优势一开始是建立在技术优势上的，右边曲线在靠近财税链轴的部分比左边要长许多，看上去象熊奔跑时的足迹 ——与狮子奔跑时两前足间距与两后足间距的大比例相比，比例更小或更接近；也象一个熊的脚。

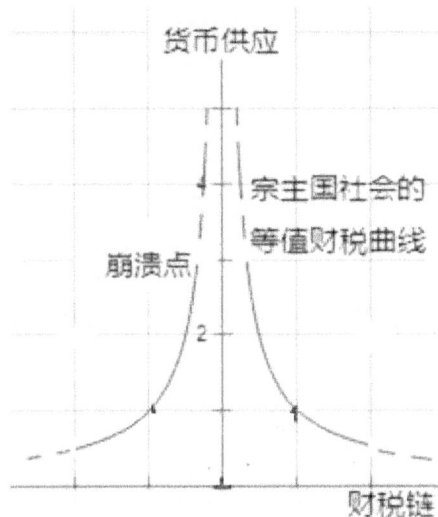

图4-5 熊型非闭合货币运动曲线

　　英国社会信仰水平的提高，让英国建立起了以色列类型的社会，造就了货币的闭和运动体系，使得金本位制度可以放弃和废除。但是，与殖民地共同组成的非闭合货币体系，却让本来处于主导地位、此前处于货币供应体系一直被"输血"的英国，在一战时产生了为维护殖民地（自治领）利益不得不对这个非闭合货币体系进行输血（货币转移或货币流失）的尴尬，造成了英国货币闭和运动被冲破的潜在危机，是英国于 1925 年恢复金本位制度的根源。恢复了金本位制，保证了货币在英国社会中做闭和运动。自此，英国社会信仰的自我修复机制，以未来经济危机甚至更惨痛的方式或代价为赎罪祭的新形式，彻底结束了社会信仰被殖民地利益所诱惑而无法前进的状况，让英国社会形态在"熊型"货币体系崩溃瓦解时全身而退、保留下来。第一次大战之后，英国开始从殖民帝国、世界工厂的峰顶一步步衰退了下来。英国经济在二十世纪二十年代初期的不景气，演变为滞胀状态。1925 年恢复金本位，使英镑价值固定在黄金上，结果是提高了英镑的汇率，造成进口增加，出口减少，彻底暴露出英国经济发展中存在的根本问题——之前的出口或经济发展，只是建立在货币根基上而非技术方面。在这种情况下，为了维持国际收支的平衡，只能是通过提高利率以减少资本净输出，来平衡外贸方面的净输出的减少。但提高利率却造成国内投资需求不振，失业人数增加。庞大的失业大军造成一系列社会问题，如何降低失业率便成为英国朝野共同关心的问题，由于金本位制的恢复，很难用扩张性的货币政策来刺激就业，因此从二十年代起，就不断有人提倡以公共工程来减少失业，也就是靠扩张性的财政政策来刺激就业。但是以新古典学派的理论为基调的"财政部观点"反对用公共工程缓和失业。结果英国经济在 20 年代的萧条状态一直持续到大危机爆发。其后，为推动经济发展，积极的财政政策等凯恩斯理论走向前台，但却无力和不足以从根本上帮助英国经济避免和治愈滞胀。

　　西方经济学上所谓的"英国病"——经济发展中的长期滞胀，其实是在技术创新不足的时代，经济发展动力中的技术因素不足，或财税链长度舒张无力。对这种状态和趋势，利用货币政策充其量只可以缓解和拖延，但并不能根治，原因很简单：货币在任何时候，从其本质上讲都不是社会财富和幸福的真实来源，虽然它也是社会财富和幸福从人类科学技术中脱壳而出、或现实化的过程里不可或缺的条件之一。当然，"英国病"也显然不是什么资本主义社会的不治之症或内在矛盾，它只是社会信仰问题，说明社会信仰长期徘徊不前。克服它的根本途径，只在于提高社会信仰的水平、程度，激发技术创新的更大潜力。凯恩斯理论，无力解决社会的技术创新能力即如何舒张社会财税链长度的问题，自然就会遇到其无法治愈的经济学理论上的"英国病"难题——凯恩斯理论的前提之一就是假定科学技术水平不变。

1929-1933 年资本主义世界大危机，是社会信仰划时代调整的准备，是流血的救赎，此后回归社会信仰自动前进的原有轨道，也是英国等西方社会痛苦地舍弃、割离非闭合货币运动体系，保留或稳定在货币闭合运动的状态中，彻底经受住了诱惑和动摇的信仰考验，并在忍耐中等待信仰水平整体上升的趋势从新确立和结果。

20 世纪 30 年代，约翰•梅纳德•凯恩斯发表过一系列关于国家权力和整体经济趋势的效果的文章，发展了货币政策不仅仅是一个固定的参照物的理论，他越来越相信经济系统不会自动地沿着一个曲线即经济学所谓的最优生产水平前进。可是他既没有找到证据，也没有找到一个形式来表达这些思想。非闭合货币运动正是凯恩斯未实现的梦想，他没有验证自己的猜想，是限于他对货币功能的认识局限性，凯恩斯要找的另一个曲线，就是非闭合货币运动中双曲线或双曲线中的位于第二象限中的那一条曲线，他全部的梦想说到底，只是如何尽量延续一个非闭合运动货币系统的存续时间或寿命。凯恩斯要找的证据早在《圣经》中启明，也在《圣经》中表达了出来。殖民时代的英国，对这样的一个曲线的存在，自然应该有更强烈的感受，因为那时的英国就处于这样的一条曲线系统中，只不过是恰好处于第一象限的曲线中，无法看到第二象限中的那一条曲线。

第二个历史阶段的图案是"豹"，我们称这个时代为"豹型"时代："又有一兽如豹，背上有鸟的四个翅膀；这兽有四个头，又得了权柄。"（但 7:6），并进一步说明，是 "形状象豹"（启 13:2），意味着图案具有豹子运动时身体或足部运动的轨迹特征——前两足向前、向下方伸缩到极限位置，而后两足向上、向后方位伸缩到极限位置（如图 4-6 中的实线部分）。从 1933 年资本主义世界大危机结束后至今，直到 2018 年中国的非闭合货币运动体系崩溃前，国际社会均处于这个历史阶段中。

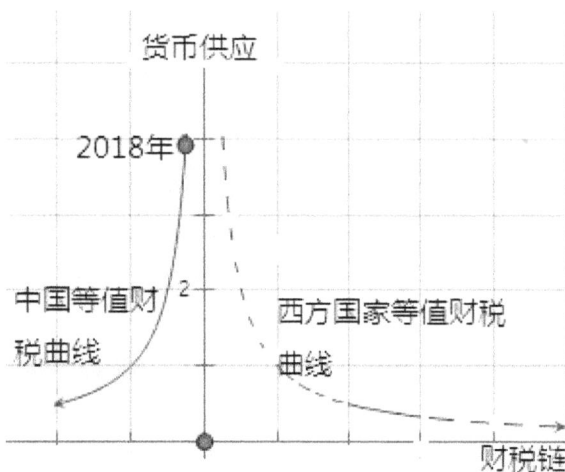

图4-6　豹型非闭合货币运动曲线示意图

第一次世界大战中战败的德国，苦难、饥饿和战败的混乱，让刺杀、偷盗、动乱、示威构成了社会动荡的总体氛围，漠视生命，对野蛮和暴力习以为常，对骗子和各种犯罪宽容，甚至赞扬。由此让专制政体、狂热的军国主义者、反犹太及各式各样复仇行为有机可乘，社会信仰水平严重下滑、倒退——不正确社会信仰的力量迅速上升、成熟。持续的、严重的通货膨胀，特别是 1929—1933 年长达近 5 年的经济大危机，把人们抛入痛苦的深渊，经济形势更加恶化，众多企业破产，失业人数不断攀升，底层人民生活极为困苦，银行纷纷倒闭，精神危机和社会危机让人们更加绝望——持续的不正确社会信仰终于等来了开花、结果的历史时刻，这就是1933 年的纳粹德国诞生。纳粹德国的出现，完成了图 4-6 中右侧曲线向上的一个运动，这是一个堕落或反向信仰运动，与其它社会的正方向运动，构成了图案中右侧的两个"头"。

第二次世界大战，是正确社会信仰在忍耐中成熟、结果的痛苦过程。二战后，新的国际秩序逐渐建立起来，以联合国、北约和欧盟的成立最具代表意义。战后国际秩序自 1945 年至 1991 年的冷战时期，整个西方社会的财税模式从马歇尔计划的货币推动型开始，逐渐分化，形成了与其社会信仰水平状况一致、稳定的闭合货币运动模式，如前面我们已经看到的日本社会，至今仍是货币推动型的闭合货币运动，美国社会是技术推动型的货币闭合运动，欧洲大部分国家却是介乎美日之间的平衡货币闭合运动模式……前苏联等专制社会阵营，1955 年 5 月成立华沙条约组织后，纷纷走向加强意识形态控制、沿非闭合货币运动曲线向下移动的财税模式。两大社会阵营在冷战时代，绝少经济交往，并没有形成一个交叉统一的国际经济环境。因此，前苏联阵营为核心的专制社会都因专制者一味追求思想控制，虽有一定的科学技术创新，也无法形成现实的社会生产力，无一例外地坠入单一社会或国家的非闭合货币运动体系 40 年存废规律之下死亡，其中，社会信仰未成熟地区，改朝换代继续留在专制社会形态中，如前苏联的俄罗斯地区；社会信仰成熟的地区，直接进入以色列类型的社会形态，没有发生"熊型"时代社会转型时要经历的惨烈、长期、与世界大格局纠缠在一起的武装暴力战争，纷纷和平转型，如前苏联地区的波罗的海三国、东德（德意志民主共和国）……其它地区的专制社会，也在该阶段呈现出相同的社会和平转型规律，最典型的如台湾社会，自 1949 年至 1988 年的 40 年内，社会信仰水平不断进步，容许不同政党、解除戒严令、实现国民代表和总统直选、住民自决，至 1989 年的台湾县市长与立委选举时，社会信仰进步带来的社会形态和平转型早已悄然如期结束并结出硕果；再如自 2010 年年底在北非和西亚的阿拉伯国家和其它地区的一些国家发生的一系列以"民主"和"经济"等为主题的反政府运动，即著名的阿拉伯之春(阿拉伯文:ال ثورات العربية)，也是要么社会和平转型成功、要么改朝换代留在专制社会形态中，都没有出现长期而惨烈的大规模战争。

不断加强意识形态控制的专制国家，在 40 年存活期内的较早时间开始，彻底转向货币、财富控制模式，实现从彻底排斥货币、物质财富的意识形态单向加强模式转变为仅仅依赖货币手段的单向加强模式，并被世界所接纳，成为成就"豹型"国际秩序并决定其生命周期的关键性因素，如 1978 年之后的中国。而其它进入货币和意识形态双重控制的传统专制社会国家，如俄罗斯、朝鲜等国家，都在国际经济秩序中处于边缘化或者依赖者的地位，对"豹型"国际秩序产生的影响力，只能通过中国体现出来或根本不具有任何作用。下面让我们具体讨论一下。

1949 年至 1976 年的中国社会，走向不断强化意识形态控制的单向车道，及 1978 年之后至今走在只有货币操控的另一条社会控制的单行道，都与马克思主义的意识形态本身的特点具有内在联系，是其社会意识形态或信仰本身所决定的，是无信仰运动特点的一次完美展现。

首先，马克思主义意识形态与《圣经》信仰在社会转型或新社会诞生问题上，存在根本对立的观念。《圣经》中，人类社会是被造物，与所有被造物被分为洁净和不洁净两大类一样，以色列类型的社会是洁净事物，专制社会是不洁净事物，它们都适用《圣经》中载明的洁净事物（或系统）法则。《圣经》中的所有不洁净系统，都是指特定的、脱离构成这些系统的元素和部分而独立存在的一个系统观念或事物。例如：猪作为不洁净的食物不可吃（利 11:7-8），但与构成猪的蛋白质、水和各种化学元素相同的蛋白质、水和各种化学元素，本身却都是洁净的，或与"猪""猪肉"这个特定的不洁净食物的走兽、食物无关联。不洁净的社会也是如此，其中的社会成员，并非全部都根本无法具有、维持正确的信仰，与洁净社会中也并非人人都是正确信仰者的结论在逻辑上完全一样。因此，专制社会中的正确信仰者，可以采取各种行动保持、维持自己，独立于不洁净社会之外。如，他可能有机会和条件出走、或只活动于同类信仰者的圈子里、也或者可以采取非暴力不合作的方式自绝于不洁净社会、甚至奋起传播正确信仰等等。因此，洁净社会的建立、维持和强大，都不是以不洁净社会的死亡为前提的，不洁净社会也不是死于洁净社会身上，如被不洁净社会战败等等，而是源于自身信仰的自我死亡。而马克思主义的共产主义理想，却主张通过事物的内部分裂斗争、以战胜和消灭对方的方式来建立新社会。

从一个社会中分离出一个阶级、阶层并推翻旧政权，从逻辑上讲并不难。问题在于，如何让胜利后的新社会按照同样的逻辑，成为一个只有这样一个阶级、从而实现民主、自由、平等的马克思主义理想中的社会！

1949 年至 1976 年，毛泽东在中国，为此先后发动了三反五反、公私合营等社会主义改造运动和文化大革命等等政治运动，但始终无法让中国社会成为单纯的无产阶级的生存之地：公私合营等社会主义改造运动，难以消除管理者、所有者（代表）和具体劳动者的差别，也难以消除脑力劳动和体力劳动者的差别……所有这些社会差别都是基于生产分工产生的差别，要消灭它们除非消灭人类的所有生产活动。在发动武装革命、取得政权过程中一直行之有效的阶级斗争原则，决定了同处一个社会的被斗争的对象与斗争者始终无法成为同类，但任何时候，人们总会轻易发现原来的同类中存在着根本对立的差别。在中国传统文化中，历史积淀下了大量不一致、甚至对立的行为评价标准，如儒家、道家虽然同样信奉人类本性论，但又存在着儒家固守礼法标准和道家的自然法则标准的差别，另外还有法家的权术标准、墨家的实用性标准等等，导致其中的各种意识形态，都亟待壮大、统一。根据我们前面讨论过的结果，已经知道，这需要社会信仰达到可以自我维护水平的以色列类型的社会模式中才能完成。但是，中国历史上始终只存在专制社会，使各种意识形态被不同专制者选择性支持，又随其衰亡一同跌入谷底。这种状况一直到马克思主义进到中国时，也无大的改观。由于马克思主义理论本身无具体、统一的行为规范，只有一个与敌人、各种斗争对象的行为准则正好相反的行为原则，也即凡敌人赞成的，必反；凡敌人反对的，必赞成。所以，马克思主义传播进中国，并成为共和国主导的意识形态后，立刻面临行为规范的选择问题。它必须选择，否则根本无法行动，但其选择方式也只能延续植根于其意识形态内部的一贯作法：反对者行为规范的对立面。这让共和国建立后不久，就将中国传统文化中的各种意识形态反了一遍又一遍、来回折腾，如，仅在中国的文革期间，著名的重大举措和转折就包括了"大串连"、"批资产阶级反动路线"、"夺权"、"清查"、"五•一六"、"上山下乡"、"一打三反"、"批陈整风"到"批林整风"再到"批林批孔"、"批《水浒》"，一直到"批邓"、"反击右倾翻案风"等等。这些变化，总是随着政治权力争斗对象的变换而不停变换，总是服务于斗争的需要——标明与斗争对象的差别或路线差异。毛泽东总结到这种无穷尽又总也不能停止的确定过程时说过大量类似下面的话："与天斗、与地斗、与人斗，其乐无穷"、"千万不要忘记阶级斗争"、"以阶级斗争为纲"、"革命无罪，造反有理"等等，充分表明只有在斗争中通过否定对手才能获得、确立自己的行为模式和评价标准的事实。一旦没有了对手，马克思主义者人就彻底陷在不知如何行动的空白地带，马克思主义根本未提供任何的行为标准体系，如类似于犹太教中的摩西法典、基督教中民主立法后形成的社会法律规范、佛教或道教中的清规戒律、儒家中的西周礼法……马克思主义者，在马克思主义的所有经典著作中，始终不可能找到他们应该遵循的行为规范！所以，马克思主义者的社会，必定永无休止地要斗争、革命、破坏任何现有秩序，如果它没有能力、条件对外部世界这样做，就会在内部掀起无休止的内部斗争和清洗。虽然为此让中国经济、社会、文化屡遭重创（因为各种差别正是隐藏在经济、生产活动中、社会各领域及文化观念中），但仍不足于形成让毛泽东可以按照马克思主义原理或共产主义意识形态所要求实行民主的那种前提条件：全社会所有的人都是只具备共产主义理想的人。相反，随时间的发展，他发现，甚至连一个这样的人也没有、连一个真正可靠的人也没有，包括多年跟随他的身边人和政治盟友。人人仍然处在事实上的社会分工体系、不同文化观念和利益链条中，差别明显。民主在这样的背景下，会产生不确定的结果、会"变天"，会特别不利于处于社会管理者、领导者一方的掌权者。这是中国始终无法进行真正的民主选举还政于民的根本原因，即使看到民主社会对于弘扬、保障一种意识形态具有先天的优势，也因害怕必然被民主推翻而拒绝。正像文化大革命中的毛泽东，虽然在中国民众中如日中天，也只可以保证他自己不被民主浪潮所抛弃，而根本无法保证给他选出、推荐出哪怕就一个让其可以安心的盟友或合格的权力分享、制衡者。同理，马克思主义的意识形态，决定了抛弃毛泽东式的意识形态控制模式后，必陷入与之对立的货币控制模式中，无法折中。后者，正是 1978 年至今，发生在中国社会中的历史事实。毛泽东用尽一切他可以使用的一切思想体系，在中国社会思想领域中不断巩固自己的思想独裁地位，但他所依靠的这些思想、道德体系，无一结出他想要的社会结果——这些思想、道德体系，本身就是只有疼痛没有生产的虚无，毛泽东认识不到这一点才是他的愚蠢之所在，也是毛泽东的后来者，不得不抛弃他所选择的一切，另辟蹊径的根源。

中国在 1949 年之后的 30 年内，在 40 年规律的许可时间范围中，及时改变了社会控制方式，由日渐加强的思想控制方式，彻底转为 1978 年之后的货币控制方式，参与到西方社会主导的国际秩序中。因此，国际社会中完整的"豹型"时期，以 1972 年中美关系正常化、中国被西方社会所接纳为起点，以 1979 年中美建交前后、中国进入西方社会主导的国际经济秩序为转折，在非闭合货币运动曲线中的左侧曲线上，形成从中间位置向两端点运动的曲线段，构成了图 4-6 中左侧曲线上的两个"头"，并最终与之前由纳粹德国的原因在右侧曲线上形成的"两个头"一起，留下该时代代表性的四个端点（1978 年向前至 1972 年为一个向下移动方向，在 1972 年处出现两个端点，另外两个端点在 2018 年，处于 1978 年向后出现的一个向上移动方向上，如图4-6中实线部分所示），形成《圣经》所讲的"兽有四个头"现象；又因其缺少标准非闭合货币运动曲线中的顶点部分，即缺少一般中国传统王朝所具备的那种在思想控制与货币控制之间的混合控制的中间阶段，非此即彼，简练猛烈但短暂的历史过程与豹子发动时的身体状况十分相似而得名为"豹"。

中国加入西方主导的国际秩序中，对西方社会的经济发展造成的影响，极为显著。以中美关系为例，美国在上世纪80-90年代，出现了类似英国在殖民地时期的状况：来自中国源源不断的低价商品，让美国经济在低通胀的环境中有长足的增长，甚至一度出现了讨论财政盈余如何处置的问题（可见其减税空间或经济发展的巨大腾挪空间），但美中关系，不是英国与其殖民地的那种关系，美国事实上更接近于英国殖民地的位置，而中国更接近宗主国英国的位置：中国的主权地位，使得贸易顺差实现在中国一方，而不是出现在美国一方；英国的贸易顺差，是建立在掠夺前提下实现的非自由贸易的产物或结果。当这种让中国受益无穷（类似英国受益于殖民地）的模式出现了让美国社会无法承受的情况时，一把类似双刃剑的现象出现了：中国受益于主权国家的优势，现在轮流到了美国一方：美国也是主权国家，它不必象殖民地社会那样被动挨打，中国也无法象英国控制其殖民地那样控制世界和美国，美国2008年之后实行的量化宽松政策就是在这种情况下出现的、世界各国随之纷纷效仿——就象当年殖民地社会纷纷掀起脱离宗主国的独立运动一样，美国等西方国家轻松地通过量化宽松的策略补上了被中国费尽几十年抽走的货币流动性或供应量，开始摆脱国际非闭合货币运动体系的影响，回归各自的闭合货币运动轨迹；与中国同为非闭合货币运动体系、且只要产业与中国具有出口竞争关系的其他专制国家，由于缺少可以替代日趋过剩的旧支柱产业的新兴产业去拉动经济增长，开始全面陷入与中国的货币战争中，出现一场中国在全球范围内独战群狼的非闭合货币体系间的血腥混战，终无胜者。而西方国家靠技术进步和产业升级，经济发展的重心和动力并不在以中国为代表的非闭合货币运动体系的过剩产业范围内，不在这场生死战的战场上；那些依赖中国市场维系经济发展的专制社会政权，则要全部成为中国社会崩溃的殉葬品。西方社会的量化宽松策略，与上世纪英国恢复金本位制度一样，是其社会信仰系统自我维护机制的外在表现，消除了社会信仰被经济利益所诱惑而产生的前进障碍，为信仰进步、造就更强大的科技创新能力奠定基础。随着整个西方社会重回信仰前进轨道，陪伴国际社会巨大科技进步的脚步声，中国却要发生英国在第一次世界大战、苏联建立及30年代经济危机中所发生的一切：中国也与英国一样失去经济魅力、面临英国与其殖民地一样的社会动荡状况和旧秩序必然消亡的情景，一个类似前苏联的新专制政权会出现在中国这片古老的专制社会土地上……从中国当代的社会信仰程度来看，这个无神论社会的大部分地区还只能在专制社会的历史长河中延续。无法抵抗的货币闭和运动的自我修复力量、或无可挽救的货币非闭合运动的死亡，怎样让英国与其殖民地共同组成的非闭合货币体系坍塌、也怎样让中国的人民币系统坍塌，也怎样让美国等当今世界主要国家自动补上信仰的破口，捍卫了货币的闭和运动和体现了当今世界人类信仰水平的进步和提高——已非上世纪英国时代的信仰水平所能比。当今世界贸易一体化，国际经济模式是一个典型的非闭合货币运动体系，其爆发力量惊人却缺少持久性，如同一头瞬间启动、高速奔跑中的豹子的身体，几何图案如下图中实线部分所示。以美国为代表的西方国家，在2008年之后，先后脱离了"豹型"国际秩序的束缚或诱惑，图中右侧曲线中的虚线箭头所指方向，是美国的财税模式走向，即财税链因子的比重自2008年之后越来越大，经济发展的主要因素是科学技术创新。现在这个过程正在进行当中，仍未完结，要一直持续到2018年年中中国社会崩溃之后。清楚表明，美国经济已经从一个中国持续输出低通胀、通缩的国际经济环境中彻底脱敏，不会被二战之后形成的国际秩序的崩溃而彻底击倒。

英国与其殖民地社会共同构成的整体社会，处于一个非闭合货币体系中时，把社会财富或"多余"资金（集中于贸易顺差或外汇储备中）继续用于这样的一个世界——扩大殖民地范围，最终建立起"日不落帝国"体系，并伴随非闭合货币运动体系的崩溃而走向这种世界秩序的死亡；中国却正好相反，它把外汇储备和贸易顺差，主要用于国内——发行等量的人民币，扩大国内的货币供应。二者本质完全相同：都是将资金用于本系统之内，成为触发货币非闭合运动死亡机制的扳机。当然，中国有更多、更大的货币供应渠道和供应数量，如其不受控制的公务员、事业人员工资和福利待遇、无人知晓的地方政府债务数量、无底线的国企银行贷款等等，造成其自建国以来的整个非闭合货币运动体系的理论寿命不足80（120-40）年，远逊于英国等宗主国主持下的"熊型"非闭合货币运动体系的实际寿命。从信仰的角度讲，二者都是贪婪和败坏——假设中国将这些资金投向世界市场，形成贸易盈余与投资逆差的对冲，而不是不断的人民币超额发行和为满足于控制政权需要的更大规模的货币超发，中国可能将会象历代王朝一样延续上百年、甚至几百年或者更长的政权生命；英国若把资金投向殖民地之外的经济领域，靠信仰水平的提高激发出更多的技术创新，第一次世界大战可能也要晚很多年甚至完全不会爆发、1929 年至 1933 年的那场经济危机也不会爆发。

1978 年之后的中国，与《圣经》中所罗门时代的以色列王国，也有很大的区别：所罗门时代，因其社会经济未加入国际贸易或在国际贸易中的份额变化不大，社会生产一直被压抑，劳动力成本或费用无上涨的压力，突出表现为"（推罗王希兰曾照所罗门所要的，资助他香柏木、松木和金子；）所罗门王就把加利利地的二十座城给了希兰。"（王上 9:11）及以色列金银收入大量来自他国贡献等方面；而 1978 年后的中国社会，由于经济深度介入国际贸易，依赖货币供应形成国际市场份额不断扩大，出现过剩产能严重的问题。特别集中于国企投资及与贪腐官员官员相关联的社会投资领域。造成在过剩产能领域中的无效就业（指无法产生利润和财税收入的就业）规模庞大，劳动力供需关系持续紧张，一方面提高了劳动力工资成本，出现人口红利消失的假象，另一方面，高工资又阻碍了新兴技术产业的出现和发展，堵塞了舒缓无效就业的途径，致使经济运行中出现越来越大的死结。无效就业，与公务员、技术或事业人员（如教师、医生等）的财政无效投入（指不产生维持社会信仰成长的社会效果的公共投入）一样，共同构成财税支出效率低于其它经济领域的现象，是牵引货币供应量不断超过财税收入而上升的内因、也是社会无法阻止货币的边际幸福效用下降的表面和直接的原因。因此，所罗门时代的以色列王国的崩溃，与国际社会和贸易伙伴无关联，不具有国际影响力。而中国的崩溃，却要对依赖中国经济及与中国具有竞争关系的经济体，产生深远的影响，成为"豹型"国际经济秩序崩溃的根源和结果。

历史表明，凯恩斯主义的国家干预政策效果时好时坏，完全决定于国际社会中非闭合货币系统的力量强度。效果明显的时期，都表明来自外部的牵引信仰向下行走的力量在加强——这时，以色列类型社会的社会信仰需要公权力发挥更大的作用；该理论遇到危机或效果差强人意时，都表明国际社会中对抗正确信仰的力量式微或在走下坡路——这时，以色列类型社会对公权力的依赖减少！上述运动的周期也与国际社会政治环境完全吻合，如二战结束至 1970 年代，专制社会力量进入稳定期，非闭合货币体系的力量外溢较小，凯恩斯主义遇到危机；中国崛起的 1978 年以后，特别是 1990 年代以后，日本的积极财政政策力度在不断加强，就表明了中国力量或人民币的非闭合货币体系的局部影响加强，西方社会需借助更大的公权力力量才能抵挡其经济下滑的危险，凯恩斯主义又盛行……二战后苏联崛起，是凯恩斯主义盛行的时期，苏联倒台前后至中国力量强大前的 1980 至 1990 间，人民币的非闭合运动体系外溢相对于整个西方社会而言还较少，新凯恩斯主义又流行，表明专制社会的力量或败坏信仰的力量在下降，凯恩斯主义被反思、小政府思潮在西方泛滥……凯恩斯主义认为宏观经济会制约个人的特定行为，从社会经济学的角度看，正好相反：是个人信仰组成、汇合成的社会信仰的水平，决定了宏观经济的一切包括其发展趋向，反过来，这种趋向必然表现为制约个人的特定、事实上是所有的行为。西方经济学用复杂的理论所建起的学科体系的缺陷，用《圣经》中的一句话就被简单地点破："凯撒的物当归给凯撒，神的物当归给神"（太 22:21），西方经济学至今却还不知"凯撒的物"为何物，阿门！

人类所有的社会科学领域，包括哲学、历史学、经济学等等，也具备如艾萨克•牛顿（Isaac Newton）、托马斯•阿尔瓦•爱迪生（Thomas Alva Edison）、勒内•笛卡尔（法语名：René Descartes）等自然科学家在自然科学领域中发现过或强烈感受到的那种超人力的完美与和谐。通过社会经济学和社会货币学，在《圣经》中，社会领域如宇宙自然世界一样的和谐被完整地解读出来：以色列类型的社会，具有无比和不可超越的、神赐的科技创新能力，而无神论者的专制社会，在"世事之上"，如在货币或货币手段、货币策略的使用领域方面，同样具有无比强大的、神赐的优势，正如《圣经》中的经文所讲："今世之子，在世事之上，较比光明之子更加聪明。"（路 16:8）。两类社会或两类社会信仰成为相互制约、监督、试探的一个整体或自动化系统，用中国的俗话说就是"一个巴掌拍不响"的系统关系。当有正确信仰的社会出现信仰错误、败坏时，它所具有的科技创新能力，会出现下降且无法帮助它战胜专制社会（或非闭合货币运动系统），因为这时的专制社会可以利用货币的非闭合运动在生产领域轻易地击败它，正如我们现在看到中国在智能手机、电脑、光伏产品、核电设备、高速铁路等新兴制造产业和在钢铁、水泥、服装、机电、假发、打火机等等传统产业领域中，占据了极大的世界份额，赢得"世界工厂"的称号（英国在操控殖民地社会而成就一个"日不落帝国"式的非闭合货币运动体系时，也有过同样的桂冠）；而当有正确信仰的社会，出现信仰洁净、修复信仰破口时，它所具有的科技创新能力以及这种能力的提高，又会帮助它恢复经济稳定、重新建立和恢复经济辉煌，而无神论者的专制社会（或非闭合货币运动体系），这时却会受到来自西方社会实施的类似高科技贸易限制等等有效隔离政策的影响，在获取新技术的能力下降（如英国主导的殖民地与宗主国间的非闭合货币运动体系）或缺少了足够的新技术的注入、转移的支持（如现代中国）后，经济发展在非闭合货币运动自身规律的作用下，出现自动收缩直至崩溃……二者的互动，最后只会出现人类社会信仰更洁净、信仰水平更高的结局，直至带领人类社会来到《圣经》中描绘的"千禧年"时代的门前。当代美国社会一直希望中国社会可以做到成为一个负责任的大国而不仅仅是一个国际秩序的搭便车者，事实上，这是一个两厢情愿才可以完成的任务或社会的、信仰的工程：没有美国等西方社会信仰水平的进一步提高，设立了法律和社会的门槛，西方社会中总会有人将最新的科技成果转让或亲自到中国来实施，因为中国有技术现实化或财富化最便捷的货币环境，可以让科学技术在一夜之间充满所有市场、变成巨大的货币财富，甚至，连这种技术的过度应用、非法使用的财富空间或市场也一并囊括；同样，没有中国的非闭合货币运动体系的存在，西方的技术创新或掌控者，缺少货币供应渠道，即使其利欲熏心，也无可奈何、展露不出来。同时，从另一个角度来看，未来的世界，西方等有正确信仰的社会，由于经济发展都摆脱了对货币供应的依赖或倚重，完全依赖技术因素或技术创新因素，既没有象殖民地时期英国一样的货币输出需要，也没有象当代西方大多数国家那样的货币输入或外来投资需求——频繁的技术革命，让任何新技术的应用或使用，都不再也不必为追求利润或金钱而穷尽其一切的潜力，正如《圣经》中所要求的那样："在你们的地收割庄稼，不可割尽田角，也不可拾取所遗落的。不可摘尽葡萄园的果子，也不可拾取葡萄园所掉的果子，要留给穷人和寄居的。我是耶和华你们的神。"（利19:9-10）也如《圣经》中"路得拾麦穗"的故事（得2:2-23）所启示的那样会因此得福；被强大国际力量制约的"乖宝宝"类型的专制社会，被迫顺从国际社会的要求，严格依国际法行动，被深度融入到国际社会中，成为以色列类型的国际社会大家庭中的一名普通成员。那时，专制社会中的生产和经济活动，因为有持续不断且巨量的国际技术转移，既没有了各种侵犯知识产权的"山寨经济"，也没有肆无忌惮地破坏自然环境等贻害全人类的现象，安分守己地处于世界经济产业链的末端，专制者随意使用货币手段而不会掉入非闭合货币运动体系40年存废规律的陷阱中。正如《圣经》中所说："狗在桌子底下也吃孩子们的碎渣儿。"（太15:27；可7：28）。因此，未来的"乖宝宝"类型的专制社会和西方社会的共同体或国际新秩序，是一个专制社会彻底告别经济发展波动不定状态、从而彻底摆脱货币非闭合运动体系存废规律制约的时代，同时，以色列类型的社会也都进入技术推动型经济发展模式下、越来越快地爆发技术革命的一个世界经济体系，如图中右侧实线部分与左侧图案共同组成的数学图案所示。

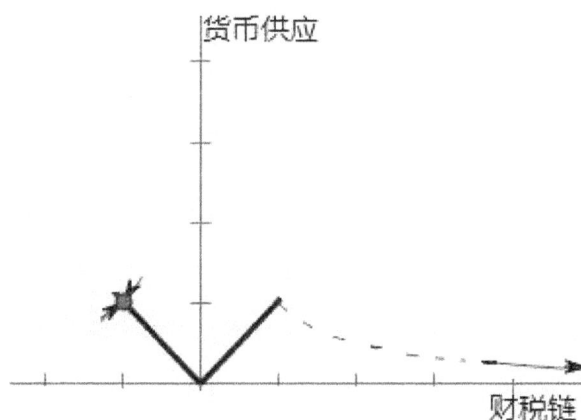

图4-7 无脸兽型非闭合货币运动曲线示意图

这是一个全球性的、以减少货币供应或去货币化、或减少经济发展中对货币供应因素的依赖程度的一种经济体系，与我们现在看到的当今世界，以中国社会长期持续的货币超发和 2008 年之后全球性的量化宽松货币政策为特征的世界经济秩序正好相反。这个国际社会的历史新阶段，就是第三阶段，图案为一个坐标系中间部分大面积空白的奇怪图式，我们称之为"无脸兽"时代。在《圣经》中，如此描绘这只看不到脸面形象的怪兽："第四兽甚是可怕，极其强壮，大有力量。有大铁牙，吞吃嚼碎，所剩下的用脚践踏。这兽与前三兽大不相同，头有十角。"（但 7:7），并进一步将其与我们前面所看到过的兽，即所有的非闭合货币运动体系，包括单一国家或社会中的"狮型"，和我们刚刚谈到的国际社会中的"熊型"和"豹型"，一起赋予在一个统一的"兽"形象中："我又看见一个兽从海中上来，有十角七头，在十角上戴着十个冠冕，七头上有亵渎的名号。我所看见的兽，形状像豹，脚像熊的脚，口像狮子的口。那龙将自己的能力、座位和大权柄都给了它。"（启 13:1-2），表明所有非闭合货币体系的同一特征、作用和来源——都集中于公共财税收支所在的公权力领域，同时，"无脸兽"在这个统一的大兽身上，也是以这个大兽有头有角却没有脸面形象的形式表明出来的，始终没有漏出的脸面，显示出图案中左边的曲线部分极度压缩为近乎一个点，右边的曲线位置会非常低、距离第二象限非常远。

在本文完稿后的修改过程中，传来 TPP（跨太平洋战略经济伙伴关系协议 Trans-Pacific Strategic Economic Partnership Agreement）达成最终协议的消息。该协议的重点在于以美国为首的以色列类型国际社会，采取了"以技术和市场换取（专制社会）部分国家主权"的成功策略（减少知识产权的保护期及协议范围内的技术自由贸易），可以有效抑制专制社会使用货币策略的机会。由此，人类历史上第一次迎来技术战胜并主导货币的国际社会新模式，是让专制社会逐渐走向"乖宝宝"的一个正确选择，也是整个"无脸兽"时代的最鲜明特征之一。按照该国际协议正式生效的最快时间来看，也十分靠近"豹型"国际秩序和中国社会崩溃的时点——让我们拭目以待，看 TPP 能否成功成为社会经济学和《圣经》中那个"无脸兽"时代的历史开端或历史性标志。

整个"无脸兽"时代，从 2018 年底（间或 2019 年年中）开始——"豹型"国际非闭合货币运动体系被摧毁后，要一直持续近两千年以上的历史时间才会结束，具体计算过程在下一节。

综上，从信仰的角度看，人类社会的历史是社会信仰不断自动进步、净化、升华的历史，不可阻挡，《圣经》中具体、形象地描绘这个历史过程是一场"公山羊战胜公绵羊的"的战争："有一只公山羊从西而来，遍行全地，脚不沾尘。这山羊两眼当中有一非常的角。它往我所看见站在河边有双角的公绵羊那里去，大发忿怒，向它直闯。我见公山羊就近公绵羊，向它发烈怒、骶触它，折断它的两角。绵羊在它面前站立不住，它将绵羊触倒在地，用脚践踏，没有能救绵羊脱离它手的。"（但 8:5-7）。其中，"公绵羊"的形象，我们在上节中已经知道，是专制社会或其非闭合货币运动体系的代名词；"公山羊"的形象，就代表着国际非闭合货币运动体系，包括我们前面已经讨论过的 3 个阶段或 3 个历史时代。上面的经文说明，人类社会信仰的进步，是一场非闭合货币运动体系之间——一个国际非闭合货币运动体系与一个或多个国家内部的非闭合货币体系之间火拼、两败俱伤的结果。在国际性非闭合货币运动体系中，无论是"狮型"时代相互打碎阻碍信仰发展的旧专制政权、"熊型"时代对全球所有的专制社会发起全面进攻，也无论是"豹型"时代快速消灭进入到国际秩序中枢的专制政权，还是"无脸兽"时代对专制社会的最后歼灭战，都表现出任何社会理性（包括兽性）均无害于人类信仰进步、相反却有利于全人类信仰水平的升华的事实——正像在具有信仰自我修复能力的闭合货币运动体系中，亚当·斯密在《道德情操论》中曾经证明过的那样，经济理性不仅无害、甚至有利于以色列类型社会的社会信仰发展一样，全人类的整体信仰发展也是一个具备自我修复能力的闭合系统。与此同步，全球范围内的货币始终处于一个大的闭合运动中，表现为非闭合货币运动系统间不断冲突、造成不断的崩溃并最终同归于尽后彻底消失，同时闭合货币系统不断涌现、不断壮大并最终统一全球的过程。信仰发展控制人类社会的历史进程，就像物理学、数学规律表现地一样精准、自动、可预测、可重复......人类社会在完成了所有地区、所有人群的信仰均达到自动升华的程度、公共权力机关和货币彻底退出历史舞台的神圣使命后，才蒙神喜悦、接受并交到基督手上。

第四节、货币运动规律对社会意识形态发展的描述

通过上面的讨论，我们不难知道，人类社会的信仰，一共经历了三个大的发展阶段。其中，第一个大阶段是社会信仰萌芽阶段。这个阶段是没有统一国际秩序的丛林时代，以色列类型社会和专制社会各自按照本国的利益任意而行，没有真正意义上的国际经济或国际贸易（即没有互利共赢的"非零和"贸易秩序），各国都力图统一他国，实现货币的延伸或统一；或者力图不被它国吃掉，维护本国货币的存在，阻断他国货币的延伸或统一。因此，这个阶段的国际货币运动，呈现为各国、各个社会的各自货币运动体系的固有规律。结合前面的章节中讨论过的内容，我们可以知道，这个阶段中的所有货币运动体系，按照货币幸福度的变动规律共计有6类。其中，以色列类型的社会和专制社会中各有3类。第二个大阶段是社会信仰"在波动中上升"的阶段，借用辩证法中的一句名言来描绘，就是社会信仰"螺旋式上升"阶段。这个阶段中，国际社会秩序有两种不同形态的社会共同维护，国际贸易从出现到壮大发展迅速，国际经济中的货币运动呈现为非闭合货币运动体系中的"熊型"和"豹型""无脸兽型"3个形态。最后一个也是第三个大阶段，是社会信仰水平自动、直线、连续上升的阶段。该阶段，是国际社会秩序的领导权被以色列类型的社会完全占据的时代。但在这个历史阶段中，专制社会和国家仍然存在，它们虽然持续不断地在萎缩、消亡，但还未彻底消失。货币运动在该阶段的国际经济中呈现为以色列类型社会中的右闭合货币运动形态——残存的专制社会、地区或国家，就像现代社会中的黑社会一样，其中的货币运动无法改变国际社会的整体货币运动形态。由于第二和第三两大阶段中，都始终还存在着两类不同形态的国家和社会，因此，从货币运动的体系来讲，也都有6种不同类型的货币。三个大的发展阶段之后，人类社会信仰开始自动直线提高，社会形态和货币运动类型单一，且社会和货币都进入到快速退出历史舞台的新阶段，货币运动规律标示社会信仰状况的历史使命完结。

综上，按照人类社会信仰发展的阶段，各有6类不同货币处于社会信仰发展的三个不同阶段中，随时随地准确反映出所在社会的社会信仰状况。至此，我们不难理解《圣经》中为什么将货币的数目记为"666"："在这里有智慧。凡有聪明的，可以算计兽的数目；因为这是人的数目，它的数目是六百六十六。"（启13:18）。

另外，通过上面的讨论，我们还可以把社会信仰的整个发展进步过程，构造成一个由三个各自独立、但又相互连接的直线段组成的"Y"型进程图：第1条直线段是连接以下两个历史时点的连接线，第1个历史时点是低水平信仰造就出专制社会形态、第2个历史时点是正确或高水平的信仰造就出以色列类型社会。这一条线段贯穿起社会起源和社会形态出现的先后顺序，表示社会信仰从无到有、及在单一国家或区域社会中的发展进步历程；第2条直线段是社会信仰从丛林般的无信仰国际环境中出现、先后历经"熊型""豹型""无脸兽型"3个成长阶段的发展轨迹，表示出国际社会信仰的产生和发展过程；第3条直线，从"无脸兽型"阶段的末尾、信仰大考验后被救赎到单一的以色列类型的国际社会秩序中为起点，一直到社会、货币彻底退出历史舞台前，即"千禧年"到来之前的最后阶段。以上3条直线段，在第3条直线段的起点处连接在一起：第2条线段的终点即"无脸兽型"的国际社会的末期（信仰大考验的临近阶段），已经是一个无限接近、类似于我们现在所看到的西方社会中的闭合货币运动体系：那些残存的专制社会，在那时的国际社会中，十分类似现代西方社会中的黑帮或犯罪集团，其中的货币运动，从稍稍长期的时间来看，都是根本无法改变整个社会中货币做闭合运动的特征的（货币在全球统一）——这像极了在一个以色列类型的时间社会中出现了一个或几个等待被发现、被打掉的正在非法营业的犯罪集团。因此，第2条线段的终点，与第3条线段的起点，及第1条线段的终点即单一以色列类型社会的闭合货币运动体系，都是相同、重合的。如图4-8所示，是一个十分类似动物羊或羊角的图形。至此，我们更容易理解上一节中讨论过的《圣经》中有关羊与羊之间的那场战争。这个图形中的曲线个数，共有10个，所包含的人类生存形式共有7个：图中的6个都是社会形式，另外1个是以色列类型的社会产生之前、有众多专制社会和无信仰群居部落共同组成的非国际社会秩序的人类全球生存模式——因其即不是单一的社会或国家，又不是具有信仰的国际社会，故无法在图中表示出来。如此，我们不难明白《圣经》中反复提到、被称之为"七头十角怪兽"的（参见启12：3、17：3、17：7等），正是图中这段人类信仰无论是在国际社会、还是在单个的国家社会中，都不能直线提高的时代。这个时代从世界历史上出现第1个以色列类型的社会开始，至信仰大考验之前为止，按照《圣经》中的预言是2300年

（但 8:14）——根据这个预言，结合世界历史上第 1 个以色列类型社会即"光荣革命"后的英国的诞生时间是 1689 年，至公元 3989 年左右迎来"无脸兽"时代末期的信仰大考验，整个"无脸兽"时代从 2018 年左右开始，要持续长达 1970 年左右。同时，人类信仰迎来完全依靠法律和科学进行传播和发展、所有依赖其他方式传道的教会和教堂等传统宗教机构或场所都退出的时代至今还有（1970 年-1620 年）350 年左右，依据来自《圣经》中的以下经文，"我要使我那两个见证人，穿着毛衣，传道一千二百六十天。"（启 11:3）；根据非闭合货币体系的存废规律计算，在这个横跨 2300 年的历史时期内，全球的 GDP 净增长（除去货币财政政策即货币供应因素导致的债务部分）率不足 1%（千分之五左右）——比整个古罗马时代的经济增长速度还要低很多！可见，我们现在所看到、能预期的世界经济高速增长，包括自工业革命以来的一贯高增长以及未来全球经济的高增长的主要动力，都还是来自于货币供应因素，包括货币政策和财政政策的运用；技术革命的间歇期比较长，技术创新无法承担起经济增长主动力的重任而让位于货币供应所支持的技术推广。上述这种依赖货币因素维持经济增长的状况要贯穿整个"七头十角怪兽"时期，因此图中的整个历史时代又被通称为是"一个邪恶的世代"（路 11:29）。其中，以色列类型社会中的的具体信仰状况也共有 7 类，在《圣经》中又被称之为"7 个教会"（参见启 1:11），这些社会的信仰水平也都有可能随时出现停滞不前，虽然长期和整体来看都是上升的（详见启 2）。这 7 种不同社会信仰水平的以色列类型的社会，会一直存在到全球人类社会形态统一到以色列类型前的最后时期，现代世界上就早已经布满了他们的影子，如现代美国社会，从信仰水平的角度上讲就是《圣经》中的"推雅推喇教会"（启 1:18）。

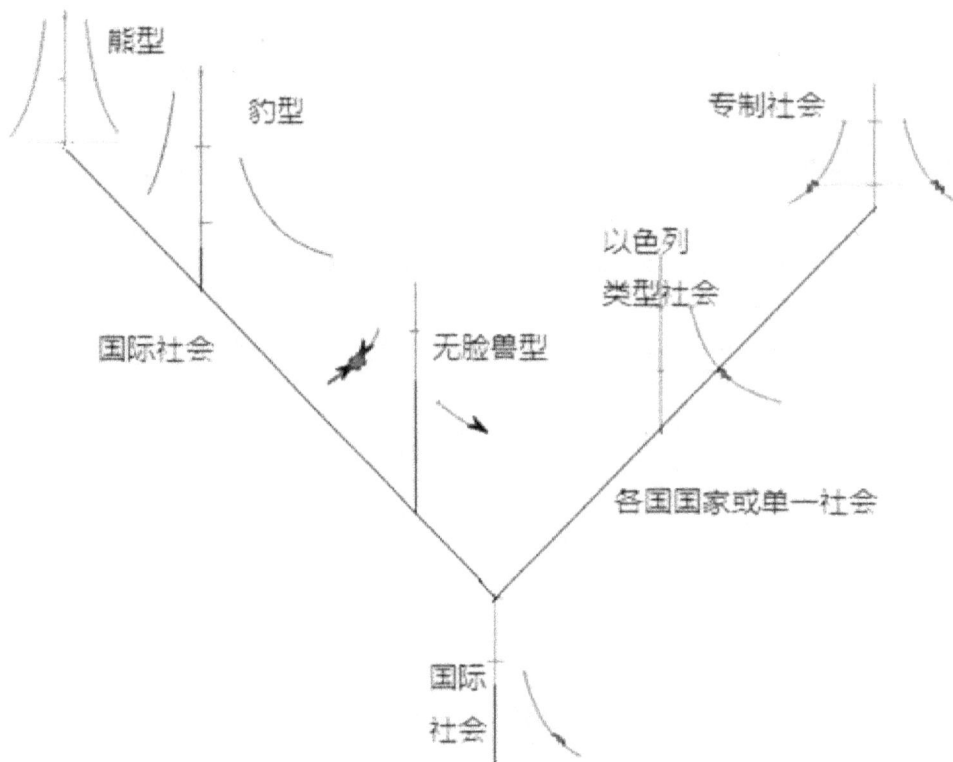

图4-8　　社会信仰成长全图（示意图）

以科学技术水平或人类知识为标志或终点的信仰发展历史，就是整个人类世界历史。其中，相对于信仰发展的另一面，就是各种错误信仰、无信仰等社会意识形态的存在历史或死亡史。这两个人类历史同始同终但永不相交：在起点上，分处正确信仰与各种意识形态的差别位置——即使无限接近，也不相交；在终点上，专制社会的科学知识水平也是无限接近于以色列类型社会，但始终无法重合（理论上的重合点恰好是信仰大考验），如图 4-9 所示，这是一个有

290

限但无边界的"宇宙"：线段 OC 是有限或定长的（2300 年），但点 A、B、E、F 沿双曲线无限延伸；其中，细线所在的曲面是正确社会信仰发展历史，粗线曲面是无信仰和错误社会信仰的发展历史。

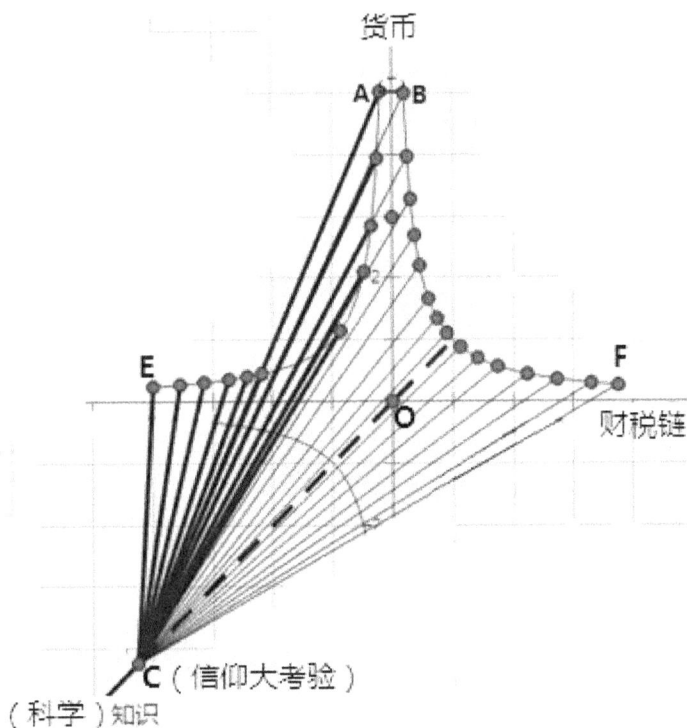

图4-9　　社会信仰和社会意识形态发展示意图

但是，货币运动规律下，信仰发展最终会出现的逻辑上的悖论，自身无法克服。国际社会在"无脸兽"模式下发展的极限位置，货币和社会公权力这两个"兽"（启 13）都会发生极大的变化，《圣经》中最晦涩难懂的比喻、梦境、和启示，也集中在这一部分。那时，专制社会中非闭合货币运动的曲线形式消失，代之以两个平衡点位置 ——即双曲线的两个顶点，《圣经》中将其描绘为"这角有眼，像人的眼，有口说夸大的话。"（但 7：8）。专制者的社会公共权力，被强大的国际组织和完善的国际法严格制约，自由裁量的社会公权力被剥夺殆尽，再无法自由使用愚化人民的意识形态和随意使用财税收入、任意发行基础货币等方式来操控所统治的国家；同时，以色列类型社会中社会信仰水平越高的国家和地区，以基础货币为代表的货币供应，从经济发展、社会生活中退出或消失的越快，社会公共权力机构越所剩无几，公务员和军队数量越少。《圣经》中，对此极限位置的最后景象有明确的启示或说明——"伸出你的镰刀来收割，因为收割的时候已经到了，地上的庄稼已经熟透了。"（启 14:15）、"伸出快镰刀来，收取地上葡萄树的果子，因为葡萄熟透了。"（启 14:18），是指所有人类社会，社会信仰都完全成熟；所有专制社会，都已经发展到社会权力被国际社会所彻底制约，其货币供应量与财税链总长度已达到彻底稳定不变的极限状态。这个极限位置，从信仰洁净和扩散进步的角度讲，是人力无能为力再提高的极限。只有到此极限位置后的时刻或前提条件下，以色列类型社会才与专制社会进行无障碍、无任何防护或隔离措施的融合或接触，专制社会这时并没有真正、彻底成为"乖宝宝"，只是在一切的外在形式、行为上表现得象一个"乖宝宝"而已。因此，这时才是人类面临的信仰上最后、也是最大的危机时刻。这个危机过去后，人类社会统一在以色列类型社会中，专制社会退出历史舞台，等到社会公权力和货币再彻底退出后，人类迎来基督的第二次降临，进入到《圣经》中的"千禧年"时代。相关内容，《圣经》中有很多，就不具体解读了。

从非闭合货币运动体系的存废规律和我们已经讨论过的三种国际性非闭合货币运动体系崩溃的机制来看，非闭合货币运动体系若要实现持续的存在，只要满足以下条件，理论上存在一个绕过存废规律限制、打破社会信仰水平必然提高结局的途径（或称之为社会信仰成长规律的"盲区"）：1）、处于一个足够快速产生技术革命的国际环境中；2）、彻底或深度融入上述国际环境中的国际经济秩序，消除任何阻碍国际间技术转移的障碍；3）、足够的货币供应。条件1可以避免出现"熊型"国际货币体系，自然免除被其打击的可能性；条件1和条件2结合，可以彻底弥补专制社会无法发动产业技术革命的先天不足，在大肆运用货币手段释放生产力时确保不会出现过剩产能，或者说，任何数量级的过剩产能所造成的债务危机，都可被及时而来的新产业技术革命所化解，使其等值财税曲线在持续货币供应支持下出现的向上移动趋势得以在40年内及时逆转，呈现出稳定不动——在几何图形上形成只有两个点的图案。

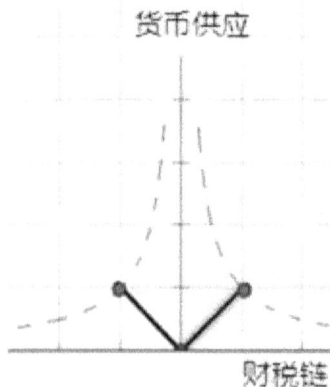

图4-10　非闭合货币运动
　　　　的极限状态

　　如图4-10中两个红色圆点所示，彻底消除"豹型"国际经济模式出现的可能性；条件3可以最大限度地促进国际技术转移的速度，让新技术应用和推广以最快、最彻底的方式在专制社会中完成，彻底解放新技术所包涵的、在以色列类型社会中没有完全释放的全部社会生产力，让专制社会中物质财富极大丰富，经济发展速度达到人类历史上从未有过的超高速度——远远超过中国在1978年至2018年间所创造过的两位数增长速度，实现三位数甚至更高的经济增长速度，从非闭合货币运动体系存废规律中有关存续时间与经济增长关系的函数图像（如图4=11所示）来看，当经济增长速度持续超高速比如持续超过100%后，非闭合货币运动体系的存续时间与财税收支速度或经济增长速度之间的关系呈现正相关关系，专制社会在两次技术革命间歇期中可以完全不使用货币手段而维持一定的经济增长速度的时间越来越长，至此之后彻底摆脱经济快速增长必导致社会快速灭亡的规律限制。

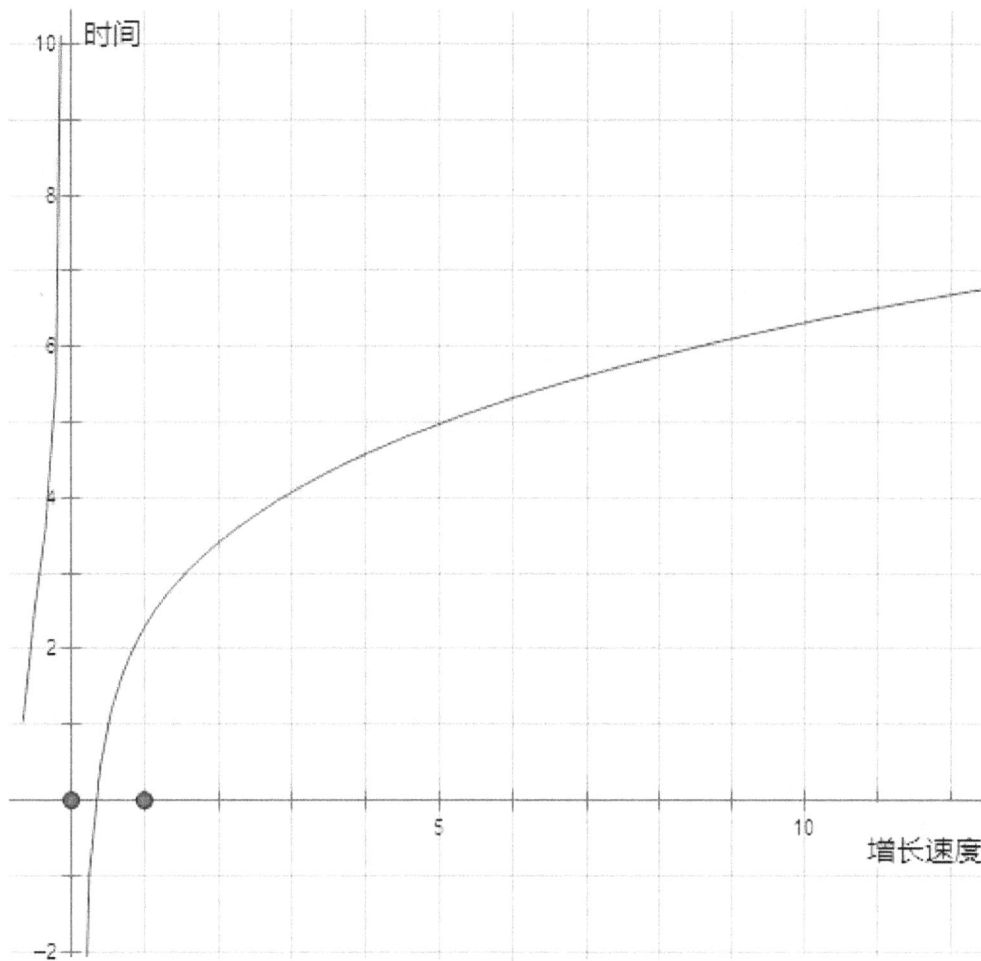

图4-11　　非闭合货币运动体系存续极限示意图

　　需要注意的是，条件3并不要求专制者以垄断货币发行权为前提，在世界上所有的货币统一为一种货币如比特币时，专制社会照样可以通过财税收支渠道，充分利用货币手段维持经济超高速发展。要满足以上所有条件，只能是以色列类型社会的信仰水平足够高，有更大的科技创新能力和更频繁发动产业技术革命的世界环境做基础。因此，这个产生理性悖论的邪恶时代只会出现在"无脸兽"时代的末期，也就是专制社会国家大量消失、转型后的残留、末尾时代。这个时代帮助最后残留的专制社会在国际经济秩序中自动取得支配性地位，确立了专制社会无可避免地取得压倒性国际地位的历史趋势，因之前的专制社会完全遵守国际法——包括已经使用全球统一的货币如比特币（即交出货币发行和控制的权力）等，也不再会受到来自国际社会的制约，彻底避免了与国际秩序冲突从而被后者打击的可能性，又摆脱了非闭合货币运动体系存废规律的制约，彻底避免来自社会内部的崩溃机制；从逻辑上讲要永久存续下去了——专制社会来到了不作死就永不会死的历史时点。在这个特殊的历史时期，国际社会完全类似于现代西方社会——现代西方社会的信仰水平，现阶段乃至可预见的未来，都无法彻底消除黑帮和故意犯罪现象，将来的国际社会也同样因为人类信仰水平的限制而无法彻底铲除专制社会；专制社会也象现代西方社会中的黑帮一样，并不需要在国际社会中掌握货币发行权或任何的社会公权力，也照样可以做大、发展起来。这时，专制社会"乘人不备"运用其压倒性的国际经济和社会力量，就有扩散和成长的巨大危险；而这时全球或全人类却已经无能为力，无论是经济还是军事等社会各方面的力量，均无法与其有效对抗——技术领域正好处于知识水平提高的平台期或社会极限区内，无法形成有效的技术优势。人类迎来最残酷也是最后的一场社会信仰大考验。《圣经》中多次将上述过程进行了形象化描写："这山羊极其自高自大，正强盛的时候，那大角折断了，又在角根上向天的四方（注："方"原文作"风"）长出四个非常的角来。四角之中，有一角长出一个小角，向南、向东、向荣美之地，渐渐成为强大。它渐渐强大，高及天象，将些天象和星宿抛落在地，用脚践踏。并且它自高自大，以为高及天象之君，除掉常献给君的燔祭，毁坏君的圣所。因罪过的缘故，有军旅和常献的燔祭交付它。它将真理抛在地上，任意而

293

行，无不顺利。"（但 8:8-12）、"用权术成就手中的诡计，心里自高自大，在人坦然无备的时候，毁灭多人。"（但 8:25）。经文中的"山羊"，我们在上一节中已经知道是指国际非闭合货币运动体系，它那折断的"大角"就是人类信仰前进的脚步和当时良好有效的国际秩序和国际组织、国际力量；随后长出的"小角"意味着专制社会控制了统一国际组织并造成后者的分裂，最终发动、领导了一场全球性的大规模冲突和战争，专制社会的信仰或意识形态随其实力增长和战争胜利有推广并占领到全球的可能，必然带来历史上从未出现过的人类社会信仰前进步全面伐停滞甚至要迅速下降的严峻局面——"有大艰难，从有国以来直到此时，没有这样的。"（但 12：1）、"那时必有大灾难，从世界的起头直到如今，没有这样的灾难，后来也必没有。"（太 24：21）。假设专制社会若重新占据所有人类社会，人类历史就进入了一个无限循环中：专制社会无信仰或低水平社会信仰、缺乏科技创新及发动产业技术革命的本性，和专制社会必然解体的历史规律，会让人类重新回到蛮荒时代，社会信仰归零，然后重复前面我们讨论过的所有人类历史过程……对于如何结束这场社会信仰的成长危机，或如何结束货币运动规律所能产生的信仰灾难，恢复社会信仰成长的历史轨迹，《圣经》中，明确指出"至终却非因人手而灭亡。"（但 8:25）、"审判者必坐着行审判，他的权柄必被夺去，毁坏，灭绝，一直到底。"（但 7:26）、"在一天之内，她的灾殃要一齐来到，就是死亡、悲哀、饥荒。她又要被火烧尽了，因为审判她的主神大有能力。"（启 18:8），再一次显示了正确信仰的全部内涵，即神是万能造物主、是一切科学规律的制定者，也是唯一可以打破最后的科学悖论的力量——一切可以被人类自己打破的科学悖论，都不是真正或终极的科学规律，都只是发展中的、有局限性的科学规律。

从上一节中讨论过的整个"七头十角兽"所在的邪恶时代看，信仰大考验时期来临时，人类的信仰处于类似以色列人出埃及时的那个信仰状况中：站在建立一个新世界的起点上。未来的信仰大考验过程，也与以色列人在埃及旷野时类似，但由于人类的社会信仰水平已经极高，信仰考验的时间和结果都与以色列人在埃及旷野时不同——时间缩短了 90%以上，即以色列人在埃及旷野 40 年，而信仰大考验只有短短的 45 天（但 12:11-12）；以色列人没有经得起考验，坠入非闭合货币运动控制下的专制社会中去，而未来全人类经受住了信仰大考验，迎来货币运动逐渐退出的全球性以色列类型国际社会新时代，直至在货币彻底退出后迎来"千禧年"。所以，这个邪恶时代，是一个达尔文环境时间，那个"七头十角兽"就是一个信仰发展的达尔文环境。货币运动规律与信仰发展出现的理性悖论，是达尔文环境中的循环运动，或中国道家思想中的"循环往复"。

至此，《圣经》中所展示的信仰、社会系统，是一个全自动、全天候、随时随地、无所不包、查验着任何时代和任何类型社会的所有隐秘（如各种哲学、文化、宗教或意识形态理论）的一个系统，只要人们相信至高、全知、万能的上帝即可，不必读懂《圣经》（除非被圣灵充满，没人能完全读懂），也不必掌握任何的社会学、经济学知识，就会自动带领人类来到天国的门前，正如《圣经》中告诫人们的那个启示所说："我儿，你当受劝戒：著书多，没有穷尽；读书多，身体疲倦。"（传 12:12）。而《圣经》中所描绘的这个自动系统或历史的自动过程，也非任何的人力可以阻挡或推动，完全是社会信仰或各种社会意识形态、经济模式等自我发展的结果。所以，任何社会科学中的理论困惑、矛盾或理论与社会现实、人类历史的不适用，都是这种理论本身或其产生所依赖的社会信仰或社会意识形态的水平、程度的限制性或错误和偏差造成的，而不是人类社会运动即信仰洁净过程本身出现了任何偏差。例如，古典经济学理论运用于殖民地时代和当代世界经济中出现的解读困难的问题，是低水平社会信仰状态下的有效理论，无法适应社会信仰变化状态下的新情况的表现；凯恩斯理论在当今世界经济实践应用中出现的难以适应的问题，是其产生的那个社会的社会信仰错误和偏差造成的。

当然，由于货币运动规律在《圣经》中一直都是信仰规律，所有可能规避非闭合货币运动体系存废规律的领域，都无一例外地出现超人力、非人手的救赎记载，如个人寿命领域。前面章节中，我们已经应用非闭合货币运动体系的存废规律讨论过，一个没有正确信仰的人，从信仰角度看，他的寿命还可以到 120 年。但是，这个结论是建立在其不正确信仰或意识形态不断发展、单向变动的前提之下的，也就是说，一个没有正确信仰的人，若其意识形态或信仰不发生波动，就象我们刚刚讨论过的"无脸兽"的极限状态一样，呈现的几何图形只有一个点（在第二象限）或只有两个点（在第一和第二象限）——第一个是生物进化论中的兽态、第二个是有信仰领域中的发展态，他们的生命这时从信仰的角度看，倒都要摆脱 120 年的限制，有走向不死的可能，出现了信仰科学中的悖论。但是，这个只有在信仰领域中存在的悖论早已被造物主在创世纪时就提前解决了：在信仰上彻底无知的人，如同生物进化论中的人类，与所有的生物或野兽一样，他（或它）们的寿命被生物学或生理学规律所控制，象时间流逝一样持续、无法避免地走近死亡；虽知道信仰的信息，但彻底丧失信仰、或彻底无法摆脱诱惑、无法面对任何威胁者，《圣经》中赋予了他们一个与"鬼"同类的形象，也是必自死甚至是已经死亡的——"鬼"在《圣经》中就是死人，如"有人对你们说：'当求问那些交鬼的和行巫术的，就是声音绵蛮，言语微细的。'你们便回答说：'百姓不当求问自己的神吗？岂可为活人求问死人呢？'"（赛8:19）；"鬼"是自杀或自死的，如出卖耶稣的犹大，"你们中间有一个是魔鬼。"（约 6：70），他是自杀的，"吊死"（太 27:5）的、"身子仆倒，肚腹崩裂，肠子都流出来。"（徒 1:18）。"鬼"是属于撒旦的，结局与撒旦的结局也相同。社会退出之后、千禧年也结束之后，无信仰或信仰水平仍然不够的个人，他们自然不可以进天国，但这时，可以约束他们的外部力量——如人类社会已经退出，他们处于即无外部硬约束，又无个人内在信仰约束的阶段中，有重新泛滥不治之势；并且，因为他们的存在，掌管他们或处置他们的撒旦还必须存在，必须被重新释放出来，重复撒旦对人类信仰的试探和考验，历史也有重新循环之势。《圣经》中的撒旦，就是一个达尔文环境，其持久存在的奥秘就是无限的内部循环！打破这个循环，从理性的角度讲，就是撒旦式自杀：消灭一切无信仰者、信仰水平不高者时同归于尽（参见启 20:7-10）；《圣经》中，"鬼王""别西普"对于人类来讲，也是人体或生命的生物学规律，也控制着一个小达尔文环境。至于有信仰的人类，就是摆脱死亡而永生的人类的起源，前面的章节中已经讨论过，也是在出现与生物学或生理学科学相悖时，有神的救赎才实现的，即《圣经》中亚当的被造，与生物进化过程中产生的兽类人根本不同。"鬼"也一样始终无法建立信仰的人和终身坚定的无神论者，都与出生后就被野兽养育大的人如"狼孩"一样，只显示出人类的"兽性"或生物性一面，生命不会超过 40 年。

综上，《圣经》中的整个信仰体系，从社会经济学的角度来看，一共只有两处逻辑上或科学上无法解决的悖论（详见图 4-12 中的两个红色箭头所在的位置）。但恰恰正是在这两处，《圣经》中都明确、具体详细地记载了神的救赎，以造物主可以超越科学的简单逻辑予以解决，既让《圣经》中的整个信仰体系（宇宙）显示出完美的逻辑性和科学性，也彰显了《圣经》不可能来源自人手和《圣经》信仰唯一正确的真理。并且，《圣经》中也仅有这两处记载了神出手救赎的场景，连耶稣基督钉十字架和 40 天诺亚大洪水的记载，也未触及社会经济学所展示的社会信仰发展历程中的科学与逻辑上的完美。当然，单纯从个人信仰领域来看，未来科学的发展的终极，可以做到让个人生命任意延长、无限接近永生不死，但历史上所有有信仰的"古代人   "，   科   学   却

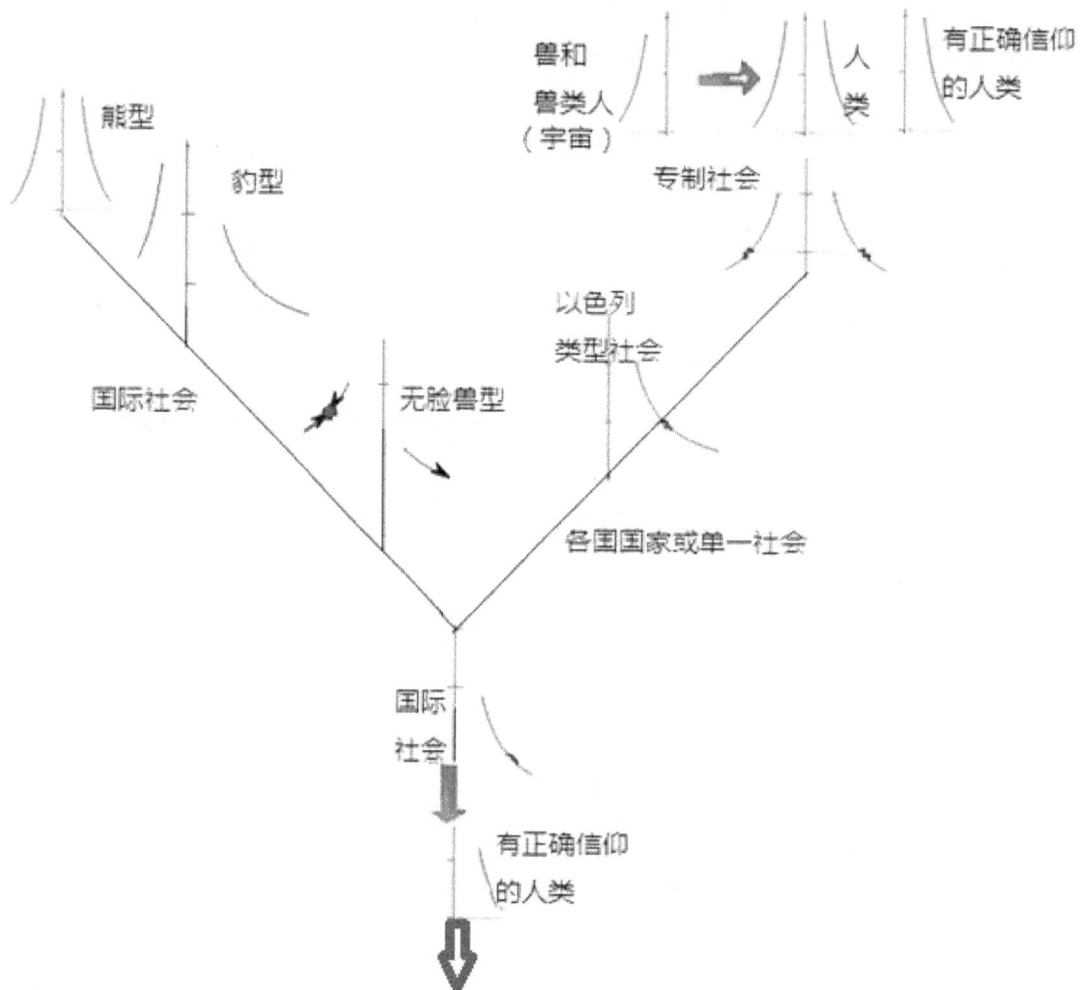

图4-12　　用货币运动曲线形式表示出的人类起源和信仰发展与救赎全图

无法让其复活享永生——甚至连他们各自的信仰水平也无从测得，与《圣经》的信仰理性矛盾。解决这个由信仰进步带来的科学和理性中的悖论，正对着《圣经》中神的最后一次救赎（图4-12中的蓝色箭头）。即第3次救赎是末日审判，"生命册"中所记载的人的复活（参见启20:12）。个人生命在科学不断发展的理性逻辑中可以任意延长，但却无法产生信仰意义上的永生——科学中的生命始终需要物质载体或某种表现形式，而信仰中的生命或永生却是可以独立的、不依附于任何载体的。如何将二者连接，解决个人信仰领域中理性内部产生的悖论，从理性角度讲，只有依靠超越一切科学与理性的神的救赎才可以，末日审判也是理性中可以得出的超理性的必然结论。

第五节、信仰学理论对物理学和人工智能的展望

从有"灵"的亚当开始，至末日审判前的最后时刻，期间的时空宇宙就是真正的人类（区别于生物进化中的人类动物）的达尔文环境。这段历史时间就是信仰上的人类达尔文环境时间——这是一个有限但无边界的宇宙，人类科学（人工智能和控制）在未来完全可以复制它，它也标志着人类科学发展的两个极限。用一个比喻来说明这两个科学极限，例如，一个科学狂人或群体，在一个相对封闭的宇宙空间——如火星、加拉帕格斯群岛或好莱坞影片中的一个秘密科研训练基地等等之中，为一个目的或某种计划培养一种只忠于自己的智能系统——如经过图灵测试（The Turing test）的会学习、会发现问题并研究解决问题、会繁殖或复制自己，他（或他们）必将遇到以下两个无法逾越的极限：1、人类始终无法完成一个可以让自己彻底放心的

智能系统。通过众多智能系统的群体模式，自动淘汰掉不忠于人类和忠诚度无法提高的智能系统过程中，伴随智能系统能力不断自我强大，迟早要遇到系统忠诚度提高的天花板或拐点，即智能系统的忠诚度在达到让设计者或拥有者彻底满意或彻底放心前的最后门槛或水平后，会拐头向下，进入忠诚度的循环状态。人类无法依靠这样的智能系统实现自己的目的，自然，这样的智能系统也不会被人类允许具有无限的自我成长能力——现在的人工智能系统如各种无人驾驶系统，将来的命运都如此。2、人类始终无法培养出一个忠于人类的忠诚度超越人类对自己的忠诚度的智能系统；或者说，在科学领域中，人类始终无法摆脱最相信自己的桎梏。通过提高单个智能系统的忠诚度，在其不断提高能力后，最终要迎来同归于尽的情况：最忠诚于自己的莫过于自己。如此，一个顶级的科学家（科学狂人）和一个顶级的科学智能系统，在能力上完全重合，结局是同一目的（如控制或相互控制）下的同归于尽，与《圣经》中末日审判前那个撒旦与不信者同归于尽的结局一样——好莱坞有关末日题材的影片结局，按照《圣经》中的信仰知识，都应修改为：参与最后那场惨烈灾难的所有参与者都同归于尽，最后挽救人类的是早已退出人间者和根本不会介入到这场争斗中的信仰坚定者。科学永不可靠、永不绝对，牛顿力学后因此诞生相对论、相对论之后又因此诞生量子物理学......这是科学的无边界；但是，科学止步于可靠和绝对的门前，因此又是有限的。即科学是一个有限但无边界的体系。未来的科学发展中，人工智能系统在产生了"对设立者忠诚"的需要之后，就需要设立自动检测忠诚度的一个独立系统——撒旦系统。撒旦在《圣经》中的信仰发展体系内，处于扩大人类正确信仰群体机制上的一个关键位置：死亡是造就更多合格正确信仰者的关键，它给了正确信仰者走向成熟与合格留出了更大余地和制造出更为宽松的环境。撒旦系统必然要在检测任务的完成即系统成熟后退出，即与不忠诚的因素一起灭亡。撒旦系统无法摆脱人类的目的而单独存续，人类也无法摆脱神的目的而不断繁衍，因为作为新灵魂的新生命的诞生，始终需要信仰检测系统（即撒旦）的存在才可以。因此，没有末日审判，区别于动物的人类要重新回到动物世界中——死去的不能复活；活着的，也陷入物质不灭定律中的那种循环永生形式中，没有真正的独立、自由和静止。

当今物理科学理论中，一个恒星从诞生（从一个时间端点开始）、扩张，到停止膨胀，塌陷成黑洞、回到时空奇点位置，用一个数学模型描述上述整个过程——即以这个恒星的寿命时间为坐标轴的纵轴、恒星的体积空间为坐标轴的横轴，从诞生开始的连续扩张期就是空间逐渐减少，存续时间逐渐加大的一个由一系列球体沿一系列时间所划出的一个的平面几何曲线轨迹；反过来，就是恒星连续塌陷到消失阶段的存在曲线；两条曲线的接点就是宇宙物理学中所谓宇宙之始是"无限密度的一点"或"黑洞和大爆炸奇点"（参见英国史提芬·威廉·霍金《时间简史：从大爆炸到黑洞》湖南科学技术出版社 2011 年 9 月第 1 版）。如图 4-13 所示。

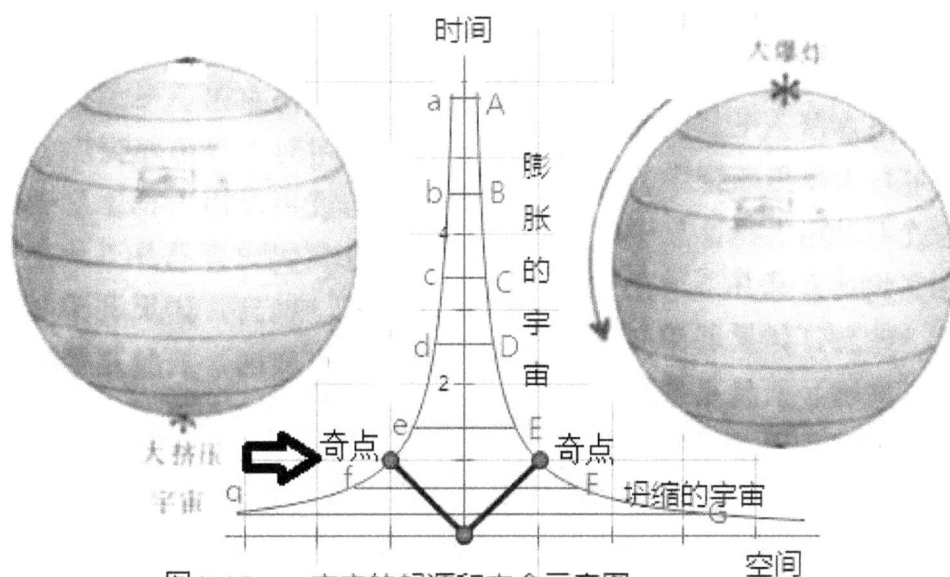

图4-13　宇宙的起源和寿命示意图

图 4-13 中的线段 aA、bB 等表示宇宙的空间尺度，如球体空间的半径长度；图中的"奇点"位置即双曲线的"顶点"，是曲线上任一点与原点连线（如图中的蓝色线段）的斜率的分界点：

越过"奇点"，连线的斜率变动趋势性改变（＞1或＜1），即持续膨胀或持续坍缩。用一个"奇点"表示一个恒星或宇宙的话，这个"奇点"并非数学中的"点"——图中的点a和点A永不相交，而是构成立体几何中的一个无限类似于球体的"圆环"或者是平面几何中无限接近于点的一个线段；恒星、宇宙在"奇点"上的差别，只有圆的大小（立体）或线段长度（平面）的不同。宇宙、恒星的生命或存续规律，符合非闭合货币运动体系的存废规律——宇宙（或恒星）的寿命只与宇宙（或恒星）膨胀（或收缩）的加速度有关。即加速度绝对值越大的宇宙或天体，寿命越短；膨胀或收缩的加速度越小、越趋于0的宇宙或天体，存续时间或寿命越长；一个以直线加速度单向膨胀或单向收缩的宇宙或天体，存续时间最多只有40个宇宙时间单位——作为时间开端的"黑洞和大爆炸奇点"其实并非几何学上的一个点，而是另一个宇宙，另一个时间系统，就象新生儿脱离母亲的子宫开始人生的计数：之前的时间系统属于孕妇的妊娠时间体系。时间还没有开始，时间就已经存在，这是有关时间科学中的悖论，可以让我们感受到神的存在：终极的宇宙围绕绝对不可知的神，形成绝对的宇宙时间或绝对时间——但从空间上看，绝对时间又表现为宇宙距离造物主的尺度，构成一个运动和静止的理性悖论。也就是说，任何在40个宇宙时间——或"一年顶一日"（民14:34），即对于有自转的地球来讲就是40年内消灭（或生成）一个宇宙或社会环境的信息，都在理性或科学可以证明的范畴之内。例如，《圣经》中诺亚大洪水40天（创7:4）的时间，所消灭的就是一个信仰不会成长的人类的宇宙和时间奇点；以色列人在埃及旷野40年，迎来一个专制社会的新时代或新的时间起点，彻底错失了以色列类型社会的历史时空；而台湾在1949年之后的40年，迎来以色列类型社会新时代或时间起点，彻底告别中国几千年来的专制社会时空……人类社会历史中专制社会的"信仰"起点和终点，与有信仰但信仰水平始终达不到永生水平者的灵魂的起点和终点，都正是宇宙物理学中的一个"时空奇点"或时间的开端。

但是，我们现在其实并不能简单、直接地应用这张"宇宙的起源和寿命示意图"来证明宇宙与人类社会中的非闭合货币运动规律完全符合："宇宙的起源和寿命示意图"中的两条曲线其实都是一个恒星或一个宇宙的边界连续变动所形成的数学轨迹，本质上是同一条曲线。或者说，用其中任一条曲线都可以完整表达一个宇宙或一个恒星的生死过程。那么，从理性上讲，如果《圣经》中的知识体系来自神，是一个可以完整表述宇宙世界中的万物知识的话，《圣经》中真实、完整的物质宇宙世界，其实还应该存在一个与我们现在所处宇宙物质世界完全不同的宇宙世界——我们把人类现在所处的宇宙称为"物质世界"的话，《圣经》中神所创造的完整物质宇宙中就应该还存在另外一个未知宇宙。那个宇宙与我们现在所身处其中、所感知的宇宙不同，它们应该（即按照《圣经》中的统一知识体系的逻辑）是一个我们的恒星或宇宙"燃烧"后的"尸体"所组成的世界——这两个宇宙在奇点即时间开端处（而非时间结束的0点位置或坐标系的原点位置），无限接近——即在表示时间的坐标轴远离原点的位置上逐渐靠近、趋同，但永不相交、重合。以上推理的结果就是两个宇宙在"黑洞奇点"上的只存在最细微的差别：我们现在所处身其中的宇宙的"黑洞奇点"是一个暗物质包裹的能量点或"光斑"，是一个有光核的暗物质；按照物质概念它是一个环状结构物，"环"有暗物质组成，环中就是"能量团"或"能量点"，残存能量的大小或多少决定着黑洞的大小。黑洞奇点中的能量团或"光核"，是宇宙大爆炸后恒星的光、地球核心中的热量的来源，它是黑洞形成过程中所收集、分拣宇宙能量垃圾后形成的能量库存或能量"集中营"；暗物质是与能量分离后的物质"尸体"，因此暗物质粒子不能移动（或不能象物质粒子一样移动）、不会碰撞——黑洞形成过程中，巨大的引力将物质和其中的能量分离开来，黑洞的奇点就是这个分离过程的结束或最终结果；质量不同的黑洞，分离质量和能量的程度不同，因而奇点的大小不一，里面的暗物质的种类、性质等不同。另外的那个宇宙，也有"黑洞"，更准确地讲应该是"白洞"，里面因暗物质的黑暗等级或程度的不均匀而呈现"星光灿烂"的景象——物质和暗物质是以能量为分界线的，物质中的能量达不到阿尔伯特·爱因斯坦（Albert Einstein）质能方程式 $E = mc^2$ 标准，或者 $E < mc^2$ 的物质，就是暗物质；暗物质又按照其包含的能量多少而分为各种等级；是否存在 $E > mc^2$ 的超物质？若存在，可能就是天国的超物质世界。暗物质宇宙的"黑洞"即最大"白洞"的奇点处集中为一个致密、无差别、绝对能量值为0的暗物质黑点，在其致密程度达到暗物质粒子级别即相当于暗物质粒子碰撞时，彻底消失——"白洞"（未知宇宙或暗物质宇宙）形成过程中释放出能量，与我们的宇宙黑洞吸进能量刚好相反；其它尺度较小的"白洞"，奇点处的暗物质能量等级不同，它们不断释放出的能量形成新的暗物质星球。这两个宇宙越膨胀，差别越大，即在接近时间结束位置的过程中，距离、差别逐渐增大并趋向无穷大。两大宇宙的区别，仅仅在于奇点处有无能量或"光"

的存在，正如经文"神说：'要有光。'就有了光。"（创1:3）所讲。如图4-14所示，图中A点与a点之间，是立体几何中的一个几近于圆的环形图案，在平面几何中是一个几近于点的线段，处于双曲线沿纵轴无限延伸的位置，能恰当地表示出物质与暗物质之间的能量定义差别。神不在理性中，就与双曲线始终无法连续一样——A点与a点永不重合；神可以被理性感觉到，就如A点与a点在数学逻辑的终极位置上应该重合一样。《圣经》知识逻辑中的两大宇宙，客观上是一个整体，它们事实上交叉在一起，而非分离状态。从能量级别上看，物质宇宙中的黑洞奇点，充满了各种绝对能量≠0的暗物质——大黑洞的奇点物质，能量被分离的更彻底，能量剩余更少或"更黑"；小黑洞则恰好相反。从逻辑上讲，这样的黑洞如果没有外来足够大的能量注入的话，最终都将演化成为一个暗物质宇宙中的"白洞"奇点，完全消失。也就是说，我们身处的宇宙，从逻辑上讲，无法从暗物质宇宙中诞生——但却要不可避免地沦为一个暗物质宇宙。

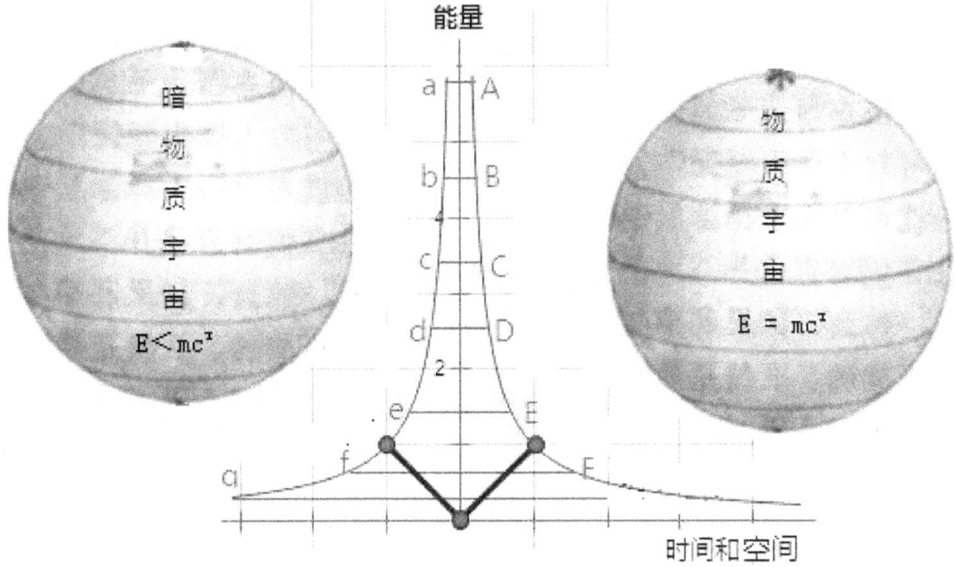

图4-14　　《圣经》中生命所在的两大宇宙的起源和寿命示意图

因此，我们身处的物质宇宙，本身就是一个科学或理性的悖论，"神"处了解决这个科学悖论、让这个宇宙出现的逻辑起点上，这正是《圣经》中的"创世纪"或宇宙创造论。

《圣经》知识体系中的暗物质宇宙，正是由当今科学前沿中的"暗物质"（dark matter）所构成的宇宙——现代物理学已经证明了暗物质的存在。从上图中不难发现，处于持续坍缩过程中的黑洞中的绝大部分物质——黑洞、特别是接近奇点位置的黑洞深处的绝大多数物质，应该就是一个与我们熟悉的宇宙相对的一种最简单、最容易理解的"暗物质"。

《圣经》中，人类的生命分为两种，分别处在以上两个不同的宇宙世界中：处于物质世界的生命就是生理学或生物学生命；处于"暗物质"世界中的生命就是前面章节中讨论过的人类灵魂所处的"灵界"——那个濒死者们一再向世人证明的世界或宇宙。物质世界与"暗物质"世界永不相同但却可以无限相似、交叉在一起。灵魂世界中没有信仰成长，若要灵魂中的信仰水平继续成长，需要轮回进入到物质世界才可以；"灵界"中的各种奇妙事物所代表的知识水平，不代表信仰水平，并且那些知识也可以在未来的物质世界中被轻松发明出来——以上信息可以认为是全部基于暗物质的特殊物理属性。所以，当人类掌握了暗物质科学规律后，科学的发展将让人类轻松复制、超越"灵界"中的所有玄妙。反过来，从《圣经》知识体系的理性结论看，暗物质世界中，必然存在一个撒旦式自杀的机制，不需要超理性的造物主再度出手就可以使其彻底灭亡——暗物质科学研究的最新成果完全支持这个推理结果，即两个暗物质粒子撞在一起，它们就会彼此摧毁对方，产生伽马射线。因此，我们现在看到的物质世界才是唯一可能永恒存在的世界模式，是信仰可以成长的唯一世界，天国也是如同物质世界一样有能量、且有更大能量（$E > mc^2$的超物质）的世界——"不再有黑夜，他们也不用灯光、日光，因为主神要光照他们。"（启 22:5）、"义人在他们父的国里，要发出光来，像太阳一样。有耳可听的，就应当听！"（太 13:43），而非与"灵界"或暗物质世界一样的（参见启 21、22）缺少能量或无能量的世界。伊曼纽·斯威登堡和众多濒死体验者给世人讲述、证实的灵界，是暗物质宇宙中的时空，是临时的或过渡性质的事物，是一个等待末日审判后就彻底消失的灵魂驿站，"海交出其中的死人，死亡和阴间也交出其中的死人。"（启 20:13）。"灵界"中没有死亡（它本身就是失去能量或没有能量的物质死亡），但有永死；我们的宇宙中充满死亡，但有永生；天国中没有死亡，只有永生。

综上，所谓"天人合一"，只在专制社会（包括国际社会）、不能永生者与自然界三者方面来看是正确的——如下《圣经》中的统一宇宙示意图所示。图 4-15 中的细线区域与粗线区域，永不相交；"神"总在二者将要相交的地方出手（图中 A、B 点位置是创世纪、亚当被造，C 点是信仰大考验、G 点位置是末日审判），保障信仰成长及与造就信仰成长同性的宇宙环境的永生永存。示意图中，整个斜线覆盖区域是人类信仰前进时代结束后所留下的旧宇宙，以信仰水平达到生命册为标准的最高知识点 G 为终点，正如经文"天国又好像网撒在海里，聚拢各样水族。网既满了，人就拉上岸来；坐下，拣好的收在器具里，将不好的丢弃了。"（太 13:47-48）、经文"容麦子和稗子两样一齐长，等着收割。当收割的时候，我要对收割的人说：先将稗子薅出来，捆成捆，留着烧；惟有麦子要收在仓里。"（太 13:30）所讲的一样。

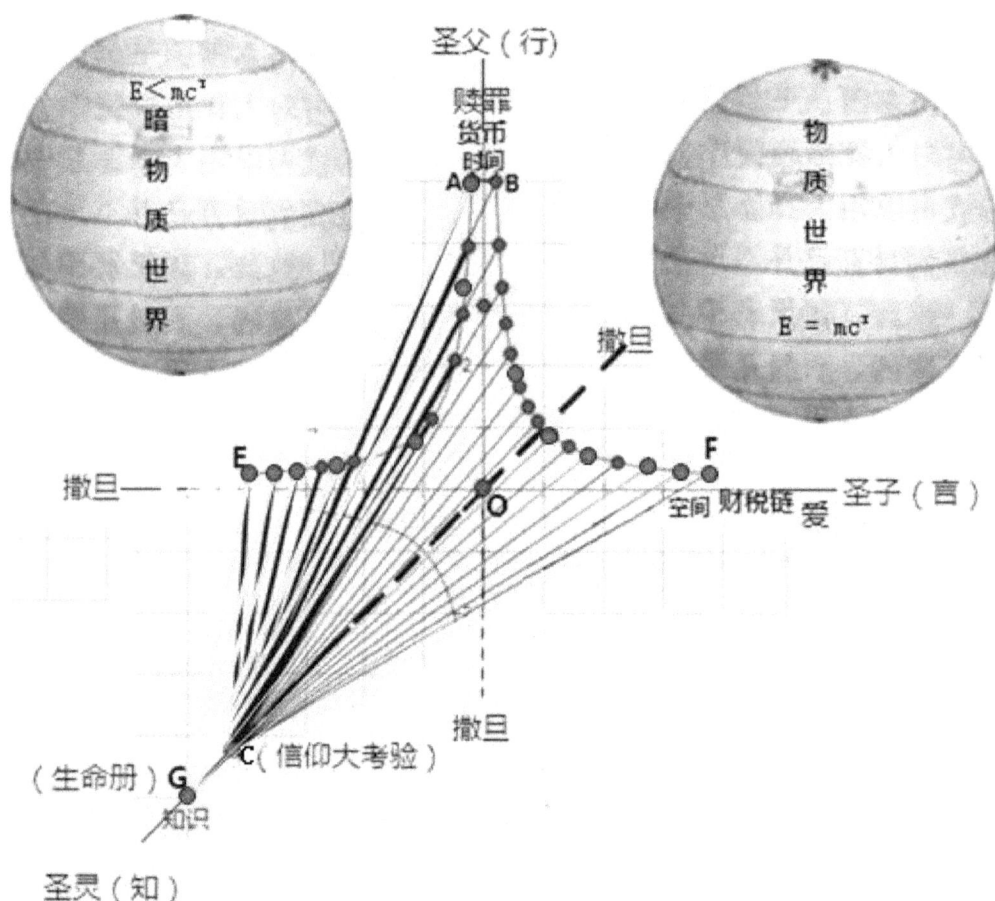

图4-15　　《圣经》中的统一宇宙（自然、社会、个人）示意图

我们在物理学研究中永远不会从理性的终极位置证明出神的存在，神不在人类的理性之中！但是，正如图中的一个任一点表示一个宇宙的"奇点"一样，《圣经》中的宇宙是有无数个"奇

点"构成的，它们的分布就像我们在地球中所看到的自然景观一样的规律和谐、一样的鬼斧神工般完美，而它们之间的差别和不同，也象地球环境中的动物与植物之间、生物与环境之间、气候与地质条件间的差别一样。我们始终、随时随地都站在一个宇宙时空的起点和终点的位置上，就是始终、随时随地处于"我是阿拉法，我是俄梅戛；我是首先的，我是末后的；我是初，我是终。"（启 22:13）所创造的宇宙中。人类只能象赞叹大自然现象时感受到自然的神奇和非人力所为的特征，也象艾萨克•牛顿在物理学研究中深深感悟到神的存在一样，神可以被人类的理性感受到，却永远不会被理性或科学直接证实——亚当、夏娃可以用自己的经历证明圣父的存在（我们能做或要做的科学就是对亚当、夏娃的考古）、十二门徒和那个时代的众多人可以证明圣子的存在（我们能做的是对他们所说的话进行证实或重现，如与耶稣尸体有关的事件的再确认等）、有信仰的社会（或未来的每一个有信仰者）可以证明圣灵的存在（发明、设立自然科学和社会科学知识体系及相应的法律体系）。但是，除了《圣经》和其中的知识系统，没有人可以通过任何途径直接证明"三位一体"的神的存在。纵观整部《圣经》，神只出现了 4 次。除了创世纪的第一次外，其余 3 次都如我们刚刚讨论过那样，只针对信仰上的人类领域，正如经文所讲"人算什么，你竟顾念他？世人算什么，你竟眷顾他？"（诗 8:4）。

本文献给我的妻子和女儿！

一切荣耀归于神
2014 年 7 月 8 日星期二初稿

2016 年 10 月 12 日星期一，《信仰学》终稿
2017 年 1 月 9 日星期一，第一次修改

张朴杰